# 1.

Sichtbarer Atem stieg aus dem Mund des Mannes, und sein verschwitzter Körper dampfte. Es war klirrend kalt. Er stand eingehüllt in eine Nebelwolke da, blauweiß wie das Licht, das von seinem Kopf nach unten strahlte.

Als er eine Pause machte und sich aufrichtete, fiel der Lichtschein auch auf sein faltiges Gesicht. Er fuhr sich mit dem Arm über die Stirn. Seine groben Hände stützten sich auf den Griff des Spatens, und er lehnte sich leicht nach vorn, bis sein Atem sich beruhigt hatte. Er war zwar kein Jungspund mehr, aber er konnte immer noch hart arbeiten.

Dicht an dicht standen die Stämme der Kiefern um ihn herum, wie stumme Zeugen, die nie ein Wort über sein Verbrechen verlieren würden. Und nicht mehr lang, dann war er weg und würde nie wiederkommen.

Er schuftete schon eine ganze Weile. Zum Glück war der Frost noch nicht in den Waldboden eingedrungen, den er sorgfältig abgeschritten war, bevor er angefangen hatte. Jetzt stand er in einer Grube, die so tief war, dass er fast bis zur Hüfte darin verschwand. Nur noch fünf Minuten.

Er holte ein paarmal tief Luft, was einen heftigen Hustenanfall auslöste. Er rückte die Stirnlampe zurecht, bis sie ihn nicht mehr störte. Dann legte er wieder los.

Er schaufelte die Erde nach links und rechts auf die beiden Planen, die er mitgebracht hatte, weil er ein vorsichtiger Mann war, der nicht mehr Spuren hinterlassen wollte als unbedingt nötig. Auch dass er so tief grub, war seiner Vorsicht geschuldet.

Man sah es ja oft genug in diesen amerikanischen Fernsehserien, wenn es um die Arbeit der Kriminaltechniker ging. Dass nach etlichen Jahren plötzlich Knochen aus der Erde ragten. Oder dass wilde Tiere Witterung aufnahmen und Geheimnisse aus dem Waldboden scharrten.

Das würde ihm nicht passieren.

Als er einigermaßen zufrieden war, kletterte er aus der Grube, legte den Spaten beiseite und überlegte das weitere Vorgehen, während er verschnaufte.

Er ging zu dem großen länglichen Bündel, das ordentlich eingewickelt und sorgsam verschnürt war. Dann griff er nach den Beinen und fing an zu ziehen. Das Bündel war schwer, aber die Plane glitt leicht über den Waldboden bis an die vordere Schmalseite des Grabs.

Vorsichtig, mit Rücksicht auf seine alten und jetzt auch müden Beine, stieg er zurück in die Grube, packte das Bündel, nahm alle Kraft zusammen und zog. Kurz darauf war es geschafft. Besser hätte man es nicht machen können.

Diesmal durchfuhr ein stechender Schmerz sein Knie, als er wieder nach oben kletterte. Er brauchte jetzt endlich eine Kippe. Die hatte er sich wirklich verdient.

Erschöpft angelte er eine Zigarette aus der Schachtel, steckte sie an, inhalierte gierig den ersten Zug und atmete aus. Die Rauchwolke war genauso weiß wie sein warmer Atem. Er zog ein zweites Mal an der Zigarette, ein großartiges Gefühl nach der harten Arbeit. Leider war es nach ein paar Zügen schon wieder vorbei. Er drückte die Zigarette an seiner Stiefelsohle aus und steckte den Stummel in seine Jackentasche. Es wäre mehr als dämlich gewesen, eine DNA-Spur zu hinterlassen, wenn man sich mit dem ganzen Rest solche Mühe gegeben hatte.

Dann nahm er die letzte Etappe in Angriff und fing an, die

Erde zurückzuschaufeln. Das war nicht ansatzweise so anstrengend wie das Graben. In einer halben Stunde würde er auf dem Heimweg sein. Und wenn jemand ein Geheimnis für sich behalten konnte, dann er.

Er hatte so konzentriert zu dem grabenden Mann hinübergestarrt, dass ihm irgendwann schwindelig geworden war. Außerdem fror er. Bis ins Mark. Aber er wagte es nicht, sich zu rühren. Wagte kaum zu atmen.

Deshalb war die Erleichterung groß, als der Mann mit dem grellen, bösen Auge auf der Stirn endlich den Spaten schulterte und davonstapfte. Schon wenige Sekunden später hörte er, wie ein Motor startete, und sah zwei Scheinwerfer aufleuchten, die zu einem Quad zu gehören schienen.

Sicherheitshalber wartete er noch ein paar Minuten, dann stand er auf. Sein Körper war fast zu Eis erstarrt, und er konnte sich kaum bewegen. Langsam ging er auf die kleine Lichtung zu, die im Mondlicht vor ihm lag, und holte seine Taschenlampe heraus.

Im Lichtkegel war nichts zu erkennen. Der Waldboden war sorgfältig abgedeckt worden, aber hier unter dem welken Laub und den braunen Nadeln war es, das Grab …

Er biss sich auf die Lippe. Irgendetwas war da unten. Das war alles, was er wusste. Aber mehr wollte er auch gar nicht erfahren.

## 2.

Er starrte auf die zarten weißen Finger, die aus den blauen Ärmeln der Winterjacke gekrochen waren. Magnus lehnte mit den Unterarmen auf dem Geländer vor dem Pinguinbecken, die Hände vor dem Bauch verschränkt.

Sie waren so klein, diese Hände. Fein geschnittene, unschuldige Hände, erst vierzehn Jahre alt, die noch viele Sommer vor sich hatten, in denen sie das Leben kennenlernen und Erfahrungen sammeln würden.

Sein Blick fiel auf seine eigenen rauen Pranken, gezeichnet von einem uralten Handwerk. Der Krieger und der Junge … Einen halben Meter voneinander entfernt standen sie da und beobachteten die verspielten Pinguine.

Durch den Wind, der über den Kopenhagener Zoo fegte, fühlte die Luft sich kälter an, als sie eigentlich war, denn für Mitte Februar waren die Temperaturen überraschend mild. Die gelegentlichen Regenschauer machten es natürlich nicht besser.

Er verspürte einen unbändigen Drang, seine Hand auf Magnus' Hände zu legen. Aber aus Schaden wird man klug, deshalb ließ er es bleiben. Und trotzdem, irgendetwas *musste* er tun. Irgendetwas, um das Band zwischen ihnen zu stärken, auch wenn er jetzt schon wusste, dass es schiefgehen würde.

Fast beiläufig legte er einen Arm um den Jungen, klopfte ihm leicht auf die Schulter und ließ die Hand dort liegen.

»Tolle Tiere, was? Fast wie kleine Menschen. Weißt du noch, wie sie heißen? Also die Art, meine ich.«

Der Junge starrte ausdruckslos vor sich hin und schüttelte den Kopf.

»Nö …«

»Der Name fängt mit H an. H-u-m…«

»Nö.«

»H-u-m-b-o…«

»Nö.«

»Humboldt-Pinguine. Sie leben in der Antarktis. Es ist die einzige Pinguinart mit diesem fleischfarbenen Rand am Schnabel. Deshalb sind sie so leicht zu erkennen. Es gibt zwanzig verschiedene …«

»Können wir weitergehen, Niels? Mir ist arschkalt. Und wir haben die schon so oft angeschaut.«

Magnus seufzte, drehte den Oberkörper und befreite sich von der Hand auf seiner Schulter.

*Niels.*

Dieser Name war wie ein Eispickel, der sich jedes Mal in sein Herz bohrte, wenn Magnus ihn benutzte.

Am Anfang hatte er den Kampf aufgenommen und Magnus vorgeschlagen, ihn einfach »Papa« zu nennen, denn das war er schließlich – sein Vater. Aber da hatte er die Rechnung ohne seinen Sohn gemacht. Irgendwann hatte er kapituliert.

In Wirklichkeit besaß er inzwischen nicht einmal mehr die grundlegendsten Eltern-Eigenschaften. Er befand sich im Nichtmehr-Vaterland. Eine verdammt unfruchtbare Gegend, entstanden aus Jahren der Abwesenheit, wo keine einzige gemeinsame Erinnerung gedieh. Der Gedanke war wie ein Schlag in die Magengrube.

»Okay, lass uns gehen. Was hältst du davon, wenn wir noch kurz bei den Wölfen vorbeischauen, Magnus?«

Er schlug seine Lieblingstiere vor, wohl wissend, dass ein Wolf diesen Tag auch nicht mehr retten konnte.

Magnus zuckte gelangweilt mit den Schultern und vergrub die Hände tief in den Jackentaschen. So konnte es nicht weitergehen. Er musste sich etwas Neues einfallen lassen. Der Zoo hatte ausgedient – ohne je funktioniert zu haben.

Wie schon so oft fiel ihm wieder ein, was er vor ihrem ersten Treffen gedacht hatte: dass der Zoo der perfekte Ort wäre. Weil sie draußen an der Luft sein würden, weil man die Plätze, wo zu viele Menschen waren, meiden konnte und weil er einiges über die Tiere wusste. Am ganzen Leib zitternd hatte er Tiger, Wölfe, Lemuren und alle anderen Zoobewohner angefleht, ihm bei seinem ersten Auftritt als Vater zu helfen.

Umsonst. In den drei Stunden damals hatte Magnus kaum ein Wort gesagt. Hatte sich in den letzten acht Monaten wirklich etwas geändert? Sie redeten mehr miteinander, aber die meiste Zeit blieb der Junge verschlossen.

Ihm graute davor, wie es in den Winterferien werden würde. Es war nicht mehr lange bis dahin. Er und seine Ex zogen nicht gerade an einem Strang, was Magnus betraf. Sie sahen sich nie. Sie redeten nicht über das Ergebnis ihrer einstigen Verliebtheit. Nur vereinzelt gab es kurze, klärende Telefonate – mit Eis in der Leitung.

Sie waren Feinde. Für immer. Nichts konnte daran etwas ändern.

Trotzdem hatte er Birgitte versprochen, sich in den Winterferien um Magnus zu kümmern, obwohl er nicht an der Reihe war. Wie sollte er auch etwas ablehnen, von dem er jahrelang geträumt hatte? Seinen Sohn bei sich zu haben … Er musste sich unbedingt etwas einfallen lassen, um den Super-GAU in seiner Wohnung in Vangede zu verhindern.

Schweigend gingen sie zum Wolfsgehege, blieben auf der Holzbrücke stehen und ließen den Blick über das Gelände schweifen. Es war alles andere als beeindruckend.

»Ich lade dich auf einen Hotdog ein, wenn du dich an den lateinischen Namen erinnern kannst, Magnus.«

Das Angebot wurde mit einem Seufzen und erneutem Schulterzucken kommentiert. War er vielleicht zu oberlehrerhaft? Als Junge aus Skovshoved konnte man auch groß werden, ohne sämtliche lateinischen Namen vom Gnu bis zum Geier zu kennen.

»Na gut. Du bekommst auch so einen Hotdog. Lupus … *Canis lupus*, Grauwolf. Fantastische Tiere, findest du nicht?«

Magnus brummte irgendetwas Unverständliches und schaute auf seine Uhr.

»Ist es okay, wenn ich bald nach Hause gehe, Niels? Ich habe ein bisschen Kopfweh, und außerdem muss ich noch jede Menge Hausaufgaben machen.«

»Hast du die Nase voll von den Zoobesuchen?«

Magnus zuckte wieder mit den Schultern.

»Ich mag Tiere. Aber wir sind immer nur hier. Das ist langweilig … Nur weil du …« Magnus verstummte.

»Weil ich *was*? Was meinst du?«

»Na ja, weil es dir nicht so gut geht. Und weil es nie besser wird. Nie können wir was anderes machen. Zu einem Fußballspiel gehen oder so, nur weil du … dich nicht traust.«

»Nicht traust?«

»Du magst es nicht, wenn viele Menschen um dich herum sind. Das hast du selbst gesagt.«

*Nicht traust* … Er spürte den nächsten Schlag, der genau in seiner Magengrube landete. Schon an einem der ersten Wochenenden hatte er versucht, Magnus die Situation zu erklären. Er hörte sich noch auf der Bank in der Sonne stottern:

»Hör zu, Kumpel … Ich habe … ein paar Probleme. Aber ich arbeite daran …«

Er war so offen damit umgegangen, wie das gegenüber einem Vierzehnjährigen möglich war. So ehrlich, wie man sein konnte, wenn es um den Krieg ging. Krieg gehörte nicht in das Universum eines Kindes.

In diesem einen Punkt waren Birgitte und er sich einig gewesen: Für ihren Sohn sollte Niels ein ganz gewöhnlicher Ex-Soldat sein, ein Soldat wie alle anderen. Ihm etwas anderes zu erzählen, wäre Wahnsinn gewesen. Das Profil eines Jägersoldaten und die Dinge, mit denen sich diese Spezialeinheit beschäftigte, hatten im Hinterkopf eines Kindes nichts verloren.

Damals auf der Bank in der Sonne hatte er vorsichtig versucht, Verständnis zu wecken. Hatte versucht zu erklären, was ein *Trauma* war. Eine Art schreckliche Erinnerung an beängstigende Erlebnisse. Es war nur schwer loszuwerden. Und nervig, weil es dazu führte, dass man sich manchmal unwohl fühlte. Zum Beispiel wenn zu viele Menschen in der Nähe waren und man das Gefühl hatte, alle gleichzeitig im Blick behalten zu müssen. Oder Lärm. Ein lautes Geräusch, das einen erschreckte, als hätte sich jemand hinter einer Tür versteckt und wäre plötzlich mit einem lauten Schrei hervorgesprungen. Und die bösen Träume, die Albträume. Oder diese seltsamen Erinnerungsfetzen, die sogar am helllichten Tag aus dem Nichts auftauchen konnten – Flashbacks. Blitzschnelle kleine Filme einer Situation, die man erlebt hatte. Da konnte es passieren, dass man auf einmal ins Stocken geriet, ganz egal, wo man gerade war.

So ging es ihm leider, weil er als Soldat gearbeitet hatte. Viele Jahre lang. Nicht, um zu töten, sondern um Menschen zu beschützen. Etwas Gutes zu tun. Aber Magnus hatte das anscheinend anders verstanden …

»Dass es *nie* besser wird? Das habe ich sicher nicht gesagt. Oder doch? Oder … Wer hat das gesagt, Magnus?«

»Niemand … Ich dachte einfach, das ist so.«

Der Junge schützte seine Mutter. Eigentlich war es ja gut, dass er sie nicht verriet. Aber Oxen hatte nicht zum ersten Mal das ungute Gefühl, dass fleißig eine neue Front hochgezogen wurde, während er auf der anderen Seite versuchte, alte Gräben zuzuschütten.

Hier und jetzt, vor dem Alpharüden, der dort drüben durchs

Unterholz pirschte, wurde er von der Machtlosigkeit ausgeknockt. Vielleicht war der Kampf zu ungleich, um ihn je gewinnen zu können?

»Es stimmt, dass ich Probleme habe, das habe ich dir ja gleich am Anfang erzählt. Aber diese Probleme kann man lösen. Zum Glück. Ich arbeite daran. Und wenn ich es geschafft habe, dann können wir auch zu einem Fußballspiel gehen. Einigen wir uns darauf, dass wir das mit dem Zoo erst mal sein lassen. Und es ist absolut in Ordnung für mich, wenn du nicht ganz fit bist und jetzt nach Hause möchtest, um deine Hausaufgaben zu machen.«

Diese Ausreden hatte er schon öfter zu hören bekommen, aber was sollte schon Gutes dabei herauskommen, wenn er darauf bestand, dass ihr gemeinsames Wochenende erst Sonntagnachmittag um fünf zu Ende war, obwohl der Junge lieber zu seiner Mutter zurückwollte?

»Von mir aus können wir vorher noch den Hotdog essen«, sagte Magnus.

War das ein Anflug von schlechtem Gewissen oder hatte der Junge einfach Hunger? Er liebte Magnus mehr als alles andere. Er musste versuchen, ein paar Schritte zurück zu machen, und einen neuen Ansatz finden. Eine neue Strategie entwickeln. Sonst würden die Winterferien eine Katastrophe werden.

## 3.

Die Wohnanlage Mjølnerpark am Rand von Nørrebro, ein Projekt des sozialen Wohnungsbaus aus den Achtzigern, grenzte im Norden an den Tagensvej, im Süden an den Hothers Plads, im Osten an die Midgårdsgade und im Westen an den Mimerspark.

Das Areal war nach Mjølnir benannt, dem berühmten Hammer des nordischen Supergottes Thor. Das Besondere an diesem Hammer war, dass er nach jedem Wurf in Thors Hand zurückkehrte. Und genauso zuverlässig kehrte auch die Kriminalität immer wieder hierher zurück, egal wie oft die Gebäudeverwaltung versuchte, sie abzuschütteln.

Der Mjølnerpark bestand aus knapp sechshundert Wohneinheiten. Die meisten davon waren Dreizimmerwohnungen. In einer davon hielt sich an diesem Sonntag ein sechsunddreißigjähriger Bewohner libanesischer Abstammung auf. Er war erst vor zwei Tagen wieder eingezogen, nachdem er fünf Monate hinter Gittern verbracht hatte. Anders als sonst war dem Vorstrafenregister des Mannes diesmal keine weitere Verurteilung wegen schwerer Körperverletzung hinzugefügt worden. Er hatte wegen Hehlerei gesessen.

Idris Nassar lag im Bett, nur mit einem Laken zugedeckt. Ihm war immer noch warm nach dem Sex mit der Frau, die neben ihm eingeschlafen war. Der Name Idris bedeutete so viel wie »der Männliche«, und er war ihm absolut gerecht geworden. Er hatte lange durchgehalten. Vollkommen entspannt schaute er an die Decke, die Hände im Nacken verschränkt.

Vielleicht sollte er aufstehen? Omar war sicher bald da. Er hatte vor drei Stunden angerufen. Sie hatten sich nicht mehr gesehen, seit er eingebunkert worden war. Kaum hatte er den Gedanken zu Ende gedacht, klingelte es an der Tür. Er stand auf und ging nackt, wie er war, in den Flur, um aufzumachen. Sicherheitshalber warf er einen Blick durch den Türspion. Im Treppenhaus stand Omar, in einem weißen Kapuzenpulli.

Idris öffnete die Tür und drehte seinem Besucher sofort wieder den Rücken zu, um zurück ins Schlafzimmer zu gehen und sich eine Unterhose anzuziehen.

»*Fuck you, Bro ...!*«, rief er. »Du weißt doch, dass ich am Sonntagnachmittag immer ficke. Ich hatte seit fünf Monaten keine Möse mehr, und ausgerechnet jetzt tauchst du hier auf ... Was ist los mit dir, *Bro*?«

Er kam feixend zurück und ging ins Wohnzimmer, um Omar zu begrüßen und ihn zu umarmen. Aber Omar war nicht mehr da. Stattdessen starrte er auf zwei vermummte Männer mit schwarzen Sturmhauben und Handschuhen.

»*What the fuck!*«

Jeder Muskel seines durchtrainierten Körpers spannte sich. Unwillkürlich machte er einen Satz nach vorn, holte aus und zielte mit der Faust auf den Unterkiefer des Maskenmannes, der vor ihm stand. Aber der Kerl konnte dem Schlag ausweichen, während Idris zu einem Roundhouse-Kick ansetzte und den zweiten Typen mit einem Tritt ins Gesicht zu Boden schickte. Und dann war das Spiel vorbei.

Idris Nassar sah gerade noch, wie der erste Mann ihm einen komischen schwarzen Stab an die Schulter drückte, und dann sackte er auch schon zusammen, von mehreren tausend Volt zu Boden gestreckt.

Der Mann, den Idris mit seinem Karatekick erwischt hatte, sprang auf. Und jetzt arbeiteten die beiden Männer blitzschnell, routiniert und ohne ein Wort zu verlieren.

Der eine war mit wenigen Schritten im Schlafzimmer und setzte auch die Frau mit seinem Elektroschocker außer Gefecht, bevor sie schreien konnte. Er fesselte ihre Handgelenke und Knöchel mit Kabelbinder und klebte ihr einen Streifen Gaffa-Tape über den Mund.

Dasselbe geschah mit dem nackten Muskelpaket auf dem Wohnzimmerboden. Dann packten sie ihn zu zweit unter den Armen und hievten seinen einhundertdreißig Kilo schweren

Körper auf einen Sessel. Hier dämmerte dem Libanesen schnell, was ihm bevorstand. In seinen aufgerissenen Augen spiegelte sich Verwirrung – und ein Gefühl, das ihm bisher völlig fremd gewesen war: Angst.

Der kleinere der vermummten Männer zog eine Pistole aus dem Holster unter seiner Jacke hervor und befestigte mit geübtem Griff einen Schalldämpfer an der Waffe. Dann richtete er die Mündung auf Nassars rechte Kniescheibe und drückte ab. Den zweiten Schuss platzierte er ein paar Zentimeter tiefer. Nassars Körper krümmte sich vor Schmerz, und er warf sich auf dem Sessel nach beiden Seiten, bis ein zweiter Stromstoß aus dem Elektroschocker seinem Widerstand ein Ende setzte.

Der Mann richtete die Pistole auf das andere Bein und zerstörte auch Nassars linkes Knie mit zwei Schüssen.

Dann legte er die Mündung an Nassars rechten, aufgepumpten Bizeps, drückte ab und wiederholte dasselbe auch am linken Oberarm, was große blutige Flecke auf Nassars Oberkörper hinterließ. Und was ihn in kürzester Zeit zum Krüppel machte.

Die Männer, die ihr Schweigen kein einziges Mal gebrochen hatten, nickten sich kurz zu. Dann zogen sie sich so schnell aus der Wohnung zurück, wie sie gekommen waren.

Omar, der Mann, den sie gezwungen hatten, Nassar anzurufen und sie bis vor die Wohnungstür zu begleiten, hätte zumindest theoretisch in der Zwischenzeit Alarm schlagen können. Allerdings war das wenig wahrscheinlich, da ihre Komplizen einen von Omars kleinen Söhnen in Gewahrsam hatten.

In sechs Stunden würde der Junge wieder zu Hause abgeliefert werden, und zwar dann, wenn sie sicher sein konnten, dass Nassars Beine nicht mehr zu retten waren. Falls er bis dahin nicht verblutet war, was ebenfalls ein akzeptables Ergebnis gewesen wäre.

## 4.

Vom einen Ende zum anderen. Durch die wenigen Zimmer und wieder zurück. Rastlosigkeit trieb ihn durch seine Wohnung in Vangede, genau wie er es von den Raubtieren im Zoo kannte, wo sie heute gewesen waren.

Jetzt war Sonntagabend. Er versuchte, ein weiteres missglücktes Wochenende mit Magnus aus seinem gequälten Körper und Hirn zu verdrängen.

Er drehte Runde um Runde, über Teppichboden, Linoleum und Parkett, und seine Wanderung war so trostlos, als befände er sich in einer Steinwüste irgendwo in Afghanistan.

Schließlich setzte er sich auf die Fensterbank im Wohnzimmer, seinen gewohnten Platz, nur durch eine Scheibe von der winterdunklen Welt getrennt.

Er war schon wie die alte Dame in der Wohnung gegenüber, die pausenlos in ihrem lila Morgenmantel herumtigerte, jede Minute, die sie sich auf den Beinen halten konnte. Nur heute nicht. Er hatte sie noch nicht gesehen. In ihrer Wohnung war alles dunkel. Vielleicht hatte die Familie sie ausnahmsweise zu einem Sonntagsbesuch abgeholt? Er hatte keine Ahnung, wie die lila Frau hieß. Er hatte keine Ahnung, wie sonst wer hier in der Nachbarschaft hieß.

Es war nicht mehr wie früher, als er in einem Keller im Nordwestquartier wohnte. Mittlerweile ging er auch bei Tageslicht vor die Tür. Nur nicht so wahnsinnig oft. Die Dunkelheit war immer noch seine Freundin. Wenn er die Joggingklamotten anzog und seine Laufschuhe schnürte, was er vier, fünf Mal in der Woche tat, dann war es draußen dunkel. Er lief und lief, nicht von Wand zu Wand, sondern drehte große, freie Runden in einem Umkreis von mindestens sieben oder acht Kilometern.

*Oxen = Durchmesser x π …*

War das nicht die Formel seines Lebens? Vielleicht sollte er sich einfach umziehen und laufen gehen. Das Wochenende ausschwitzen und Platz schaffen für die Hoffnung auf mehr Glück beim nächsten Mal. Oder sollte er ins Schlafzimmer gehen und Gewichte stemmen? Sich auf die Hantelbank legen, die abgesehen von der Matratze auf dem Boden das einzige Möbelstück in dem Raum war, in dem nicht einmal guter, ruhiger Schlaf zur festen Einrichtung gehörte?

Er war barfuß, in Jeans und Unterhemd, und musterte seinen rechten Arm von oben bis unten.

Seine Muskeln waren klar definiert. Er konnte große Gewichte heben und sie lange hochhalten. Er konnte ohne Probleme zwanzig Kilometer laufen. Er war fünfundvierzig Jahre alt, und jede Faser seines Körpers war beim kleinsten Wink einsatzbereit.

Sein Blick wanderte weiter bis zu seinem großen Zeh und von dort über das Fensterbrett und die Wand hoch zu der weißen Decke. Er hatte immer noch keinen Lampenschirm gekauft, deshalb hing die Glühbirne nackt am Ende des Kabels. Aber wenigstens hatte er sich ein kleines Sofa mit einem Tisch und einem Stuhl bei Ikea besorgt. Schließlich konnte er Magnus nicht jedes zweite Wochenende die spartanischen Verhältnisse zumuten, die für ihn selbst vollkommen ausreichend waren. Deshalb stand das Sofa auch vor dem 55-Zoll-Flachbildfernseher, der an der Wand hing und den eigentlichen Mittelpunkt des Wohnzimmers bildete.

In Magnus' Zimmer gab es ein Bett, einen kleinen Schrank, eine Kommode und einen Schreibtisch, den er gekauft hatte, weil doch alle Kinder Hausaufgaben bekamen, die am Wochenende erledigt werden mussten. Aber Magnus hatte noch nie ein Schulbuch dabeigehabt. Er wollte seine Aufgaben lieber zu Hause machen. Sagte er immer.

Oxen warf einen Blick auf die Armbanduhr. Sollte er sich einfach auf das Sofa fallen lassen und *National Geographic* oder *Animal Planet* einschalten? Oder weiter auf eine der seltenen Neuigkeiten aus dem Leben hinter dem Vangede-Fenster gegenüber warten?

Er rutschte von der Fensterbank und hatte gerade seine Raubtierrunde durch den Käfig wieder aufgenommen, als die Wohnungsklingel schrillte und ihn fast zu Tode erschreckte.

Es war kurz vor acht Uhr an einem Sonntagabend im dunkelsten Februar, und es regnete in Strömen. Wer in aller Welt war das? Er ging zur Tür und drückte auf die Gegensprechanlage.

»Ja?«

Für einen Moment hörte er nur knisternde Stille. Dann meldete sich eine tiefe Stimme.

»Ich bin es … Mossman …«

Oxen drückte den Knopf. Kurz darauf wurden Schritte im Treppenhaus laut, und er öffnete die Tür. Mossman stand auf dem Treppenabsatz und schüttelte sich den Regen vom Mantel. Er sah exakt so aus wie vor über einem halben Jahr, als sich ihre Wege getrennt hatten. Damals hatten all die Puzzleteile plötzlich ein Bild ergeben, und es war ihnen entgegen jeder Wahrscheinlichkeit gelungen, die Danehof-Organisation zu zerschlagen.

Der früher so mächtige Chef des polizeilichen Nachrichtendienstes erinnerte ihn nach wie vor an eine Bulldogge, deren Haut ihr zu groß geworden war, weil sie so stark abgenommen hatte.

»Guten Abend, Soldat. *My black knight in shining armour*, darf ich reinkommen?«

Mossmans Händedruck war ein Knochenbrecher. Der anglophile Hüne mit der korrekten dunkelbraunen Tweedjacke hängte sich den nassen Mantel über den Arm und sah ihn fragend an. Sein Lächeln schien echte Wiedersehensfreude auszudrücken.

»Natürlich.«

Immer noch ziemlich überrumpelt machte er einen Schritt zur Seite und ließ den unerwarteten Gast in die Wohnung. Das Gefühl eines Déjà-vu stellte sich ein.

Axel Mossman schaute sich in dem kahlen Flur vergeblich nach einem Kleiderhaken um und hängte seinen Mantel schließlich über die Türklinke.

Heimlich musterte er seinen Gast. Als er ihm zum allerersten Mal begegnet war, thronte Mossman groß, mächtig und um etliche Kilo schwerer über dem Verhör der Kripo in Aalborg, zu dem man Oxen aus den Tiefen des Rold Skovs geholt hatte. Danach hatte Mossman ihn zur Mitarbeit bei den Ermittlungen gezwungen.

Wie ein Samenkorn in einem Tornado war er in den Strudel des langwierigen Kampfes gegen die heimliche Machtelite des Danehof hineingewirbelt worden.

Er hatte Axel Mossman nicht mehr gesehen, seit sie gemeinsam mit Margrethe Franck und Mossmans Neffen, Christian Sonne, die Übermacht besiegt hatten.

Der mehrjährige Kampf, bei dem er selbst zeitweilig zum Mordverdächtigen und zum Opfer einer großangelegten Menschenjagd geworden war – und der ihn einige Male fast das Leben gekostet hatte –, hatte im zweiten Stock in der Dalstrøget in Vangede sein Ende gefunden, wo der Alltag so ereignislos war, dass schon ein unangemeldeter Gast am Sonntagabend genügte, um ihn aus dem Konzept zu bringen.

»Ich habe keinen Tee. Nur Kaffee.«

»Danke, gern. Du hast es hier ja wirklich … gemütlich … Soldat.«

Er quittierte Mossmans Höflichkeitsfloskel mit einem Schulterzucken.

»Zumindest habe ich ein Dach über dem Kopf.«

Sie gingen in die Küche, wo er den Wasserkocher füllte und zwei Becher und das Glas mit dem Pulverkaffee aus dem Schrank nahm. Er wollte Mossman das Tempo selbst bestimmen lassen.

»Wie läuft es denn so? Ich hoffe, das Leben in Vangede ist dir gnädig, Soldat.«

Es war typisch für Mossman, große Worte zu wählen. Wann war etwas »gnädig«? Er zuckte wieder die Schultern.

»Es ist ganz okay hier.«

»Und wie sieht es mit Margrethe Franck aus? Seht ihr euch manchmal?«

Die Frage klang beiläufig, aber nichts, was der alte Geheimdienstchef sagte, war tatsächlich beiläufig. Das hatte Oxen inzwischen gelernt.

»Selten ... Na ja, um ehrlich zu sein, so gut wie nie. Wir telefonieren ab und zu. Ich glaube, sie hat eine Menge um die Ohren in ihrem neuen Job.«

Mossman nickte, ging ins Wohnzimmer, stellte sich ans Fenster und blickte hinaus in die Dunkelheit.

»*Well*, Vangede ...« Er seufzte und blieb mit dem Rücken zu Oxen stehen.

»Kennst du hier jemanden?«, fragte er dann.

»Nein.«

»Wie lange wohnst du jetzt hier?«

»Gut acht Monate.«

»Ich hätte dich wirklich schon früher besuchen sollen, Oxen, nur um Hallo zu sagen. Es tut mir leid, aber ich bin einfach nicht dazu gekommen.«

»Wegen der Arbeit in der Kommission? Der Mossman-Kommission, richtig?«

Mossman lachte leise.

»Ja. Manche bezeichnen sie auch als Mausoleum, aber die Arbeit ist vielseitig und erspart mir den Titel ›Pensionär‹. Damit konnte ich mich noch nie anfreunden.«

Oxen stellte die beiden Becher auf den kleinen Tisch. Mossman setzte sich auf das Sofa, er selbst ließ sich auf den Stuhl daneben fallen.

»Also, ich versuche es noch einmal. Wie geht es dir, Soldat? Wie ist das *Leben*?«

Was erwartete Mossman? Ein Debriefing über sein Leben – in diesem völlig ramponierten Sonntagszustand? Da hatte er ihn auf dem falschen Fuß erwischt.

»Es gibt gute und schlechte Tage. Wie bei jedem anderen auch.«

»Bist du in Behandlung oder in einer Therapie?«

»Ich habe feste Termine bei einer Psychologin im Veteranenzentrum der Armee.«

»Und bringt das etwas?«

»Es ist ein Prozess. Ein langer Prozess. Es sollte eigentlich schneller gehen, aber die Dinge hatten zu lange Zeit, sich festzusetzen. Ich weiß nicht …«

»Und deine Albträume?«

»Die sind noch da.«

»Keine Besserung?«

»Mal so, mal so, wie immer.«

»Hmm … Und dein Sohn? Siehst du ihn?«

»Jedes zweite Wochenende.«

»Klappt das?«

Er zögerte einen Sekundenbruchteil zu lange.

»Alles bestens.«

»Du musst nichts beschönigen. Wir kennen uns doch, Oxen. Das mit dem Jungen, das ist auch ein Prozess. Wie sieht es mit der Arbeit aus? Du hast keinen Job, oder?«

»Noch nicht. Ich sollte erst mal Fortschritte in der Therapie machen. Aber laut meiner Sachbearbeiterin können wir bald anfangen, über Jobtraining, Wiedereingliederung und solche Dinge nachzudenken. Ich habe einen Kurs gemacht, wie man Bewerbungen schreibt. Und sie haben mir einen Lebenslauf zusammengeschustert.«

Mossman lachte, sodass die faltige Haut unter seinem Kinn wackelte.

»Du lieber Himmel. Wenn die wüssten, was du in Wirklichkeit alles kannst, Soldat, wenn die wüssten ...«

Für einen Moment saßen sie schweigend da. Schließlich setzte Mossman von Neuem an. Er klang nachdenklich.

»Dann könnte man dem Soldaten vielleicht einen kleinen Job anbieten?«

»Wohl kaum. Ich muss dem Arbeitsmarkt in Kürze zur Verfügung stehen. So läuft das doch, oder?«

Mossmans »Ha!« hallte hohl im Kaffeebecher.

»Du könntest stattdessen mir zur Verfügung stehen. Darf ich es erklären?«

»Ja.«

Sie waren also zu Mossmans eigentlichem Anliegen vorgedrungen.

»Als wir die Danehof-Archive ausgehoben haben, sind wir natürlich auf einige spannende Akten gestoßen. Wie du weißt, ist das ganze Zeug in der Müllverbrennung gelandet. Es war im Interesse der Nation, alles zu vernichten. Aber ein kleiner Teil der Dokumente ist, nun, man könnte sagen, beiseitegelegt worden ...«

»Du hast vergessen, einige der Ordner in die Flammen zu werfen?«

Axel Mossman nickte ernst.

»Ich habe aus reiner Zerstreutheit ein paar Unterlagen übersehen. Interessante Dinge für die Archive in meinem Keller. Diese ganze Geschichte rund um den Danehof war ja so etwas wie die Büchse der Pandora. Die schlimmen und für unsere Demokratie so kompromittierenden Fakten sind uns förmlich um die Ohren geflogen. Ich habe mich inzwischen durch einen Teil dieser Akten gearbeitet. Und es nimmt kein Ende. In der Büchse war noch eine Büchse und darin wieder eine und immer so weiter. Wie bei diesen russischen Matroschkas. Verkommenheit, so weit das Auge reicht.«

Mit hochgezogenen Brauen sah Mossman ihn an. Jeden Moment würde er das Geheimnis lüften. Mossman räusperte sich und fuhr fort.

»In einer der Akten bin ich auf die Spur eines neuen Unheils gestoßen«, sagte er. »Aber bisher ist es nicht mehr als ein Schatten. Und ich möchte betonen, dass es selbstverständlich möglich ist, dass ich mich irre. Trotzdem würde ich gern ein paar … *Voruntersuchungen* anstellen. Und hier kommst du ins Spiel, Soldat. Ich wollte dich fragen, ob du Lust hättest, nach Jütland zu fahren und für mich ein paar Dinge über den Besitzer eines alten Bauernhofs herauszufinden. Ein älterer Herr, sechsundsiebzig, ledig. Ich würde mich wirklich gern mit dem Mann unterhalten, aber er scheint wie vom Erdboden verschluckt zu sein. Ich stand neulich bei ihm vor der Tür, aber er ist nicht mehr da. Einfach verschwunden. Was meinst du, wäre das nicht eine willkommene Abwechslung in deinem … Vangede-Trott?«

»Ein Bauernhof in Jütland?«

Der Auftrag klang überraschend banal, aber er würde sich bestimmt nicht mehr in irgendetwas hineinziehen lassen. Damit war es vorbei. Vorbei mit der Arbeit für Mossman. Vorbei mit allem, was nicht ihn selbst betraf – oder Magnus.

»Ein ehemaliger Bauernhof, ja … Er heißt Harrildholm und liegt genau genommen in Mitteljütland, in der Harrilder Heide. Was übrigens ganz in der Nähe der Fischzucht in Brande ist, wo du mal gearbeitet hast.«

An diesen Ort hatte es ihn erinnert, das Déjà-vu bei Mossmans Ankunft. Es war ein verregneter Abend wie heute gewesen, als Axel Mossman vor einer halben Ewigkeit plötzlich vor der Tür der schäbigen Mitarbeiterunterkunft bei der Fischzucht stand. Dieser Besuch war der Vorbote einer schicksalhaften Wendung gewesen, die sein ganzes Leben auf den Kopf gestellt und ihn zur Flucht gezwungen hatte.

Er hörte Mossman weiterreden.

»Ich dachte, dass so eine Konfrontation mit der Vergangenheit vielleicht hilfreich für dich sein könnte. Es waren ja schließlich dramatische Umstände da drüben … Du könntest sozusagen zwei Fliegen mit einer Klappe schlagen. Besuch den Hof, schau dich um und frag vielleicht ein paar Nachbarn, ob sie wissen, wo der Alte abgeblieben ist. Und wenn du willst, kannst du auch noch zur Fischzucht fahren. *A walk down memory lane*, nicht wahr? Das ist an einem oder zwei Tagen leicht zu schaffen. Ich bezahle dir natürlich auch ein vernünftiges Honorar.«

Er war zurück auf seiner Fensterbank. Vor einer Stunde hatte Axel Mossman sich verabschiedet. Ein Wetterwechsel kündigte sich an. Eine Kaltfront, die rasch näher rückte.

Aus dem Regen war Schnee geworden. Ein Gestöber aus winzigen weißen Kristallen.

Mossman hatte sein Nein widerspruchslos akzeptiert. Sie hatten noch ein wenig geplaudert, dann war Mossman einfach aufgestanden, hatte ihm die Hand gegeben, seinen nassen Mantel genommen und war im Treppenhaus verschwunden – ein kalter Luftzug begleitete seinen schnellen Abgang.

Es klang alles so seltsam harmlos. Ganz anders als bei seinen Besuchen in den letzten Jahren. Damals hatte Mossmans Erscheinen jedes Mal wie ein düsteres Omen radikale Veränderungen angekündigt.

Als er ihm heute gegenübersaß, hatte er exakt dasselbe Gefühl wie früher: dass er dem legendären Geheimdienstmann unterlegen war. Dass der Hüne in Tweed ihm immer mehrere Schritte voraus war und dass die Koffer des Handlungsreisenden Mossman grundsätzlich einen doppelten Boden hatten.

Herrgott. Ein Hof in Jütland. In der Harrilder Heide. Ein Sechsundsiebzigjähriger, der verschwunden war … Die Syntax war viel zu simpel.

Plötzlich ging in der Wohnung gegenüber das Licht an und erhellte die weiß verschneite Umgebung. Wahrscheinlich wurde die lila Dame gerade nach Hause gebracht.

Jetzt tauchte eine Frau auf. Dem Aussehen nach eine Mitarbeiterin des Pflegedienstes. Das passte zur Uhrzeit. Auch in den anderen Zimmern ging das Licht an. Komisch … Die Frau gegenüber schaute zum Fenster, und für einen kurzen Moment kam es ihm vor, als hätten sie Augenkontakt. Deshalb verzog er sich aufs Sofa und schaltete den Fernseher ein.

Ausnahmsweise entschied er sich für die reale Welt und wählte einen anderen Sender als sonst. Die Spätnachrichten hatten gerade angefangen. Der amerikanische Präsident hatte mal wieder einen Tweet ausgekotzt und die ganze Welt sprachlos zurückgelassen. Er wollte den Fernseher schon wieder ausschalten, als der Nachrichtensprecher das Thema wechselte:

»… Und damit zu den Meldungen aus Dänemark. Der Wolf ist zurück. Bereits 2012 ist in der Harrilder Heide in Mitteljütland ein Foto entstanden, das eindeutig belegt, dass nach über zweihundert Jahren wieder Wölfe in Dänemark heimisch geworden sind. Viele unserer Zuschauer werden sich sicher noch an die Aufnahme erinnern. Hier sehen wir sie noch einmal … ein Wolf, den eine Wildkamera an einem Futterplatz für Rehe eingefangen hat. Damals war das eine einzigartige Aufnahme. Und jetzt ist er am selben Ort erneut gesichtet worden, der Wolf. Die Naturschutzbehörde hat heute Abend eine Reihe ungewöhnlich guter Videoaufnahmen veröffentlicht. In Zusammenarbeit mit der Universität Århus und dem Naturhistorischen Museum Århus wurden gleich mehrere Wildkameras im gesamten Gebiet aufgehängt. Und nun achten Sie bitte darauf, was gleich links im Bild erscheint …«

Der Wolf war gestochen scharf zu erkennen, er stand ganz nah vor der Kamera. Wachsam bewegte er sich in die Mitte des Bildes auf einen matschigen Waldweg voller Pfützen. Der Wolf schnüffelte am Boden, stand dann wieder reglos da und fiel schließlich in seinen charakteristischen leichten Trab, ehe er kurz darauf verschwunden war.

»Diese Aufnahmen sind knapp drei Wochen alt, aber sie wurden der Öffentlichkeit erst heute zugänglich gemacht. Die Harrilder Heide ist eine der größten unberührten Naturlandschaften in Mitteljütland. Neben der Heide gehören zu dem Areal auch große Waldgebiete, die in der Nachkriegszeit angepflanzt wurden. Ein Wolf kann im Laufe eines Tages bis zu achtzig Kilometer zurücklegen, er könnte also längst über alle Berge sein. Und damit wenden wir uns wieder den politischen Ereignissen zu. Die Verhandlungen des Wochenendes haben gezeigt, dass die Tage der Minderheitsregierung gezählt sein könnten …«

Er schaltete aus. Das war eine beeindruckende Aufnahme gewesen. Wenn es ein Tier gab, das ihn in seinen Bann zog, dann der Wolf. Dieser fantastische Jäger und Überlebenskünstler, *Canis lupus*.

Er hatte keine Ahnung, wie lange er schon hier auf dem Sofa saß und beobachtete, wie sich Mossmans Spur vor seinem inneren Auge mit der Spur der Wölfe kreuzte, als ihn ein blaues, kreisendes Licht vor dem Wohnzimmerfenster aus seinen Gedanken riss.

Er unterdrückte den Impuls, sich ans Fenster zu stellen, sah aber trotzdem, wie die Rettungssanitäter in der Wohnung gegenüber eine Trage durch das Zimmer schoben. Die lila Frau war mit einem weißen Tuch zugedeckt.

Sie hatte ihre letzten Schritte gemacht. Ohne jemals irgendwo angekommen zu sein.

## 5.

Lieber eine schlimme Nacht in der Helmand-Provinz, umzingelt von einer Handvoll Milizionäre, als am helllichten Tag ein Duell mit dieser Frau auf dem Stuhl gegenüber.

Er schielte auf seine Armbanduhr. Bald hatte er die Hälfte der Sitzung überstanden. Seine Psychologin war eine intelligente und freundliche ältere Frau, die seit etlichen Jahren im Veteranenzentrum des dänischen Heers mit traumatisierten Kriegsveteranen arbeitete.

Es war Zeit für den Statusbericht. Sie saß ihm wie immer gelassen und aufmerksam gegenüber, mit klugen Augen hinter den glänzenden Brillengläsern. Er dagegen war wie immer gespannt wie die Feder eines Fangeisens.

»Und, wie ist es mit den Sieben, Niels? Hat sich etwas verändert?«

Sie fragte nach den wiederkehrenden Albträumen, die ihn in den letzten Jahren gequält hatten. In schweißnassen Nächten gingen sie in seinem Kopf ein und aus, wie es ihnen gefiel. Die einzige gute Phase, die er je erlebt hatte, fiel in die Zeit, als er in der Fischzucht die Teiche versorgt und im Wald Bäume gefällt hatte. Die langen Tage mit harter Arbeit hatten den Albträumen die Intensität genommen.

Ruhe, Routine und körperliche Anstrengung waren die einzige Medizin, die er sich selbst verordnen konnte, wie unzulänglich sie auch sein mochte.

»Die Sieben? Nein, eigentlich nicht …«

»Flashbacks?«

»Wie letztes Mal, nicht viele. Mein Alltag ist ruhig. Es gibt nichts, was eine Reaktion auslösen könnte.«

»Lassen Sie uns über Ihr Vermeidungsverhalten sprechen. Haben Sie versucht, sich den Herausforderungen zu stellen, über die wir gesprochen haben? Hat nicht inzwischen die Saison begonnen?«

Er schüttelte den Kopf. Ihn schauderte bei dem Gedanken daran, ein Fußballspiel im Parkstadion durchstehen zu müssen.

»Ich hatte nicht das Gefühl, dass ich … schon so weit bin.«

»Das werden Sie nie haben, Niels. Wie ich Ihnen neulich schon gesagt habe – es klingt zwar paradox, aber wenn man etwas ständig vermeidet, um sich selbst zu schützen, führt das letztlich nur dazu, dass man seine Situation festigt oder sogar noch verschlimmert.«

Die Psychologin schwieg. Sie sah ihn an. Ihr Lächeln wirkte angespannt, und er kam sich vor wie ein Schulkind, das seine Hausaufgaben nicht gemacht hatte.

»Ich habe mir über Ihre Situation und unsere Fortschritte hier Gedanken gemacht. Ich muss leider sagen, dass die Therapie überhaupt nicht nach Plan verläuft. Sie sind kein Stück vorangekommen. Oder höchstens minimal. Aber das ist nicht Ihre Schuld. Sie stecken schon viel zu lange in diesem Sumpf. Die PTBS ist ein komplexes und unberechenbares Phänomen. Ich muss unsere Zusammenarbeit deshalb hier beenden – es ist besser für Sie.«

Er sah sie an und konnte seine Überraschung nicht verbergen. Ein geradezu teuflisches Gefühl von Erleichterung überkam ihn. Dann machte sich Sorge in ihm breit.

»Aber was schlagen Sie stattdessen vor?«

»Sie leben schon zu lange mit diesen Dingen. Meine Kompetenzen reichen nicht aus, um daran weiterzuarbeiten. Ich halte es aber auch für grundverkehrt, den nächsten Schritt in unserem System zu machen und sie zu den wirklich schweren Fällen in die Psychiatrie zu schicken. Das würde in die völlig falsche Richtung führen. Sie gehören nicht in die Psychiatrie. Wenn Sie einverstanden sind, möchte ich Sie gern einem Therapeuten vorstellen, den ich kenne. Er hat viel Erfahrung mit EMDR-Therapien.«

»EM…«

»…DR. *Eye Movement Desensitization and Reprocessing.* Das ist eine relativ neue psychotherapeutische Methode, die in der Praxis schon sehr gute Ergebnisse erzielt hat. Der Erfolg ist wissenschaftlich belegt, auch wenn bisher noch nicht nachgewiesen werden konnte, wie EMDR eigentlich wirkt. Die WHO hat die Wirksamkeit dieser Therapieform bei posttraumatischer Belastung anerkannt.«

»Eine Therapie durch Bewegung der Augen?« Seine Skepsis stand ihm wohl deutlich ins Gesicht geschrieben – in Großbuchstaben.

»Korrekt. Ein Teil der Methode besteht darin, dass der Therapeut eine Reihe rhythmischer Augenbewegungen provoziert, zum Beispiel indem er seinen Finger vor dem Patienten hin- und herbewegt, etwa dreißig Sekunden lang. Während der Patient den Finger mit den Augen verfolgt, wird er aufgefordert, sich die negativen Gefühle, Erinnerungen und Gedanken erneut bewusst zu machen, die mit dem Trauma verbunden sind. Dadurch kann er sie verarbeiten und schließlich durch positive Erfahrungen ersetzen. Das mit den Augen – man nennt es bilaterale Stimulation – ist nur ein Teil des Prozesses. Vermutlich werden die Patienten dadurch in eine leichte Trance versetzt, sodass sie besser auf die Behandlung ansprechen. Vereinfacht gesagt geht es darum, die Vergangenheit von der Gegenwart zu trennen. EMDR kann diese Verbindung kappen.«

Er nickte stumm. In seiner Vorstellung sah er einen Hypnotiseur vor sich, der ihm mit dem Finger vor dem Gesicht herumwedelte und ihn davon überzeugen wollte, dass er ein brünstiges Kaninchen war.

»Es ist eine äußerst konfrontative Methode. Das kann ziemlich hart sein. Eine Sitzung dauert sechzig bis neunzig Minuten. Man braucht dafür Ruhe, sonst hält man das nicht durch. Aber Sie haben sich inzwischen ja ein ruhiges Lebensumfeld geschaffen.«

Er nickte wieder. Die kognitive Verhaltenstherapie sollte also von einem Gewaltmarsch mit rollenden Augäpfeln abgelöst werden, auf Empfehlung der WHO. *Who the fuck …?*

»Wenn ich nicht überzeugt davon wäre, dass das der richtige Weg für Sie sein könnte, würde ich Ihnen das niemals empfehlen, Niels«, sagte die Psychologin ernst.

Er kämpfte einen Kampf. Es gehörte zur Therapie, die eigenen Reaktionsmuster zu erkennen. Eins seiner unzähligen Symptome war das Misstrauen. »Den Gegner identifizieren, festhalten und entwaffnen.« So lautete sein selbstgewähltes Kommando.

»Das klingt … interessant … sehr interessant. Wenn Sie es mir empfehlen, dann werde ich es … gern … ausprobieren.«

Die Psychologin nickte zufrieden.

»Gut. Ich werde so schnell wie möglich alles Nötige in die Wege leiten. Sie bekommen eine gründliche Einführung, und es ist wichtig, dass Sie sich bei Ihrem Therapeuten hundertprozentig sicher fühlen.«

»Okay. Ich habe eine Frage.«

Die Psychologin nickte.

»Wäre es eher hilfreich oder schädlich, wenn ich beispielsweise an einen Ort zurückkehren würde, an den ich belastende Erinnerungen habe?«

»Aus der Zeit, als Sie im Ausland stationiert waren?«

»Nein, hier in Dänemark.«

»Wie weit in der Vergangenheit befinden wir uns?«

»Anderthalb Jahre.«

»Ich glaube nicht, dass das von Bedeutung wäre. Ihre Traumata sind viel älter. Was versprechen Sie sich davon?«

»Ich will Erinnerungen und Spekulationen mit der Wirklichkeit abgleichen.«

»Machen Sie das ruhig. Es wird Ihren posttraumatischen Stress sicher nicht wegzaubern, aber wenn es Ihnen anderweitig hilft, ist das doch wunderbar.«

Die Psychologin lächelte und sah zu der Uhr an der Wand. Nur noch wenige Minuten, dann konnte er aufatmen.

»Darf ich Sie zum Abschluss noch etwas Privates fragen? Mich würde nur Ihre Meinung interessieren … Es geht um meinen Sohn …«

»Natürlich, Niels.«

»Sie wissen ja, dass wir uns seit den Sommerferien letztes Jahr regelmäßig sehen. Aber es funktioniert einfach nicht.«

Die Psychologin hob die Augenbrauen.

»Ach ja? Ich dachte, es würde ganz gut klappen. Das haben Sie zumindest gesagt, als ich Sie das letzte Mal danach gefragt habe.«

Er zuckte bedauernd mit den Schultern.

»Das war gelogen. Oder Wunschdenken. Tut mir leid. Letztes Wochenende war Magnus bei mir. Ich komme einfach nicht ins Gespräch mit ihm. Ich komme nicht an ihn ran. Ich habe keine Ahnung, was ich noch tun soll.«

»Ich bin natürlich keine Kinder- und Jugendpsychologin, aber ich habe selbst drei Kinder. Zwei Töchter und einen Sohn. Ich bin sogar schon Oma. Wenn Sie mich fragen, ist es wie so oft im Leben: Wenn man sich zu sehr bemüht, dann steigt das Risiko zu scheitern. Bemühen Sie sich sehr?«

»Ich achte darauf, ihm genug Zeit und Raum zu lassen. Und mich nur vorsichtig und langsam zu nähern.«

»Was unternehmen Sie, wenn er bei Ihnen ist?«

»Wir verbringen viel Zeit in meiner Wohnung, aber manchmal machen wir auch einen Spaziergang in den Wald oder gehen in den Zoo. Einmal waren wir im Tivoli, aber bei großen Menschenmengen stoße ich an meine Grenzen.«

»Sehen Sie, genau das bremst Sie aus und drängt Sie immer weiter in die Isolation. Haben Sie sich schon mal überlegt, dass Ihr Sohn sich vielleicht schrecklich langweilt, wenn er bei seinem Vater ist?«

Er nickte. Ja, das hatte er.

»Aber ich dachte, dass es vor allem am Anfang wichtig ist, nicht ständig irgendetwas zu unternehmen. Damit wir uns kennenlernen können.«

»Waren Sie jemals zusammen im Urlaub? Oder zumindest ein paar Tage woanders als in … Ihrem Viertel?«

»Vangede …«

»Vangede, richtig. Und? Waren Sie?«

»Eigentlich nicht.«

»Warum versuchen Sie es nicht einfach? Ändern Sie den physischen Rahmen für Ihre Begegnungen. Tauschen Sie die äußeren Umstände gegen andere aus. Durchbrechen Sie das Muster, das ja offenkundig nicht funktioniert.«

»Also Urlaub, ja?«

»Oder etwas anderes. Nur ein paar Tage. Ein spürbarer Wechsel. Weg von Vangede. Ich kann Ihnen nicht versprechen, dass es hilft, Niels, aber es könnte bei Ihrem Sohn eine neue Reaktion hervorrufen. Vielleicht sogar bei Ihnen beiden.«

Es war zehn Uhr abends. Er hatte auf seinem Stammplatz auf der Fensterbank gesessen und in Gedanken alles ein letztes Mal durchgespielt.

Die beleuchteten Fenster des Nachbarhauses zeichneten sich scharf gegen die pechschwarze Dunkelheit ab. Nur genau gegenüber waren die Fenster dunkel, wie an jedem Abend, nachdem man seine Nachbarin aus dem Haus getragen hatte.

Die Familie war gekommen, um ihre irdischen Hinterlassenschaften abzuholen. Der Hausmeister und ein paar Handwerker waren ebenfalls da gewesen. Die Wohnung war gestrichen worden. Jede Spur der lila Dame war unter weißer Farbe verschwunden.

Er schaute auf das Handy in seiner Hand. Grausame Erinnerungen. Wölfe. Neue Rahmenbedingungen für Magnus und ihn … Ein Roadtrip nach Jütland?

Er suchte die Nummer in den Kontakten und drückte auf

»Anrufen«. Kurz darauf meldete sich die tiefe Stimme, die so charakteristisch war.

»Mossman.«

## 6.

Diese Nacht war schwarz wie Teer. Er brauchte die Taschenlampe, um sich zwischen Wildwechseln, Waldwegen und Wirtschaftsstraßen zurechtzufinden. Er blieb stehen und zögerte.

Das war die Stelle, oder nicht?

Beim letzten Mal hatte der Mond alles beleuchtet und ihm den Weg gezeigt. Deshalb war er jetzt ein wenig unsicher, obwohl er die Heide und den Wald wie seine Westentasche kannte. Er ließ den Lichtkegel schweifen. Doch, es war die richtige Lichtung in dem sonst so dichten Nadelwald. Ein kleines Areal, das irgendwann gerodet worden war, um als Lagerplatz für Baumstämme zu dienen.

Er knipste die Taschenlampe aus, um sich die Situation wieder vor Augen zu führen. Zum Glück hatte er keine Angst im Dunkeln. Im Gegenteil. Die Dunkelheit schützte ihn, wie eine warme Decke ein Kind. Angst machten ihm ganz andere Dinge. Vor allem die Stimme …

Aber obwohl ihn die dunkle Geborgenheit einhüllte, spürte er ein Zittern tief unten im Magen. Er sah jetzt ganz deutlich vor sich, was er in jener Nacht beobachtet hatte.

Ein leuchtendes böses Auge, mitten auf der Stirn einer schwarzen Gestalt, die sich keuchend und schwitzend in die Unterwelt gegraben hatte, um ein Geheimnis mit in die Tiefe zu nehmen und es dort vor dem Tageslicht und allen Menschen zu verstecken.

Vorsichtig ging er ein paar Schritte näher und machte die Taschenlampe wieder an. Er hatte auf der anderen Seite der Lichtung gelegen. Der Lichtkegel glitt über einen morschen Baumstamm. Dahinter hatte er sich in eine kleine Senke gekauert, am Rand einer riesigen Brombeerhecke, die sich von dem spärlichen Sonnenlicht nährte, das bis auf den Waldboden drang.

In jener Nacht war es beißend kalt gewesen, viel kälter als jetzt, aber der Winter war noch lange nicht vorbei. Es konnte immer noch Frost und Schnee geben.

Er leuchtete die Umgebung ab, versuchte die Entfernung der Fichten von seinem Versteck abzuschätzen und machte dann noch ein paar Schritte nach vorn. Hier musste es sein. Unter seinen Füßen.

Er schaute auf die Spitzen seiner Gummistiefel, wühlte mit dem Absatz ein wenig im Waldboden und blieb dann ganz still stehen. Genau hier, mindestens einen Meter unter ihm, lag sie, die Leiche. Einst ein lebendiger Mensch, jetzt tot, verwesend, bedeckt von einer dicken Schicht Erde. Ein seltsamer Gedanke. Weit weg von einer Kirche, weit weg von den gewundenen Pfaden aus feinem Kies und ohne Grabstein, nur eingerahmt von hohen Fichten.

War es ein Mann oder eine Frau? Jung oder alt? Und warum hatte es so kommen müssen, wie es gekommen war? Was hatte er oder sie getan? Oder nicht getan?

Er hatte befürchtet, dass die Stimme ihm befehlen würde zu graben. So lange zu graben, bis er die Leiche gefunden hatte. Er hätte Tage gebraucht, um die Stimme zu besiegen, sie zum Schweigen zu bringen und sein inneres Gleichgewicht wiederzufinden. Aber der Stimme war die Leiche offenbar egal. Deshalb konnte er hier stehen, und nur die Erinnerung an das böse, leuchtende Auge zwickte ihn in der Magengrube.

Seit jenem Abend hatte ihn das Gesicht des Mannes jede Nacht gequält. Er war sich sicher, dass er diese Züge kannte. Dass er sie schon irgendwo gesehen hatte. Aber es wollte ihm einfach nicht gelingen, die hartnäckige, bohrende Erinnerung einzuordnen.

Der Mann war schon älter gewesen, älter als er selbst. Und er hatte so schwer mit dem Spaten geschuftet, dass sein erhitzter Monsterkörper dampfte.

Er ging auf die Knie und fegte den Teppich aus Laub, Moos und braunen Nadeln beiseite. Er bohrte die Finger in die Erde. Sie war locker. Lockerer, als sie sein müsste. Aber er konnte trotzdem keinen Kontakt zu dem armen Menschen dort unten herstellen. Er hatte immer noch keine Ahnung, ob es ein Mann oder eine Frau war. Vielleicht eine Prinzessin mit goldenem Haar, die in der Tiefe frierend darauf wartete, wieder zum Leben erweckt zu werden. Und dass einer wie er kam, ein Prinz, der sie aus der Unterwelt zurückholte …

Nein, solche Geschichten nannte man Märchen. Geschichten, wie Hans Christian Andersen sie geschrieben hatte. Aber an dieser gerodeten Lichtung und den schweigenden schwarzen Fichten war nichts märchenhaft.

Er wusste nicht so richtig, warum. Er wusste nur, dass ihn irgendetwas hierhergetrieben hatte. Vielleicht wollte sich etwas in seinem Inneren vergewissern, dass das, was er gesehen hatte, auch tatsächlich passiert war. Dass es nicht nur ein böser Traum gewesen war.

Bisweilen fiel es ihm schwer, zu unterscheiden, was Wirklichkeit und was seiner Fantasie entsprungen war. Sein Gehirn war manchmal so vollgestopft mit Gedanken, dass er fast Angst bekam, es könnte explodieren.

Gewissheit … Jetzt hatte er es mit allen zehn Fingern in der

Erde gespürt. Es waren reale Gedanken, die ihn seit jener Nacht im Mondlicht verfolgten. Es war ein echtes Erlebnis gewesen und kein Albtraum. Diese Gewissheit war gut. Sie beruhigte ihn.

Nur eine Sache musste er sich immer wieder einschärfen: Kein Wort darüber zu niemandem. Niemals.

Sorgfältig deckte er die nackte Erde wieder zu. Richtete sich auf und blieb noch einen kurzen Augenblick stehen, um sich von dem unbekannten Leichnam zu verabschieden. Dann drehte er sich um und machte sich auf den langen Heimweg.

## 7.

Sie standen am Kofferraum und zogen ihre Gummistiefel an. Er hatte ein Auto für ihren Kurztrip gemietet, einen kleinen Opel. Es war Montag in der Woche der Winterferien, die das halbe Land entvölkert hatte, sodass die Fahrt nach Brande über Seeland und Fünen problemlos und schnell gegangen war.

Ein großer Teil der Dänen war bereits mit Skiern an den Füßen in den nordischen Bruderländern Norwegen und Schweden angekommen. Weitere Horden pilgerten mit Kurs auf die alpinen Pisten in Österreich, Frankreich, Italien oder der Schweiz über die deutschen Autobahnen.

Er dagegen stand mit Magnus auf einem Waldweg im schwarzen Matsch. Es hatte aufgehört zu regnen, aber das Wasser tropfte noch von den Fichten und Büschen. Die Luft war kalt, obwohl es deutlich über null Grad war.

Er betrachtete prüfend den Gesichtsausdruck seines Sohnes. Der Junge hatte lautstark protestiert, als er das Programm für die Winterferien erfahren hatte. Er hatte seiner Mutter noch nicht verziehen, dass auf ihrer Reise nach New York für ihn kein

Platz gewesen war. Es handelte sich offenbar um einen Trip, zu dem sie von der Firma ihres Mannes eingeladen worden war, halb Urlaubs-, halb Geschäftsreise.

Während der Fahrt hatte Magnus die meiste Zeit in sein iPad vertieft neben ihm gesessen, aber sie hatten sich auch ein bisschen unterhalten. Über Skifahren und Strandurlaub. Sein Sohn hatte anscheinend mit beidem Erfahrung, aber er bevorzugte die Malediven mit Taucherbrille und Schnorchel. Und das, obwohl es »in Val Thorens fantastische Loipen gibt« …

Für einen kurzen Moment erinnerte er sich daran, wie er und Birgitte vor hundert Jahren – frisch verliebt – zusammen mit drei befreundeten Paaren in einem Reisebus nach Österreich gefahren waren, nach Zell am See. Mit furchtbaren Frisuren, türkisblauen Skianzügen und Après-Ski bis zum Umfallen.

Hätte damals jemand eine Glaskugel aus der Tasche gezogen und ihm gesagt, wie sein Leben später verlaufen würde, wäre er vor Lachen in den Schnee gefallen.

»*Hier* hast du gewohnt?«

Magnus sah sich um, zutiefst skeptisch, und nickte dann in Richtung der verkohlten Ruine, die eine Zeitlang sein Zuhause gewesen war, als er dem alten Johannes Fisch bei den Teichen und im Wald geholfen hatte.

»Ja, hier habe ich gewohnt.«

Magnus sagte nichts.

Er fühlte sich wie ein Idiot. Die Bestätigung allein kam gegen die gerunzelte Stirn seines Sohnes nicht an.

»Als ich hier wohnte, war das ein hübsches Haus. Nicht groß, aber meins. Und sehr gemütlich.«

Dass hinter der Wandverkleidung Ratten gehaust hatten und das Dach so löchrig gewesen war, dass es einzustürzen drohte, behielt er für sich. Und auch, dass er eine junge Krähe in einer Pappschachtel in der Küche durchgefüttert hatte.

Würde er all diese Dinge erzählen, würde er sich damit meilenweit vom sicheren Gleis der Normalität entfernen. Es war ein Bild, das er seinem Sohn lieber nicht vermitteln wollte.

»Du hast gesagt, wir würden zu einer Fischzucht fahren«, sagte Magnus verwirrt. »Aber hier sind gar keine Fische.«

»Die Teiche sind ein Stück den Weg hinunter.«

»Und was hast du hier gemacht?«

»Ich habe dem Besitzer der Fischzucht mit den Fischen und im Wald geholfen.«

»Hast du die Fische gefüttert?«

»Ja, Fische muss man füttern. Und Bäume müssen gefällt werden.«

Magnus nickte nachdenklich.

»Was waren das für Fische?«, fragte er dann.

»Forellen.«

»Ich hab schon mal eine Forelle gesehen. In dem großen Aquarium in Kastrup.«

»Nicht weit von hier fließt übrigens ein Fluss. Der Skjern Å, kennst du den?«

Magnus schüttelte den Kopf.

»Das ist der wasserreichste Fluss in Dänemark, also der, in dem am meisten Wasser fließt, aber der Gudenå ist der längste. Hast du von dem schon mal gehört?«

»Vom Gudenå? Ja. Aber von dem anderen nicht.«

»Im Skjern Å gibt es Lachse. Ich habe manchmal geangelt, als ich hier wohnte, aber ich habe nie etwas gefangen.«

»In dem Aquarium waren auch Lachse.«

»Schöne Fische. Echte Kämpfer, wenn man einen an den Haken bekommt.«

»Lachs ist lecker. Wir essen oft Lachs. Ich liebe Lachs.«

»Ich kann dir ja irgendwann mal zeigen, wie man angelt. Dann kannst du deinen eigenen Lachs fangen.«

»Ja, vielleicht ...«

Nur eine kurze Unterhaltung. Aber immerhin eine Art Perspektive. Ein warmes Gefühl durchströmte seinen Körper. Es war schön zu merken, dass ...

»Was machen wir hier, Niels? Sind wir nur hergekommen, weil du hier mal gearbeitet hast?«

Er steckte den unerwarteten Schlag in die Magengrube weg, ohne zu schwanken.

»Ich dachte mir, wir könnten uns einfach ein bisschen umsehen. Es lag ja sozusagen auf dem Weg, oder? Komm!«

Gemeinsam gingen sie zu dem abgebrannten Haus. Die Mauerreste und Dachplatten sahen aus, als wären sie erst letzte Nacht eingestürzt. Und irgendwo darunter lag der verschüttete Zugang zu dem kleinen Keller, von wo aus er in seinen Tunnel geflüchtet war.

Das alles war schwer vorstellbar. Obwohl er sich der Bedrohung rund um die Uhr bewusst gewesen war und das ganze Gelände mit Überwachungskameras versehen hatte, war dieser Ort damals eine friedliche Insel in seinem chaotischen Leben gewesen.

»Und hier hast du wirklich gewohnt? Wann war das?«, fragte Magnus und sah ihn ungläubig an.

»Das ist noch gar nicht lange her, nur ein paar Jahre. Ich war gern hier. Wie gesagt ...«

Magnus rümpfte die Nase. Wahrscheinlich hatte er dem Jungen gerade endgültig den Beweis dafür geliefert, dass sein Vater ein Spinner war.

»Warst du dabei, als es gebrannt hat?«

»Nein, nein. Gebrannt hat es erst, nachdem ich weg war.«

»Warum?«

»Das weiß ich auch nicht. Vielleicht ein Problem mit der Elektrik. Die Leitungen waren ziemlich alt und marode.«

*Er hörte, wie der Alarm losging. Sofort sprang er aus dem Bett, riss die Schranktür auf und sah auf den Bildschirmen, wie der Feind aus allen Richtungen durch das Unterholz näher kam. Acht von zwölf Lampen blinkten. Die Gestalten trugen schusssichere Westen und Nachtsichtgeräte. Sie waren mit Automatikwaffen ausgerüstet. Blitzschnell zog er sich an, schnappte sich seine Pistole und den kleinen Rucksack und rannte die Treppe hinunter.*

Es war keiner der üblichen, messerscharfen Flashbacks, die ihn am helllichten Tag paralysieren konnten. Es waren die schicksalhaften Minuten, in denen er erneut zur Flucht gezwungen worden war. Er hörte nur die Geräusche und sah die Bilder vor sich, aber diese »Erinnerung« war nicht mit Unbehagen verbunden. Vielleicht war sie noch zu frisch?

»Das ist ja nur ein alter Trümmerhaufen. Können wir gehen? Wo sind die Fischteiche?«

»Ein Stück den Feldweg hinunter, aber stell dich besser darauf ein, dass du keinen einzigen Fisch sehen wirst, Magnus.«

»Warum nicht?«

»Der Besitzer ist tot. Wer sollte sich um die Fische gekümmert haben?«

»Ist er gestorben, als du noch hier warst?«

»Nein, danach. Ich habe es von einem Bekannten erfahren. Er ist krank geworden. Er war alt.«

Sie liefen den Feldweg entlang zu Fischs kleinem Haus und den Teichen. Das Tor der Maschinenhalle hing nur noch an einer Angel, und es fehlten einige Wellblechplatten. Weiter rechts konnte er die Reste des offenen Schafstalls erahnen, in dem er damals in der Silvesternacht im Stroh gelegen hatte. Bei einem Sturm war eine große Fichte entwurzelt worden und in den Schuppen gestürzt.

Für einen kurzen Augenblick spürte er Kälte im ganzen Körper und glaubte, den Schafsmist riechen zu können. Ihm war gar nicht bewusst gewesen, dass Silvester war, bis über einem der benachbarten Höfe plötzlich ein Feuerwerk aufstieg.

Magnus lief vor ihm her zu den kleinen Fischteichen und stellte sich an den Rand des ersten.

Er legte seinem Sohn eine Hand auf die Schulter, als er bei ihm angekommen war.

»Ich kann nichts sehen. Und du, Niels?«

»Ich auch nicht. Sie sind sicher gestorben oder geschlachtet worden.«

»Geschlachtet? Werden Fische geschlachtet?«

»So nennt man das, wenn man in dieser Größenordnung Fische züchtet.«

»Ich schaue mal in den anderen nach.«

»Mach das.«

Magnus rannte los. Er selbst ging langsam weiter zu dem weiß gekalkten Haus. Die Tür stand sperrangelweit offen, und fast alle Scheiben der Sprossenfenster waren zersplittert. Er warf einen Blick durch eines der Fenster. Die Einrichtung war größtenteils zerstört. Es sah aus, als hätte jemand eine Party gefeiert. Überall lagen leere Bierdosen herum.

An der Mauer neben der Haustür lehnten ein paar Wellblechplatten. Vermutlich stammten sie vom Dach der Maschinenhalle. Er ging zur Tür, aber dann zögerte er. Weil er sich wie ein Eindringling fühlte? Er wusste nicht, ob er …

Da hörte er einen lauten, scharfen Knall.

Instinktiv warf er sich durch die Türöffnung, landete hart auf dem Betonboden des kurzen Hausflurs, rollte herum, kam auf die Knie und suchte hinter der Mauer Deckung.

»Bravo 16, hier ist Bravo 24. Feindkontakt! Feuer von einem Dach ganz im Süden von *Compound T3M7.* Kampf vermeiden und abwarten. Nehmt die Hintertür zur Landezone. Kommen.«

»16, verstanden, Ende.«

Draußen war alles still. Totenstill. Vorsichtig spähte er um die Ecke. Vor dem Haus stand sein Sohn und starrte ihn mit großen Augen an.

»Was ist denn jetzt los? Das war doch nur ein Stein!«, rief Magnus.

In der Hand hielt er einen weiteren Stein, einen wie den, den er gerade mit aller Kraft gegen die Wellblechplatten geschleudert hatte.

»Warum bist du so ängstlich, Niels?«

Oxen richtete sich auf, und nach wenigen großen Schritten stand er direkt vor seinem Sohn.

»*Papa!* Wann kapierst du das endlich? *Papa!* P-A-P-A. Ist das wirklich so schwer?«

Magnus sah schockiert aus.

»Und ich bin auch nicht ängstlich! Ganz egal, was deine Mutter dir erzählt. Ich bin weder ängstlich noch verrückt noch sonst irgendwas. Ich mag nur keine lauten Geräusche. Und ich hasse es, erschreckt zu werden. Weil ich dann glaube, dass jemand auf mich schießt. Feinde! Kannst du das verstehen? Oder dass ein

Angriff bevorsteht. Mörsergranaten, Raketen, Minen oder ein Selbstmordattentäter. Und musst du wirklich die ganze Zeit schlechte Laune verbreiten? Ich *bemühe* mich ja. Verstehst du? Ich *bemühe* mich … Ich tue, was ich kann. Ich habe keine … Ich würde so gern …«

Er verstummte.

Zu spät.

Magnus hatte längst den Blick gesenkt und trippelte unruhig von einem Fuß auf den anderen. Das alles schien ihn zu verwirren.

»Schau mich an, Magnus.«

Der Junge starrte immer noch unverwandt auf die Spitzen seiner Gummistiefel.

»Na los.«

Widerwillig hob Magnus den Kopf, sie sahen sich in die Augen.

»Ich wäre einfach gern mehr als nur der Typ, den du ab und zu besuchen musst … Also … ich versuche …«

Die Worte blieben ihm im Hals stecken, bevor sie die Zunge erreicht hatten. Und sie schwirrten in seinem Kopf herum und verjagten sich gegenseitig. Magnus sah ihn immer noch an, aber sicher nicht freiwillig.

»Entschuldigung, Magnus. Es tut mir leid, dass ich wütend geworden bin. Ich war einfach erschrocken und habe eine Menge Unsinn gesagt. Mach dir keine Gedanken deswegen, ja?«

Der Junge nickte ausdruckslos.

»Sind wir wieder Freunde?« Er legte eine Hand auf die Schulter seines Sohnes.

»Ja, ist schon okay.«

Magnus befreite sich von der Hand, indem er einen kleinen Schritt zurück machte.

»Gut. Reden wir nicht mehr darüber. Ich schaue mich noch ein wenig um. Es dauert nicht lang.«

»Kann ich im Auto auf dich warten? Ich will lieber spielen. Und ich hab auch schon alles gesehen.«

»Ja, geh ruhig zu deinem iPad. Ich komme gleich nach, nur fünf Minuten. Das Auto ist offen. Auf dem Rücksitz liegt eine Decke, falls du …«

»Nicht nötig.«

Magnus drehte sich um und stapfte los.

Oxen ging zurück in den schmalen Flur. Die Tür zur Wohnstube stand ebenfalls offen. Jetzt war er hier. Er sollte sich mit all dem konfrontieren, weil es ihn vielleicht weiterbringen würde. Ein schmerzhaftes, aber womöglich heilsames Wiedersehen.

In Wahrheit dachte er gerade nur daran, Magnus hinterherzurennen, ihn festzuhalten, hochzuheben, an sich zu drücken, ihm durch die Haare zu wuscheln, ihm auf den Rücken zu klopfen und ihn nie wieder loszulassen.

Wie versteinert stand er immer noch in der Tür. Er konnte Magnus nicht hinterherlaufen. Er hatte den Jungen mit seinem Wutausbruch noch weiter von sich weggetrieben – falls das überhaupt möglich war.

Er ballte die Faust und hämmerte mit den Knöcheln gegen die Wand. Ein großes Stück Putz bröckelte auf den Boden. Er schürfte sich die Haut an den rauen Mauersteinen auf, ohne es zu beachten.

Er ließ den Blick über die trostlose Szenerie wandern. Genau hier, nur ein paar Schritte weiter, hatte er den alten Fischzüchter gerettet und zwei rumänische Einbrecher in die Flucht geschlagen, um nur wenige Minuten später den Namen von einem von ihnen anzunehmen. Adrian Dragos.

Dabei war es geblieben. Und als er nach einer Zeit voller

Chaos, Niederlagen und Flucht auf seinem Krankenlager in den schwedischen Schären die Augen aufschlug, hatte er immer noch diese Lüge auf den Lippen und erinnerte sich daran, dass er nicht Oxen war – sondern Dragos.

Alles hing miteinander zusammen, der ganze Mist, den er erlebt hatte. Von jenem Tag an, als er mit seinem Hund in den Zug gestiegen war, um Kopenhagen zu verlassen und sein Lager im Rold Skov aufzuschlagen, bis heute, wo er wieder in Kopenhagen wohnte. Der Kreis hatte sich geschlossen.

Er schaute durch eins der zerbrochenen Fenster. Oben am Feldweg konnte er Magnus' Rücken erahnen.

Ihre kleine gemeinsame Reise nach Jütland hatte nur ein Ziel gehabt. Jetzt schien es, als hätte er alles kaputtgemacht, bevor es überhaupt angefangen hatte.

## 8.

Der gelbe Bagger fuhr schaukelnd quer über den Hof und verschwand hinter dem ehemaligen Kuhstall, wo es zu den beiden großen Maschinenhallen ging. Inzwischen regnete es kräftig, und die Reifen hinterließen eine breite Spur aus Matsch auf dem Betonboden, als er in die größere der beiden Hallen rollte.

Ein kräftiger kleiner Kerl in Blaumann und Daunenjacke kletterte aus dem Führerhaus und wurde von dem alten Mann begrüßt, der auf seinen Stock gestützt danebenstand. Der Alte hatte ihn – überflüssigerweise – in die Halle dirigiert, als wäre der Bagger eine 747, die auf ihren Platz im Hangar eingewiesen werden musste.

»Tag, Kurzer. Spät geworden heute, was? Und das bei dem Wetter …« Ein Hustenanfall übermannte den Alten. »Da jagt man … einen ehrlichen Mann doch nicht raus«, fuhr er keuchend fort, als der Husten abgeebbt war.

Der Mann in der Daunenjacke klopfte ihm auf die Schulter.

»Solltest du mit dem Husten nicht besser ins Pflegeheim, Thor?«

Der Alte schnaubte.

»Geh du doch ins Pflegeheim, Kurzer. Komm, ich gebe einen aus.«

Der Alte stapfte los in Richtung Stalltür. Zwischen den Hallen und vor dem ehemaligen Kuhstall parkten drei Pick-ups und zwei PKW, neben der Tür standen ein Fahrrad und zwei Mopeds.

»Na so was, Müffel ist ja auch da«, sagte der Kurze und nickte zu dem schwarzen Toyota Hilux ganz hinten. »Der schuldet mir noch Kohle vom letzten Mal.«

Müffel trug seinen Spitznamen nicht ohne Grund. Er hatte eine eigene Firma aufgebaut, einen Abwasser- und Kanalreinigungsservice. Auch wenn er manchmal eine große Klappe hatte, war er eigentlich ganz in Ordnung. Müffel würde seine Spielschulden schon irgendwann bezahlen.

Sie traten in den alten Kuhstall. Rechts von der Tür lag ein Wasserschlauch auf dem Boden, und direkt neben dem Wasserhahn hing eine große Bürste. Routiniert spülten sie ihre Gummistiefel über dem Gitter der Entmistungsanlage ab, die seit Jahren nicht mehr in Betrieb war. Møller wollte nicht, dass jemand Dreck in seine heiligen Hallen trug.

Møller hieß Bjarne mit Vornamen und führte den »Poppelgård Maschinenverleih«, benannt nach dem elterlichen Hof, wo er geboren worden war. Der alte Thor war sein manchmal etwas übereifriger Vater, der ab und zu vergaß, dass er den Hof und die namensgebenden Pappeln schon vor einer Ewigkeit an seinen Sohn übergeben hatte. Seit er sich aufs Altenteil zurückgezogen hatte, wohnte er in einer kleinen Wohnung oben an der Straße. Schon vor einigen Jahrzehnten hatte er die Milchkühe abgeschafft. Seitdem waren die einzigen Lebewesen auf dem Poppelgård, abgesehen vom Eigentümer, fünf oder sechs Katzen, ein alter Jagdhund und die polnische Haushälterin, deren Namen er sich nie merken konnte und die ihre Nächte in Gott weiß welchem Bett verbrachte. Und man tat gut daran, Bjarne Møller nicht danach zu fragen.

Der Kurze und der alte Thor gingen über den Mittelgang in das Nebengebäude, in dem früher eine Werkstatt und eine Scheune untergebracht gewesen waren. Wo sich einst Strohballen stapelten, hatte Møller sich sein Refugium eingerichtet. Eine Art Haus im Haus. Groß wie ein stattliches Wohnzimmer. Aus Brettern und Rigipsplatten zusammengezimmert und mit Steinwolle isoliert.

In dem Raum standen drei Tische mit Stühlen sowie eine kleine Sitzgruppe mit Sofa, die aussah, als hätte sie jemand auf dem Sperrmüll gefunden. An der Wand hing eine riesige Fahne. Sie war schwarz, und in der Mitte prangte ein roter Kreis mit einem stilisierten weißen Wolfskopf – eine Schnauze und zwei schräge Augen. Darüber stand »FC Mitteljütland, 1999«. Hier unterstützte man den Fußballverein im fünfundzwanzig Kilometer entfernten Herning, daran bestand nicht der leiseste Zweifel.

An der gegenüberliegenden Wand hing ein großer Flachbildfernseher, mindestens fünfundsechzig Zoll, und an der dritten Wand eine Dartscheibe. Aber das Herzstück des Ganzen stand gleich neben der Tür: ein riesiger, doppeltüriger Kühlschrank.

Darin lagerte eine breite Auswahl an deutschem Dosenbier. Ganz nach Geschmack und Alkoholgehalt nahm sich jeder selbst heraus, was er wollte, und legte das Geld in die Keksdose auf dem Regal daneben. Hatte man es nicht passend, nahm man sich einfach Wechselgeld heraus. So war es im Poppelgård: Selbstbedienung und Vertrauen in die Kundschaft.

Es hatte vor ein paar Jahren ganz bescheiden angefangen – nur ein, zwei Feierabendbierchen im kleinen Kreis. Später waren nach und nach weitere gesellige Angebote hinzugekommen – Fußballabende, die Dartscheibe, Pokerrunden und andere Kartenspiele.

Inzwischen hatte Møller allen Grund, seine Leute zu bitten, hinter dem Hof zu parken. »Illegale Kneipe« war eine Bezeichnung, die ihm überhaupt nicht gefiel. »Gemütlicher Treffpunkt« passte viel besser. Denn wer konnte schon etwas dagegen haben, dass gute Freunde gemeinsam ein Bierchen zischten? Nicht mal der Dorfpolizist in Nørre Snede, dem einzigen Ort in der Gegend, der seine Polizeistation – zu Møllers kaum verhohlenem Ärger – hatte behalten dürfen. Trotzdem war es am besten, wenn der Vorposten der Ordnungsmacht gar nicht erst von den Treffen in seiner Scheune erfuhr.

Als die beiden Männer eintraten, wurde es für einen Moment still im Raum. Alle schauten hoch. Møller saß am vorderen Tisch. Er nickte seinem Mitarbeiter zu.

»Hallo, Kurzer, du bist spät dran heute. Gab's Probleme?«

»Wir mussten ziemlich viel Gestrüpp beseitigen.«

»Was habt ihr gemacht, Kurzer?« Ein älterer Mann riss den Blick von seiner Bierdose los und schaute den Mann in der Daunenjacke fragend an. Er hieß Schmied, weil er früher Schmied gewesen war. Inzwischen war er in Rente.

»Einen Zaun aufgestellt. Drüben beim Schäfer«, antwortete der Kurze.

»Einen Zaun?«

»Einen Wolfszaun.«

»Wolfszaun?«

»Ja. Mit Strom drauf.«

»Schlimm.«

»Ja, das habe ich auch gedacht.«

Kopfschüttelnd klinkte Møller sich ein: »Der Schäfer behauptet, dass die in Kopenhagen den Zaun bezahlen werden. Oder dass er zumindest einen Zuschuss bekommt.«

Der Kurze setzte sich neben seinen Chef, und der alte Thor drückte ihm eine Bierdose in die Hand.

»Das muss man sich mal vorstellen«, sagte er und trank einen Schluck. »Der Schäfer hat gesagt, dass ein ›Wolfsberater‹ bei ihm war.«

»Ein Wolfsberater? Die lassen sich auch immer wieder was Neues einfallen, damit sie was zu tun haben«, knurrte der Molkereiarbeiter, der seit fünfzehn Jahren keinen Käselaib mehr gewendet hatte, aber immer noch mit einer Milchflaschenkiste auf dem Moped durch die Gegend fuhr.

Der Kurze feixte. »Dieser Berater hat auch den Zuschuss aus Kopenhagen abgenickt, aber der Schäfer hat schon einige Tiere verloren. Ich an seiner Stelle hätte dem Mistvieh längst eine Ladung Blei verpasst.«

»Stahl … Man schießt nicht mehr mit Blei«, sagte Schmied.

»Dann eben *Stahl.* Woraus die Kugel ist, ist mir doch wurst.«

»Prost«, sagte der alte Thor und ließ sich auf einen Stuhl fallen.

»*Wurst*, Vater, *wurst*. Klemm dir doch endlich diese gottverdammten Hörgeräte hinter die Lauscher, Mensch.«

Møller schüttelte den Kopf, und die anderen am Tisch grinsten.

»Angeblich sind da draußen noch mehr«, sagte der Kurze.

»Also Wölfe, meine ich … mindestens zwei. Dieser Wolfsberater meinte, wir sollten uns schon mal darauf einstellen, dass es Welpen geben wird und dass sich bald ein ganzes Rudel da draußen herumtreibt. Irgendwas scheint die Harrilder Heide zu haben, was den Biestern gefällt.«

Der alte Thor stellte seine Dose ab. Er hatte sich schon die ganze Zeit darauf gefreut, seinen Trumpf auf den Tisch zu legen: »Ich habe mit Mathiesen geredet. Er kennt jemanden, der diesen Polizisten kennt. Na, jedenfalls, der Mann, den sie neulich tot im Kvindebæk gefunden haben … Der hatte kein Gesicht mehr. Alles weg. Aufgefressen …«

Einen Moment lang waren alle still.

»Und das soll der Wolf gewesen sein?« Schmied runzelte die Stirn.

»Ja, warum denn nicht? Sie wissen immer noch nicht, wer der Mann war. Wahrscheinlich deshalb. Weil er kein Gesicht mehr hatte«, sagte der Alte.

»Oh, Vater, hör auf, solchen Unfug zu verbreiten. Haben die Leute eigentlich nur noch Wölfe im Kopf?«, schnaubte Møller.

»Du hast es doch selbst im Fernsehen gesehen, oder etwa nicht? Die Harrilder Heide, direkt hier vor unserer Haustür. Ich hab mir das nicht ausgedacht«, sagte der Alte eingeschnappt.

»Ich behaupte ja nicht, dass es hier keine Wölfe gibt, aber ich habe noch nie gehört, dass ein Wolf jemandem das Gesicht weggefressen hat.«

Kopfschüttelnd zuckte der Alte mit den Schultern. Jeder wusste, dass Vater und Sohn oft verschiedener Meinung waren, aber der Streit verrauchte meist schnell.

Ein auffallend kräftiger Mann, der das Kopfende an Møllers Tisch für sich allein beanspruchte, hob zaghaft den Zeigefinger. Ihm gehörte das zweite Moped vor der Tür. Obwohl er Autolackierer war, hatte er keinen Führerschein mehr, seit er ihn als Achtzehnjähriger abgeben musste. Jetzt war er dreiundvierzig. Irgendjemand hatte einmal versucht, ihm den Spitznamen »Arschbacken auf Rädern« zu verpassen, aber derartige Gemeinheiten wurden hier in der Runde nicht toleriert. Man hieß so, wie man war. Nicht mehr und nicht weniger.

»Was gibt's, Dick?«, fragte Møller und nickte zum Tischende.

Dick hieß Dick. Weil er dick war. Der Name war nicht böse gemeint. Im Gegenteil. Dick war so beliebt, dass er nach einem der bekanntesten Helden der Filmgeschichte benannt worden war – nach Dick von Dick und Doof.

»Ja, also …«, fing Dick mit einem Stimmchen an, das so zart war, wie man es bei einem derart voluminösen Körper nie für möglich gehalten hätte, »… wusstet ihr eigentlich, dass der Typ verschwunden ist, der Harrildholm gekauft hat?«

»Dieser Kopenhagener?«

»Ja«, erwiderte Dick piepsend auf die Frage seines Nebenmanns, der sich jetzt erst in die Unterhaltung einmischte. Beton hatte die Statur eines Bodybuilders, aber für einen Sportler war sein Gesicht eindeutig zu rot.

Dick fuhr fort: »Post Ole hat es mir erzählt. Könnte er nicht der Mann sein, den sie im Kvindebæk gefunden haben? Vielleicht weiß die Polizei ja noch gar nicht, dass er verschwunden ist. Vielleicht sollte man ihnen einen Tipp geben? Was meint ihr?«

Dick hatte sein Gewissen erleichtert, jetzt lag die Entscheidung beim Parlament des Poppelgårds.

»Also, dass jemand etwas über den Besitzer von Harrildholm gesagt hat, das hat Mathiesen mir nicht erzählt«, erklärte der alte Thor und klang ein wenig enttäuscht.

»Es ist höchstens einen Monat her, dass ich bei dem Kopenhagener die Abwasserrohre durchgespült habe. Woher weiß man, dass er verschwunden ist?«, fragte Müffel.

Dick zuckte mit den Schultern. »Vielleicht weiß man es gar nicht. Post-Ole hat ihn nur schon lange nicht mehr gesehen, und sein Briefkasten quillt über. Was man so hört, haben ihn auch die Nachbarn nicht mehr gesehen. Schon komisch, oder? Und dann finden sie plötzlich eine Leiche im Bach. Ein älterer Mann, stand in der Zeitung. Das würde doch passen.«

Møller schüttelte den Kopf und rieb seine großen Hände.

»Ihr redet und redet. Aber keiner von euch weiß etwas. Heutzutage verreisen die Leute gern mal länger. Oder vielleicht ist er auch einfach nur in Kopenhagen.«

Beton sah nachdenklich aus.

»Angeblich hat der Kopenhagener einen Arsch voll Kohle«, sagte er grimmig.

»Das habe ich auch schon gehört«, bestätigte Schmied.

»Wenn es stimmt, dann hat er das Geld jedenfalls nicht in den Hof investiert«, knurrte Møller.

»Warum zieht einer aus Kopenhagen eigentlich ausgerechnet hierher? Ich finde das komisch«, meldete sich Dick mit seiner hellen Stimme zu Wort.

»Er war dort drüben wohl ein hohes Tier. Irgendwas im Ministerium … Justiz oder so. Der Besitzer vom Sägewerk in Ejstrupholm kennt einen, der jemanden kennt, der …«

»Gib endlich Ruhe, Vater! Lass gut sein.«

Für einen Moment war es still, während alle ihre Bierdosen hoben und tranken.

»Um noch mal auf diesen Zaun zurückzukommen …«, setzte der Kurze nachdenklich an. »Meine Frau hat in der Zeitung gelesen, dass eine Grundschulklasse eigentlich einen Wandertag in die Heide und in die Nørlund Plantage machen wollte, aber die Schule hat den Ausflug jetzt abgesagt. Dem Rektor war das Risiko zu groß.«

»Welches Risiko?«, fragte Beton.

»Das Risiko für die Kinder, du Idiot. Weil da draußen Wölfe frei herumlaufen«, sagte der Kurze.

Beton schnaubte und zerdrückte seine Bierdose mit der Hand, als wäre sie aus Alufolie.

»Wölfe und Kopenhagener. Die einen verrückter als die anderen«, knurrte Møller. »Ich kenne nur eine Sorte guter Wölfe – und das sind immer noch die vom FC Mitteljütland. Prost! Oder … *wurst.*«

## 9.

Sie lagen beide auf ihren Isomatten und spähten durch die Ferngläser über die offene Heidelandschaft, die ein paar Kilometer weiter an der gezackten Silhouette des Nadelwaldes endete.

Sie befanden sich auf einem kleinen Hügel zwischen braunem Heidekraut. Von hier hatte man einen guten Überblick. Die Unterlagen aus Schaumstoff verhinderten, dass die Kälte aus dem Boden in ihre Körper kroch. Es war unangenehm kalt. Minus vier Grad in diesen frühen Morgenstunden, in denen sie darauf warteten, dass es langsam heller wurde und sie eine bessere Sicht auf die Harrilder Heide hatten.

»Und was passiert, wenn wir wirklich einen Wolf sehen? Was ist, wenn er uns bemerkt?«

»Keine Angst, Magnus. Es passiert gar nichts. Sollten wir tatsächlich einen zu Gesicht bekommen, dann konzentrier dich einfach darauf, den Moment zu genießen. Einen Wolf in freier Wildbahn zu sehen, das erleben nur die Allerwenigsten. Den ersten Wurf in Dänemark hat ein Jäger gefilmt – acht Welpen. Ein glücklicher Mann, was? Eine Menge Leute würden viel Geld dafür bezahlen, so was mitzuerleben. Wölfe sind scheu. Sie meiden die Menschen. Möchtest du einen Becher Kakao?«

Magnus ließ das Fernglas sinken und nickte.

Oxen zog zwei kleine Becher und die Thermoskanne aus dem Rucksack und schenkte ihnen ein. Sie hatten den Kakao im Supermarkt besorgt und netterweise in der Hotelküche warm machen dürfen. Sie waren mitten in der Nacht aufgestanden, um auf Wolfsjagd zu gehen, und zu einer unchristlichen Zeit wie dieser hatte das Personal im Hotel Dalgas in Brande noch nicht viel zu tun.

Magnus war schwer zu wecken gewesen. Er hatte erst spät geschlafen, weil er nachts noch auf dem iPad gespielt und sich mit ein paar Freunden zum Videochat verabredet hatte.

Der Junge hatte sich im Hotel ganz offensichtlich schwer gelangweilt, da es zu seiner großen Enttäuschung weder ein Schwimmbad noch andere Freizeitangebote zu bieten hatte. Trotzdem bemühte Oxen sich, entspannt zu bleiben und keine verzweifelten Anstrengungen zu unternehmen, um seinen Sohn zu beschäftigen. Ein einziges Mal hatte er versucht, Magnus aus der Reserve zu locken, und ihn nach dem Fußballklub gefragt, in dem er spielte, nach seinem Lieblingsverein, seinen Idolen und solchen Sachen. Früher hatte er selbst sich auch für Fußball interessiert, aber das war in einem anderen Leben gewesen.

Während Magnus mit seinen Freunden geredet und eine Liste der Sachen zusammengestellt hatte, die er morgen im Supermarkt an der Grenze kaufen wollte, war Oxen schließlich vor dem Fernseher versackt. Ein schwedischer Krimi, aber er hatte gar nicht richtig hingesehen.

Stattdessen hatte er darüber nachgedacht, was die Welt für ein unberechenbarer Ort war. Er war in Vangede gelandet und machte jetzt einen Abstecher nach Brande, um seine eigene Spur ein weiteres Mal zu kreuzen. Aber diesmal kämpfte er nicht mehr um sein Leben, sondern darum, seinen Sohn kennenzulernen.

Irgendwann hatte er Magnus aufgefordert, das iPad auszuschalten und ins Bett zu gehen.

Er selbst hatte immerhin fast drei Stunden ruhig geschlafen. Dann war er aufgewacht und hatte sich wieder flüchten sehen, während das Blut aus Johannes Fischs Bauch quoll und das ganze Hotelzimmer flutete.

Er reichte Magnus den Becher.

»Hier. Aber pass auf, der Kakao ist wirklich heiß. Hast du es bemerkt? In der letzten Viertelstunde ist es auf einmal viel heller geworden. Stell dir vor, wir hätten wirklich Glück und …«

Da schallte ein lauter Knall über das offene Gelände. Er rollte von der anderen Seite heran und erreichte sie wie mit leichter Verspätung. Oxen kannte dieses Geräusch.

»Achtung! Schau!«

Er hob das Fernglas, und Magnus folgte rasch seinem Beispiel. Nur Sekunden später brach ein Rothirsch aus dem Unterholz und stürmte mit großen Sätzen über die Heide direkt auf sie zu. Dann änderte er plötzlich die Richtung und war gleich darauf hinter eine Gruppe kleiner Bergkiefern verschwunden.

»Was war das? Was ist passiert?«, fragte Magnus mit angehaltenem Atem.

»Das war ein Schuss. Aus einem Gewehr.«

Kurz darauf sahen sie die Lichtkegel von Autoscheinwerfern. Der Wagen schien irgendwo dort drüben zu wenden, und das Licht war genauso schnell wieder weg, wie es aufgetaucht war.

»Da ist jemand auf der Jagd, oder?«

Er nickte.

»Ja. Auf der Jagd nach einem kapitalen Hirsch.«

»Ist das nicht komisch, so früh am Morgen?«

»Das war ein Wilderer. Oder mehrere.«

»Wilderer? Wow … Also Jäger, die Verbrecher sind, stimmt's?«

»Ja. Im Moment ist Schonzeit. Es ist streng verboten, zu dieser Jahreszeit Rotwild zu jagen.«

»Hat er den Hirsch getroffen? Ist er verletzt?«

»Ich glaube nicht. Soweit ich das gesehen habe, hat er sich ganz normal bewegt.«

»Aber was ist, wenn doch …?«

Oxen zuckte mit den Schultern.

»Können wir nicht nachschauen? Wir wissen ja, wohin er gelaufen ist.«

»Ich glaube, dort, wo er verschwunden ist, ist eine Senke. Wir werden ihn sicher nicht finden.«

»Aber vielleicht ja doch … Er tut mir leid. Bitte, können wir es nicht wenigstens versuchen?«

Oxen hatte wenig Lust darauf, mitten im Nirgendwo auf irgendwelche bewaffneten, zwielichtigen Gestalten zu stoßen – und schon gar nicht mit Magnus an der Hand.

»Komm schon! Lass uns suchen gehen.«

»Okay, Magnus … Aber wir warten noch fünf Minuten.«

»Warum denn?«

»Falls wir den Hirsch finden, ist es gut, wenn er sich schon ein bisschen beruhigen konnte. Darum.«

Er hob das Fernglas und beobachtete den gegenüberliegenden Waldrand. Es gab nicht den geringsten Hinweis auf Aktivität.

»Was ist, wenn wir ihn tatsächlich finden? Was machen wir dann, Niels?«

»Ich habe ein Messer dabei. Wenn er schwer verletzt ist, müssen wir ihn töten. Das ist klar.«

Magnus gab ihm den leeren Becher. Seine Augen waren groß.

»Töten?«

»Ja, das Tier soll doch nicht leiden, oder?«

»Und die Wölfe?«

»Die können wir für heute wohl vergessen. Nach der Aufregung hier lässt sich garantiert keiner mehr blicken.«

Er kontrollierte den Waldrand ein letztes Mal. Keine Bewegung zu sehen.

»Na dann, lass uns gehen, Magnus.«

# 10.

*1. Dezember 1963*

Das Mädchen mit den langen goldenen Haaren trat in die Pedale und zog sich die rote Mütze extra tief in die Stirn. Es war eisig kalt, aber zum Glück war sie warm angezogen und hatte an ihre Handschuhe gedacht.

Sie war noch ganz berauscht von allem, Fest, Tanz, Musik und Lachen, und ihr Körper trotzte dem Gegenwind wie eine Maschine, ihre Beine waren wie zwei Kolben und trieben das Fahrrad immer weiter vorwärts.

Sie hatte Bier getrunken, nicht viel, aber genug, dass sich ihre Bewegungen leichter anfühlten als sonst, und obwohl sie ein wenig außer Puste war, machte ihr der Gedanke an den kilometerlangen Heimweg nichts aus.

Es war ein wunderbarer Samstagabend gewesen. Sie hatte unzählige Male mit Morten getanzt. Die Sunshine Boys, die sogar schon in den Milchbars in Esbjerg und Kolding und im

Badehotel am Vejle Fjord aufgetreten waren, hatten mit ihrer schwungvollen Musik alle von den Stühlen gerissen. Und Morten konnte so gut tanzen …

Immer schneller kreisten die Melodien in ihrem Kopf, während ihre Beine im Rhythmus strampelten.

*»If everybody had an ocean*

*Across the USA …«*

Die Beach Boys waren phänomenal, aber die fünf gut gelaunten Jungs der Sunshine Boys aus Fredericia waren auch nicht von schlechten Eltern.

Sie spürte Regentropfen im Gesicht und schaute nach oben. Sie sah den Halbmond, ein paar einzelne Sterne und dicke Wolken, die über den Himmel zogen.

Es war fast halb zwei. Um diese Uhrzeit hätte sie eigentlich längst zu Hause sein sollen. Und eigentlich durfte sie nach dem traditionellen Weihnachtsball im Gemeindehaus von Fasterholt auch nicht allein nach Hause radeln. Mit ihren Eltern war vereinbart, dass sie wie immer zusammen mit Sigrid fahren würde. Aber Sigrid hatte beschlossen, dass dies die Nacht sein sollte, in der sie sich Frederik hingeben wollte. Und weil sie beste Freundinnen waren, hatten sie ausgemacht, dass sie Sigrid selbstverständlich decken und ihren Eltern sagen würde, sie hätten sich gemeinsam auf den Heimweg gemacht. Frederik würde Sigrid dann mit seinem Auto nach Hause bringen und ihr Fahrrad in den Kofferraum laden. Und nach dem Aufstehen würde niemand ahnen, wie es wirklich gewesen war. Morgen war der erste Sonntag im Advent. Dann begann endlich die Weihnachtszeit.

Aber jetzt fuhr sie allein auf dem Fahrrad nach Hause, um Sigrid einen großen Gefallen zu tun – mit dem Klang der herrlichen Tanzmusik im Ohr.

*»Hey, hey Paula, I wanna marry you,*

*Hey, hey Paula, no one else could ever do …«*

Auch Anton hatte den ganzen Abend versucht, bei ihr zu landen. Aber Anton war so ernst und so belesen.

Er hatte die ganze Zeit nur von John F. Kennedy und seiner Ermordung gesprochen. Und über all das Gerede von einer Verschwörung und internationaler Politik.

Es war jetzt acht Tage her, dass die Zeit am anderen Ende der Welt nach den Ereignissen in Dallas plötzlich stehen geblieben war. Seit jenem letzten Freitag hatte es kaum noch ein anderes Thema gegeben. Auch nicht zu Hause.

Sie bekam fast ein schlechtes Gewissen. Durfte man so glücklich sein, obwohl ein so großer, vielversprechender Staatsmann ermordet worden war und seine hübsche Frau allein zurückgelassen hatte? Durfte man nichts mehr davon hören wollen? Durfte man einfach genug davon haben – und stattdessen tanzen und sich auf die Weihnachtszeit freuen, die um Mitternacht begonnen hatte?

Jedes Mal wenn Anton den nächsten Anlauf unternehmen wollte, hatte sie sich schnell bei Morten in Sicherheit gebracht. Morten hatte keinen Ton über Kennedy gesagt.

Paul und Paulas großer Hit »Hey Paula« war ein echter Ohrwurm. Ein gutes Lied. Richtig gut. Aber nicht so gut wie der Song, der beim Publikum des Gemeindehauses der absolute Hit gewesen war: »Sugar Shack« von Jimmy Gilmer and The Fireballs. Das Lied war noch ziemlich neu, und alle liebten es.

*»There's a crazy little shack beyond the tracks*

*And ev'rybody calls it the sugar shack …«*

Sie summte laut und achtete gar nicht auf den Regen, der immer stärker wurde. »Sugar Shack« war Mortens und ihr Lieblingslied. Es war ganze vier Mal gespielt worden.

Morten tanzte, dass der Schweiß nur so strömte. Er war eine Spaßkanone, seine Fröhlichkeit steckte jeden an. Und außerdem hatte er das süßeste Lächeln von allen …

Plötzlich bemerkte sie ein fahles Licht, das von hinten über den Asphalt fegte. Sie warf einen Blick über die Schulter. Hinter ihr kam ein Auto.

Vielleicht lag es daran, dass die Reifen nass waren, oder sie hatte es beim Losfahren einfach nicht bemerkt, aber der Dynamo am Vorderrad war leicht verrutscht. Sie musste sichergehen, dass der Autofahrer ihr Rücklicht sehen konnte, und trat deshalb mit dem linken Fuß kräftig gegen den Dynamo, damit er wieder richtig griff. Das Vorderlicht leuchtete sofort heller.

Aber auch der Lichtkegel um sie herum war inzwischen stärker geworden. Gleich würde das Auto sie überholen. Sie schaute wieder nach hinten. Nein … Es schien, als würde der Wagen gleichmäßigen Abstand halten.

Das war merkwürdig. Instinktiv trat sie fester in die Pedale, und der Dynamo surrte aufgeregt.

Erneut schaute sie sich um. Die Scheinwerfer blendeten sie. Das Auto hielt immer noch Abstand …

Das Gefühl machte sich zuerst in ihrer Magengrube bemerkbar, kneifend, drückend, zitternd, dann breitete es sich explosionsartig in ihrem ganzen Körper aus – und gab sich zu erkennen.

Es war blanke Angst.

## 11.

Auch an den Buchstaben über dem Tor hatte der Zahn der Zeit genagt. Nur wenn man den Namen schon kannte, ergab die Inschrift Sinn.

»Harrildholm« – wie die geschwungenen schwarzen Buchstaben einst verkündeten – war ein gewöhnlicher Vierseithof. Ein heruntergekommener alter Kasten, der schon von Weitem aussah, als könnte er jeden Moment in einer riesigen Staubwolke zusammenbrechen.

Harrildholm lag umgeben von unberührter Natur in Mitteljütland in der Harrilder Heide, die zusammen mit der Nørlund Plantage im Norden ein nahezu menschenleeres Gebiet von etwa dreißig Quadratkilometern bildete, das im Osten an den jütländischen Höhenrücken grenzte, die Wasserscheide zwischen Nord- und Ostsee.

Ein paar Kilometer weiter westlich, nur durch ein paar Felder getrennt, schloss sich der ehemalige Braunkohletagebau von Søby mit weiteren sechzehn Quadratkilometern Naturlandschaft an. Als während des Zweiten Weltkriegs überall Brennstoff fehlte, waren hier fast viertausend Menschen damit beschäftigt gewesen, Braunkohle abzubauen. Heute waren von der einstigen Goldgrube nur noch Abraumhalden, Seen und anspruchslose Pflanzen übrig.

Er ließ seinen Blick schweifen. Gut möglich, dass auch Harrildholm damals seine Glanzzeiten erlebt hatte.

Er drehte den Autoschlüssel und sah Magnus fragend an, der neben ihm auf dem Beifahrersitz saß.

»Wollen wir?«

Magnus seufzte tief und nickte. Nach dem ungewöhnlich guten Morgen in der Heide war er in seine mufflige Rolle zurückgefallen. Nachdem sie den Schuss des Wilderers gehört hatten, war er voll bei der Sache gewesen und hatte fieberhaft nach dem Hirsch gesucht.

Zum Glück war das Tier nicht angeschossen worden. Sie hatten nicht die geringste Spur von ihm gefunden. Aber dafür hatte

Oxen eine Seite seines Sohnes kennengelernt, die er noch nie zuvor erlebt hatte.

Sie waren ins Hotel nach Brande zurückgefahren, um zu frühstücken. Während Magnus irgendein lärmendes Fußballspiel auf dem iPad gespielt hatte, war Oxen zum Telefonieren auf den Flur gegangen. Er hatte ihr ursprüngliches Hotelzimmer storniert und stattdessen eines im Hotel des Nordens in Kruså gebucht, auf der deutschen Seite der Grenze. Das Hotel hatte einen großen Wellnessbereich, und man konnte sogar aus dem warmen Hallenbad ins Außenbecken schwimmen.

Das alles hatte er schon in der Nacht zuvor herausgefunden, während Magnus schlief. Aber sein eigener Wutausbruch an der Fischzucht verfolgte ihn und überschattete alles. Er hatte analysiert, was passiert war. Das Geschehene mehrfach in Gedanken durchgespielt und es aus seinem und aus Magnus' Blickwinkel betrachtet.

Jedes Mal war er zu demselben Schluss gekommen. Er hatte sich dem Jungen gegenüber wie ein Idiot benommen – wie ein ausgewachsener Vollidiot.

Jeder wusste, dass ein Stein dazu da war, geworfen zu werden. Jeder wusste, dass eine Wellblechplatte so etwas wie ein Magnet für Steine war und förmlich darum bettelte, als Zielscheibe zu dienen.

Und wenn er mit seinen Analysen weit genug in die Vergangenheit zurückging, dann gab es keinen Zweifel daran, dass er selbst den ersten Stein geworfen hatte, was das Verhältnis zu seinem Sohn betraf.

Ein armseliges »Tut mir leid« war zu wenig. Deshalb der Wechsel in ein Hotel mit Swimmingpool. Er wünschte sich so sehr, dass Magnus wenigstens irgendetwas von ihrem kleinen Ausflug in guter Erinnerung behalten würde.

Sein Sohn hatte die Neuigkeit mit einem kaum sichtbaren Lächeln und einem gemurmelten »Cool« quittiert. Jetzt fragte er mit unüberhörbarer Langeweile in der Stimme:

»Und was machen wir jetzt hier? Diesen Mann suchen? Oder was?«

Oxen nickte, und sie stiegen aus dem Wagen. Grob gesagt, hatten sie genau das vor. Axel Mossman hatte ihn gebeten, nachzusehen, ob der Besitzer von Harrildholm wieder zu Hause war. Falls ja, sollte er sich nur kurz vorstellen, Mossmans Telefonnummer hinterlassen und ausdrücklich darauf hinweisen, dass Mossman auf ein Treffen hoffte.

Sollte der Besitzer aber immer noch nicht wieder aufgetaucht sein, würde er sich nur ein wenig umschauen und sich bei den beiden nächsten Nachbarn nach ihm erkundigen.

»Dieser Mann ist der Eigentümer … Er heißt Poul Hansen und ist sechsundsiebzig Jahre alt. Wir sollen bloß nachsehen, ob er zu Hause ist.«

»Warum? Kennst du ihn?«

»Nein, ich kenne ihn nicht, aber ein guter Bekannter hat mich um diesen Gefallen gebeten.«

Sie gingen über die mit Feldsteinen gepflasterte Zufahrt durch das Tor und befanden sich nun im Innenhof. Hier war das alte Natursteinpflaster ziemlich versandet, und an einigen Stellen sah man schon Grasbüschel zwischen den Steinen. Sobald der Frühling kam, würde mit Sicherheit alles grün vor Unkraut sein.

Oxen blieb stehen und sah sich um. Die beiden Wirtschaftsgebäude links und rechts hatten Wellblechdächer, der Querbau hingegen trug ein moosbewachsenes Reetdach, das über dem Tor gefährlich eingesunken schien. Das Dach des Haupthauses war mit welligen Asbestplatten gedeckt. Eine breite Steintreppe führte zu einer Eingangstür, von der die Farbe abblätterte.

Sämtliche Mauern waren weiß gekalkt. Der Sockel des Haupthauses bestand aus rohen Feldsteinen, während die Gebäudesockel der alten Stallungen genau wie die Fensterrahmen schwarz gestrichen waren. Aber über die Jahre waren die scharfen Kontraste verschwommen, neben hässlichen braunen Flecken bröckelte der Putz von den Wänden, und an vielen Fenstern fehlten die Scheiben.

»Was für eine Bruchbude«, stellte Magnus mit gerümpfter Nase fest.

Der Junge blieb stehen und kratzte mit der Stiefelspitze im Sand. Oxen ging zu einem schmalen Durchgang zwischen Stall und Wohnhaus. Eine Reihe brüchiger Steinplatten führte zu einem Nebeneingang, hinter dem sich wahrscheinlich die Waschküche befand.

Seine Vermutung bestätigte sich. Die Tür war nur angelehnt. Magnus kam dazu und blieb hinter ihm stehen.

Oxen schob vorsichtig die Tür auf und lauschte. Es klang, als würde irgendwo im Haus gerade jemand Amok laufen oder alles zu Kleinholz schlagen. War es der Alte – oder ein Handwerker? Aber wieso parkte dann nirgends ein Auto?

Er gab Magnus ein Zeichen, ihm in den schmalen Vorraum zu folgen, wo eine Menge Schuhe herumlagen. Ganz hinten, auf einer schmutzigen Fußmatte, stand ein Paar große Holzclogs.

»Hallo? Ist hier jemand?«

Oxen klopfte leicht an die offene Tür, aber es kam keine Antwort. Allerdings ging das Gerumpel in unverminderter Lautstärke weiter, weshalb der Betreffende sie natürlich nicht hören konnte.

Die nächste Tür war ebenfalls nur angelehnt und führte sie in eine große Küche mit abgenutztem Linoleumboden. Auf der anderen Seite des Raums war eine Tür mit zwei Flügeln. Sie stand sperrangelweit offen und gab den Blick frei auf einen Mann in schwarzem Overall und Holzfällerhemd, der gerade dabei war, den Inhalt einer Schublade im Wohnzimmer auf den Boden zu kippen. Alles landete auf einem Berg Krempel, der sich dort bereits angehäuft hatte.

Der Mann war viel zu jung, um Poul Hansen zu sein. Er war höchstens um die vierzig, kompakt gebaut, mit breiten Schultern und breitem Nacken. Er bemerkte sie erst, als sie schon mitten in der Küche standen.

»Entschuldigung, wir sind auf der Suche nach dem Hausbesitzer. Poul Hansen. Was machen Sie hier?«

Oxen nickte in Richtung des Chaos auf dem Fußboden. Dem Unbekannten war die Überraschung deutlich anzusehen. Für eine kurze, stumme Sekunde starrten sie sich an, dann ging der Mann unvermittelt zum Angriff über, den Kopf leicht gesenkt, als wollte er Oxen den Schädel in den Bauch rammen.

»Magnus! In die Ecke!«

Er konnte gerade noch das Kommando brüllen und Magnus aus der Gefahrenzone schieben, bevor der Mann auch schon versuchte, ihn mit einem rechten Haken zu Fall zu bringen.

Oxen drehte den Oberkörper und wich dem Schlag problemlos aus, aber sein Angreifer hatte so viel Schwung geholt, dass er das Gleichgewicht verlor und gegen einen Schrank taumelte.

Jetzt standen sie sich direkt gegenüber.

Der Mann hatte einen kahl rasierten Kopf und rote Flecken im Gesicht, und er war außer sich. Aber obwohl er zweifellos über eine gewisse physische Stärke verfügte, hatte er eindeutig keine Ahnung von Kampftechnik.

»Was machen Sie hier? Und warum durchwühlen Sie alles?«

Er bekam keine Antwort. Der Mann würde jeden Moment erneut angreifen.

Oxen wollte unter keinen Umständen riskieren, sich einen Finger oder die ganze Hand zu verletzen.

Als sein Gegner wieder Anlauf nahm, um mit der rechten Faust zuzuschlagen, packte er den Mann am Arm und schleuderte ihn über die Schulter rücklings auf den Linoleumboden, sodass beim Aufprall die Gläser im Schrank klirrten.

Es war ein klassischer Ringerwurf, hervorragend geeignet für den Nahkampf, wenn man genug Zeit und ausreichend Platz hatte. Relativ ungefährlich und trotzdem effektiv.

Vielleicht konnten sie sich alle weiteren Anstrengungen jetzt sparen.

Oxen warf einen Blick zu Magnus, der in die Ecke gepresst auf einer Bank saß.

»Wollen wir nicht lieber aufhören, bevor sich noch jemand wehtut? Was machen Sie hier? Und wer sind Sie?«

Der Mann rollte sich auf den Bauch, kam auf die Beine und keuchte: »Das geht dich gar nichts an! Gleich wirst du mich richtig kennenlernen, du …«

Doch sein unbekannter Gegner war etwas vorsichtiger geworden und machte nur kleine Schritte auf ihn zu. Diesmal versuchte er es mit einer Art Boxer-Haltung, den linken Arm schützend vor den Kopf gelegt, die Rechte zur Faust geballt und zum Schlag bereit.

Oxen ließ sich bereitwillig an die Wand drängen, während der Mann vorwärtstrippelte. Er registrierte, wie der Kerl die rechte Hand ganz leicht zurückzog. Als sie kurz darauf eher unkontrolliert nach vorn schoss, parierte er den Schlag und fegte dem Angreifer mit einem *Ashi Barai* in die Kniekehlen.

Erneut donnerte der Mann krachend mit dem Rücken auf den Boden, und um das Ganze zu einem schnellen Ende zu bringen, versetzte Oxen ihm mit der Ferse einen Tritt in den

Solarplexus. Der Mann wand sich japsend wie ein Fisch auf dem Trockenen.

»Ist bei dir alles in Ordnung, Magnus?«

Der Junge nickte nur und starrte ihn mit großen Augen an.

Oxen machte eine bedauernde Geste zu dem Mann hin, der zusammengekrümmt vor dem Kühlschrank lag.

»Es … ging leider nicht anders …«

Wieder nickte Magnus stumm.

Oxen trat auf seinen Gegner zu, der immer noch verzweifelt nach Luft schnappte, packte dessen Handgelenke und legte die Arme über den Kopf, damit er besser Luft bekam. Er ließ erst wieder los, als der Mann einigermaßen atmen konnte. Dann zog er einen Geldbeutel aus der Brusttasche des Overalls und untersuchte den Inhalt.

Inzwischen hatte sich der Angreifer so weit erholt, dass er sich hochdrücken und an den Schrank gelehnt wenigstens halbwegs aufrecht sitzen konnte.

»Ich frage noch einmal: Wieso haben Sie hier alles durchwühlt? Suchen Sie etwas Bestimmtes … *Per Sivgaard*?«

Er wedelte mit dem gelben Versicherungskärtchen des Mannes. Mehr als seine Identität und Anschrift hatte der Inhalt der Brieftasche nicht preisgegeben, dazu ein hübsches Bündel von Geldscheinen.

»Zum letzten Mal … Was machen Sie hier?«

»Ich wollte mich nur mal umschauen. Hier sah es schon so aus, als ich gekommen bin«, sagte der Mann und wurde von einem heftigen Hustenanfall unterbrochen.

»Sie waren das nicht?«

»Nein, Mann, bist du schwer von Begriff, oder was?«

Oxen kniete sich neben den Mann auf den Boden und achtete dabei sorgfältig darauf, dass Magnus nicht sehen konnte, was er tat. Dann fasste er blitzschnell mit Daumen und Zeigefinger nach einer der dicken Sehnen am Hals des Mannes und drückte zu. Der Mann brüllte auf.

»Noch mal … Was machen Sie hier?«

»*Fuck you!*«

Er erhöhte den Druck auf die Sehne. Sein Opfer schrie.

»Stopp! Okay … Ja, ich habe seine Sachen durchwühlt.«

»Warum?«

»Weil der Typ angeblich Geld hat. Viel Geld, im ganzen Haus verteilt.«

»Und das wollten Sie klauen – wollen Sie das damit sagen?«

»Ja, ja.«

»Und da spaziert man einfach ins Haus und reißt alle Schubladen raus?«

»Er ist ja nicht da. Alle sagen, er wäre verschwunden. Und zwar schon eine ganze Weile. Da dachte ich mir …«

»Wer ist ›alle‹?«

»Na ja, die Leute, die man so trifft … Und wenn er wirklich der Kerl ist, den sie im Bach gefunden haben, dann ist er sowieso verreckt. Außerdem steht die Hütte hier sperrangelweit offen, und keiner weiß irgendwas. Ich brauche Geld, ich habe Schulden.«

»Das müssen Sie mir genauer erklären: ein Mann in einem Bach? Was soll das heißen?«

»Eine Leiche … im Kvindebæk … vor drei, vier Wochen. Keiner weiß, wer der Tote ist, aber wer sollte es sonst sein? Das ist bestimmt dieser Kopenhagener, der hier gewohnt hat.«

»Hmm … Und haben Sie Geld gefunden?«

»Fünfhundert Kronen in der Schreibtischschublade.«

»Wollen wir die nicht lieber zurücklegen?«

»Von mir aus …«

Oxen klappte die Brieftasche wieder auf. Er nahm einen Fünfhundertkronenschein heraus, stand auf und ließ die Brieftasche in den Schoß des Mannes fallen.

»Die hier behalte ich«, sagte er und hielt die Versicherungskarte hoch. »Damit ich nicht vergesse, wer Sie sind.«

Per Sivgaard erwiderte nichts. Er steckte den Geldbeutel ein, stand langsam auf und murmelte, ohne ihn dabei anzuschauen: »Kann ich jetzt gehen?«

»Gleich. Was wissen Sie über den Besitzer des Hofs? Poul Hansen heißt er, richtig?«

»Ja, Hansen ... aber ich weiß nichts. Nur dass er aus Kopenhagen stammt. Er wohnt wohl schon seit ein paar Jahren hier. Zumindest zeitweise, was man so hört. Und das mit dem Geld natürlich.«

»Was hat er früher gemacht?«

»Keine Ahnung. Irgendjemand meinte mal, er hätte in einem Ministerium gearbeitet. Hohes Tier oder so. Ich habe ihn nie gesehen. Das heißt doch, ein Mal – aber mehr weiß ich wirklich nicht.«

Er musterte den Mann im schwarzen Overall ein letztes Mal. Wahrscheinlich stimmte seine Geschichte. Er war ein gewöhnlicher Dreckskerl, der andere beklaute. Möglicherweise sogar die Toten.

»Verzieh dich ...«

Als Per Sivgaard die Küchentür hinter sich zugeschlagen hatte und sie das Klappern seiner Clogs auf den Fliesen hörten, kam Magnus aus seiner Ecke gekrochen.

Er stand reglos vor Oxen und starrte ihn mit weit aufgerissenen Augen an, voller Verwunderung – oder Skepsis? Oder war es Verachtung?

»Bist du sicher, dass mit dir alles in Ordnung ist, Magnus?«

Der Junge antwortete nicht.

»Magnus? Hallo?«

»Äh … ja, alles in Ordnung. Aber …« Der Junge verstummte.

»Aber?«

Magnus schüttelte kurz den Kopf, blinzelte und erwachte offenbar langsam aus der Erstarrung.

»Nichts … alles gut … Wow, dem Typen hast du es ganz schön gezeigt.«

»Hör mal, wir sollten uns beeilen, wir wollen ja heute noch nach Deutschland. Oder möchtest du lieber nach Hause?«

»Nein, Deutschland.«

»Okay, ich schaue mich kurz in den Nebengebäuden um, und dann will ich noch einen kurzen Blick auf das Durcheinander hier werfen. Willst du solange warten und auf deinem iPad spielen oder willst du mitkommen?«

»Mitkommen. Glaubst du …? Also, der Mann, den wir suchen, glaubst du, dass er tot ist? Dass er wirklich der Tote aus dem Bach ist, von dem der Einbrecher gesprochen hat?«

»Kann schon sein. Aber jetzt komm, wir sehen uns mal um.«

## 12.

Die beiden Männer mittleren Alters schlenderten den langen Flur des Reichskrankenhauses in Kopenhagen hinunter und wichen rücksichtsvoll aus, wenn jemand vom Krankenhauspersonal an ihnen vorbeiwirbelte.

Sie hatten beide keinen Winterurlaub eingereicht. Stattdessen unterhielten sie sich über die nächsten Osterferien. Bis dahin dauerte es zwar noch eine Weile, aber zum Glück fiel Ostern in diesem Jahr auf einen frühen Termin.

»Meine Frau und ich freuen uns auf den Schrebergarten«,

sagte der Kleinere der beiden, er war leicht übergewichtig und hatte schon ein paar graue Haare an den Schläfen. »Ein kühles Bier, gutes Essen, Freunde und Familie zu Besuch – und jede Menge Gartenarbeit. So fängt die Gartensaison richtig an. Mehr brauche ich nicht«, sagte er und zeigte auf die Tür mit der Zimmernummer, die sie gesucht hatten.

»Wir bekommen an Ostern Besuch von den Kindern«, sagte der andere. Er war groß, hatte einen leichten Buckel und nur noch einen spärlichen Haarkranz auf dem Kopf. Seine glänzende Glatze sah aus wie ein Ei im Nest. »Sie wollen wie immer die Feiertage zu Hause verbringen, alle vier. Bis auf unseren Ältesten, der kommt wahrscheinlich nur zum Essen vorbei.«

»Ist das der, der auf der Polizeischule ist?«

»Michael. Ja ...«

»Um irgendwann so zu enden wie wir. Ha! Warum hast du ihm das nicht ausgeredet?«

»Er liebt den Job. Ich hätte ihn im Leben nicht dazu gedrängt, aber was soll man machen? So, wir sind da. Was ist, wollen wir reingehen und uns anhören, was dieses Pestgeschwür da drinnen zu erzählen hat?«

Sein Kollege zuckte mit den Schultern und seufzte.

»Es bleibt uns ja nichts anderes übrig.«

Vorsichtig öffnete er die Tür, und sie traten ins Zimmer. Sie blieben mit etwas Abstand stehen und betrachteten die Gestalt im Bett. Das war er also, der berühmt-berüchtigte Idris Nassar. Er hatte ein Einzelzimmer bekommen. Aus gutem Grund. Er war in weiße Verbände eingewickelt und sah aus wie eine Mumie. Am auffälligsten war das, was *nicht* da war: Unterschenkel und Füße, die sich nicht unter der seltsam flach auf dem Bett liegenden Decke abzeichneten.

Es hatte keine andere Möglichkeit gegeben, als beide Beine

ein Stück oberhalb der Knie zu amputieren, hatte der Arzt ihnen vor wenigen Minuten in seinem Büro sachlich dargelegt. Beide Oberarme waren dick verbunden.

Der Libanese schien zu schlafen.

Der Beamte mit den grauen Schläfen räusperte sich zwei Mal, und der Mann im Bett öffnete langsam die Augen.

»Idris Nassar?«

»Wer denn sonst, verdammt«, murmelte die Mumie bissig.

»Wir kommen von der Kripo Kopenhagen, Mordkommission. Mein Name ist Hardy Bertelsen, und das ist mein Kollege Viggo Borg. Wir würden …«

»Mordkommission? Wohl eher Dumm und Dümmer.«

»… Ihnen gern ein paar Fragen stellen. Wir ermitteln im Zusammenhang mit dem Überfall auf Sie. Sind Sie in der Lage, uns zu antworten?«

»Und was soll das bringen? Euch juckt es doch einen Scheiß, wer das war. Alles nur Show. Spart euch den verfickten Aufstand.«

Seine schwarzen Augen funkelten verächtlich unter dem Kopfverband hervor, der tief in die Stirn reichte.

»Sie können davon halten, was Sie wollen«, sagte Borg. »Aber wir machen hier nur unseren Job. Und dazu gehört es nun mal, Sie zu befragen. Also machen Sie mit? Oder sollen wir wieder gehen?«

»Wichser, elende Wichser … Okay, dann stellt eure scheiß Fragen eben. Und versucht wenigstens so zu tun, als hättet ihr was in der Birne.«

Idris Nassar verdrehte die Augen und ballte die Fäuste, so gut es ging. Er war eine Bombe. Und seine Zündschnur war kurz.

Bertelsen übernahm den Anfang.

»Soweit wir wissen, waren es zwei Täter. Korrekt?«

»Hurra.«

»Bitte beschreiben Sie die Männer.«

»Der eine hatte eine schwarze Sturmhaube auf. Und der andere hatte eine schwarze Sturmhaube auf. Verfickte Idioten.«

»Mehr haben Sie nicht gesehen?«

»Der eine war größer als der andere.«

»Eine genauere Beschreibung? Größe? Statur? Muskulös oder eher untrainiert? Sprache? Besondere Kennzeichen?«

»Beide durchtrainiert. Ungefähr so groß wie ich.«

»Und wie groß *waren* Sie?«, hakte Borg nach und bereute die Frage sofort.

»Verpisst euch! Raus hier!«

»Entschuldigung, das war nicht so gemeint.« Borg räumte seinen Fehler sofort ein.

Bertelsen bemühte sich, die Wogen zu glätten.

»Kommen Sie, Nassar. Arbeiten Sie mit uns zusammen, sonst können wir nichts für Sie tun. Denken Sie nach. Lassen Sie sich Zeit. Fällt Ihnen irgendetwas ein, das uns weiterhelfen könnte? Gab es irgendwelche Auffälligkeiten?«

Idris Nassar schnaufte laut und versuchte anscheinend, sich die Situation ins Gedächtnis zu rufen.

»Die wussten, was sie tun«, murmelte er. »Die wussten sogar haargenau, was sie tun. Das waren Profis, alle beide.«

»Ich gehe davon aus, dass Sie Widerstand geleistet haben?«

»Schon mal das Wort *Taser* gehört?«

»Hmmm, das heißt, die haben Sie mit einem Elektroschocker außer Gefecht gesetzt und dann so zugerichtet?«, fragte Bertelsen mit einem Blick auf den leicht reizbaren Libanesen.

»Welche Sprache haben die beiden gesprochen?«, fragte Borg.

»Die haben gar nicht gesprochen, jedenfalls erinnere ich mich nicht daran. Hat Omar nichts erzählt?«

»Wer ist Omar?«

»Mein Kumpel, Omar. Er stand im Treppenhaus. Ich habe ihn durch den Türspion gesehen. Deshalb habe ich ja aufgemacht. Alter – *what the fuck!* Ihr habt ja wirklich kein Hirn! Wieso habt ihr Omar nicht gefragt?«

»Wir haben bisher nur mit Ihrer Freundin gesprochen. Sie hat nichts gesehen. Sie hat geschlafen. Erzählen Sie uns mehr von diesem Omar.«

Borg notierte alles und steckte den Block in die Jackentasche, als Nassar fertig war.

»Haben Sie irgendeine Idee, warum das passiert ist?«, fragte Bertelsen.

»Ob ich auf einer verfickten Liste stehe, oder so? Ne, keine Ahnung. Nicht dass ich wüsste.«

»Zerstörte Beine, zerstörte Arme. Klingelt da irgendwas? War das vielleicht ein Racheakt?«

»Rache wofür, Arschloch?«

Bertelsen lächelte geduldig.

»Körperverletzung zum Beispiel? Sie wurden öfter wegen irgendwelcher Gewaltverbrechen verurteilt, als ich an meinen Fingern und Zehen zusammen abzählen kann. Darunter waren auch ein paar ziemlich hässliche Sachen. Und dazu noch die ganzen Geschichten, für die Sie nicht verurteilt worden sind. Also Möglichkeiten gibt es genug.«

Idris Nassar verdrehte wieder genervt die Augen.

»Ich war noch nie gewalttätig. Höchstens, wenn es einer nicht besser verdient hat. Oder in Notwehr. Ihr seid so lächerlich … ihr verschwendet meine Zeit!«

»Die Richter sehen das offenbar anders«, sagte Bertelsen. »Gibt es jemanden unter Ihren Opfern? Denken Sie nach.«

»Denk lieber selbst nach, *Arschloch.*«

»Na gut, ich glaube, das genügt für heute. Wir melden uns wieder.«

Die beiden Beamten verließen das Zimmer, ohne zum Abschied auch nur die Augenbrauen zu heben.

Als sie kurz darauf in Richtung Aufzug gingen, sagte Borg:

»Unglaublich. Was für ein Psychopath.«

»Bei manchen wünscht man sich die Lobotomie zurück …«

»Ja. Mit der Motorsäge …«

## 13.

Harrildholms Wirtschaftsgebäude waren ein stummes Zeugnis für den Fortschritt, der die dänische Landwirtschaft auf dem Gewissen hatte. Im Schuppen standen mehrere alte Maschinen, die nach einer gründlichen Reinigung zweifellos Museumswert gehabt hätten.

Es gab eine Dreschmaschine, einen alten Mähbinder, einen verrosteten Hackstriegel und zwei Pflüge. Er kannte diese Geräte noch aus seiner Kindheit, als er die Sommerferien in Westjütland verbracht hatte. Er verspürte wieder den Drang, Magnus an die Hand zu nehmen und mit ihm einen Spaziergang durch die dänische Geschichte zu machen, aber er war klug genug, es zu lassen.

Harrildholm hatte früher vermutlich eine ganze Familie ernährt. Jetzt konnte niemand mehr von einem Hof wie diesem leben. Der Eigentümer, der Harrildholm bewirtschaftet hatte, bevor der sechsundsiebzigjährige »Kopenhagener« Poul Hansen hier eingezogen war, hatte nicht einmal mehr genug Energie gehabt, um aufzuräumen.

In einer abgelegenen Ecke stolperten sie sogar über eine völlig kaputte Kutsche und einen ganzen Haufen morsches Zaumzeug.

Aber nirgends fanden sie eine Spur des heutigen Besitzers. Alles war von einer dicken Staubschicht bedeckt.

Er zog die letzte Stalltür hinter sich zu, und gemeinsam überquerten sie den Innenhof. Er hatte bewusst zuerst die Wirtschaftsgebäude durchsucht, um Magnus vom Ort des Geschehens wegzulotsen, wo er seinen Gegner zweimal zu Boden geschlagen hatte. Jetzt war es höchste Zeit, das Wohnhaus unter die Lupe zu nehmen und dann endlich wegzukommen.

»Wie lange dauert die Fahrt von hier bis nach Deutschland?«

»Ungefähr anderthalb Stunden.«

»Und ich darf drei Kästen Limo kaufen?«

»Ja.«

Sie gingen durch den Flur und standen wieder auf dem abgetretenen Linoleumboden in der Küche.

»Setz dich einfach irgendwohin und spiel solange, Magnus.«

»Und was machst du?«

»Ich schaue mich um. Das geht sicher schnell.«

Erst jetzt prägte er sich Details ein, die am Ende für das Gesamtbild von Bedeutung sein konnten. Er schob die Stühle an den Küchentisch, auf dem ein Becher mit einem eingetrockneten Kaffeerest stand.

In der Spüle lagen ein tiefer und ein flacher Teller und ein paar Besteckteile. Oxen öffnete den Kühlschrank. Abgesehen von einer Packung Margarine, einem Marmeladenglas und zwei Packungen mit Aufschnitt war er leer. In der Tür stand eine ungeöffnete Milchtüte, deren Haltbarkeitsdatum seit zwei Wochen abgelaufen war.

Offensichtlich war Poul Hansen ziemlich lange nicht mehr zu Hause gewesen. Aber wieso hatte er die Hintertür offen gelassen?

»Wenn der andere nicht in den Sachen herumschnüffeln durfte, wieso darfst du es dann?«

»Weil der Bekannte, der mich darum gebeten hat, den alten Mann zu finden, eine Art Polizist ist.«

»Und was wollte der Typ, mit dem du vorhin gekämpft hast?«

»Er hat gesagt, dass er Geld klauen wollte. Und das glaube ich ihm auch.«

»Wieso hast du ihn dann laufen lassen?«

»Er hat das Geld zurückgegeben, das er genommen hat. Und ich weiß jetzt ja auch, wer er ist und wo er wohnt. Diese Informationen werde ich meinem Bekannten, dem Polizisten, weiterleiten.«

Magnus gab sich mit seiner Antwort zufrieden und setzte sich wieder auf die Bank. Er hatte gerade sein iPad angeschaltet, als er hochschaute.

»Niels … Du hättest den Mann töten können, stimmt's? Einfach so. Mit bloßen Händen …«

»Was? Nein, Unsinn. Natürlich nicht. Umbringen? Das wäre mir nicht mal im Traum eingefallen. Das ist ja total verrückt. Wie kommst du darauf, dass ich das könnte, Magnus?«

»Ich … weiß nicht.«

Sein Sohn zuckte mit den Schultern, schaute wieder nach unten und vertiefte sich in sein iPad.

Oxen ging in das Zimmer nebenan, wo sie vor einer knappen Stunde den Mann im Overall überrascht hatten. Er wunderte sich. Kinder sagten viele merkwürdige Sachen. Aber auf die Vorstellung, dass Soldaten Supermänner waren, kamen sie vermutlich durch das Zocken irgendwelcher schwachsinniger Ballerspiele.

Der Raum diente offenbar als Wohn- und Arbeitszimmer. Abgesehen von dem umgekippten Schreibtisch, der die Beine in die Luft streckte, gab es ein Bücherregal, eine kleine Sofaecke und den obligatorischen Fernseher, ein altmodisches Gerät auf einem Stativ.

Eine Tür führte in den nächsten Raum, vermutlich das ehemalige Esszimmer. Jetzt stand es leer. Die Holzverkleidung an den Wänden war verschrammt und von der Decke baumelte eine nackte Glühbirne, genau wie bei ihm zu Hause in Vangede.

Eine zweite Tür führte ihn durch einen weiteren leeren Raum, der ursprünglich wohl als gute Stube genutzt worden war, in einen kleinen Durchgang zum Innenhof. Von hier ging er weiter durch einen Flur in die nächsten Zimmer. Das erste war ein Schlafzimmer mit Schrankwand. Auf dem ungemachten Bett lagen eine Decke, ein Kopfkissen und eine zusätzliche Steppdecke. Auf dem Nachttisch stand ein altmodischer Radiowecker mit leuchtenden roten Zahlen. Die Uhr ging etwa eine Viertelstunde vor – im Gegensatz zu allem anderen hier auf Harrildholm.

Daneben lag eine ältere Ausgabe von John Steinbecks »Früchte des Zorns«, und an der Wand hing eine alte, gerahmte Fotografie in den üblichen Brauntönen. Eine vierköpfige Kinderschar, flankiert von zwei Erwachsenen, vermutlich den Eltern.

Die Luft in dem Zimmer war stickig. Er legte eine Hand auf die Heizung. Sie war lauwarm, und trotzdem wirkte der ganze Raum klamm und feucht.

Er ging weiter. Das letzte Zimmer war groß und abgesehen von hellen Gardinen mit Wasserflecken komplett leer.

Er warf einen Blick auf seine Armbanduhr. Es war schon spät. Sie sollten eigentlich längst auf dem Weg zur Grenze und ihrem Hotel sein. Aber bevor er gleich noch rasch die Unterlagen im Wohnzimmer sichten würde – eine Aufgabe, der er sich momentan nicht gerade gewachsen fühlte –, musste er sich zunächst auf dem Dachboden umschauen.

»Ist bei dir alles in Ordnung, Magnus?«, fragte er, als er erneut die Küche durchquerte. Die Antwort war nicht mehr als ein abwesendes Nicken.

Eine Treppe in der Waschküche führte nach oben in den großen, offenen Dachboden. Er kippte den kleinen Hebel des uralten Lichtschalters nach unten, und eine Leuchtstoffröhre flackerte ein paarmal auf, bevor es hell wurde.

Er hatte freie Sicht auf Dachsparren, Latten und Ziegel. Am gegenüberliegenden Ende waren einzelne Kammern in den Dachboden gebaut worden, wobei der Anblick eher an übergroße Holzkisten erinnerte. Es gab drei Türen nebeneinander. Alle waren geschlossen.

Er drückte die erste Klinke nach unten und schob die Tür auf. Drinnen war es dunkel. Seine Finger ertasteten den Lichtschalter neben dem Türrahmen, aber das Licht ging nicht an. Er konnte vage erahnen, dass eine Glühbirne von der Decke hing und dass der Raum leer war. An einigen Stellen hatte sich die Tapete von der Wand gelöst. Er wiederholte dasselbe an der nächsten Tür und fand dasselbe vor.

Die dritte und letzte Kammer wich von den beiden anderen ab. Sie war größer und reichte bis zur Außenmauer. Durch das Fenster im Giebel fiel Tageslicht herein. Überall waren Spinnweben, und die Tapete, einst mit blauem Blumenmuster, löste sich hier in ganzen Bahnen von den Wänden.

Abgesehen davon, dass es ein Fenster gab, unterschied sich das Zimmer vor allem dadurch von den anderen, dass in der Mitte ein uraltes Schaukelpferd und unter dem Fenster ein Schreibtisch stand.

Er ließ ein letztes Mal den Blick über diesen trostlosen Dachboden schweifen, dann ging er zurück nach unten. Was um alles in der Welt brachte einen Mann im Alter von sechsundsiebzig Jahren dazu, die Hauptstadt zu verlassen und hierherzuziehen, mitten ins … Nichts?

Magnus schaute nicht einmal auf, als er wieder durch die

Küche ging. Oxen seufzte beim Anblick des Durcheinanders, das der Mann mitten im Zimmer hinterlassen hatte. Der größte Berg bestand aus Schubladen, die er aus dem Schreibtisch gezerrt und ausgeleert hatte, sowie einigen Aktenordnern, Papieren und Briefen und Gott weiß was noch allem …

Als Erstes räumte er die Schubladen beiseite, stapelte sie in einer Ecke und widmete sich dann dem Rest.

Die Aktenordner zuerst. Es waren vier Stück. Im ersten waren Unterlagen der dänischen Gesellschaft für Naturschutz, und einem Briefwechsel konnte er entnehmen, dass Poul Hansen Mitglied der Ortsgruppe in Ikast war. Er blätterte den Ordner flüchtig durch, legte ihn beiseite und nahm sich den nächsten vor. Darin waren einige Briefe, die alle den gleichen Absender hatten, nämlich die Gemeinde Ikast-Brande. Die ältesten davon waren vor über zwei Jahren geschrieben worden. Es ging um Abwassergebühren, Grundsteuer, Abfallgebühren, Schädlingsbekämpfung und irgendeine fehlende Registrierung.

Im dritten Ordner waren nur diverse Mitgliederzeitschriften in Klarsichtmappen einsortiert. Darunter ein paar Ausgaben eines Jagd-Magazins, herausgegeben vom dänischen Jagdverband, woraus man schließen konnte, dass Poul Hansen Jäger war, sowie ein paar Hefte des »Sportangler«, der Mitgliederzeitschrift des dänischen Sportanglerverbands. Und damit war womöglich auch die Frage beantwortet, die er sich oben auf dem Dachboden gestellt hatte.

Wenn Poul Hansen begeisterter Jäger und Angler war, konnte das natürlich die Erklärung für seinen Umzug sein. Mitteljütland mit seiner einzigartigen Natur, mit seinem großen Wildbestand und gleich mehreren Bach- und Flussläufen war wahrscheinlich die beste Wahl im ganzen Land, wenn man einen aktiven Ruhestand mit Gewehr oder Angel verbringen wollte. Aber … wenn es so war, wo waren dann die entsprechenden Jagdgewehre? Wo war die Angelausrüstung?

Auf dem letzten Ordner klebte ein Zettel mit der Aufschrift »Harrildholm«. Darin befand sich eine Sammlung von Dokumenten und Unterlagen, die alle mit dem Hof und der Übernahme des Anwesens zu tun hatten. Poul Hansen hatte Harrildholm vor etwas über zwei Jahren auf einer Zwangsversteigerung erworben. Er hatte in der ersten Auktionsrunde den Zuschlag bekommen und den Hof für 1,3 Millionen Kronen gekauft.

In einer Klarsichtmappe steckten der Kaufvertrag, eine Karte, in der die zugehörigen Grundstücke verzeichnet waren, sowie eine Verkaufshistorie, aus der hervorging, dass der Großteil der Nutzflächen nach und nach veräußert worden war, sodass heute nur noch elf Hektar übrig waren, im Wesentlichen Wald. Der Auktionspreis bezog sich vermutlich ausschließlich auf den Grundbesitz, denn die Gebäude selbst waren wertlos.

Oxen legte den Ordner beiseite und beeilte sich jetzt. Es gab noch mehr Post von offiziellen Stellen, die nur noch nicht abgeheftet worden war. Darunter auch ein Schreiben, in dem es um einen Aktivitätstag des Naturcenters Harrilder Heide ging.

Danach öffnete er einen Brief des kommunalen Krankenhauses in Herning, abgeschickt vor sechs Monaten, in dem Hansen der Termin für eine Voruntersuchung mitgeteilt wurde, außerdem ein Schreiben mit Einzelheiten über die Verpachtung einer Viehweide, eine schriftliche Erinnerung an die Inspektion eines Passat Kombi, das Kirchenblatt der Gemeinde in Fasterholt und ein paar Kontoauszüge, aus denen hervorging, dass Poul Hansen vor vier Monaten im Besitz von 112 000 Kronen gewesen war, zumindest auf diesem Konto.

Er legte die Post beiseite. Ohne die Schubladen und Aktenordner sah der Berg gar nicht mehr so schlimm aus.

Sein Blick fiel auf einen vergilbten Zeitungsausschnitt, der jetzt ganz oben lag. Er nahm ihn, faltete ihn auseinander – und was er sah, weckte so jäh seine Aufmerksamkeit, dass er ein paarmal blinzeln musste.

Er starrte die riesigen Buchstaben an. Es war ein Bericht aus dem *Ekstra Bladet*.

*»Polizistin tötet Verdächtigen mit einem Schuss in die Stirn.«*

Endlich lösten sich seine Augen von der Überschrift und überflogen hastig den Text.

*»Die Kopenhagener Polizei hat sich zu einem ungewöhnlichen Schritt entschieden und einen dramatischen Vorfall im Südhafen zur Verschlusssache erklärt. Wie wir aus zuverlässiger Quelle erfahren haben, wurde dort vor genau einer Woche ein Mann getötet, nachdem eine junge Polizistin das Feuer eröffnet hat. Es sind nur wenige Details bekannt, aber …«*

Er las weiter. War das möglich? Aber gab es überhaupt eine andere Möglichkeit? Nein. Vermutlich nicht.

Er zerrte das Handy aus der Innentasche seiner Jacke, wählte die Nummer und wartete eine Ewigkeit auf Antwort. Dann endlich meldete sich eine vertraute Stimme mit scharfem Ton:

»Margrethe Franck.«

## 14.

Sie drückte auf die Fernbedienung, und mit einem kurzen Blinken meldete sich ihr 228 PS Twinpower Turbo-Kraftwerk zu Diensten und signalisierte ihr, dass die Türen jetzt offen waren.

Der chilirote Mini Cooper mit den schwarzen Rallyestreifen und dem schwarzen Dach funkelte wie ein Rubin zwischen all den billigen Blechdosen, die auf dem Parkplatz am Hauptquartier des polizeilichen Nachrichtendienstes in Søborg herumstanden.

*You're not worthy*, dachte sie beim Anblick des spießigen Ford Focus, den irgendjemand dreist neben ihrem Edelstein geparkt hatte.

Sie öffnete die Fahrertür, ließ sich auf den Spezialsitz aus schwarzem Leder sinken, zog die Tür zu und genoss das Geräusch. Richtige Autotüren mussten klicken. Sie atmete tief aus. Es war kalt. So kalt, dass sie ihren Atem sehen konnte.

Sie klappte die Sonnenblende herunter und warf einen prüfenden Blick in den Spiegel. Dunkle Augenringe mit Tendenz zum Tränensack und Haare, die so lang geworden waren, dass der Iro nicht mehr messerscharf nach oben stand. Sie sah langsam wirklich aus wie der allerletzte Mohikaner.

Zu viel Arbeit, zu wenig Schlaf. Sie klappte die Blende wieder hoch, startete den Motor und war schon dabei, wie immer AC/DC anzuschalten, aber dann ließ sie es bleiben, um sich stattdessen am Motorengeräusch zu erfreuen.

Niels Oxen …

Man sollte wirklich nicht ans Telefon gehen, wenn man eigentlich keine Zeit hatte. Und sie hätte schon seit drei Minuten in einem Meeting sein müssen, das sie selbst eröffnen sollte. Als sie gesehen hatte, dass der Anrufer Oxen war, hatte sie das Gespräch am frühen Nachmittag trotzdem angenommen.

Sie hatte sich mit wenigen Worten entschuldigt und ihm erklärt, dass sie gerade auf dem Weg zu einer wichtigen Sitzung sei und gleich wieder auflegen müsse. Er hatte keine Zeit verschwendet, sondern klare Order erteilt: »Ich schicke dir eine Nachricht aufs Handy. Schau sie dir an, sobald du Zeit hast.«

Typisch Oxen. Keine unnötigen Floskeln. Sie hatten sich schon lange nicht mehr gesehen. Das letzte Mal ein paar Tage vor Weihnachten. Sie hatte an ihn gedacht – oft –, aber die vergangenen Monate waren einfach unglaublich stressig gewesen.

Auch vorhin nach der Sitzung hatte sie keine Sekunde Luft gehabt, um seine Nachricht zu lesen, und schließlich hatte sie sich ihre Lederjacke geschnappt und fluchtartig das Büro verlassen. Die Abteilung war im Moment dünn besetzt, die meisten Eltern waren im Winterurlaub und der Rest hatte offenbar kein Zuhause. Das konnte sie von sich nicht behaupten. Sie wollte in ihre Wohnung. Etwas Vernünftiges kochen. Sich aufs Sofa fallen lassen und eine Folge *Game of Thrones* schauen.

Sie angelte das Handy aus der Tasche. Während der Motor warmlief, konnte sie sich anschauen, was Niels geschickt hatte. Es war wichtig zu warten, bis Kolben, Ventile und Zylinder aufgewärmt waren, bevor man losfuhr.

Sie drehte das Telefon, damit sie das Bild besser sehen konnte, das Niels Oxen geschickt hatte.

Schon beim Anblick der Überschrift wurden ihre Augen groß. *»Polizistin tötet Verdächtigen mit einem Schuss in die Stirn.«* Die Buchstaben waren riesig. Es waren zwei zusammenhängende Seiten mit Fotos. Sie las die fettgedruckte Einleitung.

*»Die Verfolgung eines verdächtigen Fahrzeugs durch einen Streifenwagen endete in einem Hinterhof im Südhafen mit einer dramatischen Schießerei, bei der ein siebenunddreißigjähriger Mann durch einen Kopfschuss getötet wurde. Eine Polizistin wurde mit schweren Verletzungen ins Krankenhaus eingeliefert. Der Vorfall ereignete sich schon vor einer Woche und unterlag bisher absoluter Geheimhaltung. Die Polizei will sich heute im Lauf des Nachmittags dazu äußern.«*

Sie konzentrierte sich so sehr auf den Text, dass ihre Augen brannten, aber in Wirklichkeit musste sie ihn gar nicht lesen.

In diesem Artikel ging es um sie.

Sie kannte den Tag und das Jahr des Dramas im Schlaf, und selbst die Uhrzeit hätte sie minutengenau angeben können.

Sie zog das Foto mit zwei Fingern größer, um den weiteren Text besser lesen zu können. In den Sitz ihres Minis gepresst, wurde sie um zwölf Jahre in die Vergangenheit katapultiert.

*»Bisher sind nur sehr wenige Details bekannt, aber nach den Informationen, die dem* Ekstra Bladet *vorliegen, handelt es sich um eine junge Polizistin, deren gesundheitlicher Zustand äußerst kritisch war oder noch ist. Die Beamtin, die mit einem Kollegen auf Streife war, nahm die Verfolgung eines verdächtigen Autos auf, das unserer Quelle zufolge mit einem Bankraub in Verbindung stand. Bei dem Überfall auf eine Filiale in Frederiksberg war ein Bankangestellter getötet worden. Der Fahrer des Wagens, der mutmaßliche Mörder des Bankangestellten, wurde in einem Hinterhof im Südhafen in die Ecke getrieben. Daraufhin raste er mit voller Geschwindigkeit auf die Polizistin zu, der es gelang, den Mann hinter dem Steuer mit einem einzigen Schuss in die Stirn zu töten.«*

Es war viele Jahre her, seit sie diesen Artikel zuletzt gelesen hatte, aber sie erinnerte sich an ihn, sowohl an die Aufmachung als auch an den Inhalt. Ein paar Jahre lang hatte sie die ausgeschnittenen Zeitungsberichte aufbewahrt, die ganze Sammlung jedoch irgendwann in den Müll geworfen

Aber warum jetzt … so viele Jahre später …? Wieso war Niels über diesen Artikel gestolpert? Und wo?

Sie hörte auf zu lesen und wählte seine Nummer. Er meldete sich sofort.

»Oxen.«

»Ich bin's. Bin gleich bei dir.«

»Ich bin nicht zu Hause.«

»Nicht?«

»Nein, ich bin in Jütland. Das heißt, in Deutschland. In einem Hotel südlich der Grenze.«

»Warum das denn?«

»Winterferien. Mit Magnus. Ich kann ihn gerade sehen. Er schwimmt in einem beheizten Außenbecken. Das dampft wie in Island.«

»Und der Artikel?«

»Den habe ich gefunden … Auf einem Bauernhof in Mitteljütland. Ich erzähl dir besser die ganze Geschichte. Also, vor ein paar Wochen ist Mossman plötzlich abends bei mir aufgetaucht und wollte …«

»Mossman?« Sie wollte ihn eigentlich nicht unterbrechen. Sie war nur überrascht. »Sorry. Erzähl weiter.«

Oxen gab ihr eine kurze Zusammenfassung, als wäre es das Briefing für eine Mission. Sie hörte ihm konzentriert zu und zuckte zusammen, als jemand laut an ihr Seitenfenster klopfte. Sie hatte keine Ahnung, wie lange sie schon hier saß und durch die Windschutzscheibe starrte. Der Motor lief, und es war längst angenehm warm im Auto. Der Zweimetermann Pallesen musste sich so tief bücken, um in ihr Auto zu schauen, dass seine Augen unten waren und der Mund oben. Der Ford Focus war also seiner.

Sie drückte den Knopf und die Scheibe glitt herunter.

»Was denn?«

»Ja, äh, Entschuldigung, Franck. Aber du bist ja schon vor einer Ewigkeit gegangen und stehst immer noch hier. Deshalb habe ich mich gefragt … Ist alles in Ordnung?«

# 15.

*1. Dezember 1963*

Jetzt kam das Licht plötzlich näher. Es fegte über den Straßenrand, die Felder und den nassen Asphalt, immer heller und heller. Sie registrierte, wie der Automotor hinter ihr kräftig beschleunigte, schaute panisch über die Schulter und wurde von den Scheinwerfern geblendet.

Gedanken schossen ihr wie elektrische Impulse durch den Kopf, und jeder Muskel ihres Körpers spannte sich. Das hier war ganz und gar falsch.

Sie stellte sich in die Pedale, trat, so schnell sie konnte, während ihr hämmerndes Herz fast den Brustkorb sprengte.

Das Auto bremste scharf, schlitterte über den Asphalt an ihr vorbei, schnitt ihr den Weg ab und kam schräg vor ihr zum Stehen. Der vordere Kotflügel rammte ihr Fahrrad. Sie spürte, wie sie über den Lenker geschleudert wurde, in der nächsten Sekunde auf dem Boden landete und in den Straßengraben rollte.

Benommen kam sie auf die Knie, schaute hoch und starrte direkt in die Scheinwerfer des Wagens. Hastig drehte sie den Kopf weg und stand auf. Eine innere Stimme brüllte verzweifelt: Lauf!

Aber ihre Beine wollten nicht gehorchen. Sie konnte sich nicht bewegen. Sie wollte schreien, wollte nach ihrem Vater rufen. Aber es drang kein Laut aus ihrem Mund. Und wer sollte ihr hier auch zu Hilfe kommen? Sie war allein, vollkommen allein.

Die Autotür ging auf.

Als sie endlich ein paar Schritte zur Seite schaffte, sah sie gerade noch, wie eine Gestalt in den Lichtkegel trat. Sie spürte einen festen Griff um ihren Arm und dann einen scharfen Schmerz an der Schläfe.

Die Scheinwerfer verschwanden. Alles wurde dunkel.

Ohne Eile ging der Mann hinter den Wagen und öffnete den Kofferraum. Er blieb stehen und dachte einen Moment lang nach. Jetzt musste er alles richtig machen.

Er zog ein Taschenmesser aus der Hosentasche und schnitt ein ordentliches Stück von der Schnur ab, die im Kofferraum bereitlag. Dann nahm er den hölzernen Bierkasten heraus und stellte ihn auf den Beifahrersitz.

Im Licht der Scheinwerfer drehte er das Mädchen auf den Bauch, nahm ihre Hände und band die Schnur straff um ihre Handgelenke. Von dem Schlag mit dem Schraubenschlüssel blutete das Mädchen heftig, und er beschmierte sich den Arm, als er sich nach unten beugte, um sie hochzuheben.

Es kostete einige Mühe, sie ins Auto zu verfrachten, und er musste sie ziemlich verbiegen und quetschen, bis er die Kofferraumklappe endlich über ihr zuschlagen konnte.

Er fühlte sich ungewohnt leicht, als er sich hinter das Steuer setzte, und spürte, wie eine erwartungsvolle Vorfreude seinen Körper durchströmte.

## 16.

Mossmans Keller sah fast genauso aus, wie er ihn in Erinnerung hatte.

Die Wand mit der Jutetapete, die dem ehemaligen Chef des Inlandsgeheimdienstes dazu gedient hatte, mithilfe einer Dänemarkkarte, bunter Stecknadeln und unzähliger Zettel seinen Feldzug gegen die dunklen Kräfte des Danehof zu führen, war nahezu leer. Nur ein einziges Blatt Papier war daran festgepinnt. Es schien mit Mossmans Kommission zu tun zu haben.

»Willkommen in meinem Bau, Soldat. Ganz schön lange her, was? Hier, bitte.« Axel Mossman schenkte Kaffee ein und schob den Becher über den Tisch. »Hattet ihr eine schöne Zeit in Jütland, du und dein Sohn?«

Oxen nickte. Sie waren am Vortag zurückgekehrt. Auf der mehrstündigen Fahrt von der deutschen Grenze nach Kopenhagen hatte Magnus kaum ein Wort gesagt.

Es war erst ein paar Stunden her, dass er ihn nach Hause gebracht und ihm beim Ausladen der Limo-Kästen geholfen hatte. Eine kleine Hand, zu einem zaghaften Abschiedsgruß gehoben.

Seine Idee von einer gemeinsamen Reise war krachend gescheitert. Ein Fiasko wie alles, was er im Zusammenhang mit Magnus tat, sagte oder dachte. Im Augenblick wollte er eigentlich nur seine Ruhe haben. Irgendwo draußen in der freien Natur sitzen. Allein. Stattdessen musste er wie versprochen dieses Schauspiel im Kellertheater eines Mannes hinter sich bringen, bei dem man sich nie wirklich sicher fühlen konnte.

»Und in Deutschland wart ihr auch?«

Er nickte wieder. Die Aktenschränke standen immer noch in derselben Ecke. Dort bewahrte Mossman die Unterlagen auf, über denen er brütete und die nicht für andere Augen bestimmt waren. Eine Menge Leute hätten sicher liebend gern einen Blick darauf geworfen. Er selbst dagegen wollte so schnell wie möglich hier raus.

»Und wo habt ihr gewohnt, wenn man fragen darf?«

»In der Nähe von Kruså, in einem Hotel, einen Steinwurf hinter der deutschen Grenze.«

»Es ist Jahre her, dass meine Frau und ich in Kruså waren. Pilgern immer noch so viele Dänen nach Deutschland, um die Supermarktregale zu plündern, obwohl sie damit diesen unsäglichen einseitigen Grenzhandel unterstützen?«

»Jede Menge.«

»Und ihr habt alles bekommen, was ihr wolltet? Limo und … diesen Schokoaufstrich?«

»Nutella.«

»Richtig, Nutella. Man könnte fast glauben, dass die Nation nichts anderes isst.«

»Mein Sohn hat Limo und Süßigkeiten gekauft. Das war Teil der Vereinbarung. Lass uns über Harrildholm reden.«

»Wie immer, Soldat … Direkt zur Sache … Also dann Harrildholm. Leg los.«

Er berichtete kurz, präzise und in chronologischer Reihenfolge von seinem Besuch in dem heruntergekommenen Vierseithof.

Mossman saß ihm gegenüber, die Hände andächtig unter dem Kinn verschränkt. Als die Sprache auf den Mann kam, der Poul Hansens Papiere durchwühlt hatte, runzelte er kurz die Stirn. Aber die Tatsache, dass der Einbrecher einen Blaumann getragen hatte und in Holzclogs durch die Gegend lief, schien ihn zu beruhigen.

Danach schilderte Oxen, wie er gemeinsam mit Magnus die Wirtschaftsgebäude und später allein noch die Wohnräume und den Dachboden inspiziert hatte. Mossman hörte aufmerksam zu, ohne ihn zu unterbrechen. Als er den Leichenfund in einem nahegelegenen Bach erwähnte, wanderten Mossmans Augenbrauen in die Höhe.

Die zwei direkten Nachbarn, die er vor ihrer Weiterfahrt an die Grenze kurz aufgesucht hatte, hatten die Geschichte bestätigt. Der örtlichen Gerüchteküche zufolge konnte die Polizei die Leiche noch nicht identifizieren, aber die Nachbarn wussten, dass es sich um einen älteren Mann handelte. So hatte es wohl auch in dem Zeitungsartikel gestanden, aus dem ebenfalls hervorgegangen war, dass laut Polizei »nichts auf ein Verbrechen hindeutete«.

Axel Mossman räusperte sich mit einem tiefen Brummen.

»Also zum jetzigen Zeitpunkt und unter Berücksichtigung aller vorhandenen Informationen lässt sich nicht ausschließen, dass die Leiche der sechsundsiebzigjährige Eigentümer von Harrildholm, Poul Hansen, sein könnte?«

»Richtig. Aber du hast doch Verbindungen. Es sollte ein Leichtes für dich sein, das alles zu überprüfen und Einzelheiten über die Identität des Toten zu bekommen.«

Mossman nickte nachdenklich und bat ihn dann fortzufahren.

Oxen war am Ende des Berichts angelangt – abgesehen von einigen wichtigen Details, die er bei seinem Überblick bewusst ausgelassen hatte.

»Da ist noch etwas«, setzte er an. »Ich habe den ganzen Wohnbereich durchsucht und sämtliche Papiere gesichtet, die am Boden herumlagen. Dabei habe ich etwas ziemlich Interessantes gefunden …«

Mossman hob den Blick. Jetzt begann das Kräftemessen.

»Und das wäre?«

»Einen Zeitungsartikel.«

»Worüber?«

»Vielleicht sollten wir zuerst ein paar Basisinformationen austauschen? Wieso interessierst du dich für den Alten vom Hof?«

»Ich dachte, du willst damit nichts zu tun haben«, sagte Mossman süffisant. »Nun, es ist keine große Sache. Jedenfalls noch nicht. Trotzdem … ich glaube, es ist besser, wenn du nichts darüber weißt. Aber netter Versuch, Soldat … Ein Zeitungsartikel, sagst du?«

»Hier.«

Oxen klopfte auf seine Jacke, auf Höhe der Innentasche.

Mossmans ironisches Lächeln wurde zu einem breiten Grinsen.

»Du hättest es in meiner Branche weit bringen können. Was ist dein Preis?«

»Den kennst du bereits.«

»Wie gesagt, Oxen, es bringt nichts, wenn du …«

»Das weißt du doch gar nicht.«

Mossman zuckte mit den Schultern.

»Es *gibt* keinen Fall«, sagte er und legte in aller Ruhe seine Brille auf den Tisch. »Keinen Fall, keine Ermittlung, nichts. Nur die ersten Schritte eines alten Mannes, der einer Spur folgt, die niemand sehen kann.«

»Wenn du den Artikel gelesen hast, wirst du verstehen, warum ich wissen muss, worum es hier geht.«

Axel Mossman antwortete nicht. Er lehnte seinen breiten Oberkörper zurück. Dann rieb er sich mit den großen Händen das Gesicht, faltete sie wie zum Gebet und legte die Fingerspitzen an die Nase.

So blieb er eine ganze Weile schweigend sitzen, während Oxen ruhig abwartete.

Mossman ließ sich Zeit. Die gefalteten Hände, die tiefen Furchen auf der Stirn und der Blick, der sich keinen Millimeter bewegte, erzeugten ein intensiv knisterndes Kraftfeld um den alten Geheimdienstchef. Eine Respekt einflößende Erscheinung. Aber man tat immer gut daran, auch Mossmans messerscharfem Verstand mit Respekt zu begegnen. Andernfalls konnte man sich böse schneiden.

Und während er ihm gegenübersaß und darauf wartete, dass der alternde Mann zu einem Ergebnis kam, übermannte ihn dasselbe Gefühl von Unterlegenheit, das er schon oft in Axel Mossmans Gegenwart verspürt hatte. Aber ihm blieb nichts anderes übrig, als das Spiel mitzuspielen. Und zu warten.

»*Well* …« Mossman hatte die Hände heruntergenommen, um

sein Lieblingswort aussprechen zu können. Der anglophile Pensionär lächelte und sah Oxen direkt in die Augen, als wäre er der Unterhändler eines fremden Nachrichtendienstes, der ihm seine Dienste angeboten hatte.

»... *in that case* ... Mehr Kaffee, Soldat? Wir brauchen mehr Kaffee, bevor ich anfange. Und wenn ich dann angefangen habe, wirst du sicher denken, dass der alte Spinner jetzt endgültig den Verstand verloren hat. Und ja, vielleicht stimmt das sogar, denn in meiner Geschichte gibt es nur einen Schatten, mehr nicht.«

Mossman stand auf, ging zu dem kleinen Tisch, auf dem die Kaffeemaschine stand, und füllte beide Becher. Den Rücken Oxen zugekehrt, begann er zu reden.

»Weißt du, Soldat«, sagte er langsam, »dieser Schatten ... hat einen Namen. Was ich dir jetzt erzähle, ist die Geschichte von ... Lupus.«

## 17.

Es war strittig, wie viele Plätze besetzt sein mussten, damit das Parlament des Poppelgårds als vollzählig galt. An den großen Abenden, an denen Poker gespielt wurde oder die Champions League lief, waren manchmal mehr als zwanzig Gäste da, aber der harte Kern der Freunde der Gemütlichkeit bestand aus zehn, zwölf Mann.

Noch waren Winterferien, deshalb würden sich einige der Väter von Schulkindern erst im Laufe der nächsten Woche wieder blicken lassen.

Bjarne Møller drückte mit der einen Hand die Zigarette aus und hielt in der anderen die Fernbedienung. Obwohl vier der Jungs mit am Tisch saßen, verhielt sich der Hofbesitzer, als wäre er bei sich zu Hause im Wohnzimmer. Er saß zurückgelehnt auf seinem Stuhl, hatte die Schuhe ausgezogen und die Füße auf den Tisch gelegt.

»Hmm«, brummte er besorgt und trank einen Schluck aus der Bierdose.

»Was ist los?«, fragte Schmied.

»Der aus Ghana hat sich im Training verletzt. Er fällt wahrscheinlich für die nächsten drei Monate aus. Was für ein Mist. Der Mann ist so schnell wie Usain Bolt.«

»Na und? Dafür trifft er ein Scheunentor nicht mal, wenn er direkt davorsteht«, sagte Furz. Er hatte seinen Schwiegervater mitgebracht, der Brunnen-Peder genannt wurde, weil er zeit seines Lebens einen kleinen Betrieb als autorisierter Kanalbauer geführt hatte. Inzwischen war er in Rente, aber wenn er sich langweilte, begleitete er Furz auf seinen Touren. Der vierte Gast war Dick.

Møller ging unbeeindruckt die weiteren Nachrichten im Videotext durch. Auch die, die nichts mit Sport zu tun hatten. Ihn interessierte alles – aus dem Inland, aus dem Ausland und auch Politik.

»Was? Jetzt treiben sich da draußen schon *zwei* Wölfe herum! Noch dazu ein Pärchen. Das belegen DNA-Analysen des renommierten Senckenberg-Instituts in Frankfurt, schreiben sie im Teletext. Ein Experte der Naturschutzbehörde sagt, dass sowohl die Anwesenheit eines männlichen als auch eines weiblichen Tiers in der Harrilder Heide nachgewiesen werden konnte. ›Das bestärkt uns in der Vermutung, dass wir es mit einem Paar zu tun haben und vielleicht im Laufe des Frühjahrs einen zweiten dänischen Wurf erwarten können.‹ Zwei? Von jeder Sorte einer? Das darf doch nicht wahr sein …« Bjarne Møller zündete sich eine neue Zigarette an.

»Auf dem Weg hierher habe ich ein paar von diesen Spinnern

getroffen, die Wolfsscheiße suchen. Sie haben erzählt, dass sie eine ganze Menge eingesammelt hätten«, sagte Dick, der die Welt auf seine ganz eigene Art erlebte, weil er immer mit dem Moped über die Feldwege fuhr.

»Die Kackesammler? Von denen haben meine Frau und ich auch schon einige getroffen«, sagte Brunnen-Peder. »Stellt euch das mal vor … Wer verbringt denn seine Freizeit damit, freiwillig Kacke aufzuheben?«

Furz zuckte mit den Schultern, aber er arbeitete ja gewissermaßen in derselben Branche.

»Eines schönen Tages wird das für Probleme sorgen, und ich meine echte Probleme. Nicht nur ein Schaf hier und da«, murmelte Schmied bedeutungsvoll.

Der alte Thor betrat den Raum, hängte seinen Gehstock an seinen üblichen Haken und ließ sich auf den freien Stuhl neben Dick fallen.

»Redet ihr schon wieder über Wölfe?«, fragte er.

Dick nickte.

»Ich habe heute Vormittag gehört, dass sie drüben bei Kølkær zwei tote Schafe gefunden haben. Es wird von Tag zu Tag schlimmer«, sagte Thor kopfschüttelnd.

»So ein Unsinn, Vater. Bei dir klingt alles immer so dramatisch. Im Augenblick schreit jeder ›Wolf‹, wenn nur irgendwo in Jütland ein Kadaver entdeckt wird. Dabei werden die meisten Tiere von streunenden Hunden gerissen. Das ist eine Tatsache«, wies Møller seinen Vater zurecht.

In der kurzen Stille, die Møllers Standpauke verursacht hatte, erschien Beton in der Tür.

»Wie siehst du denn aus?«, platzte Furz heraus. »Bist du verprügelt worden?«

Alle schauten zu Beton, der sich eilig zum Kühlschrank drehte und eine Handvoll Münzen in die Kasse warf. Als er sich mit seiner Dose in die Runde setzte, wurde er eingehend gemustert.

»Ein Pflasterstein … genau genommen eine ganze Palette voll«, sagte Beton seufzend, da er sich gezwungen sah, seine aufgeplatzte Augenbraue zu erklären.

»Wieso schlägst du den Kopf gegen eine Palette voller Pflastersteine?«, brummte Møller.

»Einer der Jungs hat den Gabelstapler gewendet, als ich mich gerade umdrehen wollte, und hat mich mit der Palette erwischt. Hat echt wehgetan.«

Als Nächstes kam der Kurze. Er nahm denselben Umweg über den Kühlschrank und setzte sich dann ans Tischende.

»Hast du etwa Prügel bezogen?«, fragte er mit einem Seitenblick auf Beton.

»Halt's Maul, Mann. Es war eine Palette. Und damit basta.«

Der Kurze verstummte. Nur ein Pflasterstein war hart genug, um sich mit Beton anzulegen.

»Irgendwas Neues, Kurzer?«, fragte Bjarne Møller.

»Ne. Es dauert einen Tag länger als geplant, bis wir gießen können«, sagte er zu seinem Arbeitgeber.

»Wir hatten es doch neulich von dem Kopenhagener auf Harildholm«, fing der alte Thor an. »Ich habe …«

»Der Tote, dem ein Wolf angeblich das Gesicht weggefressen hat? Hör mir auf damit!«, fiel sein Sohn ihm ins Wort.

Der Alte zuckte mit den Schultern.

»Ich wollte nur sagen, dass ich mit dem Postboten gesprochen habe, und der hat neulich ein mysteriöses Auto vor dem Hof parken sehen. Einen Leihwagen.«

»Vielleicht war's der Eigentümer, der kurz nach dem Rechten geschaut hat«, sagte Beton.

»Aber der Mann ist doch verschwunden«, erwiderte Thor.

»Ach was«, sagte Dick. »Das wissen wir ja gar nicht.«

»Vielleicht liegt er irgendwo in der Sonne, bei den Pyramiden oder wo solche Leute eben hinfliegen«, sagte Møller.

»Ich weiß nicht ...« Der alte Thor seufzte tief und schüttelte den Kopf. »Und dann sind angeblich ja auch wieder Wilderer unterwegs. Ich sage euch, da braut sich was zusammen.«

»Was meinst du damit, Alter?« Furz schaute ihn an.

»Na, alles ... Irgendwas liegt in der Luft. Etwas Bedrohliches. Die Wölfe, die Leiche im Bach, Wilderer, der verschwundene Kopenhagener, tote Schafe – und noch mehr Wölfe. Glaubt mir ... uns stehen dunkle Zeiten bevor.«

## 18.

Axel Mossman stand auf, ging zu dem Archivschrank neben der Tür und zog die oberste Schublade auf. Er griff nach einer Mappe, legte sie auf den Schrank und nahm einige Blätter heraus.

»Hier sind sie«, sagte er. »Notizen und Abschriften, die ich mir bei der Lektüre von Wolf-Wittes Tagebüchern gemacht habe. Das Originalmaterial befindet sich ... an einem sicheren Ort. Hör zu, Soldat.«

Mossman begann aus den Aufzeichnungen des Danehof-Leiters vorzulesen.

*»Heute habe ich beschlossen, nach Harrildholm zu fahren, um möglicherweise unseren Kontakt zu Lupus wiederzubeleben. Ich hatte seinerzeit einige Bedenken, was unsere Zusammenarbeit betraf, und persönlich die Entscheidung getroffen, selbige zu beenden. Dennoch bin ich zwischenzeitlich zu dem Schluss gekommen, dass eine Kooperation für beide Seiten von Nutzen sein könnte.*

*Ein Einsatz käme in verschiedenen Situationen infrage. Aber ich weiß nicht, ob Lupus noch daran interessiert ist.*«

»Lupus.«

»Ja, Lupus. Genau dieser Abschnitt in dem Tagebuch hat mich auf die Spur gebracht. Es gibt nur einen einzigen Ort in Dänemark, der Harrildholm heißt«, sagte Mossman. »Und dort warst du gerade.«

»Aber … Lupus? Ernsthaft? Ausgerechnet dort? Verrückt …«

»Was meinst du, Oxen?«

»Dass ausgerechnet dort Wölfe gesichtet wurden. Echte Wölfe.«

»Entschuldige, ich bin kein Fachmann, was das Tierreich betrifft. Was heißt das?«

»Zurzeit treibt sich in der Harrilder Heide mindestens ein Wolf herum. Und ebenfalls in der Harrilder Heide ist es vor einigen Jahren zum ersten Mal gelungen, mit einer Wildkamera ein geradezu legendäres Foto zu schießen, das einen Wolf auf dänischem Boden dokumentiert – nach zweihundertjähriger Abwesenheit. Die Harrilder Heide ist Wolfsgebiet. Und jetzt kommst du und redest von Lupus. Auf Harrildholm. Das meine ich mit verrückt.«

»*Well*, das ist ein lustiger Zufall, aber der eine Lupus hat sicher nichts mit dem anderen zu tun. Jetzt zurück zu dieser Notiz … Als ich sie entdeckt habe, ist es mir eiskalt den Rücken hinuntergelaufen. Deshalb bin ich den ganzen weiten Weg gefahren, um an Poul Hansens Tür zu klopfen. Weißt du, die Geschichte von Lupus ist die Geschichte eines Schattens.«

Mossman ging zurück zum Tisch, ließ sich auf seinen Stuhl fallen und überlegte mit tiefen Falten auf der Stirn, wo er am besten anfangen sollte. Dann entschied er sich und begann zu erzählen.

»Also, wir drehen die Zeit um vierzig Jahre zurück. Ich war damals noch auf der Polizeischule. Ich hatte einen guten Freund dort, dessen Vater das Polizeipräsidium in Roskilde leitete. Dieser Freund nahm mich mit zu einem Sommerfest, das sein Vater jedes Jahr ausrichtete. Es wimmelte nur so von Polizisten, ja, es waren fast nur Kollegen da, darunter ein paar hohe Tiere. Zu fortgeschrittener Stunde waren die Herrschaften alle ziemlich angeheitert. Ich war wie eine Fliege an der Wand, jung und neugierig. In der Küche schnappte ich zufällig eine Unterhaltung zwischen vier Polizeipräsidenten auf, einer von ihnen war der Vater meines Freundes. Sie hatten offenbar über irgendetwas gesprochen, das ihre Gemüter erhitzte, denn der eine, der Leiter des Präsidiums in Slagelse, wetterte aufgebracht: ›Man sollte Lupus damit beauftragen, sich darum zu kümmern, verdammt noch mal!‹«

Mossman starrte in den Becher zwischen seinen großen Händen, als wäre er schlagartig in seine Jugend zurückkatapultiert worden.

»Der Vater meines Freundes schüttelte damals nur den Kopf und sagte so etwas wie ›was für eine verkehrte Welt‹ und dass man normalerweise alle warnen würde, wenn ein Wolf kam, und nun sollte man ihn stattdessen herbeirufen. Ein dritter Mann am Tisch konnte sich kaum halten und rief so etwas wie: ›Lupus? Dann ist da also wirklich was dran?‹ Aber mehr bekam ich nicht zu hören, denn leider hatte der Polizeipräsident aus Slagelse einen klaren Moment und bemerkte mich. Er zischte den anderen zu, leise zu sein, und das Gespräch verstummte. Das war meine allererste Begegnung mit Lupus.« Mossman seufzte. »Es ist lange her. Ich war jung und unschuldig, also fast. Aber du kennst das ja selbst. Die frühen Jahre an der Polizeischule … Eine schöne Zeit, nicht wahr?«

Mossman sah ihn an.

»Ich war nicht sehr lange dort«, antwortete Oxen. »Und ich kann auch nicht behaupten, dass es an der Polizeischule besonders schön gewesen wäre.«

»*Well,* das sind sicher nur die verklärten Erinnerungen eines alten Mannes. Das zweite Mal bin ich auf den Begriff, das Phänomen oder das Lupus-was-auch-immer gestoßen, als ich etwa zehn Jahre später zum sechzigsten Geburtstag meines damaligen Vorgesetzten eingeladen war. Er feierte groß im Søpavillon in Kopenhagen. Damals war ich bei der Mordkommission und studierte gleichzeitig Jura. In jenem Winter brodelte es in einigen Bezirken. Kurz vor Weihnachten waren zwei Beamte erschossen worden, als sie bei Næstved einen verdächtigen Wagen anhielten. Wie sich später herausstellte, war der Fahrer ein entflohener Häftling, der massiv unter Drogen stand. Ein Finne. Ich stand gerade draußen vor dem Pavillon, um ein bisschen frische Luft zu schnappen, als ich hörte, wie sich um die Ecke zwei Männer unterhielten. Der eine meinte: ›Ich sage dir, was gerecht wäre – das finnische Schwein müsste man abknallen‹, woraufhin der andere so etwas sagte wie: ›Das wird nicht passieren. Es sei denn, Lupus nimmt die Sache in die Hand.‹ Aber ausgerechnet da wurden die beiden von einer Frau unterbrochen, die mitten in dieses interessante Gespräch platzte und es beendete. Ich kannte einen der Männer. Er arbeitete bei der Staatsanwaltschaft. Dir ist Lupus zwar nicht begegnet, aber hast du in der jütländischen Heide andere Wölfe zu Gesicht bekommen, Soldat?«

Mossman lächelte schief, als wäre der Zufall mit der Harrilder Heide eine Kuriosität, über die er sich noch lange amüsieren würde.

»Nein. Gab es ein drittes Mal mit diesem Lupus?«

Mossman nickte langsam.

»Ein drittes und letztes Mal. Es war in meinen ersten Monaten als PET-Chef. Mein Vorgänger hatte mir ein unglaubliches Chaos hinterlassen. In einem Ordner voller Akten über die Überwachung der politischen Linken stolperte ich über einen kleinen Zettel. Darauf stand nicht mehr als ein Datum und ›Lupus – 1 255 000 Kronen‹. Ein unbehagliches Déjà-vu für ein kleines Rotkäppchen wie mich.«

Es gelang ihm nicht, etwas Brauchbares von Mossmans Gesicht abzulesen. Der ehemalige Geheimdienstchef lächelte bemüht über seinen eigenen Witz.

»Du hast doch garantiert noch mehr? Ich kann mir nicht vorstellen, dass ein Mann wie du all die Jahre die Füße stillgehalten hat.«

Mossman zuckte bedauernd die Schultern.

»Zeit, Soldat. Zeit ist Mangelware. Je älter man wird, umso schneller rieselt der Sand durchs Stundenglas. Ich habe meine Zeit in die Bedrohungen investiert, mit denen wir als Gesellschaft und Nation konfrontiert waren. Extremismus und Fanatismus. Das ist die Kurzfassung. Aber ja, ich habe – wenn auch viel zu halbherzig – versucht, Lupus' Fährte zu folgen und mehr zu erfahren. Gefunden habe ich allerdings nur … einen Schatten.«

»Obwohl du Gesichter, Namen und Aussagen hattest?«

»Selbstverständlich habe ich sie alle der Reihe nach aufgesucht. Den Polizeipräsidenten von jenem Sommerabend in Roskilde, den Mann von der Staatsanwaltschaft und meinen Vorgänger. Bedauerlicherweise leiden sie an kollektivem Gedächtnisschwund. Mein Vorgänger hat sogar bestritten, die Notiz verfasst zu haben. Abgesehen davon sind sie alle höchstens in der Lage, etwas aus zweiter, dritter oder vierter Hand zu berichten. Damit lässt sich nichts anfangen.«

»Und was sagen sie?«

Mossman hob resigniert die Hände.

»Ach, nur dass Lupus einer ist, der unbemerkt sein Gewicht in die Waagschale legt, wenn Justitia versagt.«

»Rache?«

»Tja … vielleicht eher ein Ausgleich. Oder eine vorbeugende Maßnahme. Wenn du in höchster Not bist, ruf den Wolf. Ruf laut. Ruf in alle Himmelsrichtungen.«

»Hast du ein konkretes Beispiel dafür?«

Mossman schüttelte langsam den Kopf.

»Nein. Das heißt, ja, es gibt überlieferte Geschichten, in denen jemand doch noch seine verdiente Strafe bekam, obwohl er in erster Instanz freigesprochen wurde. Oder zu einer längeren Strafe ›verurteilt‹ wurde … Neulich war ich bei dem einzigen noch lebenden Polizeipräsidenten von damals. Er wohnt in einem Pflegeheim. Es war mein zweiter Besuch bei ihm, und erst jetzt hat er ausgepackt. Er hat mir erzählt, wie ein Betrüger, der ehemalige Direktor einer der Banken, die während der Finanzkrise pleitegegangen sind, plötzlich ohne einen Cent dastand, obwohl er glaubte, seine Reichtümer in Sicherheit gebracht zu haben. Die riesige – und illegale – Geldsumme war mitsamt dem wertvollen Schmuck seiner Ehefrau aus dem geheimen Safe seiner Villa in Hellerup gestohlen worden. Angeblich Lupus' Werk … Und dann war da noch dieser Mann, der am Fuß eines Felsens im Schmetterlingstal auf Rhodos tot aufgefunden wurde. Es war sein erster Urlaub, nachdem er eine längere Haftstrafe abgesessen hatte, zu der er als Kopf eines skandinavischen Pädophilen-Netzwerks verurteilt worden war. Dem alten Polizeipräsidenten zufolge war ebenfalls Lupus dafür verantwortlich. Gibt es Beweise? *None.*«

»Und woher weiß der Alte das alles?«

»Als ich ihn das gefragt habe, sagte er sinngemäß: ›Ich weiß es eben‹, und danach gar nichts mehr.«

»Und ist das, was er dir erzählt hat, auch wirklich passiert?«

»Der Tote im Schmetterlingstal ist Fakt. Der Diebstahl beim Bankdirektor dagegen lässt sich nicht verifizieren.«

»Was ist mit dem finnischen Polizistenmörder aus dem Gespräch am Søpavillon?«

»Der lebte ein langes und glückliches Leben im Hotel Zur schwedischen Gardine. Ist vor ein paar Jahren gestorben. Herzinfarkt.«

»Aber das alles lässt dir keine Ruhe?«

Mossman verzog das Gesicht zu einer gequälten Grimasse.

»*Well* … ja, es beschäftigt mich. Gibt es diesen Schatten? Gibt es Lupus? Und wenn ja – was dann? Was hat Lupus verbrochen? Nichts. Jedenfalls nichts, von dem ich weiß. Und ich kann es nun mal nicht leiden, nicht informiert zu sein. So bin ich eben. Ich habe mein ganzes Leben darauf verwendet, Dinge zu *wissen*, Oxen. Und nun taucht Lupus wieder auf – mit einer konkreten Spur, die zu einem alten Hof in Jütland führt. Und was macht da ein alter Bluthund wie ich? Ich nehme die Fährte auf. Weil ich Gewissheit haben will.«

Er betrachtete den alten Geheimdienstkämpen. Wie immer war er sich nicht sicher, ob Mossman nicht insgeheim einen Brocken für sich behielt. Doch. Mit großer Wahrscheinlichkeit war es so. Aber was für ein Brocken war es? Und wie groß war er?

»Nun ist es gewissermaßen auch eine Frage der Ehre geworden. Will ich in Zukunft meine Augen verschließen – wohl wissend, dass ich sie seinerzeit schon verschlossen habe? Nein! Wie nennen die rennradfahrenden Froschfresser es noch gleich, wenn sie gegen die Uhr fahren? *Contre la montre.* Lupus ist das *Contre la montre* eines alten Mannes.«

»Das klingt, als würdest du schon mit einem Bein im Grab stehen.«

»Mitnichten, Soldat, mitnichten. Aber der Sand rieselt …«

»Sprich Klartext. Willst du das um jeden Preis durchziehen?«

Mossman zuckte wieder mit den Schultern.

»Das habe ich nicht gesagt. Ich bin Vorsitzender einer Kommission. Diese Aufgabe verlangt meine volle Aufmerksamkeit, sie ist mein letztes Denkmal. Ich bin eitel, das solltest du langsam wissen. Also nein, ich habe nicht vor, bis zum Letzten zu gehen, dazu habe ich keine Zeit, und außerdem fehlt es meinem Reich an getreuen Mannen. Ich verfüge ja nicht einmal über einen einzelnen Ritter, den ich losschicken könnte, korrekt?«

»Korrekt.«

»Wenn sich Poul Hansen in Luft aufgelöst hat, dann ist meine Spur kalt. Dann lasse ich Lupus Lupus sein. Jedenfalls bis zu dem Tag, an dem ich nicht mehr weiß, was ich mir sonst noch vornehmen könnte. Und jetzt, Soldat, jetzt bist du an der Reihe. Was ist das für ein Zeitungsausschnitt, den du auf Harrildholm gefunden hast?«

Oxen trank den allerletzten Schluck aus seinem Becher, um Zeit zu gewinnen. Gab es noch mehr zu holen? Einen Versuch war es wert.

»Dieser Poul Hansen«, fragte er beiläufig. »Er ist doch garantiert nicht nur irgendein gewöhnlicher Bauer?«

Mossman lächelte.

»Ah, du willst noch mehr. Also gut, egal, ich sitze nicht auf einer Schatzkiste, und das meiste habe ich dir ohnehin schon erzählt. Natürlich habe ich meinen verbliebenen Einfluss, so gut es ging, genutzt und Informationen über ihn eingeholt. Sechsundsiebzig Jahre alt, ledig, juristisches Staatsexamen der Universität Kopenhagen. Er hat außerdem in Yale studiert, war immer Beamter, sehr talentiert, mit einer glänzenden Karriere im Justizministerium, Anfang der Neunziger gekrönt mit dem Posten des Staatssekretärs. Hatte eine Villa in Rungsted, die aber vor gut zwei Jahren verkauft wurde, als er Harrildholm übernahm.«

»Ein eigenartiger Wechsel, von Rungsted nach Jütland.«

»Ja, aber mehr weiß ich nicht. Und nun sind wir sicher bei dem Zeitungsartikel angelangt, nicht wahr?«

Oxen nickte und zog den vergilbten Ausschnitt aus seiner Innentasche. Vorsichtig faltete Mossman ihn auf und las die Schlagzeile laut vor:

»*Polizistin tötet Verdächtigen mit einem Schuss in die Stirn.*« Dann verstummte er und sein Blick wanderte über den Artikel und wieder zurück zum Anfang.

»Franck!«, platzte er heraus und schaute mit hochgezogenen Augenbrauen auf. »Es geht um Margrethe Franck!«

Wortlos schüttelte er den Kopf, während er den Artikel ein zweites Mal las. Dann legte er ihn auf den Tisch.

»Diese Polizistin ist Margrethe Franck. Kein Zweifel, sie muss es sein. Oder?«

»Sie *ist* es.«

»Ja, aber … Warum?«

»Das frage ich dich.«

Oxen beobachtete Mossmans Blick. Für den Bruchteil einer Sekunde schienen die Schleusen geöffnet zu sein und einen Zugang zum Innersten der schwarzen Seele dieses Mannes freizugeben, und die Regung, die Mossman nicht kontrollieren konnte, spiegelte Verwunderung. Einen winzigen Moment echten Erstaunens.

Gerade war er noch da, aber schon war die Reflexion wieder verschwunden. Mossmans Blick sah aus wie immer, vielleicht eine Spur schärfer unter den schweren Augenlidern.

»Auf diese Frage, Soldat, kann ich dir keine qualifizierte Antwort geben, dazu fehlt mir sämtliches Hintergrundwissen. Glaub mir, ich habe keine Ahnung. Aber es ist tatsächlich interessant und irgendwie absurd, dass dieser sechsundsiebzigjährige Poul Hansen nach einem Leben im Dienst der Justiz aufs Land zieht – in einen baufälligen Schuppen – und dort in einer seiner Schubladen ausgerechnet diesen Zeitungsausschnitt aufbewahrt. Wirklich interessant. Dazu würde ich ihn auch gern befragen.«

»Das wird nicht einfach sein, falls er wirklich tot ist.«

»Die Leiche im Bach … Und die Gerüchte vor Ort lauten, dass er der Tote sein könnte?«

»Vielleicht, vielleicht auch nicht.«

»Hm, ich denke, ich sollte mir doch die Zeit nehmen, da drüben selbst noch einmal die Fühler auszustrecken. Oder jemandem im System einen kleinen Schubs zu geben, damit er das für mich überprüft. Und ich habe immer noch keinen Ritter?«

»Nein, keinen Ritter.«

»Nun denn, ich werde versuchen, ein paar Kontakte zu aktivieren.«

## 19.

Als er zum ersten Spatenstich ansetzte, spürte er, wie ihn eine gewaltige Kraft durchströmte. Wie ein Aufruhr. Ein plötzliches Signal zum Kampf.

Er schüttelte den Kopf, um die Stimme zu verscheuchen, warf den Spaten weg und begann zu protestieren, flüsternd und verbissen: »Nein! Nein! Nein! Ich will nicht. Wieso sollte ich das tun? Geh weg, weg mit dir. Verschwinde.«

Er machte ein paar schnelle Schritte, rannte fast, drehte sich auf dem Absatz um, sprang ein Stück zurück, wechselte wieder die Richtung, immer hin und her, als würden die körperlichen Energieentladungen ihm bei seinem verbalen Gegenschlag helfen.

Nach einigen Minuten hektischer Aktivität und entschlossenen Protestes ließ er sich auf die braunen Nadeln des Waldbodens sinken, krümmte sich, legte die Stirn auf die Knie und schlang schützend die Arme um den Kopf.

Langsam, ganz langsam, aber stetig spürte er, wie sich Ruhe einstellte. Wie seine Gedanken wieder klarer wurden. Er hatte gewonnen.

Es war die Stimme, die ihn gezwungen hatte, den Spaten zu schultern, und die ihn hierhergejagt hatte, um sich zum Geheimnis des Grabes vorzuarbeiten. Er hatte keine Lust dazu gehabt. Überhaupt keine. Aber die Stimme war stärker gewesen. Er hatte sich von ihr hinaus in die Dunkelheit treiben lassen, aber als es schon fast zu spät gewesen war, hatte er Widerstand geleistet – und gewonnen.

Die Stimme war weg.

Stattdessen spürte er nichts als das schöne Gefühl der Stille in Körper und Kopf. Er hob seine Arme, richtete sich auf, blieb aber auf den Knien.

Es war nur ein paar Meter entfernt, das Grab. Genau dort hatte sich das böse Auge in die Unterwelt gegraben, um sein Verbrechen für alle Zeiten zu verstecken. Bei dem Gedanken an jene Nacht, als er mit angehaltenem Atem dabei zugesehen hatte, wie das Monster mit dem bläulichen Atem gekeucht und geschuftet hatte, lief ihm ein eisiger Schauer über den Rücken.

Seitdem hatte die Stimme an Kraft gewonnen. Als würde sie durch die Erinnerung an das böse Auge genährt.

War es eine Frau? Oder ein Mann? Ein großes Mädchen?

Oder ein großes Kind? Aus irgendeinem Grund quälte ihn die Vorstellung, dass es eine Frau sein könnte, mehr als alles andere.

Woher es kam, dieses Bild, wusste er nicht. Aber er sah es ganz deutlich. Eine hübsche, blasse Frau mit blonden Haaren, ganz in Rot gekleidet. Rotes Kostüm, Jacke und Rock. Aber es konnte auch ein Mann sein. Er hatte auch von ihm ein Bild. Ein alter Mann. Grauhaarig mit Halbglatze.

Langsam stand er auf. Das waren gefährliche Grübeleien. Sie lösten es jedes Mal aus, nicht wahr? Die Grübeleien, wer wohl dort unter einer dicken Schicht Erde lag.

Er knipste seine Taschenlampe an, entdeckte den Spaten, ging hin und hob ihn auf. Es tat ihm nicht gut, hierherzukommen. Heute war er zum dritten Mal hier. Beim vierten Mal würde er vielleicht doch gezwungen sein, den Spaten in die Erde zu rammen.

Dazu durfte es nicht kommen. Er hatte das untrügliche Gefühl, dass dieses Geheimnis ihn vernichten würde, wenn er es lüftete.

Er schulterte den Spaten und machte sich durch das Unterholz mit seinen kratzenden, peitschenden, kahlen Zweigen auf den Heimweg.

Es kam ihm vor, als wäre eine neue Zeit angebrochen. Wenn er zurückdachte, war das Erlebnis unten am Bach wohl ein Omen gewesen für alles, was danach passiert war. Er hatte nur seine Angelschnüre und mit etwas Glück zwei oder drei Bachforellen ans Ufer ziehen wollen, aber was er stattdessen gesehen hatte, hatte ihn verwirrt. Es hatte ihm Angst gemacht – auch wenn er immer noch nicht begriff, was der ganze Aufruhr damals sollte und was die vielen blauen Männer an seinem Bachlauf zu suchen hatten.

Vielleicht war es besser, fortzugehen und das Lager zu verlassen, in dem er ein wenig Ruhe und Frieden gefunden hatte. Die hohen Palisaden aus Fichten und Tannen schienen kein sicherer und verlässlicher Rückzugsort mehr zu sein.

Das böse Auge leuchtete bis tief in seine Welt hinein.

## 20.

Der Schwanz der Schlange glitzerte in der Sonne, die gelegentlich durch die Wolkendecke über dem Øresund brach. Der Rest des Reptils versteckte sich unter der schwarzen Strickmütze, aber er wusste, dass es sich an Margrethe Francks linkem Ohr bis ganz oben hinaufschlängelte und aus Silber war.

Das Sonnenlicht war so hart, wie es nur im Winter sein konnte. Es ließ ihr Gesicht noch blasser als sonst erscheinen, fast kreideweiß mit bläulichen, blutlosen Lippen.

Er hatte so lange geredet, dass es geradezu eine Erleichterung war, endlich fertig zu sein, sich auf der Bank zurückzulehnen und ihre Reaktion abzuwarten. Es war genau wie ein Briefing im Hauptquartier. Er hatte es schon tausendmal gemacht, aber es strengte ihn einfach an und er durfte kein Detail vergessen.

Jede Kleinigkeit konnte wichtig sein. Poul Hansens Mitgliedschaft im dänischen Naturschutzbund, im Jagdverband, bei den Sportanglern, der Ordner mit den Unterlagen über den Hof, der Termin im Krankenhaus, das Bankkonto mit den 112 000 Kronen, das Auto, das zur Inspektion sollte, sein Streifzug durch die leeren Zimmer des Hofes und die Kammern auf dem Dachboden … Sogar das Schaukelpferd konnte von Bedeutung sein.

Er war sich sicher, an alles gedacht zu haben.

Sie waren beide dick angezogen und bestens gerüstet für ein langes Gespräch auf einer Bank im Freien, denn obwohl das

Thermometer niedrige Plusgrade anzeigte, war der Februarwind, der durch Kopenhagen fegte, beißend kalt.

»Hmm … Lupus … Also, mal angenommen, dass Lupus wirklich existiert, weiß im Grunde niemand, was er/sie/es tatsächlich auf dem Kerbholz hat, richtig? Es sei denn, man glaubt den Behauptungen eines alten Polizeipräsidenten im Pflegeheim.« Sie fragte ganz unvermittelt, ohne ihn dabei anzusehen.

»Genau. Keine Beweise für gar nichts. Nur die beiden Gespräche, in denen es um irgendeine Form von Einmischung von außen ging, die für Gerechtigkeit sorgen sollte. Und dann noch der Zettel und der Betrag von 1 255 000 Kronen.«

»Bei einem PET-Chef …«

»Bei Mossmans Vorgänger. Weißt du irgendwas über ihn?«

»Nicht das Geringste. Und außer diesen vagen Hinweisen haben wir nur noch einen alten Staatssekretär, der von Rungsted an den Arsch der Welt gezogen ist, in einen stillgelegten Bauernhof, der angeblich irgendwie mit der Bestie zusammenhängt.«

»Lupus.«

»Ein Wolf, den man ruft, wenn man in der Klemme steckt, Niels?«

»Vielleicht.«

»Ein umgekehrtes Märchen. Verdammt weit hergeholt, oder?«

»Vielleicht.«

»Und dann auch wieder nicht. Ganz und gar nicht«, sagte sie und lehnte sich zurück.

»Nein, ganz und gar nicht.«

»Drei Mal, wenn auch in einem Zeitraum von vielen Jahren, aber trotzdem: Drei Mal ist Mossman auf Lupus gestoßen. Dazu die Male, bei denen wir davon ausgehen dürfen, dass er sie für sich behalten hat.«

»Mossman ist Mossman.«

»Der schärfste Verstand, dem ich je begegnet bin, würde keinen Gedanken an Lupus verschwenden, wenn das Ganze nur ein Mythos wäre.«

»Was hältst du von diesem Artikel über dich und das Unglück. Was hat er auf Harrildholm zu suchen?«

Sie zuckte mit den Schultern.

»Schon mysteriös. Aber unser unbekannter Freund ist – oder war – immerhin Jurist. Also hat er sich vielleicht für den ein oder anderen Aspekt interessiert, den wir nicht auf Anhieb erkennen. Vielleicht hat er sich vor einer halben Ewigkeit gedacht, der Artikel wäre es wert, aufbewahrt zu werden. Er hat ihn ausgeschnitten, und dann ist er in einer Schublade gelandet und dort geblieben. So etwas kommt vor. Sogar bei mir.«

»Glaubst du das wirklich?«

Sie zog die Mütze tiefer, und der Schwanz der Schlange verschwand.

»Saukalt«, murmelte sie. »Ach, ich weiß auch nicht, was ich glauben soll.«

Schweigend saßen sie nebeneinander und schauten auf die Wellen, deren Schaumkronen weiße Linien auf dem Wasser bildeten.

»Mossman hätte niemals …«, setzte Oxen nach einer Weile an, aber er wurde von einem Vibrieren in seiner Brusttasche unterbrochen. Den Klingelton hatte er gar nicht gehört. Obwohl er erst die Handschuhe ausziehen, die Jacke aufmachen und unter dem dicken Pullover nach dem Handy graben musste, gab es immer noch Lebenszeichen von sich, als er es endlich in der Hand hielt.

»Oxen.«

»Guten Tag, Soldat. Sitzt du in deinem gemütlichen Wohnzimmer und schaust dir Wölfe im Fernsehen an?« Mossman gluckste.

»Ausnahmsweise nicht.«

»Störe ich?«

»Nein.«

»*Well,* ich habe Neuigkeiten im Zusammenhang mit unserer kleinen Lupus-Geschichte. Hör zu …«

Als er ein paar Minuten später das Handy zurück in die Brusttasche schob, war er etwas klüger.

»Das war Mossman.«

»*Speaking of the devil.* Ich hätte es mir eigentlich denken können«, antwortete sie.

»Erinnerst du dich an die Leiche im Bach?«

Sie nickte.

Niels Oxen sah sehr nachdenklich aus, sein altes, abgewetztes Käppi zum Schutz vor der Kälte tief in die Stirn gezogen.

Auch wenn sie davon ausgehen musste, dass er gelegentlich Kontakt zur Außenwelt hatte – zumindest zu seinem Sohn –, schienen ihm lange Gespräche immer noch schwerzufallen. Oder er war ganz einfach ein Mann der wenigen Worte. Worte mit Substanz. Befehle. Kommandos. Worte, die einen Unterschied machten.

Die Wahrheit lag vermutlich irgendwo dazwischen. Natürlich erinnerte sie sich daran, dass er eine Leiche in einem Bach erwähnt hatte. Eine Leiche, die theoretisch der alte Staatssekretär sein könnte.

»Ja, klar«, antwortete sie. »Der Bach hieß Kvindebæk oder so ähnlich, richtig? Was ist damit? Was wollte Mossman?«

»Der Tote war nicht Poul Hansen. Mossman hat es überprüfen lassen.«

»Wer war es dann?«

»Das ist immer noch unklar.«

»Wie lange war der Mann schon tot?«

»Seit drei oder vier Wochen, soweit ich weiß.«

Irgendein armer Teufel also, um den sich offenbar niemand Sorgen machte, nachdem er nicht als vermisst gemeldet worden war.

Oxen saß neben ihr und starrte aufs Wasser, die Beine übereinandergeschlagen. An einem seiner Wanderstiefel löste sich die Sohle, und er hatte einen Riss im Ärmel seiner zerschlissenen Daunenjacke, die genauso speckig aussah wie seine langen Haare. Sie waren nicht wie sonst zu einem Pferdeschwanz zusammengebunden, sondern ragten strähnig unter dem Käppi hervor. Er war unrasiert und hatte – wie sie zum ersten Mal feststellte – schon graue Bartstoppeln.

»Niels, geht es dir eigentlich gut?«

Er drehte sich zu ihr um und sah sie erstaunt an.

»Ja. Warum fragst du? Darum geht es doch jetzt gar nicht.«

»Ich weiß auch nicht. Ich war in Gedanken wohl gerade woanders. Hast du jemanden um dich? Redest du mit jemandem?«

»Mit Magnus.«

»Jedes zweite Wochenende. Sonst niemand?«

Er schüttelte den Kopf. Sein Blick war hellwach, genau wie sein Kopf in jeder Minute des Tages und sogar nachts im Schlaf.

»Was ist mit Arbeit? Solltest du nicht eine Wiedereingliederungsmaßnahme bekommen?«

Er lächelte gequält. Und zuckte zum tausendsten Mal mit den Schultern.

»Im Moment läuft die Prüfung meiner Arbeitsfähigkeit. Ein ehemaliger Jägersoldat mit PTBS? Ehrlich, ich habe keine Ahnung, was die auf dem Amt für Vorstellungen haben. Soll ich etwa Bustickets kontrollieren? Aber wir waren gerade bei der

Leiche … Es ist also davon auszugehen, dass der alte Staatssekretär wohlauf und lebendig ist.«

»Und weiter?«

»Nichts. Außer dass er der Einzige ist, der weiß, warum dieser Zeitungsausschnitt in seiner Schublade war.«

Natürlich war das eine reizvolle Tatsache, die ihre Neugier weckte. Niemals hätte sie damit gerechnet, plötzlich mit alten Erinnerungen konfrontiert zu werden. Oder … mit alten Ängsten. Ihr persönlicher Albtraum, ihr persönliches Trauma, das sie schon lange hinter sich gelassen hatte, das zum Wendepunkt in ihrem Leben geworden war und ihr die Tür zur Welt des Nachrichtendienstes geöffnet hatte.

Sie hob das Bein ein bisschen an, wie um sich selbst davon zu überzeugen, dass kein Fuß in dem Stiefel da unten steckte. Sie dachte so gut wie nie darüber nach, dass ihr rechtes Bein schon kurz über dem Knie endete. Die Prothese und die wertvolle Schweizer Breitling-Uhr, die sie von ihren Eltern bekommen hatte, als sie nach der Operation aufgewacht war, waren die einzigen greifbaren Beweise dafür, dass sie und niemand sonst an jenem Tag dem Mann im Auto eine Kugel in den Kopf gejagt hatte.

Sie hatte noch für mindestens zehn Abende Arbeit zu Hause herumliegen. Sie war für eine spezielle Arbeitsgruppe der operativen Abteilung ausgewählt worden, die den Aufbau der gesamten Abteilung sowie die Auswirkungen und Effektivität ihres Vorgehens in einer akuten Krisensituation analysieren sollte.

Dänemark hatte einmal die Tat eines Wahnsinnigen erleben müssen, der mehrere Menschen erschossen hatte, aber es schien allgemeiner Konsens zu sein, dass in Zukunft mit Terroranschlägen von anderem Kaliber zu rechnen war. Andernorts hatte es versteckte Bomben gegeben, Selbstmordattentate und

Angriffe auf Menschenmengen mit Lastwagen und kleineren Fahrzeugen. Berlin, Stockholm, Nizza, London, Barcelona, Manchester – und in vielen weiteren Städten. Die Spur des Todes zog sich von bekannten Orten wie der Westminster Bridge oder der London Bridge bis zu Las Ramblas. Willkürliche Messerstechereien, zufällige Tode zufälliger Opfer. Und bei großen Fußballspielen wanderten die Blicke hoch zum Himmel aus Angst vor Drohnenangriffen.

Eine erhöhte Bedrohungslage war zeitweise so alltäglich wie Gurken auf dem Leberwurstbrot.

Die Deadline für die ersten Ergebnisse ihrer Arbeitsgruppe war schon in vierzehn Tagen. Und nun befand sie sich plötzlich hier, auf einer Bank neben ihrem Soldaten, den sie wohl ziemlich im Stich gelassen hatte. Sie hatte einfach verdammt viel um die Ohren. So viel, dass sie sich mit ihrer Arbeit zu Hause aufs Sofa verziehen würde, sobald sie Oxen in Vangede abgesetzt hatte.

Wie sollte sie sich in dieser Situation auch noch mit einem alten Zeitungsausschnitt befassen? Wie sollte sie nur einen einzigen weiteren Fetzen Zeitungspapier in ihr Hirn stopfen, das ohnehin schon unter Hochdruck arbeitete – und im Übrigen nicht das geringste Bedürfnis verspürte, mit der Vergangenheit konfrontiert zu werden?

*Per aspera ad astra* … durch schwere Zeiten zu den Sternen. So lauteten die Worte, die ihre Eltern auf der Rückseite der Breitling Colt hatten eingravieren lassen. Alte und längst überstandene Schwierigkeiten waren das Letzte, was sie in ihrem Leben gerade gebrauchen konnte.

»Belassen wir es dabei, Niels. Das Kapitel ist abgehakt. Und ich ertrinke in Arbeit. Wenn Axel Mossman Zeit hat, um weiter nach dieser Lupus-Geschichte zu graben, kann er das meinetwegen gern tun. Aber ich halte mich da raus. Ich habe weder Zeit noch Lust dazu.«

»Mossman weiß selbst nicht, was er will. Er hat mit dem Vorsitz seiner Kommission offenbar mehr als genug zu tun.«

»Wir sind alle im Stress. Bei mir zu Hause stapeln sich die Akten. Und was ist mit dir? Hast du vor, ihm zu helfen?«

Oxen schüttelte entschlossen den Kopf, drehte sich zu ihr und schaute ihr direkt in die Augen.

»Nein. Ich muss mich um meine eigenen Angelegenheiten kümmern. Kein Mossman mehr.«

## 21.

*1. Dezember 1963*

Die Beine waren so weit wie möglich gespreizt, die Knöchel festgezurrt. Ihr Oberkörper war über eine stabile Eisenstange tief nach unten gebeugt, die auf Hüfthöhe quer verlief. Ihre Arme waren nach vorn ausgestreckt und mit einem straffen Seil, das um die Handgelenke gewickelt war, an einen Eisenring gefesselt. Sie konnte sich nicht bewegen.

Das Mädchen mit dem goldenen Haar stand schon lange in dieser unnatürlichen Position. Die ganze Nacht, so kam es ihr vor. Sie hatte sich immer wieder die Seele aus dem Leib geschrien, geweint, um Hilfe gebettelt, verzweifelt an den Seilen gezogen und hilflos geschluchzt.

Ihre Augen waren verbunden. Der Mann hatte ihr die Binde schon angelegt, bevor er sie aus dem Kofferraum des Autos gehoben hatte. Trotzdem war sie längst zu dem Schluss gekommen, dass sie sich in einem Stall befand. Sie kannte den Geruch eines Bauernhofs. Sie hatte sich mit aller Macht darauf konzentriert, etwas zu hören, etwas zu bemerken, etwas zu finden … etwas, das ihr Hoffnung machte. Aber da war nichts.

Die meiste Zeit hatte die Angst sie eingehüllt wie eine schwere Decke, die ihr die Luft zum Atmen nahm – und jeden Gedanken verhindert, der sich sonst vielleicht hätte entwickeln und brauchbar werden können.

Sie wusste, was kommen würde.

Sonst hätte es keinen Grund gegeben, sie auf diese Weise zu fesseln.

Sie konnte an nichts anderes denken, als dass sie lieber auf der Stelle sterben würde. Aber sie hatte keine Möglichkeit, diese Entscheidung selbst zu treffen.

Plötzlich hörte sie das Knarren einer Stalltür, die über den Boden schleifte und dann wieder geschlossen wurde. Sie erkannte das Klappern von Holzschuhen. Die Schritte kamen näher. Dann blieben sie stehen.

Er hustete, zog die Nase hoch und rotzte auf den Boden. Dann trat er dicht an sie heran. Sein pfeifender Atem war jetzt ganz nah.

Er stieß einen eigenartigen Laut aus, als seine Hand ihren Oberschenkel entlangfuhr, nach dem Bund ihres Baumwollschlüpfers griff, ihn mit beiden Händen nach unten zog und dabei zerriss.

Der Mann machte seinen Reißverschluss auf und packte ihre Hüften.

Sie schrie. Ihr wurde schwarz vor Augen. Aber ihr Körper konnte nicht fallen.

»Schrei nur, Mädchen. Schrei, so laut du willst. Hier kann dich niemand hören.«

**22.** Clemmesen, der Chef der Mordkommission, ein knochiger Mann Ende fünfzig, drehte sich vom Computerbildschirm weg, riss sich förmlich die Lesebrille von der Nase und ließ sie auf den Schreibtisch fallen. Er rieb sich mit beiden Händen das Gesicht und unterdrückte ein Gähnen.

»Wie sieht es aus?«

Er schaute zu den beiden Männern, die vor seinem Schreibtisch saßen. Hardy Bertelsen und Viggo Borg, routinierte Mitarbeiter – um ehrlich zu sein, ein bisschen zu routiniert.

»Idris Nassar«, ergänzte er schnell. »Gebt mir einen Zwischenstand.«

Bertelsen fing an. Es war immer Bertelsen, der den Anfang machte, wenn die beiden zusammenarbeiteten.

»Idris Nassar liegt im Krankenhaus. Ohne Beine.«

»Ist er nicht in seiner Wohnung überfallen worden?«

»Ja, von zwei Männern. Sie haben sich gezielt seine Beine vorgenommen und danach die Arme. Beide Knie sind völlig hinüber und die Oberarme durchlöchert. Den werden wir so schnell nicht mehr zu sehen bekommen. Er ist übel zugerichtet. Falls er überhaupt noch mal auftaucht, dann im Rollstuhl.«

»Und habt ihr schon eine Idee, wer unserer Gesellschaft diesen Dienst erwiesen haben könnte?« Clemmesen sah sie abwechselnd an.

»Bisher haben wir noch keinen konkreten Verdacht«, fuhr Bertelsen fort. »Scheint eine schwierige Kiste zu werden. Dieser Nassar ist ein widerlicher Mistkerl, der so viel auf dem Kerbholz hat, dass vermutlich das halbe Königreich eine Rechnung mit ihm offen hat.«

»Hmm, wenn ich mich recht erinnere, dann hat er so gut wie nichts ausgelassen, oder?«, sagte der Chef.

»Drogen, Erpressung, Hehlerei, Schmuggel, Prostitution. *You name it.* Und Körperverletzung natürlich. Jede Menge Gewaltdelikte«, antwortete Borg.

»Ich weiß. Der Mann ist ein brutaler Psychopath. Warum haben wir ihn eigentlich nicht längst dorthin zurückgeschickt, wo er hergekommen ist? Was war das noch … Marokko?«

»Nein, der Libanon«, korrigierte ihn Bertelsen. »Er ist Libanese, lebt aber seit acht Jahren in Dänemark. Zwei Mal sollte er ausgewiesen werden, aber die Ausweisungen konnten nicht durchgeführt werden.«

»Warum?«

»Weil Nassar in seiner Heimat angeblich in Lebensgefahr wäre. Es gilt als wahrscheinlich, dass er im Libanon hingerichtet werden würde, nach einer Runde durch die Folterkammer. Deshalb hat er Duldungsstatus.«

»Da fehlen einem die Worte. Wieso droht ihm die Hinrichtung?«

»Angeblich hat er mit den Israelis zusammengearbeitet, also mit dem Mossad, als es darum ging, den Anführer der libanesischen Hisbollah zu liquidieren. Aber bekanntlich schicken wir niemanden in den Tod, also wohin mit ihm?«

»Hmm … Wie wäre es mit Givskud? Haben die nicht einen Zoo? Da gehört er hin, dieser Nassar. Zu den Tieren …« Der Chef schüttelte müde den Kopf, als ihm plötzlich ein Gedanke kam.

»Moment mal! War da nicht diese Sache mit der Schauspielerin … mit der aus … Verdammt, wie hieß die Serie noch … die mit den Wikingern auf Netflix?«

»*Vikings*«, kam Borg ihm zu Hilfe.

»Richtig! Ich meine die … ahhhrg …«

»Cindy Johansen«, sagte Borg, um Clemmensens Gedächtnis auf die Sprünge zu helfen.

»Genau, Cindy!«

»Cindy Johansen ist ein Star. Ein echter Hollywood-Star. Aber es stimmt«, ergänzte Bertelsen. »Idris Nassar hat sie und ihren Freund angegriffen. An einer Straßenkreuzung in der Innenstadt, H. C. Andersen Boulevard. Cindys Freund ist von hinten auf Nassars neues Auto aufgefahren. Da ist er total ausgerastet. Ist ausgestiegen, hat den armen Mann aus seinem Auto gezerrt, ihn verprügelt und seinen Kopf auf das Autodach gedonnert, während Cindy vergeblich versucht hat, ihn von ihrem Freund wegzuziehen, und eine ganze Traube von Gaffern danebenstand, ohne einen Finger zu rühren. Cindy hatte eine aufgeplatzte Augenbraue, mehrere ausgeschlagene Zähne und noch ein paar andere Verletzungen, und ihr Freund hat, soweit ich weiß, dauerhafte Schäden davongetragen. Irgendwas mit dem Kopf. Das Ganze ist schon ein paar Jahre her. Aber wenn ich mich nicht irre, sind die beiden nicht mehr zusammen. Ich glaube, sie hat jetzt einen Amerikaner.«

»Was hat er dafür bekommen?«

Bertelsen kniff die Augen zusammen.

»Sechzig Tage ohne Bewährung, das war's. Und auch nur, weil sein Strafregister schon so lang war. Eine ganze Reihe von Zeugenaussagen wurde zurückgezogen, eine nach der anderen. Und auf einmal war die Lage gar nicht mehr so klar.«

»*Road rage* nennt man das, wenn jemand im Straßenverkehr Amok läuft«, fügte Borg hinzu.

»*Bullshit*. Wieso braucht man für so was einen englischen Ausdruck? Wieso muss neuerdings jedes dänische Wort durch ein englisches ersetzt werden? Ich war gerade in einer Besprechung. Da saß einer, der hat die ganze Zeit von *benchmarking* gefaselt. Mein Kopf wird müde«, seufzte Clemmesen.

»Ja, aber es ist wirklich ein interessantes Phänomen«, fuhr

Borg fort. »Der Rat für Verkehrssicherheit und das Institut für Transportforschung an der DTU haben eine Studie in Auftrag gegeben. Danach sind fünfunddreißig Prozent aller Dänen in den letzten Jahren Opfer solcher Wutausbrüche im Straßenverkehr geworden. Es gibt da zum Beispiel eine krasse Geschichte aus Randers. Ein zweiundfünfzigjähriger Mann – CFO eines multinationalen Konzerns – ist mitten auf einer Kreuzung mit einer Frau in Streit geraten. Er hat ihr einen Kopfstoß verpasst, ist in sein Auto gestiegen und weggefahren. Was schätzt ihr?«

»Ein CFO?« Clemmesen schüttelte den Kopf.

»Haben sie ihn erwischt?«, fragte Bertelsen.

Borg nickte.

»Ja, er hat vierzig Tage auf Bewährung bekommen plus sechzig Tage gemeinnützige Arbeit bei der städtischen Tafel. Er war davor schon mal wegen Körperverletzung verurteilt worden … Na ja, zurück zu Cindy. Sie hat später einen Kommentar in der *Politiken* geschrieben. Darüber, wie es sich anfühlt, wenn das eigene Rechtsempfinden derart verletzt wird, und wie wenig Beachtung die Gesellschaft den Opfern schenkt, weil sich alles nur um den Täter dreht. Der Artikel hat für einige Aufregung gesorgt.«

»Jetzt, wo du das sagst, fällt es mir wieder ein«, murmelte Clemmesen. »Sogar der Justizminister hat sich damals im Fernsehen dazu geäußert. Aber sie hatte ja recht, diese Cindy.«

»Borg und ich sind gerade dabei, die Liste von Idris Nassars Opfern durchzugehen. Wir haben da eine Theorie. Vielleicht könnten …«

»Das ist Zeitverschwendung, und Zeit ist kostbar«, fiel Clemmesen ihm ins Wort. »Für mich ist es eindeutig eine Fehde unter Kriminellen. Irgendjemand hatte noch eine Rechnung zu begleichen. Das haben wir doch alles haargenau so schon oft genug gesehen.«

»Ja, aber hör zu«, wandte Bertelsen ein. »Die Art und Weise, wie die Täter vorgegangen sind … Die *wussten*, dass er seine Beine verlieren würde. Diese Typen hatten ihre Hausaufgaben gemacht. Wir haben mit Fachleuten gesprochen. Sie haben ihn mit der Pistole regelrecht amputiert. Die Pulsader verläuft in der Kniekehle. Wenn die Kugeln sie nicht zerstören, dann erledigen das spätestens die Knochensplitter. Und wenn die Blutversorgung nicht innerhalb eines bestimmten Zeitraums wiederhergestellt wird, dann nehmen die Muskeln dauerhaft Schaden und das Bein ist verloren. Wir sprechen hier von einem Zeitfenster von maximal sechs Stunden, je nach Schwere der Verletzung und Blutverlust. Der anonyme Anruf in der Notrufzentrale ging nach gut sechs Stunden ein. Das Risiko, dass er in der Zwischenzeit an dem Blutverlust gestorben sein könnte, war groß, aber dieses Risiko nahmen die Täter offenbar in Kauf. Dazu kommen die Schüsse in die Oberarme. Peng, direkt in den Knochen, was dazu führt, dass das Projektil stärker rotiert und zusätzlichen Schaden anrichtet. Seine Bizepse sind hin. Das war Präzisionsarbeit. Sie haben dafür gesorgt, dass das größte Arschloch auf dieser Erde bis ans Ende seiner Tage mit Spaghetti-Armen im Rollstuhl sitzt. Das war ein Racheakt. Auge um Auge, Zahn um Zahn. Ausgeführt von eiskalten Profis. Was denn sonst?«

Clemmesen schüttelte langsam den Kopf.

»Das ist weit hergeholt, Bertelsen. Ihr habt keine Beweise für diese Schlussfolgerung. Es gibt viele – in jedem Milieu –, die Nassar gern in den Rollstuhl bringen würden. Sei es als *payback* oder um ihn als lästigen Konkurrenten loszuwerden. Natürlich ist das eine Fehde unter Kriminellen. Und wisst ihr, was? Lasst sie machen. Sollen sie sich doch gegenseitig umbringen. Als seriöse und gewissenhafte Institution werden wir der Sache selbstverständlich trotzdem nachgehen. Aber verwendet nicht allzu viel Zeit darauf, okay? Wir sind auf sämtlichen Schaubildern und Diagrammen die Letzten, und zwar in allen *Parametern*, wie es in den oberen Etagen immer so schön heißt. In allen. Unsere Aufklärungsquote ist erbärmlich. Die Polizei ist kein Servicebetrieb und auch kein Freund und Helfer für brave Bürger. Die Polizei ist eine Fabrik. Wir stehen am Fließband. Erst gestern war ich in einer Sitzung der Führungsebene, und man hat mir die beschissenen Zahlen um die Ohren gehauen. Da sitzen Leute, die mehr als bereit dazu sind, die Messer zu schwingen, wenn wir nicht liefern. Oder alles zum hundertsiebenundzwanzigsten Mal umzustrukturieren. Vergesst das nicht, Freunde. Vergesst das nicht. Wir stehen am Fließband – und es läuft. Tag und Nacht.«

Bertelsen und Borg saßen steif auf ihren Stühlen und nickten synchron. Sie hatten nichts anderes erwartet, und bevor sie überhaupt richtig angefangen hatten, hing ihnen der Fall schon zum Hals heraus. Eigentlich wäre das eine Sache für die jungen Kollegen gewesen. Stattdessen mussten sie sich mit diesem Typen herumschlagen, der im Krankenhaus lag und lauthals herumpöbelte. Der sie »Wichser« und »verfickte Idioten« nannte.

»Gut, ich denke, wir haben verstanden, oder, Borg? Wir geben der Sache noch ein paar Tage. Das macht sich besser, nicht wahr?«

»Sehr schön, Bertelsen. Und meldet euch kurz bei mir, wenn ihr den Fall zu den Akten legt, ja?«

Die beiden nickten wieder, standen auf und verließen das Büro ihres Vorgesetzten ohne weiteren Kommentar.

Es war Zeit für die Mittagspause.

## 23.

Der Eilzug über Fünen nach Jütland donnerte vorbei und verursachte eine solche Druckwelle, dass sogar ihr hart gefederter Mini wackelte.

Sie stand mitten in der Pampa an der Schranke eines Bahnübergangs, und um sie herum gab es weit und breit nichts als Wald und wintermatschige Felder. Das Tageslicht verlor langsam an Kraft, und das braune Gestrüpp, das entlang des Bahndamms wuchs, sah aus wie ein dunkler Pelzbesatz.

Sie war an ein paar kleinen Höfen vorbeigekommen, alles Bruchbuden auf vollgemüllten Grundstücken. Es war wie ein Naturgesetz. Je näher man den Gleisen kam, umso kleiner wurde die Hoffnung und umso größer die Unordnung. Weil man hier landete, wenn man wenig Geld hatte? Zwar nicht mit dem Rücken zur Wand, aber dafür mit dem Rücken zum Bahndamm und seinem verfluchten Lärm.

Sie befand sich etwa auf halber Strecke zwischen Sorø Sø und Slagelse. Das Navi leitete sie. Auf dem Bildschirm sah sie, dass die Straße erst ein paar Kurven machte und das letzte Stück bis zu ihrem Ziel dann weitgehend parallel zu den Schienen verlief.

Sie war auf dem Weg zu einem gewissen René Jönsson. Den Nachnamen hatte er von seinem schwedischen Vater, die Mutter war Dänin. Obwohl die Familie mehrfach die Seiten des Øresund gewechselt hatte, waren die zwielichtigen Nachkommen größtenteils in Dänemark aufgewachsen und zur Schule gegangen.

Margrethe hatte sich am späten Nachmittag etwas Zeit abgezweigt, um hierherzufahren. Mitten in der hektischen Ausschussarbeit hatte sie dem PET-Hauptquartier den Rücken gekehrt. Raus aus der Stadt, hinein ins Nichts.

René Jönsson war nicht irgendein Jönsson. Das war ihr bewusst. Und machte ihr Angst. Aber sie brauchte Gewissheit, um all die Gedanken zum Schweigen zu bringen, die ihr im Kopf herumschwirrten und sie daran hinderten, sich auf die Analysen und den Entwurf ihrer Präsentation zu konzentrieren.

Als sich die Schranke endlich hob, trat sie aufs Gas und der Mini schoss auf der schmalen Straße davon. Es waren noch etwa anderthalb Kilometer bis zu Jönssons Haus.

Gleich war sie da. Sie drosselte das Tempo und fuhr an den Gleisen entlang auf eine Gruppe schwarzer Bäume zu. Schließlich tauchte ein kleines Haus mit etlichen Nebengebäuden und Schuppen auf, sie standen verstreut auf dem Grundstück, das an den Bahndamm grenzte. Inzwischen war es fast dunkel, aber die Autowracks auf der Wiese vor der Schmalseite des Hauses waren trotzdem noch gut zu erkennen. Neben einem großen Schuppen leuchtete ein weißer Campingwagen, und davor lag ein riesiger Haufen Feuerholz.

Offensichtlich fehlten ein paar Ziegel, denn ein Teil des Daches war mit einer Plane abgedeckt. Im Wohnhaus brannte Licht, genau wie im ehemaligen Stallgebäude, das direkt daran angrenzte.

Sie ließ den Wagen auf den Hof rollen, sofern man dieses Viereck, das zu gleichen Teilen aus Matsch und großen Kieselsteinen bestand, überhaupt als Hof bezeichnen konnte. Das Einzige, was sie wirklich verwunderte, war das schwarze Auto, das im Licht ihrer Scheinwerfer funkelte: ein großer und offensichtlich nagelneuer BMW. Gleichzeitig überraschte sie der Anblick kein bisschen. Sie war ja selbst autoverrückt. Und das war René Jönsson vielleicht auch.

Sie angelte die Pistole aus dem Handschuhfach, lud sie durch und steckte sie in die Tasche ihrer schwarzen Bikerjacke. Dann stieg sie aus, zog die Jacke an, blieb noch einen Augenblick stehen und sah sich um, bevor sie auf die offene Stalltür zuging. Laute Musik kam ihr entgegen.

Vorsichtig warf sie einen Blick ins Innere. Im hellen Licht einer Leuchtstoffröhre stand ein Mann leicht nach vorn gebeugt vor einem großen Motorrad, das auf einer Art Hebebühne aufgebockt war. Aus dem Radio dröhnte *Here I Go Again* von Whitesnake.

»Hallo?« Sie rief laut.

Der Mann schaute hoch, blieb aber stehen. Das Radio, das mit einem zusätzlichen Lautsprecher ausgestattet war, stand neben ihr auf der Fensterbank. Sie zog den Stecker, ging über den unebenen Betonboden zu der Hebebühne und stellte sich hinter das Motorrad. Eine Harley Davidson, was sonst.

»Mein Name ist Margrethe Franck. Ich suche René Jönsson.«

»Und wenn du ihn findest, was dann?«

Der Mann richtete seine Aufmerksamkeit wieder auf den Motorblock. Er hatte lange fettige Haare, die bis auf die Schultern des karierten Holzfällerhemds reichten, mit dem er seinen aufgepumpten Körper bedeckte. Obwohl es hier im Stall saukalt war, hatte er die Ärmel hochgekrempelt.

»Dann würde ich mich gern mit ihm unterhalten.«

»Ich bin René Jönsson. Worum geht's?«

»Um deinen Bruder. Joakim.«

»Jocke ist tot – und zwar schon verdammt lange.«

»Das weiß ich. Ich habe ihn erschossen.«

Ruckartig drehte der Mann den Kopf und sah sie an. Seine Augen wurden schmal.

»Du?«

»Ja.«

»*Du* warst das? Du mieses, kleines Aas. Und jetzt tauchst du einfach so hier auf?«

Sie nickte.

»Weißt du, ich mochte meinen Bruder. Wie kommst du darauf, dass ich dich nicht auf der Stelle kaltmache?«

Sie zuckte mit den Schultern.

»Das Leben ist voller Risiken. Ich dachte mir, dass das Ganze inzwischen so lange her ist, dass du vielleicht bereit wärst, mir bei ein paar Fragen weiterzuhelfen.«

»Dir hat doch jemand ins Hirn geschissen.«

»Hier, ich zeig dir was …«

Sie zog ihr rechtes Hosenbein hoch, sodass die Metallprothese in dem grellen Licht glänzte, und fuhr dann fort: »Das ist der Preis, den ich bezahlt habe. Und dein liebenswürdiger Bruder hätte mich getötet, wenn er es geschafft hätte. Das sind doch faire Bedingungen, findest du nicht? Kein Rumgeheule. Töten – oder getötet werden. Ich war schneller.«

Sie formte mit zwei Fingern einen Pistolenlauf, zielte auf den Mann und flüsterte: »Peng …«

René Jönsson hielt einen schweren Schraubenschlüssel in der Hand. Für einen kurzen Moment sah es so aus, als würde er überlegen, ihr damit den Schädel einzuschlagen.

»Was ich aber einfach nicht verstehe, René, ist, *warum* er mich töten wollte. Es ist eine Sache, an einem Bankraub beteiligt zu sein, bei dem jemand erschossen wurde – und niemand weiß genau, von wem. Aber es ist etwas ganz anderes, einen Bullen umzubringen. So was wird richtig teuer. Das wusste er. Also warum?«

»Woher soll ich das wissen?«

»War dein Bruder vielleicht irgendwie zurückgeblieben?«

»Vorsicht, du solltest es nicht übertreiben. Sieh lieber zu, dass du deinen Hintern von meinem Grundstück schaffst.«

»Eine Harley und ein neuer BMW auf dem ›Landsitz‹. Du

lebst von Invalidenrente, seit einem Motorradunfall. Nicht sehr einfallsreich. Vielleicht sollte ich ein paar meiner Kollegen bitten, sich mal deine Finanzen anzusehen? Oder du entschließt dich einfach, mit mir zu kooperieren.«

»Verpiss dich!«

»Das muss man sich mal vorstellen … Da macht einer bei einem Bankraub mit, und dann versucht er ausgerechnet eine Polizistin totzufahren. Das ergibt doch keinen Sinn, oder? Es sei denn natürlich, dein Bruder hätte den Bankangestellten erschossen. Und die anderen haben ja auch behauptet, er wäre es gewesen.«

»Man kann viel über Jocke sagen, aber von Knarren hatte er keine Ahnung. Jemanden erschießen? Jocke sicher nicht.«

»Warum nicht?«

»Versuch's mal mit Zuhören, verdammt!«

»Okay.«

»Wer sagt, dass er überhaupt dabei war? Bankraub? Darauf hätte er sich nie eingelassen. Niemals. Jocke war viel zu schlau für so was. Bankraub ist was für *nobrainers.*«

»Einmal ist immer das erste Mal.«

»Scheiße im Hirn, und aus dem Mund kommt auch nichts Brauchbares«, knurrte Jönsson.

»Weißt du, wer Sean Struve ist?«

»Nein.«

»Sean Struve war der Drahtzieher des Raubüberfalls. Er sitzt immer noch seine Strafe dafür ab, und für ein paar andere Sachen. Er hat ausgesagt, dass dein Bruder damals dabei war. Und dass es dein Bruder war, der geschossen hat.«

»*So fuckin' what?* Alles gelogen.«

»Dann glaubst du nicht daran, dass Joakim beteiligt war?«

»Ich glaube gar nichts. Und jetzt hau ab. Sonst …«

»Wenn ich ›Lupus‹ sage, was sagst du dann?«

Jönsson sah sie mit hochgezogenen Augenbrauen an.

»Lupus?«

»Ja, Lupus. Was sagst du?«

»Ich sage, dass es ganz unterhaltsam sein könnte, eine wie dich zu bumsen. Und hinterher sage ich dir was zu Lupus. Abgemacht?«

»Eher friert die Hölle zu, Kotzbrocken.«

Jönsson hob den Schraubenschlüssel und machte einen Schritt auf sie zu. Sie wich zurück und zog ihre Dienstwaffe gerade weit genug aus der Tasche, dass er sie sehen konnte.

»Drohst du mir etwa, du Aas? Verschwinde, oder ich rufe die Polizei.«

»Du bist tatsächlich genauso dumm wie dein Bruder. Ich *bin* die Polizei. Du hast also noch nie was von Lupus gehört?«

»Verschwinde endlich. Ich habe keinen Bock mehr. Lass Jocke in Ruhe und mich auch.«

René Jönsson drehte sich zu seinem Motorrad um und fing wieder an, daran herumzuschrauben.

Sie ging aus dem Stallgebäude, sah sich ein letztes Mal um und stieg in ihren Mini. Inzwischen war es stockdunkel. Vor ihr lag eine lange Heimfahrt.

## 24.

Egal wohin er schaute, überall in seinem kleinen Wohnzimmer waren Wölfe. Der große Bildband lag aufgeschlagen auf dem Boden. Das Foto füllte die gesamte Doppelseite und zeigte einen kanadischen Alpharüden mit gefletschten Zähnen.

Er hatte den Bildband in einer Buchhandlung gekauft und

auch alles andere, was die Buchhändlerin zum Thema Wölfe aus den Regalen gezogen hatte. Es war nicht viel, aber doch ein bunter, kleiner Stapel.

Sein Laptop stand noch immer aufgeklappt auf dem Couchtisch, nachdem er irgendwann keine Lust mehr gehabt hatte, sich weiter durch mehr oder weniger wissenschaftliche, englischsprachige Internetseiten zu pflügen, die sich eingehend mit dem Wolf und jedem erdenklichen Aspekt dieses umstrittenen Tieres beschäftigten.

Wenn er zum Fernseher hinübersah, begegnete er einem Wolfsrudel, das im Yellowstone Nationalpark eine Herde Bisons durch den metertiefen Schnee hetzte. Oxen hatte den Film schon ein paarmal gesehen. Es waren die legendären Bilder, die mit einem Duell zwischen einem erschöpften, geschwächten Bison und einem verprügelten Wolf endeten, der sich weigerte aufzugeben. Ein Wolf gab niemals auf.

Der Wolf, *lupus*, aus der Familie der Hunde.

Er lehnte sich auf dem Stuhl zurück und schloss die Augen. Lupus und Mossman. Die Vereinigung von Ausdauer und Scharfsinn. Nicht unbedingt eine glückliche Konstellation.

Das Ganze hatte an jenem Tag begonnen, den er mit Magnus im Zoo verbracht hatte. Ihre letzte Station war das Wolfsgehege gewesen. Am selben Abend hatte sich Mossman nach Einbruch der Dunkelheit in sein Haus geschlichen – oder besser gesagt, seine Wohnung gestürmt. Und es schien, als hätte Mossman einen ganzen Schwanz von Wölfen hinter sich hergezogen.

Da war zum einen *lupus*, die Spezies an sich. Und dann »Lupus«, der flüchtige Schatten, der Axel Mossman schon in seinen jungen Jahren in der Küche eines Polizeipräsidenten in Roskilde gestreift hatte, auf einer feucht-fröhlichen Party.

Beide Spuren hatte er selbst in der kurzen Zeit danach gekreuzt. Wo führten sie hin? Und war es Zufall, dass ausgerechnet er – der Jäger – ihnen folgen sollte?

»*Plus esse, quam simultatur.*« So lautete das lateinische Motto des Jägerkorps. Es hieß so viel wie »Mehr sein als scheinen«. Eine Hommage an die Bescheidenheit, und man konnte mit Recht behaupten, dass Jägersoldaten über so viel professionelles Selbstvertrauen verfügten, dass sie es nicht nötig hatten, auf sich aufmerksam zu machen.

Jeder, der halbwegs bei Verstand war, wusste, dass es im Krieg keine Soloauftritte gab. Teamwork, Teamgeist und die Stärke der Gemeinschaft bildeten das Fundament für jeden Einsatz und den Erfolg.

Genau wie bei den Wölfen.

Es hatte nichts Glamouröses, als gestähltes Rudel Kilometer um Kilometer die Beute vor sich herzutreiben und müde zu machen. Über Felsen und Eis, durch Schnee, durch Moore, durch das Unterholz und über offene Weiten, mit fast schon übernatürlicher Ausdauer, bis die Aufgabe gelöst war.

Die Jäger arbeiteten in Gruppen von acht Mann – eine Patrouille. Ein Rudel Wölfe war nicht so eng definiert, sondern bestand im Grunde aus einer Familie, angeführt vom Alpha-Paar. Die kräftigsten Tiere bestimmten das Tempo.

Es ging immer um Stärke. Nur das Alpha-Paar bekam Nachwuchs. Nur die Stärksten vererbten die stärksten Gene. Und nur die herausragendsten Individuen wurden ins Jägerkorps aufgenommen. Der Rest unterlag in einem physisch und psychisch herausfordernden Auswahlprozess, der keinerlei Raum für Schwäche ließ.

Wölfe konnten eine Strecke von mehr als achtzig Kilometern am Tag zurücklegen und dabei über die Hälfte der Zeit im leichten Trab eine Geschwindigkeit von acht Stundenkilometern halten. Auch die Jäger konnten Tag für Tag große Entfernungen überwinden. Sie mussten in der Lage sein, bei jeder Witterung schwieriges Terrain zu bewältigen. Mit richtig vielen Extrakilos auf dem Rücken. Nur die Starken konnten den Schmerz durchstehen. Nur die Allerstärksten waren imstande, der Gruppe auch etwas zurückzugeben.

Die Alphas trugen am schwersten.

Es gab Solidarität.

Das war ihre Natur.

Pure Stärke, sonst nichts.

Brüder im Geiste, Jägersoldaten und Wölfe. So war das. Ganz einfach.

Er hätte viel dafür gegeben, sie einmal in freier Wildbahn zu erleben. Würde ihm dieses Glück eines Tages vergönnt sein? *Canis lupus* in federndem Trab in der Harrilder Heide?

*Fuck, fuck, fuck* … Er konnte an nichts anderes mehr denken.

Entschlossen schaltete er den Fernseher aus und klappte den Laptop zu. Er musste raus.

Er ging ins Schlafzimmer, um sich umzuziehen. Auf einer langen Runde durch die kalte Nachtluft würde er sich alles aus dem Körper laufen. Kilometer für Kilometer den Kopf freibekommen.

## 25.

Klaus Trane stand mit dem Rücken zu ihr. Er beugte sich nach unten und kratzte mit bloßen Händen den dünnen Schnee auf der Wiese zusammen. Er formte einen kleinen Schneeball, warf ihn in flachem Bogen in die Luft, und der Schäferhund sprang mit offenem Maul und schnappte sich ihn.

»Super, Zorro! Gut gemacht«, lobte das Herrchen seinen Hund.

Sie hatte ihren alten Partner sofort wiedererkannt, sogar von hinten. Und das, obwohl seine Haare etwas dünn geworden waren. Sie hatte seine aufmunternden Kommandos an den Hund schon vor dem Haus gehört, wo sie den Mini in der gepflasterten Einfahrt geparkt hatte.

Ein paar Minusgrade und eine dünne Schicht Pulverschnee … ziemlich miese Verhältnisse, um ein Auto über die Straße zu jagen. Sie hörte förmlich, wie das Streusalz am Unterboden nagte und sich in die funkelnde chilirote Lackierung fraß.

Sie war entlang einer hohen Hecke am Haus vorbeigegangen, und jetzt stand sie an der Mauerecke und blickte in den Garten von Tranes Haus am Ende des Tudskærvej in Vanløse. Als sie damals noch gemeinsam auf dem Revier in Bellahøj gewesen waren, hatte er in einer Wohnung in Brønshøj gewohnt. Inzwischen war er also umgezogen und besaß jetzt ein Eigenheim, aber weit war er nicht gekommen.

»Hallo, Trane.«

Sie hob eine Hand. Sie nannten sich immer nur beim Nachnamen, das war so eine Art Zuneigungsbekundung zwischen ihnen. Margrethe schätzte ihren alten Partner sehr. Er hatte im Krankenhaus gewartet, stundenlang. Und nachdem man ihr das Bein abgenommen hatte, war Trane die Nummer zwei in der Reihe der Besucher gewesen. Nur ihre Eltern waren vor ihm gekommen.

Trane drehte sich um.

»Frankie!« Mit wenigen Schritten war er bei ihr, und sie verschwand fast in seiner großen Umarmung.

»Mensch, Frankie, wie schön, dich zu sehen. Ist das lange her! Du hast dich überhaupt nicht verändert.«

»Mein-Haus-mein-Hund-mein-Boot-lange her«, sagte sie lachend.

»Kein Boot, dafür hat das Geld nicht gereicht. Aber willkommen in Vanløse! Und der Hund, der gehört mir auch nicht. Zorro gehört dem Staat. Ich bin inzwischen bei der Hundestaffel.«

»Ich muss schon sagen, Zorro kann sich glücklich schätzen.«

»Danke. Ich mag den Job. Ich hatte die Stadt einfach satt. Der Gedanke, in diesem Drecksmilieu alt zu werden, nein danke. Außerdem habe ich Hunde schon immer gemocht. Ja, und jetzt bin ich seit sieben Jahren Hundeführer bei der Polizeidirektion Mittel- und Westjütland. Erst neulich hat Zorro einen dementen Mann aufgespürt, der aus einem Pflegeheim verschwunden war. Lebend … Das sind die Dinge, die wirklich zählen, Frankie.«

»Wohnen eure Kinder noch zu Hause?«

»Nur die Jungs. Lars ist im Sommer mit der Schule fertig, Henrik macht eine Ausbildung zum Zimmermann, und Sandra studiert internationales Marketing in den USA, soziale Medien und so.«

»Ein schönes Plätzchen habt ihr hier.«

Trane nickte zu der Hecke am Ende des Gartens.

»Dahinter sind ein Radweg und ein riesiger Park. Jede Menge Platz und frische Luft, auch für Zorro.«

»Ein ganz schwarzer Schäferhund? Das sieht man selten, oder?«

»Ja, er ist schon was Besonderes. Ein großartiger Hund mit wachem Kopf. Wollen wir reingehen?«

»Nein, das ist nicht nötig. Danke, dass ich vorbeikommen durfte. Ich will dir auch nicht viel von deiner Zeit rauben. Wann musst du zu deiner Verabredung?«

»Ich muss um elf am Hauptbahnhof in Roskilde sein. Aber komm, setzen wir uns unters Vordach.«

Sie nickte und lächelte. Trane klopfte sich an der Mauer den Schnee von den Stiefeln und verschwand im Haus.

Es war ein windstiller Tag, und am Himmel waren einzelne blaue Lücken, die die Vormittagssonne durchließen. Margrethe schloss die Augen und genoss die leichte Wärme im Gesicht. Ihre Deadline rückte mit großen Schritten näher. Eigentlich dürfte sie gar nicht hier stehen und die Nase in die Sonne strecken. Schon heute Mittag hatten sie die nächste Sitzung. Sie würden die Ergebnisse zusammenfassen und die abschließende Empfehlung der Gruppe diskutieren. Aber die ganze Sache von damals ließ sie einfach nicht los und nahm mehr und mehr Raum ein. Nach der Begegnung mit René Jönsson am Vortag hatte sich ihr Gedankenkarussell nur noch schneller gedreht.

Die Kombination aus der Lupus-Verschwörung, dem alten Zeitungsausschnitt und einem alternden Ex-Staatsminister auf einem baufälligen Bauernhof in Jütland triggerte ihr Hirn im Minutentakt.

Trane kam mit zwei Kaffeebechern zurück, und sie setzten sich auf eine Holzbank vor der Hauswand.

»Was ist los, Frankie? Du hast am Telefon gesagt, dass es um diese alte Sache geht, die mit deinem Bein …«

Sie erzählte ihm in kurzen Zügen, warum sie gekommen war und welchen Staub ein Zeitungsartikel aufgewirbelt hatte, aber die Lupus-Geschichte behielt sie für sich. Die gehörte nach ganz oben, in die Schwergewichtsklasse eines Mossman, es gab keinen Grund, sie zu erwähnen. Sie schloss ihren Bericht mit dem Besuch bei René Jönsson.

»Ja, die Jönsson-Brüder«, sagte Trane und nickte langsam. »Fieser Typ, dieser René. Vor ein paar Jahren hatten die Kollegen ihn im Visier, aber am Ende mussten sie ihn laufen lassen. Drogen, wenn ich mich richtig erinnere.«

»Wenn du zurückdenkst an den Tag im Südhafen, an dem ich Joakim Jönsson erschossen habe, gibt es da irgendetwas, das dich danach beschäftigt hat? Etwas, das du bei näherem Hinsehen merkwürdig fandest? Etwas Verdächtiges? Etwas, das nicht stimmig war? Oder was auch immer …?«

Trane beobachtete über den Rand seines Bechers den Hund, der im hinteren Teil des Gartens herumstromerte.

»Ne, eigentlich nicht, Frankie. Ich fand es immer bitter, wirklich bitter, das mit deinem Bein und alles, aber der Ablauf war logisch. Wobei … Anfangs konnte niemand mit Sicherheit sagen, ob Jönsson wirklich der Schütze gewesen war. Die Bilder der Überwachungskameras bewiesen ja nichts. Aber als sie dann diesen anderen Typen geschnappt haben … wie hieß er noch gleich …?«

»Sean Struve.«

»Also, als dieser Struve etwa fünf Tage später festgenommen wurde und bei der Vernehmung ausgesagt hat, dass Jönsson an dem Überfall beteiligt war und den Bankmitarbeiter erschossen hat, da waren die letzten Zweifel ausgeräumt. Ich habe trotzdem noch oft darüber nachgedacht. Vor allem weil ich es so verdammt ärgerlich finde, dass du so einen hohen Preis bezahlen musstest. Wie geht es dir überhaupt damit?«

Trane deutete auf ihr rechtes Bein.

»Die Prothese ist kein Problem. Ich habe mich daran gewöhnt. Den Mount Everest werde ich damit zwar nicht mehr besteigen, aber was sollte ich auch da oben? Und der PET ist genau der richtige Ort für mich.«

»Das freut mich. Wenn wir diesen beschissenen silbernen Peugeot nur nie gesehen hätten, dann …«

»Oh, hör schon auf. So darf man nicht denken. Es geht mir gut, und ich habe mir tatsächlich nie lange den Kopf darüber zerbrochen. In den ersten Wochen nach dem Unglück bin ich in einem riesengroßen schwarzen Loch versunken. Aber dann bin ich wieder aufgetaucht, Mossman hat mir einen Job beim PET gegeben, und von da an hatte ich kein Bedürfnis mehr, mich weiter mit dem Unglück oder Jönsson zu beschäftigen. Wenn ich den Film immer wieder zurückgespult hätte, dann hätte mich das nur ausgebremst.«

Nachdenklich fuhr sie fort.

»Also habe ich losgelassen, habe es abgehakt und mich ins Leben zurückgekämpft, in ein neues, anderes Leben. Natürlich habe ich erfahren, dass Sean Struve verhaftet und später verurteilt wurde. Dass er Jönsson beschuldigt hat, war mir nur recht, und ehrlich gesagt, habe ich mir nie Vorwürfe gemacht, dass ich das Schwein erschossen habe. Ich stand vor der Wahl – er oder ich. Dass er mich umbringen wollte, war für mich die Bestätigung dafür, dass er der Schütze gewesen war. Sean Struve hat ja nur ausgesagt, was alle schon wussten: dass Joakim Jönsson schuld war am Tod des Bankbeamten.«

»Daran hat nie jemand ernsthaft gezweifelt. Sie sind aus demselben groben Holz geschnitzt, die Brüder. Ich wünschte, wir könnten diesen René hinter Gitter bringen.«

»Er hat einen neuen BMW und eine Harley.«

»Natürlich, was sonst«, sagte Trane seufzend und rief Zorro zu sich. Ein einfaches Kommando genügte, und der Schäferhund legte sich gehorsam neben seine Füße.

»Schöner Hund, die schwarze Lackierung steht ihm«, sagte Margrethe.

»Ha! Bist du immer noch so autoverrückt, Frankie?«

Sie nickte.

»Das wird sich auch nicht ändern. Du musst mit nach vorn kommen und dir mal meinen Neuen ansehen. Ich sollte sowieso langsam los und du hast ja auch noch Termine. Aber danke, dass du dir die Zeit genommen hast.«

»Was wirst du jetzt machen? Kann ich noch irgendwas für dich tun? Du musst es nur sagen, Frankie.«

Sie zuckte mit den Schultern.

»Ich glaube, ich belasse es dabei. Ich habe auch so schon genug um die Ohren.«

»Es wäre so einfach, wenn man den alten Staatssekretär fragen könnte, warum er ausgerechnet diesen Artikel aufgehoben hat.«

»Wie gesagt, der Mann ist verschwunden.«

»Vielleicht taucht er ja doch wieder auf. Er könnte schließlich überall sein, im Urlaub, zu Besuch bei der Familie oder Freunden, im Krankenhaus …«

»Und lässt das Haus offen stehen?«

»Vielleicht schaut ab und zu jemand nach dem Rechten und hat vergessen abzuschließen.«

»Hm. Ich weiß nicht, Trane … Irgendetwas an dieser Geschichte ist mir wirklich unheimlich. Aber komm, ich zeig dir mein Auto. Es ist ein echtes Geschoss.«

# 26.

*2. Dezember 1963*

Sie hatte sich so tief es ging in die dicke Schicht aus Stroh gewühlt. Sich mit den gefesselten Armen und Beinen nach unten gescharrt und versucht, ihren Körper mit Halmen zuzudecken.

Zusammengekauert wie ein Fötus lag sie da. Sie hatte ihre dünne Hemdbluse an, aber ihr BH war weg, genau wie der hübsche Cardigan. Sie trug auch keine Unterhose mehr, und die wollene Steghose, die sie für die Fahrradfahrt unter den Rock gezogen hatte, war ebenfalls verschwunden. Den Rock hatte er ihr gelassen, aber der wärmte nicht.

Die Kälte fraß sich in ihren Körper. Kroch von unten aus dem eisigen Boden. Legte sich von oben auf sie. Strömte aus der Mauer, an die sie gekettet war. Bahnte sich unerbittlich einen Weg in ihren Kopf, wo jeder Gedanke erstarrte und zur Unkenntlichkeit gefror.

Die Binde, die so straff gewesen war, dass sie ihr fast die Augen eingedrückt hatte, war durch eine Art Kapuze ersetzt worden. Der dicke Stoff hatte auf Höhe des Mundes ein Loch, und wenn sie tief Luft holte und statt durch das Loch nach oben ausatmete, konnte sie die Kapuze für einen Moment mit Luft füllen und ihr Gesicht wärmen. Aber dann kam die Kälte zurück, noch beißender als zuvor, weil der Stoff feucht geworden war.

Ein paar Strähnen ihrer langen blonden Locken hingen unter der Kapuze heraus. Sie verfingen sich in der Kette um ihren Hals, mit der sie an die Wand gefesselt war. Sie hatte versucht, sich dagegenzustemmen und sich zu strangulieren. Irgendwann hatte sie sogar versucht, sich mit einem heftigen Ruck das Genick zu brechen. Aber … es ging nicht …

Die Kälte hatte jedoch wenigstens ein Gutes: Sie betäubte. Sie dämpfte den stechenden Schmerz, der immer wieder ihren Unterleib durchfuhr, und linderte das dumpfe Pochen in ihrem Kopf. Und sie erlaubte es ihr, sich einzurollen wie ein Baby im Mutterleib, Zuflucht zu finden in der Erinnerung an Geborgenheit, und ließ sie eintauchen in Bilder und Vorstellungen, die sie trösteten und wärmten.

Hier im Stroh hatte sie ihre Familie bei sich. Sie sah ihre Brüder, hörte ihre Stimmen, spürte die raue Hand ihres Vaters an der Wange, und jetzt ... jetzt spürte sie, wie die Nase ihrer Mutter ihre eigene berührte, während sie von starken Armen hochgehoben und weggetragen wurde.

Mit einem Ruck wurde sie wach. Sie hatte gedacht, die ganze Zeit wach gewesen zu sein, aber sie musste wohl weggedämmert sein.

Mit einem Knall ging die Stalltür auf. Er kam näher und näher und schließlich stand er neben ihr im Stroh. Hände schoben sich in ihre Achseln. Sie wurde angehoben und ins Sitzen gezogen – nicht fürsorglich, auch nicht brutal –, bis sie mit dem Rücken an der eiskalten Mauer lehnte.

»Hier ... Ich habe dir Essen gebracht«, sagte der Mann.

Seine Nase pfiff beim Atmen. Irgendetwas sagte ihr, dass sie dieses Geräusch schon einmal gehört hatte. Dieses pfeifende Atmen.

»Ich werde mich gut um dich kümmern«, fuhr die Stimme fort. »Hier, mach den Mund auf.«

Sie gehorchte und spürte, wie ein Löffel durch das Loch in der Mütze geschoben wurde. Das Essen war lauwarm und klebrig. Haferbrei ... aber er schmeckte anders als der zu Hause.

Sie leerte jeden Löffel, bis der Mann sagte: »So ist gut ... Lass uns Freunde sein, ja? Ich will dir nichts Böses. Hier, trink etwas frische Milch.«

Sie spürte das Glas an ihren Lippen und trank und trank. Ein wenig ging daneben, lief ihr über Kinn und Hals, aber das war egal. Sie war so durstig.

»Siehst du? Ich gebe dir Essen und Trinken. Du bist so zart und hübsch. Vielleicht könntest du mein Liebchen sein, wäre das nicht schön?«

## 27.

In der Windschutzscheibe klaffte ein großes Loch. Der Rest war eine undurchsichtige, gesplitterte Masse, und die Motorhaube war übersät von kleinen, viereckigen Glasstückchen.

Im ersten Moment stockte ihr das Herz, doch dann stieg die Wut in ihr hoch und die Explosion, die darauf folgte, kam einem Vulkanausbruch gleich.

»Diese verdammten Drecksblagen! Hat man jetzt nicht mal mehr in seinem eigenen Hinterhof Ruhe?«

Sie schimpfte und tobte in den wenigen Sekunden, in denen sie dachte, die eingeschlagene Windschutzscheibe des Minis wäre nur eine weitere Folge der nächtlichen Randale in Kopenhagen.

Als ihr Blick jedoch durch das Seitenfenster auf den Fahrersitz fiel, erstarrte sie und verstummte. Zwischen den Sitzen lag etwas ... ein Stein, ein großer Pflasterstein ... eingewickelt in ... Das war eine Nachricht. Da stand etwas.

Sie riss die Tür auf und holte den Stein aus dem Auto. Der Zettel war mit einem kräftigen Gummi befestigt. Sie zog ihn ab und faltete das Papier auf.

»LASS DIE VERGANGENHEIT RUHEN – SONST ...«

Die Worte waren mit breitem, schwarzem Edding in Großbuchstaben geschrieben.

Sie blieb stehen, schaute den Zettel an, die zersplitterte Frontscheibe, den Stein und schließlich wieder die Drohung aus fünf Wörtern. Dann setzte sie sich auf die Steintreppe, ignorierte die Kälte und fing an, im Geiste alle möglichen Szenarien durchzuspielen.

Sie saß eine ganze Weile so da, aber schließlich rief sie den Pannendienst an und organisierte den Transport ihres kostbarsten Besitzes – direkt nach der Breitling-Uhr – in L. T. Fritsens

Werkstatt draußen auf Amager. Es schien zwar nicht unbedingt logisch, die kaputte Scheibe in einer nicht autorisierten Werkstatt austauschen zu lassen, aber sie entschied sich trotzdem für Oxens ehemaligen Kameraden. Fritsen würde behutsam sein. Er wusste, wie man so etwas handeln musste. Eine Frau und ihr Auto. Nicht irgendein Auto. *Das* Auto. Danach wählte sie die Nummer von Niels Oxen.

## 28.

Der Pflasterstein lag auf seinem Couchtisch, auf dem Zettel mit den großen schwarzen Blockbuchstaben. Margrethe Franck saß ihm mit tiefen Falten auf der Stirn gegenüber.

Sie hatte gerade ihren Bericht darüber beendet, wie irgendein nagendes Gefühl sie zurück auf die Spuren der Vergangenheit getrieben hatte. Erst zu dem Bruder des Mannes, den sie in einem Hinterhof im Südhafen erschossen hatte, und dann zu ihrem ehemaligen Kollegen, mit dem sie an jenem Tag Streife gefahren war.

Ganz unverhofft hatte dieser Einsatz ihr nun eine eingeschlagene Windschutzscheibe und eine unmissverständliche Drohung eingebracht.

Und der Auslöser für das alles war ein vergilbter Zeitungsartikel, den er in einem baufälligen Bauernhof in Jütland gefunden hatte, im Wohnzimmer eines ehemaligen Spitzenbeamten, der – nebenbei bemerkt – wie vom Erdboden verschwunden war.

»Und was jetzt?«

Er fragte und musterte ihr Gesicht. Sie kniff die Augen zusammen.

»Das ist alles einfach nur beschissen. Ich habe keine Zeit für so was. Ich bin in einer Arbeitsgruppe, die demnächst ein riesengroßes Projekt darüber abliefern muss, wie der PET sich in Zukunft organisieren soll und was bei einem Großalarm zu tun ist. Struktur. Maßnahmen. Superwichtiges Zeug …«

»Heißt das, du hast *jetzt gerade* keine Zeit?«

»Ja!«

»Okay.«

»Warum?«

»Nichts.«

»Doch, Niels! Warum?«

»Weil es vielleicht gut wäre, wenn ich die ganze alte Geschichte kennen würde. In voller Länge. Ich kenne nur das Ergebnis – dass dieser Jönsson *on sight* erschossen wurde und dass du ein Bein verloren hast. Ich muss mehr wissen, wenn ich über Zusammenhänge nachdenken soll. Aber wir können damit auch warten, wenn …«

»Nein, ist schon in Ordnung. Ich muss nur …« Margrethe Franck warf einen Blick auf ihre Armbanduhr und verzog das Gesicht. »Ich muss erst telefonieren.«

Sie rief im PET-Hauptquartier an, ließ sich mit dem zuständigen Kollegen verbinden und gab Bescheid, dass sie sich verspäten würde. Dann legte sie ihr Handy neben den Pflasterstein, seufzte tief und sagte:

»Ich bin bereit. Fang an.«

»Woran erinnerst du dich? Wie hat dein Tag damals angefangen?«

»Ich erinnere mich an *alles*, was an diesem Tag war. Alles. Also, unterwegs esse ich ein Sandwich, Hühnchen, Bacon, Curry. Es ertrinkt in Dressing und schmeckt widerlich. Es ist Mittwoch, die erste Maiwoche. Sonnenschein und wolkenloser Himmel.

Ich treffe am späten Vormittag in Bellahøj ein. Ich soll mit dem erfahrenen Klaus Trane Streife fahren. Wir sind schon oft zusammen gefahren und haben uns angefreundet. In den ersten Stunden gibt es bis auf ein paar Kleinigkeiten keine besonderen Vorkommnisse. Ein Rocker ohne Schutzhelm, eine ältere Dame, die von hinten auf einen Linienbus auffährt, sonst nichts.«

»Du hattest keinen aktuellen Fall? Du warst nicht Teil einer laufenden Ermittlung?«

»Nein. Ich war noch total unerfahren. Nur eine ganz normale Polizistin, vergiss das nicht. Keine ›Fälle‹, kein Teil von irgendwas. Doch, Teil des Dienstplans, aber sonst gar nichts.«

»Ihr fahrt Streife – und dann?«

»Exakt um 15:14 Uhr geht die Meldung an die Streifenwagen. Es gab einen bewaffneten Raubüberfall auf die Danske-Bank-Filiale am Gammel Kongevej in Frederiksberg. Ein Werttransporter ist involviert. Es wurde geschossen. Ein Mann wurde getroffen. Im Zusammenhang mit dem Überfall wird nach zwei Autos gefahndet: nach einem hellen, möglicherweise weißen VW Transporter und nach einem silbernen Kombi, vermutlich ein Peugeot 307. Von denen gibt es echt viele, das kannst du mir glauben.«

»Wo befindet ihr euch?«

»Trane sitzt am Steuer. Wir sind auf der Vigerslev Allé in Valby und gerade stadtauswärts am Vestre Kirkegård vorbeigefahren. Als wir an einer roten Ampel Ecke Vigerslev Allé/Sjælør Boulevard stehen bleiben, sehen wir auf der Gegenfahrbahn einen silbernen Peugeot 307.«

»Wie du ja schon gesagt hast, sind die nicht gerade selten. Wieso ausgerechnet der?«

Er lehnte sich auf dem Sofa zurück. Sie saß vorn auf der Stuhlkante und brauchte keine Bedenkzeit, um seine Frage zu beantworten.

»Erst sieht es aus, als würde er geradeaus über die Kreuzung fahren. Dann blinkt der Fahrer plötzlich und biegt nach rechts in den Sjælør Boulevard ab. Trane folgt dem Kombi, während ich das Kennzeichen überprüfe.«

»Ihr seid also direkt hinter ihm?«

»Nicht von Anfang an, aber wir brauchten ja das Kennzeichen.«

»Und dann?«

»Es stellt sich heraus, dass der Wagen am selben Vormittag als gestohlen gemeldet wurde. Da steigt der Puls natürlich. Trane lässt sich ein Stück zurückfallen und sorgt dafür, dass ein paar Autos zwischen uns und dem Kombi sind, aber offensichtlich wird der Fahrer des Peugeots trotzdem nervös. So geht das eine ganze Weile, und am Ende des Sjælør Boulevard biegt der Kombi auf den Parkplatz am Bahnhof ab und hält an. In sicherem Abstand bleiben wir ebenfalls stehen. Nach ein paar Minuten fährt er wieder los, in derselben Richtung weiter, unter den beiden Brücken durch und ins alte Komponistenviertel. Wir haben den Eindruck, dass er versucht uns abzuschütteln, aber es gelingt ihm nicht, und dann …«

»Verstärkung? Habt ihr keine Verstärkung gerufen?«

»Doch, natürlich, aber wir sind ja erst seit ein paar Minuten hinter ihm her. Jedenfalls stehen wir schließlich in der Bådehavnsgade, wo wir den Kombi kurz zuvor aus den Augen verloren haben. Trane fährt noch ein paar Nebenstraßen und das Industriegelände ab, dann beschließen wir, uns aufzuteilen, weil wir sonst kostbare Zeit verlieren. Ich laufe an einem alten Gebäude vorbei und komme in einen Hinterhof. Und da steht der Kombi und …«

Er hob eine Hand und unterbrach sie.

»Halt, ganz langsam. Schritt für Schritt, bitte. Fang noch mal an, *bevor* du das Auto siehst.«

»Ich schleiche an einer Lagerhalle aus altem rotem Backstein vorbei. Am Ende der Mauer bleibe ich stehen und schaue vorsichtig um die Ecke, bevor ich den Hof betrete.«

»Du bist allein. Wieso hast du nicht deinen Kollegen dazugerufen und gewartet? Das wäre deine Pflicht gewesen.«

»Hör zu … Ich schaue also um die Ecke, aber ich sehe das Auto nicht sofort.«

Margrethe Franck lehnte sich auf dem Stuhl zurück, legte den Kopf in den Nacken und presste die Augen zu. Dann fuhr sie fort:

»Links von mir ist eine Art Laderampe mit einem breiten Vordach. Da steht ein großer Stapel Paletten mit irgendwelchen Waren, die in durchsichtige Folie eingepackt sind. Unter anderem neue Toiletten. Sie behindern meine Sicht. Erst als ich weiter in den Hof gehe und die Paletten nicht mehr im Weg sind, entdecke ich den Wagen. Ich will …«

»Du hörst ihn nicht?«

»Nein. Der Motor ist aus.«

»Erzähl weiter.«

»Ich sehe den silbernen Kombi in der hintersten Ecke. Im selben Moment startet der Motor.«

»Deine Dienstwaffe?«

»Die habe ich bereits gezogen, bevor ich den Hof betreten habe. Ich bleibe …« Sie saß reglos da, die Augen fest geschlossen. »Ich sehe es vor mir, als wäre es gestern gewesen, Niels. Ich bin durcheinander. Vielleicht auch panisch. Ich versuche hektisch, meine Möglichkeiten abzuwägen. Ich stehe ungeschützt mitten im Hof. Ich entscheide mich dafür, Schießhaltung einzunehmen und stehen zu bleiben – und ziele direkt auf den Fahrer.«

»Kannst du sein Gesicht erkennen?«

Sie schüttelte den Kopf.

»Nein, ich kann den Fahrer überhaupt nicht sehen. Die Windschutzscheibe wirkt durch die Sonneneinstrahlung wie ein Spiegel, das heißt … Doch … ich sehe eine Bewegung, da wo die Spiegelung endet. Als würde er seinen rechten Arm senken oder seine Hand.«

»Eine Waffe?«

»Keine Ahnung. Für einen Sekundenbruchteil denke ich das jedenfalls. Ich gehe ja davon aus, dass er bewaffnet ist.«

»Und dann?«

»Dann rollt der Wagen auf mich zu, langsam, als würde der Fahrer zögern.«

»Und was tust du?«

»Ich gehe rückwärts. Er gibt Gas. Ich gehe weiter rückwärts, die Pistole unverändert auf die Windschutzscheibe gerichtet.«

»Und du kannst ihn immer noch nicht sehen?«

»Nein, diese verdammte Scheibe ist eine einzige große Spiegelung.«

»Wo stehst du jetzt?«

»Mit dem Rücken an der Wand. Wortwörtlich.«

»Wieso gehst du nicht hinter den Paletten in Deckung? Oder an der Laderampe?«

»Gute Frage. Ich bin in dem Moment wie blockiert. Vielleicht paralysiert, ich weiß es nicht. Aber ich weiß, dass ich meine Waffe auf ihn gerichtet habe. Und ich weiß, dass ich keine Chance habe, mich umzudrehen und einfach wegzurennen. Die Situation ist völlig außer Kontrolle.«

»Und dann kommt er?«

»Ja … Mit Vollgas und quietschenden Reifen. Ich bin … wie … erstarrt.«

»Aber wie zur Hölle kannst du ihn treffen, obwohl du ihn nicht mal siehst?«

Die Skepsis in seiner Stimme war nicht zu überhören. Und als damals der Vorfall und der Schuss – der tödliche Schuss – Gegenstand einer internen Untersuchung geworden waren, hatte sie genau diese Frage in unzähligen Vernehmungen bis zum Erbrechen beantworten müssen.

Es war wie ein altvertrautes Echo. *»Wie konntest du ihn treffen, obwohl du ihn nicht gesehen hast? Noch dazu mitten in die Stirn?«*

Und die Gedanken und Bilder, die sie sich jetzt ins Gedächtnis rief, waren eine getreue Kopie all der anderen Male, bei denen sie dasselbe getan hatte.

Sie öffnete die Augen, richtete sich auf und rutschte wieder nach vorn auf die Stuhlkante. Dann sah sie ihn an und erzählte es ein weiteres Mal:

»Doch, ich sehe ihn. Plötzlich ist die Spiegelung weg. Der Schatten des Vordachs fällt in die Mitte des Hofs. Und auf einmal kann ich ihn ganz deutlich erkennen. Zu allem entschlossen. Beide Hände fest um das Lenkrad geklammert. Das Auto ist ganz nah. Ich schaffe es, zu schießen – und springe nach links. Aber ich bin nicht schnell genug. Das Auto erwischt mein Bein und zerquetscht es an der Wand. Den Rest kennst du.«

»Nein, eigentlich kenne ich den Rest nicht«, antwortete er. »Ich kenne nur das Ergebnis. Du bist verletzt. Er ist tot. Und dann?«

Er hatte natürlich recht. Er wusste nichts von dem, was zwischen dem Schuss und ihrem Aufwachen im Krankenhaus passiert war. Aber das war im Grunde auch egal. Sie zuckte mit den Schultern und erzählte ihm, was sie wusste:

»An dieser Stelle klafft eine Lücke in meinen Erinnerungen. Ich knalle mit dem Kopf gegen die Mauer, als mich der Wagen rammt. Das zeigen auch die Schrammen an meiner Schläfe. Dann verliere ich das Bewusstsein. Das Erste, woran ich mich wieder erinnern kann, ist der Lärm der Sirenen und dass ich auf dem Boden liege und in ein fremdes Gesicht blicke – ein Mann, ein Rettungssanitäter. Er sagt mir, dass ich okay bin, aber dass mein Bein nicht gut aussieht. Mehr weiß ich eigentlich nicht.«

»Also war dein Kollege als Erster vor Ort und hat Hilfe gerufen?«

»Ja, dem Bericht zufolge ist Klaus Trane praktisch sofort zur Stelle. Er ist auf der anderen Straßenseite, als der Schuss fällt. Das ist alles genau erfasst, auch die Zeitpunkte. Die gesamte Kommunikation mit Bellahøj und mit der Notrufzentrale steht im Protokoll. Ich hatte eine Kopie davon zu Hause. Irgendwann konnte ich das alles auswendig, Tranes Aussage, meine Aussage – und alle anderen Unterlagen zu den internen Ermittlungen. Beinahe Wort für Wort.«

»Aber du hast die Kopien nicht mehr?«

»Nein, Niels, ich habe sie nicht mehr. Ich habe den ganzen Mist weggeworfen. Genau genommen habe ich alles geschreddert. Ich war damals ja in Therapie wegen des Traumas, und am Ende musste ich mich einfach davon befreien. Einen sauberen Schnitt machen. Das Ganze hinter mir lassen und neu anfangen. Ein neues Leben – mit nur noch einem echten Bein. Ich glaube, die Berichte zu vernichten, war so etwas wie Seelenhygiene. Du weißt ja, wie das ist … wenn das Trauma einen innerlich auffrisst.«

Er nickte mit einem schiefen Lächeln.

»Es hat mir nicht geholfen, mich ständig zu hinterfragen. Hätte ich etwas anders machen können? Habe ich korrekt gehandelt? Oder war mein Verhalten in dieser Situation vollkommen daneben? Joakim Jönsson war tot. Als der Drahtzieher des Raubüberfalls, ein gewisser Sean Struve, ein paar Tage später mit zwei weiteren Mittätern verhaftet wurde, bestätigte er, dass Jönsson in der Bank geschossen hatte. Von den erbeuteten 7,2 Millionen Kronen fehlten 3,3 Millionen. Angeblich hatte Jönsson es geschafft, das Geld in Windeseile zu verstecken. Oder es unterwegs an einen Komplizen übergeben. Als die beiden Ermittlungen zusammengelegt wurden, drehte sich alles um dieses Geld – und um die Jagd. In der Wohnung von Joakim Jönssons Schwester fand man diverse Unterlagen, unter anderem einen Grundriss der Bank am Gammel Kongevej. Und so fügte sich das Ganze zu einem schlüssigen Bild zusammen: Jönsson war der Bankräuber, der keinen anderen Ausweg sah, als eine Polizistin zu überfahren und zu töten, um aus dem Hinterhof zu entkommen. Er hatte schon ein Opfer auf dem Gewissen.«

»Dann wusste er, dass sein Schuss in der Bank tödlich gewesen war? Wusstet ihr, dass der Bankangestellte tot war?«

»Nein, das wurde über Funk nicht durchgegeben. Aber der Mann war schon tot, als er ins Krankenhaus eingeliefert wurde. Deshalb ist es ziemlich wahrscheinlich, dass Jönsson die Konsequenz seines Handelns bewusst war.«

»Und die 3,3 Millionen?«

»Soweit ich weiß, wurden sie nie gefunden.«

Oxen hatte die Hände unter dem Kinn gefaltet und nickte.

»Hmm … Und wenn ich es gern lesen würde?«, fragte er.

»Dann kann ich dir den ganzen Packen mit einem Fingerschnips beschaffen.«

»Tu das.«

»Okay.«

»Können wir hinfahren? Jetzt – oder später?«

Sie war sich nicht sicher, was er meinte. Die Berichte holen oder den Tatort besichtigen?

»Du meinst in den Südhafen … oder?«

Er nickte.

»In den Hinterhof.«

Sie schüttelte den Kopf.

»Der Gebäudekomplex wurde vor zwei, drei Jahren dem Erdboden gleichgemacht. Ich war noch einmal da, bevor alles planiert wurde. Das zweite Mal kam ich umsonst. Heute steht dort die Zentrale einer Baufirma. Und es gibt noch nicht mal eine Gedenktafel zu Ehren meines wohlgeformten rechten Beins.«

Oxen lächelte. Der Mann lachte nie. Oder hatte sie ihn schon jemals laut lachen hören? Allerdings hatte er in den letzten Jahren auch nicht wirklich viel Anlass dazu gehabt. Sie hatte fast vergessen, wie sehr sie dieses schiefe, vorsichtige Lächeln mochte, aber es war schon wieder verschwunden, als er anfing zu reden.

»Du hast dir doch sicher schon Gedanken gemacht, über die Entwicklung von dem Moment an, als ich den Artikel gefunden habe, bis zu diesem Backstein hier?«

»Natürlich. In den zwölf Jahren, die inzwischen vergangen sind, gab es in dieser Sache nicht das leiseste Kräuseln an der Oberfläche … Und dann schickst du mir den Artikel aufs Handy und ich besuche zwei Leute … Zwei, mehr nicht …«

Oxen nickte, und ihre Blicke trafen sich.

»Du warst bei diesem Jönsson und du hast dich mit deinem alten Kollegen Klaus Trane getroffen. Und eins von beidem hat dir den hier beschert, richtig?« Oxen nickte zu dem Stein auf dem Couchtisch.

Das war das Fazit. Zu demselben Schluss war sie natürlich auch gekommen.

»Es *kann* nur Jönsson gewesen sein«, antwortete sie. »Trane ist einer der liebenswertesten Menschen auf diesem Planeten. Hingebungsvoller Familienvater, ehrlich, herzlich und alles, was einem sonst noch an guten Eigenschaften einfällt.«

Oxen schwieg mit nachdenklicher Miene. Schließlich sagte er: »Es gibt eine weitere Möglichkeit, die wir nicht ausschließen können, oder? Es wäre denkbar, dass dich jemand beobachtet. Eine dritte Partei, die dir diese Drohung wegen der beiden Besuche geschickt hat.«

Sie zuckte mit den Schultern und schüttelte den Kopf.

»Es ist mysteriös. Vielleicht können wir gar nichts ausschließen. Aber warum? Was ist denn an meiner Vergangenheit plötzlich so gefährlich? Nachdem es all die Jahre ruhig und friedlich war. Ich kapiere überhaupt nichts mehr, Niels, wirklich nicht. Und ein Teil von mir schreit, dass ich nicht eine Sekunde meiner Zeit auf diesen Mist verschwenden sollte, während der andere das Gegenteil verlangt. Aber ich habe eine glasklare Deadline. Daran führt kein Weg vorbei. Die Ausschussarbeit hat in der Führungsetage absolute Priorität.«

Oxen nickte wieder.

Sie musste plötzlich an ihre erste Begegnung denken, auf dem Polizeirevier in Aalborg. Damals hatte er schon so lange ein einsames und nachtaktives Dasein gefristet, erst im Kopenhagener Nordwestquartier und dann in seinem Lager tief im Rold Skov, dass es ihm sogar schwerzufallen schien, ein ganz normales Gespräch zu führen. So war es inzwischen nicht mehr, aber Niels Oxen würde wohl immer ein wortkarger Mann bleiben.

»Besorg mir die Unterlagen. Dann sehen wir weiter«, brummte er auf der anderen Seite des Couchtisches.

## 29.

Das Monster lag immer noch in seinem Einzelzimmer. Es war offenbar doch noch ein kleiner Rest Wohlfahrt im Wohlfahrtsstaat vorhanden. Aber welcher unbescholtene Patient hätte in Nassars Gesellschaft auch ruhig schlafen können. Das war wirklich niemandem zuzumuten.

Bertelsen schob die Tür auf. Das Muskelpaket mit dem breiten Brustkorb lag schlafend in seinem Krankenhausbett, nach wie vor eingewickelt wie eine Mumie. Zufrieden registrierte Bertelsen erneut Nassars nicht-existente Unterschenkel und Füße. Mit einem aufgepumpten Torso ließ sich arbeiten. Der fiel nicht beim kleinsten unpassenden Kommentar über einen her. Ein Torso war beruhigend unbeweglich.

Er klopfte laut an die offene Tür, viel lauter, als es normalerweise seine Art war. Nassar zuckte zusammen. Sie stellten sich ans Fußende seines Betts und sahen zu, wie der Mann wach wurde und sich langsam fokussierte. Dann ging es los. Den Ton kannten sie schon.

»Dumm und Dümmer, die zwei Spackos von der Idiotenkommission.«

»Kripo Kopenhagen, *Mordkommission*«, fiel Bertelsen ihm trocken ins Wort. »Wir wüssten gern, ob Ihnen etwas eingefallen ist, das …«

»Halt's Maul, Fettsack. Ich will schlafen. Verpisst euch.«

»Verstehe ich Sie richtig, dass Sie uns damit sagen wollen, dass Ihnen nichts eingefallen ist, was zur Aufklärung des Falles beitragen könnte?«, fuhr Bertelsen fort.

»Aufklärung? Ha!«

»Wir haben uns die lange Liste von Fällen angesehen, in denen Sie als Hauptperson in Erscheinung getreten sind, und würden Ihnen gern zu einem konkreten Fall Fragen stellen. Es geht um die Sache mit Cindy Johansen«, sagte Borg.

»Cindy-wer?« Nassar verzog demonstrativ das Gesicht.

»Cindy Johansen, dänische Schauspielerin, Hollywood-Größe. Man sollte meinen, dass jeder sie kennt. Sie haben Cindy Johansen und ihren damaligen Freund auf einer Kreuzung am H. C. Andersen Boulevard verprügelt. Und zwar nicht gerade zimperlich.«

Bertelsen fauchte. Diese unerträglich gleichgültige Attitüde des Libanesen brachte ihn langsam zur Weißglut. Er schob die geballte Faust mit Druck in die Manteltasche, vielleicht, um jetzt nichts Falsches zu tun.

»Ach so, die Filmtussi. Sagt es doch gleich, ihr Idioten.«

Offenbar hatte Borg bemerkt, dass Bertelsen vor Wut zitterte, und übernahm.

»Hatten Sie nach dieser ›Episode‹ in irgendeiner Form Kontakt mit Cindy Johansen?«

»Ich habe sie nicht gebumst, falls du das meinst.«

Nassar grinste schmierig. Borg holte tief Luft.

»Nein, das meinte ich nicht. Hat sie mit Ihnen Kontakt aufgenommen, vielleicht angerufen oder geschrieben?«

»*Nope.* Aber ich hätte sowieso keinen Bock gehabt. Also, sie zu bumsen.«

»Haben Sie den Kommentar gelesen, den sie für die Zeitung geschrieben hat?«

»Kommentar? Was für einen verfickten Kommentar? Ich weiß nur, dass eure Kommentare mir auf den Sack gehen.«

Borg nickte geduldig. Bertelsen hatte immer noch einen roten Kopf.

»Sie haben auch Johansens Freund verprügelt, Franz Riis. Hatten Sie Kontakt zu ihm?«

»Denkt ihr, ich bin schwul, oder was?«

»Kontakt bedeutet nicht zwangsläufig sexuellen Kontakt.«

»Ach was, gibt es noch anderen Kontakt?« Idris Nassar grinste selbstzufrieden.

»Wenn man sich die Liste Ihrer Vorstrafen wegen Körperverletzung anschaut, dann sollte Ihnen eigentlich klar sein, dass es auch andere Arten von Kontakt gibt«, knurrte Bertelsen.

»Halt's Maul, Wichser.«

»Also, es bestand keinerlei Kontakt zwischen dem Paar und Ihnen. Gab es Drohungen oder andere Reaktionen nach dem Vorfall auf dem H. C. Andersen Boulevard?«, fragte Borg.

»Ja. Von meinen Brüdern. Und die haben dasselbe gesagt wie ich: Ihr seid alle Rassisten, der ganze verfickte Laden. Ein Däne wäre nicht verurteilt worden. Dieser Typ, der Macker von dieser Filmtussi, rast von hinten in meinen neuen Benz und wird dann auch noch scheißprovozierend. Ich hab nichts gemacht! Ich hab ihm nur gezeigt, was Respekt ist. Und wer geht dafür in den Knast? Ich. Das, du Arsch, ist Rassismus. Kapiert?«

»Rassismus? Sie sind zweimal ausgewiesen worden, und trotzdem haben Sie Duldungsstatus und dürfen bleiben. Also ganz so schlimm kann es ja nicht sein.« Borg sah Nassar mit hochgezogenen Brauen an.

»Eure Duldung könnt ihr euch in den Arsch schieben.«

»Gut. Also niemand, den Sie auf die eine oder andere Art behelligt haben, hat ihnen jemals in irgendeiner Form gedroht?« Borg versuchte weiter das Unmögliche, mit Nassar so etwas wie ein Gespräch zu führen.

»*Niemand* droht Idris Nassar.«

»Hör zu, König Idris, wir versuchen hier einen Fall zu lösen«, fauchte Bertelsen, der sich zumindest einigermaßen wieder gefangen hatte. »Kannst du den Scheiß nicht endlich mal lassen und kooperieren?«

»Nein. Mir hat keiner gedroht«, sagte Nassar.

Borg räusperte sich und wechselte den Kurs.

»Gegen Sie wurde bereits mehrfach ermittelt, hauptsächlich wegen Gewaltdelikten, aber in vielen Fällen kam es nie zu einer Anklage. Das wirft schon ein paar Fragen auf. Also Hand aufs Herz: Haben Sie anderen gedroht, damit sie den Mund halten? Und könnte einer von ihnen hinter dem Überfall stecken?«

Zum ersten Mal nahm Idris Nassar sich einen Moment Zeit, um nachzudenken. Dann schüttelte er langsam den Kopf.

»*Nope.*«

»Wenn Sie nicht ganz sicher sind, dann nur raus damit«, sagte Borg.

»Da ist keiner. Und weißt du auch, warum, Spacko? Weil ich nie jemanden bedroht habe, damit er das Maul hält. Ihr Bullen reimt euch immer irgendeinen Scheiß zusammen, obwohl ihr gar nichts in der Hand habt. Nur weil ich ich bin. Und damit hat sich die Sache auch schon erledigt, bevor einer von euren verfickten Richtern was dazu sagen kann.«

»Okay, ich glaube, wir brechen hier ab«, sagte Bertelsen und klang erleichtert.

Borg nickte.

»Und wehe, ihr weckt mich noch mal, ihr Versager.«

Sie machten auf dem Absatz kehrt und verließen das Zimmer, während Nassar weiter lautstark hinter ihnen herpöbelte.

Bertelsen schnaufte schwer, als sie den langen Gang hinuntergingen.

»Oh Mann, Borg, bei diesem Typen schwillt mir der Hals.«

»Du hattest eine knallrote Birne«, gluckste Borg.

»Und dann zieht dieser menschliche Abschaum auch noch die Rassismuskarte. Wie dreist kann man eigentlich sein? Aber sag mal … Eigentlich können wir den Fall jetzt beerdigen, wie

Clemmesen gesagt hat. Der Idiot hat seine Chance bekommen, aber er hat sie nicht genutzt. Ende, aus.«

Borg zuckte mit den Schultern. »Ich weiß nicht …«

»*Was* weißt du nicht, Borg?«

»Na ja, ich denke halt … Mein Junge geht doch auch zur Polizei.«

»Michael?«

»Ja, Michael. Grün hinter den Ohren und mit großen Idealen, weißt du? Er soll sich nicht für seinen Vater schämen, weil der seine Zeit bis zur Pensionierung nur noch absitzt. Aber genau das tun wir, wenn wir den Fall jetzt zu den Akten legen. Und man selbst will ja auch noch in den Spiegel schauen können. Jeden Morgen. Hast du dich schon mal gefragt, warum ausgerechnet wir diesen Scheißfall bekommen haben? Weil sie davon ausgehen, dass wir so alt, müde und nachgiebig sind, dass wir uns fügen und aufgeben werden.«

»Aber Clemmesen hat doch gesagt, dass …«

»Ja, ja, das weiß ich, aber davon wird es auch nicht richtiger, oder? Es ist doch offensichtlich, dass sich hier jemand gerächt hat. Und auch wenn Nassar das erbärmlichste, mieseste Dreckschwein auf Gottes staubigem Planeten ist, kann man es trotzdem nicht hinnehmen, dass ihm jemand die Beine wegballert und die Arme kaputtmacht. Selbstjustiz ist absolut inakzeptabel. Wir sind die Polizei. Wir sorgen für Recht und Ordnung. Und wenn das nicht mehr gilt, dann ist alles sinnlos und mein Sohn verschwendet seine Zeit.«

Borg warf seinem Kollegen einen Seitenblick zu. Bertelsen verzog das Gesicht zu einer dramatischen Grimasse, die an einen runzligen Apfel erinnerte.

»Hmmm … Vielleicht hast du verfickt noch mal recht, Borg, du Versager«, bellte Bertelsen grinsend. »Was schlägst du vor?«

# 30.

Es schneite so dicht, dass ihm die Augen wehtaten, als er die Jalousie hochzog, und er ließ sich wieder ins Bett fallen. Er schaute auf die Uhr. Es war Nachmittag. War er wieder im Begriff, Tag gegen Nacht zu tauschen, rutschte er langsam zurück in sein altes Nordwestquartier-Muster? Oder lag es an den Wölfen? War es nur eine Unregelmäßigkeit, die sich geben würde, sobald sie wieder verschwunden waren?

Er hatte es geschafft, sich die Grübeleien aus dem Körper und aus dem Kopf zu laufen. Etwa fünfzehn Kilometer hatte er in der Dunkelheit zurückgelegt, bis zum Bagsværd Sø, um den See herum und zurück nach Vangede.

Als er nach einem langen, warmen Bad schließlich ins Bett gegangen war, hatte er das Gefühl gehabt, dass ihn ein guter, ruhiger Schlaf ohne störende Gedanken erwartete. Aber er hatte sich getäuscht. Nach drei, vier Stunden schlich sich der Kuhmann in sein Bewusstsein.

Der Kuhmann war schon immer einer der hartnäckigsten unter den Sieben gewesen, einer Serie von Albträumen, die ihn seit Jahren mal mehr, mal weniger regelmäßig heimsuchten.

Die Sieben, das waren das Mütterchen mit dem Kopf – eine alte Serbin, die einen abgeschlagenen Kopf, der aufgespießt am Straßenrand stand, vom Pfahl nahm und in ihr Einkaufsnetz legte. Vielleicht ihr Sohn, den sie nach Hause holen wollte. Der Zweite war das russische Roulette, eine beängstigende Begegnung mit einem besoffenen serbischen Milizionär. Dann gab es die Turnhalle, benannt nach einer Turnhalle, in der er eine Gruppe Behinderter aufgefunden hatte, die von Serben hingerichtet worden waren. Außerdem war da noch das Mädchen mit der Puppe, ein kleines Kind, das mit seiner verbrannten Barbie in der Hand in einem Trümmerhaufen am Straßenrand stand. Und die Träne … Ein serbischer Vergewaltiger, den er eigenhändig mit vier Kugeln in den Bauch, wo der Schmerz am größten war, ins Jenseits befördert hatte. Die Frau mit den Bomben-Augen schließlich war der siebte Albtraum. Die schwarzäugige Frau im Niqab hatte sich vor einem Polizeirevier in Afghanistan in die Luft gesprengt.

Wieso sich ausgerechnet der Kuhmann die Vorherrschaft unter den Sieben erkämpft hatte, konnte er sich selbst nicht erklären. Vielleicht weil die Szene so stimmungsschwanger und düster war. Das Dorf, in dem der alte Serbe mit seiner Kuh aus dem morgendlichen Nebel auftauchte, war kurz zuvor einer ethnischen Säuberung zum Opfer gefallen. Sämtliche Häuser waren zerstört – mit Ausnahme derer, in denen Serben wohnten. An ihre Mauern war ein Kreuz gemalt, mit einem kyrillischen C in jeder Ecke, was für *Samo sloga Srbina spasava* stand, »Nur Eintracht rettet den Serben«. Ein Mantra wie Lämmerblut am Türstock.

Sie waren eine Gruppe von dänischen Soldaten gewesen, die vor dieser bedrückenden Kulisse beim Morgenkaffee die erste Zigarette rauchten.

In dem Albtraum verzog der Kuhmann den Mund zu einem wölfischen Grinsen, als er an ihnen vorbeiging, er bleckte seine fauligen Zähne, und sein Gesicht wurde spitz, und seine Augen wurden schmal und gelb.

Die schlurfende Gestalt hatte sich für immer in Oxens Gedächtnis eingebrannt. Genau wie die vier C, die jedes Mal vor seinem inneren Auge auftauchten, wenn er vor einer Mauer mit Graffiti stand.

Seine Albträume folgten keiner festen Reihenfolge. Manche kamen häufiger als andere. Auch wenn der Anblick noch so schrecklich gewesen war, suchte die Turnhalle ihn nur selten heim.

Vielleicht hatte es etwas damit zu tun, dass bestimmte Situationen, bewusst wie unbewusst wahrgenommen, irgendetwas triggerten und den Turnus der Sieben beeinflussten. Im Moment konnte er sich das Auftauchen des Kuhmanns nur so erklären, dass seine intensiven Wolfsstudien ihn aus dem Nebel gelockt hatten.

Sein ganzer Körper fühlte sich schwer und müde an. Das war der Preis einer qualvollen Nacht. Er drehte sich auf die Seite und zog die Decke hoch.

Als er das nächste Mal wach wurde, war es draußen dunkel geworden. Er schaute aus dem Schlafzimmerfenster. Im Schein der Straßenlaterne war keine Schneeflocke mehr zu sehen.

Er stand auf, ging ins Bad und schüttete sich eiskaltes Wasser ins Gesicht. Dann drehte er in der Unterhose ein paar unentschlossene Runden durch die kleine Wohnung, warf auf der Suche nach etwas Essbarem einen Blick in den Kühlschrank, setzte sich schließlich aufs Sofa und machte, da ihm nichts Besseres einfiel, den Fernseher an. In ein paar Minuten kamen Nachrichten. Vielleicht war er in einem neuen Jahrzehnt aufgewacht? Er würde es gleich erfahren, wenn sich das Elend der Welt über ihn ergoss.

Der erste Beitrag beschäftigte sich mit dem Ärztemangel in den ländlichen Gebieten, und Oxen ging in die Küche, schmierte sich eine Scheibe Brot und schenkte sich ein Glas Milch ein. Im Anschluss kündigte der Nachrichtensprecher einen Beitrag über innovative Konzepte für die Volksschulen an, deshalb nutzte er die Zeit, um sich ein T-Shirt anzuziehen, und setzte sich dann erneut vor den Fernseher – entschlossen, auf einen sinnvolleren Sender wie *National Geographic* oder *Animal Planet* umzuschalten.

Doch da passierte es. Ein Wolf lief quer über seinen großen Flachbildschirm. Oxen rutschte ganz nach vorn auf die Sofakante.

»Das Tier, das Sie hier hinter mir sehen, ist ein Wolf. Und nun achten Sie zu Hause in den Wohnzimmern auf die obere rechte Ecke Ihres Fernsehers. Eins, zwei – und drei … Wenn Sie genau hinsehen, können Sie hier im Hintergrund einen weiteren Wolf erkennen. Erst zum zweiten Mal überhaupt ist es Forschern gelungen, zwei ausgewachsene Wölfe auf dänischem Boden in einer Aufnahme zu dokumentieren. Die Bilder sind schon einige Wochen alt, wurden allerdings erst heute freigegeben. Sie stammen aus dem großen Naturgebiet rund um die Harrilder Heide. Dem Institut für Biowissenschaften an der Universität Århus ist es bereits vor einiger Zeit gelungen, anhand von DNA-Proben nachzuweisen, dass sich mindestens ein männliches und ein weibliches Tier in dem Gebiet aufhalten. Damit könnte ein zweiter Wurf dänischer Wolfswelpen in diesem Sommer tatsächlich Realität werden – oder sehen Sie das anders, Max Povlsen von der Universität Århus?«

Auf dem Bildschirm erschien ein Herr mit grauem Bart. Er stand irgendwo im Freien.

»Nein, keineswegs. Durch unsere Kooperation mit *CEWolf*, einem Zusammenschluss europäischer Forschungsgruppen, die ein Register über sämtliche zentraleuropäischen Wölfe führen, wissen wir jetzt, dass die Fähe in der Harrilder Heide aus dem deutschen Göritz-Klepzig-Rudel stammt. Es ist etwa fünfundzwanzig Kilometer südwestlich von Berlin beheimatet, in einem Gebiet an der Grenze zwischen den Bundesländern Brandenburg und Sachsen-Anhalt. Die Fähe hat auf ihrem Weg zu uns demnach mindestens fünfhundertfünfzig Kilometer zurückgelegt. Und natürlich bilden die beiden Wölfe ein Paar und wollen sich vermehren. Wenn nicht in diesem, dann im nächsten Jahr. Fünf bis sechs Welpen im Laufe des Frühjahrs wären durchaus realistisch. Acht Jungtiere, wie es in unserem ersten dänischen Wurf der Fall war, im sogenannten Stråsø-Rudel, sind ziemlich ungewöhnlich.«

Der Nachrichtensprecher fasste zusammen:

»Die Echtheit des Bildmaterials sowie alle weiteren Informationen wurden vom deutschen LUPUS-Institut bestätigt, das für die Erforschung und Überwachung des Wolfsvorkommens in Deutschland zuständig ist.«

LUPUS-Institut? Er blieb wie auf dem Sprung ganz vorn auf der Sofakante sitzen.

Lupus?

Ihm wurde leicht schwindelig. Vielleicht war er immer noch nicht richtig ausgeschlafen? Überall stolperte er über Lupus. In seinem Kopf ging gerade alles durcheinander. Er versuchte, sich wieder ins Gedächtnis zu rufen, wie Mossmans Lupus möglicherweise wegen einer alten Geschichte zu einer Bedrohung für Margrethe Franck geworden war, als der Nachrichtensprecher auch schon fortfuhr:

»Die Aussicht auf einen zweiten Wurf Wolfswelpen hat umgehend einen neuen Sturm von Politikerreaktionen ausgelöst. Live zugeschaltet begrüße ich nun eine Gegnerin sowie eine Fürsprecherin der Wölfe.«

Hinter dem Mann wurden zwei kleine Fotos eingeblendet.

»… Und wir beginnen mit Laila Nørby, Abgeordnete der *Dansk Folkeparti.* Sie sind gegen Wölfe in Dänemark. Warum?«

Die Frau, die in einem grell ausgeleuchteten Carport stand, sah konzentriert aus. »Wir von der *DF* fordern den vollständigen Abschuss aller Wölfe auf dänischem Boden. Wenn wir als Politiker unsere Verantwortung ernst nehmen wollen, dann müssen wir eingreifen, bevor ein Unglück passiert. *Bevor* eine Gruppe von Kindergartenkindern plötzlich einer angriffslustigen Wölfin gegenübersteht, die ihre Jungtiere beschützen will. Die Bevölkerungsdichte in Dänemark ist viel zu hoch, um Seite an Seite mit Wölfen zu leben. Sie reißen die Nutztiere unserer Landwirte. Sie müssen ganz einfach weg.«

Der Nachrichtensprecher wurde wieder eingeblendet. »Und Sie, Mette Søborg von der *Enhedsliste,* was sagen Sie dazu?«

Eine jüngere Frau erschien auf dem Bildschirm.

»Dass wir Ruhe bewahren sollten. Es gibt keine wissenschaftlichen Belege dafür, dass Wölfe besonders gefährlich sind, wenn sie Junge haben. Und was die Bevölkerungsdichte betrifft – die dänischen Wölfe sind aus einem Gebiet in Deutschland zugewandert, wo die Bevölkerungsdichte weitaus höher ist als in Westjütland. Außerdem ist es erwiesen, dass freilaufende Hunde für weit mehr Angriffe auf Weidetiere verantwortlich sind als Wölfe. Der Dänische Bauernverband fordert, dass Landwirte jeden Wolf erschießen dürfen, der näher als fünfzig Meter an eine Weide herankommt. Die *Liberal Alliance* geht sogar noch weiter und nennt gleich eine ganze Reihe verschiedener Zonen, die wolfsfrei bleiben sollen. Das wird der reinste Kugelhagel auf dem Land, denn dann müssen wir im Grunde auch jeden streunenden Hund innerhalb dieser Grenzen abschießen. Die Jäger beklagen, dass Wölfe Wild reißen. Das stimmt natürlich, aber dieselben Jäger haben eine Analyse veröffentlicht, wonach Landwirte mit ihren Mähdreschern jedes Jahr zwanzigtausend Rehkitze töten. Sollen die Bauern also nicht mehr ernten? Nein, oder? Wir müssen in dieser Debatte einen kühlen Kopf bewahren. Es ist niemandem geholfen, wenn wir Fakten leugnen und Schreckensbilder zur Grundlage politischer Entscheidungen machen. Wir glauben …«

Der Sprecher fiel ihr ins Wort.

»Danke, Mette Søborg … Die Fronten in der öffentlichen Debatte über den Wolf sind verhärtet, und der Ton ist oft unversöhnlich. Ich begrüße nun Mads Laumann, den Wolfsexperten am Naturhistorischen Museum in Århus. Wieso ist das so?«

Ein Mann im moosgrünen Hemd zuckte mit den Schultern.

»Der Wolf ist kein Tier wie jedes andere. Man könnte beinahe sagen, dass wir es lieben, uns vor ihm zu fürchten. Diese Angst ist tief in unserem Instinkt verankert. Über Jahrhunderte hinweg haben wir mit dem Wolf gelebt und schaurige Geschichten über ihn gehört. Es ist, als würde er in vielen Menschen einen Reflex auslösen – eine Art Urangst. Das mag unbegründet sein, passiert aber trotzdem.«

Der Nachrichtensprecher bedankte sich und wandte sich wieder an die Frau im Carport.

»Verbreiten Sie grundlos Angst und Schrecken, Laila Nørby?«

Die *DF*-Frau schüttelte den Kopf.

»Ich habe selbst zwei kleine Kinder. Ich wüsste gern, wie viele Eltern sich darüber freuen würden, wenn ihre Kinder einem Wolf im Wald begegnen. Oder stellen Sie sich vor, Ihr Baby schläft draußen im Kinderwagen und plötzlich steht ein Rudel Wölfe in Ihrem Garten? Es ist schon auffällig, dass sich vor allem die Kopenhagener über uns lustig machen. Es ist nämlich viel einfacher, den Wolf zu lieben, wenn man ihn nicht vor der eigenen Haustür hat.«

Er schaltete den Fernseher aus und streckte sich.

Nachdem er sich durch den gesamten Lesestoff über Wölfe geackert hatte, der ihm unter die Finger gekommen war, kannte er die Argumente.

Der armselige Abklatsch eines Präsidenten und sein Hokuspokus um *fake news* hatten ganz neue und unfassbar niedrige Standards gesetzt. Ganz egal ob es um Wölfe ging, um Umwelt, Staatsfinanzen oder Ratten auf dem Dachboden, auf einmal war es in Ordnung, Expertenaussagen zu ignorieren. Aber wozu hatte man dann überhaupt noch Experten? Warum sollte die Gesellschaft ihnen eine teure und langwierige Ausbildung finanzieren, wenn man ihnen dann doch nicht zuhören wollte?

Er selbst war auch ein Experte, oder nicht? Ein Experte darin, unbemerkt hinter der feindlichen Linie zu operieren. Ein Experte darin, notfalls zu töten.

Konnte es so weit kommen, dass irgendein Politiker mit einer langen akademischen Ausbildung, aber ohne Ahnung vom Krieg auf der Bildfläche erschien und das Wissen eines Elitesoldaten anzweifelte?

Würde dieser Politiker die Welt darüber belehren, wie man sich auf feindlichem Gebiet zu verhalten hatte? Verkünden, dass es *nicht* notwendig war, die eigenen Fäkalien in Plastiktüten zu sammeln und den ganzen Scheiß mit nach Hause zu nehmen? *Nicht* notwendig, seinen Nachtschlaf mit Stolperdrähten und Claymore-Minen abzusichern?

Durfte heutzutage wirklich jeder alles behaupten, egal wie absurd es war? Neil Armstrong hatte seine Schritte auf dem Mond in einem Filmstudio in Hollywood gemacht, Elvis war gar nicht tot – und Wölfe fraßen am liebsten kleine Kinder und Lakritzschnecken.

Er griff nach seinem Handy und wählte.

»Margrethe Franck.«

Sie klang kurz angebunden und gehetzt. Für einen Sekundenbruchteil fragte er sich, ob sie seine Nummer nicht gespeichert hatte, weil sie offenbar nicht gesehen hatte, dass er am anderen Ende war.

»Ich bin's. Niels. Wolltest du nicht deinen alten Fall aus dem Archiv holen und für mich ausdrucken?«

»Hier ist Land unter. Ich bin wahnsinnig im Stress und habe wirklich alle Hände voll zu tun. Ist es so eilig?«

»*Ich* werde nicht bedroht.«

»So habe ich es nicht gemeint. Ich kümmere mich nachher darum, bevor ich nach Hause gehe.«

»Bring mir die Sachen doch heute Abend vorbei.«

»Es wird spät. Sehr spät. Vielleicht wäre es morgen besser?«

»Lieber heute Abend. Steck mir den Umschlag einfach in den Briefkasten.«

»Das klingt fast … als … als hättest du eine Idee? Wieso soll es plötzlich so schnell gehen? Stimmt etwas nicht?«

»Nein, ich habe nur beschlossen, noch mal nach Jütland zu fahren, nach Harrildholm, du weißt schon, auf den Hof von Poul Hansen. Morgen früh.«

»Warum?«

»Es ist nur so ein Gefühl. Vielleicht habe ich doch etwas übersehen. Da drüben muss irgendetwas sein. Etwas, das sich mit dir in Verbindung bringen lässt. Etwas, das in irgendeine Richtung zeigt.«

»Okay. Weiß Mossman, was du vorhast?«

»Nein.«

»Hast du vor, es ihm zu sagen?«

»Nicht sofort. Jedenfalls fahre ich gleich morgen nach dem Aufstehen und würde deine Unterlagen gern mitnehmen.«

»Okay. Ich drucke heute Abend alles aus und werfe die Mappe bei dir ein. Wahrscheinlich irgendwann gegen Mitternacht. Und danke. Ich bin wirklich froh, dass du mir helfen willst. Gute Fahrt und pass auf dich auf.«

Sie legten auf.

Er sah das Wolfspaar aus der Harrilder Heide wie einen flüchtigen Schatten über seine weiße Wand laufen.

Eine Fähe … in der Harrilder Heide … Es war höchste Zeit, zu packen.

## 31.

*3. Dezember 1963*

Sie spürte den kalten Stahl des Messers auf der Haut über der Lende, unmittelbar bevor der Mann den Bund ihres Rockes durchtrennte und den Stoff mit einem brutalen Ruck herunterzerrte.

Erst vor wenigen Augenblicken hatte er sie wieder in der erniedrigenden Stellung gefesselt, die blankes Entsetzen in ihr auslöste: die Beine gespreizt, den Oberkörper tief über die Eisenstange gebeugt, die Arme nach vorn ausgestreckt und an den Handgelenken festgebunden. Der einzige Unterschied war, dass sie dieses Mal eine weiche Unterlage unter den nackten Füßen spürte, vermutlich eine Decke.

»Gleich … gleich sind wir beide nackt. Dann trennt uns nichts mehr. Dann sind wir eins, nicht wahr?«

Die Stimme des Mannes klang bizarr freundlich. Im selben Moment spürte sie schon die Klinge im Nacken, und mit einer schnellen Bewegung durchtrennte er auch den Kragen ihrer Bluse und riss den Stoff auseinander. Danach schnitt er beide Ärmel auf, und sie registrierte, dass er die Stofffetzen neben sich auf den Stallboden warf.

Seine Hände fuhren über ihre Pobacken, den Rücken hinauf und wieder hinunter – bis sie die Innenseite ihrer Oberschenkel erreichten. Sie zitterte.

»Ruhig, ganz ruhig, mein Mädchen … Jetzt bin ich bei dir. Haut an Haut. Du bist so wunderbar weich und schön. Und wir stehen hier gut, findest du nicht? Ich habe uns eine Decke untergelegt, damit es an den Füßen nicht so kalt wird.«

Er legte seine Hände um ihre Taille und drückte sich erregt an ihr Bein. Sie spürte, wie sich sein hartes Glied zwischen ihre Schenkel presste, und auf einmal krampfte sich ihr Zwerchfell ruckartig zusammen. Das Gefühl, sich jeden Moment übergeben zu müssen – aber nicht zu können –, schnürte ihr die Luft ab.

»Kann … nicht … atmen …«

Sie stammelte die Worte in die Dunkelheit der Kapuze, die eng um ihren Hals gezurrt war.

Kräftige Finger griffen nach dem Loch für den Mund und rissen es größer. Und dann tat sie etwas, das sie nicht kontrollieren konnte. Reflexartig biss sie zu. Diese Finger gehörten dem Bösen. Sie gehörten einem Menschen, der ihr etwas antun wollte und schon Schreckliches getan hatte.

Sie erwischte den Finger kaum, so schnell hatte der Mann seine Hand zurückgezogen.

»Du versuchst, mich zu beißen, Mädchen? Ich dachte, wir sind Freunde!«

Seine Stimme dröhnte, füllte den ganzen Raum. Sie konnte keinen klaren Gedanken fassen, ahnte nur, dass gleich alles explodieren würde. Sie hörte das Geräusch seiner nackten Füße auf dem Boden. Schnelle Schritte, die sich entfernten und gleich darauf zurückkamen.

»Du willst es auf die harte Tour, du ungehorsames Biest? Das kannst du haben. Wir werden ja sehen, wie dir die Peitsche schmeckt.«

Der Mann keuchte grunzend, und schon schoss der Schmerz

durch ihren eiskalten Körper. Mit aller Wucht rauschte die Peitsche auf ihr Gesäß herunter und grub sich in ihr Fleisch.

Wieder und wieder schlug er zu. Sie schrie. Es mussten ihre eigenen Schreie sein, auch wenn sie die Stimme nicht erkannte. Sie klang wie ein Tier.

Dann wurde ihr schwarz vor Augen. Sie wusste es, weil das große Loch, das er um den Mund herum in die Kapuze gerissen hatte, ein wenig Licht hindurchließ, das auf einmal immer schwächer wurde.

Plötzlich hörte er auf. Keuchend brüllte er: »Das wird dir eine Lehre sein. Dabei war ich so nett zu dir! Aber damit ist es jetzt vorbei!«

Er trat ganz dicht an sie heran und packte ihre Hüften.

Es wurde wieder heller.

Das musste das Licht des Himmels sein. Gottes Licht. Und sie hoffte, dass er sie erlösen würde und sie endlich sterben ließ.

## 32.

Dieses Mal fuhr er gleich durch das Tor in den Innenhof des museumsreifen Anwesens. Mit einem größeren Auto hätte das schwierig werden können, aber der Ford Fiesta passte problemlos durch die Einfahrt.

Der einst stattliche Hof stand fernab von jeder Zivilisation. Wer sich einmal auf Harrildholm umgesehen hatte, der ahnte, dass sich nicht einmal die Zeit in diese abgelegene Gegend verirrte.

Er ließ das Auto langsam weiterrollen und blieb erst an der Giebelseite des Wohnhauses stehen. Hier war der blaue Mietwagen von außen nicht zu sehen. So hatte er es sich vorgestellt.

Er blieb noch einen Moment hinter dem Steuer sitzen. Das

Außenthermometer des Wagens zeigte fünf Grad plus. Auf der ganzen Strecke von einem Ende des Landes zum anderen hatte sich daran nicht viel geändert. Alles war nass und klamm. Vor der ehemaligen Stallung hatte sich eine große Pfütze gebildet. Entweder hatte es vor Kurzem kräftig geregnet oder getaut. Jedenfalls war weit und breit kein bisschen Schnee zu sehen.

Er stieg aus und schaute nach oben. Der Himmel war grau wie Beton. Er kannte sich ganz gut mit Wetterlagen aus, es konnte ein entscheidender Faktor sein, darüber Bescheid zu wissen. Ein Mensch, der viel Zeit im Freien verbracht hatte, war vertraut mit dem Himmel und dem Wolkenzug, und es spielte keine Rolle, ob es die Wolken über Sarajevo waren oder die über dem Hindukusch.

Leise klappte er die Autotür zu.

Oder ob die Wolken dicht gedrängt über einem alten Anwesen in Mitteljütland hingen und sich keinen Millimeter vom Fleck bewegten.

Das graue, nasskalte Wetter frustrierte vermutlich die meisten, aber er jubelte innerlich vor Freude. Schon heute Nacht oder in den frühen Morgenstunden würde er draußen sein, dort, wo er hingehörte.

Im Laufe des Nachmittags, solange es noch hell war, würde er sich eine geeignete Stelle suchen und nach Einbruch der Dunkelheit zurückkehren und seinen Beobachtungsposten einnehmen.

Er ging zur Hintertür. Sein Vorhaben musste noch warten. Zuerst würde er eine schnelle Runde machen und sicherstellen, dass alles so war, wie es sein sollte. Oder nicht sein sollte, denn der sechsundsiebzigjährige Hofbesitzer war zwischenzeitlich wohl eher nicht aus der Versenkung aufgetaucht.

Er griff nach der Klinke. Die Tür war immer noch unverschlossen. Auf seinem Weg durch den Flur und weiter durch die Küche prägte er sich die Details ein. Dort auf der Bank hatte Magnus gesessen, mit dem Rücken an die Wand gelehnt, und mit großen Augen den Nahkampf zwischen ihm und dem Kerl im Blaumann beobachtet. Oxen hatte immer noch die Versicherungskarte des Mannes. Bücher, Aktenordner und Möbel lagen genauso kreuz und quer im Zimmer verteilt, wie sie es hinterlassen hatten. Ganz offensichtlich war nach ihnen keine Menschenseele mehr auf Harrildholm gewesen.

Eigentlich sollte er den ganzen Stapel noch einmal sorgfältig sichten und nach einer Spur suchen, aber das musste warten. Jetzt wollte er seine Sachen aus dem vollgestopften Kofferraum holen.

Eine Stunde später saß er auf der Bank, vor sich einen Becher Kaffee. Die Küche war die perfekte Kommandozentrale. Der Laptop stand aufgeklappt neben ihm, und mit dem Handy als Hotspot hatte er sogar Zugang zum Universum.

Die topographische Karte der Umgebung lag ausgebreitet vor ihm auf dem Küchentisch. Er hatte sie schon bestellt, als der erste Wolf durch seine Wohnung in Vangede gestreift war und sich diese Idee in seinem Kopf eingenistet hatte. Die Karte hatte einen brauchbaren Maßstab von 1:25 000, und Harrildholm war natürlich genauso akkurat eingezeichnet wie die anderen verstreut liegenden Höfe und Ortschaften.

Wenn er eine echte Chance haben wollte, musste er die Gegend gründlich kennenlernen. Darauf würde er die hellen Stunden verwenden. In den dunklen hingegen würde er geduldig warten und auf sein Glück hoffen.

Schon ein winziger Blick auf einen Wolf, egal wie flüchtig, wäre ihm den ganzen Aufwand wert gewesen. Zwei Wölfe zusammen dagegen ... Es war nahezu unvorstellbar, aber das wäre in höchstem Grad *mission completed.*

Die Mappe, die wie vereinbart im Briefkasten gesteckt hatte, lag ganz am Ende des Küchentischs. Er würde die Unterlagen zu Margrethe Francks altem Fall so bald wie möglich gründlich durcharbeiten, aber zunächst musste er sich um ein paar andere Dinge kümmern.

Er schaute hinüber ins Wohnzimmer und sah das Chaos auf dem Boden. Vielleicht würde er später noch einen genaueren Blick darauf werfen ... Er schob den Gedanken beiseite und checkte eine Reihe von Internetseiten und Facebook-Gruppen. Offensichtlich gab es noch nichts Neues über die Fähe aus Harrild. Aber das war eigentlich auch nicht überraschend, denn die Nachricht war ja schließlich nach wochenlanger Vorarbeit gerade erst an die Öffentlichkeit gedrungen.

Er ließ den Blick über die Landkarte schweifen. Natürlich hatte er keine präzisen Standortangaben, die er als Ausgangspunkt nutzen konnte. Solche Informationen wurden grundsätzlich nicht veröffentlicht. Niemand hatte ein Interesse an Heerscharen von Wolfstouristen.

Einen Moment lang betrachtete er die blaue Linie, die sich über die Karte schlängelte. Das war der Wasserlauf mit dem Namen Kvindebæk, der in den Holtum Å mündete. Diese blaue Linie barg draußen in der Wirklichkeit ein Rätsel. Die Leiche, die man dort gefunden hatte, war nicht Poul Hansen. Aber wer war der Tote dann? Diese Frage würde der Polizei vor Ort sicher noch einiges Kopfzerbrechen bereiten, aber für seine Arbeit war sie irrelevant.

Er ließ seinen Blick weiter über die Symbole und Flächensignaturen der Karte wandern.

Ihn erwartete eine äußerst schwierige Aufgabe. Er hatte sich darauf eingestellt, dass es ihm sehr wahrscheinlich nicht gelingen würde, auch nur den Schatten eines Wolfs zu erhaschen, aber er würde sich diese Gelegenheit trotzdem nicht entgehen lassen.

Die rote Mappe, in der alles über Margrethe Francks schwere Verletzung und ihren tödlichen Schuss archiviert war, fing erneut seine Aufmerksamkeit. Er hatte nur kurz die ersten Seiten überflogen, als er sie aus dem Briefkasten geholt hatte. Jetzt blätterte er ziellos ein wenig darin herum. Es war eine umfangreiche Materialsammlung. An manchen Stellen waren nur kurze Zusammenfassungen und Verweise auf ausführliche Berichte vermerkt, die ihr offenbar nicht wichtig genug erschienen waren, um sich die Mühe zu machen, sie auszudrucken.

Er kannte solche Sammlungen aus seiner verhältnismäßig kurzen Zeit als Polizeischüler. Es gab immer – wirklich *immer* – Berge von Papier, wenn ein Beamter einen Schuss abgegeben hatte, und noch mehr Papier, wenn der Schuss tödlich gewesen war.

Er blätterte sich durch reihenweise Verhörprotokolle und Aussagen, aber nichts weckte sein Interesse. Er legte die Mappe zurück. Hier auf dem Land würde er noch Zeit genug haben, um das alles in Ruhe durchzulesen.

Er konzentrierte sich wieder auf die Karte und trug mit dem Kugelschreiber ein paar Markierungen ein. Wahrscheinlich würde es auf zwei Arten von Beobachtungsposten hinauslaufen. Einen in offenem Gelände, mit großem Überblick, und einen in geschlossenerem Areal mit begrenzter Aussicht, zum Beispiel an einem Waldweg. Vor allem Letzterer musste mit Bedacht ausgewählt werden. Ein gewisses Blickfeld sollte schon gewährleistet sein, sonst war es sinnlos.

Im Unterschied zu den Leuten von der Naturschutzbehörde

verfügte er zwar nicht über Dutzende von Wildkameras, aber dafür wusste er die Zeichen der Natur zu lesen und war mit einer nahezu grenzenlosen Geduld gerüstet.

Davon abgesehen war er mit zwei Ferngläsern ausgestattet, einem für den Tag- und einem für den Nachtgebrauch, sowie einer Kamera mit vernünftigem Teleobjektiv und seinem Kampfmesser. Die Pistole, die vor Magnus versteckt im obersten Fach seines Kleiderschranks im Schlafzimmer lag, hatte er zu Hause gelassen. Wenn es sich irgendwie vermeiden ließ, würde sie nie wieder zum Einsatz kommen. Scharfe Schüsse gehörten in ein Kapitel seines Lebens, das er mit der Dalstrøget in Vangede hinter sich gelassen hatte.

Magnus. Er musste ihn anrufen und ihm irgendeine Erklärung geben – und absagen.

Er schaute hoch. Ließ den Blick durch den Raum wandern, von den Küchenschränken über die fleckigen hellen Vorhänge, die man nicht zuziehen konnte, weil sie nur zur Dekoration angebracht worden waren, weiter über den Herd, den Kühlschrank mit den dunklen Schrammen im weißen Lack zu den Unterschränken, an denen ein Griff fehlte. Jemand hatte ihn durch eine Schraube ersetzt.

Das war der Unterschied. Der Unterschied zwischen Vangede und diesem Ort. Die Wohnungen in den Häuserblöcken an der Dalstrøget waren gepflegt, sahen alle gleich aus und waren in ihrer Geschichtslosigkeit völlig anonym. Das waren Harrildholm und die Küche, die er jetzt in Besitz genommen hatte, nicht. In diesen Räumen waren schon unzählige Menschen gewesen, hatten genau hier gesessen, wo er jetzt saß. Ganze Generationen. Und nun hatte er einen Pappkarton mit Vorräten auf den Küchentisch gestellt und Essen in den Kühlschrank geräumt.

Erst in diesem Moment wurde ihm wirklich bewusst, dass er tatsächlich in den Lebensraum eines anderen eingedrungen war. Er war so daran gewöhnt, sich unter den unterschiedlichsten Bedingungen ein Lager einzurichten, dass er sich automatisch an die Gegebenheiten anpasste, die er vorfand. Wüste oder Wald, Regen oder brennende Sonne, egal.

Jetzt war er in der Küche eines fremden Mannes und fühlte sich auf seltsame Art heimisch. Es würde ein wenig peinlich werden, falls der Besitzer plötzlich auftauchte. Er hatte nur das sichere Gefühl, dass das nicht passieren würde. Aber vielleicht kam stattdessen ein Wolf? Oder noch besser – zwei?

# 33.

*4. Dezember 1963*

Licht … Sie öffnete die Augen und blickte in gleißendes Licht, das ihr wehtat, ein Schmerz, der sich tief in ihren Kopf bohrte. War es das Licht Gottes? War sie in einer reinen und freundlichen Welt angekommen? Ja … ihre Gebete waren erhört worden. Sie war frei.

Ganz still blieb sie auf ihrem Lager liegen. Sie spürte den Saum einer Decke an der Nase, oder nicht? Vielleicht war sie …

Auf einmal hörte sie Lärm und das schleifende Geräusch der Stalltür. Nein, sie war nicht bei Gott und auch nicht an einem anderen schönen Ort. Der Albtraum, aus dem sie nicht entkommen konnte, ging weiter.

»Ich hätte dir ja etwas Gutes gekocht. Aber nein … ganz bestimmt nicht, wenn du dich so benimmst. Hier, trink!«

Sie wurde ins Sitzen hochgezogen, und der kalte Flaschenhals berührte ihr Kinn, bevor der Mann durch das Loch in der Kapuze ihren Mund gefunden hatte. Sie trank und trank. Ihr war so heiß und sie war so durstig. Hunger hatte sie nicht.

Sie war enttäuscht. Sie hatte sich in dem Licht geirrt. Es war nur das Licht, das durchs Stallfenster fiel.

»Was zum Teufel soll ich denn nur mit dir machen? Sag es mir, was zum Teufel mache ich denn jetzt mit dir?«

Der Mann klang aufgebracht. Am Rascheln der Strohhalme merkte sie, dass er sich ein wenig entfernte.

»Was mache ich denn jetzt nur?« Er seufzte tief.

Das Wasser tat ihr gut, es kühlte ihren Hals. Aber dann fing alles wieder an, sich zu drehen. Ihre Haut glühte, ihre Augen brannten. Wenn sie durch die Nase atmete, merkte sie, wie kalt die Stallluft war, aber trotzdem kühlte sie nicht.

Die Zahl der Tage verschwand im Nebel. Sie hatte keine Ahnung, wie lange sie schon hier war. Sie erinnerte sich an den schrecklichen Schmerz vom letzten Mal, sie hörte sein wahnsinniges Brüllen. Dieser Schmerz, er war immer noch da, oder nicht? Hatte er sie wieder festgebunden? Hatte er es wieder getan? Sie wusste es nicht. Alles war so durcheinander. Sie wusste nur, dass das Licht nicht das richtige war.

»Was soll ich denn machen? Sag es mir! Was zum Teufel soll ich tun?«

Die Stimme des Mannes verschwand. Die Tür kratzte über den Boden – und es war totenstill.

## 34.

Unsichtbar zu sein gehörte zu seinen Kernkompetenzen. Ob blutrote Steinwüste, pechschwarze Lavalandschaft, dunkelgrüner Nadelwald oder irgendein anderes Terrain – er war in der Lage, mit einem Fingerschnipsen zu verschwinden. Alles, worauf es ankam, war, gut vorbereitet zu sein und sich mit den örtlichen Gegebenheiten vertraut zu machen, wenn man wie ein Chamäleon die Farbe wechseln wollte.

Er schlug sein Tarnnetz zur Seite und durchbrach das Stillleben der winterlich braunen Heidelandschaft. Es war kurz vor acht Uhr morgens, und es wurde langsam hell.

Tag drei in der Harrilder Heide. Sein Atem stand in einer Wolke vor seinem Gesicht. Das Thermometer seiner Uhr zeigte drei Grad minus an.

Drei Nächte und drei Morgen ohne Rotwild und ohne Wilderer. Nicht wie beim letzten Mal, als er, kaum siebzig, achtzig Meter von seinem jetzigen Standort entfernt, Seite an Seite mit Magnus auf der Lauer gelegen hatte. Bislang war das Aufregendste ein Fuchs gewesen, der gestern kurz vor dem Morgengrauen keine zwanzig Meter entfernt an ihm vorbeigeschnürt war. Mit seinem Nachtsichtgerät hatte er das Tier beobachtet, das mit der Schnauze dicht über dem Boden einer Fährte gefolgt war.

Die Tage hatte er dafür genutzt, sich die nötigen Kenntnisse über das große Gebiet anzueignen. Heute Nacht würde er die Position wechseln. Es gab eine Stelle in der Nørlund Plantage, wo sich vier Feldwege kreuzten. Am darüberliegenden Hang war ein kleines Areal abgeholzt worden. Vielleicht hatte er dort mehr Glück. Wölfe schonten gern ihre Kräfte und nutzten bevorzugt Feld- oder Waldwege, wenn sie dadurch unwegsames Gelände umgehen konnten.

Er kniete sich hin, entfernte die Büschel aus vertrocknetem Heidekraut, die er an dem braun-grünen Tarnnetz befestigt hatte, und rollte das Netz und die beiden Isomatten zusammen. Er packte die restliche Ausrüstung in den grünen Rucksack und drehte ein letztes Mal den Kopf, um zu der Stelle zu schauen, wo er vor gar nicht langer Zeit mit Magnus gelegen hatte.

Dort drüben, auf dem Bauch und Schulter an Schulter mit seinem Sohn, hatte er für einen viel zu kurzen Augenblick tief im Inneren dieses Gefühl verspürt, das gleichbedeutend war mit dem Grund, wofür man lebte und atmete: Zusammengehörigkeit.

Heute musste es sein. Es noch länger aufzuschieben, half ihm nicht weiter. Er musste Magnus anrufen.

Die Nachricht zu überbringen war nicht das Problem, davor hatte er keine Angst. Angst hatte er nur vor der Reaktion.

## 35.

Die Revolvertrommel klickte unheilvoll, während sie wie ein Glücksrad herumschnurrte. Das schrille Gelächter des betrunkenen Serben hallte in seinen Ohren, und er spürte den kalten Pistolenlauf an seiner Schläfe.

Klick …

Mit einem heftigen Ruck setzte er sich in seinem Schlafsack auf, schüttelte den Kopf und holte ein paarmal tief Luft.

Er war nicht auf dem Balkan. Er war auf einem Bauernhof in Jütland.

Er wischte sich den Schweiß von der Stirn, drehte sich um und lehnte sich mit dem Rücken an die Wand. Wenn er sich ausstreckte, konnte er den Stapel auf dem Boden fast mit den Zehen berühren. Den Stapel aus Büchern, Papieren, Briefen, Ringordnern und allem möglichen Kram, der sich immer noch auf dem zerschlissenen grauen Teppich auftürmte.

Er schaute auf seine Armbanduhr. Es war früher Nachmittag, zehn nach drei. Er hatte vier Stunden am Stück geschlafen, das war eigentlich ganz okay. Trotzdem fühlte er sich völlig zerschlagen, was nicht nur am russischen Roulette lag, das zu den

Sieben gehörte, sondern auch an etwas anderem, woran er sich aber nicht mehr richtig erinnern konnte.

Der Berg, den dieser unterbelichtete Einbrecher auf den Boden gekippt hatte, nagte an seinem Gewissen. Natürlich sollte er sich das alles noch einmal gründlich vornehmen und nach Hinweisen suchen. Und außerdem sollte er sich auch die Unterlagen zu Margrethe Francks altem Fall endlich aufmerksam durchlesen. Die rote Mappe mit dem Archivmaterial lag nach wie vor auf der Ecke des Küchentischs. Seit seiner Ankunft war einfach so viel anderes zu tun gewesen.

Das heißt, nein – ehrlich gesagt hatte ihn das Wolfsfieber gepackt.

Er wollte der Sache mit den Wölfen noch drei, vier Tage geben und auf mehr Glück hoffen. Daneben würde er sich auf den eigentlichen Grund konzentrieren, weshalb er sich auf Harrildholm eingenistet hatte: Lupus und die mutmaßliche Verbindung, die zu Margrethe Franck führte und erklären konnte, weshalb jemand ihre Windschutzscheibe mit einem Backstein eingeschlagen und sie mit dem Tod bedroht hatte.

Er zog den Reißverschluss des Schlafsacks auf und erhob sich von seinem Lager. Es bestand aus den Polsterkissen des alten Sofas, die er sich auf den Wohnzimmerboden gelegt hatte.

Ein paar Minuten später saß er in Unterhose und T-Shirt auf der Küchenbank und überprüfte, ob es Neuigkeiten von den Wölfen gab.

Sein Handy vibrierte. Er hatte den Ton ausgeschaltet, als er schlafen gegangen war. Die tiefe Stimme war ihm gut bekannt.

»Hallo, Oxen, hier ist Axel Mossman. Störe ich?«

»Nein.«

»Ich wollte nur fragen, ob ich eventuell auf einen Sprung in deiner bescheidenen Hütte in Vangede vorbeikommen kann?«

Seine Antwort klang eine Spur zu dünn.

»Ich bin nicht zu Hause.«

»Dann vielleicht später? Heute Abend zum Beispiel?«

»Da bin ich … auch nicht zu Hause.« Sein Hirn arbeitete mit Hochdruck daran, die Wölfe rauszuwerfen und sich in einen normalen Zustand zurückzuversetzen. Er kannte niemanden. Wusste keinen Ort, wohin er fahren würde. Oder?

»Schweden …« Seine Antwort beendete die Pause. »Ich bin in Schweden.«

»*Well*, dann eben ein andermal. Wann bist du wieder zu Hause?«

»In vier Tagen. Ich besuche … die Frau, die mich gerettet hat. Die Frau von der Insel. Tessa …«

»Ach ja, die Ärztin, richtig?«

»Genau.«

»Wenn du einen Moment Zeit für mich hättest, lieber Soldat, würde ich dir kurz mein Anliegen darlegen. Vielleicht kannst du deine abschlägige Entscheidung doch noch einmal wohlwollend überprüfen?«

Manchmal rankte sich Mossmans Sprache wie eine Schlingpflanze aus seinem großen Mund. Jetzt fehlte nur noch, dass er das Pathos erhöhte und den schwarzen Ritter in die Manege zerrte.

»Weißt du, die Sache ist die … Mir fehlt meine Einsatztruppe, meine Ein-Mann-Armee, mein *black knight* …«

Da war er schon. Der schwarze Ritter galoppierte aus dem Telefon.

»… *in shining armour*. Ich würde dich wahnsinnig gern bitten, noch einmal auf den Hof nach Jütland zu fahren, nach Harrildholm. Es ist meinen Ohren und meinem Gedächtnis nicht entgangen, dass du das bereits abgelehnt hast, aber ich frage dich trotzdem.«

»Harrildholm? Nein, wirklich nicht. Ich muss … leider … passen. Ich habe mit meinen eigenen Angelegenheiten genug zu tun.«

»Aber es gibt Neuigkeiten in der Sache. Spannende Neuigkeiten.«

Mossman hatte listig die Angel ausgeworfen. Der Köder war im Wasser. Oxen konnte gar nicht anders, als zu fragen.

»Welche denn?«

»Erinnerst du dich an die Leiche im Bach?«

»Ja.«

»Sie haben endlich herausgefunden, wer der Tote ist. Die Familie hat seine Identität bestätigt.«

»Und weiter?«

»Ich kannte den Mann …«

## 36.

Der einst so mächtige Chef des polizeilichen Nachrichtendienstes PET legte eine Kunstpause ein, um die Spannung noch ein wenig zu steigern. Dann setzte er nach. »*Well*, es ist keine Übertreibung, wenn ich sage, dass ich ihn genau genommen sogar sehr gut kannte.«

»Wer ist es?«

»Einer aus meinen eigenen Reihen.«

Axel Mossman räusperte sich.

»Sein Name ist Troels Monrad. Ein pensionierter Mitarbeiter des PET, vom Standort Århus. Davor war er im Hauptquartier in Søborg. Achtundsechzig Jahre alt. Tüchtiger Mann. Eher still und introvertiert, aber kompetent. Er war früher in der operativen Abteilung, dann ist er nach Århus gewechselt. Ich meine mich zu erinnern, dass er auch von dort stammte. Meinen Informationen zufolge war er mittlerweile im Vorruhestand.«

»Und die Todesursache? Weiß man da noch nichts?«

»Doch, doch. Ich habe mir über Umwege den Obduktionsbericht besorgt. Er hatte ein Loch im Schädel. Eine tödliche Verletzung. Direkt neben dem Fundort der Leiche lag ein großer Feldstein am Ufer. Die Techniker haben Blut-, Haut- und Haarspuren an diesem Stein gefunden.«

»Dann ist er ausgerutscht und gestürzt?«

»So sollte es wohl aussehen, aber die Größe der Fraktur passt nicht zur Form des Steins. Und auch nicht zu der Wucht, mit der man den guten Monrad verletzt hat.«

»Die Leiche ist also an den Bach transportiert und dort abgelegt worden?«

»Korrekt, Soldat. Er ist an einem brutalen Schlag mit einem stumpfen Gegenstand gestorben und anschließend an den Fundort gebracht worden. Wohl in der Absicht, der jütländischen Polizei ein glaubwürdiges Szenario zu präsentieren.«

Er schwieg. Das waren tatsächlich interessante Neuigkeiten. Andererseits war es aber auch nichts, was sie unbedingt weiterbrachte.

»Wäre es denkbar, dass der Mann zum Angeln am Bach war? Oder einen Spaziergang gemacht hat? Und dann überfallen wurde? So was kommt vor.«

Mossman gluckste belustigt.

»Das können wir beruhigt ausschließen. Es wurde keine Angelausrüstung gefunden. Monrad trug knöchelhohe Stiefel und eine Thermohose. Und du solltest eigentlich am besten wissen, dass die Angelsaison noch nicht eröffnet ist.«

»Du hast recht. Was sagst du zu dem Ganzen?«

»Ich sage gar nichts. Ich ziehe auch keine Schlüsse. Aber, mein lieber Oxen, ich stelle eine Frage. Dir und mir selbst: Was hat es zu bedeuten, dass ein ehemaliger PET-Mitarbeiter nur wenige Kilometer von dem geografischen Punkt entfernt ermordet wird, von dem wir mit Sicherheit wissen, dass es dort eine Verbindung zu Lupus gibt? Dieser Punkt heißt Harrildholm. Und die Verbindung heißt Poul Hansen. Eine Verbindung, die wie vom Erdboden verschluckt ist. Und jetzt sag du mir – ist das einer dieser absurden Zufälle des Lebens oder sollte es uns hellhörig machen?«

Für einen Augenblick herrschte dröhnende Stille. Mossman hatte recht, natürlich hatte er recht.

»Das heißt, Monrad wohnte in Århus, ist von dort nach Brande gefahren, wohlgemerkt in Thermohosen, und dann getötet worden?«

»Korrekt, Soldat.«

»Wieso hat es so lange gedauert, ihn zu identifizieren?«

»Die kurze Version: Niemand hat ihn vermisst.«

»Und die lange?«

»Laut meinem Informanten ist Troels Monrad seit ein paar Jahren geschieden. Aus der Ehe ist eine Tochter hervorgegangen. Nach der Trennung herrschte angeblich Zwist an der Familienfront. Kein Kontakt zu der Ex und nur sporadisch Umgang mit der Tochter, auch nach seinem Umzug nach Århus.«

»Vielleicht hast du recht, das klingt, als wäre hier irgendetwas faul.«

Er wusste nicht, was er sonst hätte sagen sollen. Er war in Schweden – und stand in Wahrheit in Poul Hansens Küche und starrte auf schmutzige Schranktüren.

Er setzte sich auf die Küchenbank und betrachtete die Karte, die immer noch ausgebreitet auf dem Tisch lag. Sein Blick fiel auf ein blau schraffiertes Feld. Das Gebiet im Südwesten der

Heide hieß Ulvemose, Wolfsmoor, und direkt daneben befand sich ein Hügel namens Ulvemose Top. Er war erst gestern Nachmittag dort gewesen. Im Nordosten gab es eine zweite Anhöhe, die Wölfe in ihrem Namen trug, Ulvemose Banke. Seine Augen fanden sie. Dort war er auch schon gewesen.

Mossman fuhr fort.

»Aber was sagst du jetzt zu meiner Frage? Wärst du nicht vielleicht doch bereit, nach Harrildholm zu fahren, wenn du aus Schweden zurück bist?«

Die Situation war absurd. Er trommelte mit den Fingern auf die Tischplatte in Harrildholms Küche.

»Ich weiß nicht …« Seine Antwort blieb in der Luft hängen.

Für eine kurze Sekunde kamen ihm Zweifel. Wozu das alles? Warum kroch er nicht einfach zu Kreuze, gestand seine Lüge und reichte Mossman die Hand?

»Nein, ich bleibe dabei. Ich will mit solchen Dingen nichts mehr zu tun haben. Ich muss mich um meinen eigenen Kram kümmern und um meinen Sohn.«

Er tat das hier für Margrethe Franck. Weil er es ihr schuldig war. Nicht für Mossman. Aber in Wahrheit wohl vor allem, weil ihn die Wölfe angelockt hatten, die durch seine Wohnung in Vangede gestreift waren.

»Das verstehe ich, Oxen, das verstehe ich. Ich strebe immer nach Gold, aber dann muss ich mich wohl mit weniger zufriedengeben.«

»Du machst weiter?«

»Ganz bestimmt. Nachdem Monrad identifiziert wurde, habe ich keinen Zweifel mehr. Ich muss nur jemanden finden, der führ mich nach Jütland fährt. Ich kann das nicht selbst machen. Ich muss mich um meine Kommission kümmern.«

Er war mit dem Telefon in der Hand auf der Bank sitzen geblieben, nachdem sie das Gespräch beendet hatten. Erst jetzt sah er, dass Margrethe Franck versucht hatte, ihn zu erreichen. Sie hatte zwei Mal im Abstand von einer guten Stunde angerufen, während er neben dem stummgeschalteten Telefon geschlafen hatte.

Verdammt. Franck würde sich nach dem alten Fall erkundigen und nach zwei Sekunden schon ahnen, dass er noch keinen einzigen Buchstaben gelesen hatte. Das war unglaublich peinlich. Aber er musste auf ihre Anrufe reagieren. Alles andere wäre erst recht seltsam gewesen.

Er musste versuchen, ihre Aufmerksamkeit von der roten Mappe auf ein anderes Thema zu lenken. Zeit gewinnen. Schon der Gedanke an ein weiteres Telefonat machte ihn müde, und das schlimmste Gespräch von allen hatte er dann immer noch vor sich. Das war als Letztes dran.

Er ging ins Wohnzimmer und holte einen Brief, der ganz oben auf dem Stapel lag. Dann setzte er sich wieder an den Tisch und machte sich bereit. Margrethe Franck meldete sich erst, als er kurz davor war, wieder aufzulegen. Sie klang gehetzt wie immer.

»Ich habe gesehen, dass du angerufen hast«, sagte er.

»Ich wollte nur hören, wie es läuft. Ob du schon über irgendwas gestolpert bist.«

Heute war der Tag der Lüge, er produzierte Ausreden wie am Fließband.

»Ich bin noch nicht sehr weit gekommen, weil ich leider nicht wie geplant losfahren konnte. Ich war ein bisschen angeschlagen und bin mit Fieber im Bett geblieben.«

Er sah keine Notwendigkeit, ihr zu erklären, dass das Fieber in Wirklichkeit »Wolfsfieber« gewesen war.

»Ich habe gerade mit Mossman gesprochen«, sagte er und

stürzte sich kopfüber in sein Ablenkungsmanöver. »Er weiß jetzt, wer der Tote im Bach ist. Einer seiner ehemaligen Mitarbeiter beim PET, der inzwischen pensioniert ist. Ein gewisser Troels Monrad.«

»Was? Vom PET?«

Er hatte sie am Haken.

»Kanntest du ihn?«

»Nein. Das heißt … den Namen hab ich schon mal gehört, aber er war lange vor meiner Zeit in Søborg.«

»Er ist ermordet worden.«

»Wie?«

»Jemand hat ihm den Schädel eingeschlagen. Stumpfer Gegenstand, mit voller Wucht.«

»Wo …?«

Er bombardierte sie weiter mit Fakten.

»Er wurde woanders getötet, zum Bach transportiert und dort abgelegt. Man hat seinen Kopf gegen einen Stein am Ufer geschlagen, damit es wie ein Unfall aussah. Mossman hat alle Berichte. Wir sollten endlich in die Gänge kommen. Wie gesagt, ich habe gerade erst angefangen, mir deinen alten Fall durchzulesen, aber da sind ein paar Dinge, um die ich dich gern bitten würde.«

»Ach ja?«

Die Verwunderung war ihr deutlich anzuhören. Sein Plan schien aufzugehen. Er würde hoffentlich nicht noch mehr lügen müssen.

»Also, ich bin alles noch einmal durchgegangen, du weißt schon, sämtliche Papiere, Aktenordner, Briefwechsel und so weiter, und ich …«

»Entschuldige, dass ich dich mitten im Meteoritenhagel unterbreche«, blaffte Franck, »aber – erstens: Weiß Mossman, dass du in Jütland bist? Beziehungsweise warum oder warum nicht?

Und zweitens: Ist es für *meinen* Fall überhaupt relevant, dass man dem Mann den Schädel eingeschlagen und ihn dann in den Bach geworfen hat? Und inwiefern ist es von Bedeutung, dass der Tote früher beim PET war?«

Eine Margrethe Franck konnte man nicht für dumm verkaufen.

»Zu erstens: Nein. Mossman hat keine Ahnung. Ich weiß nicht, Margrethe, es ist nur … ein Gefühl. Aber wann immer Mossman meinen Weg kreuzt, brechen irgendwelche Katastrophen über uns herein. Ich würde gern erst mal ohne ihn weitermachen. Und davon abgesehen … ich bin nicht seinetwegen hier.«

»Danke.«

»Und jetzt zu zweitens. Auf den ersten Blick hat der Tote im Bach nichts mit deinem Fall zu tun. Wir haben den Zeitungsausschnitt, die Lupus-Verbindung zu Harrildholm, den Backstein und die Drohung. Dass Monrad beim PET angestellt war, beweist überhaupt nichts. Theoretisch. Tatsächlich ist es zumindest auffällig. Mossman will die Sache weiterverfolgen, aber ich habe ihm auch dieses Mal einen Korb gegeben.«

Franck schnaufte. Er sah ihre tiefen Stirnfalten vor sich und die schwarze Lesebrille auf der Spitze ihrer blassen Nase.

»Du hast recht, Niels. Wir sollten Mossman auf Abstand halten. Du hast eben von irgendwelchen Sachen gesprochen, die ich für dich erledigen soll. Was brauchst du? Hoffentlich nichts, was zu viel Zeit erfordert. Ein Tag hat nur vierundzwanzig Stunden. Ich bräuchte das Dreifache.«

»Wir benötigen mehr Informationen über Poul Hansen. Gab es im Laufe seiner Karriere irgendwelche Unregelmäßigkeiten? Krisen? Hatte er Feinde? Gibt es Angehörige? Wir müssen einfach mehr über ihn wissen. Und dann habe ich hier ein Schreiben vom Krankenhaus in Herning mit mehreren Untersuchungsterminen. Kannst du herausfinden, warum er untersucht werden sollte?«

Er zog den Brief aus dem Umschlag und diktierte ihr Poul Hansens Patientendaten.

»Gut. Damit kann ich meinen alten Freund, den Hacker, beauftragen«, antwortete sie. »Sonst noch was?«

»Seine finanzielle Situation?«

»Das übernimmt er vielleicht auch.«

»Außerdem hätte ich gern eine ausführliche Antwort auf die Frage, warum, um alles in der Welt, der Mann ausgerechnet hierher gezogen ist. Ich habe Unterlagen von einem Maklerbüro gefunden, kannst du dich darum kümmern?«

»Ich versuche es. Und?«

»Troels Monrad. Finde mehr über ihn heraus. Ich habe nur die Informationen aus Mossmans kurzer Zusammenfassung.«

»*All right*, aber das ist jetzt genug.«

»In der Zwischenzeit nehme ich mir …« Sein Hirn versuchte hektisch eine Ausrede zu finden. »… diesen Einbrecher vor, den ich hier auf frischer Tat ertappt habe. Der Kerl, mit dem ich mich geprügelt habe. Ich habe seine Adresse. Er wohnt ein paar Dörfer weiter. Heute nach Feierabend werde ich ihm einen Besuch abstatten. Ich bin sicher, dass er einiges weiß. Und dann werde ich noch ein paar andere Nachbarn abklappern, wenn man die überhaupt als Nachbarn bezeichnen kann, bei den Entfernungen hier.«

»Okay. Wir hören voneinander.«

Franck war wieder weg. Den bulligen Ganoven im Blaumann aufzusuchen, hatte er schon länger als möglichen nächsten Schritt im Hinterkopf gehabt. Nun musste er es durchziehen. Außerdem war es höchste Zeit, sich mit der roten Mappe zu beschäftigen. Aber zuallererst musste er den schwersten Gang hinter sich bringen und den letzten Anruf tätigen. Jetzt ließ es sich nicht mehr länger aufschieben.

Er drehte eine neue Runde durch die leeren Räume und probte das Gespräch. Er versuchte, sich Magnus' Antworten und seinen Tonfall vorzustellen. Er durfte nicht enttäuscht sein und nichts überinterpretieren.

Dann holte er tief Luft und wählte die Nummer.

## 37.

Seinen kleinen Mietwagen hatte Oxen an der Straße geparkt. Nachdem er zum dritten Mal laut an die Tür geklopft hatte, gab er auf und öffnete sie einfach. Aus dem Klinkerhaus, in dem der hitzköpfige Einbrecher mit Blaumann und Holzclogs wohnte, drang ein Geräusch, aber weder in der Einfahrt noch im Carport stand ein Auto.

Er trat in einen schmalen Hausflur. Das Geräusch stammte eindeutig von einem Staubsauger. Er ging weiter zum Wohnzimmer. Vor dem Sofa kniete eine ältere Frau und versuchte darunter sauber zu machen. Als er an die offene Zimmertür klopfte, fuhr sie erschrocken zusammen. Sie schaltete den Staubsauger aus, stand mühsam auf und sah ihn fragend an.

»Entschuldigen Sie bitte die Störung. Ich suche Per Sivgaard. Ist er zu Hause?«, fragte er.

»Per? Nein, er ist nicht da.«

»Wissen Sie vielleicht, wann er wiederkommt?«

Die Frau, die sicher über siebzig war, schüttelte den Kopf.

»Das weiß man vorher nie. Es kommt darauf an, ob es heute Fußball gibt, aber so was merke ich mir nicht. Kennen Sie ihn überhaupt?«

Er verneinte.

»Ich schon. Ich bin seine Mutter. Ich gehe ihm ein bisschen zur Hand, jetzt wo Kate nicht mehr da ist. Also, Kate war seine Frau. Sie hat ihn verlassen. Seitdem sieht es hier ständig aus wie im Saustall.«

»Soll ich vielleicht lieber morgen noch mal kommen?«

»Das wäre sicher das Beste. Aber man kann nie wissen. Wie gesagt, es kommt auf den Fußball an. Vor allem, ob die Wölfe spielen.«

»Die Wölfe?«

Seine Überraschung war wohl nicht zu überhören. Wölfe? Ein wirklich ungewöhnliches Revier. Sie waren überall. Im Moor. Und jetzt auch noch auf dem Fußballfeld.

Die Frau wunderte sich über so viel Ahnungslosigkeit.

»Der FC Midtjylland. In Herning, nicht wahr? Nach denen ist er völlig verrückt, nach den Wölfen.«

»Ach so. Na, dann.«

»Aber ich kann ihm ausrichten, dass Sie da gewesen sind, also falls ich ihn noch sehe. Wie heißen Sie denn?«

Er zögerte einen kurzen Augenblick. Dass er zögerte, seinen richtigen Namen anzugeben, war ein Relikt aus der Zeit, die er hinter sich gelassen hatte. Aber inzwischen war eine neue Zeit angebrochen. Eine Zeit, in der man seinen Namen ruhig nennen konnte.

»Oxen. Niels Oxen.«

»Oxen? Wie der Ochse?« Die Frau sah ihn fragend an.

»Ja.«

»Gut.«

»Danke.«

»Gern geschehen.« Die Frau wollte schon auf den Schalter des Staubsaugers treten, als sie innehielt.

»Sie könnten es auch auf dem Poppelgård versuchen, wenn Sie nicht bis morgen warten wollen.«

»Poppelgård?«

»Ja, da ist er oft. Bei Møller, draußen auf dem Poppelgård. Ich müsste mich schon sehr irren, wenn nicht. Die haben da so eine Art Treffpunkt. Schauen zusammen Fußball und unterhalten sich ein bisschen und so. Trinken ein Bier.« Die Frau kniff die Augen zusammen und dachte offenbar angestrengt nach. Dann erklärte sie ihm den Weg.

»Raus aus dem Ort, Richtung Ejstrupholm, an der ersten Abzweigung nach links und dann die zweite Straße wieder links. Es steht ein Schild am Straßenrand. Der Poppelgård ist eigentlich ein Maschinenverleih.«

Er wiederholte ihre Wegbeschreibung, bedankte sich und bekam ein Nicken zum Abschied. Dann brummte der Staubsauger wieder los.

Er blieb noch eine Weile in dem Fiesta sitzen und überdachte die Situation. Diese Welt war wirklich seltsam. Der Mann, der ihn wie ein wütender Stier angegriffen und versucht hatte, ihn mit einem Kopfstoß in den Lillebælt zu verfrachten, ließ sich den Haushalt von seiner alten Mutter machen, weil er nicht dazu fähig war, seinen Dreck selbst aufzuräumen. So gesehen war die Tracht Prügel, die er ihm verpasst hatte, gleich aus mehreren Gründen angemessen gewesen.

Aber was wollte er eigentlich von dem Kerl? Hatte er ihn nicht ausreichend befragt, nachdem er ihn zu Boden befördert hatte? Es fiel ihm schwer, nachzudenken. Schwer, sich zu konzentrieren.

Magnus blockierte jeden Gedanken.

Das Telefonat mit ihm war wie erwartet verlaufen. Seit er vor über einer Stunde aufgelegt hatte, ging ihm ihr Gespräch ununterbrochen im Kopf herum.

Im ersten Moment hatte es ihn getroffen, obwohl er auf alles vorbereitet gewesen war. Danach hatte er jeden Satz analysiert und war zu dem Schluss gekommen, dass es eigentlich gar nicht so schlecht gelaufen war – um kurz darauf wieder alles infrage zu stellen.

Er ließ den Motor an, fuhr ein paar Meter vorwärts und setzte den Wagen dann zurück, um in der Einfahrt zu wenden. Er zweifelte normalerweise nie. Aber jetzt zweifelte er, ob es eine gute Idee war, dem Rat der Staubsaugerfrau zu folgen und zum Poppelgård zu fahren. Vielleicht war es tatsächlich ein denkbar schlechter Zeitpunkt für etwas, das Konzentration erforderte, denn das Telefonat beschäftigte ihn. Jedes einzelne Wort schoss wie eine wild gewordene Flipperkugel in seinem Kopf hin und her.

Er wendete, folgte der Beschreibung und fuhr aus dem Ort, ohne sicher zu sein, das Richtige zu tun.

*»Das ist total okay, Niels, gar kein Problem.«*

So einfach war der Satz, vor dem er sich so sehr gefürchtet hatte.

Er hatte versucht, sich in Erinnerung zu rufen, ob sein Sohn vielleicht eines der Wörter stärker betont hatte. Nur ein bisschen … Hatte er »*total* okay« gesagt oder »*gar* kein Problem«? Hatte er *»okay«* betont oder eher *»Niels«?* Oder hörte er inzwischen vielleicht Gespenster?

Er bog an der ersten Abzweigung links ab.

Er war ein mieser Feigling, der zweimal dieselbe Lüge verwendet hatte. Er hatte seinem Sohn erzählt, er wäre nicht zu Hause und könnte ihn am nächsten Wochenende nicht abholen, weil er in Schweden sei. Bei Freunden.

»Du hast *Freunde*? Also … in Schweden, meine ich.« Diese spontane Bemerkung war eine ziemlich gute Beschreibung seines Lebens.

Es war ein kurzes Gespräch gewesen, das er nach seinen Probeläufen mit den Worten »Es tut mir wirklich unheimlich leid, Magnus, aber …« eingeleitet hatte.

Sekunden später bekam er seine Reaktion, das Handy hart ans Ohr gepresst. *»Das ist total okay, Niels, gar kein Problem.«* Er hatte ein wenig darauf gehofft, dass Magnus enttäuscht sein würde. Oder sauer. Aber vor allem hatte er sich davor gefürchtet, dass der Junge sich freuen könnte. Das hatte er nicht getan, sondern höchstens ein bisschen erleichtert geklungen.

Wenn er seine Hoffnungen einmal ausblendete und sich der Wirklichkeit stellte, dann musste er sich eingestehen, dass Magnus die Wochenenden bei seinem Vater einfach nicht besonders wichtig waren. Punkt. Das Ergebnis der Analyse bewegte sich also irgendwo auf einer Skala zwischen Gleichgültigkeit und Erleichterung.

Diese Erkenntnis tat weh.

Er zögerte einen Moment und bog dann nach links auf die asphaltierte Nebenstraße ab. Als er das Schild mit der Aufschrift »Maschinenverleih Poppelgård« am Straßenrand sah, bremste er.

Das Gespräch mit Magnus hatte offenbar sein Zentralnervensystem getroffen. Er stand mit laufendem Motor auf der Straße und überlegte, ob er einfach weiterfahren oder abbiegen sollte. Schließlich lenkte er den Wagen in die geschotterte Zufahrt, was eher ein Reflex als eine Entscheidung war. Als er am Ende der Pappelallee angekommen war und auf den Hof rollte, wurde ihm bewusst, wie dämlich dieses Manöver war. Es war durchaus möglich, dass er Per Sivgaard hier antreffen würde, aber wahrscheinlich in Gesellschaft anderer, die von seinem Anliegen nicht unbedingt etwas wissen mussten.

Auf dem Hof parkte nur ein einziges Auto, ein geländegängiger Toyota. Seltsam für einen Feierabendtreffpunkt. Er wollte gerade den Fiesta wenden und unbemerkt wieder verschwinden, als er am Ende eines Nebengebäudes das Heck eines Pickups entdeckte. Der Poppelgård war offensichtlich über einen längeren Zeitraum immer wieder erweitert worden.

Das eigentliche Wohnhaus war weiß gekalkt mit einem roten Ziegeldach, während die übrigen Gebäude alle unterschiedlich aussahen. Einer der Anbauten war ebenfalls weiß gekalkt, ein anderer aus Naturstein gebaut und der dritte aus roten Backsteinen. Die Wirtschaftsgebäude waren alle mit Wellblechplatten gedeckt. Hinter dem Hof ragte eine große Maschinenhalle auf, und ein Stück weiter konnte man das Dach einer zweiten Halle erahnen.

*»... total okay, Niels ...«*

Er ließ den Wagen langsam weiterrollen und hielt dann an. Hinter dem weißen Nebengebäude, vor der großen Halle, standen drei Autos, zwei Mopeds und ein Fahrrad. Es waren also doch Gäste auf dem Poppelgård. Vielleicht sollte er Per Sivgaard einfach um ein kurzes Gespräch unter vier Augen bitten? Der Mann konnte ja schlecht ablehnen, nachdem er ihn auf frischer Tat ertappt hatte, als er gerade dabei war, Harrildholm zu zerlegen.

Er stieg aus und ging auf der Suche nach dem Eingang an der alten Stallung entlang. Es war weit und breit keine Menschenseele zu sehen, weder in der großen noch in der kleinen Maschinenhalle, in denen jede Menge Landmaschinen parkten und Baumaterial lagerte. Erst ganz am Ende des Gebäudes entdeckte er eine Tür, und den Spuren im Matsch nach zu urteilen war er hier goldrichtig.

Jetzt musste er Magnus beiseiteschieben und sich auf seine Aufgabe konzentrieren. Vorsichtig öffnete er die Tür und betrat den ehemaligen Stall, der nur von ein paar einzelnen Glühbirnen an der Decke beleuchtet wurde. Er blieb stehen und lauschte. Von irgendwoher drangen leise Stimme herüber. Er ging zu einer etwas neueren Tür und öffnete sie genauso vorsichtig wie die erste. Die Stimmen wurden deutlicher. Er schlich weiter und folgte dem Gang nach rechts in den Querbau.

Plötzlich spürte er, wie sich von hinten eine Hand auf seine Schulter legte.

»He, du da!«

Die Stimme klang scharf. Und bedrohlich.

## 38.

Borg räusperte sich und schaute noch einmal auf seine Armbanduhr. Gleich. In ein paar Minuten konnten sie wie vereinbart anrufen. Dann war es an der amerikanischen Westküste sechs Uhr morgens *sharp* und Zeit für ihre Audienz bei der Diva.

»Ich schließe lieber ab, damit nicht mitten im Gespräch jemand hereinplatzt«, sagte Bertelsen und drehte den Schlüssel der Bürotür um.

Borg nickte, die Uhr fest im Blick.

»*All right*, wenn Sie wollen, können Sie mich morgen früh um sechs Uhr *local time* via Facetime kontaktieren – *sharp, please.*«

Er zählte die letzten Sekunden herunter. Sie würde es exakt so *sharp* bekommen, wie sie es verlangt hatte, als er sie gestern zu einem offensichtlich ungünstigen Zeitpunkt erwischt hatte.

»Es ist so weit«, sagte er und gab Bertelsen ein Zeichen.

Voller Elan setzten sie sich gleichzeitig auf ihre Drehstühle und rollten zum Schreibtisch, auf dem Borgs iPad bereitstand. Er rief den Kontakt auf, und dann saßen sie beide mit angehaltenem Atem da und starrten den leeren Bildschirm an. Endlich erschien sie.

Borg wusste selbst nicht so genau, was er erwartet hatte, aber Cindy Johansen sah überhaupt nicht aus wie ein Filmstar, wobei ihm natürlich klar war, dass auch Stars mal schlafen mussten. Und es sah ganz danach aus, als hätte die dänische Schauspielerin bis vor Kurzem noch sehr fest geschlafen. Ihre Haare waren zerzaust. Ihre Augen wirkten ein wenig verschwollen, und ihre Haut sah tatsächlich etwas fettig aus, besonders auf der Stirn. Aber vielleicht sah man auch einfach so aus, wenn man facetimte und die Kamera direkt vor der Nase hatte.

Trotzdem fühlte er sich irgendwie geehrt, sie in seinem Büro zu haben. Auch Bertelsen war leicht aufgekratzt.

»Guten Morgen, Cindy«, sagte sein Kollege gut gelaunt.

»Guten Morgen, *sorry 'bout the looks.* Ich bin ein bisschen spät aufgestanden, deshalb bin ich jetzt leider in Eile. Wir sind mitten in der dritten Staffel, und die Location ist wirklich am Ende der Welt, irgendwo in der Wüste. Womit kann ich der dänischen Polizei behilflich sein?«

Cindy Johansen stellte ihr Handy vor sich auf den Tisch, nahm ihre Kaffeetasse, trank einen Schluck und zündete sich eine Zigarette an – und das alles in einer einzigen fließenden Hollywood-Bewegung, dachte Borg.

Konzentriert setzte er zu seiner Erklärung an.

»Wir ermitteln in einem Fall, der einen gewissen Idris Nassar betrifft. Wir können …«

»Dieser *fuckin' bastard!*« Eine transatlantische Rauchwolke quoll aus Cindy Johansens Mund. »Was ist mit ihm?«

»Er wurde in seiner Wohnung überfallen, von zwei maskierten Männern.«

»Ja, und er wurde so schwer misshandelt, dass ihm beide

Beine amputiert werden mussten. Jetzt liegt er ohne seine Stelzen im Krankenhaus«, ergänzte Bertelsen fröhlich, während er die gute Nachricht überbrachte.

»*Oh my God, oh my God, oh my God …*« Cindy Johansen legte ihre Zigarette in den Aschenbecher und hielt sich beide Hände vor den Mund. Dann nahm sie sie wieder herunter, damit man ihr Lächeln sehen konnte.

»Ich kann nicht behaupten, dass das *bad news* für mich sind«, sagte sie.

»Ihre Geschichte ist uns natürlich bekannt. Aus diesem Grund rufen wir an«, sagte Borg förmlich.

»Selbstverständlich. Bei dem Namen Idris Nassar denkt man ja automatisch auch an Cindy Johansen«, sagte die Schauspielerin und hielt ihre Zigarette wieder vor die Kamera.

»Genau«, sagte Borg. »Ich würde gern wissen, ob Sie nach dem Vorfall am H. C. Andersen Boulevard persönlichen Kontakt zu Nassar hatten.«

»Überfall. Sie meinen den Überfall, oder?«

Borg und Bertelsen nickten beide.

»Und?«

»*Never.* Aber ich will ganz ehrlich zu Ihnen sein … Ich habe mir oft vorgestellt, dass ich wie ein Ninja nachts bei ihm auftauche und mich mit einem Schwert oder irgendeiner anderen gruseligen Waffe an ihm räche. Einen psychopathischeren, bösartigeren Mistkerl als ihn gibt es nicht.«

»Dann hatten Sie also Rachegedanken?«, hakte Bertelsen nach.

»*Yeah.* Aber verstehen Sie mich nicht falsch. Wir reden hier ja nicht von *Legends of the Vikings*, sondern von der Realität. Man fühlt sich so unglaublich verletzt, so unglaublich machtlos und im Stich gelassen, wenn ein notorischer Gewaltverbrecher so billig davonkommt und die Gesellschaft das einfach hinnimmt. Haben Sie meinen Artikel in der *Politiken* gelesen?«

Wieder nickten sie beide.

»Ja, natürlich«, sagte Borg. »Sie haben damals in Worte gefasst, was viele dachten.«

»Es ging immer nur um die Frage, was wir als Gesellschaft für Menschen wie Nassar tun können. Aber seine Opfer … Franz und ich … wo waren wir in dieser Debatte? Mit meinem Artikel wollte ich genau darauf aufmerksam machen. Dass man die Verbrecher zu Opfern macht und dabei die wahren Opfer aus dem Auge verliert. Das ist eine ungeheuerliche Unverhältnismäßigkeit!«

Cindy Johansens Mund wurde schmal, und sie kniff die Augen ein wenig zusammen. Diese Sache steckte ihr zweifellos immer noch in den Knochen.

»Aber Sie sitzen jetzt hoffentlich nicht in Kopenhagen und glauben, dass ich etwas damit zu tun habe, oder?«, kam es etwas nachdenklicher von der amerikanischen Westküste.

»Nein, das glauben wir nicht. Aber wir versuchen, uns einen Überblick zu verschaffen, und sprechen deshalb mit einigen ausgewählten Personen, die einschlägige Erfahrungen mit Nassar gemacht haben«, antwortete Bertelsen, der endlich auch einen professionelleren Ton gefunden hatte, Hollywood hin oder her.

»Ihr Freund«, fuhr Borg fort, »Franz Riis. Er hatte noch länger mit den Folgen des Überfalls zu kämpfen, richtig?«

Cindy Johansen nickte.

»Richtig. *That is* … Wir sind nicht mehr zusammen, aber das hat andere Gründe. Wir telefonieren ab und zu. Franz hat bleibende Schäden davongetragen. Er leidet unter Kopfschmerzen und kann sich nicht mehr gut konzentrieren. Und sein Gedächtnis ist auch nicht in Ordnung. Er war Börsenmakler, aber er kann seinen Beruf seitdem nicht mehr ausüben.«

»Und das Ganze ist schon gut zwei Jahre her … Wissen Sie, wie er zu Idris Nassar steht?«, fragte Borg.

»Er ist verbittert, das ist doch wohl klar! Aber fragen Sie ihn am besten selbst. Ich möchte nicht für ihn antworten.«

»Er hat sich nie öffentlich zu dem Überfall geäußert«, sagte Bertelsen.

»Nein, öffentliche Äußerungen liegen ihm nicht. Außerdem hätte er damals auch gar nicht die Kraft dazu gehabt. Wir waren uns einig, dass ich meinen Namen nutze, um unserem Notruf eine größere Aufmerksamkeit zu verschaffen.«

»Haben Sie diese Sache für sich denn mittlerweile abgehakt?«, fragte Borg.

Cindy Johansen verzog das Gesicht, schnaufte vernehmlich und starrte an die Decke.

»Ja und nein. Jetzt, wo wir darüber sprechen, merke ich, wie es wieder in mir hochkocht. Mein Rechtsempfinden wurde missachtet. Mein Gerechtigkeitssinn in tausend Stücke gesprengt. So etwas lässt eine gewisse Leere zurück. Ich war so überzeugt von Dänemark, von all den schönen Prinzipien und der Rechtsstaatlichkeit, und dann … Peng! Plötzlich steht man ganz allein da, völlig desillusioniert. Aber wenn Sie mich so fragen: *Yeah*, ich bin darüber hinweg. Nur bin ich nicht mehr dieselbe.«

Borg nickte nachdenklich. Die Schauspielerin hatte mehr Intellekt, als sie in ihrer Rolle als Wikinger-Amazone vermuten ließ. Die Cindy Johansen, die gerade zu ihnen sprach, war diejenige, die den Artikel damals geschrieben hatte.

»Dann freut es Sie also, dass Nassar seine Beine verloren und auf diese Weise eine Art Strafe bekommen hat?«

Borg warf Bertelsen einen Seitenblick zu. Diese Zusammenfassung war alles andere als elegant und noch dazu überflüssig.

»Das geht zu weit!« Die dänische Schauspielerin schüttelte den Kopf. »Soll ich es vielleicht auch noch in Stein meißeln? Ja! Er hat bekommen, was er verdient! Und trotzdem: Nein! Denn ich glaube keinesfalls an Selbstjustiz. Man muss darauf vertrauen können, dass wir in einer zivilisierten Gesellschaft leben. Die einen machen die Gesetze, die anderen fangen Verbrecher, und wieder andere legen die Strafe fest. Dabei wird niemand ohne Beweise verurteilt. Alles andere führt verdammt noch mal auf direktem Weg in die Bananenrepublik.«

Cindy Johansen zitterte ein wenig. Sie warf einen verstohlenen Blick nach unten, vermutlich auf ihre Armbanduhr.

»*Sorry*«, sagte sie. »Es beschäftigt mich einfach sehr. Wollen Sie noch mehr wissen? Ich muss mich nämlich langsam wirklich auf den Weg machen.«

»Nein, wir sind fertig. Vielen Dank, dass Sie sich Zeit für uns genommen haben. Dürfen wir uns eventuell noch einmal an Sie wenden, falls sich neue Fragen ergeben?«, sagte Borg.

»Natürlich, kein Problem. *All right*, haben Sie einen schönen Tag.«

Und zack, schon war Cindy Johansen verschwunden.

Bertelsen stieß sich mit beiden Händen von der Tischkante ab und rollte bis an die Zimmerwand, wo er sitzen blieb und sich auf die Unterlippe biss.

»Hat uns das jetzt weitergebracht? Haben wir die richtigen Sachen gefragt?« Er sah nachdenklich zu Borg, der mit den Fingern auf die Tischplatte trommelte.

»Hm, ich glaube schon. Etwas anderes – oder mehr – war eigentlich nicht zu erwarten. Aber wer nach ein paar Staffeln

*Vikings* denkt, dass Cindy mehr *looks* als *brains* ist, der irrt sich. Oder?«

»Ja, die Frau weiß, was sie sagt. Aber sie sah ein bisschen mitgenommen aus. Das Promileben scheint hart zu sein.«

»Sie war gerade aus dem Bett gefallen. Wie siehst du denn morgens um sechs aus? Also, nicht dass ich es wirklich wissen will.«

»Mein Handydisplay würde zerspringen, wenn ich um diese Uhrzeit facetimen müsste«, sagte Bertelsen lachend.

»Ich finde, wir haben einen ziemlich guten Eindruck von ihr und ihren Ansichten bekommen. Und von dem ganzen Fall. Es ist jedenfalls interessant, dass sie mit Sicherheit über das nötige Kleingeld verfügt, um gleich mehrere Prügeltrupps anzuheuern, wenn sie wollte.«

»Oder Amputationstrupps.«

»Sie könnte sich die teuersten Profis leisten. Deshalb muss sie natürlich auf unserer Liste bleiben. Und als Nächstes sollten wir uns ihren Ex-Freund ansehen, Franz Riis. Einverstanden?«

Bertelsen nickte.

»Damit du auch weiterhin in den Spiegel schauen kannst.«

## 39.

Sein erster Impuls war es, sich blitzschnell umzudrehen, den Arm des Mannes zu greifen und ihn auf den Boden zu schleudern. Aber das hätte alles kaputtgemacht. Er war ein friedlicher Gast, der nur vorbeigekommen war, um sich mit ein paar Leuten aus der Gegend zu unterhalten, mehr nicht.

Er stand ganz still. Beherrschte sich und ließ es zu, dass der Unbekannte hinter ihm seine Schulter festhielt. Dann drehte er sich langsam um.

Vor ihm stand ein hochgewachsener, relativ junger Mann in einer grünen Arbeitsjacke. Der Mann musterte ihn skeptisch, ließ ihn dann aber los.

»Entschuldigung, ich suche …«

»Ich kenne dich nicht. Wer bist du?«

Der Mann trat ganz nah an ihn heran, plusterte sich auf und starrte ihm in die Augen. Oxen wich sofort ein paar Schritte zurück. Abstand war ein wichtiger Faktor.

»Ich war noch nie hier. Aber man hat mir gesagt, dass ich einen gewissen Per Sivgaard hier finden würde.«

»Beton? Wer hat das gesagt?«

»Beton?«

»So heißt er. Per ist Betonbauer.«

»Seine Mutter hat mir das erzählt.«

Der Mann grinste.

»Seine Mutter? Ich glaube zwar nicht, dass Møller sich darüber freuen wird, dass du hier rumschleichst, aber komm mit!«

Er folgte dem Mann den Gang hinunter in eine alte Scheune mit freiliegenden Dachbalken. Der Anblick, der sich ihm bot, war speziell. Er stand gewissermaßen vor einem Haus im Haus. Ein isolierter, rechteckiger Kasten auf einem Holzsockel, der im Boden verankert war. Als hätte man den Gedanken schnell verworfen, sich einfach einen Teil der Scheune einzurichten, wahrscheinlich weil es unmöglich gewesen wäre, diesen riesigen Raum zu beheizen. Aus dem Kasten drangen Stimmen. Der Mann in der Arbeitsjacke machte die Tür auf und schob ihn hinein.

Innerhalb von Sekunden verstummte das Gespräch. Es wurde totenstill.

Instinktiv scannte er die Situation und prägte sich seine Beobachtungen ein. Es waren sieben Männer im Raum. Sie saßen alle am vordersten Tisch. Keine sichtbaren Waffen.

Am hinteren Ende saß ein großer, grobschlächtiger Mann. Bürstenhaarschnitt, leicht übergewichtig, aber mit prallen Muskelbergen unter dem T-Shirt und einem entschlossenen Blick. Daneben ein alter Mann mit Buckel, um die achtzig, außerdem ein großer Fettwanst, zwei eher normal gebaute Typen, beide in roten Firmenjacken, ein kleiner kompakter Mann, ein großer schlaksiger Kerl Anfang vierzig und zuletzt noch der Hitzkopf, der auf Harrildholm nach brauchbarem Diebesgut gesucht hatte.

Es war eindeutig keine gute Idee gewesen, einfach direkt auf den Hof zu fahren. Aller Blicke waren auf ihn gerichtet.

»60, hier ist Alpha 05. Feindkontakt, serbische Milizen am Knotenpunkt, sieht nach Saufgelage aus. Ich steige ab, Ende.«

*»Prost! Und willkommen. Ich bin Kommandant Milan The Razorblade. Früher Friseur von Gottes Gnaden in Kiseljak. Steig runter und trink ein Glas herrlichen Sliwowitz mit den serbischen Siegern.«*

*»Nein, danke. Wir müssen weiter nach Smajlovići.«*

*»Nein? Ich akzeptiere kein Nein! Seid ihr euch etwa zu fein, um mit Serben anzustoßen? Hier, nimm meine Flasche. Ich finde, wir sollten miteinander spielen, du und ich. Nicht russisches Roulette, nein, serbisches Roulette, haha! Nicht eine, sondern zwei Kugeln …«*

»Møller, den hier habe ich gefunden, als ich zum Pissen draußen war. Er sagt, er sucht Beton.«

Die Tonspur in seinem Kopf riss ab.

Die Stimme kam von hinten, von dem Typen in der grünen

Jacke. Wenn er wollte, konnte er immer noch fliehen, aber vielleicht ließ sich die Situation auch anders regeln?

»Du? Was zur Hölle!«

Der Mann mit dem roten Kopf, der also Beton genannt wurde, sprang auf, machte ein paar große Schritte auf ihn zu und holte aus, um ihm die geballte Rechte ungebremst ins Gesicht zu schlagen.

Jetzt galt es, kurzen Prozess zu machen, ohne sich die Hände zu verletzen. Womöglich war der Kerl nicht der Letzte, den er ausschalten musste. Er parierte den Schlag mit dem linken Unterarm und drückte den Kopf des Mannes mit beiden Händen nach unten, während er das Knie nach oben zog. Mit lautem Gebrüll kippte der Mann um.

Aus den Augenwinkeln sah er, wie die beiden roten Jacken auf ihn zustürmten, noch bevor Beton am Boden lag. Er sprang aus dem Stand in die Luft, trat dem Ersten kräftig in den Solarplexus und nahm gerade noch wahr, dass der Mann, der ihn entdeckt hatte, sich von der Tür wegbewegte, als Arbeitsjacke Nummer zwei auch schon auf ihn zuflog, um ihn nach unten zu reißen.

Er drehte sich um, rammte dem Mann den Ellenbogen in die Nierengegend, und als er zusammensackte, stieß er ihm das Knie ins Zwerchfell. Mit aufgerissenen Augen und offenem Mund fiel sein Angreifer um, dem buchstäblich die Luft wegblieb. Oxen warf einen Blick über die Schulter nach hinten, und schon wieder schoss etwas auf seinen Kopf zu.

Er schaffte es, auszuweichen, und die Holzlatte, die der Mann in der grünen Jacke schwang, krachte stattdessen mit Wucht auf den Zementboden. Er wollte ihm gerade mit einem gezielten Sprung das Knie in den Magen rammen, als der große Mann am Kopfende mit der flachen Hand auf den Tisch schlug.

»Hallo! Stopp! Es reicht! Helft den Jungs auf die Beine.«

Der Mann erhob sich und erteilte Anweisungen. Oxen blieb reglos stehen. Die drei Männer, die er zu Boden geschickt hatte, kamen langsam wieder hoch.

Betons Nase blutete heftig. Einer der anderen brachte ihm eilig ein Handtuch und half ihm auf die Couch.

»Und was jetzt, Møller?« Der Fettwanst, der einen weißen Overall trug, schaute fragend zu dem Riesen mit Bürstenschnitt.

»Immer mit der Ruhe, Dick, immer mit der Ruhe.«

Der Mann, der am Tischende thronte, war also Møller, der Besitzer des Poppelgårds und Chef des Maschinenverleihs. Und nicht Milan The Razorblade.

»Gib mir seine Brieftasche, Bobcat, also falls er eine hat …«

Oxen hob seine Arme ein Stück und ließ sich bereitwillig von der grünen Arbeitsjacke namens Bobcat durchsuchen. Eine Hand fuhr tastend über seine Kleidung, fand seinen Geldbeutel und warf ihn zu Møller, der nach einem schnellen Blick zielsicher die Versichertenkarte herauszog.

»Niels Oxen, Dalstrøget, Vangede. Was in drei Teufels Namen verschlägt einen hierher, wenn man in Vangede wohnt?«

Møller schaute ihm direkt in die Augen.

»Ich bin hier, weil ich mit Per Sivgaard reden will«, antwortete er und nickte zu dem Mann auf dem Sofa.

»Mit Beton? Er war offensichtlich nicht in der Stimmung, sich mit dir zu unterhalten. Und wozu der ganze Aufstand?«

»Ich habe ihn neulich auf frischer Tat ertappt, als er gerade dabei war, Harrildholm zu durchwühlen.«

»Bist du etwa von der Polizei?«

»Nein.«

Der große Mann sah sofort ein wenig beruhigter aus.

»Harrildholm, also wirklich … Beton, das hätte ich nicht von dir gedacht. Hallo? Beton!« Møller brüllte. »Was muss ich hier von dir und Harrildholm hören?«

Die Antwort klang missmutig und näselnd.

»Ich bin ein bisschen knapp bei Kasse. Darum … Ich habe nichts mitgenommen. Na ja, also … Ich habe das Geld wieder zurückgelegt.«

»Das ist nicht in Ordnung! Man darf verdammt noch mal nicht stehlen! Jedenfalls nicht, solange man seine Eintrittskarte für diese Runde hier behalten will. Haben wir uns verstanden?«

Die Antwort war ein nasales Grunzen. Møller hielt immer noch Oxens Versichertenkarte in der Hand.

»Oxen, Oxen, Oxen … Niels Oxen … Irgendwo klingelt da was …«

Møller starrte nach oben an die unbehandelten Deckenplatten und kniff dann die Augen zusammen. Schließlich platzte er heraus:

»Natürlich! Bist du *der* Oxen? Dieser Jägersoldat, den sie wegen Mordes gesucht haben und der am Ende unschuldig war? Es gibt doch nur einen Niels Oxen, oder? Das bist *du*!«

Er nickte.

»Ich fasse es nicht …« Møller schien beeindruckt, vielleicht mehr, als ihm selbst bewusst war. »Bobcat, gib ihm seinen Geldbeutel zurück.«

Der Mann trat an den Tisch, nahm die Brieftasche wieder entgegen und reichte sie Oxen.

»Willkommen auf dem Poppelgård, Oxen. Und entschuldige den Ärger. Hier, setz dich. Willst du ein Bier? Ich bin Møller, Bjarne Møller.«

Er drückte die ausgestreckte Hand, nahm sich einen Stuhl und setzte sich.

»Freunde, alle mal herhören!« Møller stand auf. »Darf ich

vorstellen: Niels Oxen, ehemaliger Jägersoldat. Er besitzt eine ganze Reihe von Tapferkeitsorden und durfte als Erster und bisher Einziger überhaupt eine ganz besondere Auszeichnung entgegennehmen. Mir fällt zwar gerade nicht mehr ein, wie genau diese …«

»Tapferkeitskreuz«, kam er Møller zu Hilfe.

»Richtig! Tapferkeitskreuz. Wenn dieses Land einen Kriegshelden hat, dann ihn. Also begrüßt unseren Gast. Und zeigt dem Mann gefälligst etwas Respekt!«

Einer nach dem anderen kamen die Männer zu ihm, gaben ihm die Hand und nickten. Alle bis auf Beton, der immer noch auf dem Sofa lag, mit dem Handtuch vor dem Gesicht.

Der Chef des Maschinenverleihs hatte zu seinen Untertanen gesprochen. Jetzt setzte er sich wieder.

»Ich war damals auch auf dem Balkan«, sagte er. »Nur einfacher Soldat. Nichts Besonderes. Keine Heldentaten, ich habe bloß Versorgungsfahrzeuge gefahren. Und das auch nur sechs Monate lang. Aber was ich da gesehen habe, hat mir schon gereicht. Schlimm. Womit kann ich dir helfen, Oxen?«

»Ich habe den Auftrag herauszufinden, wo Poul Hansen abgeblieben ist. Und ob ihm etwas zugestoßen ist.«

»Der Hansen von Harrildholm?«

»Genau der. Kennst du ihn?«

Møller schüttelte den Kopf.

»Ich glaube, den kennt keiner von uns. Er kommt eigentlich aus Kopenhagen und hat sich hier in der Gegend nirgends so richtig blicken lassen. Ein älterer Herr, oder?«

»Sechsundsiebzig.«

»Ich wüsste ja gern, was er mit dieser Bruchbude wollte.«

Oxen zuckte mit den Schultern und sah Møller in die Augen.

»Er ist anscheinend spurlos verschwunden. Hat alles einfach

stehen und liegen lassen. Nicht mal die Haustür war abgeschlossen.«

»Ein paar Leute behaupten, er wäre der Tote aus dem Bach, aber das hätte ja bestimmt in der Zeitung gestanden, oder?«, sagte Møller.

»Ich weiß nur, dass er *nicht* die Leiche im Kvindebæk war.«

»Aber, du, Oxen ... für wen arbeitest du eigentlich, wenn du sagst, dass dich jemand beauftragt hat?«

»Familie, Freunde, verschiedene Leute ... Einige Personen in Kopenhagen, die keine Ahnung haben, wo Hansen steckt, und die sich Sorgen um ihn machen.«

»Und was ist mit der Polizei?«

»Ich glaube nicht, dass er offiziell als vermisst gemeldet wurde. Es ist ja nicht verboten, zu verreisen oder irgendwo hinzufahren, ohne jemandem Bescheid zu geben. Aber in diesem Fall löst es eben Besorgnis aus. Weiß vielleicht jemand von den anderen hier mehr?«

Møller nickte und bellte sofort in die Runde: »Wenn ihr irgendwas über den von Harrildholm wisst, dann spuckt es aus!«

Der alte Mann, dessen neugieriger Blick Oxen schon von der ersten Sekunde an aufgefallen war, meldete sich mit dünner Stimme zu Wort.

»Ja, also angeblich ist er der Tote im Bach. Also vielleicht.«

»Hallo, mach endlich deine Batterien rein, Vater! Es wurde gerade gesagt, dass er *nicht* der Tote ist.« Møller schüttelte genervt den Kopf. »Was ist mit seinen Nachbarn?«

»Ich habe ein paar von ihnen befragt. Sie wissen gar nichts.«

»Man munkelt ja, er wäre nie richtig eingezogen, sondern die meiste Zeit in Kopenhagen gewesen.«

»Tja ... Das Haus sieht bewohnt aus, aber die Einrichtung ist ziemlich runtergekommen.«

Møller nickte und dachte weiter laut nach.

»Die Jäger, vielleicht wissen die mehr. Schmied, hast du eine Ahnung, wer die Jagd auf Harrildholm gepachtet hat?«

Der ältere Mann, der vermutlich schon in Rente war, nickte langsam.

»Niemand. Er hat die Pachtverträge mit Therkildsen und den anderen gekündigt, als er den Hof übernahm. Oder besser gesagt – er hat sie nicht erneuert. Er wollte keine Jäger in seinem Wald haben. Therkildsen war ganz schön sauer deswegen. Mehr kann ich dir auch nicht sagen.«

Møller breitete die Hände aus.

»Dann weiß ich nicht, wie ich dir helfen kann, Oxen. Aber ich werde mich umhören. Und du wolltest noch mit Beton reden, richtig?«

»Ich wüsste gern, woher er wusste, dass er einfach ins Haus marschieren und alles durchwühlen kann. Poul Hansen hat den Hof vor mehr als zwei Jahren gekauft, mit irgendjemandem muss er in dieser Zeit ja gesprochen haben.«

»Beton, setz dich zu uns und beantworte Oxens Fragen. Und erzähl keinen Scheiß. Verstanden?«

## 40.

Der umgestürzte Baum oben am Hang war das perfekte Versteck in einem perfekten Gelände bei perfekten Bedingungen. Heute Nacht war alles möglich.

Es war schon weit nach Mitternacht. Er hatte freie Sicht auf die vier Feldwege, die in bleichem Licht badeten. Es war fast Vollmond. Die Sterne standen hell am Himmel, und es war klirrend kalt, aber windstill.

Er war dick angezogen und fühlte sich wohl. Die Dunkelheit,

der Mond und der Himmel gaben ihm ein Gefühl von Weite, und er konnte seinen Gedanken freien Lauf lassen.

Er hatte sich gerade einen Becher Kaffee aus der Thermoskanne eingeschenkt und spürte den warmen Dampf im Gesicht, als er den ersten Schluck trank.

Die Schlägerei auf dem Poppelgård, in die er ungewollt hineingeraten war, hatte ihm wieder einmal vor Augen geführt, welche Folgen es hatte, wenn man den Fokus verlor. Mangelnde Konzentration führte zu schlechter Urteilskraft. Leichtsinnige Entscheidungen konnten einen das Leben kosten. Genau das hatte er bei den Jägern eingeimpft bekommen.

Trotzdem hatte er wertvolle Erfahrungen einfach ignoriert, als er Møllers Höhle auf dem Poppelgård betreten hatte. Wäre der groß gewachsene Eigentümer nicht gewesen, dann hätte das Ganze böse enden können. Und die Ausbeute des Manövers war gleich null. Der Mann, der Beton genannt wurde – nicht etwa weil er Beton zwischen den Ohren hatte, sondern weil er in einem Betonwerk arbeitete –, hatte ihn kein bisschen weitergebracht. Beton blieb dabei, dass er nur ein paar Gerüchte im Zusammenhang mit dem Besitzer von Harrildholm gehört und seine Chance gesehen hatte, an Bargeld zu kommen.

Magnus hatte jeden rationalen Gedanken verdrängt. Das Gespräch mit seinem Sohn, wie kurz es auch gewesen sein mochte, war ihm nicht aus dem Kopf gegangen und hatte ihn völlig blockiert. Er hatte sich selbst bewiesen, dass man jeglichen Sinn für Verhältnismäßigkeit verlor, wenn man jeden Buchstaben, jede Betonung und jeden Atemzug zu analysieren versuchte.

Das musste aufhören. Er liebte seinen Sohn, aber Abwesenheit ließ sich nicht einfach durch Anwesenheit ersetzen, wenn man vorher kein Guthaben angespart hatte. Und er hatte eher Schulden angehäuft. Es würde Jahre dauern, bis er sie abbezahlt hatte. Falls es ihm überhaupt jemals gelingen sollte, Magnus zurückzugewinnen.

Was für eine Erkenntnis. Ja … vielleicht musste man bei zehn Grad minus eine Nacht im Wald verbringen, um alle Unreinheiten loszuwerden und am Ende den einen klaren Gedanken vor sich zu haben?

Sein Blick ruhte unverändert auf der Stelle, wo sich die vier Feldwege kreuzten. Seine eigenen Wege hatte er inzwischen mehrfach gekreuzt. Erst vor Kurzem war er bei der Fischzucht gewesen, Johannes Fischs Lebenswerk. Und im Rold Skov. Er hatte am Grab von Mr White gesessen, dem besten Hund der Welt. Er hatte Kopenhagen verlassen – und war nach Kopenhagen zurückgekehrt.

Würde der Rest seines Lebens aus Zeitschleifen bestehen, aus endlosen Wiederholungen? Musste er seine ganze Vergangenheit noch einmal durchleben, um eine Zukunft zu bekommen? Oder würde sich der Weg plötzlich begradigen und ihn geradeaus bis zum Horizont führen?

Musste er sich den Sieben einem nach dem anderen in einer Art symbolischer Handlung physisch stellen, um sie für immer zum Schweigen zu bringen? Musste er den Kuhmann im Morgennebel aufsuchen, ihn am Kragen packen, ihn schütteln und anbrüllen: »He, du Arschloch, du machst mich verrückt, verschwinde oder ich knall deine Kuh ab!«?

Und die kleine Alte mit dem Einkaufsnetz? Musste er sie am Arm fassen, sie über die Landstraße in ihr winziges leeres Haus ziehen und sich ansehen, wo sie ihn begraben hatte, den Kopf?

Und das Mädchen mit der geschmolzenen Barbie? Stand es immer noch so ernst und erwachsen auf dem abgebrannten Grundstück und wartete mit vorwurfsvollem Blick darauf, dass er kam und es an einen besseren Ort brachte?

Sollte er zu der Stelle gehen, wo einst die Turnhalle war, nur um zu sehen, dass dort inzwischen ein Supermarkt eröffnet hatte? Dass genau dort Regale mit Süßigkeiten und Limonade standen, wo er den jungen beinamputierten Mann erlöst hatte, dem das Blut aus Kopf und Bauch geströmt war, nachdem die Serben eine Gruppe von Behinderten um die Wette rennen ließen und den Spaß mit willkürlichen Salven aus ihren Maschinengewehren beendeten?

Sollte er den Hof suchen, wo er dem widerlichen Vergewaltiger mit der tätowierten Träne unter dem Auge eine Kugel nach der anderen in den Bauch gejagt hatte? Und sollte er die Überlebenden – so es denn welche gab – fragen, ob das Opfer dieses Schweins, dieses arme Mädchen, ein gutes Leben gehabt hatte, bevor es beschloss, ihm ein Ende zu setzen, nur wenige Augenblicke nachdem er den Ort verlassen hatte?

Und der Milizionär … Sollte er seiner eigenen Fußspur den ganzen Weg zurück bis zum Klicken der Revolvertrommel folgen? Oder die Bombenfrau mit den mandelförmigen Onyx-Augen … Sollte er an derselben Stelle neu beginnen, nach dem schwarzen Niqab Ausschau halten und auf den Knall und die Druckwelle warten?

Er horchte auf.

Nur eine Armlänge entfernt raschelte eine Maus unter der Schicht aus Fichtennadeln.

Diese Welt war eine andere als die Welt, die er kennengelernt hatte. Die Dinge, die er gesehen und erlebt hatte, hätten sich hier unter diesem Sternenhimmel niemals abspielen können.

Er war nicht hier, weil ein alter Kopenhagener verschwunden war.

Er war nicht hier, weil ein alter Agent tot in einem Bachlauf gefunden worden war.

Er war nicht hier, weil ein alter Fall in Margrethe Francks Universum herumspukte.

Er saß genau hier, weil diese Welt neu und schön und still war und weil jemand genau diese Stelle an dem umgestürzten Baum für ihn vorgesehen hatte. Er war Ehrengast auf diesem halben Quadratmeter, der in zartes, bleiches Mondlicht getaucht war und auf dem vier Wege zusammentrafen. Schon bald würde ein Wolf vorbeikommen, in leichtem, lockerem Trab. Nein, zwei Wölfe würden kommen.

Das Wolfspaar würde im Mondlicht spazieren gehen. Sie würden ihn, und nur ihn, den abgehalfterten Jägersoldaten, an ihrer Romanze teilhaben lassen, weil sie verwandte Seelen waren und weil …

Halt.

Er hörte das Knirschen, bevor er etwas sehen konnte.

Unwillkürlich duckte er sich, blieb reglos sitzen und starrte auf die Wege hinunter. Das waren Schritte, Menschenschritte, und es waren robuste Stiefel mit festen Sohlen.

Nach links verdeckten Bäume und Büsche die Sicht. Und genau von dort kam das Geräusch. Nur Sekunden später sah er die Gestalt. Es war ein Mann. Sein Gang war federnd, aber er hielt den Oberkörper ein wenig gebückt. Als er kurz darauf die Wegkreuzung erreichte, nahm er ohne das geringste Zögern den Abzweig in Richtung Norden, verschmolz mit den Bäumen und verschwand schließlich hinter einem Dickicht.

Oxen trank einen letzten Schluck Kaffee und schüttete den Rest weg. Dann hastete er lautlos die gerodete Böschung hinunter und schlug denselben Weg ein wie der geheimnisvolle Mann.

Hier draußen, mitten in der Heide, mitten in der Nacht, bei zehn Grad minus, sollte nur einer unterwegs sein und das war er selbst. Es gab keine Wahl: Er musste diesem seltsamen Nachtwesen folgen.

Er stellte seine Armbanduhr auf die Stoppuhrfunktion und startete sie. Minuten waren auch eine Möglichkeit, Entfernungen zu messen.

Nach einem kurzen Moment hatte er wieder Sichtkontakt zu der schwarzen Gestalt, die vor ihm in der Mitte des Feldwegs ging. Er selbst hielt sich ans Gras, wo er lautlos folgen und blitzschnell in Deckung gehen konnte, falls der Mann plötzlich stehen bleiben oder sich umdrehen sollte. Aber er tat weder das eine noch das andere, sondern wanderte zielstrebig weiter.

Aus den einzelnen Bäumen links und rechts des Weges war längst ein Wald geworden, der einen Großteil des Mondlichts schluckte. Das machte es schwieriger, den Mann im Blick zu behalten, aber zum Glück hatte Oxen für alle Fälle sein Nachtsichtgerät dabei.

Nach acht Minuten gabelte sich der Weg. Der Unbekannte hielt sich links, und wieder veränderte sich die Landschaft. Die hohe Mauer aus Fichten löste sich auf, und der Mond leuchtete mit neuer Kraft. Nach zwölf Minuten endete der Weg an einer großen Rodung, auf deren linker Seite Baumstämme zum Lagern aufgeschichtet waren. Der Mann überquerte die offene Fläche und folgte dann einem schmalen Weg durch dichtes Gestrüpp und an einzelnen Nadelbäumen vorbei.

Zwei Minuten später erreichten sie ein weites Gebiet flacher Heidelandschaft, hinter dem sich schwarz der nächste Wald erhob.

Auf halber Strecke durch das offene Terrain musste er sich plötzlich auf den Boden werfen, weil der Mann erst langsamer wurde und schließlich stehen blieb. Ganz still stand er da, drehte und wendete sich, ließ den Blick über die schimmernde Landschaft schweifen und schaute dann hoch zu dem runden Mond. Fast fünf Minuten dauerte es, bis er endlich weiterging.

Die Sichtverhältnisse wurden wieder schwieriger, als sie erneut in den Wald eintauchten und der Mann einen Trampelpfad einschlug, oder vielmehr einen Wildwechsel, der immer tiefer in das Unterholz mit seinen peitschenden Zweigen und dem weichen Moos führte. Hier drang kein Licht mehr herein, und das Gelände wurde immer unwegsamer.

Er drückte auf den Lichtknopf seiner Uhr. Zog man die fünf Minuten Pause in der Heide ab, dann hatten sie ungefähr zwanzig Minuten bis hierher gebraucht. Er musste den Abstand zu dem Mann verkürzen, sonst lief er Gefahr, ihn zu verlieren. Er ging schneller, so schnell er es gerade noch wagte, aber der schwarze Rücken vor ihm war nicht mehr zu erkennen. Er blieb stehen und versuchte sein Glück mit dem Fernglas, doch das war sinnlos zwischen den dichten Stämmen. Nichts und niemand war zu sehen. Die Dunkelheit hatte den geheimnisvollen Mann verschluckt.

Ihm blieb nichts anderes übrig, als weiter dem Wildwechsel zu folgen und das Beste zu hoffen. Von jetzt an musste er seine Schritte noch vorsichtiger setzen, sofern das überhaupt möglich war. Es konnte eine Falle sein. Womöglich hatte der Mann ihn längst bemerkt und lauerte ihm irgendwo auf. Er zog sein Kampfmesser aus der Scheide und schlich weiter.

Der Wildwechsel schlängelte sich zwischen den Nadelbäumen hindurch. Manchmal verschwand er plötzlich, und da er die Taschenlampe nicht benutzen konnte, musste er in die Hocke gehen und sich mit den Händen vorwärtstasten. Doch. Er war immer noch auf der richtigen Spur. Die Stiefel des Mannes hatten markante Abdrücke in dem dicken Teppich aus verrottenden Nadeln hinterlassen.

Als er das nächste Mal stehen blieb, konnte er seiner Rechnung sechs weitere Minuten hinzufügen und hatte immer noch keinen Sichtkontakt. Dann plötzlich hörte er ein dumpfes Geräusch. Es kam von weiter vorn. Wie zwei Holzstücke, die aufeinanderschlugen. Oxen lief weiter, aber jetzt deutlich langsamer.

Erst stieg das Gelände ein wenig an, fast unmerklich. Dann konnte er vor sich zwischen den dichten Stämmen eine helle Lichtung erahnen. Und er konnte etwas riechen. Den unverkennbar scharfen Geruch von Rauch – ein Holzfeuer.

Als der Wald sich öffnete, blieb er stehen, aber was er sah, war keine normale Lichtung. Es war vielmehr ein Krater mit einer scharfen Abbruchkante, in dem sich das Mondlicht sammelte. Er kniete sich hin und kroch dann vorsichtig bis an den Rand.

Die Senke sah aus wie ein alter Erdfall. Etwa drei, vier Meter tief. Poröses Gestein im Untergrund, das irgendwann eingestürzt war und einen Erdrutsch verursacht hatte. Er kannte das Phänomen schon aus dem Rold Skov mit seinen großen Kalkvorkommen. Wenn der Kalk ausgewaschen wurde, öffnete sich der Boden plötzlich wie ein großer Schlund. Manchmal war die Ursache aber auch ein in der Eiszeit eingeschlossener Eisblock, der irgendwann geschmolzen war und eine riesige Höhle hinterlassen hatte, deren Decke früher oder später einbrechen konnte. Vielleicht war das hier der Fall gewesen?

Aber eigentlich war es vollkommen egal. Er konzentrierte sich lieber auf das, was wirklich interessant war. Nämlich was er dort unten in der Senke sah. Er traute seinen Augen kaum.

## 41.

Im Mondlicht konnte er einen länglichen Schuppen auf dem Grund des Kraters erkennen. Er war teilweise zugewuchert, und dahinter ragten ein paar einzelne Fichten auf.

Davor erstreckte sich eine offene Fläche, auf der jede Menge Schrott herumlag. Holzkisten, ein paar Tonnen, ein paar alte Milchkannen, wenn er sich nicht sehr irrte, ein Hackklotz und mehrere Sägeböcke.

Der Schuppen und sein sonderbarer Standort waren an sich schon bemerkenswert. Aber es machte ihn noch viel neugieriger, dass aus ein paar Ritzen Licht nach außen drang. In dem Schuppen war jemand. Und wer sollte es anderes sein als der mysteriöse Mann, dem er seit mehr als anderthalb Stunden gefolgt war?

Offensichtlich gab es in dem Schuppen auch eine Feuerstelle, denn der Rauch, den er schon lange bemerkt hatte, stieg aus einem alten Rohr in den Himmel, das aus dem Dach ragte.

Vorsichtig ließ er sich die Böschung hinunterrutschen und schlich am unteren Rand des Kraters näher. Erst jetzt konnte er die Form des vermeintlichen Schuppens richtig sehen. Tatsächlich stand Oxen an der Rückseite eines alten hölzernen Güterwagens, der auf ein paar Baumstämmen aufgebockt worden war.

Er trat ganz nah heran und spähte durch einen Spalt zwischen den dicken Brettern. Sein Sichtfeld war begrenzt. Er sah ein Stück Tisch und den Rücken eines Wollpullovers sowie lange Haare, die bis auf die Schulter reichten, die er gerade noch im Blick hatte.

Vorsichtig schlich er sich hinter dem Waggon vorbei, umrundete die Schmalseite und stand schließlich vor einer großen Schiebetür mit massivem Metallgriff.

Er verharrte reglos und überlegte, wie weiter vorzugehen war.

Sollte er wegschleichen, nach Hause gehen und bei Tageslicht wieder hierher zurückkehren? Oder sollte er anklopfen, als kollegialer Nachtwanderer, der zufällig auf einen Plausch unter Gleichgesinnten vorbeigekommen war? Er traf seine Entscheidung in dem Bewusstsein, dass sie fast genauso verrückt war wie diese ganze nächtliche Szenerie mitten in einem Krater im Wald. Er musste auf alles vorbereitet sein. Der Poppelgård war ihm eine Lehre gewesen.

Er klopfte mit dem Schaft des Kampfmessers kräftig an die Holzbretter und zog die Schiebetür auf, ohne eine Antwort abzuwarten. Die Tür bewegte sich nur widerwillig, aber immerhin weit genug, dass er sich durch den Spalt quetschen konnte. Er hielt das Messer verkehrt herum in der linken Hand, die Klinge im Ärmel versteckt, damit er es, falls es nötig war, blitzschnell mit der Rechten ziehen konnte.

Aber es war nicht nötig.

Der Mann saß an die Wand gepresst in der hintersten Ecke des Wagens und sah ihn aus großen, angsterfüllten Augen an. In den Händen eine alte Heugabel mit abgebrochenem Stiel, die er sich mit ausgestreckten Armen vor den Körper hielt, als könnte sie ihn vor allem Bösen beschützen.

Oxen schob das Kampfmesser ganz in den Ärmel, sodass es nicht zu sehen war, und zeigte dem verschreckten Mann seine offenen Handflächen.

»Ganz ruhig. Ich tue dir nichts. Du kannst mir vertrauen. Ich will nichts von dir. Ich bin nur draußen vorbeigegangen und habe deine … Hütte gesehen.«

Der Mann in der Ecke rührte sich nicht. Die Heugabel zitterte in seinen Händen. Oxen schätzte, dass sie ungefähr im gleichen Alter waren, Mitte vierzig. Das hohlwangige Gesicht des Mannes wurde von einem struppigen Bart und wirren, langen dunklen Haaren eingerahmt, was ihn älter aussehen ließ. Seine Augen waren immer noch ängstlich. Darüber wucherten buschige Augenbrauen.

In der Luft hing ein scharfer Gestank. Der Mann war völlig abgemagert. Es war etliche Kilo her, dass ihm Pullover und Hose gepasst hatten. Die Finger, die den Stiel der Heugabel fest umklammerten, waren krumm, und unter den langen Nägeln saß schwarzer Dreck.

Es würde einiges an Geduld erfordern, um die Situation zu entspannen. Oxen warf verstohlen einen Blick auf den Tisch des Einsiedlers, auf dem eine Thermoskanne stand.

»Darf ich mich setzen?«

Der Mann antwortete nicht und ließ ihn auch nicht aus den Augen. Verständlicherweise. Hier draußen kam sicher nicht oft unerwarteter Besuch vorbei. Ohne noch einmal um Erlaubnis zu bitten, setzte er sich auf den Rand des Bettes, das aus Latten zusammengezimmert und an der Wand befestigt war. Er tat alles, um harmlos auszusehen, und behielt gleichzeitig die Spitzen der Heugabel im Blick. Sie konnten eine tödliche Waffe sein.

»Du fragst dich sicher, was ich mitten in der Nacht hier zu suchen habe, oder?« Er ließ sich Zeit, bevor er fortfuhr. »Ich erzähl es dir. Ich war unterwegs, um Wölfe zu beobachten. Ich würde so unglaublich gern einen Wolf in freier Wildbahn sehen, verstehst du? Deshalb habe ich mich in einem umgestürzten Baum versteckt, dort, wo die vier Feldwege sich kreuzen. Ja, ich habe jetzt tatsächlich schon mehrere Nächte draußen in der Heide gesessen, um einen Wolf zu Gesicht zu bekommen … Aber dann bist du aufgetaucht, einfach so. Und da dachte ich mir: Wer ist das? Wer treibt sich um diese Zeit hier draußen herum? Und dann bin ich dir gefolgt. Deshalb … Ich war einfach neugierig. Verstehst du?«

Der Mann nickte.

»Bist du … Däne?«

Der Mann nickte wieder.

»Ich heiße Niels. Niels Oxen. Und du?«

Der Mann zögerte. Sein Mund bewegte sich zunächst, ohne dass ein Ton über seine Lippen kam, bis er schließlich mit heiserer Stimme »Tobias« sagte.

Langsam schien der eingeschüchterte Mann etwas ruhiger zu atmen, und er ließ sogar die Heugabel ein klein wenig sinken.

»Könntest du die nicht vielleicht wegstellen? Ich habe Angst, von so einem Monstrum aufgespießt zu werden. Hast du da Kaffee in der Thermoskanne? Kann ich einen Schluck haben?«

Er stand langsam auf, ohne den Mann aus den Augen zu lassen. Aber jetzt senkte sich die Heugabel deutlicher. Der Mann nickte.

Oxen griff über den Tisch nach zwei Plastikbechern, füllte beide und schob einen davon dem Bewohner des Waggons hin. Den Blick immer noch voller Misstrauen, stellte der Mann die Heugabel zwischen seine Knie und nahm den Becher entgegen. Einen Moment saßen sie schweigend da.

»Der Kaffee ist gut«, sagte Oxen und nickte dem Mann zu.

Wieder entstand eine lange Pause, aber das störte ihn nicht. Er konnte gut schweigen. Und es verlangte einen langen, ruhigen Anlauf, wenn er irgendeine Form von Gespräch in Gang bringen wollte.

»Vor einer halben Ewigkeit habe ich mal in einem Keller in Kopenhagen gewohnt«, begann er schließlich und schaute unauffällig zu dem Einsiedler, um sicherzugehen, dass er seine Aufmerksamkeit hatte. Der Mann starrte in seinen Kaffee, hörte aber offenbar zu. Also fuhr Oxen fort.

»Das heißt, so wahnsinnig lang ist es eigentlich noch gar

nicht her. Es kommt mir nur so vor. Ich habe mit meinem Hund in dem Keller gewohnt. Mr White hieß er. Irgendwann habe ich aufgehört, tagsüber vor die Tür zu gehen. Ich habe immer gewartet, bis es dunkel war. Das mochte ich am liebsten. Ich habe alles im Dunkeln gemacht, und wenn es wieder hell wurde, bin ich nach Hause in meinen Keller gegangen. Ich mag die Dunkelheit. Deshalb finde ich es auch einfach schön, nachts draußen zu sitzen und nach Wölfen Ausschau zu halten, verstehst du?«

Der Mann nickte.

»Die Dunkelheit … ist … mein Freund«, sagte er stockend.

»So geht es mir auch. Die Dunkelheit ist wie ein guter Freund. Einer, auf den man sich verlassen kann. Bist du auch oft nachts unterwegs, Tobias? So wie ich früher?«

Der Mann nickte wieder.

»Und tagsüber nicht?«

»Doch, aber nicht so oft.«

Er hielt inne und beobachtete den Mann. Vielleicht würde es doch nicht so schwierig werden. Der Einsiedler hatte bereitwilliger geantwortet, als er zunächst erwartet hatte.

»Als ich in meinem Keller gewohnt habe, habe ich Orte gehasst, wo zu viele Menschen waren. Und ehrlich gesagt geht es mir immer noch so«, sagte er und schaute zu der langhaarigen, langbärtigen verwahrlosten Gestalt.

»Mir auch«, erklang es fast schüchtern.

»Und wenn ich schlafen wollte – wenn ich es nachts versucht habe –, dann hatte ich immer schlimme Träume. Sie kamen auch, wenn ich am Tag geschlafen habe, aber nachts waren sie schlimmer. Richtig böse Träume.«

»Albträume.«

»Genau.«

»Hm …« Der Mann schaute kurz hoch, bevor er seinen Blick wieder in den Kaffee senkte.

»Ich habe nicht nur einen Albtraum. Sondern sieben. Ständig. Immer dieselben. Sie sind nie verschwunden. Manchmal denke ich, dass ich mich an sie gewöhnt habe. Dass sie mich mein ganzes Leben begleiten werden. Aber manchmal machen sie alles kaputt. Füllen meinen Kopf, bis ich das Gefühl habe, dass er platzt. Sie machen mich müde, schrecklich müde, weil ich nie genug Schlaf bekomme. Vielleicht wird das für immer so sein? Aber die Dunkelheit ist trotzdem mein Freund. Wenn es dunkel ist, wird es ruhig im Kopf.«

»Ja, so geht es mir auch!«, platzte der Mann heraus. »Nachts ist es in meinem Kopf viel stiller. Wenn ich herumlaufe. Einfach irgendwohin …«

Er nickte und lächelte dem Einsiedler zu. Er hatte offenbar einen Zugang zu ihm gefunden. Es war einleuchtend, warum. Schmerzhaft einleuchtend.

»Dann hast du auch Albträume, Tobias?«

»Keine bösen Träume.«

»Was dann?«

Der Mann zögerte einen Moment. Dann antwortete er mit Nachdruck: »Eine Stimme …«

»Was für eine Stimme?«

»Eine, die mich herumkommandieren will.«

»Also, eine Stimme – oder mehrere?«

»Eine. Immer nur eine. Meine eigene Stimme und *die Stimme.*«

»Ist die Stimme böse?«

»Ja. Sie quält mich. Sie sagt mir, was ich machen soll. Sagt Sachen, die ich nicht mag. Zwingt mich, Sachen zu machen, die ich nicht machen will. Manchmal kann ich mich dagegen wehren. Manchmal nicht. Manchmal verwirrt mich das. Nachts ist es besser. Wenn ich gehe. Wenn ich mich bewege, geht es mir am besten.«

»Ich war Soldat. Warst du auch bei der Armee?«

»Nein, kein Soldat.«

»Was dann?«

»Ich war eigentlich nie irgendwas. Nicht so richtig.«

Oxen nickte, trank den letzten Schluck und fragte:

»Aber irgendeinen Job hast du doch bestimmt mal gemacht?«

»Na ja, unterschiedliche Sachen, die das Amt für mich gefunden hat. Im Sozialkaufhaus Kleider sortieren und so, aber auch Jobs, wo man draußen in der Natur alles schön macht – in Parks oder wo es sonst noch grün ist.«

»Klingt gut.«

»Manchmal. Vor allem das mit der Natur.«

»Ich bin fünfundvierzig. Und du?«

»Zweiundvierzig.«

»Hast du Familie?«

»Nein!«

Die Antwort klang unerwartet laut und scharf. Er begnügte sich damit, zu nicken. Dieser Weg führte eindeutig nicht weiter. Im Güterwagen wurde es still, und er wartete eine ganze Weile, bevor er die nächste Frage stellte.

»Wohnst du schon lange hier?«

»Ich bin im Sommer eingezogen.«

»Und wie machst du es mit dem Essen und so?«

»Ich geh angeln und fang ab und zu einen Hasen oder einen Vogel, aber manchmal kaufe ich mir auch etwas.«

»Ich gehe auch gern angeln. Das ist so entspannend.«

Der Einsiedler nickte.

»Meinem Kopf geht es gut, wenn ich fischen bin.«

»Wo angelst du?«

»Im Bach. Forellen.«

»Im Kvindebæk?«

»Ja. Und im Holtum Å. Aber im Kvindebæk ist es einfacher, die Haken auszulegen.«

»Wenn man nachts unterwegs ist ... erlebt man die erstaunlichsten Dinge. Hast du auch schon etwas erlebt?«

Für einen winzigen Moment glaubte er, einen dunklen Schatten im Blick des Mannes zu erahnen, aber der Einsiedler schaute schon wieder nach unten.

»Nein, ich habe nichts erlebt. Noch nie!«

»Hast du vielleicht einen Wolf gesehen? Kannst du mir einen Tipp geben?«

»Nein. Aber ich habe sie manchmal heulen hören.«

Er wollte es gerade mit einer neuen Frage versuchen, doch dann entschied er sich dagegen. Es war Zeit, seinen Besuch zu beenden, bevor gar nichts mehr ging. Lieber zu früh aufhören als zu spät. Er stand langsam auf.

»Na dann, Tobias ... Danke für den Kaffee. Und das nette Gespräch. War schön bei dir, aber ich muss jetzt nach Hause.«

Der Einsiedler nickte wortlos.

»Vielleicht können wir ja irgendwann noch mal einen Kaffee zusammen trinken?« Er streckte dem Mann die Hand hin. »Mach's gut.«

Der Einsiedler zögerte, dann drückte er schweigend Oxens Hand.

# 42.

*6. Dezember 1963*

Wenn der LKW-Fahrer Karl Vraa über die lange Schnauze seines neuen Lasters blickte, eines Scania-Vabis L55, fühlte er sich wie der König der Straßen. Sicher, der schwedische Laster war gebraucht. Er war im März 1961 zum ersten Mal zugelassen worden, wurde also bald drei Jahre alt. Aber er fuhr wie ein Traum. Er *war* ein Traum.

Karl Vraa hatte den Laster erst seit einer knappen Woche. Zum Glück hatte er trotz des Winterwetters genug zu tun, schließlich musste die Kasse klingeln. Schwedische Qualität hatte ihren Preis.

Es war Freitagmorgen. Er hatte sich früh auf den Weg gemacht, es fing gerade erst an zu dämmern. Auf der Ladefläche stapelten sich Säcke mit Koks und Briketts, die er an die Kunden der Konsumgenossenschaft in Sønder Omme liefern sollte.

Eine Kälteperiode wie im letzten Winter hatte das Land seit dem Eiswinter 1939/40 nicht mehr erlebt, aber die Leute hatten daraus gelernt, sich rechtzeitig zu melden, bevor ihre Heizvorräte aufgebraucht waren. Übermorgen war der zweite Advent, und wer wollte an so einem Tag frieren, wenn die Familie nach dem Kirchgang gemütlich beisammensaß?

Er hatte die Ladung am Vortag im Hafen von Vejle abgeholt. Die Briketts waren mit dem Schiff aus Stralsund in Deutschland gekommen und sollten nun ihre Wärme in den dänischen Stuben verbreiten, hoffentlich bis weit in den Dezember hinein.

Der Händler, der auch ein paar Säcke für das kleine Lager seines Genossenschaftsladens bestellt hatte, hatte beim Anblick des neuen Lasters zwar verschlafen, aber anerkennend genickt und prüfend gegen das Vorderrad getreten, um ihm dann seine persönliche Sicht auf das Weltgeschehen darzulegen. Seit Jack

Ruby den mutmaßlichen Kennedy-Mörder Lee Harvey Oswald getötet hatte, breiteten sich Verschwörungstheorien aus wie ein Steppenbrand, und auch der Genossenschaftshändler teilte ihm großzügig seine hellseherischen Erkenntnisse mit.

Der amerikanische Präsident war das eine. Vor allem so früh am Morgen. Aber ein Scania-Vabis war etwas ganz anderes, viel konkreter und greifbarer. Ein Scania-Vabis war pure Freude – die Freude aufzustehen, den Motor zu starten, zu fahren und wieder nach Hause zu kommen.

Karl Vraa warf einen Blick auf den Bestellzettel des weltmännischen Genossenschaftshändlers. Er hatte einen Durchschlag bekommen, auf dem die Kunden mit Namen, Adresse und Anzahl der Säcke untereinander aufgelistet waren.

Die erste Kundin kannte er nur allzu gut. Eine ältere Dame, die ein wenig außerhalb wohnte, an einer Nebenstraße östlich des kleinen Dorfs Stakroge. Sie hatte fünf Säcke Briketts bestellt, die er wie immer einzeln zu ihrem Schuppen schleppen würde, erst umständlich durch das Gartentor, dann hinter das Haus und von dort runter zum Schuppen, der so niedrig war, dass man sich bücken musste, um durch die Tür zu kommen. Ein weiter Weg, wenn man einen schweren, unhandlichen Sack auf der Schulter hatte.

Er war gerade von der Landstraße abgebogen, als er plötzlich vom Gaspedal ging und einen Gang herunterschaltete, um den Scania-Vabis abzubremsen.

Auf der linken Seite lag etwas Undefinierbares im Straßengraben. Es war fast weiß. Was zur Hölle …?

Der Laster rollte langsam vorwärts. Erst als er ganz nah war, konnte er erkennen, was es war. Da lag ein Mensch am Straßenrand. Ohne Kleider. Schlaff wie eine Stoffpuppe. Eine junge Frau … vollkommen nackt.

Das Herz des Fahrers schlug schneller. Er zog die Handbremse an, öffnete die Tür und sprang, ohne das Trittbrett zu beachten, aus dem Führerhaus. Mit drei großen Sätzen war er bei dem Mädchen.

Ihre blonden Haare waren völlig verfilzt. Aber war das etwa …? Ja! Das war sie … das Mädchen, das gesucht wurde. Agnethe hieß sie. Das war Agnethe!

Ihre blasse Haut schimmerte bläulich, sie war kalt wie Eis. Über ihren Po und die Schenkel zogen sich blutige Striemen.

Er versuchte ihren Puls zu finden. Erst am Handgelenk, aber das war schwierig mit seinen schwieligen Fingern. Als er sie auf den Rücken drehte, um an ihrem Hals danach zu tasten, hörte er sie leise stöhnen.

Sie lebte.

Sie musste, so schnell es ging, ins Krankenhaus nach Brande. Ein derart unterkühlter Körper war lebensbedrohlich. Das wusste er.

Er hob sie hoch, und ohne recht zu wissen wie, kletterte er mit dem Mädchen unter dem Arm ins Führerhaus. Er zog sie vorsichtig nach oben, legte sie auf den breiten Beifahrersitz und wickelte sie in alles ein, was er zur Hand hatte, eine alte Winterjacke, eine Arbeitsjacke und ein löchriges Handtuch, mit dem er sich normalerweise den Schweiß aus dem Gesicht wischte.

Er beeilte sich, aber trotzdem fielen ihm ihre Füße auf. Saubere, glatte Füße ohne Kratzer. Das Mädchen war nicht gelaufen. Sie war nicht geflohen. Sie war in den Straßengraben geworfen worden. Wie ein Stück Müll.

Hastig rutschte er hinüber auf die Fahrerseite hinter das Steuer. Er legte den Gang ein, trat das Gaspedal durch, und der Scania-Vabis setzte sich polternd in Bewegung. Es kam ihm vor wie eine Ewigkeit, bis er nach einer Serie von Doppelkupplungen endlich im höchsten Gang angekommen war und der Laster ordentlich Fahrt aufnahm.

Und in derselben Geschwindigkeit kreiste der eine Gedanke in seinem Kopf: Dieses arme, kleine Ding … Wie konnte ein Mensch nur so etwas tun?

## 43.

Wie ein Raubtier im Käfig tigerte er durch die nahezu leeren Zimmer des Hofs. Zwei Mal war er die Treppe hochgegangen, über den Dachboden bis zu der Kammer am Giebelende, dann wieder hinunter ins Erdgeschoss und weiter in die gute Stube, wo sich Bücher, private Unterlagen und Ordner unangetastet neben seinem Schlafsack stapelten.

Die Küche – oder das Stabshauptquartier – mit der ausgebreiteten Landkarte und dem Laptop war der Ausgangspunkt, an den er immer wieder zurückkehrte, bevor er zu einer neuen rastlosen Runde aufbrach.

Es fühlte sich an, als hätte er das halbe Zifferblatt einfach übersprungen. Draußen war es schon dunkel. Nachmittagsdunkel, wie es nur im Winter sein konnte.

Er war mehrmals stehen geblieben und hatte durch die vorhanglosen Fenster nach draußen gestarrt. Die Wolken hingen tief und schwer am Himmel, das Wetter war so trüb, dass in dieser Nacht sicher nicht mit Frost zu rechnen war. Aber auch nicht mit Mond und Sternen. Das war für ihn allerdings nur dann von Bedeutung, wenn er seinen Beobachtungsposten an dem umgestürzten Baum wieder einnehmen wollte. Aber wollte er das?

Er war erst am späten Vormittag eingeschlafen, nach seiner nächtlichen Mission im Mondlicht, die ihn zu dem bedauernswerten Kerl in dem ausrangierten Güterwagen geführt hatte.

Der Schlaf war unruhig gewesen. Einige der Sieben hatten sich gezeigt. Nicht zusammen, sondern in einzelnen Bildern, die sich zu einem sinnlosen wirren Film aneinanderreihten.

Er war von seinem eigenen Schreien aufgewacht, ohne zu ahnen, was in seinem Unterbewusstsein gerade passiert war. Nichts Neues also.

Seine innere Unruhe wuchs. Von Tag zu Tag, inzwischen fast stündlich. Die Küche auf Harrildholm war das Epizentrum. Das spürte er in seinem müden Kopf und in jeder Faser seines Körpers.

Er blieb am Küchentisch stehen, nahm sein Handy und rief zum dritten Mal die Nummer seiner Psychologin auf, nur um das Handy dann wieder wegzulegen.

Die Gespräche mit ihr hatten seine Symptome zumindest gelindert, aber mit seinen Exkursionen nach Jütland und dem Versuch, Wolfsschatten zu fangen, hatte er alle Fortschritte eigenhändig zunichtegemacht.

Er konnte sie jetzt nicht anrufen und ihr sein Leid klagen. Jeder Mensch war für sein Handeln selbst verantwortlich. Jeder schlief, wie er sich gebettet hatte.

Er setzte sich auf die Bank und ließ den Blick über die Landkarte schweifen.

Wald, jede Menge Wald. Große braune Flächen, die Heidelandschaft darstellten. Rechtecke mit bewirtschafteten Feldern. Blaue Bänder, die Wasserläufe kennzeichneten, Moore, Teiche und Seen. Kleine Siedlungen, Dörfer, einzelne Häuser und Bauernhöfe.

Landkarten hatten ihn schon immer fasziniert. Hinter jeder Markierung, jedem Symbol und jeder Höhenlinie verbarg sich ein Stück echter Landschaft, komprimiert auf einen topographischen Code. Man musste ihn nur knacken, und schon entfaltete sich das Land vor dem Auge des Betrachters, sei es in der eigenen Fantasie oder draußen im Gelände.

Er hatte gelernt, einer Landkarte ihre Geheimnisse zu entlocken. Hatte gelernt, eins mit seiner Umgebung zu werden, während er sie Koordinate für Koordinate überwand.

Die vier Gebäudeseiten waren in der Karte schwarz eingezeichnet, daneben stand in kleiner Schrift »Harrildholm«.

Was war auf dem Hof passiert? Wo war der Mann, dem der alte Kasten gehörte? Was hatte er übersehen? Was musste er tun, damit aus Mossmans jahrzehntealter Vorstellung von »Lupus« mehr wurde als nur ein Schatten oder das Getuschel über eine höhere Gerechtigkeit?

War es angebracht, den Aussagen eines pflegebedürftigen Ex-Polizeidirektors Glauben zu schenken, der behauptete, dass Lupus nicht nur hinter dem Einbruch bei einem betrügerischen Bankdirektor steckte, sondern auch für den tödlichen Sturz eines wegen Pädophilie verurteilten Touristen auf Rhodos verantwortlich war?

Welches Geheimnis hütete die Heide? Wo genau hatte man dem pensionierten PET-Mitarbeiter den Schädel eingeschlagen? Wer hatte das getan? Und warum?

Wo auf diesen Tausenden von Hektar hatten die Wölfe ihr Zuhause, sofern sie hier überhaupt eines hatten und ihn nicht nur zum Narren hielten?

Heute Nacht … An welcher Stelle würde eine Wolfspfote ihren Abdruck auf der Landkarte hinterlassen?

Und heute Nacht … Wo würde Tobias hingehen? Wer war er? Kannte der Einsiedler die Antworten auf einige seiner vielen Fragen?

Er war schon ein paarmal kurz davor gewesen, das Haus zu verlassen, um zu dem Waggon in der Grube zurückzugehen.

Tobias war selbst ein Geheimnis dieser Landkarte, und es hatte einen Jäger im Mondlicht gebraucht, um es zu lüften. Dass Oxen trotzdem noch nicht unterwegs war, war allein seinem Wissen geschuldet, wie wenig es brauchte, um alles zu zerstören.

Er konnte das Ganze nicht beschleunigen, indem er sofort wieder bei Tobias aufschlug, um ihm seine Geheimnisse zu entlocken. Morgen … morgen konnte er einen neuen Versuch starten. Dann lag ausreichend Pause dazwischen. Aber heute nicht.

Er lehnte sich zurück, mit dem Rücken zur Wand. War es nicht schon seit Jahren so? Immer mit dem Rücken zur Wand. Ganz egal, wo er sich befand.

Wenn er die Hand ausstreckte, konnte er die Ecke berühren, in der Magnus auf der Küchenbank gekauert und mit großen Augen dabei zugesehen hatte, wie sein Vater mühelos einen fremden, wutschnaubenden Gegner zu Boden befördert hatte. Es war noch nicht lange her. Und trotzdem unendlich fern.

Er hatte eine Chance darin gesehen, ein paar Tage in den Winterferien mit Magnus zu nutzen. Das Verhältnis von Vater und Sohn zu stärken, wegzufahren und einfach Zeit miteinander zu verbringen. Eine blauäugige Mission, ausgeführt von einem hartgesottenen Jägersoldaten und Kriegsveteranen. Seitdem hatte ein Wolf den anderen in den Schwanz gebissen. Jetzt war er wieder hier. Und Magnus war weiter weg als je zuvor.

*»Das ist total okay, Niels, gar kein Problem.«*

Er stand energisch auf und ging in das große, leere Wohnzimmer, um einen Blick in den Innenhof zu werfen. Er stand im Dunkeln und starrte ins Dunkle. War dort draußen jemand, der ihm entgegenstarrte? Im Moment war es weg, dieses klebrig zähe Gefühl, beobachtet zu werden. Aber genau wie alle anderen Gedanken, die in seinem Kopf kreisten, würde es wohl irgendwann wieder auftauchen.

Offenbar forderten die vielen Nächte und Vormittage ohne vernünftigen Schlaf ihren Tribut und machten es ihm unmöglich, klar zu denken und Zusammenhänge zu erkennen.

Zum ersten Mal seit einer Ewigkeit wünschte er sich, er hätte ein paar Gramm Pot in der Tasche oder eine Flasche Schnaps auf dem Tisch. Um den Stecker ziehen zu können. Die Turbine im Kopf anzuhalten. Zu spüren, wie sie langsamer wurde und schließlich ganz stehen blieb.

Vor fast zwei Jahren hatte er das letzte Mal Alkohol getrunken, Whisky. Es war eine sternenklare Nacht am Ufer des Skjern Å gewesen, bevor die Hölle losgebrochen war.

Später, auf der Insel im schwedischen Schärengarten, hatte das ruhige Leben inmitten der Natur sein Bedürfnis nach Stille gedeckt, und seit alles überstanden war und er in der Wohnanlage in Vangede wohnte, war auch die innere Ruhe zurückgekehrt. Zwischen den vier Wänden seines Wohnzimmers war sein Dasein so friedlich geworden, dass eine quietschende Fahrradbremse unten auf dem Bürgersteig sich anhörte wie das Pfeifen einer Granate.

Er kehrte um und tigerte zurück in die Küche. Die rote Mappe lag immer noch an derselben Stelle auf dem Küchentisch, weitgehend unberührt. Er war zu müde. Viel, viel zu müde, um sich mit Wörtern und langen Sätzen zu befassen.

Er sah vor sich, wie Margrethe Franck ihm in Vangede gegenübersaß und einen Backstein auf den Couchtisch legte. Wo zur Hölle war dieser Backstein hergekommen? Nur weil er in diesem Müllberg auf dem zerschlissenen Teppichboden im Zimmer nebenan über einen alten Zeitungsartikel gestolpert war?

Er ließ sich wieder auf die Bank sinken und starrte die Küchenschränke an. Warum fiel ihm das erst jetzt wieder ein?

Hatte er vorher einfach nicht darüber nachgedacht? Oder hatte er es verdrängt?

Er stand auf, kniete sich auf den Boden und öffnete einen der Unterschränke. Hinter der Tür standen reihenweise Flaschen. Er konnte sich gut daran erinnern.

Bei seinem ersten Besuch auf dem Hof hatte er alles inspiziert, während Magnus am Tisch saß und spielte. Volle Flaschen, halb leere Flaschen und leere Flaschen, aber kein Anblick, der die Vermutung nahelegte, dass der alte Hofbesitzer womöglich ein Problem haben könnte.

In dem Schrank standen eine Flasche Essig, zwei Flaschen Öl – Sonnenblumen und Traubenkern – sowie mehrere leere Flaschen mit vergilbten, handgeschriebenen Etiketten, die kaum zu entziffern waren: »Johannisbeersaft« und »Kirschsaft« und noch irgendein dritter Saft. Daneben stand Limonade, ebenfalls in Glasflaschen, und an die Flasche mit *Kijafa*, dem in seiner Kindheit so beliebten Kirschlikör, konnte er sich auch noch erinnern. Und weiter hinten fand er sie schließlich …

Die große, durchsichtige Flasche mit dem unversehrten Siegelband über dem Verschluss. Er griff tief in den Schrank und holte sie hervor. Der Inhalt war goldbraun, whiskyfarben, den Namen auf dem Etikett hatte er noch nie gehört. Er stellte die Flasche wie einen Leuchtturm in die Mitte der Landkarte und brach fluchtartig zu einer weiteren Runde durch das Haus auf, bis unters Dach.

Der erste Schluck schmeckte wie die Pisse eines magenkranken Dachses. Schluck Nummer zwei war schon weniger schlimm. Aber in Wahrheit war der Geschmack auch egal. Ihn interessierte nur die Wirkung.

Die erste Stunde hatte er widerstanden, weil er haargenau

wusste, dass Whisky bestenfalls eine kurzfristige Lösung war. Inzwischen hatte er ein Viertel der Flasche getrunken. Sein Kopf brauchte eine Pause. Sein ganzer Organismus sehnte sich nach einem hundertjährigen Schlaf.

Es war so lange her, dass vierzig Prozent Alkohol Gas gegeben hatten und wie ein außer Kontrolle geratener Hochgeschwindigkeitszug durch seine Blutbahn geschossen waren.

Die Gedanken waren immer noch da, aber jetzt konnte er sie mit einer gewissen Gelassenheit kreisen lassen, während er einfach auf der Bank saß, die Beine hochgezogen und angewinkelt, das Kinn auf die Knie gelegt.

Er griff nach der Flasche und trank noch einen Schluck. Nein, er trank gleich zwei, bevor er sie griffbereit auf den Küchentisch zurückstellte.

Sein ganzer Körper kribbelte wohlig, von den Unterarmen bis in die Fingerspitzen, sogar in den Zehen. In seinem Kopf kreisten immer noch sämtliche Gedankenfetzen, aber langsamer, und es fühlte sich an, als hätte jemand einen Arm voller Watte dazwischengepackt. Die scharfen Kanten waren nicht mehr zu spüren.

Er schloss die Augen und genoss, dass alles weich war. Vielleicht lag ein höherer Sinn darin, dass es ihn von Vangede hierher verschlagen hatte.

Tatsächlich fühlte er sich auf diesem baufälligen Hof sowieso viel wohler. Er schlief lieber in spartanischen Verhältnissen auf ein paar Sitzpolstern in seinem Schlafsack, eine Armlänge von der Natur entfernt, als in Vangedes Wohlstand gepfercht zu sein, wo die Leute übereinandergestapelt wohnten und froh waren, dass sie die S-Bahn in Reichweite hatten und dass man auf dem Heimweg noch schnell in den Supermarkt gehen konnte und vielleicht jemanden traf, den man kannte, weil man ja irgendwie alle kannte.

Dabei kannte keiner den anderen. Die Einzige, die er gekannt hatte, war die Frau im lila Morgenmantel aus der Wohnung gegenüber gewesen. Er hatte nie ein Wort mit ihr gewechselt. War ihr nie draußen vor der Tür begegnet. Und jetzt war sie tot und aus den Kulissen getragen worden.

Vangede war von vorn bis hinten nichts anderes als sein glühender Wunsch nach Durchschnittsnormalität, um Magnus näherzukommen. »*Das ist total okay, Niels, gar kein Problem.*«

Aber Vangede funktionierte nicht.

Und nun saß er hier auf der Küchenbank auf Harrildholm. War er durch Zufall ausgebrochen oder hatte der Kokon schon Risse gehabt? Würde er sich in ein neues Versteck aus Selbstbetrug einspinnen können, wenn er bald wieder im zweiten Stock in der Dalstrøget saß?

Er machte die Augen wieder auf, nahm die Flasche und ließ einen weiteren Schluck durch seinen Rachen fließen. Er hatte keine Ahnung von gar nichts. Aber vielleicht würde er eines Tages seine Antworten bekommen. Oder vielleicht auch nicht.

Oxen stellte die Flasche wieder ab. Der Leuchtturm aus Schottland war noch knapp halb voll. Er blinkte, um ihn vor den Felsen zu warnen, aber es gab keinen Kurs, an den er sich halten konnte. Und hier und jetzt war ihm alles so gleichgültig wie lange nicht mehr.

Er schaute nach oben zur vergilbten Decke. Er saß nicht nur in der Küche eines fremden Mannes, er trank auch noch seinen Whisky. Falls der alte Hofbesitzer etwas davon abhaben wollte, sollte er sich besser beeilen.

Oxen ließ seinen Blick schweifen und spürte ein Gefühl von Wärme hinter seinen Augen, die sicher schon ziemlich glasig waren.

Die Wölfe jagten über die Landkarte. Die rote Mappe mit

Margrethe Francks dunkler Stunde lag nach der wilden Fahrt in der Zentrifuge ganz still da.

Backsteine regneten durch die Windschutzscheibe eines nagelneuen Mini Coopers, der in der Ecke der Küche parkte, aber *what the fuck*? Sie regneten lautlos und in Zeitlupe.

In der anderen Ecke konnte er Møller, den König des Poppelgårds, sehen, der mit verschränkten Armen dort thronte, und die verstohlenen, misstrauischen Blicke seines Hofstaats erahnen. Wo zum Teufel kamen diese schweigenden Menschen in Arbeitskleidung plötzlich her? Hatte jemand die Tür offen gelassen?

Er kniff die Augen zu. Und machte sie wieder auf. Der Mini, die Backsteine und die stummen Männer waren weg. Jeder Muskel, jede Faser seines Körpers fühlte sich so entspannt an wie nie zuvor. Und sein Kopf spielte lustige Spielchen mit ihm.

Mühsam kam er auf die Beine und drehte eine neue Runde durchs Haus. Er rempelte mit der Schulter gegen den Türrahmen, musste sich kurz sammeln, torkelte dann durch die Tür und kämpfte sich schwankend zu den Fenstern vor, die zum Hof hinausgingen. Jeder Idiot wusste, dass man im Dunklen niemals an einer beleuchteten Stelle stehen bleiben durfte, sonst war man leichte Beute. Es kam vor allem aus der Küche Licht, und natürlich konnte da draußen ein unbekannter Feind lauern. Doch das war ihm völlig egal, oder besser gesagt, er war trotzig wie ein Kleinkind. Wenn dort in der Dunkelheit jemand stand, dann sollte er doch schießen. Dann würde sich schnell zeigen, ob dieser Jemand seinen Job beherrschte.

Er blieb einen Moment stehen und starrte in das schwarze Nichts, während sich alles in ihm drehte – aber es fiel kein Schuss.

Zurück in der Küche blickte er auf den PVC-Boden. Da waren keine Glassplitter von der Windschutzscheibe des Minis und auch keine Abdrücke von schmutzigen Holzclogs ... nur die Spinnereien und Späße eines müden, ach so müden Kopfes. Er gähnte herzhaft, ließ sich auf die Bank sinken und rieb sich das Gesicht.

War er bereit für den hundertjährigen Schlaf oder sollte er lieber ...? Nur zur Sicherheit ...? Der Leuchtturm blinkte. Das musste die Warnung vor dem baldigen Schiffbruch sein. Er griff nach der Flasche und trank voller Verachtung noch einen Schluck. Und noch einen. Er lehnte sich an die Wand und schloss die Augen.

Kurz darauf hörte er ihn. Den Laut, den jeder auf der Welt nickend erkennen würde. Das lang gezogene, kehlige Heulen, das seine Tonlage hielt, als hätte es noch Luft für Stunden. Den Laut, der sich für immer in das Bewusstsein der Menschen eingebrannt hatte und schon seit Anbeginn der Zeit dort verankert war. Den Laut, dessen Echo als Inbegriff der Urangst galt.

Wolfsgeheul.

Mit einem Ruck setzte er sich auf und schaute sich um, ob ein Wolf in der Spüle saß oder auf dem Dach des Mini Coopers. Aber die Küche war leer.

Er lauschte so aufmerksam, wie er nur konnte. Immer noch drehte sich alles. Er schnippte mit den Fingern, um herauszufinden, ob sein Organismus überhaupt noch in der Lage war, ein Geräusch wahrzunehmen und zu verarbeiten. Das war er. Hatte er geschlafen?

Mühsam kam er auf die Beine, stolperte durch den Flur, riss die Hintertür sperrangelweit auf und trat hinaus in die Dunkelheit. Eisige Kälte schlug ihm entgegen, aber das Gefühl zu frieren fühlte sich seltsam unwirklich an und irgendwie angenehm.

Er blieb stehen und lauschte. Kein Heulen. Leider. Kein Rascheln, nicht mal das Rülpsen einer Eule. Die Nacht war leise und … Er legte den Kopf in den Nacken und sah, dass die schwere Wolkendecke abgezogen war. Am Himmel leuchteten Mond und Sterne. Deshalb war es also wieder kalt geworden.

Er betrachtete das Funkeln, das ihn nach oben zog, hinein in das schwarze Himmelsgewölbe. Welch Ironie das wäre, auf der Milchstraße zu sitzen und eine Flasche Whisky zu leeren. Ihm wurde schwindelig.

Als er wieder geradeaus schaute, waren die Sterne plötzlich genau vor seinen Augen. Oder leuchteten da zwei gelbe Augen im Gebüsch? War er gekommen? Sein Seelenverwandter und Waffenbruder, Lupus?

»Hi! Hallo! *Little wolfie come to papa …*«

Er kicherte dümmlich über sich selbst. Seine Stimme klang belegt, und seine Zunge war irgendwie schwer. Er machte einen Schritt nach vorn, ohne die vereiste Stelle zu sehen. Verblüfft spürte er, wie seine Beine seltsam verdreht und wie in Zeitlupe unter ihm wegglitten, bevor sein Körper unsanft auf den Boden schlug.

Er tat sich nicht weh. Und das, obwohl sein Hinterkopf mit Wucht auf die Steinfliesen knallte. Vielleicht lag es daran, dass jemand eine weiche Decke für ihn ausgebreitet hatte, um seinen Sturz abzufangen. Entfernt registrierte er, wie die Whiskyflasche in einem Regen aus Glassplittern zersprang.

Die Sterne funkelten immer noch. Alles funkelte.

Auch der Mond, wie ein großer Smiley. Und jetzt heulte der Wolf wieder. Ein Wolf, zwei Wölfe, nein, drei, vier, fünf Wölfe sprangen über Oxen hinweg, drehten sich auf der Jagd nach ihrem eigenen Schwanz im Kreis, stürmten durch die offene Hintertür in die Küche und von dort durch alle Zimmer, um kurz darauf schnell wie der Wind wieder hinauszuhuschen, über ihn hinwegzufegen und in der Dunkelheit zu verschwinden.

Irgendetwas tief in seinem Unterbewusstsein machte ihn darauf aufmerksam, dass er sich in einer ungünstigen Situation befand: nur im Hemd, rücklings auf Steinfliesen liegend, in Eiseskälte.

Er rollte sich auf den Bauch, kam auf alle viere und richtete sich schließlich auf. Nach zwei wackeligen Schritten stürzte er zum zweiten Mal und fing verwundert wieder von vorn an, wie eine Schildkröte, die auf ihrem Panzer gelandet war. Aber das Aufstehen erschien ihm ziemlich kompliziert, also kroch er stattdessen auf den Knien zum Haus zurück.

Nachdem er es endlich über die Schwelle in den Flur geschafft hatte, trat er nach hinten gegen die Tür und knallte sie zu. Da es ihm immer noch unmöglich erschien, auf die Beine zu kommen, krabbelte er einfach zwischen den alten Schuhen weiter.

Er bemerkte, dass es ihm auf einmal angenehm warm wurde. Er hatte den Ölofen erreicht. Dieser Versuchung konnte er nicht widerstehen. Er kroch ganz dicht an den Ofen heran und rollte sich wie ein frierender Hund auf dem schmutzigen Dielenläufer zusammen.

Und so schlief er ein.

Magnus tauchte auf. Sein wunderbarer Sohn schlängelte sich verblüffend geschickt durch das dichte Unterholz. Alles war still. Ein dicker Teppich aus Fichtennadeln verschluckte jeden Laut. Plötzlich hielt Magnus inne. Er stand vor einer massiven Tür in einem hölzernen Gebäude. Nein, es war kein Gebäude. Es war ein alter Güterwaggon.

Magnus klopfte mit der Faust gegen die Tür. Es dauerte lange, bis sie aufgeschoben wurde. Man konnte schlecht sehen, wer sie geöffnet hatte, denn ein schwarzer Schatten lag auf dem Gesicht der Gestalt.

Doch. Jetzt konnte er etwas erkennen. Es war ein Mann. Er streckte den Kopf aus dem Waggon.

Der Mann war … er selbst.

## 44.

Sie zog das Handy aus der Lederjacke und rief an, während sie über den geschlossenen Parkplatz des PET-Hauptquartiers in Søborg hetzte. Wäre dieses verfluchte Bein nicht gewesen, das sie nicht mehr hatte, dann wäre sie jetzt gerannt, so sehr war sie in Eile.

Es war mal wieder typisch, dass zum ungünstigsten Zeitpunkt alles auf einmal über sie hereinbrach. Und genauso typisch, dass sie versuchte, alles zu bewältigen, statt einfach die Bremse zu ziehen.

Inzwischen war es schon früher Nachmittag. Sie war extra früh aufgestanden und schon seit sechs Uhr im Büro. Ihr Team arbeitete fieberhaft an der Fertigstellung der Präsentation über das Vorgehen der operativen Abteilung im Falle einer akuten Terrorsituation und hatte sich eben zu einer Besprechung getroffen. Noch eine Besprechung. Und gerade als sie dachte, sie hätten sich auf ein Ergebnis geeinigt, hatte es doch wieder Gegenstimmen gegeben.

Freizeichen um Freizeichen ertönte, aber niemand meldete sich. Mist! Wieso ging Niels Oxen nicht ran? Und was trieb der Mann eigentlich da drüben in Jütland – so plötzlich? Als die Mailbox ansprang, beendete sie den Anruf.

Sie drückte auf den Knopf des Autoschlüssels, und der silberne Corsa blinkte. Es war ein Leihwagen aus L. T. Fritsens Werkstatt.

Die Reparatur der Windschutzscheibe dauerte ein paar Tage. Bis übermorgen musste sie sich noch gedulden, dann würde sie ihren geliebten Mini endlich zurückbekommen.

Sie setzte sich hinters Steuer und warf ihr Handy auf den Beifahrersitz.

Oxen?

Alles hing miteinander zusammen, bis hin zu dem silbernen Corsa, in dem sie jetzt tatsächlich nur saß, weil Oxen auf einem Bauernhof in Jütland einen vergilbten Zeitungsartikel gefunden hatte. Wäre das nicht gewesen, hätte sie ihren Mini niemals ins Werkstatt-Exil schicken müssen.

Mit dem Autoschlüssel in der Hand blieb sie einen Moment bewegungslos sitzen. Es leuchtete jedem ein, dass Dänemark Opfer einer *big scale*-Terroraktion werden könnte. Einige meinten, dass es nur eine Frage der Zeit sei, weil Dänemark sich vor ein paar Jahren mit einer Satirezeichnung über den Propheten lustig gemacht hatte. Und wem das als Grund nicht genügte, dem blieben noch die vielen militärischen Auslandseinsätze mit dänischer Beteiligung. Dänemark hatte sich zur Zielscheibe gemacht. Auch sie selbst ging davon aus, dass sie eines Tages eine große Rechnung zu bezahlen hätten. Aber wie die operative Abteilung auf einen Angriff reagieren sollte und in welchem Umfang, darauf hatte die Gruppe sich immer noch nicht einigen können. Dabei blieben nur noch wenige Tage bis zur Deadline.

Trotzdem genehmigte sie sich jetzt eine gute Stunde, um sich um ihre privaten Angelegenheiten zu kümmern. Die Vergangenheit, die plötzlich aus der Versenkung an die Oberfläche gezerrt worden war. Die Vergangenheit, die dafür verantwortlich war, dass sie nicht über den Parkplatz sprinten konnte, obwohl sie es gern gewollt hätte.

Sie hatte einen Menschen getötet und mit ihrem Bein dafür bezahlt. Eigentlich eine einfache Rechnung.

*Bullshit!*

Sie schlug mit der Hand aufs Lenkrad. *Nein*, so war es nicht. Gott hatte keine schlaue Tabelle, aus der hervorging, mit welchem Körperteil man welche Sünden zu begleichen hatte. Sie war stolz darauf, dass sie den Dreckskerl mitten in die Stirn getroffen und ihr eigenes Leben gerettet hatte. Es war nur dieser lächerliche Margrethe-Franck-Schatten, der ihr manchmal von hinten auf die Schulter tippte und ihr etwas anderes einflüstern wollte.

Jetzt würde sie ins Vestre-Gefängnis fahren und einem weiteren, noch lebenden Dreckskerl ein paar Fragen zur Vergangenheit stellen.

Sie warf einen Seitenblick auf ihr Handy. Vielleicht sollte sie vorher doch noch ein allerletztes Mal versuchen, Niels Oxen zu erreichen.

Weit, weit entfernt hatte er das nervige Geräusch wahrgenommen. Erst wenige Sekunden bevor es endlich aufhörte, hatte er kapiert, was es gewesen war – sein Handy, das seit einer Ewigkeit klingelte.

Es hatte trotzdem noch eine ganze Weile gedauert, bis er wieder einigermaßen bei sich war. Er lag im Flur zwischen Küche und Hintertür, direkt neben dem Ölofen. Wieso er hier lag, blieb ihm ein Rätsel.

Irgendwann hatte er es schließlich geschafft, aufzustehen, und nun saß er am Küchentisch und trank sein drittes Glas Wasser mit Salz. Er hatte einen schrecklichen Kater. Sobald er den Kopf bewegte, bohrte sich ein stechender Schmerz gnadenlos mitten in sein Hirn – falls er überhaupt noch eines hatte. Zum ersten Mal seit fast zwei Jahren hatte er Alkohol getrunken.

Und hatte es etwas gebracht? Sein Körper fühlte sich jedenfalls ungewohnt schwer an, und er konnte sich nicht daran erinnern, wann er das letzte Mal so lange geschlafen hatte. Vielleicht hatte der Whisky auch seine wirren Gedanken weggespült? Ihm Ruhe verschafft? Im Augenblick waren die Kopfschmerzen allerdings viel zu heftig, um das zu beurteilen.

Was war das Letzte, woran er sich erinnerte? Er hatte ein verschwommenes Bild von Wölfen im Kopf und von Wolfsaugen in der Nacht. Und Sternen. Und ganz zum Schluss Magnus …

Er strich sich mit der Hand über seinen mitgenommenen Schädel. Seine Finger stoppten an einer Beule am Hinterkopf. Wo kam die denn her? War er hingefallen? Oder hatte ihm jemand eins übergebraten?

Das Telefon klingelte wieder. Es war wieder Margrethe Franck. Er fühlte sich nicht in der Lage, ein Gespräch zu führen. Andererseits – wieso rief sie zwei Mal kurz nacheinander an?

Er drückte auf den Knopf und stöhnte »Hallo«.

Sie war schon im Begriff, wieder aufzulegen und den Zündschlüssel zu drehen, als er sich meldete.

»Hallo.«

»Niels?«

»Ja …«

»Ich bin's. Margrethe.«

»Ja.«

»Ist alles in Ordnung?«

»Ja.«

»Du klingst … irgendwie seltsam. Als ob …«

»Kater«, ächzte er.

»Kater? Ich dachte, du würdest dich von solchen Sachen mittlerweile fernhalten?«

»Das tue ich ja auch. Aber ich bin über eine Flasche Whisky gestolpert … und ich musste einfach dringend aufräumen. Im Kopf … Und schlafen … Seit ich meinen Fuß zum ersten Mal in dieses Haus gesetzt habe, schlafe ich so beschissen wie lange nicht mehr.«

»Die Sieben?«

»Wie üblich.«

»Und ich habe dich geweckt, oder?«

»Das kann man so sagen.«

»Sorry, wir können uns später unterhalten. Wenn du wieder fit bist.«

»Worum geht's denn?«

»Nichts, was nicht warten könnte.«

Im Moment klang Oxen wirklich nicht, als ob man ein vernünftiges Gespräch mit ihm führen könnte, geschweige denn ihm eine Information weiterleiten.

»Komm schon, warum hast du angerufen?«

Klang er gereizt?

»Ich hatte wahnsinnigen Stress, deshalb habe ich noch nichts von dem erledigt, was wir besprochen hatten – mit einer Ausnahme. Du erinnerst dich doch an diesen Bekannten von mir, diesen Typen, der sich in jeden Computer reinhackt. Der Termin für die Untersuchung im Krankenhaus … Poul Hansen, der Hofbesitzer … kannst du mir folgen?«

Oxen brummte.

»Mein Bekannter hat was herausgefunden. Poul Hansen ist krank. Todkrank. Das geht aus seiner Akte im Herninger Krankenhaus hervor.«

»Todkrank?«, echote es dumpf vom anderen Ende.

»Poul Hansen hat Krebs. Prostata. Es ist nur eine Frage der Zeit.«

Oxen hustete und keuchte, bis er endlich eine Antwort herausbrachte.

»Aber … der Mann ist verschwunden. Heißt das, er liegt vielleicht irgendwo da draußen schon tot in der Gegend herum?«

»Unwahrscheinlich. An Krebs stirbt man nicht so plötzlich. Aber sterben wird er, und zwar bald. Wir haben es also mit einem verschwundenen Mann zu tun, der weiß, dass seine Tage gezählt sind. Ich dachte, das solltest du wissen, Niels.«

»Hmmm …«

»Sag mal, hörst du mir überhaupt zu?«

»Ja. Ja!«

»Hast du die Unterlagen zu meinem Fall durchgelesen, die ich dir ausgedruckt habe?«

»Ja …«

»Und was sagst du?«

Es wurde still. Ein bisschen zu still.

»Weißt du, was ich glaube, Niels?«, sagte sie schonungslos. »Ich glaube, du hast keinen einzigen Buchstaben gelesen.«

Oxen hustete am anderen Ende des Landes.

»Doch, doch«, versicherte er. »Es ist nur …«

»Nur was? Du hast die Akten nicht gelesen. Ich weiß es, Niels. Und das ist auch in Ordnung. Es war nicht meine Idee. Aber erklär mir bitte, wieso ich mir unbedingt die Zeit nehmen musste, alles auszudrucken und spätabends noch bei dir in den Briefkasten zu werfen? Was machst du eigentlich da drüben auf diesem vergammelten Bauernhof? Du bist doch nicht den ganzen Weg bis nach Jütland gefahren, um dir den Dreck von den Fingernägeln zu kratzen?«

»Ich … lese … und arbeite an dem Fall … auf meine Weise.«

»Okay, okay. Aber vielleicht ist das jetzt der richtige Zeitpunkt, uns an Axel Mossman zu wenden.«

»Warum?«

»Ich habe hier mehr als genug um die Ohren. Er könnte ein paar Dinge in die Wege leiten. Wir müssen mehr über diesen alten PET-Mann im Bach erfahren, mehr über Poul Hansens Lebensgeschichte und so weiter. Ich habe keine Zeit. Absolut keine.«

»Lass mich über das mit Mossman erst nachdenken, ja?«

»Dann denk nach. Ich habe mir gerade eine Stunde freigenommen und fahre jetzt ins Vestre, um mich mit Struve zu unterhalten.«

»Ins Vestre? Welcher Struve?«

»Ins Gefängnis, Niels, wohin denn sonst? Zu Struve, Sean Struve, dem Mann hinter dem Banküberfall. Sag mal, war das eine *ganze* Flasche?«

»Keine ganze, aber fast. Okay, also *der* Struve. An den erinnere ich mich natürlich.«

»Ich muss los. Wir sprechen uns später wieder.«

Sie warf das Handy neben sich und ließ den Motor an. »… *auf meine Weise.«* Hatte er das gerade wirklich gesagt? Dass Niels Oxen so dringend eine Auszeit brauchte, dass er eine ganze Flasche Whisky gekippt hatte, war kein gutes Zeichen. Irgendetwas war mit diesem Harrildholm, woraus sie immer noch nicht schlau wurde. Aber es war bestimmt nichts Gutes.

## 45.

Sie fühlte sich wie in einer Festung, als die erste Tür des Gefängnisses hinter ihr ins Schloss fiel und der Vollzugsbeamte sie immer tiefer in den wuchtigen Gebäudekomplex hineinführte.

Dänemarks größte Strafvollzugsanstalt beherbergte über vierhundert Insassen und verfügte über einen separaten Frauentrakt, ein eigenes Krankenhaus und eine Spezialabteilung für die besonders harten Jungs, in der Regel Rocker. Viele hier saßen in Untersuchungshaft, aber es gab auch etliche Häftlinge, die ihre Strafe verbüßten. Einem von ihnen würde sie gleich gegenübertreten.

Sean Struve saß bereits am Tisch, als sie den kleinen Befragungsraum betrat. Sie kannte sein Foto aus den Ermittlungsunterlagen, ein Bild, das unmittelbar nach der Festnahme gemacht worden war. Das war zwölf, fast dreizehn Jahre her. Mittlerweile war der Mann sechsundfünfzig.

Struve war fünf Tage nach der Amputation ihres Beins verhaftet worden. Aber von ihm war inzwischen auch nicht mehr viel übrig. Er war damals ein großer muskulöser Mann gewesen, leicht übergewichtig mit einem fleischigen Gesicht, das von einer dichten roten Mähne eingerahmt wurde. Jetzt erinnerte er eher an eine Rosine, die viel zu lange auf einem andalusischen Fensterbrett gelegen hatte.

Das war der erste Gedanke, der ihr durch den Kopf schoss: wie wenig nach einem guten Jahrzehnt hinter Gittern von Sean Struve übrig geblieben war.

Sie nickten sich zu, und Margrethe gab ihm die Hand und stellte sich vor. Dann setzte sie sich.

»Danke, dass Sie sich bereit erklärt haben, mit mir zu reden«, begann sie.

»Warum auch nicht? Viel Besuch hat man hier schließlich nicht und schon gar nicht von einer … Frau …«

»Sie haben Familie, oder?«

»Ich hatte.«

»Okay, das wusste ich nicht.«

Sie hatte sich ausführlich über Struve informiert. Unter anderem war er dumm genug gewesen, sich an einem letztlich gescheiterten Überfall auf einen Geldtransporter zu beteiligen, als er vorübergehend auf freiem Fuß war, aber sie wollte bewusst nicht zu vorbereitet klingen.

»Meine Ex hat mich vor zwei Jahren sitzen lassen.«

»Sie hatten eine Tochter, als Sie ins Gefängnis kamen.«

»Sie lebt in einer Pflegefamilie. Hab sie seit sechs Jahren nicht mehr gesehen.«

Margrethe Franck zog einen Notizblock und einen Kugelschreiber aus der Innentasche ihrer Jacke. Von Nahem betrachtet, sah Struve aus wie ein Mann Ende sechzig. Der lange rotgraue Ziegenbart machte ihn auch nicht jünger, im Gegenteil. Nicht einmal die roten Haare wirkten noch rot. Er hatte sie nach hinten gekämmt, aber sie waren so dünn, dass die Kopfhaut durchschimmerte. Sie sah keinen Grund, ihn mit Samthandschuhen anzufassen.

»Ich habe ein Bild von Ihnen im Polizeiarchiv gesehen. Sind Sie krank, Struve?«

Er zuckte mit den Schultern und schnaufte müde.

»Was heißt schon krank … Diabetes … beschissener Alterszucker. Das Wort allein macht einen ja schon krank. Aber das Leben geht weiter. Jeden Tag. Man rückt immer ein Stück weiter, und irgendwann ist man am Ende der Bank angekommen. Verstehen Sie?«

Sie nickte. Sie hatte keine Lust, ihm zu antworten, und sie hatte auch kein Mitleid mit Sean Struve. Davon hatte er selbst schon mehr als genug.

»Sie haben zehn Jahre bekommen. Das ist jetzt zwölf Jahre her. Aber Sie sind immer noch hier«, sagte sie. Einerseits, um auf das Thema zu kommen, und andererseits, um seiner Selbstmitleidsnummer zu entgehen.

»Ja, mir ist was dazwischengekommen. Eine dumme Geschichte, als ich auf Bewährung draußen war. *Schnelles Geld.* Ich hätte es echt besser wissen müssen. Es klang von Anfang an zu schön, um wahr zu sein. Ja, und dann haben noch ein paar Idioten über ein, zwei Sachen ausgepackt, in die ich früher mal verwickelt war, aber in eineinhalb Monaten werde ich entlassen.«

»Raus – und dann?«

»Keinen Schimmer. Haben Sie was für mich?« Struve lächelte schmierig.

»Sie wurden über mein Anliegen informiert, richtig?«

Sean Struve nickte.

»Die Danske Bank am Gammel Kongevej mal wieder. Stimmt's?«

Sie nickte.

»Ja, aber vielleicht nicht so wie die anderen Male. Das verschwundene Geld interessiert mich nämlich nicht. Ich war damals eine junge Beamtin. Ich bin die Polizistin, die Joakim ›Jocke‹ Jönsson erschossen hat.«

Sean Struve verzog den Mund zu einem schiefen Grinsen.

»Ach … Sie waren das also. Ich erinnere mich noch gut, dass es ein Tittensheriff war. Und jetzt sind Sie an einem Punkt in Ihrem Leben angekommen, wo das schlechte Gewissen Sie quält?«

»Überhaupt nicht. Ich ärgere mich nur immer noch, dass ich ihm den Kopf nicht ein paar Sekunden früher weggepustet habe.«

Struve starrte sie überrascht an.

»Aber hören Sie zu, ich will, dass Sie die Zeit zurückdrehen. Sie hatten gerade angefangen, den Gammel-Kongevej-Coup zu planen. Sie waren zu viert. Sie, Iversen, Trolle und Jönsson. Sie waren der Boss. Warum haben Sie Jönsson ausgesucht?«

Struve zuckte mit den Schultern und machte ein fragendes Gesicht.

»Puh, das ist so lange her … Warum Jocke? Tja, er war erfahren. Hatte gute Empfehlungen. Kaltblütig, konnte gut mit Druck umgehen, hat man mir über ihn erzählt. Aber er war halber Schwede, das hätte mich stutzig machen müssen. Dann wäre das nicht passiert.«

»Richtig. Hätte er den Bankangestellten nicht getötet, sähe die Welt jetzt anders aus.«

»Dann wäre ich längst wieder draußen. Was für ein Idiot.«

»Sie hatten also vorher noch nie mit Joakim Jönsson zu tun? Das haben Sie zumindest bei der Vernehmung ausgesagt. Ich frage mich nur, wieso nimmt man jemanden mit, den man überhaupt nicht kennt?«

»Na ja, kennen und kennen … Ein bisschen kannte ich ihn schon. So wie das eben ist im Milieu. Man kennt jemanden, der jemanden kennt. Und dem, der ihn empfohlen hat, dem habe ich eben vertraut.«

Sie machte sich ein paar Notizen, während Sean Struve redete. Seine Erklärung wirkte ziemlich schwammig. Wahrscheinlich war das den vielen Jahren geschuldet, die inzwischen vergangen waren.

»Kannte er sich mit Waffen aus, dieser Joakim Jönsson?«

Sean Struve strich sich über seinen langen Bart.

»Ja, das kann man wohl so sagen.«

»Wohl? Kann man – oder kann man nicht?«

»Es hieß, er hätte es drauf.«

»War er deshalb dabei?«

»Klar. Bei einem Bankraub braucht man jemanden, der weiß, wie man mit einer Waffe umgeht. Nur im äußersten Notfall natürlich.«

Sie nickte und schrieb etwas auf. Struve antwortete ungefähr das, was sie ihm in den Mund legte. Sie fuhr fort.

»Ich habe mit Jönssons Bruder gesprochen. Er behauptet, dass Joakim nicht mal wusste, wo bei einer Pistole vorn und hinten ist.«

»Ach.«

»Außerdem behauptet er, dass sein Bruder niemals imstande gewesen wäre, jemanden zu töten.«

»Soweit ich weiß, ist der Bruder selbst ein *motherfucker.* Was soll er auch anderes sagen? ›Mein geliebter Bruder war ein astreiner Killer‹?«

»Jönsson hat damals versucht, mich in einem Hinterhof im Südhafen über den Haufen zu fahren. Seine Pistole wurde nie gefunden.«

Struve zuckte wieder mit den Schultern.

»Na und? Das Geld haben sie ja auch nicht gefunden. Hätte ich gerade bei einem Banküberfall geschossen, dann hätte ich mir die Knarre auch vom Hals geschafft, und zwar pronto. Vielleicht liegt beides ja nebeneinander, Knarre und Kohle.«

»Was war das für eine Pistole?«

Struve verdrehte die Augen.

»Keine Ahnung.«

»Was haben Sie gedacht, als er in der Bank geschossen hat?«

»Ich dachte: ›*Fuck, fuck, fuck,* wird sind am Arsch.‹«

»Hatten Sie danach noch Zeit, mit ihm zu sprechen?«

»*Nope.* Wir haben uns sofort getrennt. Jocke ist allein gefahren. Ich war mit Trolle im Wagen, und Iversen ist zu Fuß abgehauen. Hätte ich es noch geschafft, mit Jocke zu reden, dann hätte ich ihm einen echten Einlauf verpasst. Was für ein Vollidiot.«

»Bei den Ermittlungen wurde übrigens auch überprüft, ob es

bei Jönsson eine Vorgeschichte mit Waffen gab. Er ist nie wegen Waffendelikten verhaftet worden. Und er hatte auch bei keiner einzigen Festnahme eine Schusswaffe bei sich. Komisch, oder?«

»Nur weil einer Halbschwede ist, muss er ja nicht komplett bescheuert sein. Ich habe nie behauptet, dass Jocke nichts draufhatte. Nur, dass er ein Idiot war.«

»Was ist mit Trolle und Iversen?«

»Was soll mit ihnen sein?«

»Beide sind schon vor ein paar Jahren aus der Haft entlassen worden. Was machen sie? Wissen Sie das?«

Es gab keinen Grund, ihm zu verraten, dass sie bereits mit Benny Trolle gesprochen hatte, der ihr aber nur eine vage Wiederholung seiner alten Aussage geliefert hatte. John Iversen hatte sie nicht ausfindig machen können.

»Das Letzte, was ich von Iversen gehört habe, ist, dass er in Pattaya eine Bambus-Bar eröffnet hat. Und Trolle? *No fuckin' idea.*«

Struve lehnte sich zurück, er wirkte allmählich etwas gelangweilt.

»Aber wieso wühlen Sie eigentlich auf einmal wieder in dem alten Dreck? Wo Ihnen das Geld doch so egal ist?«

Jetzt war es an ihr, die Schultern zu zucken.

»Ich habe damals ja so was wie eine Hauptrolle gespielt, oder nicht? Und es gibt eben ein paar Dinge, die mich stutzig machen, deshalb. Wenn ich jetzt ›Lupus‹ sage, was sagen Sie dann?«

»Lupus?«

Sean Struve strich sich ein paarmal mit der Hand über den Bart.

»Lupus? Ist das nicht diese Krankheit, bei der das Immunsystem Amok läuft und den eigenen Körper angreift? So eine Art Rheuma oder so? Mein Onkel hatte das. Warum?«

Sie lächelte angestrengt und steckte den Notizblock zurück in ihre Innentasche. Das brachte sie alles nicht weiter, aber wenigstens hatte sie jetzt einen Eindruck von Sean Struve bekommen.

## 46.

Die Dämmerung machte ihm bewusst, wie viel Zeit er an diesem rundum ätzenden Tag verplempert hatte. Es war später Nachmittag. Während er einen hoffnungslosen Kampf gekämpft hatte, war es draußen bereits dunkel geworden.

Der Alkohol hatte sich wie das Gift einer Schwarzen Mamba in seinem ganzen System ausgebreitet. Er hatte immer noch das Gefühl, neben sich zu stehen, wie ein plumper, begriffsstutziger Schatten seiner selbst, der in den eigenen Körper zurückzufinden versuchte.

Normalerweise war es genau das, was er spielend beherrschte: sich zwischen peitschenden Zweigen geschickt durchs Unterholz zu bewegen. Aber jetzt kam es ihm vor, als würde er im Schein seiner Taschenlampe kopflos vorwärtsstolpern.

So schnell würde er ganz sicher nicht mehr zu dieser Lösung greifen – dem Alkohol.

Er hatte die Glasscherben vor der Hintertür gefunden. Zu irgendeinem Zeitpunkt hatte er also mit der Whiskyflasche unter dem Arm das Haus verlassen und war ganz offensichtlich gestürzt und mit dem Hinterkopf auf die Steinfliesen gekracht. Dem Ausmaß seines Katers nach zu urteilen, konnte da schon nicht mehr viel in der Flasche gewesen sein.

Er hatte sehr lang gebraucht, um einen Plan für den Rest dieses vergeudeten Tages zu entwickeln, aber jetzt war er auf dem Weg. Wie eine Dampflok, die schwer beladen durch den dunklen Fichtenwald pflügte.

Er trug seinen Rucksack, der im Vergleich zu dem Gewicht, das er als Jägersoldat tagelang durch feindliches Territorium geschleppt hatte, eigentlich federleicht war. Jetzt erschien er ihm schwer und lästig. Er hatte alles eingepackt, was er im Supermarkt in Arnborg besorgt hatte. Alles, was sein benebelter Kopf auch nur ansatzweise sinnvoll fand, war in seinen Einkaufskorb gewandert. Hinterher hatte er auf dem Parkplatz im Auto gesessen und sich mit wiedergefundenem Appetit zwei Hotdogs einverleibt, das Ganze mit Cola heruntergespült und die Mahlzeit mit einer Handvoll Salzlakritze gekrönt.

Unter anderem steckten auch zwei Tüten Kartoffelchips im Rucksack – einmal Sour Cream & Onion und einmal Barbecue. Es war natürlich albern, Knabberzeug mitzuschleppen, aber hatten Entdecker und Konquistadoren nicht auch immer überflüssige Dinge im Gepäck gehabt? Glasperlen, Spiegel und affige Hüte, die sie zusammen mit ansteckenden Krankheiten großzügig an die Eingeborenen verteilt hatten.

Jetzt schlug er sich durch die Wildnis, aber er war nicht unterwegs zu einem Stamm, sondern zu einem Einsiedler – zu Tobias im Güterwagen, in der Senke im Wald, einem winzigen unerschlossenen Teil Dänemarks.

Er hoffte nur, dass ihre Begegnung zwei Abende zuvor nicht dazu geführt hatte, dass Tobias geflüchtet war.

Auch wenn der Einsiedler offensichtlich psychisch gestört und vermutlich auch leicht zurückgeblieben war, sagte ihm sein Instinkt, dass dieser Waldschrat eine Art Schlüsselfigur darstellte. Vielleicht im Zusammenhang mit dem pensionierten PET-Agenten, der irgendwo in der Nähe erschlagen worden war, vielleicht im Zusammenhang mit dem spurlos verschwundenen Staatssekretär, dessen Hof sperrangelweit offen stand, vielleicht mit den Wölfen, die nachts tanzten, mit den lichtscheuen Wilderern oder vielleicht auch nur im Zusammenhang mit den schrägen Gestalten, denen er auf dem Poppelgård begegnet war.

Irgendwo in diesem Geflecht aus Sichtbarem und Unsichtbarem war Tobias aus der Dunkelheit aufgetaucht. Er bewegte sich am liebsten bei Nacht. Deshalb war er wichtig. Wenn man sehen wollte, was im Dunklen geschah, musste man im Dunklen stehen.

Gleich war er da. Der Untergrund stieg ein wenig an, wie er es vom ersten Mal in Erinnerung hatte, jetzt war es nicht mehr weit bis zur Böschung. Er war sich sicher, dass er dem richtigen Wildwechsel ins Unterholz gefolgt war. Allerdings hatte ihn sein gequälter Kopf schon beim ersten Dickicht im Stich gelassen, und er hatte eine Viertelstunde auf den verkehrten Weg verschwendet.

Die Abstände zwischen den Stämmen wurden langsam größer, und das Brombeergestrüpp breitete sich aus. Jetzt war er angekommen. Er schlängelte sich an den stacheligen Ranken vorbei, bis er am Rand der Senke stand. Er ging in die Hocke und schaltete die Taschenlampe aus.

Beißender Rauchgeruch lag in der Luft. Tobias war noch da. Er hatte in seiner primitiven Behausung angefeuert, um der Kälte zu trotzen. Wenn nichts dazwischenkam – wie beispielsweise ein unerwarteter Besucher –, würde Tobias später wahrscheinlich hinaus in die Dunkelheit gehen, um irgendetwas in seinem Inneren in Schach zu halten, genau wie er selbst, wenn er seine vertrauten Runden drehte, mit der Wohnung in Vangede als Fixpunkt.

Er rutschte im losen Sand der Böschung nach unten und näherte sich vorsichtig dem Eisenbahnwagen. Er klopfte an die schwere Schiebetür.

»Hallo, Tobias? Ich bin es, Niels. Ich habe dich vorgestern besucht. Du erinnerst dich doch bestimmt. Darf ich reinkommen?«

Keine Antwort.

Er wartete einen Moment, klopfte wieder und versuchte es noch einmal.

»Tobias, ich bin es, Niels. Ich will dich nur besuchen. Ich habe uns etwas zu essen mitgebracht. Und Cola und Kekse. Und Schokolade. Und Chips.«

Noch immer kein Laut aus dem Waggon.

»Ich will dich wirklich bloß besuchen. Ich habe Abendessen dabei. Hackbällchen in Currysoße. Magst du das?«

Er hörte, wie der Riegel zurückgeschoben wurde. Die Tür öffnete sich einen Spaltbreit. Er konnte Tobias' Gesicht erahnen, seine verfilzten Haare und den struppigen Bart.

»Sagtest du Hackbällchen in Currysoße?«

»Hallo, Tobias. Ja. Ich habe Hackbällchen im Rucksack. Und einen Haufen anderes Zeug.«

Die Tür ging auf. Tobias musterte ihn mit einer Mischung aus Misstrauen und freudiger Erwartung.

»Komm rein«, sagte er und trat zur Seite. »Hackbällchen in Currysoße ist mein Leibgericht.«

Oxen stellte den Rucksack auf dem Bett ab. Wer hätte gedacht, dass er das Codewort aus der Kühltruhe des Supermarkts gezogen hatte, Hackbällchen in Currysoße. Tobias schloss die Tür und verzog sich eilig in die hinterste Ecke des Wagens.

»Hier kommt nie jemand her. Wieso bist du wiedergekommen?«, fragte er.

»Ich hatte einfach Lust dazu«, antwortete Oxen und setzte sich in aller Ruhe an denselben Platz wie beim letzten Mal.

So saßen sie eine Weile schweigend da. Ihm blieb nichts anderes übrig, als zu improvisieren – ohne Glasperlen, aber dafür mit einem Berg von Lebensmitteln.

»Erinnerst du dich noch daran, was ich dir erzählt habe? Ich bin genau wie du am liebsten im Dunkeln unterwegs«, sagte er nach einiger Zeit. »Ich will heute Nacht noch nach Wölfen Ausschau halten, aber ich dachte, ich könnte vorher ja mal bei dir vorbeischauen und dir ein paar Sachen bringen. Ich weiß, wie es ist, wenn man wenig hat.«

»Was hast du denn dabei?«

»Ein bisschen von allem. Willst du es sehen?«

Tobias nickte eifrig.

Oxen öffnete seinen Rucksack und fing an, die Sachen neben sich auf das Bett zu stapeln, während er alles aufzählte, was er in die Hand nahm.

»… außerdem Fischfrikadellen, Thunfisch, Makrelen, eine Dose Spaghetti mit Fleischbällchen, eine Dose Bœuf Stroganoff, Bohnen, eine Schachtel Eier.«

Als er den Rucksack geleert hatte, türmte sich ein beeindruckender Berg aus Lebensmitteln auf dem Bett, daneben Schokolade, Kekse, zwei riesige Anderthalb-Liter-Flaschen Cola und zwei Tüten Chips.

»Ist das für mich? Das alles?«

Er nickte stumm.

»Warum?«

»Weil ich dachte, dass du es brauchen kannst.«

»Nur darum?«

»Ja.«

»Danke.«

Er nickte wieder. Dann schwiegen sie. Tobias starrte den Berg an, der nicht gerade der empfohlenen Ernährungspyramide entsprach.

»Hier drinnen ist es warm, Tobias. Denkst du, dass du den ganzen Winter hier verbringen kannst?«

»Ja.«

»Ist ja auch wirklich schön hier.«

»Ja. Schön.«

Wieder entstand eine lange Pause. Schließlich blickte er den Einsiedler fragend an.

»Was hältst du von Abendessen?«

Tobias nickte.

»Hackbällchen in Currysoße?«

Noch ein Nicken.

»Darf ich mitessen?«

Tobias nickte zögerlich.

Er zog das Fertiggericht aus dem Stapel. Zwei wurstförmige Plastiktüten, prall gefüllt mit gelbem und garantiert gut konserviertem Inhalt. Er reichte sie Tobias.

»Willst du?«

Der Einsiedler stand auf und kramte einen Gaskocher und einen großen Topf heraus. Keiner von ihnen sagte etwas. Nach einer Viertelstunde verteilte Tobias den Inhalt der Packungen mit einem Holzlöffel auf zwei Plastikteller. Ein gelber Siebenhundert-Gramm-Berg für jeden. Oxens Hunger war mittlerweile zurückgekehrt, und er hatte höllischen Durst.

»Cola, Tobias?«

Er schüttete die beiden Plastikbecher voll, die auf dem kleinen wackeligen Tisch standen. Er bezweifelte, dass sie in letzter Zeit gespült worden waren, aber das war ihm egal.

Sie aßen schweigend. Verstohlen beobachtete er den Einsiedler, der gierig und geräuschvoll sein Leibgericht in sich hineinschaufelte. Was nicht sofort im Mund landete, blieb in dem langen Bart hängen. Ein klassischer Bart, so wie ein Tango-Bravo ihn tragen würde, ein TB, Talib, Taliban. Der Feind hatte immer viele *nicknames*. Und immer einen Bart.

*»Immer nur Feldrationen ... also ich könnte einen ganzen Ochsen verdrücken, du nicht, Oxen?«, fragte Spiderman.*

*Molser und Klippe verdrehten die Augen, so schlecht war der Witz. Sie saßen zu viert hinter einem großen Felsbrocken.*

*»Wenn wir wieder zu Hause sind, gehe ich zu den Amis und besorge uns ein paar ordentliche Steaks. Dann bekommt ihr euren Ochsen.«*

*Läufer, der letzte Mann ihres Spähtrupps, verließ den Beobachtungsposten und kam angerannt: »TB im Anmarsch! Eine Gruppe von vierzehn Mann ist auf dem Weg durchs Tal. Alle bewaffnet.«*

Er blinzelte, und die rote, staubige Felsenlandschaft löste sich auf. Tobias schaufelte sich weiter unaufhörlich Hackbällchen mit Currysoße in den Bart.

Sein Kopf dröhnte immer noch und jeder Gedanke erschien ihm unscharf und zusammenhanglos. Er wusste nicht, ob Tobias eine Diagnose hatte. Er wusste nicht, ob es einen Trigger gab, der den Einsiedler womöglich verschrecken, wütend oder aber zugänglich machen würde. Um sich näher an Tobias' Leben heranzutasten, blieb ihm nichts anderes übrig, als sich von seiner Intuition leiten zu lassen, aber ausgerechnet heute hatte er auch die mit einer schottischen *Whisky missile* außer Gefecht gesetzt. Deshalb hielt er lieber den Mund und aß.

Es verging eine ganze Weile, bis sie beide ihre große Portion aufgegessen hatten. Tobias kratzte energisch die letzten Reste vom Teller, wischte sich mit dem Pulloverärmel den Mund ab, leerte seinen Plastikbecher und rülpste laut.

Oxen ließ den Teller auf seinem Oberschenkel liegen, lehnte

sich an die Wand des Waggons und lächelte den Einsiedler schweigend an, während er versuchte, sich auf den nächsten Schritt zu konzentrieren. Eine offene und vorsichtige Frage – vielleicht zu Tobias und der Dunkelheit –, die eine etwas flüssigere Unterhaltung in Gang setzen könnte. Aber in seinem Kopf herrschte völlige Leere. Heute war der falsche Tag, um den Menschenkenner zu spielen.

»Danke fürs Essen.«

Der Einsiedler kam ihm überraschend zuvor.

Er nickte.

»Niels … Ich darf dich doch Niels nennen, oder?«

Er nickte wieder.

Einen langen Augenblick herrschte Schweigen, dann fuhr Tobias fort.

»Du bist anders, Niels.«

Er schaute ihn an und wartete auf die Fortsetzung, aber mehr kam nicht. Nur mehr Schweigen.

»Anders? Wie meinst du das, Tobias?«, fragte er schließlich.

Der Einsiedler zuckte mit den Schultern.

»Die anderen … die wollen immerzu reden. Über alles Mögliche. Reden, reden, reden. Ich weiß, warum sie das tun. Sie wollen, dass ich ihr Freund bin. Sie wollen herausfinden, was ich denke, sie wollen in meinen Kopf schauen. Deshalb reden sie. Gesprächstherapie …«

Das waren ungewöhnlich viele Wort am Stück, die der Einsiedler da von sich gegeben hatte. Sie verrieten, dass er irgendwie in Behandlung gewesen war. Alles andere hätte ihn auch gewundert.

Er nickte wieder nur stumm.

»Aber du, Niels, du bist anders. Du sagst fast nichts. Das ist … schön. Ich mag Stille. Du hast den Wald genauso gern wie ich.

Du magst die Dunkelheit. Auch wie ich. Wir sind irgendwie … gleich.«

Der Einsiedler hatte den Nagel auf den Kopf getroffen.

»Du hast recht. Wir mögen dieselben Sachen. Und Hackbällchen in Currysoße.«

Tobias grinste und nickte mit Nachdruck.

»Wo hast du eigentlich vorher gewohnt? Und warum die Gesprächstherapie?«

Das Lächeln im Gesicht des Einsiedlers versteinerte.

Er hatte den falschen Schritt gemacht. Und zu früh. Es war dumm, so konkret zu werden. Das entsprach absolut nicht seinem Plan.

»Ich habe dir doch von der Stimme erzählt. Diese Stimme ist nicht nett. Sie bringt mich die ganze Zeit zum Grübeln. Ich bin schizophren. So heißt das, wenn man zwei Personen in einer ist, aber ich habe jetzt keine Lust, darüber zu reden.«

Oxen hob abwehrend die Hände.

»Das ist total okay. Es geht mich ja auch gar nichts an.«

»Wollen wir die Schokolade probieren, Niels?«

Er beeilte sich, die Tafel aus dem Haufen herauszusuchen. Dann riss er sie auf, brach sie in der Mitte durch und reichte Tobias eine Hälfte.

»Du magst auch Schokolade, Niels. Das meinte ich. Wir sind gleich.«

Vielleicht war doch noch nicht alles verloren. Tobias schob sich genießerisch die Schokolade in den Mund und kaute mit lautem Schmatzen.

»Vielleicht erzähle ich dir eines Tages mehr von der Stimme. Ich hasse sie. Aber ich werde sie einfach nicht los.«

*Wir sind gleich …* Die Heimsuchungen unterschieden sich. Der eine hatte einen Teufel, der andere sieben, die abwechselnd wiederkamen – aber heimgesucht wurden sie beide. Vor seinem inneren Auge tauchte für einen winzigen Moment das Bild auf, wie Magnus durch den Wald lief und an die schwere Tür eines Güterwaggons klopfte und er selbst ihm öffnete. Wo zur Hölle kam dieses Bild her? Er schüttelte den Kopf.

»Was ist los, Niels?«

»Nichts.«

»Stimmt was nicht?«

»Nein, nein. Alles gut.«

»Hör mal, als du neulich Nacht gekommen bist, da wusste ich sofort, dass du anders bist. Ich wusste, dass das kein Zufall war. Dass dich jemand geschickt hat. Wieso solltest du sonst auf einmal hier draußen auftauchen? Und jetzt bin ich mir ganz sicher. *Du* bist der, auf den ich gewartet habe.«

»Gewartet?«

»Ja. Gewartet. Ich habe mir gesagt, wenn du in den nächsten paar Tagen wiederkommst, dann bist du der, auf den ich gewartet habe. Weil ich darum gebeten habe, dass einer kommt und mir hilft. Und du bist gekommen. Du bist hier – zusammen mit mir, Niels. Deshalb erzähle ich dir jetzt ein Geheimnis. Ein großes Geheimnis, das mich quält.«

Oxen sah den Einsiedler aufmerksam an.

»Ein Geheimnis?«

»Ja, ein Geheimnis. Ich weiß, wo eine Leiche vergraben ist, Niels. Hier in meinem Wald. Ich habe es selbst gesehen. Eine richtige Leiche …«

**47.** Die vierundzwanzig Stunden des Tages schwanden schneller dahin als der Inhalt einer Pralinenschachtel an einem gemütlichen Samstagabend vor dem Fernseher. Vierundzwanzig waren einfach zu wenig. Viel zu wenig.

Sie warf einen hastigen Blick auf die Breitling-Uhr an ihrem Handgelenk. Der Besuch im Vestre-Gefängnis und das ganze Drumherum hatten sie über eine Stunde gekostet. Inzwischen war schon später Nachmittag und es wurde dunkel. Sie würde jetzt zurück ins Hauptquartier nach Søborg fahren, dort noch eine Weile arbeiten und sich später einige Unterlagen mit nach Hause nehmen, um sie abends in Ruhe zu lesen.

Es regnete. Sie fand auf Anhieb den Hebel für die Scheibenwischer des Corsas, die sofort wie zwei erhobene Zeigefinger losfegten. Die Scheibenwischer des Mini Coopers glitten dagegen geradezu elegant über die Windschutzscheibe. Sie freute sich darauf, ihn bald wiederzuhaben.

Endlich öffnete sich eine Lücke im Verkehr auf der Vigerslev Allé, in die sie sich einfädeln konnte, und Sekunden später bog sie nach rechts in den Vesterfælledvej ab.

Sean Struve war hundertprozentig kriminell und strahlte diese undefinierbare Aura eines Bankräubers aus. Sie kannte solche Typen wie ihn. Sie nahmen die Abkürzung zum Bargeld, weil ihnen der Weg über ehrliche Jobs zu weit und zu umständlich war. Sie hielten sich für viel zu clever, um sich von blumigen Worten über den Lohn für getane Arbeit einwickeln zu lassen.

Struve war ein Arschloch – ein Arschloch mit Altersdiabetes, und er hatte einen Großteil seiner besten Jahre hinter Gittern verbracht, weil er sich für schlau hielt. Dabei war er in Wirklichkeit einfach nur dumm.

War es Zeitverschwendung gewesen, ihm einen Besuch abzustatten? Sie schaltete den Scheibenwischer eine Stufe herunter.

Überall glitzerten Lichter im Regen, von Autos, von Mopeds, dazwischen diese grellen Fahrradlampen, die neuerdings so beliebt waren, und die beleuchteten Fenster entlang der Straße, und alles spiegelte sich in den Tropfen, die an den Scheiben des kleinen Opels herunterrannen. Nein, es war keine Zeitverschwendung gewesen.

Sie hatte etwas sehr Konkretes aus dem Gespräch mit Sean Struve mitgenommen. Die förmlich mit Händen greifbare Verwunderung darüber, dass ein Fachmann wie er nicht gründlicher bei der Zusammenstellung seiner kleinen Truppe gewesen war, die den Job im Gammel Kongevej erledigen sollte. Wenn man einen *shooter* benötigte, dann wählte man ihn genau nach diesem Kriterium aus. Ein professionell durchgeführter Bankraub war kein Familientreffen mit irgendwelchen Vettern und Cousinen. Man musste zwischen Kandidaten entscheiden.

Wie war es möglich, dass Sean Struve sich nicht genauer informiert hatte, was Jönsson und seinen Umgang mit Schusswaffen betraf? Struve behauptete, der Halbschwede habe einen kühlen Finger am Abzug gehabt. Jönssons stiernackiger Bruder hingegen hatte sinngemäß gesagt, dass sein Bruder nicht einmal wusste, wo sich der Abzug befand.

Sie warf einen Blick in den Rückspiegel und stellte ihn besser ein. Direkt hinter ihr war ein Motorrad. Das grelle Licht des Scheinwerfers blendete sie, deshalb schaute sie schnell wieder nach vorn.

Die Diskrepanz zwischen den beiden Aussagen über Joakim und Schusswaffen war gewaltig.

Und eigentlich nicht zu übersehen.

Trotzdem war diese Unstimmigkeit nie ein Bestandteil der Ermittlungen gewesen. Sie wurde im Bericht mit keiner Silbe erwähnt.

Andererseits bestätigten die Verhörprotokolle der restlichen Bandenmitglieder, dass Joakim Jönsson tatsächlich den tödlichen Schuss abgegeben hatte. Und es gab Videomaterial, das diese Aussagen zu belegen schien. Jönsson wusste offenbar sehr wohl mit einer Waffe umzugehen. Und er war auch bereit gewesen, sie einzusetzen.

Dichter Verkehr, Regen, Dunkelheit und grelle Lichter aus allen Richtungen erforderten Konzentration hinter den Scheibenwischern, die sie immer noch nervten. Für einen kurzen Moment überlegte sie, an dem Irma-Supermarkt an der Kreuzung Vesterbrogade anzuhalten und sich ein Sandwich für das Abendessen am Schreibtisch zu kaufen, aber das hätte zu lange gedauert, und außerdem goss es inzwischen in Strömen. Sie kroch weiter vorwärts und beschloss, die Strecke über den Henrik Ibsens Vej zu nehmen, eine Einbahnstraße, um sich wenigstens kurz vom Gegenverkehr zu erholen.

Als sie wenig später in der Frederiksberg Allé an einer roten Ampel anhielt, schloss sich der dichte Verkehr wieder um den kleinen Corsa.

Die Diskrepanz irritierte sie zunehmend.

Natürlich hätte sie bei Sean Struve auch härtere Bandagen anlegen können. Aber sie wusste aus Erfahrung, dass sich Typen wie er von solchen Methoden nicht beeindrucken ließen. Hätte sie einen Konflikt provoziert oder für schlechte Stimmung gesorgt, wäre das Gespräch vermutlich zu Ende gewesen, ehe es angefangen hatte.

Vielleicht war es eine Art Ironie des Schicksals, dass sie gerade jetzt den Gammel Kongevej kreuzte, wo Struve und seine Männer nur ein paar Querstraßen weiter die Bank ausgeraubt hatten. Etwa 7,2 Millionen Kronen hatten sie erbeutet, Bargeld, das teils aus einem Werttransporter stammte, der gerade auf der

Rückseite der Bank beladen worden war, und teils aus dem Safe, der damals genau aus diesem Grund offen stand.

Die mehr als drei Millionen Kronen, die nach wie vor fehlten, lagen womöglich hier irgendwo im Regen und warteten auf Sean Struve, der sie nur noch mit zwei seiner Komplizen teilen musste.

Sie fragte sich, ob sie Joakim Jönssons Bruder noch einmal in seinem Haus am Bahndamm aufsuchen sollte. Nach ihrem Auftritt beim letzten Mal würde er ihr garantiert nicht den roten Teppich ausrollen.

Sie warf einen Blick in den Rückspiegel. Direkt hinter ihr befand sich ein offenbar teurer Wagen, wahrscheinlich von einem deutschen Hersteller, mit grellen, ringförmigen LED-Tagfahrlichtern. Ein solcher Schnickschnack käme ihr niemals in den Mini, aber natürlich hatte sie LED-Scheinwerfer einbauen lassen, die ihr, wenn sie nachts unterwegs war, eine ganz neue Dimension eröffneten.

Der Autoscooter hinter ihr entpuppte sich als BMW und bog an der Kreuzung direkt hinter der Naturwissenschaftlichen Fakultät ab, während sie geradeaus weiterfuhr. Jetzt musste sie nur noch die Kreuzung an der Ågade hinter sich bringen, dann würde sie schneller vorankommen.

Schon wieder Rot. Hier herrschte ein unglaublicher Verkehr, drei Fahrspuren in beide Richtungen und dazu noch die Abbiegerspuren. Alles ein einziges glitzerndes Lichtermeer im strömenden Regen.

Doch, Jönssons Bruder war relevant – und ihre einzige brauchbare Quelle. Er war der Einzige, der die Diskrepanz auflösen und den nagenden Gedanken aus der Welt schaffen konnte. Oder ihm Nahrung geben.

Es war kein Zufall, dass sie wieder in den Rückspiegel schaute.

Sie behielt beim Fahren immer im Blick, wer hinter ihr folgte. Jetzt war es ein Motorrad. Dasselbe bläulich weiße Xenonlicht wie auf dem Vesterfælledvej. Das war schon irgendwie …

Grün.

Der Corsa war eine lahme Ente und der Traum von Beschleunigung etwa so realistisch, wie beim Notarzt auf Nächstenliebe zu hoffen.

Das Motorrad setzte sich neben sie und zog langsam an ihr vorbei. Hinter dem Fahrer saß eine zweite Person. Zwei dunkle Gestalten. Zwei schwarze Sturzhelme. Der Hintere drehte sich zu ihr um.

Sie sah, wie sich seine Hand hob. Eine weiße Hand ohne Handschuh, dazwischen die hektischen Scheibenwischer.

Sie duckte sich hinter das Lenkrad. Im selben Moment hörte sie schon den Knall und spürte, wie ihr etwas Kaltes in den Nacken rieselte. Dann folgte ein zweiter Knall, und wieder rieselte etwas auf sie herunter.

Das Röhren einer blitzschnellen Beschleunigung explodierte in ihren Ohren und verhallte in Nullkommanichts. Das Motorrad war weg, in einem affenartigen Tempo verschwunden. Sie trat auf die Bremse und richtete sich auf. In der Windschutzscheibe waren zwei kleine Einschusslöcher zu erkennen, der Rest war in ein feines Gitter zersprungen und vollkommen undurchsichtig.

Hinter ihr wurde lautstark gehupt, und sofort mischten sich weitere Hupen ein. Ungeduldige Autofahrer, die keine Ahnung hatten, was hier im strömenden Regen mitten auf der Kreuzung passiert war, fluchten genervt über den silbergrauen Opel Corsa, der wie ein Felsen im hektisch fließenden Verkehr stand.

Sie schaltete den Warnblinker ein und bürstete sich die kleinen Glasstücke aus den Haaren. Dann griff sie nach ihrem

Handy, wählte die 112, und während sie merkte, dass noch mehr Splitter sie im Rücken pikten, wies sie die Notrufzentrale klar und präzise an, ihr ein paar Kollegen an den Tatort zu schicken und einen Abschleppwagen, um den Corsa aus diesem Schmelztiegel des Feierabendverkehrs herauszuholen.

Sie blieb hinter dem Steuer sitzen. Sie fühlte sich zwar wie in einem Minenfeld, aber auszusteigen wäre noch viel leichtsinniger gewesen. Jetzt hieß es denken. Kurzfristig und in die Zukunft. Sich vergegenwärtigen, welche Fragen gleich auf sie zukommen würden. Überlegen, welche Antworten sie liefern konnte. Ziemlich schnell kam sie zu dem Schluss, dass L. T. Fritsen die Lösung war. Sie wählte die Nummer seiner Werkstatt in der Amagerbrogade, und während ihr Blick über das dicke, zersprungene Glas mit den beiden Löchern wanderte, bereitete sie sich darauf vor, ihm die nötigen Anweisungen zu geben.

Die Schüsse waren eine blitzschnelle und prompte Abrechnung gewesen. Sie hatte das Gefängnis und den Bankräuber Sean Struve ja erst vor wenigen Minuten verlassen.

Dieses Mal war kein Backstein durch die Scheibe geflogen.

Sondern Kugeln.

Endlich meldete sich Fritsens Stimme.

»Hier ist Margrethe Franck. Ich habe nicht viel Zeit, Fritsen, aber ich brauche deine Hilfe. Also, hör zu …«

## 48.

Je länger sie liefen, desto weißer wurde die Dunkelheit. Er warf einen verstohlenen Seitenblick auf seinen Begleiter. Der Einsiedler stapfte vornübergebeugt und mit schweren Schritten vorwärts, während sich sein Mund in Höchstgeschwindigkeit bewegte, als hätte er eine mehrjährige Gesprächstherapie nachzuholen.

Dichter Pulverschnee rieselte auf sie nieder. Es war kalt, aber nicht beißend kalt, und die dünne Puderzuckerschicht sorgte für einen eigentümlichen Schimmer im Mondlicht.

Er war nicht voll, der Mond. Zumindest nicht so voll, wie Oxen am Vorabend noch gewesen war. Das Gefühl, neben sich zu stehen, hatte inzwischen nachgelassen, und sein Kopf fühlte sich auch nicht mehr an wie ein mit Watte gefüllter Ballon.

Sie wanderten durch die einsame Landschaft – mit dem Ziel, eine Leiche auszugraben –, und die Aussicht auf diesen Durchbruch war das Riechsalz für seine mitgenommenen Hirnzellen gewesen.

Er trug Tobias' Spaten über der Schulter. Sie hatten den dunklen Nadelwald hinter sich gelassen, die offene Heide überquert und waren jetzt auf einen der zahlreichen Feldwege abgebogen, die sich wie ein feinmaschiges Netz durch das ganze Gebiet zogen.

Er hatte ziemlich einsilbig auf den Wortschwall geantwortet, der plötzlich aus dem Einsiedler strömte. Ein Fingerschnipsen und ein paar Hackbällchen hatten genügt – es hatte keinen tagelangen Zermürbungskrieg gebraucht, um Tobias' Vertrauen zu gewinnen. Aber das hatte er natürlich dem mentalen Zustand des Einsiedlers und der Tatsache zu verdanken, dass Tobias auf die Ankunft seines unbekannten Erlösers gewartet hatte wie andere auf die Einfahrt eines Zuges.

»Du hast gesagt, dass du Flaschen gesammelt hast, Niels, genau wie ich. Aber warum sammelt ein Soldat wie du denn Flaschen?«

»Ich bin kein Soldat mehr. Ich brauchte damals Geld. Inzwischen komme ich auch ohne das Flaschenpfand über die Runden. Aber was war mit dieser Gesprächstherapie? Kannst du mir nicht ein bisschen mehr darüber erzählen?«

Tobias winkte ab.

»Das ist alles nur Gerede. Jede Menge Blabla, das immer am selben Punkt endet: bei einem selbst.«

Seit sie den Güterwagen verlassen hatten, bemühte er sich, Tobias auf Abstand zu halten, weil er selbst versuchen musste nachzudenken. Sich einen Überblick zu verschaffen. Theoretisch konnte die Leiche, die sie gleich ausgraben würden, natürlich ein x-beliebiger Unbekannter sein, aber er war sich seiner Sache ziemlich sicher. Er rechnete fest damit, dass es der sechsundsiebzigjährige Poul Hansen mit seiner tödlichen Krankheit war, den man ermordet hatte und dadurch dem Krebs zuvorgekommen war.

»Ich mache auch eine Gesprächstherapie«, sagte er und legte Tobias eine Hand auf die Schulter.

Der Einsiedler blieb abrupt stehen.

»*Du?* Warum?«

»Weil es … angeblich gesund ist … über das zu reden, weshalb es einem nicht gut geht. Bei mir sind es vor allem Dinge, die ich im Krieg erlebt habe.«

»Hörst du auch eine Stimme wie ich? Oder mehrere?«

»Nein, aber … ich sehe diese Dinge vor mir, wenn ich schlafe. Manchmal auch am Tag, aber nachts ist es am schlimmsten. Komm, lass uns weitergehen. Wie weit ist es noch, Tobias?«

»In ungefähr zehn Minuten sind wir da.«

Sie folgten dem Feldweg, der sich jetzt wie ein weiß schimmernder Flusslauf durch die dunklen Fichten schlängelte.

»Wo wohnst du eigentlich, also wenn du nicht gerade im Güterwagen bist?«

»Ich habe schon überall gewohnt. In Wohnheimen, in offenen Einrichtungen, betreuten Wohngruppen, in Wohngemeinschaften und so.«

»Und du warst in Behandlung?«

»Ganz oft. Auch stationär. Aber heutzutage entlassen sie einen ja schon, bevor man überhaupt angekommen ist. Angeblich gibt es zu wenig Betten. Und wir kosten alle zu viel. Niemand will für Leute wie uns bezahlen, die in die *Psychiatrie* gehören, wie sie es nennen. Warst du auch in der Psychiatrie, Niels?«

Er schüttelte den Kopf.

»Nein, war ich nicht.«

Er überlegte, ob er Margrethe Franck anrufen und ihr erzählen sollte, dass er in zehn Minuten den Spaten in die Erde stechen würde, um Poul Hansen auszugraben. Und dass sie dann vor zwei ungeklärten Mordfällen stünden – dem des alten Hofbesitzers und dem des PET-Pensionärs aus dem Bach. Er entschied sich dagegen. Womöglich war ja doch jemand ganz anderes hier im Waldboden verscharrt worden.

»Tobias, kennst du Harrildholm?«

»Den Hof?«

»Ja.«

»Natürlich.«

»Und den Mann, der dort wohnt?«

»Ne, aber ich weiß, wie er aussieht.«

»Ich wollte ihn besuchen, aber er ist verschwunden. Vielleicht ist es ja seine Leiche, die hier im Wald vergraben wurde.«

Tobias blieb wieder stehen und sah ihn mit großen Augen an.

»Glaubst du wirklich? Warum?«

»Weil er verschwunden ist, wie gesagt. Einfach so, weg. Und die Hintertür stand offen.«

Tobias schien etwas sagen zu wollen, aber er zögerte. Schließlich gab er sich einen Ruck.

»Wohnst du deshalb auf dem Hof, Niels? Weil du ihn suchst? Seid ihr verwandt? Oder ist er dein Freund?«

Oxen sah den Einsiedler verblüfft an. Damit hatte er nicht gerechnet.

»Woher weißt du, dass ich auf Harrildholm wohne?«

»Weil …« Tobias verstummte.

»Na los, mir kannst du es doch erzählen.«

»Also gut, okay. Weil ich dich gesehen habe. Ein paarmal. Abends.«

»Dann bist du auf deinen Touren am Hof vorbeigekommen?«

Tobias nickte.

»Ja, gestern Abend habe ich dich auch gesehen, aber nur von Weitem. Am Wohnzimmerfenster. Ich stand eine ganze Weile draußen und hab geschaut, was du machst. Du hast richtige Runden durchs Haus gedreht, stimmt's?«

Der Einsiedler streunte also nicht nur ruhelos durch die Dunkelheit. Er war außerdem ein Spanner. War er lange genug geblieben, um mitanzusehen, wie er selbst im Vollrausch aus dem Haus gewankt und mit der Flasche in der Hand vor der Hintertür gestürzt war?

»Aber du bist gestern nicht ans Haus gekommen?«

Tobias schüttelte wortlos den Kopf.

»Gehst du manchmal näher an die Fenster heran, damit du besser sehen kannst?«

»Nein! Nie!«

Tobias prompte Abwehrreaktion war ein glasklarer Hinweis darauf, dass er genau das tat. Vielleicht ließ er sich aus der Reserve locken. Einen Versuch war es wert.

»Damals in Kopenhagen fand ich es ehrlich gesagt immer ziemlich spannend, in fremde Wohnungen zu schauen. Mir anzugucken, wie die Leute es sich abends vor dem Fernseher gemütlich machten und solche Sachen. Ich fand es schön, das zu sehen, was ich selbst nicht hatte. Nicht habe …«

»Hm, na ja, ich finde schon auch, dass das ganz nett sein kann. Aber hier draußen wohnen ja nicht viele Leute. Ich bin nicht neugierig, ich halte nur die Augen offen, weißt du?«

»Klar. Es ist gut, wenn jemand da ist, der die Augen offen hält«, sagte er und war trotzdem überrascht. Er hatte das Gefühl gehabt, beobachtet zu werden. Dass ihn draußen in der Dunkelheit jemand observierte. Und er hatte recht gehabt. Es war Tobias gewesen, der wie ein Getriebener durch sein kleines Leben wanderte und heimlich das der anderen überwachte. Vielleicht voller Sehnsucht. Er kannte das von sich selbst. Nicht den Blick in fremde Häuser, sondern dass erleuchtete Fenster einem das Gefühl vermittelten, ausgeschlossen und auf sich allein gestellt zu sein.

Er warf einen unauffälligen Blick auf seinen Begleiter, der mit schweren Schritten weiterstapfte. Jetzt war seine vage Ahnung, unter Beobachtung zu stehen, bestätigt und der Beobachter identifiziert. Er war erleichtert. Sein Zuschauer war ein harmloser Sonderling, der in einem Erdloch wohnte.

»Und dir ist nie etwas Auffälliges oder Mysteriöses auf Harrildholm aufgefallen?«

»Nein, ich habe nur ein paarmal den Besitzer gesehen. Er saß in der Küche oder nebenan in der Stube.«

»Hatte er manchmal Gäste?«

»Ne, er war immer allein. Manchmal war er bis spät in die Nacht noch wach. Wir sind gleich da«, sagte Tobias und verließ den Feldweg, um wieder in den Nadelwald einzutauchen.

Es hatte aufgehört zu schneien. Die hohen Fichten standen so dicht, dass hier unter den üppigen Baumkronen nichts weiß war, sondern alles nur dunkel. Selbst am Tag war es in diesem

Waldstück vermutlich ziemlich schattig, und er spürte bei jedem Schritt den dicken, federnden Teppich aus Moos und Fichtennadeln.

Schweigend gingen sie weiter. Tobias' Redebedarf war inzwischen offenbar gestillt. Oder aber das, was gleich geschehen würde, bedrückte ihn mit jedem Schritt, den sie näher kamen, mehr.

Die Reifenspur führte sie in einem sanften Bogen leicht bergauf. Sie waren jetzt seit einer Stunde unterwegs. Er hatte das Gefühl, im allerhintersten Winkel angekommen zu sein.

Tobias wurde langsamer. Vor ihnen wurde es heller. Sie standen am Rand einer kleinen Lichtung, die im Mondschein geradezu märchenhaft wirkte.

»Wir sind da«, sagte Tobias.

Der Einsiedler blieb stehen und schien sich zu orientieren. Dann steuerte er auf ein Gestrüpp zu, drehte sich um, hielt wieder einen Augenblick inne und ging in entgegengesetzter Richtung auf einen Baum zu, der etwa zwanzig Meter links von ihm stand. Er maß den Abstand zwischen den Stämmen, machte ein paar Schritte nach vorn und scharrte dann mit der Ferse eine Markierung in den Waldboden.

»Genau hier, Niels.«

»Sicher?« Er knipste seine Taschenlampe an und ließ den Lichtkegel über die kahlen Stämme und die schweren grünen Zweige schweifen.

Tobias nickte.

»Willst du die Taschenlampe halten, während ich grabe?«

»Nein, danke.«

Tobias zog sich hastig zurück, als Oxen den Spaten von der Schulter nahm und in den Boden stieß.

»Hier?«

»Genau. Solche Dinge kann ich mir gut merken.«

»Und wo hattest du dich in der Nacht damals versteckt?«

»Dort drüben in dem Gebüsch. Ich habe die Lichter schon vom Weg aus bemerkt und bin sofort in Deckung gegangen. Es war ein Quad, so ein vierrädriges Motorrad. Weißt du, was ich meine, Niels?«

»Natürlich. Der Mann ist also auf einem Quad gekommen?«

»Ja, er hat die Leiche abgeladen, sie auf die Lichtung geschleift und genau da angefangen zu graben, wo du jetzt stehst. Das war das böseste leuchtende Auge, das ich jemals gesehen habe.«

»Ein böses Auge?«

»Das Böse selbst. Der Mann war wie ein einäugiges Monster, das sich ins Innere der Erde gegraben hat.«

»Einäugig? Äh, ich weiß nicht so richtig, was …«

»Eine Stirnlampe, Niels. Es war natürlich eine Stirnlampe, aber für mich war es ein Auge. Vergiss nicht, wie ängstlich ich war, nicht wahr?«

Er nickte, legte die Taschenlampe ab und fing an, die dicke Schicht aus Fichtennadeln beiseitezuschieben. Der Frost war zum Glück nicht sehr streng, und der Spaten drang an mehreren Stellen problemlos in den Boden. Also stimmte es. Die Erde war locker, jedenfalls solange er nicht zu weit nach links oder rechts kam. Dort war der Untergrund spürbar härter.

Als er eine ungefähre Vorstellung von der Lage und Größe des Grabs hatte, legte er los. Es würde eine Weile dauern. Er wusste nicht, wie tief er nach unten dringen musste. Zunächst konzentrierte er sich auf eine kleine Fläche von etwa einem halben Quadratmeter. Spatenstich für Spatenstich entfernte er die lockere Erde und häufte sie neben sich auf.

Er hatte nicht den geringsten Zweifel an Tobias' Geschichte. Das war kein Hirngespinst. Dafür setzte das alles dem armen

Mann viel zu sehr zu. So sehr, dass er sich im Kreuzfeuer seiner beiden inneren Stimmen, der echten und der seines Plagegeists, die Vision zurechtgesponnen hatte, dass jemand kommen würde, dem er sich anvertrauen konnte und der ihm aus der Klemme half.

Dieser »Jemand« war inzwischen vollauf damit beschäftigt, einen Tunnel nach China zu graben.

Er drückte auf den Lichtknopf seiner Armbanduhr. Es war erst zehn nach acht. Wie lange würde er brauchen? Und war es wirklich Poul Hansen, der aus der Tiefe auftauchen würde?

Er hielt ein gleichmäßiges straffes Tempo, das ihm den Schweiß auf die Stirn trieb. Als er sich gut einen halben Meter nach unten gearbeitet hatte, war immer noch nichts zu sehen. Er warf einen Blick zu Tobias, der aus sicherer Entfernung konzentriert verfolgte, was er tat. Der leise Zweifel in seinem Blick war von dort aus sicher nicht zu erkennen, aber Tobias sagte trotzdem:

»Die Leiche ist da. Du musst nur noch etwas tiefer graben, Niels.«

Im Licht der Taschenlampe grub er weiter und vergrößerte das Loch, um besser nach unten zu kommen. Die kalte Luft war leider nicht kalt genug, um ihn abzukühlen. Inzwischen rann ihm der Schweiß in Strömen über das Gesicht, aber er schaufelte ohne Pause weiter.

Das Loch war ungefähr einen Meter tief, als er plötzlich stoppte. Der Spaten war auf etwas Weiches gestoßen. Er kratzte ein wenig Erde beiseite, nahm die Taschenlampe und leuchtete nach unten. Er konnte deutlich ein Stück dunkelgrüner Plane erkennen, eine aus gewebtem Plastik, wie man sie in jedem Baumarkt für ein paar Kronen kaufen konnte.

Er hatte die Leiche gefunden.

# 49.

*7. Dezember 1963*

Der Geruch frischer Wäsche war das Erste, was sie wahrnahm. Er stieg ihr in die Nase wie ein Bote, der ihr zuflüsterte: »Du bist an einem guten, sicheren Ort.«

Sie hielt die Augen geschlossen, nahm aber alles mit stetig wachsender Intensität wahr. Die Wäsche war Bettzeug. Es fühlte sich steif an, dort, wo es ihre Haut berührte – an den Armen, dem Hals, den Knöcheln und Füßen. Ihr war warm, aber nicht zu warm. Das Bett selbst war weich, aber nicht zu weich. Es war still, doch es gab ein paar Hintergrundgeräusche. Leise Geräusche, und vielleicht auch irgendwo ein Auto in der Ferne.

Wo war sie?

Nach und nach setzte ihr Bewusstsein wieder ein. Und als sie so wach war, dass ihr Gedächtnis zurückkehrte und das Erlebte sie geballt und mit grausamer Wucht wieder einholte, da erinnerte sie sich an eines ganz deutlich: dass sie auf den Tod gehofft hatte.

War ihr Wunsch in Erfüllung gegangen? Hatte man ihr im Totenreich ein sauberes Bett bereitet?

Sie hörte ein Räuspern, ganz dicht neben sich, und schlug sofort die Augen auf. Ihr Blick glitt erst hastig über all die Gesichter rund um ihr Bett und dann noch einmal ganz langsam. Sie verweilte bei jedem einzelnen Mitglied ihrer Familie.

Sie hatten sich alle fein gemacht.

Sie weinten – mit Ausnahme ihres Vaters. Sein Gesicht war so starr, als wäre es in Stein gehauen. Nur das Zittern in seinem Kiefermuskel verriet, dass er lebendig war.

Ihre Familie … ihre geliebte Familie. Alles in ihr bäumte sich auf, schnürte ihr den Hals zu, und sie rang nach Luft.

Sie presste die Augen zu und spürte, wie sich die warmen Tränen hinter ihren Augenlidern sammelten. Dann brachen sie sich Bahn und liefen ihre Wangen hinunter und weiter über den Hals.

»Mein kleiner Liebling … meine kleine Agnethe …«

Eine kalte Hand legte sich auf ihre und fing an, sie zu streicheln. Es war die Hand ihrer Mutter. Die Hand, die sie unter allen erkennen würde.

Auch die anderen traten ganz nah an ihr Bett und legten vorsichtig eine Hand auf die Decke, suchten nach den Umrissen ihres Körpers, strichen mit ihren Fingern sacht über das weiße Leinen.

Ihre Scham war zu groß, um die Augen zu öffnen. Die Demütigung, die Schmach und dieses alles verschlingende Gefühl, unrein und beschmutzt zu sein. Nicht länger würdig, in so feinen, sauberen Laken zu liegen.

Der alternde Oberarzt schritt lautlos den stillen Krankenhausflur entlang. Auch wenn sich der Samstag kaum von anderen Wochentagen unterschied, war er doch meist viel ruhiger. Im Advent sollte eigentlich jeder Tag ruhig beginnen, erfüllt von vorweihnachtlicher Behaglichkeit, aber nichts war von dieser Vorstellung weiter entfernt als der gestrige Morgen.

Er kam gerade aus dem Arztzimmer, wohin er sich mit einer Tasse Tee und einem Käsebrot zurückgezogen hatte, um die Zwölfuhrnachrichten zu hören. Er musste mittlerweile fast mit dem Kopf ins Radio kriechen, weil seine Ohren nicht mehr so gut wie früher waren.

Er hing seinen Gedanken nach. Fragte sich, was seine Frau und seine erwachsenen Kinder, die an diesem zweiten Adventswochenende mit den Enkelchen zu Besuch gekommen waren, wohl gerade machten. Er hatte heute Morgen den Schulkindern nachgeschaut, die losgezogen waren, um die Woche mit dem etwas kürzeren Samstagsunterricht zu beenden, aber so weit waren seine Enkelinnen noch nicht. Die Älteste sollte nach den Sommerferien eingeschult werden.

Seine Gedanken drehten sich im Kreis. Eines schönen Tages würden Laura und Helga genauso alt sein wie das Mädchen gestern. Wie furchtbar musste das alles für ihre Eltern sein.

Sie ließ ihn einfach nicht los. Diese quälende Unruhe. Er konnte sich überhaupt nicht mehr konzentrieren.

Vorsichtig schob er die Tür zu dem Einzelzimmer am Ende des Flurs auf und blieb in der Türöffnung stehen.

Er konnte das Mädchen im Bett gerade noch sehen. Die goldblonden Haare auf dem weißen Kissen, die das hübsche Gesicht einrahmten. Ihre Angehörigen, die erst heute die Erlaubnis bekommen hatten, sie zu besuchen, standen mit gesenkten Köpfen an ihrem Bett und hielten ihr die Hand oder hatten eine Hand auf die Decke gelegt.

Im Zimmer war es still. Ganz still.

Niemand hatte ihn bemerkt. Langsam zog er sich zurück und schloss leise die Tür.

Er selbst hatte das Mädchen gestern aufgenommen. Ein Lastwagenfahrer hatte sie gebracht und in seinen starken Armen in die Notaufnahme getragen. Er hatte sie im Straßengraben entdeckt, völlig erschöpft und mit furchtbaren Verletzungen.

Es war das arme Mädchen, das seit dem Weihnachtsball in Fasterholt vermisst worden war.

Schon ein paar Minuten später war ein Polizeibeamter ins Krankenhaus gestürmt, bevor er selbst überhaupt auf die Idee gekommen war, dort anzurufen. Die Frau des Polizisten war Krankenschwester und hatte Dienst gehabt.

Der Amtsarzt sollte kommen und das Mädchen untersuchen. Doch der Amtsarzt ging nicht ans Telefon. Ein Polizist wurde losgeschickt, um bei ihm zu Hause anzuklopfen, aber es war niemand da. Ein Nachbar meinte, dass der Arzt am Vortag mit seiner Familie nach Nordjütland gereist sei, weil seine Eltern dort goldene Hochzeit feierten.

Man sollte wirklich mehr System in diese Dinge bringen und eine Art Dienstplan erstellen, aber im Moment gab es so etwas noch nicht. Also musste er die Untersuchung des Mädchens selbst vornehmen. Äußerlich wie innerlich.

Sie war geschlagen worden. Ins Gesicht, aber vor allem und unübersehbar am ganzen Körper. Am Rücken, am Po, an den Schenkeln und rund um ihre Vagina. Sie hatte blutunterlaufene Striemen, die sich deutlich auf der Haut abzeichneten. Herbeigeführt durch einen Stock, einen Rohrstock, eine Peitsche oder etwas Vergleichbares.

Die gynäkologische Untersuchung legte ihr eigenes stummes Zeugnis ab. Es war grauenhaft und abstoßend. Dass ein Mensch einen anderen auf diese Weise knechten konnte …

Als das Mädchen wieder bei Bewusstsein war und sich ihr Zustand stabilisiert hatte, gab er der Kriminalpolizei die Erlaubnis, sie zu befragen, weil das natürlich wichtig war. Ganz kurz nur. Die Herren von der Kriminalpolizei Brande waren beide anwesend – der Leiter, Kaspersen, und sein Mitarbeiter, der junge Hagemann.

Sie hatten nichts Zusammenhängendes, Brauchbares aus dem Mädchen herausbekommen, und deshalb hatte er ihnen erlaubt, heute noch einmal mit ihr zu sprechen. Aber erst nachdem die Familie da gewesen war. Und erst wenn das Mädchen sich noch ein wenig ausgeruht hatte.

Seit siebenunddreißig Jahren war er nun Arzt. Und dennoch

konnte er ihn nicht abschütteln. Diesen entsetzlichen Dezembermorgen, der ihm nach einer Nacht mit unruhigem Schlaf noch immer tief in den Knochen steckte.

Er ging zurück ins Arztzimmer, um sich für das Gespräch mit den Eltern zu wappnen. Er hatte sie zu sich bestellt, sobald die Krankenschwester sie darauf aufmerksam machte, dass die Besuchszeit nun zu Ende war. Sie würden jeden Moment anklopfen.

## 50.

Obwohl Tobias' Neugier größer war als seine Angst, kam er nur wenige Schritte näher an die Grube heran und weigerte sich immer noch, die Taschenlampe zu halten.

Links und rechts der Grube hatte Oxen zwei Hügel aus sandiger Erde aufgehäuft. Nicht mehr lang, dann hatte er die dunkelgrüne Plane, die wie ein zusammengerollter Teppich in etwa einem Meter Tiefe lag, komplett freigelegt.

Er machte eine Pause und wischte sich mit dem Jackenärmel den Schweiß von der Stirn. Den Restalkohol, der sich möglicherweise noch in seinem Körper befand, hatte er spätestens jetzt ausgeschwitzt.

Er beeilte sich, um auch das letzte Stück Plane von sämtlicher Erde zu befreien, und fegte den Rest mit den Händen weg. Er wollte gerade nach dem Plastik greifen, um das Paket nach oben zu wuchten, als ihm etwas einfiel. In Anbetracht der Tatsache, dass er eine Polizeischule besucht hatte, hätte er wirklich schon früher daran denken müssen.

Fotos.

Natürlich machte man Fotos. Selbst wenn man auf keinen Fall so hätte vorgehen dürfen, wie er es gerade getan hatte. Eigentlich hätte er die Polizei sofort über die Zeugenaussage informieren müssen, die ihn hierhergeführt hatte.

Er kletterte aus dem Loch und holte sein Handy aus der Tasche. Fotos vom Fundort waren obligatorisch. Und wenn er selbst schon gegen geltendes Recht verstieß, indem er hier den Spaten schwang, konnten die Bilder zumindest als Beweismaterial dienen, das ihm später helfen würde, falls es nötig werden sollte.

Er trat ein paar Schritte zurück und fotografierte die Grube mit einer Serie von Blitzlichtern aus allen Richtungen. Zum Schluss noch ein paar Selfies, die belegten, dass er – Niels Oxen – die Leiche persönlich ausgegraben hatte.

»Warum machst du das, Niels? Warum fotografierst du?«

»Um gegebenenfalls zeigen zu können, wie das alles hier aussah – und um zu belegen, dass ich es war, der gegraben hat.«

Er stieg zurück in das Loch, steckte das Handy wieder ein, beugte sich über die Plane und hob sie hoch. Es kostete ihn einige Mühe, sie über die aufgeworfene Erde zu hieven. Tobias kam langsam näher, ohne das dunkelgrüne Plastik aus den Augen zu lassen.

Er selbst stemmte einen Fuß gegen das Paket und versetzte ihm einen leichten Stoß. Die Leiche war sorgfältig eingewickelt worden. Aber irgendetwas kam ihm merkwürdig vor. Die Proportionen stimmten nicht. Schließlich war die gesamte Plane abgewickelt und der Inhalt kam zum Vorschein.

Das war kein Mensch.

Sondern ein Wolf.

Ein trauriger Anblick. Und ein verdammtes Verbrechen, aber trotz allem kein Menschenleben, das ausgelöscht worden war.

»Wow«, sagte Tobias und kam jetzt ganz nah heran. »Ich war mir sicher, dass es ein Mensch ist.«

Oxen zuckte mit den Schultern.

»So genau konntest du das in der Nacht damals ja auch nicht sehen, Mondlicht hin oder her. Der Wolf wurde mit einem Gewehr erschossen. Da ist der Einschuss.«

Er ging in die Hocke und zeigte auf die Stelle hinter dem linken Vorderlauf. Rund um das Loch war das Fell blutig und verklebt. Er ließ den Lichtkegel der Taschenlampe über das schöne Tier gleiten, das die Menschen schon seit ewigen Zeiten als Bestie betrachteten.

»Es ist eine Fähe. Eins der beiden einzigen ausgewachsenen Weibchen auf dänischem Boden«, sagte er.

»Keine kleinen Wölfe in der Harrilder Heide«, murmelte Tobias mehr zu sich selbst.

»Nicht in diesem Jahr.«

Oxen stand auf. Er war wütend. Die Wölfin war natürlich erschossen worden, weil man die Aufnahmen der Wildtierkamera veröffentlicht hatte. Die Nächte, die er unter freiem Himmel zugebracht hatte, waren reine Zeitverschwendung gewesen. Er würde das Wolfspaar nie zu Gesicht bekommen. Zum Tanzen gehörten immer noch zwei. Und es war nur noch einer hier draußen unterwegs.

Außerdem ärgerte es ihn, dass er nach der anstrengenden Graberei wieder bei null angekommen war. Nicht, dass er sich unbedingt gewünscht hätte, eine menschliche Leiche zu finden. Er war nur ganz selbstverständlich davon ausgegangen und ziemlich sicher gewesen, dass er den ehemaligen Staatssekretär ausgraben und damit zu den Ermittlungen beitragen würde.

Stattdessen hatte er sich Spatenstich für Spatenstich näher an … nichts herangearbeitet. Der unheilbar krebskranke Besitzer von Harrildholm war noch genauso verschollen wie zuvor.

Sein Bauchgefühl, dass Tobias etwas wusste, war richtig und gleichzeitig grottenfalsch gewesen.

»Der Täter – was hast du gesagt, wie er aussah?«

»Alt, also ganz faltig im Gesicht. Er hat ziemlich gekeucht und viele Pausen gemacht. Nicht so wie du, Niels. Und er hat geraucht.«

»Würdest du ihn wiedererkennen?«

Tobias nickte.

»Ich glaube, schon.«

»Was für eine Riesenschweinerei, einen Wolf zu erschießen. Und absolut verboten. Vielleicht läuft er dir eines Tages über den Weg. Aber wenn er das tut, dann halt besser den Mund, Tobias.«

Für einen Augenblick standen sie stumm nebeneinander und betrachteten den Wolf zu ihren Füßen.

»Was machen wir jetzt, Niels?«, fragte der Einsiedler ratlos.

»Wir packen das Tier wieder ein, werfen es in die Grube und schaufeln sie wieder zu.«

Er wollte nicht in eine Geschichte hineingezogen werden, die sich im Handumdrehen zu einem Medienereignis auswachsen würde, wenn er die Polizei über diesen Fund informierte. Er hatte schließlich eine Aufgabe zu erledigen. Und jetzt konnte er sich darum kümmern, ohne dass ihm Wölfe im Hinterkopf herumspukten.

Er war froh, dass er Margrethe Franck nicht angerufen hatte, um ihr zu verkünden, dass er gerade dabei war, Poul Hansen auszugraben. Sie sollte weder von seinem Wolfsfieber noch von dem Fiasko dieses Abends erfahren.

Er war nach Jütland gefahren, um herauszufinden, in welches Wespennest Margrethe Franck nichts ahnend gestochen hatte, und um sich mit ihrem alten Fall zu beschäftigen, nachdem er sie eindringlich darum gebeten hatte, ihm die Unterlagen spätabends noch in den Briefkasten zu werfen.

Es war allerhöchste Zeit, sich um diese Aufgabe zu kümmern.

»Niels?«

»Hmm …«

»Du hast mir immer noch nicht erzählt, warum du den Mann von Harrildholm besuchen wolltest. Seid ihr Verwandte oder Freunde, oder was?«

»Es ist … mein Job, ihn zu suchen. Und falls ich ihn finde, soll ich ihm ein paar Fragen stellen.«

»Er hat ein Quad.«

»Poul Hansen?«

»Ja.«

»Auf dem Hof habe ich keins gesehen. Meinst du etwa, dass er den Wolf erschossen und hierhergebracht hat?«

»Nein, er war es nicht. Der Mann, der hier war, hat ein Quad mit anderen Scheinwerfern. Die haben bläulich weiß geleuchtet. Die von dem Harrildholmer leuchten ganz normal, fast gelb. Das habe ich unten am Bach genau gesehen.«

»Am Bach?«

»Am Kvindebæk.«

»Du hast den Harrildholmer am Kvindebæk gesehen?«

»Ja. Stimmt was nicht?«

»Wann war das?«

»Weiß ich nicht so genau. Etwa vor drei Wochen. Es war frühmorgens, als ich nach meinen Angelhaken schauen wollte. Es war noch dunkel.«

»Was hat er am Bach gemacht mit seinem Quad?«

»Keine Ahnung. Er kam mir am Ufer entgegen. Es ist verboten, Haken im Bach auszulegen, deshalb habe ich mich versteckt. Aber ich habe ihn erkannt. Sein Quad ist rot. Ich habe ihn ein paarmal damit gesehen. Hier draußen haben viele so ein Quad.«

»Und du hast nichts Verdächtiges am Bach beobachtet? Oder etwas gefunden?«

»Nein. Wieso fragst du das, Niels?«

Er zuckte mit den Schultern. Es war sicher nicht sinnvoll, Tobias zu erzählen, dass eine Leiche im Bach gefunden worden war – noch eine Leiche. Eine menschliche.

## 51.

Der Preis dafür, dass sie 112 gewählt hatte und sich selbst und das Auto aus der Gefahrenzone in der Mitte der Kreuzung holen ließ, waren Fragen – Unmengen von Fragen. Was nicht verwunderlich war, wenn man mit zwei Einschusslöchern in der Windschutzscheibe an einem Verkehrsknotenpunkt liegen blieb.

Sie hatte sich mit Geduld gewappnet, obwohl sie von Anfang an wusste, dass diese Geduld auf eine harte Probe gestellt werden würde. Die Kollegen vom Revier in Bellahøj machten ihren Job und befragten sie kreuz und quer in alle Richtungen.

Sie hatte den beiden Beamten, die als Erstes vor Ort gewesen waren und sie mit aufs Revier genommen hatten, längst ihre Aussage zu Protokoll gegeben. Eine Aussage, die bei den Kollegen nicht nur neue Fragen aufwarf, sondern auch berechtigte Skepsis weckte.

Trotz vordergründiger Höflichkeit und korrekten Auftretens war die Konstellation eindeutig: zwei Durchschnittskollegen der verbeamteten Arbeiterklasse gegen die *smartass*-Tussi der dazugehörigen Oberschicht. Sie hatte nie viel von dieser Unterscheidung zwischen polizeilichem Nachrichtendienst und dem

Rest der Truppe gehalten. Aber die Barriere existierte. Nicht nur auf organisatorischer, sondern auch auf mentaler Ebene.

Der PET jonglierte mit großen Begriffen wie »die Sicherheit des Landes«, und die übrigen Kräfte mussten sich damit begnügen, Verkehrsvergehen zu ahnden und Fälle von Schutzgelderpressung, Mord und Betrug zu untersuchen, und alles, was sonst noch an Scheiße im Kielwasser des Drogenhandels schwamm. Und ganz nebenbei sollten sie auch noch den Rest bearbeiten, der sich Tag für Tag auf der Schattenseite des Lebens abspielte.

Sie hechelten strengen Vorgaben, angestrebten Statistiken und Dokumentationspflichten hinterher, als wäre die Polizei eine Konservenfabrik und Gesetzesverstöße wären etwas, das man in Dosen abfüllen konnte. Und am Ende des Tages waren es die Polizeipräsidenten mit ihren Erfolgsprämien, die den jährlichen Bonus für diese Anstrengungen einstreichen durften.

Also *natürlich* nahmen sie sich alle Zeit der Welt, die beiden Kollegen, als sie erklärte, dass sie vom PET war. Und *natürlich* machten sie sich die Mühe, ihr das Messer nicht nur in den Bauch zu rammen, sondern es auch besonders gründlich umzudrehen. Dabei hatte sie tatsächlich einen Heidenrespekt vor den Kollegen und ihrer Arbeitsbelastung. Auch wenn sie die beiden gerade wüst beschimpft hatte – innerlich.

Sie saß in einem kleinen, kahlen Raum. Sie warf einen Blick auf ihre Armbanduhr. Inzwischen waren mehrere Stunden vergangen, seit sie aus dem Augenwinkel bemerkt hatte, wie jemand die Hand hob, und seit sie sich instinktiv geduckt hatte, um den Kugeln auszuweichen, von denen sie gar nicht gewusst hatte, dass sie kommen würden.

Hätte sie das nicht getan, würde sie jetzt sicher nicht mit ihrem lauwarmen Kaffee an diesem Tisch sitzen, sondern bei noch niedrigeren Temperaturen unter einem weißen Laken liegen.

Dabei hatte sie wirklich keine Zeit, um hier die Wand anzustarren. Sie befand sich mitten in einer mysteriösen Abrechnung mit den Schatten ihrer eigenen Vergangenheit. Und nur wenige Tage von der Deadline entfernt, an der ihre Arbeitsgruppe das neue Konzept für die operative Abteilung präsentieren musste.

Aber natürlich hatte man sie nach ihrer ersten Aussage nicht vom Haken gelassen. Sie war das Opfer eines Verbrechens, das alles andere als alltäglich war, auch wenn es mittlerweile immer öfter vorkam, dass sich Rockerbanden-Projektile ins Image der Stadt bohrten, die sich so gern als sorglose Heimat des Tivolis präsentierte, als fahrradfahrende Hauptstadt in einem Land voller glücklicher Einwohner, deren Leben nichts als *Hygge* war.

Endlich betrat der Kommissar das Zimmer, stellte sich vor, drückte ihr lächelnd die Hand und griff mit Todesverachtung nach der Thermoskanne. Natürlich hatten seine Leute ihn gebrieft. Trotzdem fing er wieder von vorn an.

»Wirklich üble Sache, was? Ich würde mir das Ganze gern aus erster Hand anhören. Können wir den Ablauf noch mal zusammen durchgehen? Also, Sie sind stadtauswärts unterwegs. Wo?«

Das war genau der Punkt, an dem sie dem Automechaniker L. T. Fritsen unendlich dankbar für seine Hilfsbereitschaft war. Niels Oxens alter Soldatenkamerad hatte sich bereit erklärt, ihre Geschichte gegenüber der Polizei zu bestätigen. Vielleicht hatte er das inzwischen ja schon getan. Niemand sollte erfahren, dass sie bei Sean Struve im Gefängnis gewesen war.

»Mein Auto steht im Moment in der Werkstatt, Amagerbrogade. Mit einem Steinschlag in der Windschutzscheibe … Der Corsa ist ein Leihwagen. Ich fahre also rüber, um meinen Mini abzuholen. Aber es stellt sich heraus, dass es wohl ein Missverständnis gab, weil mein Auto noch gar nicht fertig ist.

Also fahre ich wieder weg, nehme die Sjællandsbro und fahre durch die Stadt in Richtung Søborg, um noch ein paar Sachen im Büro fertig zu machen. Es gießt in Strömen. Es ist dunkel. Ich bemerke nichts Ungewöhnliches, bis plötzlich auf der Kreuzung Bülowsvej/Ågade ein Motorrad neben mir auftaucht. Es sitzen zwei Personen darauf. Beide in schwarzen Motorradanzügen und mit schwarzen Helmen. Ich registriere, dass der Beifahrer die Hand hebt und, wie ich meine, auf mich zeigt, und ducke mich reflexartig. Peng. Peng. Ich rufe die 112, und die Kavallerie eilt mir zu Hilfe.«

»Hmm … Und Sie haben nicht den geringsten Verdacht?«

Sie schüttelte den Kopf.

»Auch wenn Sie verständlicherweise nicht darüber reden wollen, woran Sie im Augenblick arbeiten – ist es sicher nichts, was eine solche Reaktion auslösen könnte? Dass jemand Sie umbringen will?«

»Diese Frage habe ich mir selbst auch gestellt. Und die Antwort ist nein.«

»Nun rasen ja nicht ständig irgendwelche Spinner auf Motorrädern durch die Gegend und schießen auf jeden silbernen Corsa in Kopenhagen. Das heißt, es muss doch irgendwo ein Hund begraben liegen. Denken Sie nach, Franck, denken Sie nach.«

»Ich habe nachgedacht. Und Ihre Frage beantwortet.«

»Okay, lassen wir das mal so stehen. Gibt es irgendeinen Fall aus der Vergangenheit?«

»Was meinen Sie?«

»Aus unserem Archiv geht hervor, dass Sie vor zwölf Jahren in eine unerfreuliche Geschichte verwickelt waren, unten im Südhafen. Sie haben einen Mann erschossen, der verdächtigt wurde, an einem Bankraub beteiligt gewesen zu sein und womöglich einen Bankangestellten getötet zu haben. Könnte es Rache gewesen sein?«

Kommissar Pedersen hatte ins Schwarze getroffen, ohne auch nur zu ahnen, dass er vor einer Zielscheibe stand.

»Wie Sie selbst gerade gesagt haben – das ist zwölf Jahre her. In der ganzen Zeit hat sich niemand bemerkbar gemacht. Rache? Wieso dann erst jetzt? Nein, das ist vollkommen abwegig«, antwortete sie.

»Gibt es andere markante Fälle, wenn Sie weiter zurückdenken?«

»Jede Menge. Aber keinen, der erklären würde, warum ich ausgerechnet jetzt plötzlich über den Styx befördert werden soll.«

Pedersen stutzte.

»Styx. Der Fluss, der die Grenze zum Totenreich darstellt«, sagte sie.

»Ja, ja«, erwiderte der Kommissar und nickte. Dann stand er abrupt auf. »Alles Weitere können Sie drüben in Søborg regeln. Ich habe mit Ihrem Chef telefoniert. Wir haben vereinbart, dass Sie für den Heimweg eine Eskorte bekommen und dass wir bis morgen früh zwei Männer vor Ihrem Haus postieren. Danach übernimmt dann der PET.«

Sie zögerte. Das durchkreuzte ihre eigenen Pläne, aber es war unvermeidbar. Sie hätte genauso gehandelt, wäre sie *in charge* gewesen.

»Prima«, antwortete sie und versuchte, zufrieden auszusehen.

## 52.

Auch nach dem Geständnis des Einsiedlers, dass er nachts in fremde Fenster schaute und das auch auf Harrildholm getan hatte, kribbelte das Gefühl, beobachtet zu werden, immer noch direkt unter Oxens Haut.

Er hatte einige rastlose Runden durch die leeren Zimmer gedreht, in der Hoffnung, danach klarer zu sehen und einen neuen Blickwinkel zu finden. Immer wenn er für einen Moment vor einem der Fenster stehen geblieben war und in den pechschwarzen Hof hinausgestarrt hatte, glaubte er zu spüren, dass dort draußen in der Dunkelheit Augen waren, die ihn überwachten.

Der Abend war die pure Enttäuschung gewesen. Der Anblick der Wölfin, eingewickelt in eine billige Plastikfolie, hatte ihn zutiefst geschmerzt. Als er den Kadaver auf dem Waldboden freigelegt hatte, lag nicht nur ein totes Raubtier vor ihm, sondern eine Waffengefährtin. Und der geplatzte Traum von einem Wolfspaar in der Nacht.

Er hatte aus der inneren Unruhe Konsequenzen gezogen und war in den Stall gegangen, um die Augen im Dunkeln herauszufordern, die er nicht sehen, sondern nur spüren konnte. Augen, die in einer verschwommenen Bilderfolge tief in seinem Hinterkopf sogar Wölfen gehören konnten, die ihn anstarrten, um dann durch die Hintertür ins Haus zu laufen und durch die leeren Zimmer zu streifen. Was auch immer sie da zu suchen hatten.

*»Warning, wolf overload.«*

Sein Kopf war überfüllt mit Wölfen. Vor ein paar Stunden hatte er sich von einem von ihnen verabschiedet. Jetzt war es an der Zeit, den Rest zu verjagen. So gesehen hatte der Tag doch noch etwas Gutes. Manchmal musste man einen Weg bis zum Ende gehen, um das Ende zu finden.

Irgendwo in dieser schrecklichen, baufälligen Bruchbude

eines ehemals stattlichen Hofs waren Risse. Wenn man die richtige Stelle fand, konnte man ins Innere blicken und bekam etwas anderes zu sehen, als man erwartet hatte. Antworten. Und die waren – nachdem die romantische Vorstellung von tanzenden Wölfen in der Nacht zerplatzt war – der eigentliche Grund, warum er sich auf Harrildholm befand.

Seine Finger betätigten mehrfach den alten Schalter an der Wand. Umsonst. Es blieb dunkel. Er ließ den hellen Lichtkegel seiner Taschenlampe durch den Stall gleiten.

Hier im östlichen Längstrakt gab es offenbar kein elektrisches Licht. Entweder waren die Birnen kaputt, die Sicherungen durchgebrannt, oder die Leitungen waren hinüber. Er würde trotzdem jetzt auf die erste Inspektionsrunde gehen, nur um wenigstens irgendetwas Konstruktives zu tun. Er nahm sich vor, falls es nötig wäre, morgen bei Tageslicht noch einmal den ganzen Hof zu filzen, um Antworten zu bekommen.

Er war die Nebengebäude nur ein einziges Mal abgegangen, als er mit Magnus zusammen alles oberflächlich durchsucht hatte. Damals war er sich vorgekommen, als würden sie ein Freilichtmuseum mit alten Landmaschinen und Gerümpel besichtigen.

Der Lichtkegel streifte einen Teil der Gerätschaften, aber da musste noch mehr sein. Etwas, das er beim ersten Mal übersehen hatte. Tobias hatte gesagt, dass Poul Hansen ein Quad besaß. Aber er hatte bislang noch keinen Hinweis darauf entdeckt.

Langsam ging er den Futtergang in der Stallmitte hinunter. Auf beiden Seiten waren noch die Reste alter Holzverschläge. Rostige Eisenstangen und marode Bretter. Bestimmt zwei Jahrhunderte lang war das hier ein Kuhstall gewesen. Hätte damals jemand die seherische Prophezeiung geäußert, dass es sich für einen Bauern eines schönen Tages nicht mehr rechnen würde, ehrliche Milch zu produzieren, hätte man ihn ins Irrenhaus gesteckt. Ganz zu schweigen von der Wahnvorstellung eines europäischen Überbaus namens EU, der einem Geld dafür gab, dass man die Kühe für alle Zeiten vom Hof verbannte.

Er stand still und versuchte, sich einen Stall voller Leben, Wärme und Gerüche vorzustellen. So, wie er es aus den Ferien an der Westküste kannte, vom Hof seines Onkels. Das war ein …

Der schrille Klingelton seines Handys zerriss die Stille und er fuhr erschrocken zusammen. Er verabscheute diese plötzlichen Geräusche. Wieso vergaß er eigentlich immer wieder, dieses Mistding auf Vibrationsalarm umzustellen? Es war Margrethe Franck. Sie war ihm also zuvorgekommen.

»Ich wollte dir nur schnell ein Update geben, Niels. Aber ich muss es kurz machen. Ich sitze auf dem Revier in Bellahøj und warte darauf, dass man mich nach Hause fährt. Zwei Typen auf einem Motorrad haben mitten auf einer Kreuzung versucht, mich umzubringen. Ich war gerade auf dem Rückweg nach Søborg, nachdem ich Sean Struve im Gefängnis besucht hatte. Zwei Schüsse. *Close-Up.* Ich konnte mich gerade noch rechtzeitig wegducken. Jetzt werde ich mit Personenschutz ausgestattet.«

»Ein Mordversuch? Aber wie …?«

»Hör zu, ich hab keine Ahnung. Aber es sieht ganz danach aus, als ob es eine Verbindung zu Sean Struve gibt. Andererseits hätte er unmöglich so schnell einen Angriff organisieren können. Die müssen beim Gefängnis auf mich gewartet haben. Stellt sich die Frage – warum?«

»Als du deine Aussage gemacht hast, warst du da ehrlich?«

»Ich habe ein komisches Gefühl bei der ganzen Sache. Also nein, ich habe nichts gesagt.«

Er wollte gerade etwas erwidern, als sie sich hastig verabschiedete.

»Ich muss los.«

Franck legte auf. Wahrscheinlich waren die beiden Kollegen aufgetaucht, die sie nach Hause begleiten sollten.

Er seufzte tief und setzte sich auf den Rand einer alten Mistkarre. Dann lehnte er sich vor, stützte sich auf seine Knie und richtete das Licht auf seine Stiefelspitzen. Er knipste die Lampe aus, um sich in der Stille im Dunkeln zu konzentrieren.

Ein *drive by* und zwei Schüsse auf Margrethe Franck auf einer Straßenkreuzung in Kopenhagen … Das änderte alles. Ein Backstein mit Drohbrief in einer Windschutzscheibe war eine ernste Sache. Aber Schüsse … Abgefeuert in der Absicht zu töten.

Nur warum?

Er saß reglos da, vornübergebeugt, die Stirn auf die Knie gelegt, und ließ sich von der Dunkelheit verschlucken. Er versuchte eine Chronologie zu erkennen und welche Konsequenzen sich daraus ergaben.

Angenommen, Margrethe Franck würde einer gestrichelten Linie folgen, die sie in ihre Vergangenheit zurückführte … Dann würde sie am Ende dieser Linie zwölf Jahre früher in einem Hinterhof im Südhafen landen, wo sie einen Menschen töten und selbst schwer verletzt werden würde.

Im Augenblick bewegte sie sich auf genau dieser gestrichelten Linie rückwärts, und irgendjemand beobachtete sie dabei. Vielleicht hatte sie unbemerkt einen Alarm ausgelöst und war dadurch ins Visier geraten. So wie die tödlichen Stolperdrähte mit Sprengladungen, denen er auf seinen Missionen begegnet war, vor allem in Afghanistan.

Franck spazierte in den ersten Stolperdraht, als sie Joakim Jönssons Bruder aufsuchte. Sie löste damit zwar keine Bombe mit tödlichen Nägeln und Schrauben aus, aber eine Warnung, in Form der eingeschlagenen Windschutzscheibe ihres geliebten Minis.

Der zweite Stolperdraht war am Eingang zum Vestre-Gefängnis mit Sean Struve versteckt gewesen. Jetzt war Margrethe Franck so nah herangekommen, dass eine Warnung nicht mehr ausreichte. Jetzt sollte sie eliminiert werden.

Irgendwo tief im Gemäuer des Hofs hörte er ein Geräusch, vielleicht in einem der anderen Wirtschaftsgebäude. Er lauschte angespannt. Es war kein metallischer Laut, auch nicht dumpf, eher ein wenig scharf. Wie ein tragender Balken, der ächzte. Holz arbeitete, und das müde Gebälk, das Harrildholm noch eine Weile aufrecht halten würde, womöglich ganz besonders. Oder eine Katze hatte irgendwo etwas umgeworfen. Er hatte schon ein paar davon hier herumstreunen sehen. Oder ein Marder. Oder ein rosaroter Elefant.

Er beließ es dabei und folgte stattdessen weiter der gestrichelten Linie von Margrethe Francks Gegenwart in die Vergangenheit.

Das Geld aus dem Gammel Kongevej? Es fehlten gut 3,3 Millionen Kronen aus dem Überfall, die Jönsson laut Struve und seinen Komplizen – entgegen jeglicher Absprache – beiseitegeschafft haben sollte. Geld, das die Polizei nie gefunden hatte.

So weit erinnerte er sich. Stand etwa jemand in den Kulissen und befürchtete, dass es langsam eng wurde und Margrethe Franck jede Sekunde über die Beute stolpern könnte?

Oder war es ein reiner Vergeltungsschlag? Ein schlummernder Rachehunger bei Jönssons Bruder, der zu neuem Leben erwacht war, als Margrethe Franck plötzlich aufgetaucht war und vorlaute Fragen gestellt hatte? Nein. Das war nicht realistisch. Rache war etwas, wonach man sich glühend verzehrte. Aber mit der Zeit kühlte sich dieses Verlangen ab. Es war jetzt zwölf Jahre her. Hätte der Jönsson-Bruder sich rächen wollen, dann hätte er es schon längst getan.

Es war etwas anderes – und Größeres –, das ausgelöst worden war, als er Franck den Zeitungsausschnitt geschickt hatte. Dort draußen waren Schatten. Schatten, die Risiken eingingen. Lupus-Schatten, die bis in Mossmans Anfangsjahre zurückreichten, vage Spuren eines feuchtfröhlichen Sommerabends unter Polizisten, auf einem Gartenfest in Roskilde … Und Jahre später auf einer Geburtstagsfeier im Søpavillon. Schatten, deren Existenz nur durch einen kleinen Fetzen Papier in den Hinterlassenschaften eines ehemaligen PET-Chefs angedeutet wurde, auf dem ein Millionenbetrag notiert worden war.

Schatten, die einem alten, pflegebedürftigen Polizeipräsidenten zufolge für Ausgleich sorgten oder offene Rechnungen beglichen. Lupus hatte die Reichtümer eines ehemaligen Bankdirektors geraubt, die dem nicht zustanden, und dem Drahtzieher eines Pädophilenrings aufgelauert, um ihn über eine Felskante im Schmetterlingstal auf Rhodos in den Tod zu stoßen.

Vielleicht war das alles nicht wahr. Aber vielleicht war das alles genau so passiert.

Er hatte das dumpfe Gefühl, dass Lupus kurz davor war, aus den tiefen Schatten zu treten und zu etwas Konkretem zu werden.

Er war noch immer auf Wolfsjagd. Nur die Wölfe waren jetzt andere.

Er stand auf, schaltete die Taschenlampe wieder ein und ging langsam weiter. Fürs Erste gab er sich damit zufrieden, zumindest zu einer gewissen Klarheit im Kopf gelangt zu sein.

Das Gefühl, sich in der Zeit zurückzubewegen, wurde von der Dunkelheit verstärkt und von der fingerdicken Staubschicht, die im Licht der Taschenlampe sichtbar wurde.

Überall waren Spinnweben. Sie bedeckten die Fensternischen, hingen schlaff oder straff gespannt an Strohhalmen, die aus den Ritzen der Bretterbohlen an der Decke herausragten. Er spürte die dünnen Fäden im Gesicht und wedelte die Gespinste beiseite, während er durch den offenen Durchgang den südlichen Querbau betrat.

Er war in der Scheune. An der gegenüberliegenden Wand in dem großen, offenen Raum standen eine museumsreife Dreschmaschine und ein Mähbinder. Das wusste er noch von seiner Runde mit Magnus.

Er konnte keinen Lichtschalter entdecken und leuchtete alles ab, rundum und nach oben. Erst jetzt fiel es ihm auf. Die Dachkonstruktion war wohl schon vor langer Zeit verstärkt worden, indem man Bretter quer über die Dachsparren genagelt hatte, von unten über die Kehlbalken bis ganz zum First. Eine ungewöhnliche Stützkonstruktion, die ihren Zweck aber offensichtlich erfüllte.

Er leuchtete auf den nackten Betonboden und schritt ihn systematisch ab. Auf der anderen Seite der Dreschmaschine fand er, was er schon beim letzten Mal hätte finden müssen, aber seine erste Inspektion des Hofs war viel zu oberflächlich gewesen. Er hatte nur die von Anfang an misslungenen Ferien mit Magnus im Kopf gehabt und die Prügelei in der Küche.

Er hatte seinen Job einfach nicht gründlich genug gemacht, sonst wäre ihm die trockene Erde auf dem Scheunenboden aufgefallen. Er leuchtete zur Tür an der Giebelseite. Reifenspuren. Poul Hansens Quad hatte seinen Platz neben der Dreschmaschine gehabt. Tobias hatte recht.

Er ging weiter. In einer Ecke lehnten alten Zaunpfähle und Latten. Er stellte sich vor, wie die Strohballen früher direkt vom Pferdefuhrwerk aus mit Heugabeln dort durch die Luke mit den

Fensterläden auf den offenen Heuboden geworfen worden waren. Auf einem Hof dieser Größe hatten sicher etliche Knechte gut zu tun gehabt.

Mit etwas Mühe schob er die zweigeteilte Scheunentür auf, überquerte die Tenne und kam durch eine andere Tür in das nächste Gebäude. Hier gab es zwar einen Lichtschalter, aber trotzdem kein Licht. Überall stapelte sich alles mögliche Gerümpel. In einer Ecke zwischen alten Holzkisten, in denen vermutlich Obst gelagert worden war, entdeckte er die Überreste eines Traktormotors, die er übersehen hatte, als er mit Magnus hier gewesen war. Daneben stand eine Kutsche, und an der Wand dahinter hing ein Wirrwarr aus Zaumzeug und Zügeln. Die zwei Traktorreifen darunter waren ihm vorher genauso wenig aufgefallen wie die Klappleiter, die neben dem Ausgang an der Mauer lehnte.

Vermutlich hatte dieser Teil des Hofs vor vielen Jahren als Pferdestall gedient. Er ging weiter und kam in das letzte der vier Wirtschaftsgebäude. Als er an der Leiter vorbeiging, fuhr er mit dem Finger über eine der Sprossen. Keine dicke Staubschicht … Eine Erkenntnis, die hinter seiner zu neuem Leben erwachten Hirnrinde blinkte, er wusste nur nicht, was er damit anfangen sollte.

Im letzten Stall waren offensichtlich Schweine untergebracht gewesen. Die Boxen waren geräumig, mit Trennwänden aus Holz und durchgehenden Futtertrögen. Genau so hatte es auf dem Nachbarhof seines Onkels ausgesehen. Ob die Schweine die Ersten oder die Letzten waren, die das sinkende Schiff verlassen hatten, war unmöglich zu sagen. Auf dem Hof wirkte einfach alles heruntergekommen und verstaubt oder war überzogen mit einer Kruste aus dem getrockneten Mist von Jahrzehnten.

Der nächste Raum war ein Wagenschuppen, die Garage der Vorzeit. Dieser Lichtschalter funktionierte endlich, und eine Leuchtstoffröhre blinkte ein paarmal auf, bevor es schließlich dauerhaft hell wurde.

Er erinnerte sich an die Pflüge und den Hackstriegel, und hier war auch die Werkstatt des Hofs untergebracht. Mit Magnus war er nur durchgehetzt, ungeduldig, weil er die Arbeit endlich hinter sich bringen und alles dafür tun wollte, dass sein Sohn sich wenigstens für den Rest ihrer Reise wohlfühlte. Als Wiedergutmachung dafür, dass sein Vater ein Idiot war, hatte er kurzfristig umgebucht und ein Hotel mit Schwimmbad organisiert.

Dieses Mal nahm er alles genau unter die Lupe. An der Wand über der Werkbank hing eine Tafel mit ein paar einzelnen rostigen Werkzeugen, aber auf dem Tisch lagen tatsächlich ein Hammer jüngeren Datums, ein paar Schraubenzieher und eine Handvoll Nägel, die ebenfalls aus einem nicht ganz so fernen Jahrzehnt zu stammen schienen. An der Wand hing außerdem noch ein großes Radiogerät mit integriertem Kassettenrekorder, konserviert in einer Zeitblase aus Spinnweben.

Das andere Ende der Werkbank war leer geräumt. Offenbar hatte jemand mit einem Lappen oder dem Unterarm über die Tischplatte gewischt, denn anders als überall sonst lag hier keine dicke Staubdecke. Trotzdem konnte man ein paar Fingerspuren erkennen, und einen neuen Seitenschneider gab es griffbereit daneben. Es sah ganz danach aus, als hätte Poul Hansen hier noch vor ein, zwei Monaten herumgewerkelt. Das war nicht viel, aber doch so etwas wie ein Lebenszeichen.

Das Licht war eher bescheiden, darum knipste er die Taschenlampe wieder an und leuchtete um sich herum. Dann ging er in die Hocke und ließ den Lichtstrahl über den Boden wandern. Hier und da blitzten winzige Stücke von feinem Kupferdraht auf, und vor der Werkbank lagen abgeschnittene Kabelreste, hellblau, braun und gelb mit grünen Streifen.

Er stand auf und ging weiter in den letzten Raum, der anscheinend als Lager diente. An der Wand stand ein niedriges Regal mit einem altmodischen Vorhang, hinter dem sich Einlegeböden verbargen, darauf Schachteln, Flaschen und Gläser, dicht gedrängt und in allen Ausführungen. Einige sahen aus wie alte Marmeladengläser. In manchen befand sich ein undefinierbarer schwarzer Inhalt. In einer anderen Ecke des Raums stand eine alte Gefriertruhe. Als er den Deckel anhob, schlug ihm ein ekelhafter Gestank entgegen. Auf dem Boden der Truhe stand Wasser, vom Rost rot gefärbt. An der Wand daneben hingen die Überreste einiger alter Gartengeräte.

Auf dem Weg nach draußen öffnete er einen Schrank, in dem sich die gesamte Elektrik befand. Sicherungskasten, Relais und Zähler – alles war vor nicht allzu langer Zeit erneuert worden, wie man an dem hellgrauen Plastik erkennen konnte, wo früher schwarzes Bakelit gewesen war.

Im Schein der Taschenlampe überprüfte er die Sicherungen. Sie waren alle in Ordnung. Also gab es auf ganz Harrildholm Strom, aber kaum funktionstüchtige Glühbirnen.

Er trat nach draußen in die Dunkelheit und stand wieder auf den Steinfliesen vor dem Hintereingang. Für einen kurzen Moment überlegte er, ins Haus zu gehen und sich Margrethe Francks alten Fall vorzunehmen. Er konnte es nicht länger ignorieren. Die rote Mappe war seine nächste Aufgabe. Er musste jedes Wort kritisch lesen, aber zuerst …

Er drehte sich um und stellte sich in die Mitte des Innenhofs. Wenn man die Zeit weit genug zurückdrehte, würde hier wohl der Misthaufen liegen. Hinter den hell erleuchteten Wohnzimmerfenstern herrschte gähnende Leere. Wenn er dort drinnen herumlief, war er von hier aus nicht zu übersehen. Tobias hatte also im tiefen Schatten der Toreinfahrt gestanden wie ein Zuschauer im Theater.

Er konnte das Gefühl, dass auch in dieser Sekunde Augen auf ihn gerichtet waren, einfach nicht abschütteln. Langsam drehte er sich um die eigene Achse, ohne auch nur ansatzweise etwas Verdächtiges zu entdecken.

Dafür gab es nur eine Erklärung: Er strengte sich nicht genug an. Und wenn man die Ausbildung bei den Jägern durchlaufen hatte, wusste man, was man zu tun hatte, wenn man zu dieser Schlussfolgerung gelangt war: Man musste von vorn anfangen.

Als er die zweite Runde durch den dunklen Kuhstall begann, ging er nicht an der Ablaufrinne entlang, sondern an der Außenwand. Er leuchtete eher nach oben als nach unten. Erst über die linke Mauer, dann über die rechte.

Das Licht, das nicht funktionierte, erwies sich als Lampe mit drei Fassungen, eine mit Birne und zwei ohne. Er fand zunächst keine Leitungen, aber dann bemerkte er eine Steckdose ganz oben auf der Rückseite eines Stützbalkens. Ein dickes schwarzes Kabel führte von dort weiter hinauf und verschwand zwischen zwei Brettern in der Decke. Da alle Sicherungen und das Relais in Ordnung waren, musste also Strom auf dem Kabel sein, wo auch immer es hinführte.

Er suchte mit der Taschenlampe so gründlich wie möglich die Decke ab, fand aber nach wie vor nichts anderes als beeindruckende Mengen von Spinnweben.

In der Scheune ging er genauso vor. Hoch oben waren Leuchtstoffröhren angebracht, und an den Querbalken baumelten zwei Fassungen mit nackten Glühbirnen. Beide waren kaputt. Er wunderte sich wieder über die Bretter, die sämtliche Sparren verdeckten, aber vermutlich erklärten sie sich wirklich durch den schlechten Zustand der Scheune.

Er leuchtete auch hier die Wände ab und entdeckte über dem Mähbinder eine weitere Steckdose, dieses Mal ohne Stecker. Es war schon seltsam, dass die Sicherungen intakt waren, sich aber trotzdem niemand die Mühe gemacht hatte, die Birnen auszuwechseln. Und dann waren da noch diese Kabelreste vor der Werkbank. Er ging an der Wand weiter bis unter den Heuboden und fing an, die Bretter und Zaunpfähle beiseitezuräumen. Vielleicht verbarg sich dahinter ja etwas Interessantes. Und tatsächlich, ein weiteres schwarzes Kabel führte nach oben, die dazugehörige Steckdose befand sich dicht über dem Boden.

Er leuchtete die Scheune ein zweites Mal ab. Schon vorhin hatte er die Holzleiter bemerkt, die an der Wand lag, was vermutlich kein Zufall war. Er stellte sie auf, lehnte sie an die Kante des offenen Heubodens und trat prüfend auf die erste Sprosse. Wenige Augenblicke später war er oben.

Hier lagen vereinzelte Heu- und Strohnester herum, die aussahen, als würden sie schon bei der geringsten Berührung zu Staub zerfallen. Vorsichtig setzte er einen Fuß auf die dicken Bodenbretter. Sie knarrten, schienen aber stabil zu sein. Er folgte dem Kabel, das quer über den Heuboden verlief.

Es führte zur Außenwand, von dort einen Stützbalken hoch und durch die Luke mit den schwarz gestrichenen Fensterläden nach draußen. Sein Instinkt hatte ihn nicht getäuscht. Auf Harrildholm gab es Augen im Dunkeln.

Am Ende des Kabels befand sich eine Überwachungskamera.

Er knipste sofort die Taschenlampe aus, damit, wer auch immer in dieser Sekunde womöglich vor dem dazugehörigen Bildschirm saß – an einem geheimen Ort, irgendwo im Universum –, keinen Verdacht schöpfte.

Die Überwachungskamera war so montiert, dass sich die Linse passgenau an einer Stelle vor einem Astloch befand. So wusste der heimliche Beobachter immer, wer über den kleinen Kiesweg kam oder ging, der zum Hoftor von Harrildholm führte.

Hatte dieser Jemand auch nur die leiseste Ahnung von der Materie, dann war das sicher nicht die einzige Kamera hier. Als er damals bei der Fischzucht gewohnt hatte, hatte er ein ganzes Heer von Kameras im Wald verteilt.

Der Apparat vor seiner Nase war von hervorragender Qualität. Mit diesem Ding konnte man sämtliche Hofbesucher nicht nur tagsüber, sondern auch nachts gut im Bild festhalten. Es war sensorgesteuert und sendete alle Daten kabellos an eine Festplatte, die vermutlich irgendwo auf Harrildholm stand und dafür sorgte, dass jede Sequenz mit Bewegungen gespeichert wurde.

Das war es also, was der Betreffende in der Werkstatt gemacht hatte: Er hatte eine oder mehrere Kameras für den Einsatz vorbereitet. Aber wer war dieser Jemand? Vielleicht der verschwundene Poul Hansen? Und was sollte das Ganze?

Er überlegte einen Augenblick, ob er Margrethe anrufen sollte, um ihr zu erzählen, dass er ihrem Vertrauen in ihn endlich zumindest ansatzweise gerecht wurde und eine Art Resultat vorzuweisen hatte. Aber nein. Sie stand unter Polizeischutz und konnte in diesem Moment wahrscheinlich nicht ungestört reden. Das musste warten. Und er hatte auf einmal auch einiges mehr zu erledigen, bevor er ins Bett gehen konnte.

Dabei musste er vorsichtig sein, um den diversen versteckten Kameras nicht zu verraten, dass er nach ihnen suchte. Er durfte auf keinen Fall preisgeben, dass er endlich eine Spur gefunden hatte. Das Kabel im Kuhstall führte garantiert ebenfalls zu einer

Kamera, die er zwar noch nicht entdeckt hatte, die ihn im Augenblick aber auch nicht interessierte. Viel wichtiger war es, die Festplatte zu lokalisieren. Sie war der Schlüssel, der ihm die Tür zu Harrildholm öffnen würde.

Es gab nur einen Weg, sie zu finden: Er musste weitersuchen wie bisher. Eine Festplatte benötigte Strom …

Er kletterte vom Heuboden hinunter, überquerte die Tenne und setzte seine Suche im ehemaligen Pferdestall fort. Die einzige Steckdose, die er finden konnte, war direkt neben der Stalltür, aber sie war leer.

Langsam ließ er den Lichtkegel durch den Raum wandern. Über den Boden, die Decke entlang, über Gerätschaften, Obstkisten, Motorenteile, die Kutsche, Traktorreifen und das restliche Gerümpel voller Spinnweben, Staub und Schmutz.

Es dauerte eine Weile, bis er dahinterkam. Einer der tragenden Stützbalken war offenbar mit einem zweiten Balken verstärkt worden. An sich war das nicht ungewöhnlich – andererseits aber doch. Der Zustand des ursprünglichen Balkens war nämlich kein bisschen schlechter als der aller anderen.

Er ging in die Hocke und kehrte mit den Fingern Stroh und Dreck beiseite. Ganz unten waren eine ausgefranste Sägekante zu erkennen und winzige Späne von frischem Holz. Der Balken war erst vor Kurzem eingepasst worden, und mit Sicherheit befand sich darin ein Hohlraum, der einen Stromanschluss und ein Kabel verdeckte, das oben in der Decke verschwand. Wer auch immer dafür verantwortlich war, hatte sich wirklich Mühe gegeben.

Er wandte sich zur Decke. Eine ganze Reihe von Querlatten, die vermutlich über Jahrzehnte hinweg ergänzt worden waren, um alles irgendwie zusammenzuhalten, erschwerte ihm die Suche. Durch die vielen Fugen und Ritzen waren die Umrisse der

Luke nicht zu erkennen, die nach seiner Überzeugung irgendwo dort oben sein musste.

Es war, als stünde er vor einem Bogen Karopapier und sollte den Bleistift auf das eine richtige Feld setzen.

Das Vorhandensein der Klappleiter und die Tatsache, dass sie nicht von Dornröschenstaub bedeckt war, brachten ihn auf die Idee, sie überall da probehalber aufzustellen, wo das unbehindert von Schrott oder Gerümpel möglich war. Er drückte mit den Händen gegen die Deckenbohlen – jedes Mal ohne Erfolg.

Erst nach etlichen Fehlversuchen ging er systematischer vor und kam schließlich in der Ecke an, wo die ausrangierte Kutsche stand. Sie war auf der linken Seite aufgebockt, dort fehlten beide Räder. Die zwei noch vorhandenen waren aus Holz, mit einem Eisenring beschlagen, und das vordere war ein bisschen kleiner als das hintere. Es war ein alter Einspänner mit zwei breiten Sitzbänken. Er stellte sicher, dass das alte Ding nicht unter ihm zusammenbrechen würde, setzte dann einen Fuß auf das Trittbrett und stieg hoch. Er musste sich ducken, um sich nicht den Kopf an der Decke zu stoßen.

Wieder stemmte er beide Hände gegen die Holzbohlen, und beim zweiten Versuch landete er endlich einen Treffer.

Ein Rechteck von vier Brettern Breite gab seinem Druck nach. Er stellte sich auf den Kutschbock, schob den Deckel der geheimen Luke beiseite, richtete sich vorsichtig auf und zwängte seinen Oberkörper durch die schmale Öffnung.

Er benötigte keine Taschenlampe. Die Festplatte stand keine Armlänge entfernt auf einer kleinen Spanplatte. Sie hatte ein unauffälliges Display mit hellblauen Leuchtziffern, und auf dem flachen Kasten stand ein kleiner Monitor, der wahrscheinlich vor allem dazu diente, das Sichtfeld einzustellen.

Der Monitor war in sechs Felder unterteilt, für jede Kamera eins.

Jetzt wusste er, wo und wie viele geheime Augen auf Harrildholm versteckt waren. Da war die eine Kamera, die er schon gefunden hatte – die auf dem Heuboden. Dann gab es eine im Kuhstall, die auf den Mittelgang gerichtet war, genau wie er vermutet hatte. Die übrigen vier dagegen waren eine Überraschung:

Eine deckte den Innenhof mit Blick auf das Wohnhaus ab. Eine überwachte den alten Schweinestall, eine den Hintereingang, und die letzte Kamera lieferte ein gestochen scharfes Bild des Küchentischs mitsamt seiner Wolfskarte und dem Durchgang zum Wohnzimmer, wo Möbel und Papiere immer noch wild durcheinander auf dem Boden lagen. Er hatte keine Ahnung, wo sich diese Kamera befand, aber dem Winkel nach musste es irgendwo über den Küchenschränken sein.

Sein Blick wanderte zurück zu Kamera 5, die den Hintereingang zeigte. Der Blickwinkel kam ihm relativ steil vor, also war sie wohl ziemlich hoch oben angebracht.

Auf der Vorderseite der Festplatte befanden sich Pfeiltasten, mit denen man die Aufzeichnungen vor- und zurückspulen konnte, wenn man wollte. Für einen kurzen Moment kam er tatsächlich in Versuchung.

Er könnte sich ansehen, was er da draußen im Vollrausch eigentlich gemacht hatte. Es wäre schon interessant, das zu wissen … Aber er fürchtete, dass ein möglicher Beobachter alarmiert werden könnte, wenn er anfing, die Aufzeichnungen abzuspielen.

Er würde jetzt zurück ins Haus gehen und genau überlegen, was zu tun war. Konnte er es zu seinem Vorteil nutzen, dass er von der Existenz der Kameras wusste? Oder sollte er direkt zur Tat schreiten und sich den Inhalt der Festplatte ansehen? Und –

falls möglich – herausfinden, von welcher Telefonnummer aus sie gesteuert wurde? Er war sicher, dass man von einem Handy aus auf die Festplatte zugreifen konnte. Und wenn man die Nummer dieses Handys hatte, dann hatte man auch den Mann dahinter. Er musste das Ganze mit Margrethe Franck besprechen, sobald er sie wieder anrufen konnte, also morgen während ihrer Arbeitszeit.

Er war zufrieden. Äußerst zufrieden mit diesem Scheißtag, der ihm am Ende doch noch einen echten Durchbruch beschert hatte.

Oxen hatte seinen Schlüssel zu Harrildholm gefunden.

Er ging leicht in die Knie und zog vorsichtig die Luke über seinem Kopf zu.

Aus dem Augenwinkel registrierte er gerade noch einen dunklen Schatten. Dann fiel der Schlag. Hart und präzise traf er seinen Kopf.

## 53.

Dass er sich nicht bewegen konnte, war das Erste, was er feststellte, als er langsam zu sich kam. Weder Arme noch Beine. Er lag unbequem verdreht auf etwas Hartem, und Halme kitzelten ihn in der Nase, wenn er Luft holte.

Es dauerte eine ganze Weile, bis er endlich wieder klarsah. Jemand hatte den richtigen Moment abgepasst. Er hatte den Schlag nicht kommen sehen. Er lag immer noch da, wo er zusammengesackt war – in der alten Kutsche.

Dass er keine Bewegungsfreiheit hatte, lag daran, dass sich raue, steife Lederriemen straff um seine Handgelenke und Knöchel spannten. Er konnte es im Dunkeln nicht sehen, aber er spürte es: Es war altes Zaumzeug. Ein paar Zügel, wie sie in

Hülle und Fülle an den Wänden hingen und auf dem Boden herumlagen.

Wer auch immer ihn mit einem präzise getimten Schlag ausgeknockt hatte, war beim Fesseln allerdings viel weniger sorgfältig gewesen. Seine Hände waren nicht auf den Rücken gebunden worden, was entweder ein großer Fehler, Ahnungslosigkeit oder aber Absicht gewesen war.

Wenn er die Beine anzog, konnte er sich mit den freien Fingern durch das Wirrwarr aus Riemen arbeiten, das um seine Knöchel gewickelt war. Es war mühsam, aber nach einer Viertelstunde beharrlicher Arbeit gelang es ihm, den letzten Riemen zu lösen, und er konnte herumrollen und kam auf die Knie. Dabei streiften seine Finger eine glatte, längliche Form, die ihm vertraut war. Es war die Taschenlampe, die immer noch auf dem Boden der Kutsche lag, wo er sie hatte fallen lassen. Er nahm sie und schaffte es, sich auf den Kutschbock hochzuziehen.

Dort blieb er einen Moment sitzen, um sich zu erholen und zu sammeln. Er drückte auf den Knopf der Taschenlampe. Sie funktionierte noch und in ihrem Licht konnte er die verknoteten Lederriemen begutachten, die kreuz und quer um seine Handgelenke und Unterarme gewickelt waren. Diese Aufgabe war eine ziemliche Herausforderung. Er leuchtete nach oben. Über seinem Kopf klaffte ein großes schwarzes Loch in der Decke. Der unbekannte Angreifer hatte keine Zeit darauf verschwendet, die Luke wieder zu schließen.

Er nahm sich ein paar Minuten, um die Situation zu überdenken. Dann stand er auf, stieg mühsam auf den Sitz, schob den Oberkörper durch die Öffnung und richtete die Taschenlampe auf die Stelle, wo die Festplatte gestanden hatte. Nur um ganz sicherzugehen. Aber natürlich verhielt es sich genau wie erwartet: Die Festplatte war weg. Nur die Spanplatte lag noch da.

Er fluchte laut. Er war so nah dran gewesen. Und jetzt so weit weg.

Langsam stieg er von der Kutsche und wankte auf etwas wackeligen Beinen durch den Schweinestall in die Werkstatt. Er schaltete das Licht an und sah sich um. Dann griff er nach der Stichsäge, schob sie in die Schraubzwinge und spannte sie sorgfältig fest.

Er führte den Lederriemen über das Sägeblatt, hin und her, schnell und präzise. Es dauerte nicht lange, bis er den ersten Zügel durchtrennt hatte und sich das ganze Gewirr um seine Handgelenke löste. Jetzt konnte er den Rest einfach abstreifen, während das Blut in seine kribbelnden Hände zurückkehrte.

Der Angreifer hatte ihn rechts am Hinterkopf erwischt. Er ertastete eine Platzwunde und hatte etwas Blut am Finger. Das war das zweite Mal an einem einzigen Tag. Beim ersten Mal hatte er selbst dafür gesorgt, dass sein Kopf auf die Steinfliesen vor der Hintertür geknallt war. Vielleicht sollte er in Erwägung ziehen, in Zukunft immer einen Sturzhelm zu tragen.

Jetzt brauchte er einen kühlen Umschlag, auch wenn es dafür vielleicht schon zu spät war.

Auf dem Weg ins Haus blieb er an der Hintertür stehen und drehte sich um. Er schaute nach oben. Es gab eigentlich nur eine Stelle, die infrage kam: Die Kamera steckte in dem alten Nistkasten am Giebel der Stallung.

Er hatte die Tüte gefrorener Erbsen erst aus dem Gletscher heraushacken müssen, der sich im Tiefkühlfach des alten Kühlschranks gebildet hatte. Dann hatte er sie in einen Putzlappen gewickelt, und nun saß er am Küchentisch und drückte das Paket an seinen Hinterkopf.

Die Landkarte mit all seinen Markierungen und Beobachtungsposten hatte er weggepackt. Die Kamera, die ihm über die Schulter geschaut hatte, während er im Wolfsfieber über seinen Plänen brütete, war unauffindbar. Das wunderte ihn, doch vielleicht hatte sein unbekannter Gegner ja genug Zeit gehabt, um sie abzubauen und mitzunehmen. Aber das war inzwischen auch schon egal. Ohne Festplatte keine Überwachung.

Hätte er es geschafft, das Gerät zu untersuchen, und dabei vielleicht die Telefonnummer gefunden, dann hätte er jetzt einen konkreten Anhaltspunkt in der Hand. Stattdessen hatte er sehr konkrete Kopfschmerzen.

Er warf einen Blick auf die Küchenuhr. Es war nach Mitternacht. Ihm blieben also noch einige Stunden zum Arbeiten. Er würde ohnehin nicht schlafen können. Dafür war dieser Abend viel zu ereignisreich gewesen.

Die rote Mappe mit Francks altem Fall lag vor ihm. Daneben ein DIN-A4-Block und ein Kugelschreiber. Es war jetzt wirklich allerhöchste Zeit.

Obwohl Margrethe Franck schon einiges aussortiert und sich an manchen Stellen mit einer Zusammenfassung begnügt hatte, umfasste die Mappe über einhundertfünfzig Seiten. Dieses Mal blätterte er nicht wahllos darin herum. Er fing ganz von vorn an und las langsam und gründlich.

Seite für Seite arbeitete er sich durch den Fall. Er machte sich Notizen, stoppte, las manche Abschnitte ein zweites Mal und versuchte sich alles genau vorzustellen, um die dramatischen Ereignisse an jenem Nachmittag nachzuvollziehen.

Nachdem er etwa ein Drittel der Unterlagen durchgearbeitet hatte, machte er eine Pause und überflog seine Notizen. Tatsächlich war die Bühne ziemlich überschaubar: ein Hinterhof im Südhafen. Und auch die Zahl der Akteure war bescheiden: die junge Polizistin Margrethe Franck, ihr erfahrener Kollege Klaus

Trane sowie der kriminelle Abschaum, der Halbschwede Joakim Jönsson, der schon ein paar kleinere Strafen abgesessen hatte und offenbar in verschiedenen Branchen aktiv gewesen war, allesamt illegal.

Außer diesen drei Hauptakteuren waren noch drei Nebenrollen besetzt: die Bankräuber Sean Struve, John Iversen und Benny Trolle, die gemeinsam mit Jönsson den Überfall auf die Danske Bank am Gammel Kongevej begangen hatten.

Er hatte einige Fotos vor sich auf dem Tisch ausgebreitet. Sie waren bei der Spurensicherung des Tatorts gemacht worden. Zum ersten Mal sah er den Fluchtwagen mit der eingedrückten Motorhaube vor der massiven Mauer. Der Gedanke, dass dort – zwischen Auto und Mauer – Margrethe Francks Bein gewesen war, schien ihm eher logisch und konsequent, als dass er echtes Unbehagen bei ihm auslöste. Wer in der Schusslinie stand, bezahlte das manchmal mit Gliedmaßen – oder mit dem Leben. So war es einfach.

Es gab auch ein Foto, auf dem Joakim Jönssons Kopf zu sehen war, der auf dem Lenkrad lag. Sein Mund stand offen, die Augen waren aufgerissen. Das Loch in seiner Stirn zeugte von dem perfekten Schuss, den Margrethe Franck abgegeben hatte.

Er schaute wieder in seine Notizen und machte einen Kringel um das Wort »Waffe«. Margrethe Franck hatte gesagt, dass die Pistole von dem Überfall nie gefunden worden war. Und es schien auch durchaus plausibel, dass Jönsson sie so schnell wie möglich hatte verschwinden lassen. Mit einer Tatwaffe in der Tasche wollte niemand gern erwischt werden.

Und trotzdem. Wenn man auf der Flucht war und das Risiko bestand, dass man unterwegs auf Hindernisse stieß, wollte man sich dann nicht die Möglichkeit offenhalten, sich den Weg notfalls freizuschießen? Jönsson hatte kurz zuvor in der Bank bewiesen, dass er bereit war, von einer Waffe Gebrauch zu machen. Also wieso hatte er sie nicht griffbereit behalten?

Margrethe Franck hatte ihm an dieser Stelle handschriftlich einen Querverweis notiert. Er blätterte zu der entsprechenden Seite. Es waren die Verhörprotokolle der drei verbliebenen Bankräuber. Sie bestätigten, dass Jönsson als »Waffenprofi« dabei gewesen war, als *shooter*, wie sie es nannten.

Umso rätselhafter … Er machte noch einen zweiten Kringel um das Wort »Waffe«.

Als Nächstes nahm er sich die Aussagen der beiden Polizisten vor, die als Erste am Unglücksort eingetroffen waren. Ihre Angaben deckten sich zu hundert Prozent: Sie hatten den Kollegen Klaus Trane (K. T.) kniend neben der Kollegin Margrethe Franck (M. F.) vorgefunden, die schwer verletzt vor der Mauer auf dem Boden lag, nachdem sie frontal von dem Auto erfasst worden war. Durch einen Sprung hatte sie sich das Leben gerettet, aber ihr Bein war schlimm gequetscht worden. Sie war nicht bei Bewusstsein.

»K. T. schien unter Schock zu stehen, als wir kamen. Er war verwirrt und verhielt sich irrational. Er stand auf, lief im Kreis, fluchte und schrie nach dem Krankenwagen«, lautete eine der beiden Aussagen.

»K. T. hatte ordnungsgemäß den Motor des Fluchtwagens abgestellt und seine Kollegin in die stabile Seitenlage gebracht. Trotzdem war er irgendwie neben der Spur. Er wirkte kopflos. Das war schon ein bisschen überraschend, weil er so ein erfahrener Mann ist. Er ist herumgelaufen, hat geflucht und nach dem Krankenwagen gebrüllt, und er war sehr besorgt über M. F.s gesundheitliche Verfassung«, stand in dem anderen Protokoll.

Er las aufmerksam weiter.

»Ich bot K. T. an, ihn mit zurück aufs Revier zu nehmen, aber davon wollte er nichts wissen. Er wollte den Wagen unbedingt selbst in die Garage bringen. Er war ziemlich aufgebracht. Das wundert mich aber nicht, wenn man bedenkt, was er gerade erlebt hatte. Er stand ganz schön unter Adrenalin.«

Der andere Beamte hatte gesagt: »Es hat K. T. sehr geholfen, dass M. F. schnell vom Krankenwagen abgeholt und in die Klinik gebracht wurde. Danach hat er sich rasch beruhigt und uns versichert, dass es ihm gut geht. Er hat den Streifenwagen persönlich zurückgefahren und entschieden abgelehnt, als ein Kollege ihm angeboten hat, einen Polizeipsychologen zu verständigen.«

Hm … Es sah ganz so aus, als hätte diese Situation Klaus Trane wirklich erschüttert. Aber Oxen wusste aus seiner eigenen kurzen Zeit als Polizeischüler, dass natürlich auch Polizisten grundverschiedene Individuen waren. Man konnte sie zwar einheitlich ausbilden, sie reagierten in oder nach einer Stresssituation jedoch völlig unterschiedlich. Bei den Jägersoldaten war das nicht anders, sie waren lediglich aus einem härteren Holz geschnitzt. Ihre Auswahl erfolgte nach viel strengeren Kriterien, und auch die Ausbildung verlief ganz anders als an Polizeischulen.

Es war völlig klar, dass Klaus Trane neben sich gestanden hatte. Margrethe Franck hielt ihn für einen guten, gewissenhaften Menschen, und er hatte sich damals im Südhafen schließlich große Sorgen um sie gemacht.

Und in Klaus Tranes Aussage fand sich nichts, was dem widersprochen hätte. Er räumte ein, unter Schock gestanden zu haben, betonte aber auch mehrfach, dass er in den ersten Minuten am Tatort korrekt gehandelt habe: Er habe den Zündschlüssel umgedreht und damit das Auto ausgeschaltet und danach alles in seiner Macht Stehende getan, um Margrethe zu helfen.

»Aber wenn sie sich verdammt noch mal an den Ablauf gehalten hätte und nicht allein in diesen Hinterhof geschlichen wäre, sondern auf mich gewartet hätte …« Das hatte K. T. unter anderem auch gesagt.

Oxen erinnerte sich daran, wie Franck den Ablauf des Geschehens vor ein paar Tagen bei ihm zu Hause in Vangede geschildert hatte. Dass sie den silbergrauen Kombi nicht hatte sehen können, weil ein Stapel Paletten ihr die Sicht versperrte.

Er suchte ihre Aussage heraus, die sie damals im Krankenhaus gemacht hatte, und stieß gleich auf den Abschnitt, in dem sie beschrieb, wie der Wagen plötzlich auf sie zugerast war und sie mit dem Rücken zur Wand in der Falle saß.

M. F.: »Als der Wagen auf mich zukam, wusste ich sofort, dass ich keine Chance hatte, mich in Sicherheit zu bringen.«

Verhörleiter: »Sie konnten den Wagen also vorher nicht sehen, aber haben Sie denn den Motor nicht gehört?«

M. F.: »Nein … Keine Ahnung, warum. Vielleicht gab es irgendwo noch anderen Lärm. Da draußen sind ja viele Betriebe. Ich habe nichts gehört.«

Verhörleiter: »Schildern Sie mir bitte noch einmal ganz langsam und genau den Moment, in dem Sie das Auto entdeckt haben. Was sehen Sie?«

M. F.: »Die Windschutzscheibe spiegelt, deshalb kann ich nicht viel erkennen. Aber von mir aus auf der linken Seite registriere ich eine Bewegung. Eine Hand, die erst nach oben gehalten wird, sich dann aber senkt.«

Verhörleiter: »Hält die Hand einen Gegenstand? Und wenn ja, welchen?«

M. F.: »Das kann ich nicht erkennen. Aber mir kommt der

Gedanke, dass es eine Waffe sein könnte. In der Bank wurde schließlich geschossen. Der Fahrer gibt lautstark Gas. Der Wagen kommt mit quietschenden Reifen direkt auf mich zu. Ich habe keine Möglichkeit, in Deckung zu gehen. Wenn ich weglaufe, überfährt er mich. Ich entscheide mich, stehen zu bleiben und zu schießen – und hoffe, dass ich in letzter Sekunde noch zur Seite springen kann. Das konnte … ich … nicht …«

Das war alles, woran Margrethe Franck sich erinnerte.

Er betrachtete noch die restlichen Fotos, auf denen die Situation im Hinterhof dokumentiert war: die Einfahrt, die Mauer, die Paletten, Licht und Schatten. Alles sah so aus, wie Margrethe es neulich beschrieben hatte.

Er machte sich ein paar Notizen, warf einen Blick auf die Küchenuhr und beschloss, dass der Tag lang und anstrengend genug gewesen war. Wenigstens ein paar Stunden Schlaf, mehr wollte er gar nicht.

## 54.

Borg fühlte sich extrem unwohl in dem edlen Designersessel, der ihm zu streng, zu künstlerisch und viel zu teuer für seinen Durchschnittskörper vorkam. Er war ein einfacher Dinosaurier, der es gern altmodisch und bequem mochte.

Sogar sein Partner Bertelsen, der eher ein hitzköpfiger Velociraptor war und nicht annähernd so dünnhäutig wie er, rutschte unruhig in dem modernen Sessel hin und her.

Endlich kam Franz Riis mit einem Tablett in den Händen zurück. Erstaunlich, wie lange es dauern konnte, drei Tassen Kaffee zu holen, dachte Borg. Riis, seines Zeichens Ex-Freund der Schauspielerin Cindy Johansen, hatte ihnen zum Einstieg eine gute Tasse Kaffee angeboten, mit Betonung auf *gute*. Sie hatten beide genickt, ohne zu ahnen, was für eine zeitraubende Angelegenheit es war, *guten* Kaffee zu kochen.

Der ehemalige Börsenmakler verteilte die Tassen auf der glänzenden Glasplatte des Sofatischs und setzte sich.

Sie saßen in einem der weißen Appartementhäuser in exklusiver Hafenlage am Havneholmen, in denen deckenhohe Glasfronten genauso selbstverständlich waren wie ein Hang zum Minimalismus.

Es war Borg ein Rätsel, wie das gesamte Mobiliar so streng, kompakt und geradlinig sein konnte – und dass es Menschen gab, die sich in dieser Umgebung wohlfühlten. Wenn alles so minimalistisch war, musste man sich selbst doch auch minimieren. Und wenn man sich so minimiert hatte, dass man so wohnen konnte, was war dann noch von einem übrig? Viel konnte das ja nicht sein …

»Danke«, sagte er mit Blick auf den Kaffee und suchte den Ausschalter in seinem Kopf, um nicht länger wie ein Staubsauger sämtliche Eindrücke des Kopenhagener Hafens in sich aufzusaugen.

»Es ist … schön hier«, sagte Bertelsen und nippte mit andächtiger Miene an seinem Kaffee.

»Ja, ich mag es hier am Havneholmen«, sagte Franz Riis. »Man wohnt zentral, obwohl man im Hafen ist. Deshalb habe ich auch mein Büro hier.«

»Dann arbeiten Sie wieder?« Borg sah den wohlriechenden Mann, der ganz in Schwarz gekleidet war, fragend an.

»Ja, ein bisschen … Ich habe Betriebswirtschaft studiert und für einen Pensionsfonds, diverse Geldinstitute und Investmentgesellschaften gearbeitet, ich bin also breit aufgestellt, was Aktien betrifft – ausschließlich Aktien. Inzwischen arbeite ich als persönlicher Berater für eine Handvoll Leute, die mir vertrauen.

Ich bin Portfoliomanager und daneben auch ganz normaler Finanzberater.«

»Wir haben bereits mit Cindy Johansen gesprochen, und ich hatte sie so verstanden, dass Sie seit dem Vorfall nicht mehr arbeitsfähig sind«, warf Bertelsen ein.

»Ja und nein. Ich arbeite nur wenige Stunden am Tag. Und an manchen Tagen gar nicht. Es kommt immer ein bisschen auf das hier an …« Franz Riis legte einen Zeigefinger an die Schläfe.

»Sie haben also immer noch Beschwerden«, schloss Borg.

»Die Kopfschmerzen kommen und gehen. Ich finde, mein Kurzzeitgedächtnis ist im letzten halben Jahr ein kleines bisschen besser geworden, aber es ist noch lange nicht gut. Außerdem habe ich Schwierigkeiten, mich über einen längeren Zeitraum zu konzentrieren. Deshalb ist es ideal für mich, von zu Hause aus zu arbeiten, und zwar dann, wenn es geht, und nur so viel, wie ich schaffe.«

Borg dachte, dass man in dieser Branche wohl ganz gut verdienen musste, wenn man sich eine solche Wohnung am Wasser leisten konnte und fast nichts zu tun hatte.

Vielleicht ahnte Franz Riis, was ihm gerade durch den Kopf ging, denn er ergänzte ein paar erklärende Worte.

»Auf die Woche verteilt kommen da nicht viele Arbeitsstunden zusammen, aber sie sind gut bezahlt, und normalerweise ist mein Honorar erfolgsabhängig. Ich bekomme sozusagen ein Stück vom Kuchen. Ich muss also nur dafür sorgen, dass der Kuchen groß genug ist«, sagte Franz Riis lächelnd.

»Aha … Aber vielleicht sollten wir langsam zur Sache kommen.« Bertelsen räusperte sich und stellte die Tasse ab. »Wie ich Ihnen ja schon am Telefon sagte … Der Grund, warum wir mit Ihnen sprechen wollten, ist Idris Nassar. Wir ermitteln in einem Fall, in den er verwickelt ist.«

Franz Riis nickte stumm, und sein freundliches Gesicht bekam einen harten Zug.

»Wäre Idris Nassar nicht gewesen, wo stünden Sie dann heute?« Bertelsens Frage klang harmlos, aber sie führte in eine ganz konkrete Richtung.

»Um ehrlich zu sein, bringt mich schon allein der Name wieder aus dem Gleichgewicht«, sagte Franz Riis und rutschte nach vorn auf die Sofakante. »Dieser Psychopath hat mein ganzes Leben ruiniert. Von einer Sekunde auf die andere. Ich denke oft ... wären wir nur nie auf den H. C. Andersen Boulevard abgebogen. Hätten wir verdammt noch mal einfach einen anderen Weg genommen. Hätten wir uns doch nur zwei läppische Minuten verspätet, dann wären wir diesem geisteskranken Monster nie hinten draufgefahren.«

»Sie stehen nach wie vor mit Cindy Johansen in Kontakt, ist das richtig?« Borg tastete sich unauffällig vorwärts.

Franz Riis winkte ab.

»Selten, selten ... Es wurde einfach schwierig zwischen uns. Auch das hat Idris Nassar zerstört. Die Folgen, die das alles bei uns beiden verursacht hat ... körperlich und seelisch ..., nahmen einfach zu viel Raum ein. Viel zu viel Raum. Wir haben uns dazwischen verloren. Zwei Opfer, die nicht mehr wussten, warum sie sich ineinander verliebt hatten. Wissen Sie, was ich meine? Mich hat das alles damals natürlich sehr mitgenommen. Mein altes Leben war von einem Tag auf den anderen vorbei. Irgendwann wurde es Cindy wohl einfach zu viel, glaube ich. Ich mache ihr deswegen keine Vorwürfe.«

»Und heute ...?«

Borg sah sich ein wenig im Raum um und zuckte mit den Schultern, in der Hoffnung, dass Franz Riis seine unausgesprochene Frage aufgreifen würde.

»Heute bin ich Single, wenn Sie das meinen. Ich finde, ich bin auf einem guten Weg und habe mich mit meinem neuen Leben abgefunden. Aber das musste ich auch, denn die Ärzte sagen, dass ich mein altes nicht mehr zurückbekommen werde.«

»Cindy Johansen hat damals einen Zeitungsartikel geschrieben und ein großes Medienecho damit ausgelöst«, sagte Bertelsen.

»Das ist richtig. Ein wirklich guter, kluger Artikel in der *Politiken*. Cindy ist viel mehr als die hübsche blonde Kriegerin. Haben Sie *Legends of the Vikings* gesehen? Netflix.«

Sie nickten beide, nicht ganz wahrheitsgemäß.

»Ich meine, Cindy ist wahnsinnig schlau. Ihr macht niemand so schnell etwas vor. Eine großartige Frau, in jeder Hinsicht«, sagte Franz Riis.

»Sie teilen also die Ansicht, die sie in dem Artikel vertreten hat?« Bertelsen ließ nicht locker.

»Hundertprozentig. Wir haben das damals viele Male durchdiskutiert. Wir wussten ja, dass sich die Medien wie die Geier auf Cindy stürzen würden, wenn sie als Autorin in Erscheinung träte. Und so war es ja dann auch. Ich bin in allen Punkten einer Meinung mit ihr. Für mich ist der wichtigste Punkt die Opfer-Diskussion. Die Aufmerksamkeit, die unsere Gesellschaft den Opfern entgegenbringt, ist minimal. Die Täter bekommen alles hinterhergeworfen, Rehabilitierungsmaßnahmen und andere Sachen. Oder so lustige Dinge wie *Anti-Aggressions-Training*, aber was aus den Opfern wird, dafür interessiert sich niemand. Mir hat nie irgendjemand ein Training für irgendetwas angeboten.«

Borg hielt sich strikt an den Fahrplan und stellte die nächste Frage.

»Und das Urteil gegen Nassar? Sechzig Tage …«

Franz Riis schüttelte resigniert den Kopf.

»Ich glaube, Cindy und ich hätten uns beide gewünscht, dass er für eine sehr lange Zeit hinter Gittern verschwindet. Ich bin nicht so naiv, dass ich an den nachhaltigen Effekt einer Haftstrafe glaube. Aber als Gesellschaft müssen wir einfach ein paar Spielregeln aufstellen. Es kostet definitiv zu wenig, jemandem auf den Kopf zu springen oder einen Menschen zum Krüppel zu schlagen. Da werden Leben zerstört! Aber spiegeln die Gerichtsurteile das wider? Nein. Alles hat eine Konsequenz. Das muss auch für Gewaltverbrecher gelten. Und hätte Idris Nassar eine angemessene Strafe erhalten, dann müssten Sie jetzt nicht schon wieder gegen ihn ermitteln.«

Borg schaute zu Bertelsen. Franz Riis war im Begriff, ihnen zuvorzukommen. Jetzt war Bertelsen an der Reihe.

»Dieses Mal ist Idris Nassar selbst das Opfer. Jemand hat sich äußerst brutal an ihm gerächt. Er liegt im Krankenhaus, nachdem ihm beide Beine amputiert werden mussten. Seine Arme wurden so schwer verletzt, dass er nicht mal mehr in der Lage sein wird, einer Fliege die Flügel auszureißen.«

Der Zeitpunkt war gekommen, an dem sie beide wie gebannt auf Franz Riis' Reaktion warteten. Der Aktienexperte kniff die Augen ein wenig zusammen, mehr war nicht zu sehen.

»Habe ich das eben richtig verstanden? Jemand hat es Idris Nassar mit gleicher Münze heimgezahlt? Ich dachte, dass …«

Bertelsen schüttelte den Kopf.

»Nein, Sie haben sich nicht verhört. In dem Fall, in dem wir gerade ermitteln, ist *er* das Opfer. Diesmal spielt er eine ihm unbekannte Rolle.«

Franz Riis lehnte sich mit verschränkten Armen zurück und nickte langsam, bevor er ruhig und wohlüberlegt antwortete.

»Ich verstehe. Und nun werde ich wohl verdächtigt, eine Art Vendetta veranlasst zu haben. Weil ich ein Motiv habe. Ist das so?«

Borg parierte mit erhobenen Handflächen.

»Nein. Wir befragen nur verschiedene Personen, die mit Nassar näheren Kontakt hatten, im Augenblick verdächtigen wir niemanden. Davon sind wir noch weit entfernt.«

Bertelsen steckte den Schlüssel ins Zündschloss des Dienstwagens und ließ den Motor an. Sie hatten sich gerade von Franz Riis verabschiedet, der, anders als die meisten Opfer, offenbar bestens allein zurechtkam und eine deutlich exklusivere Anschrift hatte als die anderen. Er legte den Rückwärtsgang ein und schaute seinen langjährigen Kollegen an.

»Und, Borg? Was sagst du?«

»Ich sage, dass wir aus seiner Reaktion nichts schließen können. Weder das eine noch das andere. Der Mann hat jahrelang Aktien analysiert. Jetzt hat er eben etwas anderes rasend schnell analysiert. Und du?«

»Er hat ein Motiv. Und er liebt Cindy Johansen immer noch. Das war nicht zu übersehen.«

»Hmm, er liebt oder bewundert sie«, entgegnete Borg.

»Er ist nicht über die Trennung hinweg. Wenn Cindy Johansen meine Freundin wäre, würde es mir genauso gehen … Stell dir mal vor, du müsstest diese Trophäe gehen lassen!«

»Sie ist aber nicht deine Freundin.«

»Ich sagte, *wenn*.«

»Egal. Er ist ein gebildeter Mann. Die physischen und psychischen Verletzungen der beiden sind wohl am Ende unüberwindbar geworden. Die standen wie eine Mauer zwischen ihnen. Ich finde das nachvollziehbar.«

»Grundgütiger, Borg … Du kennst dich echt mit Gefühlen aus, was? Du Weichei …«

Borg lachte und schnallte sich an.

»Und was machen wir jetzt?«, fuhr Bertelsen fort.

»Wir legen den Fall wie befohlen zu den Akten – aber natürlich werfen wir einen Blick auf Franz Riis' Finanzen und arbeiten weiter unsere Liste ab, wann immer wir Zeit dafür haben.«

»Damit du auch in Zukunft noch in den Spiegel schauen und deinem Sohnemann erzählen kannst, dass sein Vater mal ein großer Bulle war …«, prustete Bertelsen.

## 55.

Møller saß auf der Bank am Kopfende des Tischs in der Lasterhöhle des Poppelgårds. Vor ihm stand eine Brotdose von der Größe eines kleineren Schuhkartons. Neben ihm saß ein Mann und las Zeitung.

»Oxen! Willkommen! Setz dich zu uns. Wenn du auch ein Brötchen willst, nimm dir einfach eins aus dem Kühlschrank«, sagte Møller und hob seine Bierdose ein wenig an, die wohl eher aus einem Supermarkt jenseits der Grenze stammte als vom Bäcker im Dorf. »Brötchen« war anscheinend das interne Codewort des Poppelgårds.

»Nein, danke«, sagte er und setzte sich.

»Wie sieht's mit Kaffee aus?«

»Ja, gern.«

»Orla, hattest du nicht Kaffee dabei?« Der Mann neben ihm schaute von seinem Revolverblatt auf und nickte.

»Dann hol unserem Freund eine Tasse, ja? Orla und ich machen heute ausnahmsweise mal zu Hause Mittagspause«, erklärte Møller.

Der Inhaber des Gemischtwarenladens auf dem Poppelgård hatte ihn vor knapp einer Stunde angerufen, als er gerade am Küchentisch saß und versuchte, nach dem gestrigen Chaos einen Status zu erstellen.

Viel Schlaf hatte er nicht gehabt, aber er konnte sich auch nicht daran erinnern, den Sieben begegnet zu sein. Stattdessen war er nach drei Stunden aufgewacht und das Gedankenkarussell hatte sich sofort in Bewegung gesetzt.

Wirre Bilder von Wölfen im Unterholz, von unsichtbaren Überwachungskameras im Dunkeln, Leuchtziffern auf dem Festplatten-Display, elektrischen Leitungen, die sich durch Decken und Wände schlängelten, und von altem Zaumzeug, das sich um seinen Körper wickelte, waren durch seinen Kopf gekreist.

Er hatte schon mehrere Tassen Kaffee getrunken, während er am Küchentisch über Margrethe Francks altem Fall gebrütet hatte. Letzte Nacht war er konzentrierter gewesen. Heute früh war er fast wahnsinnig geworden bei dem Versuch, die einzelnen Fragmente wie Puzzleteile zu einem Gesamtbild zusammenzusetzen.

Gegen neun Uhr morgens hatte er Franck angerufen, als er einigermaßen sicher sein konnte, dass sie bereits im Hauptquartier war und folglich nicht mehr von den beiden Kollegen begleitet wurde, die auf sie aufpassen sollten. Trotzdem wusste er natürlich nicht, ob sie gerade ungestört reden konnte. Er wollte ihr von dem bizarren Tag erzählen, den er erlebt hatte, und den Fund der Überwachungsanlage mit ihr besprechen. Sie hatte ihn sofort abgewürgt, mit der Begründung, dass sie spät dran sei und es ziemlich eilig habe, weil sie zu einem extrem wichtigen Treffen ihrer Arbeitsgruppe müsse.

Er hatte nicht herausfiltern können, ob sie verärgert war oder nur wahnsinnig gestresst.

Møllers Mitarbeiter stellte ihm eine Tasse hin. Er nickte. Møller hatte angerufen, als er gerade kapituliert hatte und in den Stall zur Kutsche gehen wollte, um sich bei Tageslicht zu vergewissern, dass das alles auch wirklich passiert war.

Møller hatte lediglich gesagt, dass er ihm vielleicht helfen könne und er doch vorbeikommen solle, damit sie das persönlich besprechen konnten.

»Eigentlich unglaublich, dass ein Mann wie du hier auf dem Poppelgård sitzt, Oxen. Ein Jägersoldat. Und noch dazu der beste von allen. Das ist wirklich eine Ehre, eine riesengroße Ehre«, sagte Møller und ließ ein Stück Wurstbrot in seinem Mund verschwinden.

Er sah keinen Grund, darauf zu antworten. Møller spülte mit seinem flüssigen Brötchen nach und fuhr fort.

»Also, ich habe ja im Internet noch ein bisschen mehr über diese Geschichte damals gelesen. An manches konnte ich mich noch erinnern. An manches nicht. Die haben dich durch das ganze Land gejagt, oder? Weil sie dich für einen Mörder hielten … nicht wahr? Die sollten sich schämen. Aber das haben sie bestimmt nicht getan. Weißt du, was? Ich habe immer davon geträumt, zu den Jägern zu gehen, Oxen. Etwas anderes zu machen als mein Vater und mein Großvater. Von hier wegzugehen. Aber ich habe es nie versucht. Und jetzt ist es zu spät. Männer wie du, die kommen überall zurecht, oder? Ob im Wald oder in der Wüste – für euch ist das egal, oder?«

Er zuckte mit den Schultern. Seine Hoffnung, mit Møllers Hilfe Boden gutzumachen, schwand mit jeder Sekunde mehr. Hätte der Mann entscheidende Informationen gehabt, hätte er sie vermutlich gleich ausgespuckt, statt die Schleusen seiner Begeisterung zu öffnen. Møller war nicht der Erste und auch bestimmt nicht der Letzte, der sich vom Bild der geheimnisumwitterten Jägersoldaten mit den bordeauxroten Baretts und Eiern aus Stahl angezogen fühlte.

»Ich weiß ja, dass ihr nicht gern darüber redet, Oxen, aber … Warst du auf der Jagd nach Osama bin Laden in diesen Felsenhöhlen dabei?«

Møller blickte ihn wie gebannt an.

»Du meinst Tora Bora?«

»Genau! Tora Bora. In Afghanistan. Warst du?«

Er nickte.

»Wahnsinn … Das muss unglaublich gewesen sein.«

Oxen zuckte wieder mit den Schultern und trank einen Schluck Kaffee.

»Vor allem war es unglaublich staubig und kalt.«

Die Antwort war Møller viel zu kurz, wie sein enttäuschtes Nicken verriet.

»Ihr seid nie in seine Nähe gekommen, oder?«

»Nein, er war schon weg.«

»Aber deine amerikanischen Kollegen, die Navy Seals, die haben ihm gegeben, was er verdient hat. Auch wenn es lang gedauert hat.«

Er nickte. Wenn Møller nicht zur Sache kam, ehe seine Tasse leer war, musste er eingreifen und fragen, was das alles eigentlich sollte.

»Ich war noch nie in meinem ganzen Leben so erschüttert wie an dem Tag, als die Türme eingestürzt sind, Oxen. Ich war gerade bei einem Nachbarn, um Abflussrohre zu verlegen, aber als ich gehört hab, was passiert ist, bin ich gleich nach Hause gefahren und hab mich vor den Fernseher gesetzt. Ich war da. In den USA. Zwei Mal. Ich habe die Türme gesehen – und Ground Zero. Was für ein Scheiß. Vielleicht muss man da gewesen sein, um es zu begreifen. Warst du mal drüben?«

Er schüttelte den Kopf. Møller war mehr als Fußball und fragwürdiges Dosenbier. Komischer Typ.

»Ich habe gestern auch von deinen Orden gelesen, Oxen. Beeindruckend. Vor allem das Tapferkeitskreuz. Du trägst das wahrscheinlich nicht mit dir herum, oder? Um den Hals gehängt oder so?«

Er lächelte und schüttelte wieder den Kopf.

»Es liegt zu Hause in der Schublade.«

»Ich würde es ja wahnsinnig gern mal sehen. Immerhin bist du der Einzige, der ein Tapferkeitskreuz besitzt, und womöglich dauert es Jahrzehnte, bis wieder jemand damit ausgezeichnet wird. Vielleicht passiert es auch nie ... Na, aber genug davon. Hör zu. Du hast dich doch neulich nach dem Besitzer von Harrildholm erkundigt, und wenn es jemanden gibt, dem ich gern helfen würde, dann bist du das. Aber Harrildholm ist ja nun nicht direkt vor unserer Haustür, deshalb gibt es hier niemanden, der mehr über den Mann weiß. Ich habe mich ein bisschen umgehört. Die beste Quelle ist wohl ein alter Eigenbrötler namens Ivar Hyldtoft. Er ist kein direkter Nachbar von Harrildholm, sondern wohnt mit seiner Frau auf einem Hof ein Stück entfernt. Ich zeichne es dir schnell auf ...«

Møller zog einen Zettel und einen Kugelschreiber aus der Brusttasche seines Overalls und skizzierte mit wenigen Strichen den Weg.

»Ivar Hyldtoft wohnt in seinem Elternhaus, und das schon immer. Er ist inzwischen über fünfundsiebzig. Ich kenne niemanden, der mehr über die Gegend, Harrildholm und den neuen Besitzer weiß als er. Außerdem gibt es noch Herdis Krohn. Sie wohnt ungefähr hier.«

Møller machte ein Kreuz auf den Zettel.

»Abgesehen vom alten Hyldtoft gibt es kaum jemanden hier,

der Herdis nicht kennt. Gerade neulich war sie wieder in der Zeitung, weil sie angeblich einem Wolf Auge in Auge gegenüberstand, wohlgemerkt bei sich zu Hause im Garten. Wenn das stimmt, hat der Wolf jetzt einen Schock fürs Leben, das kannst du mir glauben … Na, egal. Sie behauptet auch, ihr wäre Gott begegnet. Sie ist ein bisschen wunderlich und wohnt schon seit vielen Jahren da draußen. Vielleicht weiß sie etwas. Und ich höre mich natürlich auch weiter um.«

Langsam ging die Tür auf und Møllers alter Vater wackelte mit seinem Stock in den Raum. Er ließ sich mit einem Seufzen auf den nächsten Stuhl fallen.

»Wir unterhalten uns gerade über Harrildholm, Vater.«

Der Alte nickte und schob seine speckige Schiebermütze nach hinten.

»Du weißt ja nicht viel über den Hof, obwohl du dein ganzes Leben hier verbracht hast, oder?«

»Harrildholm?« Der Alte schüttelte den Kopf. »Solange ich denken kann, haben sich die Leute mit diesem verfluchten Hof das Genick gebrochen. In den letzten fünfzig, sechzig Jahren hatte er mindestens sieben neue Besitzer. Die meisten sind pleitegegangen. Man könnte fast meinen, dass ein Fluch auf dieser alten Bruchbude liegt«, sagte Møllers Vater mit heiserer Fistelstimme.

Oxen trank den letzten Schluck Kaffee. Wahrscheinlich würden Møllers Tipps ihn auch nicht weiterbringen, aber er hatte die beiden Herrschaften noch nicht besucht, als er während seines ersten Aufenthaltes hier in Mossmans Auftrag die nächsten Nachbarn abgeklappert hatte. Wo er schon mal vor Ort war und die Stimmung freundlich und hilfsbereit schien, konnte er genauso gut noch ein paar andere Spuren verfolgen.

»Du hast vorhin den Wolf erwähnt. Hast du eigentlich selbst schon mal einen gesehen?«, fragte er.

Møller schüttelte den Kopf.

»Nein. Diese ganze Wolfshysterie ist mir ziemlich egal. Aber was soll's, ich bin ja auch kein Jäger, nicht so wie fast alle anderen hier draußen.«

»Eine Menge Leute regen sich ziemlich auf wegen der Wölfe. Glaubst du, dass manche von denen einen Wolf erschießen würden, wenn sie ihn vor die Flinte bekämen?«

Møllers Blick wurde schmal.

»Wieso fragst du das, Oxen?«

»Reine Neugier«, sagte er schulterzuckend. »Ich bin gern in der Natur unterwegs.«

»Bist du ein Wolfsfan?« Møller feixte.

»Fan? Ich weiß nicht. Ich finde, es sind einfach faszinierende Tiere.«

»Um deine Frage zu beantworten: Was ich so gehört habe, gibt es wohl eine Art – wie soll ich sagen – stillschweigendes Abkommen … Also, wenn dir plötzlich einer gegenübersteht, ist es in Ordnung, ihn abzuknallen. Ich denke, die meisten würden dann behaupten, dass sie keinen Schuss gehört haben.«

»Hmm … Ich war neulich frühmorgens in der Heide und habe Wilderer gesehen und Schüsse gehört. Ist das normal hier in der Gegend?«

»Wilderer? Hier bei uns gibt es Wilderer, solange ich denken kann. Solange irgendjemand denken kann. Sie haben es auf Rotwild abgesehen. Haben sie dich bemerkt? Nein, dumme Frage. Natürlich haben sie dich nicht bemerkt, du bist ja Jägersoldat.«

Møller hob entschuldigend die Hände.

Blieb nur noch ein letzter Versuchsballon, dann würde er

nach Harrildholm zurückfahren und sich wieder in Margrethe Francks Akte vertiefen.

»Weißt du etwas über diesen Mann, der angeblich hier irgendwo im Wald lebt? Irgend so ein armer Schlucker. Ich bin ihm mal begegnet. Tobias heißt er.«

»Einer, der im Wald wohnt? Zu dieser Jahreszeit? Tobias? Nein, tut mir leid, das sagt mir gar nichts, Oxen.«

# 56.

*10. Februar 1964*

Das Ehepaar, beide etwa Mitte vierzig, saß wie versteinert auf den harten Holzstühlen. In dem großen, kahlen Raum sahen die beiden klein und verloren aus. Sie warteten schon seit einer halben Stunde. Warteten mit angehaltenem Atem.

Sie hatten ihre Mäntel noch an. Es war kalt, draußen wie drinnen. Sie waren zeitig gekommen und durch diese eigenartige Stadt in der Stadt gelaufen. Durch den Park bis hinunter zum Fænøsund und wieder zurück. Die Kälte ging ihnen durch Mark und Bein. Oder es lag an diesem Ort.

Die Frau drückte die raue Hand ihres Mannes, wie sie es auch getan hatte, als sie hereingebeten worden waren und Platz nehmen durften.

Er hatte mit seiner freien Hand ein wenig in der Zeitung geblättert, die auf einem Regal neben der Tür auslag. Aber er hatte nur so getan, als würde er lesen.

Drüben in Kopenhagen schlugen die Wellen immer noch hoch, nachdem die Bürgervertretung vor bald einem Monat der Verordnung zugestimmt hatte, die das Rauchen in Straßenbahnen und Bussen verbot, sofern keine Möglichkeit bestand, die

Raucher räumlich von den Nichtrauchern zu trennen. Und drüben in Amerika waren die Gemüter ebenfalls erhitzt. Die Beatles, diese langhaarigen Briten, waren zum ersten Mal im amerikanischen Fernsehen aufgetreten. In einer Sendung, die *The Ed Sullivan Show* hieß. Mehr als siebenunddreißig Millionen Menschen hatten den Auftritt verfolgt. Das war ein neuer Rekord, wie die Zeitung begeistert verkündete.

Dem Mann waren Zigarettenrauch und langhaarige Musiker gleichgültig. So wie ihm auch alles andere gleichgültig war, seit …

Die Augen der Frau waren überall und nirgends gewesen, aber die meiste Zeit hatte sie mit abgewandtem Kopf dagesessen und aus dem hohen Fenster geschaut.

Wenn es irgendwann Frühling werden würde, würden die Bäume dort draußen die Aussicht verdecken. Aber noch waren sie kahl und gaben den Blick auf das hohe Gebäude aus gelbem Backstein gegenüber frei – den Männertrakt.

Das Ehepaar selbst saß im Frauentrakt der Nervenheilanstalt in Middelfart. Ihre Tochter hatte die schrecklichen Dinge, die sie durchgemacht hatte, nicht einfach abschütteln können. Sie waren eine zu schwere Bürde für ein so zartes Mädchen. Selbst eine starke Familie wie ihre hatte sich eingestehen müssen, dass sie es ohne Behandlung nicht schaffen konnten.

Deshalb saßen sie hier.

Sie hatten ihr kleines Mädchen, das ja gar nicht mehr klein war, in die Nervenheilanstalt auf Fünen gebracht, weil ihre Seele krank geworden war. Zerstört von einem unmenschlichen Monstrum, das immer noch irgendwo dort draußen frei herumlief.

Die Frau schauderte. Vielleicht beim Gedanken an die Abscheulichkeiten, die ihre Tochter über sich hatte ergehen lassen müssen. Die Bilder suchten sie fast jede Nacht heim. Genau wie ihren Mann. Beide lagen sie stumm und wach, Seite an Seite in ihrem Bett, in dem sie schon so viele Jahre nebeneinander gelegen hatten. Aber nichts war mehr wie zuvor.

Als die Flügeltür endlich aufging, zuckten sie zusammen. Erst erschien der dicke Oberarzt, den sie bereits kurz begrüßt hatten. Dann kam eine Krankenschwester. Sie führte ein mageres Geschöpf in den Raum. Es war blass, seine Haltung geduckt, und es trug die weiße Kleidung der Heilanstalt.

»Oh Gott, mein kleiner Liebling«, brach es aus der Frau heraus, und sie hielt sich bestürzt die Hand vor den Mund.

Ihr Mann ballte seine freie Hand so hart zur Faust, dass die Knöchel ganz weiß wurden.

Sie schaute zu dem Oberarzt, der nickte. Da sprang sie vom Stuhl auf und drückte ihre Tochter an sich. Ihr Mann kam dazu, und so standen sie minutenlang und hielten sich fest im Arm. Endlich ließ die Frau los und nahm stattdessen das feine, blasse Gesicht in beide Hände und blickte tief, ganz tief in die schönen Augen, die früher voller Glanz gewesen waren und nun ausdruckslos in den dunklen Höhlen lagen.

»Du lieber Himmel, Agnethe, was ist denn mit deinen Haaren geschehen?«

Die kurzen blonden Haare, die strähnig in alle Richtungen standen, verschwammen vor ihren Augen, und sie zog ihr Mädchen wieder an sich, drückte sie an ihre Brust und streichelte ihren schmalen Nacken.

Der Vater war unterdessen ein paar Schritte zurückgetreten. Er schnäuzte sich und trocknete seine Augen mit dem Jackenärmel.

Der Oberarzt räusperte sich.

»Nehmen Sie doch bitte Platz«, sagte er förmlich.

Routiniert befolgte er seine eigene Aufforderung, setzte sich ans Kopfende des langen Tisches, schlug mit der einen Hand eine Mappe aus festem Karton auf und zog mit der anderen seine Lesebrille aus der Brusttasche seines Kittels. Er wartete, bis alle saßen. Die Eltern auf der einen, die Krankenschwester und das Mädchen auf der anderen Seite.

»Möchtest du deinen Eltern vielleicht selbst erklären, was mit deinen Haaren passiert ist, Agnethe?«

Das Mädchen zuckte mit den Schultern, ohne den Blick von der Tischplatte zu heben.

»Ich … Ich … wollte … die alten Haare … nicht mehr.«

»Nun«, sagte der Oberarzt und lächelte freundlich. »Dergleichen erleben wir hier oft. Es ist eine Art Aufruhr gegen die eigene Person. Der Wunsch, sich zu distanzieren und jemand anders zu werden, eine Veränderung herbeizuführen, symbolisiert durch eine konkrete Handlung. Verstehen Sie?«

Das Ehepaar nickte gleichzeitig.

»Und diesen Wunsch kann man Agnethe nicht verdenken«, fuhr der Arzt fort. »Darüber hinaus möchte ich mich natürlich im Namen der ganzen Abteilung dafür entschuldigen, dass Agnethe Zugang zu einer Schere hatte. Das war ein Verstoß gegen unsere Regeln, der sich nicht wiederholen wird. Aber lassen Sie uns vielleicht zuerst das Journal durchgehen, damit Sie einen Einblick in den gegenwärtigen Stand der Dinge bekommen.«

Sorgfältig rückte der Oberarzt seine Lesebrille zurecht und blätterte in seinen Unterlagen.

»Die Diagnose lautet endogene affektive Psychose, also eine psychogene Psychose, ausgelöst durch ein psychisches Trauma. Wir haben es mit anderen Worten mit einer schweren Gemütserkrankung zu tun, die natürlich von den ernsten Bedrohungen und brutalen Übergriffen herrührt, denen Ihre Tochter ausgesetzt war. Diese Erlebnisse überlagern alles andere, und sie ist unmöglich von den Bildern und Gedanken abzubringen, die sie Tag und Nacht verfolgen. Verstehen Sie?«

Das Ehepaar nickte erneut.

»Und die Prognose? Nun … Meiner Erfahrung nach klingen die Symptome mit der Zeit wieder ab, auch wenn es bisweilen sehr lange dauern kann. Was die Medikation betrifft, so behandeln wir diese Patientengruppe mit Neuroleptika, also beruhigenden Medikamenten. Wir haben mit Chlorpromazin begonnen, einem Präparat, das wir häufig einsetzen. Aber ich stelle mir vor, im weiteren Verlauf einen anderen, vielversprechenden Weg bei der Medikation einzuschlagen. Es deutet einiges darauf hin, dass Agnethe womöglich sehr von einem relativ neuen Mittel profitieren würde, das erst seit fünf Jahren zur Anwendung kommt. Es wird von der dänischen Firma Lundbeck hergestellt und heißt Truxal. Übrigens nach unserem berühmten Zauberkünstler benannt, Truxa, Sie haben sicher schon von ihm gehört, nicht wahr?«

Das Ehepaar bestätigte auch das einhellig, aber davon abgesehen saßen sie reglos da.

»Erwarten Sie bitte keine Zauberheilung durch Truxal«, sagte der Oberarzt mit einem angespannten Lächeln. »Aber ich muss sagen, dass mich dieses Medikament schon mehrfach überrascht hat und wir im Großen und Ganzen sehr gute Erfahrungen damit gemacht haben. Ich bin davon überzeugt, dass es auch Agnethe helfen wird.«

Der Oberarzt blickte über den Rand seiner Brille, als wollte er sichergehen, dass das Ehepaar seine relativ optimistische Sicht auf die weitere Behandlung wahrgenommen hatte.

»Natürlich dürfen wir auch die therapeutischen Gespräche

nicht vergessen und die Ruhe hier und ihren heilsamen Effekt auf … das Gemüt. Was die Frage betrifft, ob Agnethe beispielsweise an einem Wochenende einmal nach Hause kommen darf, muss ich Sie leider dennoch enttäuschen. Das wäre viel zu früh. Wir müssen zunächst ganz genau nach den Medikamenten schauen und Agnethe auch richtig kennenlernen. Also lassen Sie uns mit den Besuchen zu Hause noch warten. Haben Sie noch irgendwelche Fragen?«

Der Oberarzt warf einen verstohlenen Blick auf seine Armbanduhr. Die Frau hob zaghaft einen Finger. Er nickte ihr lächelnd zu.

»Ja«, sagte sie leise. »Wir sind ein bisschen herumgelaufen. Ans Wasser und wieder zurück … Dabei ist uns die Kapelle mit dem Friedhof aufgefallen. Ist es so, dass viele …?«

Ohne dass sie die Frage zu Ende gestellt hatte, nickte der Oberarzt.

»Manche, und ich sage ausdrücklich *manche*, kehren nie nach Hause zurück. Das ist eine Tatsache. Andere hingegen sind zum Glück in der Lage, uns wieder zu verlassen. Es dauert mal länger, mal geht es schneller, aber ja … Sie reisen zweifelsohne in weit besserer Verfassung ab, als sie hier angekommen sind. Und ich bin überzeugt davon, dass Ihre Tochter zu dieser zweiten Kategorie gehört. Gibt es noch mehr, das Sie wissen wollen? Dann fragen Sie ruhig.«

Die Eheleute sahen sich an und schüttelten beide kaum sichtbar den Kopf.

»Wenn das so ist, überlasse ich Ihnen jetzt Ihre Tochter. Darauf haben Sie sicher schon sehr gewartet.«

Der Oberarzt gab ihnen zum Abschied die Hand, wechselte noch ein paar Worte mit der Krankenschwester und verließ dann den Raum.

Mutter, Vater und Tochter sahen sich abwechselnd an, während sie nach den richtigen Worten suchten.

»Ach, lieber Gott«, seufzte die Mutter und legte ihre ausgestreckten Arme mit offenen Handflächen auf den Tisch, und ihre Tochter legte zaghaft ihre Hände hinein. Dann fuhr sie mit gedämpfter Stimme fort:

»Die Jungs lassen dich grüßen. Dein Vater und ich dachten, dass es bei unserem ersten Besuch bestimmt besser wäre, wenn sie zu Hause bleiben. Aber nächstes Mal, da nehmen wir sie mit. Und ich soll dich auch von allen anderen zu Hause grüßen. Alle denken so sehr an dich, mein kleiner Liebling.«

## 57.

Von seiner Konzentration war nicht mehr viel übrig, genau wie vom Tageslicht vor den schmutzigen Fenstern. Die achte oder neunte Tasse Kaffee des Tages stand vor ihm auf dem Küchentisch, an dem er nun seit mehreren Stunden saß und sich durch Margrethe Francks alten Fall ackerte.

Er war in seiner Vergangenheit schon öfter in Abhängigkeiten geraten, aus denen er nur schwer wieder herausgekommen war, und so langsam hatte er den Verdacht, dass er sich mit seinem eskalierenden Kaffeekonsum auf direktem Weg in einen neuen Teufelskreis befand. Eine Tasse löste die nächste ab, seit die Spekulationen über Wölfe, die echten und die im Schafspelz, mehr und mehr zugenommen hatten, während er immer tiefer in Margrethe Francks Vergangenheit eingetaucht war, um unsichtbare Dinge zu sehen.

Je schläfriger er wurde, umso mehr Kaffee kippte er in sich hinein und umso schwerer fiel es ihm, zur Ruhe zu kommen.

Er rieb sich die Augen und schob gereizt den Kaffeebecher beiseite.

Er ächzte, kratzte sich am Kopf und rieb sich wieder das Gesicht. Die rote Mappe war eine Herausforderung. Tatsächlich hatte er inzwischen jede Zeile gelesen und, wo es Anlass dazu gab, auch einige Passagen mehrfach. Und Anlässe gab es reichlich.

Er hatte sich sofort an die Arbeit gemacht, nachdem er von seinem Abstecher bei den beiden Nachbarn zurückgekommen war, die Møller ihm genannt hatte.

Herdis Krohn, die sowohl Wölfen als auch Gott begegnet war, hatte ihm in einer wirren, hektischen Flut von Worten gleich mehrere Theorien über Poul Hansens Verschwinden offenbart, bevor er es geschafft hatte, sich zu bedanken und zu verabschieden. Das Ehepaar Hyldtoft war ebenfalls freundlich, allerdings nicht sehr gesprächig gewesen. Sie hatten offenbar nicht die leiseste Idee, wo sich der Besitzer von Harrildholm aufhalten könnte.

Er hatte sich systematisch von der ersten bis zur letzten Seite des Ermittlungsmaterials vorgearbeitet. Gelesen, nachgedacht und sich Notizen gemacht. Nur mit kurzen Pausen, um sich noch mehr Kaffee zu kochen und Margrethe Franck mehrmals auf ihrem Handy anzurufen.

Sie hatte keinen einzigen der Anrufe entgegengenommen. Zum ersten Mal hatte er es auf dem Heimweg vom Poppelgård versucht und danach noch weitere vier Male. Womöglich hatte er es doch richtig interpretiert. Sie war tatsächlich aus irgendeinem Grund sauer oder genervt, vielleicht weil die Tage ins Land gezogen waren, ohne dass er sich um ihren Fall gekümmert hatte.

Er schaute auf sein Handy. Sollte er sie noch ein letztes Mal anrufen? Nein, sie würde ja sehen, dass er es mehrmals versucht hatte. Dann sollte sie sich eben melden, wenn sie Zeit dazu hatte.

Er blätterte ein wenig in den letzten Seiten der Unterlagen herum. Beim Sichten des Materials versuchte er systematisch zum Kern der Sache vorzudringen, so wie er es gelernt hatte, ganz egal ob im Feld oder bei den Vorbereitungen auf einen Einsatz. Ein Jäger konzentrierte sich immer auf das Wesentliche. Keine überflüssigen Worte oder Diskussionen um ihrer selbst willen, nur Fokussieren.

Das Ergebnis lag links neben ihm – drei Listen: eine Prioritätenliste der Punkte, um die er sich als Erstes kümmern würde, eine Liste der wichtigsten offenen Fragen samt Seitenangaben sowie eine Liste über weniger zentrale Fragen, die dennoch geklärt werden mussten.

Außerdem hatte er eine Art Zeitstrahl angefertigt und den Ablauf der Ereignisse daran skizziert, vom Fund des alten Zeitungsausschnitts über Mossmans Lupus-Bericht mit dem Polizeifest in Roskilde und dem Geburtstag am Søpavillon bis zum Mordversuch an Margrethe Franck und zu der Überwachungsanlage auf Harrildholm. Das ganze Blatt war voller Kreise, Kreuze und Pfeile. Das meiste davon stand auch schon in seinen Listen, aber er hatte die Erfahrung gemacht, dass er auf diese Weise einen besseren Überblick bekam.

Er gähnte, stand auf und drehte eine Runde durch die leeren Zimmer des Hofs. Im Wohnzimmer blieb er am Fenster stehen. Hier hatte er jeden Tag gestanden und in die Dunkelheit gestarrt. Und irgendwo da draußen hatte ihn jemand mit Kameras überwacht, deren exakte Position er nicht kannte. Nachdem er festgestellt hatte, dass die Kamera in der Küche vermutlich abmontiert worden war, hatte er nach den anderen gar nicht erst gesucht. Er hatte keine Zeit zu verschenken, und die Kameras waren auch nicht mehr von Interesse, nachdem ihr Gehirn, die Festplatte, verschwunden war.

Aber dort draußen in der Dunkelheit hatte auch Tobias gestanden und ihn beobachtet. Und es war durchaus möglich, dass er genau das in diesem Moment wieder tat, auch wenn es eher unwahrscheinlich war, nachdem der Einsiedler sein Vergehen inzwischen zugegeben hatte.

Das Gefühl, überwacht zu werden, war nicht mehr da, dafür hatte sich ein ganz anderes breitgemacht. Je tiefer er in Francks alte Tragödie eingedrungen war, umso klarer war es hervorgetreten, hatte sich verdichtet und war größer und stärker geworden:

Irgendetwas an dieser Geschichte stank zum Himmel. Damals, als sie das Bein verloren hatte – und heute immer noch. Und die Kräfte, die hier im Spiel waren, scheuten nicht einmal vor Mord zurück. Doch er konnte sie nicht sehen. Konnte weder ein Motiv noch eine Logik dahinter erkennen.

Er hatte eine Fährte aufgenommen, und was auch immer diese Fährte hinterlassen hatte, war zwar greifbar, aber extrem flüchtig, als hätte es sich noch nicht materialisiert. Der Gedanke jagte ihm immer wieder eine Gänsehaut über den Rücken.

War dieser Moment, in dem eine böse Vorahnung ihn frösteln ließ, nun der Zeitpunkt, um das Handy zu nehmen und einen Anruf zu tätigen? Nach der Rettungsleine zu greifen und den einen Profi hinzuzuziehen, der besser war als alle anderen? War das der Augenblick, um sich bei Axel Mossman zu melden und ihm zu gestehen, dass man selbst ein erbärmlicher Lügner war, der dringend Hilfe benötigte?

Noch vor wenigen Tagen hatte er sich geweigert, Mossman zu helfen, und hatte vorgetäuscht – vermutlich in einem Anfall von Wolfsfieber –, er befände sich in den schwedischen Schären.

Sollte er jetzt zu Kreuze kriechen und um Verzeihung bitten – und um eine helfende Hand und einen klugen Kopf?

Ein Dilemma. Mossman wusste etwas über Lupus. Mossman wusste etwas über den pensionierten PET-Mann im Bach. Mossman wusste wahrscheinlich mehr, als er bislang preisgegeben hatte. Das war immer so. Da hatte sich nichts geändert. Mossman stand an der Spitze der Nahrungskette.

Ihm dagegen ging es einfach nur darum, Margrethe zu helfen. Weil er sie mochte. Auf eine Weise mochte, die er nie für sich definiert hatte, weil er immer Hals über Kopf geflüchtet war. Aber auch weil er ihr einen Gefallen schuldete, oder mehrere.

Wenn es also nötig war, den eigenen Stolz herunterzuschlucken und Axel Mossman anzurufen, dann war es eben so – auch ohne dass er Franck vorher nach ihrer Meinung fragte. Es ging um sie und ihre Sicherheit, alles andere war momentan egal.

Er drehte sich um, marschierte in die Küche, nahm sein Handy und rief Mossmans Nummer auf.

Das erste Freizeichen war gerade verklungen, als es so laut an der Hintertür klopfte, dass er erschrocken zusammenfuhr. Verfluchte plötzliche Schockwellen in der Dunkelheit. Er brach den Anruf ab und blieb mit angehaltenem Atem stehen. Dann folgte ein zweites Klopfen, das in seiner Vorstellung kräftig genug war, um den Türrahmen gleich mit einzuschlagen. Man konnte dem späten Gast jedenfalls nicht vorwerfen, sich angeschlichen zu haben.

Er griff nach seinem Kampfmesser, steckte es hinten in den Hosenbund und ging leise in den Flur zum Hinterausgang. Mit einer schnellen Bewegung riss er die Tür auf und blickte auf eine riesige Faust, die wie ein fleischiger Türklopfer in der Luft hing, um jeden Moment zu fallen und die Tür zu Kleinholz zu machen.

Verblüfft starrte er die Gestalt an, die zu der Hand gehörte.

»Guten Abend, Soldat.«

Mossmans melancholisches Bluthund-Gesicht war ein einziges breites Lächeln. Kaum hatte er die Nummer des alten PET-Chefs gewählt, stand er auch schon auf der Matte. Es hatte keine dreißig Sekunden gedauert.

Das war hochgradig beunruhigend.

Mossman schaute ihn an und lachte glucksend.

»Zu Diensten, Meister, ich bin der Geist der Lampe. Ich sehe, Sie haben meine Nummer gewählt.«

Mossman feixte immer noch und hielt ihm sein Handy vor die Nase.

Sämtliche Gedanken kreisten in seinem Kopf wie eine Horde wahnsinniger Hunde. Warum war Axel Mossman hier? Und warum *jetzt*? Er nickte dem Hünen zu und machte die Tür so weit auf, wie es ging.

»Komm rein«, brummte er und versuchte immer noch, wenigstens einen Gedanken am Schwanz zu packen.

»*Well*, danke für die Einladung, Soldat. Ob es wohl möglich wäre, eine Tasse Kaffee zu bekommen? Selbst Lampengeister haben bisweilen irdische Bedürfnisse.«

Kaffee? Da war er wieder. Sein Körper war immer noch randvoll damit.

»Kaffee? Natürlich«, antwortete er und schob das anfängliche Unbehagen beiseite, das ihn bei Mossmans Anblick erfasst hatte. »Du kennst den Weg, nehme ich an? Die Küche ist geradeaus.«

Axel Mossman zwängte seinen Körper durch den schmalen Flur, legte den Mantel über eine Stuhllehne und setzte sich an den Küchentisch. Sein Blick fiel sofort auf den Franck-Fall und die vielen Notizen, die einen Großteil des Tisches bedeckten. Er nickte mit einem leisen, zufriedenen Brummen, kommentierte es aber nicht.

Oxen stellte einen Becher mit Kaffee vor Mossman auf den Tisch und setzte sich mit seinem eigenen Becher auf die Bank. Sie tranken, ohne etwas zu sagen. Es war sofort wieder da, dieses altbekannte Gefühl, das ihn in Gesellschaft des ehemaligen Geheimdienstchefs regelmäßig überkam, das *underdog*-Gefühl – und gleich in der nächsten Sekunde die Ungewissheit, ob das hier ein Kaffee unter Freunden war oder …?

Zur selben Zeit begannen Flashbacks einer nahen Vergangenheit vor seinem inneren Auge zu flackern.

»Und ich dachte wirklich, du wärst in Schweden«, sagte Mossman und musterte ihn prüfend. Dieses Mal lächelte er nicht.

Oxen zuckte mit den Schultern. Für einen Wimpernschlag sah er sie gestochen scharf vor sich, Bilder von Mossman, der sich durch Sturm und Gewitter zu seiner heruntergekommenen Mitarbeiterunterkunft an der alten Fischzucht kämpfte, kaum zehn Kilometer Luftlinie von Harrildholm entfernt.

»Schweden?«

Er musste Zeit gewinnen, um sich nicht anmerken zu lassen, dass er in den Sekunden, in denen die Flashbacks aufblitzten, nichts um sich herum mitbekam.

»Ja. Schweden. Es sei denn, ich hätte da etwas missverstanden.«

»Hm, tut mir leid«, sagte er zögerlich. »Das war eine Notlüge. Ich war noch nicht bereit, zu …«

Er sah vor sich, wie er damals die Tür geöffnet hatte, genau wie gerade eben, und wie sich Mossman draußen im Sturzregen vor ihm aufgetürmt hatte.

Er suchte tastend nach einem Zusammenhang, in Worten wie in Gedanken.

»… also, ich meine, ich war noch nicht bereit, deine Aufgabe zu übernehmen«, fuhr er fort. »Deshalb die Ausrede. Mit Schweden.«

Mossman schlürfte einen Schluck Kaffee.

»*No harm done*«, brummte er. »Aber warum bist du hier, wenn es dir nicht um den Fall geht?«

Oxen zuckte wieder mit den Schultern. Es war das Einfachste, sich an die Wahrheit zu halten.

»Wölfe.«

»Wölfe?«

»Ich wollte in ihre Nähe kommen. Versuchen, sie zu finden. Ich wollte wenigstens ein einziges Mal einen Blick auf einen Wolf in freier Wildbahn erhaschen.«

»Noch mehr *Animal Planet*?« Mossman schüttelte nachsichtig den Kopf.

»Wölfe auf dänischem Boden. Ich wollte sie gern mit eigenen Augen sehen. Vor Ort sein. Und natürlich hatte ich auch vor, mir Margrethe Francks Fall genauer anzusehen. Aber warum bist du hier? Was willst du?«

Mossman sah überrascht aus.

»Margrethe hat mich gestern angerufen. Sie hat mich gebeten, für sie nach Jütland zu fahren. Hat sie dir das nicht erzählt?«

»Nein.«

Die wahnsinnigen Hunde jagten weiter. Jedes Mal, wenn er glaubte, einen von ihnen greifen zu können, waren sie schon wieder weg.

»Das überrascht mich jetzt«, sagte Mossman.

»Und warum wollte sie das? Dass du herkommst?«

»Sie meinte, dass sie … sich Sorgen macht. Sie hatte den Eindruck, du wärst ein bisschen aus dem Gleichgewicht.«

»Gleichgewicht? Übrigens habe ich heute mehrfach versucht, sie anzurufen, aber sie geht nicht ans Handy. Und ruft auch nicht zurück.«

»Sie sagte, sie wäre im Moment unglaublich im Stress.«

Und genau da, als er formulieren wollte, dass alles okay sei, oder irgendwas in der Richtung, dass er selbst auch überlegt habe, ihn um Hilfe zu bitten, genau da bekam er einen der rasenden Gedanken zu fassen. Natürlich! So musste es sein!

Vielleicht hätte er den Verdacht von Anfang an greifen und am ausgestreckten Arm festhalten sollen, um ihn besser drehen und wenden zu können, aber dazu war er noch nicht in der Lage gewesen.

Jetzt wusste er plötzlich, wie es möglich war, dass Axel Mossman vor der Hintertür stand, kaum dass der erste Klingelton verklungen war. Die Kameras, die Festplatte, die ganze Überwachungsanlage auf Harrildholm …

Das alles war Mossmans Werk.

## 58.

In dem Sekundenbruchteil bevor er Mossman seine Vermutung an den faltigen Kopf werfen wollte, schaffte er es gerade noch, sich auf die Zunge zu beißen.

Es wäre unklug gewesen, das zu tun, was er gerade fast getan hätte. Wer gegen den Meister spielen wollte, der musste sich seine Regeln zu eigen machen: Wenn du etwas weißt, behalte es für dich. Es gab keinen Grund, Mossman wissen zu lassen, dass er sein Hauptverdächtiger war, was die Überwachung von Harrildholm betraf.

»Einst warst du *my black knight in shining armour*, Soldat, erinnerst du dich? Ein Ritter, der seinesgleichen sucht. Wir hatten ein paar Meinungsverschiedenheiten. Ich dachte, wir hätten Frieden geschlossen. Und nun?«

Im Gegensatz zu seinem Körper hatte Mossmans theatralischer Sprachgebrauch nach seinem unfreiwilligen Abschied vom PET nie abgenommen. Der Hüne in Tweed musterte ihn mit diesem scharfen Blick, der sich hinter den hängenden Augenlidern versteckte.

»Nun … nun sehe ich Misstrauen in deinen Augen. Warum, Soldat?«, fragte Mossman fast flüsternd.

Er zuckte mit den Schultern. War er auch nur einen Moment lang wirklich so naiv gewesen zu glauben, er könne Mossmans Spiel spielen? Für den anglophilen Goliath war er wie ein offenes Buch.

»Misstrauen? Ich verstehe nicht, was du meinst.«

»Egal, vergiss es, Oxen. Jetzt bin ich ja da. Die Frage ist also: Soll ich meinen Hut nehmen und wieder gehen? Soll ich Margrethe sagen, dass du mich vor die Tür gesetzt hast? Oder wollen wir beide, du und ich, versuchen, diese seltsame Mission gemeinsam zu beenden, auf die ich dich geschickt habe? In der irrigen Annahme, es wäre eine harmlose Aufgabe, bei der es nur um einen alten Mann auf einem alten Bauernhof in Jütland geht.«

Oxen fluchte innerlich, und es fiel ihm schwer, sich zu beherrschen. Jedes verfluchte Mal, wenn er den Versuch wagte, Mossman herauszufordern, kassierte er eine Ohrfeige.

Eben noch war er kurz davor gewesen, Mossman und seine geheimen Kameras auffliegen zu lassen. Jetzt war alles auf den Kopf gestellt und Mossman legte ihm die Daumenschrauben an.

Er schnaubte und suchte an den vergilbten Deckenpaneelen zwischen dem Fliegendreck von Jahrzehnten nach einer Antwort. War er selbst einfach zu misstrauisch gegenüber allen und jedem? Das hatte Franck ihm vorgeworfen. Die fehlende Fähigkeit, anderen zu vertrauen, war ein altbekanntes Thema in seinem posttraumatischen Lehrbuch. Ein wichtiges Ziel seiner Verhaltenstherapie war es, genau dieses Gefühl zu identifizieren und seine Reaktionsmuster zu verändern. Und hier saß er nun, bis ins Mark erfüllt von Misstrauen. Weil das Misstrauen ein Teil von ihm war. Weil das Misstrauen angebracht war, wenn es um diesen speziellen Menschen ging, der ihm gerade gegenübersaß.

»Lass dir ruhig Zeit, Soldat.« Axel Mossman sah angespannt aus.

Er hatte Zweifel.

»Hör zu, Mossman, das ist kein Misstrauen. Jedenfalls nicht mehr Misstrauen als das, was ich jedem Menschen entgegenbringen würde, der meinen Hund – meinen besten Freund – umgebracht hat. Verstanden?«

Mossman nickte ernst, sagte aber nichts.

»Und wie du ja bereits erwähnt hast, habe *ich dich* angerufen. Weißt du, warum? Weil ich dich um Hilfe bitten wollte.«

Mossman nickte immer noch.

»Und noch etwas … Ich bin nicht dein Ritter. Und ich werde auch nie dein Ritter sein. Klar?«

Mossman nickte, und die Hautfalte unter seinem Kinn wackelte.

»Jetzt erkenne ich dich wieder, Soldat. Und schon bin ich viel beruhigter. Die Wölfe … was ist mit denen?« Mossman schlug einen versöhnlichen Tonfall an.

»Habe keine gesichtet.«

Er hatte keine Lust, ihm von der toten Fähe zu erzählen, die er ausgegraben hatte. Mossman würde es nicht verstehen.

»Aber wie ich dich kenne, Oxen, hast du stundenlang da draußen herumgesessen. Was fasziniert dich an diesen verdammten Viechern? Kannst du mir das begreiflich machen?«

Das konnte er ganz sicher nicht.

»Ich habe Respekt vor ihnen.«

»Und woher kommt dieser Respekt?«

»Mich beeindruckten ihre klare Organisation, die Stärke der Gemeinschaft, ihre Ausdauer und Beharrlichkeit.«

Dieses Thema weiter zu vertiefen war Zeitverschwendung. Mossman nickte langsam.

»Wie das Rudel, dem du selbst einmal angehört hast. Die Jäger.«

Ein weiteres Mal war die PET-Legende Furcht einflößend präzise. Er verspürte kein Bedürfnis, sich länger mit der Schlussfolgerung zu befassen, zu der sich der unsichtbare Laser in Mossmans riesigem Schädel in Lichtgeschwindigkeit durchgefräst hatte.

»Seit du mich gebeten hast, mich auf Harrildholm umzusehen und nach Poul Hansen zu fragen, hat sich die Lage ziemlich verändert«, sagte er zu seinem Besucher, um das Gespräch in eine andere Richtung zu lenken.

»Das ist richtig, Soldat. Meiner Ansicht nach sollte einen die Identität der Leiche im Bach aufhorchen lassen. Troels Monrad war ein langjähriger Mitarbeiter der Firma. Deshalb wollte ich dich an Bord holen. Aber dann … ist mir ein Wolf in die Quere gekommen, *so to speak.*«

»Da ist mehr als nur Monrad. Ich nehme an, dass du noch nicht mitbekommen hast, was Franck passiert ist? Gestern Abend hat jemand versucht, sie umzubringen. Schüsse von einem vorbeifahrenden Motorrad.«

Ein Ruck durchfuhr den großen Körper. Mossman kniff die Augen zusammen, tiefe Falten bildeten sich auf seiner Stirn. Es war also doch manchmal möglich, sein Gesicht zu lesen.

»Ein Mordversuch?«

»Auf einer Straßenkreuzung in Kopenhagen. Zwei Schuss. *Close-up*. Sie hat Polizeischutz mit nach Hause bekommen. Es gab schon ein paar Tage früher eine Drohung. Jemand hat einen Backstein durch die Windschutzscheibe ihres Minis geworfen. Daran war ein Zettel mit einer Nachricht befestigt, *Lass die Vergangenheit ruhen – sonst …* Das Ganze fing an, nachdem sie den älteren Bruder des Mannes besucht hatte, den sie damals im Südhafen erschossen hat, einen Halbschweden namens Joakim Jönsson. Und gestern Nachmittag war sie gerade auf dem Heimweg vom Vestre-Gefängnis, wo sie sich mit Sean Struve unterhalten hatte. Struve war damals der Kopf hinter dem Banküberfall, an dem Jönsson auch beteiligt gewesen sein soll.«

»Also war irgendjemand der Meinung, dass es langsam reicht?«

»Sieht ganz so aus.«

»Und wo ist sie jetzt?«

»Im Dienst, nehme ich an. Wie gesagt. Sie geht nicht ans Handy. Aber da ist noch etwas …«

Er fing Mossmans Blick und hielt ihn fest. Einen Versuch war es trotzdem wert, aber er musste auf jede noch so kleine Regung achten. Langsam sprach er weiter:

»… der gesamte Hof hier wurde überwacht. Sechs Kameras, auf dem ganzen Anwesen verteilt. Eine hier in der Küche, die anderen draußen.«

Wieder wurden Mossmans Augen schmal, und jegliche Spiegelung seiner schwarzen Seele verschwand hinter den schweren Lidern.

»Hmm …«

»Ich habe eine der Kameras entdeckt und dann auch die Festplatte gefunden. Sekunden später hat mich jemand von hinten niedergeschlagen. Als ich wieder zu mir kam, lag ich mit alten Zügeln verschnürt in einer Kutsche drüben im Stall.«

»*I'll be damned.* Und Poul Hansen?«

»Keine Spur von ihm. Aber Margrethe hat herausgefunden, dass er todkrank ist. Wir haben die Krankenakte. Prostatakrebs.«

»Also ein Todesurteil … Gibt es eine zeitliche Prognose?«

»Nein. Aber die Behandlung wurde eingestellt. Es könnte also sein, dass er schon gar nicht mehr lebt. Was vielleicht erklären würde, dass hier alles offen stand und er verschwunden ist.«

»Man spaziert nicht durch die Hintertür aus dem Haus und stirbt plötzlich an Krebs. Krebs ist kein Anfall, sondern ein Prozess. Und wozu die Überwachung? Sechs Kameras, sagtest du? Woher …?«

»Auf der Festplatte stand ein kleiner Monitor. Sechs Kanäle, sechs Kameras.«

»Und eine davon hier in der Küche?«

»Sie war wohl oben im Lüftungsrohr platziert. Jetzt ist sie weg. Ich wäre nie auf die Idee gekommen, dass hier eine Kamera versteckt sein könnte.«

»Kannst du mir den Hof zeigen? Ich würde mir gern ein Bild von dem Ganzen machen«, sagte Mossman.

»Jetzt?«

»Warum nicht? Es sieht sehr danach aus, als ob wir uns beeilen sollten, oder? Als ich dich das erste Mal hierhergeschickt habe, Soldat, war das in meinen Augen absolut keine dringliche Angelegenheit. Ich musste nicht alles stehen und liegen lassen, nur weil Poul Hansen verschwunden war. Und ich konnte auch nachts noch wunderbar schlafen, obwohl es Monrads Leiche war, die jemand in den Bach gelegt hatte. Aber jetzt, mit einem Mordversuch an Margrethe, dürfen wir keine Zeit mehr verlieren. Komm.«

Als der Lichtkegel durch den dunklen Stall tanzte und den Stützbalken traf, wo zuletzt noch ein Kabel durch die Decke geführt hatte, war ihm die Situation vollkommen klar.

Das Kabel war nicht mehr da. Also war mit Sicherheit auch die Kamera weg, von der er nicht einmal wusste, wo sie sich befunden hatte – genau wie in der Küche. Das Ende war vorhersehbar: Er würde dumm dastehen.

»Hier verlief ein Kabel«, erklärte er Mossman. »Die Kamera hat den ganzen Mittelgang bis zur Tür abgedeckt.«

Mossman nickte, und sie gingen weiter in die Scheune.

»Poul Hansen hatte ein Quad. Hier muss es gestanden haben«, sagte er und leuchtete auf die Stelle. »Jetzt ist es weg.«

»Genau wie er selbst«, brummte Mossman. »Vielleicht hat er getankt und ist in den Sonnenuntergang gefahren, um in Frieden zu sterben.«

Oxen leuchtete in Mossmans Gesicht und begegnete einem Lächeln, das er nicht so richtig deuten konnte.

»Poul Hansen ist vor Kurzem frühmorgens auf seinem Quad am Bach gesehen worden«, sagte er und ließ das Licht, wo es war.

»Willst du damit andeuten, dass er dort gesehen wurde, wo man Monrad gefunden hat?«

»Ja. Ungefähr.«

»Und woher, Himmel, Arsch und Zwirn, weißt du das schon wieder? *Pardon my French.*«

»Ich bin im Wald einem Mann begegnet. Er wohnt da draußen in einem alten Güterwaggon, der ziemlich versteckt in einer Grube steht. Er streunt nachts hier in der Gegend herum. Läuft sich die Füße im Wald und in der Heide platt. Wenn es dunkel ist. Immer nur, wenn es dunkel ist. Sein Name ist Tobias. Er war wohl eine Weile in der Psychiatrie, wie und warum genau, weiß ich nicht. An dem Morgen, als er Poul Hansen auf seinem Quad gesehen hat, wollte er gerade seine Angelhaken im Kvindebæk kontrollieren.«

Mossman schnaufte laut.

»Ein Mann, der im Wald in einer Grube haust, schafft eine Verbindung zwischen unserem verschwundenen Mann und dem Fundort der Leiche. Habe ich das richtig verstanden?«

»Ja. Und ich glaube ihm.«

Er löste den Lichtkegel von Mossmans Gesicht und ließ ihn an der Wand nach oben wandern, über die Balken und die mit Brettern verstärkten Sparren.

»Eigenartige Konstruktion«, entfuhr es Mossman. »Ich meine diese Bretter über den Sparren.«

»Wahrscheinlich sollen sie verhindern, dass der ganze Kasten irgendwann einstürzt«, antwortete Oxen und deutete zu der Heuluke, wo er die Kamera entdeckt hatte. Er hatte die Leiter zum Zwischenboden stehen lassen.

»Da oben habe ich die erste Kamera gefunden. Ich gehe mal nachschauen«, sagte er und kletterte die Leiter hoch. Auch dieses Kabel war nicht mehr da. Und einen Augenblick später bestätigte sich sein Verdacht, dass für die Kamera, die die Zufahrt zum Hof überwacht hatte, dasselbe galt.

»Die ist auch weg«, sagte er, als er kurz darauf wieder unten war.

»Und du bist in der Kutsche da umgekippt, und als du zu dir gekommen bist, warst du mit alten Zügeln gefesselt«, sagte Mossman, als sie wenig später im anderen Teil des Wirtschaftsgebäudes standen.

Schwang in seiner Stimme nicht ein Anflug von Ironie mit? Wieder leuchtete Oxen ihm ins Gesicht. Vor allem, um ihn zu nerven.

»Die Öffnung zum Zwischenboden ist genau über dem Kutschbock. Wenn ich mich auf den Sitz stelle, komme ich mit dem Oberkörper durch die Luke. Die Festplatte und der Monitor waren auf einer Spanplatte aufgestellt. Als ich wieder runtersteigen wollte, hat mich jemand bewusstlos geschlagen«, erklärte er.

»Und jetzt ist der ganze Kram verschwunden. Alle Spuren verwischt. Als wäre es ein Traum gewesen …« Mossman pfiff nachdenklich.

»Wenn du *das* denkst, kannst du gleich wieder nach Hause fahren!«

Es rutschte ihm einfach heraus, aber zum Glück konnte er sich rechtzeitig bremsen, bevor er Mossman auch noch beschuldigte, für die Überwachung verantwortlich zu sein. Diesen Verdacht wollte er gern noch für sich behalten.

»Ruhig Blut, Soldat. Ich frage mich nur, wozu das alles gut sein soll. Ich unterstelle dir ganz bestimmt nicht, dass du mir einen Bären aufbinden willst. Warum solltest du das auch tun?«

Wie immer verdrehte Mossman in typischer Mossman-Manier am Ende alles mit leichter Verwunderung.

»Komm, Oxen, lass uns diese heiligen Hallen verlassen und uns in die Küche setzen. Ich habe gesehen, dass du deine Überlegungen zu Margrethes altem Fall zu Papier gebracht hast. Ich hatte bisher nie die Gelegenheit – oder einen Grund –, mich damit zu beschäftigen. Ich wüsste gern, was du herausgefunden hast. Wir müssen uns eine Strategie überlegen. Und zwar so schnell wie möglich.«

Als sie wenig später die Stalltür hinter sich zuzogen und zur Hintertür gingen, glitzerten die Glasscherben im Licht der Taschenlampe. Darunter ein Stück von der Flasche mit dem Etikett, das nach oben zeigte.

»Sieht aus, als wäre hier draußen jemand mit einer Flasche Scotch unter dem Arm havariert«, stellte Mossman belustigt fest.

Er sparte sich jeden Kommentar. Auch diese Analyse war messerscharf.

Als sie wieder in der Küche waren, setzte Mossman sich auf einen knarrenden Stuhl. Seine großen Finger trommelten ungeduldig auf die Tischplatte, während er das Telefon klingeln und klingeln ließ. Margrethe Franck nahm nicht ab. Dann sprang offenbar die Mailbox an.

»Mossman hier. Ich bin auf Harrildholm und werde gleich mit Niels Oxen ein paar interessante Dinge diskutieren. Ruf mich so schnell wie möglich zurück, danke.«

Sie hatten sich darauf geeinigt, dass es besser war, wenn Mossman versuchte, sie zu erreichen. Ihn würde sie zweifellos sofort zurückrufen, sobald sie die Möglichkeit dazu hatte. Es war inzwischen Viertel nach sieben, und wahrscheinlich saß sie noch über ihre Arbeit gebeugt in Søborg. Vielleicht sogar in einer Teambesprechung, damit sie die Deadline halten konnten.

»Der Südhafen – das ist lange her, Oxen. Gibst du mir einen kurzen Abriss, um mein Gedächtnis aufzufrischen?«

Er nickte.

»Vor zwölf Jahren fährt die junge Margrethe Franck mit dem erfahrenen Kollegen Klaus Trane Streife, als über Polizeifunk die Meldung kommt, dass es einen Bankraub gab …«

In Kurzform und ohne überflüssige Details schilderte er Margrethe Francks Geschichte. Und da die Geschichte des Überfalls auf die Danske Bank im Gammel Kongevej untrennbar mit Margrethes Fall verknüpft war, fasste er auch diesen Ablauf zusammen.

»*Well,* jetzt bin ich besser gerüstet, danke«, sagte Mossman, der ihm zugehört hatte, ohne ihn zu unterbrechen. »Fangen wir an. Wo sind dem Jäger Fallgruben und Versäumnisse aufgefallen?«

»Das ganze Zeug hier ist in Wirklichkeit eine ziemlich dünne Suppe«, sagte er und klopfte mit der Hand auf den Papierstapel. »Mein größter Kritikpunkt ist, dass es offenbar niemand für nötig hielt, sich mit der Telekommunikation zu befassen. Margrethe Franck steht einem Mann gegenüber, Joakim Jönsson, der nach allem, was bekannt ist, einen Bankangestellten erschossen hat. Aber es gibt keine Auswertung des Mobilfunkverkehrs. Es liegen weder die Daten des nächstgelegenen Funkmastes noch die der Masten entlang Jönssons mutmaßlicher Fluchtroute vor.«

»Es wäre denkbar, dass dieser Teil der Unterlagen in den Akten des Banküberfalls archiviert wurde.«

»Ja, kann sein. Aber dann müssten zumindest die Daten des Funkmastes im Südhafen vorhanden sein. Die gehören ganz eindeutig zum Franck-Fall.«

»Du hast selbst gesagt, dass vor Ort kein Handy gefunden wurde. Und auch keine Waffe.«

»Kein Handy zu finden, ist noch lange kein Grund, die Mobilfunkdaten nicht abzufragen. Nur weil man keine Waffe findet, hört man ja auch nicht auf, danach zu suchen. Was sie im Übrigen auch nicht getan haben. Im Gegenteil. Sie haben das ganze Gebiet durchkämmt, um die Pistole zu finden, die Jönsson sich wohl irgendwo vom Hals geschafft hat. Warum also keine Mobilfunkdaten?«

Mossman zuckte mit den Schultern.

»Inzwischen ist es zu spät, das nachzuholen. Die Telefonanbieter müssen die Daten nur fünf Jahre lang speichern«, fuhr er fort. »Aber selbst wenn du an die Daten herankommen würdest, Oxen, was würdest du damit machen?«

»Ich würde sie mit den Mobilfunkdaten aus dem Bankraub abgleichen. Um zu überprüfen, ob eine der Nummern aus dem Südhafen angerufen wurde.«

»Und wenn ja, was dann?«

Axel Mossman genoss dieses Spiel. Das war nicht zu übersehen. Kurz, präzise, immer auf der Suche, immer analysierend.

»Dann wüsste ich, ob der Bankräuber Jönsson mit seinen Leuten in Verbindung stand, bevor er beschloss, Margrethe Franck zu überfahren.«

»Was macht das für einen Unterschied? Er sagt zu einem seiner Kumpels, oder wer auch immer ihm gerade zuhören will: ›Hallo, Joakim hier, ich sitze in der Patsche, ich versuche, irgendwie abzuhauen. Am besten überfahre ich einfach die Polizistin. Darauf kommt es jetzt auch nicht mehr an.‹ Und dann gibt er Gas.«

»Nein, nein … überhaupt nicht …«

Mossman sah ihn mit hochgezogenen Augenbrauen und schiefem Lächeln an.

»Ach, nicht? Wie denn dann, Soldat?«

»Punkt eins: Jönsson saß hinter dem Steuer und hatte eine Hand gehoben, bevor er losfuhr. Sagt Franck. Die Scheibe spiegelte zwar, aber das konnte sie gerade noch sehen. Was sie nicht sehen konnte, war, ob er eine Pistole in der Hand hielt oder etwas anderes. *Ich* sage, es war *keine* Pistole, sondern ein Handy. Punkt zwei: Jönsson bekam, unmittelbar bevor er Gas gab, die Order, Franck umzufahren. Punkt drei: Aber von wem?«

»Hm, hm …«

Das dunkle Brummen, das Mossman von sich gab, blubberte förmlich vor Freude und Zufriedenheit.

»Punkt vier: *Wer* hat das Handy aus dem Autowrack im Hinterhof entfernt? Denn dass es entfernt wurde, ist klar.«

Axel Mossman nickte angetan.

»Hervorragend, Oxen, du hast deine Hausaufgaben wirklich gemacht. Hättest du die Polizeischule seinerzeit nicht verlassen, um Jäger zu werden, hättest du es weit bringen können!«

Er zuckte mit den Schultern. Er würde ein schweres Paket weniger mit sich herumschleppen. Das war das Einzige, was man mit Sicherheit sagen konnte. Aber das war uninteressant. Er war Jägersoldat geworden und würde immer Jägersoldat bleiben.

»Das ist noch nicht alles, Mossman. Bei Weitem nicht ... Davon bin ich überzeugt.«

»Was meinst du?«

Er tippte mit dem Zeigefinger auf den Aktenstapel vor sich.

»Die gesamte Prämisse der damaligen Ermittlungen ... Das ganze Ding lief von vornherein in die falsche Richtung. Du erinnerst dich an die 3,3 Millionen Kronen aus dem Überfall, die nie gefunden wurden?«

Mossman nickte.

»Die Suche nach dem Geld hat allen den Blick vernebelt. Alles drehte sich um die Frage, ob Jönsson es geschafft hatte, die Kohle zu verstecken oder an einen Komplizen zu übergeben, bevor die Situation im Südhafen eskalierte. Oder ob Sean Struve und die beiden anderen das Geld beiseitegeschafft hatten, bevor sie geschnappt wurden.«

»Das ist nicht das erste Mal, dass verschwundene Beute für Ärger sorgt, Oxen. Und es der Polizei erschwert, den Fokus zu behalten.«

»Nach seiner Verhaftung hat Sean Struve ziemlich schnell gestanden, dass Jönsson als vierter Mann bei dem Überfall dabei war. Und seine Komplizen haben dasselbe ausgesagt. Ich will dir kurz drei Abschnitte aus den Verhörprotokollen vorlesen.«

Er blätterte in seinen Notizen, bis er die richtige Stelle gefunden hatte.

»Also, laut Protokoll erklärte Struve unter anderem: ›Jocke war unser *shooter.* Man braucht immer jemanden, der mit einer Schusswaffe umgehen kann. Nur Amateure haben keinen *shooter* im Team.‹« Er sah Mossman an, dann fuhr er fort.

»Jetzt ein Zitat aus der Befragung des zweiten Bankräubers, John Iversen: ›Jönsson war als unser *shooter* dabei. Wir anderen haben nicht viel Erfahrung mit Knarren. Man braucht immer einen *shooter* im Team.‹ Und hier kommt die Aussage des dritten und letzten Bankräubers, Benny Trolle: ›Ich kannte den Halbschweden gar nicht. Aber Struve sagte, er hätte ihn ausgesucht, weil er ein guter *shooter* wäre, falls etwas schiefgehen sollte. Man braucht immer einen im Team, der mit einer Waffe umgehen kann. Man muss auf alles vorbereitet sein.‹«

Wieder schaute er zu Mossman.

»Ich höre dir zu, Oxen. Ich höre dir zu und denke nach. Worauf willst du hinaus?«

»Das waren nur drei kurze Passagen aus langen Protokollen. Aber sie klingen verblüffend ähnlich, findest du nicht? Alle drei bezeichnen Joakim Jönsson als *shooter. ›Shooter‹*. Vor zwölf Jahren … War *shooter* damals ein gängiger Ausdruck? Ich glaube, nicht. Heute vielleicht, als eine Art Slang. Aber sogar da bin ich skeptisch. Wer *›shooter‹* sagt, meint eher einen Massenmörder. Einen, der in eine Schule stürmt und Lehrer und Schüler abknallt, das kommt in den USA ja oft genug vor. Auch wenn wir inzwischen mit englischen Wörtern nur so um uns werfen – in diesem speziellen Fall finde ich es mehr als auffällig. Noch dazu verwenden alle drei fast dieselbe Formulierung: ›Jocke – oder der Halbschwede – war unser *shooter.*‹ Und alle drei betonen, dass man so einen ›im Team braucht‹.«

»Du meinst, sie haben sich abgesprochen?«

»Ja, sie haben festgelegt, was sie sagen würden, falls es schiefgehen sollte.«

»Um einen von ihnen zu decken, nämlich den, der die tödlichen Schüsse in der Bank in Wirklichkeit abgegeben hat?«

»Nein … Sie haben sich abgesprochen, um …«

Er hob langsam seinen Becher zum Mund und spürte, wie Mossmans durchdringender Blick auf ihm ruhte. Sie hatten den verdammten Kaffee zwischenzeitlich ganz vergessen, aber er trank gern kalten Kaffee, wenn er diesen Augenblick dadurch noch ein wenig in die Länge ziehen konnte. Den Augenblick, in dem Mossman gespannt wie eine Feder vor ihm saß und man jeder durchtriebenen Falte in seinem Gesicht ansehen konnte, wie sein Gehirn arbeitete.

Er ließ den leeren Becher sinken und griff den Faden wieder auf.

»… um die Tatsache zu vertuschen, dass Joakim Jönsson überhaupt nicht an dem Überfall beteiligt war.«

Mossmans Mund wurde zu einem schmalen Strich.

»Dann ist ein vierter Bankräuber entkommen und sitzt auf den 3,3 Millionen Kronen. Das ist wirklich eine außergewöhnliche Interpretation, Oxen, aber leider … reine Spekulation.«

»Ich habe keine Beweise, das ist richtig. Aber Margrethe wundert sich über eine anders lautende Behauptung, nämlich dass Jönsson nicht das Geringste mit Schusswaffen am Hut hatte. Sein Bruder hat sich in die Richtung geäußert. Trotzdem sagen seine Räuberfreunde, dass er als Waffenprofi dabei gewesen sei. Und Sean Struve, mit dem Margrethe erst gestern gesprochen hat, hält an seiner Aussage von damals fest. Das ist der Widerspruch – ein ganz erheblicher Widerspruch –, den ich in meine Analyse einzubauen versucht habe.«

»Und was hält Margrethe von deiner Theorie?«

»Ich hatte noch keine Gelegenheit, mit ihr darüber zu reden. Sie geht ja nicht ans Telefon.«

»Hat sie sich ihren eigenen Fall denn nie genauer angesehen? Ist sie nie über irgendwelche Unstimmigkeiten gestolpert?«

»Soweit ich weiß, hat sie nach der Sache mit dem Bein prinzipiell mit der Vergangenheit abgeschlossen. Sie schaut nicht zurück.«

Für einen Moment saßen sie sich schweigend gegenüber, jeder in seine eigenen Gedanken vertieft.

»Dann gibt es also keinen dänisch-schwedischen *gunslinger*«, sagte Mossman irgendwann, vielleicht mehr zu sich selbst als zu ihm.

»Genau. Höchstens einen Revolverhelden, der keine Ahnung hatte, an welchem Ende die Kugel rauskommt.«

»Merkwürdig, merkwürdig …«

»Und es geht genauso merkwürdig weiter. Das mit der Telekommunikation habe ich ja schon erwähnt«, setzte er wieder an. »Wo ist die Auswertung der Funkmastdaten? Auch vor zwölf Jahren gehörte es schon für jeden Kriminellen zum kleinen Einmaleins, die Finger vom Handy zu lassen. Und wenn es sich gar nicht vermeiden ließ, benutzte man ein Handy mit Prepaidkarte. Oder anders gesagt: Natürlich haben Sean Struve und seine Leute nicht miteinander telefoniert. Und auch Jönsson wäre niemals so dämlich gewesen, das zu tun. Wenn er im Südhafen also telefoniert hat, dann nur, weil er *kein* Bankräuber war. Und weil irgendetwas katastrophal schiefgegangen sein muss. Vielleicht hat ihn jemand angerufen? Wir werden es leider nie erfahren.«

»Und wer hat sein Handy verschwinden lassen, Oxen?«

»Wer war vor Ort?«

»Du meinst, ein Insider?«

»Wer sonst?«

»Margrethes Partner war als Erster im Hinterhof …« Mossman biss sich auf die fleischige Unterlippe.

»Sie vertraut ihm hundertprozentig. Kurz nach ihm sind noch eine ganze Reihe anderer Kollegen angekommen, Polizisten und Techniker.«

»Man kann niemandem hundertprozentig trauen. Aber wem sage ich das, Oxen.«

Mossman schwieg und ließ die Bemerkung noch einen Moment in der Luft hängen, dann fuhr er fort.

»Lass mich deine Theorie noch einmal zusammenfassen. Deiner Ansicht nach haben wir es also mit einem zufälligen Zusammentreffen von zwei völlig verschiedenen Ereignissen zu tun: dem Überfall auf die Danske Bank einerseits und dem Halbschweden Jönsson andererseits, der in einer uns unbekannten Angelegenheit unterwegs ist. Außerdem haben wir noch zwei Autos, die ebenfalls zufällig gleich aussehen …«

»Ganz Dänemark fährt silberne Autos. Auf unseren Straßen sind jede Menge Peugeots 307 unterwegs und noch mehr Kombis, die fast genauso ausschauen. Statistisch gesehen ist das absolut plausibel.«

»*Well* … Während die drei Bankräuber in ihrem Schlupfloch in Deckung liegen, erfahren sie, was im Südhafen passiert ist. Daraufhin konstruieren sie eine Geschichte, und zwar die Geschichte vom *shooter* Joakim ›Jocke‹ Jönsson, und vereinbaren, sich exakt daran zu halten, falls sie festgenommen werden sollten. Auf diese Weise nehmen sie ihren vierten Mann aus der Schusslinie, der wie besprochen mit einem Teil der Beute einer anderen Fluchtroute folgt. Ein ungewöhnlich praktischer Zufall, könnte man sagen.«

»Das Leben ist voller Zufälle. Dass die Blekingegade-Bande seinerzeit aufgeflogen ist, war auch nur einem banalen Auffahrunfall zu verdanken. Für Struve und seine Leute kam Jönsson wie gerufen, ein nützlicher Idiot. Und zwar einzig und allein, weil er tot war – zum richtigen Zeitpunkt gestorben – und nicht protestieren konnte.«

»Aber der Fall aus dem Südhafen unterlag sieben Tage lang absoluter Geheimhaltung, nicht wahr?« Mossman blickte ihn scharf an.

»Das ist richtig.«

»Sean Struve und seine Komplizen wurden nach fünf Tagen verhaftet. Wie konnten sie etwas über Jönsson und den Südhafen wissen? Das ist unmöglich. Es sei denn …« Mossman verstummte.

Oxen führte den Satz des alten PET-Chefs zu Ende.

»… es sein denn, jemand hätte Struve einen Tipp gegeben.«

»Noch ein Insider?«

»Eine andere Möglichkeit gibt es nicht.«

»Wenn deine Theorie stimmt … dann ist das eine heikle Angelegenheit, Soldat. Das ist dir klar, oder?«

Er nickte. Mit seinem Verdacht würde er sich keine Freunde machen.

»Und irgendjemand da draußen findet, dass das, was Margrethe gerade macht, ebenfalls ein bisschen zu heikel ist, nicht wahr?«

»Es sieht ganz danach aus.« Mossman rieb sich das Gesicht und nickte. Er sah müde aus. Dann schaute er hoch und sein Blick war wieder durchdringend und scharf.

»Und jetzt, Soldat, verrate mir bitte noch, was Joakim Jönsson in drei Teufels Namen an diesem Tag im Südhafen gemacht hat? Warum die Verzweiflung?«

»Keine Ahnung. Ich hab absolut keine Ahnung.«

Oxen schaute auf seine Armbanduhr. Es war ungewöhnlich, dass Margrethe immer noch nicht zurückgerufen hatte. Mossman betrachtete ihn.

»Margrethe, nicht wahr? Du machst dir Sorgen. Wir müssen etwas anderes versuchen. Leider kenne ich mich in Søborg nicht mehr so gut aus. Du weißt nicht zufällig, wer ihr direkter Vorgesetzter ist?«

»Nein.«

»Gut. Dann rufe ich gleich ganz oben an.«

Oxen stand auf, ging ins Wohnzimmer und trat an die Fensterbank, damit Mossman in Ruhe herumtelefonieren und Informationen einholen konnte. Es sah Margrethe Franck überhaupt nicht ähnlich, einfach beleidigt zu schweigen.

Während er zum wer weiß wievielten Mal hinaus in die Dunkelheit starrte, segelten die ersten Schneeflocken durch die Luft und blieben im Innenhof liegen. Er musste an Tobias denken, der vielleicht gerade zu einer seiner stundenlangen Wanderungen aufgebrochen war. Egal was die kommenden Tage bringen würden, und egal wann er seine Sachen packen und nach Vangede zurückfahren würde, wollte er sich vorher von Tobias verabschieden.

Er ging zurück in die Küche. Mossman telefonierte immer noch. Sein Gesicht war ernst. Schließlich beendete er das Gespräch:

»Okay, wir bleiben in Kontakt. Franck sagte, sie würde herkommen, also warte ich hier auf sie. Wenn sie nicht auftaucht, melde ich mich. Auf Wiedersehen.«

Er schaute Mossman fragend an.

»Eine kleine Notlüge, Soldat. Bei dem Personenschutz für Margrethe ist offenbar irgendetwas nicht nach Plan gelaufen.

Ich habe gerade mit dem Chef in Søborg gesprochen und mit zwei anderen ehemaligen Kollegen. Margrethe sollte Bescheid geben, wenn sie nach Hause will, aber, tja … Offensichtlich ist sie gegangen, ohne irgendjemanden zu informieren. Deshalb habe ich behauptet, dass sie mich in einer privaten Angelegenheit besuchen wollte, aber noch nicht aufgetaucht ist. Mag sein, dass diese Erklärung ein wenig dürftig ist, aber ich glaube, mein Name hat in Søborg immer noch eine gewisse Durchschlagskraft.«

»Dann hast du *nicht* Alarm geschlagen?«

»Alarm? Bist du verrückt?«

»Du lässt sie allein, Mossman, einen Tag nachdem jemand versucht hat, sie zu töten?«

»Im Gegenteil. Ich beschütze sie. Wenn sie sich auf diese Weise vom Acker macht, ohne die beiden Bodyguards, dann hat sie einen guten Grund dafür.«

»Aber wir riskieren, dass …«

»Wir geben ihr noch eine Stunde, nicht mehr und nicht weniger. Und jetzt fahren wir!«

»Wohin?«

»Ostwärts. Nach Kopenhagen.«

## 59.

Das dünne, blasse Mädchen im weißen Tüll wirkte auf der riesigen Bühne wie eine Schneeflocke. So hübsch, so zart, so bescheiden – und doch so grandios.

Bei Bertelsen rangierte *Britain's Got Talent* auf einer Ebene mit der Champions League, zumindest bis zu ihrem Viertelfinale. Er saß entspannt zurückgelehnt vor dem Fernseher, eine Tasse Kaffee in Reichweite. Draußen war es winterlich kalt, aber hier im Wohnzimmer war die Heizung ordentlich aufgedreht.

Trotzdem überlief den hartgesottenen, bald pensionierten Kommissar eine Gänsehaut nach der anderen.

Schuld daran war dieses singende Mädchen. Ihre Stimme klang so klar und hell und schön, dass man glauben könnte, ein Engel wäre zu Simon Cowell herabgestiegen, der mit offenem Mund und großen Augen an seinem Jurypult saß und ihr lauschte.

»Wahnsinn, das Mädchen ist wirklich unglaublich«, sagte Bertelsen beeindruckt zu seiner Frau, die den friedlichen Feierabend gerecht zwischen dem Krimi, der auf ihrem Schoß lag, und den Gesangstalenten aufteilte. Sie brannte längst nicht so sehr für die Sendung wie ihr Mann, aber hier musste sogar sie das Buch kurz aus den Händen legen.

»Wunderschön«, sagte sie und seufzte.

Es war totenstill in dem großen Studio, das Publikum schien förmlich zu zittern. Gleich, wenn das Mädchen fertig war, würde Jubel aufbranden und über es hereinbrechen. Auch im Wohnzimmer war es still. Bertelsen saß wie hypnotisiert vor der singenden Schneeflocke.

Und dann fing die elektrische Türglocke, die sie besser nie gekauft hätten, wie wild gewordene Orgelpfeifen an zu bimmeln.

»Nein! Jetzt nicht!«

Bertelsen schlug mit der flachen Hand auf die Armlehne. Seine Frau stand widerwillig auf. Einen Augenblick später kam sie zurück und führte einen Mann mit Plastiktüte ins Wohnzimmer.

»Guten Abend, Bertelsen. He, ich wusste gar nicht, dass dir so was gefällt«, sagte er und nickte zum Fernseher.

»Borg? Was zum Kuckuck machst du denn hier?«, fragte Bertelsen und wedelte gleichzeitig abwehrend mit der Hand. »Du musst kurz warten. Ich will das hier noch sehen. Setz dich.«

Obwohl sie unzählige Male zusammengearbeitet hatten und so enge Partner waren, wie man es in dieser umstrukturierten Polizei, die Partnerschaft nicht mehr zu schätzen wusste, nur sein konnte, hatten sie sich noch nie privat getroffen. Borg setzte sich leise auf die andere Seite des Couchtischs und verfolgte das Geschehen auf dem Bildschirm.

»*You can go all the way, Emily. And I mean: ALL the way …*« Simon Cowell verneigte sich voller Respekt, als der tosende Beifall sich gelegt hatte.

»Borg, was führt dich her?«, fragte er und musterte seinen Kollegen aufmerksam.

Borg zog einen Aktenordner aus der Plastiktüte und legte ihn auf den Couchtisch.

»Ich habe noch ein bisschen weiterrecherchiert und ein paar Sachen über Idris Nassar gefunden. Auch Fälle, in denen er nicht die Hauptrolle spielt. Ich habe alles ausgedruckt, sortiert und abgeheftet. Gebrauchsfertig, wenn du so willst. Die ganze Liste seiner Straftaten und Verdachtsfälle.«

»Aber warum?«

»Na ja, ich dachte, du wirst jetzt sicher eine Weile mit den Banden-Schießereien beschäftigt sein, und ich wurde abkommandiert, um mir eine Serie von Kiosküberfällen näher anzuschauen. Und damit wir Nassar nicht ganz aus den Augen verlieren … wegen unserer Abmachung …«

»Du und der Spiegel!«

Borg lächelte und nickte.

»So hartnäckig warst du lange nicht mehr, Borg. Dabei ist Idris Nassar das mieseste Dreckschwein von allen. Wie in aller Welt passt das zusammen?«

Bertelsen witterte es natürlich sofort. Sein Kollege hätte ihm den Aktenordner einfach auf dem Revier in die Hand drücken können – ohne dass jemand deshalb Fragen gestellt hätte. Dass Borg abends bei ihm zu Hause aufschlug, war seine Art, ihn diskret darauf hinzuweisen, dass dieser Fall hohe Priorität hatte und haben musste.

Bertelsens Frau sah ihren Mann missbilligend an. Sie mochte es nicht, wenn er sich so grob ausdrückte. Schon gar nicht in Gegenwart eines so netten Menschen wie Borg.

Borg zuckte mit den Schultern.

»Ich glaube, ich habe schon mal versucht, es dir zu erklären. Und mit jedem Tag, der vergeht, wird es mir klarer. Ich bin bereit, notfalls Himmel und Hölle in Bewegung zu setzen, Bertelsen. Je mehr die anderen darauf drängen, dass wir den Fall schließen, umso störrischer werde ich. Gerade jetzt, wo die Versuchung, bequem zu werden, am größten ist, gerade jetzt müssen wir Gas geben, du und ich. Ich gehöre noch nicht zum alten Eisen, Bertelsen. Ganz egal was die anderen denken.«

Bertelsens Frau nickte bedächtig. Borg war ein Mann nach ihrem Geschmack. Ordentlich und gewissenhaft. Genau wie ihr Ehemann. Dem musste man nur manchmal auf die Sprünge helfen.

»Ja, verdammt, ich weiß ja, dass du recht hast, Borg. Ich verspreche, dass ich mir die Sachen durchlese, die du mitgebracht hast«, brummte Bertelsen. »Willst du ein Bier? Kaffee?«

»Nein, danke, nichts«, antwortete Borg. »Aber wir sollten vielleicht noch kurz besprechen, wie wir das Ganze angehen wollen.«

»Okay, Borg, ich sag dir nur eins: Ich habe nicht vor, meine gesamte Freizeit an einen pöbelnden Krüppel wie Nassar zu verschwenden«, knurrte Bertelsen, griff zur Fernbedienung und würgte den schmalzigen Tenor endgültig ab, um seinen Worten Nachdruck zu verleihen.

# 60.

Mit jedem Kilometer, den sie näher kamen, wurden die Bilder in seinem Kopf schrecklicher. Sie waren seit zwei Stunden unterwegs, nun war es nicht mehr weit. Bald würden sie Bescheid wissen.

Es war still geworden in dem Auto, das Axel Mossman als rollendes Büro diente. Seit Oxen seinen Mietwagen am Standort der Autovermietung in Vejle abgegeben hatte, saß der ehemalige PET-Chef neben ihm auf dem Beifahrersitz.

Mossman hatte auf der Fahrt viel telefoniert und eine Menge erreicht, aber vor allem war es ihm gelungen, Margrethe Francks Handy orten zu lassen. Inoffiziell, wohlgemerkt.

Zu dieser Adresse fuhren sie jetzt. Margrethes Handy befand sich etwa zehn Kilometer östlich von Slagelse. Der nächstgelegene Ort auf der Karte war Frederikslund, eine Ansammlung von Häusern und Bauernhöfen.

Die Anschrift gehörte zu einem kleinen Hof etwas außerhalb dieser Ortschaft, dicht an den Gleisen der Eisenbahntrasse, die quer durch Dänemark führte.

Außerdem hatte Mossman in Windeseile in Erfahrung gebracht, wer in diesem Haus wohnte, nämlich René Jönsson. Der Bruder des Mannes, den Margrethe Franck vor zwölf Jahren getötet hatte – Joakim Jönsson.

Diese Information machte die Bilder in seinem Kopf kein bisschen schöner.

Franck hatte dem älteren Jönsson-Bruder erst vor Kurzem einen Besuch abgestattet. Und nun hatte sie offenbar eine Gelegenheit abgepasst, um die Bodyguards abzuschütteln, sich in der allgemeinen Hektik unbemerkt abzuseilen und ihn ein zweites Mal aufzusuchen. Warum? Oder war sie gezwungen worden, dorthin zu fahren?

Während Mossman permanent Gespräche geführt hatte –

unter anderem hatte er eine Anfrage bezüglich der fehlenden Mobilfunkdaten an den damaligen Ermittlungsleiter gestellt –, hatte er selbst am Steuer gesessen und Mossmans Volvo verbissen vorwärtsgetrieben. Die Ungewissheit war quälend. Eine verlorene Sekunde konnte nicht nur theoretisch ein verlorenes Leben sein.

Auf der Autobahn waren sie schnell vorangekommen. Die Temperatur lag um den Gefrierpunkt, aber die Straßenverhältnisse waren gut. Die letzten Kilometer über schmale Nebenstraßen dagegen waren eine zähe Angelegenheit.

Mossman öffnete das Handschuhfach und holte etwas heraus. Oxen musste den Blick konzentriert auf den schwarzen Asphalt richten, aber aus dem Augenwinkel nahm er wahr, dass eine Pistole in Mossmans riesiger Hand lag. Eine Heckler & Koch, USP Compact, die bevorzugte Handfeuerwaffe, wenn es darum ging, die staatliche Ordnungsmacht auszustatten. Exakt die Waffe, die bei ihm zu Hause ganz oben im Kleiderschrank lag.

»*Damned* …« Mossman fluchte, als ihm das Magazin herunterfiel. »Ich bin einfach nicht vertraut mit diesen Dingern.«

»Ich dachte, du hättest gar keine Waffe.«

»Ich weiß selbst nicht so richtig, warum ich die hier habe. Sogar ganz offiziell. Jeder, der eine Weile auf dem Stuhl sitzt, auf dem ich gesessen habe, bekommt so eine. Aber ich werde sie gleich an dich übergeben. Das ist für uns beide das Beste.«

Mossman verfolgte die Position des Volvos auf dem Bildschirm des eingebauten Navis und gab seine Anweisungen. Er hatte sich die Luftaufnahmen schon vorher auf Google Maps angesehen und sich mit der Umgebung vertraut gemacht.

»Wir sind gleich da. Noch zwei Kilometer. Die Windschutzhecke, über die wir gesprochen haben, befindet sich etwa zweihundert Meter vor dem Haus auf der rechten Seite. Direkt hinter einer Kurve.«

Oxen nickte. Sie hatten vereinbart, wie sie die Situation angehen würden. Ein paar Minuten später drosselte er das Tempo und hatte gerade die Autoscheinwerfer ausgeschaltet, als in der Ferne Lichter auftauchten. Beleuchtete Fenster.

Seine Augen gewöhnten sich schnell an die Dunkelheit. Er ließ das Auto langsam vorwärtsrollen. Dann kam die kleine Kurve, und die dunkle Windschutzhecke erhob sich wie eine Mauer in der Finsternis.

Er lenkte den Wagen dicht an den Straßenrand, füllte mit routinierten Handgriffen das Magazin und schob es energisch in den Griff. Dann nickten sie sich zu und stiegen aus.

Sie waren im Einsatz. Ab jetzt führte er das Kommando.

»Und denk daran, du bleibst immer hinter mir. Ich habe die Waffe. Ich bestimme das Tempo. Du bist hinten. Wenn du etwas willst, wartest du meine Erlaubnis ab. Verstanden?«

Mossman, der gut damit leben konnte, nur mit einer Taschenlampe bewaffnet zu sein, nickte.

Im Schutz der Hecke näherten sie sich zielstrebig der Rückseite von René Jönssons Haus. Die Vorderseite lag direkt an der schmalen Straße. Die Lichter, die sie gesehen hatten, kamen aus mehreren Fenstern, einem großen an der Giebelseite des Wohnhauses und ein paar kleineren in der ehemaligen Stallung.

Sie beeilten sich. Das Terrain bereitete keine Schwierigkeiten. Durch den leichten Frost war der Boden hart genug, sodass sie über das grüne Feld mit dem Winterweizen problemlos vorankamen.

»Wir gehen hier durch«, zischte er und winkte Mossman hinter sich her durch das niedrige Gestrüpp zwischen zwei Nadelbäumen.

Rasch überquerten sie das offene Feld, ohne die beleuchteten Fenster auch nur eine Sekunde lang aus den Augen zu lassen.

Als sie schließlich angekommen waren, pressten sie sich an die weiß gekalkte Hauswand, die schon lange nicht mehr weiß war. Er gab ein Zeichen, stehen zu bleiben. Mossman japste. Und während der alternde Hüne einen Moment verschnaufte, hob Oxen die Pistole und lud sie durch.

Kurz darauf nickte Mossman, und sie schlichen leise weiter. Die ersten Fenster, an denen sie vorbeikamen, waren dunkel, aber weiter vorn brannte Licht. Vorsichtig reckte er den Kopf und blickte in ein kleines Wohnzimmer. Er sah ein Sofa, ein paar Stühle und einen Tisch. An der gegenüberliegenden Wand hing ein riesiger Flachbildfernseher. Das Zimmer war unaufgeräumt. Auf dem Tisch lagen ein paar Zeitschriften herum, dazwischen jede Menge Bierdosen sowie ein Aschenbecher voller Zigarettenkippen. Überall auf dem Boden waren Klamotten verteilt, und auf dem Sofa lag eine Bettdecke. Es war weit und breit keine Menschenseele zu sehen.

Sie huschten auch an dem zweiten Wohnzimmerfenster vorbei und erreichten die Giebelseite. Auf dem offenen Grundstück zwischen Straße und Haus standen gleich mehrere kleine Schuppen zwischen willkürlich abgestellten Autowracks, und ein Stück weiter hinten zeichnete sich ein weißer Campingwagen vor dem dunklen Hintergrund ab. Sie schlichen weiter und entdeckten zwei Autos, die vor dem Haus parkten. Ein großer dunkler BMW und ein kleiner VW up!. Im Stall brannte Licht. Sie mussten irgendwie dorthin gelangen und hineinschauen, aber es war zu riskant, einfach den Hof zu überqueren, deshalb würden sie es, wie auch beim Wohnhaus, auf der Rückseite versuchen.

Die ersten beiden Fenster gehörten zu einer Art Abstellkammer, wo sich jede Menge altes Gerümpel stapelte. Das dritte und alle weiteren Fenster führten zu einem einzigen großen Raum, der offensichtlich als Werkstatt diente.

Er entdeckte es auf den ersten Blick und hob warnend eine Hand, um Mossman zu stoppen.

Mitten auf dem Boden, zwischen Kisten und anderen Dingen, die aussahen, als wären sie umgefallen, ragte ein Paar Beine mit schwarzen Lederstiefeln hervor.

Geduckt huschte er zum nächsten Fenster. Von hier aus konnte er einen Reifen und ein Stück von einem Motorradlenker sehen – und einen Arm. Trotzdem standen sie in einem extrem ungünstigen Winkel, um sich einen vernünftigen Überblick verschaffen zu können. Sie warteten noch eine Weile, aber nichts deutete auf irgendeine Form von Aktivität da drinnen hin.

Also winkte er Mossman mit sich und sie liefen hastig um das Gebäude herum auf die Vorderseite. An der Heckscheibe des kleinen VW, der im Hof parkte, prangte ein Europcar-Aufkleber. Die Stalltür war nur angelehnt. Die Pistole schussbereit in beiden Händen, trat er die Tür auf und stürmte in den Raum. Bevor er sich der Gestalt auf dem Boden widmete, stellte er sicher, dass sich niemand in der Abstellkammer nebenan versteckte.

Der Mann lag auf dem Boden. Sein Mund stand halb offen, die Zunge hing heraus. Seine Augen starrten leer an die Decke. Eine funkelnde Harley-Davidson mit zwei riesigen Zylindern hatte ihn unter sich begraben. Tank und Kotflügel in roter Metalliclackierung, der Rest aus Chrom. »*Low Rider*« stand auf der Motorabdeckung.

Der Mann, der von seinem amerikanischen Traum zerquetscht worden war, trug ein kariertes Holzfällerhemd, eine

Lederweste und schmutzige Jeans. Er hatte einen langen, ungepflegten Bart und fettige Haare.

Oxen kniete sich neben ihn und horchte auf Atemgeräusche. Nichts. Er tastete nach dem Puls. Der Mann war eindeutig tot. Es sah aus, als wäre das Motorrad von einer Art Hebebühne auf ihn heruntergekippt.

»Wenn das mal nicht unser Herr Jönsson ist«, murmelte Mossman.

»Das denke ich auch. Bleib du hier. Ich schaue nach, ob sich drüben im Haus jemand versteckt.«

Er verließ den Stall für einen Sicherheitscheck im Wohnhaus. Es war ein Fehler, den viele machten: Sie richteten ihre ganze Aufmerksamkeit auf das Offensichtliche, ohne mit einem Angriff aus dem Hinterhalt zu rechnen, der womöglich noch folgte. In der Küche lag eine Geldbörse auf der Fensterbank. Er klappte sie auf und fand einen Führerschein. Der Mann auf dem Foto war die etwas jüngere und gepflegtere Ausgabe von René Jönsson.

Er hielt die Pistole mit ausgestreckten Armen vor sich und durchsuchte das Haus erst unten und dann oben im ersten Stock, Zimmer für Zimmer. Es war niemand da. Und nirgends eine Spur von Margrethe Franck. Er ging zurück in den Stall zu Mossman, der immer noch die Leiche auf dem Boden betrachtete.

»Ich habe einen Führerschein gefunden«, sagte Oxen. »Es ist Jönsson.«

»Wahrlich ein *Low Rider*. Vom Boden aus direkt in die Hölle. Ich denke, man kann davon ausgehen, dass dort ein Platz für Familie Jönsson reserviert ist.« Mossman schnalzte mit der Zunge.

»Keine Spur von Margrethe. Aber ich nehme an, dass der VW draußen ihr Mietwagen ist.«

Mossman nahm sein Telefon und tippte darauf herum. Sekunden später klingelte es irgendwo in der Nähe ihrer Füße.

»Ihr Handy ist jedenfalls hier«, sagte Mossman.

Oxen nickte. Er ging neben dem zerquetschten Körper in die Hocke und versuchte, den Klingelton zu orten. Dann schob er eine Hand unter die Achsel des Toten und zog das Handy hervor, es steckte unter der Lederweste. »Axel Mossman« stand auf dem Display von Francks Telefon.

Er starrte auf das Handy, das außer dem Auto der einzig sichtbare Hinweis darauf war, dass sie hier gewesen sein musste.

»Immer noch besser, als ihre Leiche zu finden. Aber wo ist da der Sinn? Und wo ist Margrethe?« Er sah den alten Geheimdienst-Hünen fragend an.

»Das mit der Leiche dachte ich auch gerade, Soldat. Hätten die Herrschaften, die so unhöflich waren, unseren Freund hier unter seinem Motorrad zu begraben, Margrethe ebenfalls aus dem Weg räumen wollen, dann müsste sie jetzt eigentlich danebenliegen. Es sei denn, jemand wollte verhindern, dass sie gefunden wird. Also irgendein Sinn steckt dahinter – und ein Grund, sie verschwinden zu lassen.«

»Wir müssen Alarm schlagen.«

»Natürlich, das habe ich dir schließlich versprochen. Ich rufe gleich an. Aber nimm doch bitte erst die SIM-Karte aus Margrethes Telefon, nicht dass wir das vergessen. Wir wollen schließlich weder den PET noch das Fußvolk von der Polizei hierherlotsen, nicht wahr?«

»Du willst also nicht mit ihnen zusammenarbeiten?«

Mossman schüttelte den Kopf.

»Nein, Oxen. *Wir* wollen nicht mit ihnen zusammenarbeiten. Hier ist irgendetwas im Busch, was wir immer noch nicht sehen können. Margrethe war – oder ist – derselben Meinung. Deshalb behalten wir brav für uns, dass sie hier gewesen ist. Und außerdem haben wir natürlich auch keine Ahnung, woran sie gerade arbeitet. Falls jemand fragen sollte. Okay?«

»Aber wir müssen etwas unternehmen und können nicht einfach nur abwarten. Vielleicht melden sich ja die Täter.«

»Wenn sie sich melden, dann beim PET, aber davon würden wir sowieso nichts erfahren. Selbstverständlich könnte es sich auch um eine banale Lösegeldforderung handeln, aber meine Nase sagt mir etwas anderes.«

»Wir können nicht bloß herumsitzen. Wir müssen ihre Spur zurückverfolgen und sie suchen.«

Mossman lächelte und nickte.

»Dir kann wirklich niemand vorwerfen, jemals untätig geblieben zu sein, Soldat. Natürlich machen wir weiter. Ich schlage vor, dass wir gleich morgen früh Margrethes ehemaligem Partner Klaus Trane einen Besuch abstatten.«

»Er wird morgen früh sicher arbeiten. Wenn wir uns beeilen, können wir vor Mitternacht bei ihm sein. Wir müssen ihn heute noch sprechen. Nicht erst morgen. Jede Sekunde zählt.«

Mossman nickte nachdenklich.

»*Well,* Oxen, dann eben heute.«

## 61.

Ehrfurcht. Das war das passende Wort für das, was aus den Augen des Diensthundeführers Klaus Trane leuchtete, als er kurz vor Mitternacht die Haustür öffnete und sich eine lebende Legende auf den Treppenstufen vor ihm auftürmte – der Mann, der über so viele Jahre der Alleinherrscher des polizeilichen Nachrichtendienstes gewesen war. Axel Mossman persönlich.

Natürlich hatte Klaus Trane nicht Nein sagen können, als dieser besondere Mann ihn gebeten hatte, zu so später Stunde noch vorbeikommen zu dürfen, wohl wissend, dass Trane am nächsten Morgen verflixt früh aufstehen musste, um pünktlich bei der Hundestaffel der Polizeidirektion Mittel- und Westseeland zum Dienst zu erscheinen.

Trane zeigte ihnen den Weg in die Küche und bat sie, an dem Tisch in der Ecke Platz zu nehmen.

»Oxen? Sind Sie der … Jägersoldat? Der wegen … Mordes gesucht wurde?«

Trane sah ihn fragend an.

Er nickte. Tranes hochgezogene Augenbrauen und sein kaum merkliches Nicken deutete er als Ausdruck von Verwunderung.

»Ich bin ein guter Freund von Margrethe Franck«, fügte er hinzu.

Mossman hatte ihm am Telefon kurz erklärt, dass es um Franck gehe, Tranes alte Partnerin und Kollegin, woraufhin Trane erwidert hatte, dass Franck ihn erst neulich besucht habe. Den Rest würden sie jetzt besprechen.

»So ist es«, sagte Axel Mossman. »Sehen Sie, Trane, wir sind auf der Suche nach Margrethe. Und wir suchen diskret. Wir befürchten, dass ihr etwas zugestoßen sein könnte.«

»Zugestoßen?« Klaus Trane hob wachsam den Blick.

Mossman zog den Moment bewusst in die Länge und wartete mit seiner Antwort für ein paar zusätzliche Sekunden, die er benötigte, um die stumme Situation zu beurteilen und Tranes Reaktion einzuordnen.

»Sie sagten, Margrethe habe Sie besucht. Was wollte sie?«

»Sie wollte über damals reden – über den Südhafen. Sie wirkte irgendwie besorgt. Es ging wohl um einen alten Zeitungsausschnitt, der plötzlich aufgetaucht ist. Ein Artikel über den Vorfall, bei dem sie in einem Hinterhof einen Verdächtigen erschossen hat. Wir haben seinerzeit zusammengearbeitet, das ist jetzt zwölf Jahre her, und wir …«

Mossman hob abwehrend seine riesige Hand. Trane verstummte sofort.

»Diese Geschichte kennen wir«, sagte Mossman. »Das können wir einfach überspringen.«

Trane nickte.

»Okay. Also, es ging um diesen Zeitungsausschnitt, den jemand auf einem Hof in Jütland gefunden hat. Der Hof gehört wohl einem alten Mann, der früher Staatssekretär im Justizministerium gewesen ist. Margrethe hat sich sehr darüber gewundert. Es kam ihr einfach merkwürdig vor, dass diese alte Geschichte plötzlich wieder aufgetaucht ist, denke ich.«

»Und was wollte sie von Ihnen?« Mossman sah Trane durchdringend an.

Es war sinnlos, sich in ein Gespräch einzumischen, wenn man neben einer Kapazität wie Mossman saß. Egal ob er als Fürst der Finsternis in Erscheinung trat oder als Engel des Lichts – wen er in die Mangel nahm, der wusste am Ende nicht mehr, wo oben und unten war.

Trane zuckte mit den Schultern.

»Wir haben über die alten Zeiten geredet – wir waren damals gut befreundet – und sie hatte ein paar Fragen zum Südhafen. Sie wollte wissen, ob ich in den vergangenen zwölf Jahren über etwas gestolpert bin. Ob es etwas gibt, worüber ich mich im Nachhinein vielleicht wundere.«

»Und ist es so, Trane? Gibt es etwas, worüber Sie sich wundern?«

Der Hundeführer schüttelte den Kopf.

»Nein … Das habe ich ihr auch gesagt … Als man Sean Struve

gefasst hatte und Joakim Jönsson als Schütze bei dem Bankraub identifiziert worden war, passte auf einmal alles zusammen. Margrethe erzählte mir, dass sie sich später ganz bewusst nicht mehr mit dem Fall beschäftigt hat. Wegen ihrem Bein. Sie wollte damit abschließen und nach vorn blicken.«

»Und das war alles?«, fragte Mossman.

»Ja, wir saßen draußen im Garten, während der Hund … Halt, nein, da war doch noch etwas. Mir fällt gerade ein, dass Margrethe kurz davor bei Jönssons Bruder René gewesen ist. Ein verwahrloster Typ mit viel zu viel Bargeld. Er wohnt bei uns im Bezirk. Drogen und so. Sie hat ihn nach seinem Bruder gefragt. Und wenn ich es richtig verstanden habe, hat er sie am Ende rausgeschmissen. Das war alles.«

»Und wie ist sie an diesen Jönsson herangekommen?«

»Das ist nicht schwer. Gib ›Jönsson‹ in unser System ein und der Rechner explodiert. Wir haben uns noch ein bisschen über früher unterhalten, und sie hat mir ihren Mini gezeigt. Sie war schon immer verrückt nach Autos.«

Axel Mossman nickte ruhig, mit einem leichten Lächeln. Es war mit anderen Worten allerhöchste Vorsicht geboten, aber das wusste Klaus Trane nicht.

»Haben Sie damals Jönssons Waffe im Auto gefunden?« Mossmans Frage klang freundlich und fast beiläufig, aber sein Blick war bohrend.

»Nein! *Niemand* hat eine Waffe gefunden.«

Trane fühlte sich offenbar angegriffen.

»*Well,* aber Sie haben sein Handy gefunden. Wem haben Sie es gegeben?«

»Handy? Ich habe kein Handy gefunden. Da war kein Handy. Keine Pistole. Kein Handy. Sie können das alles in den Akten nachlesen.«

»Das haben wir bereits getan«, fuhr Mossman im selben ruhigen Tonfall fort. »Und es geht aus diversen Verhörprotokollen hervor, dass Sie geradezu in Schockstarre waren, als die ersten Kollegen im Südhafen eintrafen. Was war passiert? Sie sind doch sonst nicht so leicht aus dem Konzept zu bringen. Nicht wahr?«

Klaus Trane schnaufte schwer und schüttelte resigniert den Kopf. Diese nächtliche Unterhaltung hatte eine Wendung genommen, die ihm offenbar nicht gefiel.

»Entschuldigung, aber ist das Ihr Ernst? Was *passiert* war? Meine geschätzte Kollegin Margrethe lag zerquetscht neben einem Auto, das war passiert. Und in dem Auto saß ein Mann mit einem Loch in der Stirn. Hallo? Stand ich unter Schock? Ja, verdammt noch mal, ja!«

Trane zitterte vor unterdrückter Wut.

»Der Fairness halber sei natürlich erwähnt, dass Sie sich vor Ort laut der Berichte absolut korrekt verhalten haben«, sagte Mossman versöhnlich.

Trane antwortete nicht.

»Eine letzte Sache noch«, hob Mossman erneut an. »In den Berichten steht außerdem, dass mehrere Kollegen Ihnen angeboten haben, Sie nach Hause zu bringen, aber dass Sie Ihren Streifenwagen unbedingt selbst zum Revier zurückfahren wollten. Warum sind Sie nicht nach Hause gegangen, wenn Sie so unter Schock standen? Die Kollegen hätten den Wagen doch genauso gut in die Garage bringen können.«

Trane zuckte mit den Schultern.

»Das ist zwölf Jahre her. Ich weiß nicht mehr, was mir damals durch den Kopf ging. Vielleicht hielt ich es für meine Pflicht, den Wagen zurückzufahren und mich für die internen Befragungen zur Verfügung zu stellen – und zwar so schnell wie möglich. Sie wissen doch selbst, was für eine Maschinerie in solchen

Fällen in Gang gesetzt wird. Und es war klar, dass ich die zentrale Figur bei der Ermittlung sein würde.«

»Sie sind also in Ihrem Streifenwagen zum Revier gefahren, haben die Schlüssel weggelegt und sich schon mal warm angezogen?«

»So, wie es sich gehört.«

Mossman gähnte und rieb sich das Gesicht. Jetzt wurde es wirklich gefährlich.

»Hat jemand angedeutet, dass Sie womöglich einen Teil der Beute aus dem Überfall gefunden haben könnten?«

Trane riss die Augen auf.

»Nein! Nie!«

»Es steht nirgends, dass Ihr Streifenwagen untersucht wurde. Mit etwas Abstand betrachtet – hätte man das nicht eigentlich tun müssen? Und hat man Ihnen damit einen Gefallen getan?«

»Sie sind doch verrückt, Mossman! Wieso tauchen Sie mitten in der Nacht hier auf und unterstellen mir die abenteuerlichsten Dinge? Das ist nicht in Ordnung. Aber um auf Ihre unsägliche Unterstellung zu antworten: Das ganze Gerede über die Beute ging erst fünf Tage später los, als Sean Struve und die beiden anderen gefasst worden waren. Wieso hätte man zu diesem Zeitpunkt etwas suchen sollen, von dem man gar nicht wusste, dass es existierte? Nämlich den Teil der Beute, den Sie gerade angesprochen haben? Sagen Sie mir das!«

»Ein Millionenraub, ein Räuber auf der Flucht … Jönsson hätte auch die ganze Summe im Kofferraum haben können, das ganze Paket … Es wäre zweifellos angebracht gewesen, dem nachzugehen.«

»Sie müssen mich jetzt entschuldigen. Ich muss früh aufstehen und zur Arbeit. Auf Wiedersehen.«

Klaus Trane erhob sich vom Tisch. Seine Stimme zitterte.

»Nun, ich denke, wir sind hier ohnehin fertig, oder, Oxen? Haben Sie vielen Dank, dass wir kommen durften, Trane. Hier ist meine Visitenkarte, falls Ihnen doch noch etwas einfallen sollte, das Sie gern mit mir besprechen würden.«

Mossman legte die Karte auf den Tisch, lächelte und streckte ihm die Hand entgegen. Trane zögerte. Aber dann fiel ihm vielleicht wieder ein, dass das die Hand einer Legende war. Jedenfalls nahm er sie.

Er selbst verabschiedete sich wortlos, aber ebenfalls mit einem Händedruck. Trane brachte sie zur Tür und knallte sie dann geräuschvoll hinter ihnen zu.

»Mist!«, fluchte Oxen, kaum dass er in Mossmans Volvo eingestiegen war. »Meine Handschuhe … Ich gehe sie schnell holen.«

Mossman nickte ihm zu und legte den Sicherheitsgurt an, der nur knapp um den Hünen herumreichte.

Oxen klingelte, und ein sichtlich verärgerter Trane riss die Tür auf.

»Entschuldigung, ich habe meine Handschuhe vergessen«, sagte er.

»Handschuhe? Ich kann mich nicht erinnern, dass Sie …«

Er drängte sich in den Flur, sorgte mit dem Absatz dafür, dass die Tür hinter ihm zufiel, und trat in derselben Bewegung dicht hinter Trane. Er legte ihm den linken Unterarm um den Hals und presste ihn hart an sich. Blitzschnell zog er mit der rechten Hand sein Kampfmesser und drückte es Trane an die Kehle.

»Was zur Hölle soll das?«, sagte Trane gurgelnd.

»Halt den Mund und hör mir gut zu. Margrethe mag dich. Sie vertraut dir. Aber ich weiß, dass du lügst. Im Südhafen ist irgendetwas passiert, das du uns nicht erzählen willst. Margrethe ist in Lebensgefahr. Wenn wir sie nicht bald finden, wird sie sterben.

Also überleg es dir gut. Mossman hat dir seine Visitenkarte gegeben. Benutze sie, wenn du einem Mann wie ihm traust. Und wenn nicht, dann ruf mich an. Hier ist meine Nummer.«

Er nahm das Messer in die andere Hand, zog einen Kugelschreiber aus seiner Jackentasche und kritzelte seine Handynummer vor Tranes Augen auf die weiße Tapete.

»Ruf an, Trane. Egal wann. Und hör auf dein Gewissen. Margrethe hat ein Bein verloren. Soll sie auch noch ihr Leben verlieren? Deinetwegen? Weil du etwas verschweigst? Wenn das passiert, bist du dran. Das schwöre ich dir. Axel Mossman ist ein zivilisierter Mensch. Ich nicht. Vergiss das nicht ...«

Er ließ los und zog leise die Tür hinter sich zu, als er ging. Mossman musterte ihn, während er wieder ins Auto stieg.

»Du hattest gar keine Handschuhe dabei, Soldat.«

»Nein. Ich habe mich wohl ... geirrt«, sagte er und ließ den Motor an.

## 62.

Es roch nach Keller. Nicht nach feuchtem Keller, sondern nach trockenem. Dieser typische Geruch von rauem Zement und rauer Wärme. Die Wärme eines frei liegenden Heizungsrohrs, eines brummenden Radiators oder eines Heizraums.

Rachen und Kehle waren völlig ausgetrocknet. Sie fühlte sich benommen, und es verwirrte sie, dass sie beim Aufwachen als Erstes »Keller« gedacht hatte.

Langsam nahmen ihre Gedanken Form an. Sie konnte nichts sehen. Erst war sie davon ausgegangen, dass es einfach noch dunkel war, aber jetzt begriff sie, dass sie eine Binde vor den Augen hatte, die unangenehm straff saß.

Nach und nach gelang es ihr, so viel Spucke zu produzieren, dass ihr Mund und die Geschmacksknospen darin ihre Funktion wieder aufnahmen. Es war zwar ziemlich warm in dem Raum, sodass ihr ausgetrockneter Zustand plausibel war, aber da war auch noch ein komischer Nachgeschmack …

Betäubungsmittel?

Sie war irgendwohin gebracht worden – gegen ihren Willen. Sie wollte sich aufsetzen, aber es ging nicht. Man hatte ihr die Hände auf den Rücken gefesselt. Mit den Fingern ertastete sie die Kabelbinder. Diese dünnen und besonders effektiven Plastikstreifen, die nahezu unbesiegbar waren. Einer um die linke, einer um die rechte Hand. Der eine durch den anderen geführt. Fertig. Da war jeder Versuch umsonst.

Auch die Beine gehorchten ihr nicht. Sie waren an den Knöcheln aneinandergefesselt, womit, konnte sie nicht sagen. Dabei gehorchte ihr natürlich genau genommen nur das eine Bein nicht, aber auch wenn das andere vom Knie abwärts eine Prothese war, betrachtete sie die beiden immer noch als Paar, als kompletten Satz, wie so vieles andere am Körper, das doppelt vorhanden war. Hände, Arme, Ohren, Augen …

Sie lag seitlich auf einer Decke. Ihre Nase berührte den Stoff. Nasen waren anders, die kamen nicht im Doppelpack. Die Decke roch nach gar nichts. Ihr Kopf versuchte sich zu erinnern und arbeitete unter Hochdruck daran, ein Bild herzustellen. Stück für Stück fügten sich die Teile aneinander und wurden deutlicher.

Sie war zu René Jönsson gefahren. Wie beim ersten Mal stand er in dem ehemaligen Stall und schraubte an seiner Harley herum. Und auch wie beim ersten Mal war er ein feindseliges Arschloch gewesen. Also was wollte sie von ihm?

Richtig. Da war diese Sache mit seinem kleinen Bruder,

Joakim. Die alles überschattende Frage: Hatte Joakim gewusst, wie man mit einer Waffe umgehen musste? Beim ersten Mal hatte René das bestritten. Oder zumindest eine Andeutung gemacht. Sie brauchte eine unmissverständliche Aussage. Sie musste sichergehen, dass es wirklich absolut undenkbar war, dass ein Krimineller mit auch nur halbwegs funktionierendem Hirn Joakim Jönsson als Waffenexperten und kaltblütigen *shooter* für seine Bande rekrutiert hätte.

Das war der Grund. Deshalb war sie dort gewesen. Und um zu fragen, ob Joakim hatte durchblicken lassen, was er plante. Und weil sie eine vernünftige Antwort auf die Frage haben wollte, ob René Jönsson irgendetwas mit dem Namen Lupus anfangen konnte.

Sie hatte höchstens fünf Minuten mit dem älteren Jönsson-Bruder reden können, bevor alles schiefgegangen war. Immerhin hatte er die Aussage auf seine ungehobelte Art noch einmal wiederholt und damit jeden Zweifel ausgeräumt. Jocke hatte nicht die leiseste Ahnung von Schusswaffen gehabt. Er wusste eine Menge über Gewalt und schmutzige Tricks. Und über Messer und Schlagringe, was das anging. Aber mit Pistolen hatte er nichts am Hut.

Und dann standen sie plötzlich da, zwei Männer, ganz in Schwarz, mit schwarzen Sturmhauben über dem Kopf. Bevor sie reagieren und ihre Waffe ziehen konnte, bemerkte sie die Taser in den Händen der Männer. Elektroschocker, die sogar über einige Entfernung hinweg einen elektrischen Kinnhaken austeilen konnten, dem niemand gewachsen war.

Sie hatte gerade noch gesehen, wie René Jönsson vor seiner riesigen Harley zusammensackte. An mehr konnte sie sich nicht erinnern. Aber sie lebte noch, und das war eigentlich ziemlich überraschend, denn als sie das letzte Mal zwei Männern in

Schwarz begegnet war, hatten die beiden versucht, sie von einem Motorrad aus zu eliminieren.

Sie hatte jegliches Zeitgefühl verloren. Die Uhr! Fieberhaft tasteten ihre Finger nach dem Handgelenk. Sie war weg. Jemand hatte ihr die geliebte Breitling abgenommen.

Welcher Mistkerl das auch immer gewesen war, er würde teuer dafür bezahlen. Sie würde das ganze Universum auf links drehen und erst dann Ruhe geben, wenn die Breitling Colt wieder an ihrem Handgelenk saß.

Sie hörte Schritte auf einer knarrenden Treppe und das schleifende Geräusch einer klemmenden Tür, die ruppig aufgestoßen wurde.

## 63.

Axel Mossman hatte sich auf den Beifahrersitz gesetzt und Oxen kommentarlos das Steuer überlassen, als er ihn um Punkt halb neun vor seiner Wohnung in Vangede abgeholt hatte. Mossman hatte sich schnell wieder daran gewöhnt, einen Chauffeur zu haben, so wie damals, als er noch auf dem Thron des Nachrichtendienstes saß.

Jetzt fuhren sie auf den Parkplatz des Vestre-Gefängnisses, bereit für den nächsten Versuch, herauszufinden, was mit Margrethe Franck passiert war, während der PET und die übrige Polizei wohl gerade auf Touren kamen, denn inzwischen sollte auch dem Letzten klar geworden sein, dass sie verschwunden war.

Er fühlte sich müde. So müde, dass es eine neue, beinahe hysterische Energie in ihm freisetzte, die ihn erschöpft und schlaff zurücklassen würde, sobald sie ihn wieder verließ, wie Luft, die aus einem Luftballon entwich. Aber jetzt ging es noch.

Die Nacht in Vangede war seltsam gewesen. Keine Wölfe, die

über die Wände huschten wie an jenem Morgen, als er hoffnungsvoll seine Wohnung verlassen und die Tür hinter sich zugezogen hatte, um sich auf den Weg nach Harrildholm zu machen. Es war so still gewesen, dass er sich eingebildet hatte, Magnus' Stimme zu hören, seine rebellischen Teenager-Proteste gegen jeden Vorschlag.

Er hatte sich selbst bei dem Gedanken ertappt, dass sie bei ihrem nächsten Treffen ja gemütlich in den Zoo gehen könnten. Dabei wollte er ja genau das nicht mehr tun. Um diese bittere Erfahrung war er reicher geworden, seit er versucht hatte, seinen Traum von einem Vater-und-Sohn-Urlaub wahr werden zu lassen. Das alles war noch gar nicht lange her. Trotzdem fühlte er sich heute viel älter als an dem Tag, als sie aufgebrochen waren. Vielleicht erforderte es eine ganz spezielle Fähigkeit, die er einfach nicht besaß, um mit Magnus zurechtzukommen. Dieser Junge war …

»Bist du bereit, Oxen? Stimmt etwas nicht?«

Er schüttelte den Kopf. Vielleicht war er doch zu müde. Er hatte an diesem Morgen bewusst keinen Kaffee getrunken. Womöglich war das ein Fehler gewesen.

»Nein, nein … alles in Ordnung.«

»Wollen wir?« Mossman war schon im Begriff auszusteigen.

»Warte … Vielleicht ist es besser, wenn ich allein reingehe.«

»Warum?« Mossman klang überrascht.

»Wir haben nur ein paar Schuss, da muss jeder sitzen. Sean Struve ist einer davon. Genau genommen der wichtigste. Einen Fehlschuss können wir uns nicht leisten.«

»Und du denkst, wenn wir gemeinsam reingehen, dann wird es einer? Ein Fehlschuss?«

Er zuckte mit den Schultern, die Hände immer noch auf dem Lenkrad.

»Vielleicht irre ich mich, aber mein Gefühl sagt mir, dass Typen wie Sean Struve von Natur aus einen ausgeprägten Widerwillen gegen Leute wie dich haben. Das ist ein Risiko, das wir zumindest reduzieren können, wenn ich allein gehe.«

Auf Mossmans Stirn hatten sich tiefe Falten gebildet. Er starrte durch die Windschutzscheibe ins Leere. Dann nickte er.

»*Well,* dann versuchen wir es auf deine Weise, Soldat. Ich warte hier. Vergiss deine Handschuhe nicht.«

»Ich dachte, es kommen zwei?«, sagte Sean Struve, nachdem er ihm die Hand gegeben und sich vorgestellt hatte. Der Bankräuber mit den grauen Strähnen in den ehemals roten Haaren lehnte sich zurück und betrachtete ihn lustlos.

»Der andere ist verhindert.«

»Der andere ist Axel Mossman, der mal PET-Chef war. Nur deshalb habe ich mich bereit erklärt, mit euch zu reden. Nur deshalb.« Struve klang enttäuscht.

»Tut mir leid.«

So viel zu seiner Intuition.

»Ochsen hast du gesagt? So wie die Rindviecher? Oder soll ich dich lieber Bulle nennen?« Struve feixte zufrieden über seinen Witz.

»Oxen mit x. Kein Bulle.«

»Kein Bulle? Was bist du dann?«

»Nichts. Ich bin … im Ruhestand.«

»Ruhestand? Na klar. Und wovon ruhst du dich aus?«

»Ich war Jägersoldat.«

Sean Struve richtete sich auf und rutschte auf dem Stuhl nach vorn. Er pfiff anerkennend und wirkte mit einem Mal neugierig.

»Ein Jäger? Respekt. Ihr habt's echt drauf. Oxen, Oxen, irgendwie kommt mir der Name bekannt vor.« Struve schaute nach oben. »Ach ja! Du bist der Typ, den die Bullen quer durchs Land gehetzt haben – Mordverdacht, stimmt's? ›Jagd auf Oxen‹. Hier drinnen hat man nicht viel zu tun außer Zeitung lesen und fernsehen. Du bist der Mann mit den Orden. Mit diesem Kreuz, das außer dir noch nie jemand bekommen hat. Wie hieß es noch gleich …?«

»Tapferkeitskreuz.«

Wieder pfiff Struve.

»Wow, du bist es tatsächlich. Ich fass es nicht …«

Sean Struve streckte ihm die Hand hin, als wollte er ihre erste Begrüßung gegen eine neue, viel bessere austauschen.

»Einer meiner besten Kumpels war damals auf dem Balkan dabei. Da warst du doch auch, oder?«

Oxen nickte. Bislang lief es deutlich besser als erwartet. Sein Nachname und der Sturm, der seinerzeit durch die Medien gefegt war, öffneten ihm immer wieder Türen.

»Eine Weile nachdem er wieder zu Hause war, ist mein Kumpel krank geworden. So richtig *fucked up* im Kopf, weißt du, was ich meine? Ich hab hier drinnen natürlich nicht viel von ihm mitbekommen, aber ich dachte eigentlich, er käme ganz gut klar. Tja, und dann ist er aus dem sechsten Stock gesprungen. Zur Beerdigung haben sie mich rausgelassen. Das war letztes Jahr … Aber wieso bist du hier? Was hat einer wie du mit diesem Mossman zu schaffen?«

»Die Frau, die dich neulich besucht hat, ist eine gute Freundin von mir, Margrethe Franck.«

»Oh, là, là, die PET-Braut. *Cool bitch.* Läuft da was zwischen euch?« Struve grinste vielsagend.

»Sie ist eine Freundin, eine gute Freundin.«

»Gute Freundin? Ja natürlich …«

»Ich bin hier, weil sie spurlos verschwunden ist. Mossman

ist ebenfalls mit ihr befreundet. Das Ganze ist also eine rein private Angelegenheit. Die Polizei hat keine Ahnung, dass ich hier bin. Und jetzt raus mit der Sprache … Warum hast du ihr die beiden Motorrad-Typen auf den Hals gehetzt, als sie von hier weggefahren ist? Warum sollte sie für ihren Besuch im Vestre mit dem Leben bezahlen? Das verstehe ich nicht, Struve.«

Der alternde Gangster war ein einziges Fragezeichen.

»Ich kapiere *nada.* Was zur Hölle meinst du?«

»Die beiden Gorillas, die ihr Auto zerschossen haben, nachdem sie das Gefängnis verlassen hatte. Was sollte das?«

Struve schüttelte den Kopf.

»Da fragst du den Falschen, Jäger. Ich habe ihr niemanden auf den Hals gehetzt. Warum auch? Und selbst wenn ich es gewollt hätte – denkst du, man greift einfach zum Hörer und ruft ein paar Jungs an? So läuft das nicht. Ich bin hier drinnen niemand, ein Furz, ein Nichts. Ein müder Gewohnheitstäter mit Alterszucker. Such dir was aus.«

Er erwiderte Struves Blick und schaute ihm tief in die gelblichen Augen.

»Du warst es also nicht?«

»Bravo.«

»Es gibt noch etwas, das ich nicht verstehe«, fing er von Neuem an. »Damals bei dem Überfall auf die Danske Bank im Gammel Kongevej … Hattet ihr da Joakim Jönsson als Back-up dabei, falls es zu einer Schießerei kommen sollte?«

»Fängst du jetzt auch damit an? Das hat mich deine Freundin schon gefragt. Ja, er war unser *shooter.*«

»Du lügst, dass es kracht, Struve. Weißt du, wo die fehlenden Millionen sind?«

Sean Struve zuckte mit den Schultern.

»Nein. Der durchgeknallte Halbschwede wird die Kohle wohl unterwegs versteckt haben. Ich wüsste selbst gern, wo.«

»Denk nach, Struve. Was glaubst du, was passieren wird, wenn du demnächst hier rauskommst? Was werden die ganzen Geier da draußen dann tun? Sie werden sich versammeln. Sie werden überall auf den Zweigen sitzen und darauf warten, dass du und Trolle und Iversen sie auf die richtige Spur führt. Und wenn du die Kohle dann ausgegraben hast, werdet ihr alle drei der Reihe nach ins Gras beißen. Ziemlich dumm, jahrelang hier drinnen zu verrotten, um sich eine Kugel einzufangen, wenn man endlich draußen ist. Das ergibt keinen Sinn, Struve. Sei clever. Entscheide dich für die intelligente Lösung. Sag die Wahrheit, und zwar so, dass es alle hören: Joakim Jönsson war bei dem Überfall überhaupt nicht dabei.«

Sean Struve lehnte sich wieder zurück – und schwieg. Offensichtlich hatte er einen Treffer gelandet. Mitten in den Solarplexus. Ein perfekter Schlag, auf den er unmittelbar einen tiefen Haken folgen ließ:

»Du kennst die Geier. Alle, die der Ansicht sind, dass du ihnen etwas schuldest. Alle, die ihre Ansprüche geltend machen. Wenn man weiß, wo ein riesiger Kadaver liegt, dann teilt man. Oder man stirbt. Denk nach, Struve. Ich bin kein Bulle. Ich suche nur nach der Wahrheit, als Privatperson, als Jäger, als Rentner. Und ich kämpfe um das Leben meiner Freundin. Einen Kampf gegen das Unrecht. Wir profitieren beide davon, wenn du mir erzählst, was bei dem Banküberfall wirklich passiert ist. Dann hast du den Rücken frei und ich kann herausfinden, wer hinter dem Mordversuch an Margrethe Franck und ihrem Verschwinden steckt. Sei schlau, Struve, *please*.«

Der hohlwangige Bankräuber, dem die Zuckerkrankheit offenbar ziemlich zugesetzt hatte, erhob sich und fing an, auf und ab zu gehen, bis er schließlich an einem der vergitterten Fenster stehen blieb und an seinem dünnen Ziegenbärtchen herumfingerte.

»Hmm … Wenn einer weiß, was es heißt, sich den Rücken freizuhalten, dann ein Jägersoldat. Ihr Jungs seid *the real deal,* nicht diese Milchbubis von der Panzertruppe. Aber wie soll das deiner Meinung nach ganz praktisch aussehen, Ochse?«

Er ließ sich nichts anmerken, aber er war jetzt ganz nah am Ziel. Wahrscheinlich brauchte es nur noch ein paar wohlüberlegte Worte, bis er Sean Struve davon überzeugt hatte, die Wahrheit auszupacken.

Er ließ sich Zeit. Er hatte keine Möglichkeit gehabt, sich einen vollständigen Plan zurechtzulegen, weil er vorher nicht absehen konnte, in welche Richtung das Gespräch sich entwickeln würde.

»Die Botschaft muss raus an die Geier. Die ganze Geschichte. Axel Mossman ist immer noch berühmt – und berüchtigt. Er kennt eine Menge Journalisten, die ihm jedes Bröckchen begeistert aus der Hand picken. Abgesehen von deinen Mittätern bist du der Einzige, der die wahre Geschichte kennt. Also bestimmst du die Überschrift.«

Struve drehte ein paar rastlose Runden durch den Raum, dann blieb er am Tisch stehen und setzte sich wieder hin.

»Hör zu, Oxen, ich mag dich, ich mag, dass du ein Jäger bist, ein Mann mit Eiern, ein Mann, dem ich gern helfen würde. Und ja, der Gedanke an die Geier ist nicht verkehrt. Wobei es gar kein Risiko mehr gibt. Jedenfalls nicht, was die Kohle betrifft …«

Oxen sah Struve fragend an, der gerade den letzten Meter Anlauf nahm.

»Du hast recht«, sagte Struve dann, ohne noch länger zu zögern. »Jönsson war bei dem Überfall im Gammel Kongevej nicht dabei. Ich kenne den Idioten noch nicht mal. Er ist einfach zum richtigen Zeitpunkt aufgetaucht. Fast wie gerufen. Ein Geschenk des Himmels, wenn man an so was glauben mag.«

»Also wusstet ihr, dass es eine Schießerei im Südhafen gegeben hatte?«

Sean Struve nickte nachdenklich und kraulte seinen Bart.

»Jep. Meine Frau hat mich angerufen und es mir erzählt.«

»Aber woher wusste sie das? Die Presse hatte keine Ahnung. Die Polizei hat die ganze Sache sieben Tage unter Verschluss gehalten, und ihr wurdet schon fünf Tage nach dem Überfall verhaftet. Also … wie konntest du von der Sache im Südhafen erfahren?«

»Wie gesagt, meine Frau hat mich angerufen. Wir hatten natürlich sichere Handys. Sie hat mir erzählt, dass ein Mann mit Sonnenbrille und Schiebermütze bei ihr aufgetaucht ist. Dieser Typ hat ihr in allen Einzelheiten berichtet, was im Südhafen passiert war. Und dann hat er ihr den Tipp gegeben, dass wir, falls wir verhaftet werden, einfach behaupten sollen, dass Joakim Jönsson an dem Bankraub beteiligt gewesen sei. Und dass sie möglichst sofort dafür sorgen soll, ein paar Pläne von der Bank und der Umgebung bei Jönssons Schwester in Malmö zu deponieren. Er hat ihr sogar die Adresse gegeben.«

»Ihr habt also über Umwege den konkreten Tipp bekommen, Jönsson für euch zu nutzen, damit euer vierter Mann – der echte Schuldige an dem Mord in der Bank – abhauen kann?«

Struve nickte.

»Was mich zu der logischen Frage führt: Wer war der Mann, der geschossen hat?«

Struve schaute zur Decke und schnalzte mit der Zunge, als erhoffte er sich in allerletzter Sekunde eine Antwort auf die Frage, ob er da gerade das Richtige tat.

»Du zögerst, Struve … Hast du Angst vor dem vierten Mann?«

Struve schüttelte den Kopf.

»Nein, habe ich nicht. Ich sagte ja schon, dass es kein Risiko mehr gibt. Unser vierter Mann ist tot. Er ist vor ein paar Jahren in Zagreb im Knast an Krebs krepiert.«

»In Zagreb?«

»Sein Name war Dalibor Horvat, Kroate, ein *crazy motherfucker.* Ich hätte ihn niemals mitnehmen dürfen. Es war totaler Irrsinn, den Mann in der Bank abzuknallen. Ich kannte Dalibor seit Jahren und wusste, der Mann ist kalt wie eine Hundeschnauze. Gut, so einen dabeizuhaben, wenn die Situation eskaliert. Wir hatten vereinbart, dass wir die Beute gleichmäßig aufteilen, dass es aber schlau wäre, wenn einer von uns mit einem Teil der Kohle in eine andere Richtung abhauen würde. Dass es 3,3 Millionen wurden, war reiner Zufall. Wir hatten ja damit gerechnet, dass wir uns später treffen und alles durch vier teilen würden.«

»Der Kroate ist also auf einer anderen Route geflohen als ihr?«

»Ja, und im Gegensatz zu uns hat er es bis nach Hause geschafft – und mit ›nach Hause‹ meine ich ›nach Kroatien‹. Mit der ganzen Kohle. Wir haben im Gefängnis davon erfahren. Und auch, dass der Idiot dumm genug gewesen war, sich dort unten bei einem anderen Job erwischen zu lassen, und in Zagreb im Knast saß.«

»Und das Geld?«

»Keine Ahnung. Wahrscheinlich hat er es verprasst. Aber da er jetzt tot ist, werden wir das wohl nie erfahren. Wie du siehst, Soldat, die Geier verschwenden ihre Zeit.«

»Wenn das alles stimmt, was du sagst, dann ja … Aber das wissen die Geier nicht.«

»Natürlich stimmt es. Verdammt, Mann, ich bin zuckerkrank. Ich will nur noch raus und meine Ruhe haben. Angeln gehen, ab und zu ein Bier trinken und der Sonne beim Auf- und Untergehen zusehen.«

»Warum hast du nicht schon längst die Wahrheit gesagt?«

»Es ist noch nicht lange her, dass Dalibor abgekratzt ist. Hätte ja sein können, dass er das Geld doch noch hat …«

»Du hättest es Margrethe neulich erzählen können.«

»Ich kann diesen Geruch einfach nicht ausstehen, diesen Bullen-Gestank. Sorry. Ist einfach so. Außerdem habe ich da noch nicht an die Geier gedacht und auch nicht an den freien Rücken. Na ja, nenn mich ruhig naiv, aber ein Jägersoldat und der größte Kriegsheld des Landes, der kommt nicht mit *bullshit*.«

Für einen Moment saßen sie sich schweigend gegenüber. Der Durchbruch war geschafft. Ein zwölf Jahre alter Fall hatte sich in seine Einzelteile zerlegt. Und plötzlich ergab alles einen Sinn.

»Hast du in der Zwischenzeit herausgefunden, welche fürsorgliche Person deiner Frau damals den Tipp mit Jönsson gegeben hat?«

Struve zog eine Grimasse.

»Da habe ich viel drüber nachgedacht. Zwei Sachen sind klar. Erstens, der Betreffende hat sich dadurch einen Vorteil verschafft. Niemand tut jemandem einen Gefallen, ohne sich etwas davon zu versprechen. Zweitens, der Betreffende wusste Bescheid. Woher? Entweder war er bei der Polizei oder er hat mit Jönsson gemeinsame Sache gemacht, worum auch immer es dabei ging. Und sein Nutzen bestand mit Sicherheit darin, dass die Aufmerksamkeit in eine andere Richtung gelenkt wurde, als Jönssons Name plötzlich im Zusammenhang mit dem Banküberfall auftauchte. Als Bankräuber und Killer. Geschickt eingefädelt, würde ich sagen.«

# 64.

*25. April 1964*

Das Mädchen und ihr ältester Bruder waren ein ganzes Stück durch die Felder gegangen. Jetzt saßen sie am Wegrand und genossen das milde Wetter. Sie hatte ihn gefragt, ob sie nicht einen kleinen Spaziergang machen wollten. Und sie hatte auch vorgeschlagen, sich ein Weilchen hinzusetzen.

Ihr goldblondes Haar schimmerte in der Sonne. Es würden noch viele Monate vergehen, bis es wieder so lang war wie früher. Sie trug ein hübsches weißes Kleid. Wie dunkel hingegen ihr Gemüt war, das konnte man nur erahnen.

Aber dunkel war es. Sie beteten so sehr, dass das Licht mit der Zeit wiederkehren und ihnen ihre geliebte Agnethe zurückbringen würde. Auch wenn sie nie wieder ganz dieselbe sein würde, die sie einst gewesen war.

Sie war zum zweiten Mal aus Middelfart nach Hause gekommen. Drei Mal hatte er seine Eltern in die Heilanstalt begleitet und sie besucht. Es war schrecklich gewesen. Hier, genau hier in der Sonne, zu Hause, wo sie aufgewachsen waren, hier war es viel besser. Hier gab es vielleicht so etwas wie Hoffnung.

Aber sie wussten alle, dass es nicht leicht werden würde. Nichts war mehr wie früher. Und die Zeit davor war für immer vorbei. Man konnte es auf viele Arten sehen und spüren. In den ernsten Blicken und dem verschwundenen Lachen. Ihr Vater war verschlossen geworden. Er hatte keine Kraft mehr für die Welt um sich herum.

Wie an dem Tag, als sie zum Abendessen um den Tisch versammelt saßen und die Radionachrichten gehört hatten. Ganz Dänemark war in Aufruhr gewesen. Im Laufe der Nacht hatten Unbekannte den Kopf der Kleinen Meerjungfrau in Kopenhagen abgesägt.

Eine größere Untat konnte man sich kaum vorstellen. Und konnte es doch. Nur allzu gut …

In den alten Tagen hätte ihr Vater mit der Faust auf den Tisch gehauen, Freiheitskämpfer, der er wie der Rest der Familie gewesen war. Er hätte den Missetätern mit der geballten Faust gedroht. Jetzt beließ er es bei einem stummen Kopfschütteln und einem Seufzer.

Seine Schwester drehte sich zu ihm und legte eine Hand auf seinen Arm.

»Es gibt etwas, das ich dir gern erzählen würde …«

Sie sah aus, wie sie seit jenem Tag ausgesehen hatte – ernst und mit freudlosen Augen. Er nickte.

»Vor neun Tagen war es plötzlich da. Wie ein Funke oder vielleicht eine Explosion in meinem Kopf. Auf einmal war da ein Bild vor meinem inneren Auge. Und in den neun Tagen habe ich mich wieder und wieder gefragt, ob ich mit jemandem darüber reden soll. Oder ob es besser wäre, es einfach zu vergessen. Aber ich kann es nicht vergessen.«

Sie verstummte und pflückte einen Löwenzahn. Roch daran, als wollte sie prüfen, ob Löwenzahn immer noch duftete wie früher – nicht nach viel, aber doch nach Leben. Sie blieb sitzen, hielt den Stängel zwischen den Fingern und drehte ihn ohne Unterlass.

»Damals … in dem Stall … Ich habe etwas gesehen …«

Wieder verstummte sie.

Er ließ die Stille zu. Sie brauchte Zeit. Zeit für alles.

»Ich stand gefesselt da … mit einer Kapuze über dem Kopf … vornübergebeugt und konnte nicht richtig atmen. In der Kapuze war ein Loch für den Mund. Er hat es größer gerissen. Ich habe ihn gebissen, als er das getan hat. Ich konnte plötzlich etwas sehen. Konnte plötzlich durch das Loch schauen. Nach unten schauen … auf den Boden. Ich konnte seine Füße sehen, während er …«

Für einen Moment rang sie nach Luft. Dann sprach sie weiter.

»Er hatte nackte Zehen. Der große Zeh an dem einen Fuß war … seltsam. Nur halb so lang. Ich sehe ihn immerzu vor mir, ich werde das Bild nicht los. Fast wie ein kurzer Stumpf. So … uneben … am Rand, als wäre er kaputt. Zerschmettert. Zerquetscht.«

Wieder schnürte es ihr die Luft ab, und sie drehte den Löwenzahn zwischen den Fingern. Dann sagte sie leise:

»Das andere, dass ich gefesselt war … Das habe ich erzählt. Der Polizei … und den Ärzten. Ich weiß nicht mehr viel, eigentlich kaum etwas. Aber auf einmal war dieser Zeh wieder da, wie ein winziges Stück meiner Erinnerung, das mich getroffen hat wie ein Schlag. Ich saß im Park auf einer Bank, mit geschlossenen Augen. Ich habe am ganzen Körper angefangen zu zittern. Es … war der linke. Der große Zeh hinter mir … links …«

## 65.

Für einen winzigen Moment hatte er gehofft, es wäre Margrethe Franck, als sein Handy kurz nach vier Uhr morgens klingelte. Eine Nummer, die er nicht kannte. Er hatte bis weit nach Mitternacht auf der Fensterbank in seiner Wohnung in Vangede gesessen und nachgedacht, hatte versucht, einen neuen Ansatz zu finden, nach einem langen Tag ohne ein einziges Lebenszeichen von ihr.

Der Anrufer war Margrethes alter Partner gewesen, Klaus Trane. Und nun saß er in einem Taxi und war auf dem Weg nach Måløv, nordwestlich von Kopenhagen. Sie hatten vereinbart, sich auf dem Parkplatz vor dem Bahnhof Kildedal zu treffen. Es war nicht mehr weit.

Axel Mossman hatte den Großteil des Tages im PET-Hauptquartier in Søborg verbracht und sich mit dem neuen Chef und der operativen Abteilung zusammengesetzt. Der PET suchte unter Hochdruck nach der verschwundenen Mitarbeiterin. Mit den Daten ihres Mobilfunkanbieters hatte man natürlich längst ihre Fahrtroute rekonstruiert, die direkt zu René Jönsson geführt hatte. Und zu seiner Leiche unter der Harley. Aber es gab immer noch weit und breit keine Spur von Margrethe.

Mossman hatte seinen Mund gehalten. Er hatte weder erwähnt, dass sie schon deutlich früher vor Ort gewesen waren, noch, dass sie wussten, dass Margrethe in ihrer eigenen Vergangenheit ermittelte. Ansonsten hatte er alles an brauchbaren Informationen aufgesaugt, was auf den Tisch gekommen war. Viel war nicht zu holen gewesen.

Oxen hatte den restlichen Tag ebenfalls damit verbracht, ihren Weg nachzuvollziehen, nur anhand der Anrufliste auf ihrem Handy, und er hatte sich am späten Nachmittag mit einem elektrischen Dietrich Zugang zu ihrer Wohnung verschafft, wohl wissend, dass der PET wahrscheinlich längst da gewesen war.

Wollte man ihren Einsatz zusammenfassend bewerten, dann konnte man sagen, dass sie gewonnen und trotzdem verloren hatten. Struves Geständnis warf ein völlig neues Licht auf den Fall im Südhafen und auf den Bankraub im Gammel Kongevej, aber das brachte sie Margrethe Frank keinen Schritt näher.

Gegen Abend war Axel Mossman nach Vangede gekommen, und sie hatten sich gegenseitig auf den neuesten Stand gebracht.

»Entweder haben wir noch nichts von ihnen gehört, weil sie noch nicht so weit sind, weil sie sich noch nicht organisiert haben oder noch nicht am Zielort sind – oder weil wir nie von ihnen hören werden. Weil sie ihren Job längst erledigt haben«, lautete das Fazit des Mannes, der so viele Jahre bei der Polizei und auf dem Chefsessel des Nachrichtendienstes verbracht hatte.

In diesem Fazit hielten sich Hoffnung und Sorge wohl ziemlich die Waage.

»Wir sind da«, sagte der Taxifahrer und verließ den Kreisverkehr.

Konnte Klaus Trane der Hoffnung mehr Gewicht verleihen?

Er bezahlte und stieg aus. Es war kurz vor sechs. In einem gleichmäßigen Strom aus blendenden Scheinwerfern und roten Rücklichtern rollten die ersten Pendlerautos auf den Parkplatz. Ein eisiger Wind fegte über die offene Landschaft, und es war schweinekalt. Viele Autos parkten mit laufendem Motor. Pendler, die auf ihre Mitfahrer warteten, und alle anderen, die keine Lust hatten, sich jetzt schon zähneklappernd auf den Bahnsteig zu stellen, bis die S-Bahn kam.

In der hintersten Ecke des Parkplatzes entdeckte er Tranes Auto, einen silbernen Suzuki SUV, der ebenfalls mit laufendem Motor und eingeschalteten Scheinwerfern in der Parkbucht stand. Als er näher kam, löste er eine heftige Reaktion im Kofferraum aus, wo er undeutlich eine Hundebox erkennen konnte. Tranes Schäferhund bellte wie ein Verrückter, bis ihn ein Kommando verstummen ließ. Trane ließ die Scheibe herunter.

»Steig ein, Oxen. Zorro muss sich immer ein bisschen wichtigmachen.«

Als er die Beifahrertür öffnete, schlugen ihm Wärme und leises Popgedudel aus dem Radio entgegen. Trane saß mit hochgekrempelten Ärmeln hinter dem Steuer. Er schaltete das Radio aus und drehte sich zu Oxen.

»Ich habe diesen Parkplatz ausgesucht, um sicherzugehen,

dass dir niemand folgt. Seit du mit Mossman bei mir warst, schaue ich mich ständig um. Ich habe lange nachgedacht und eine Entscheidung gefällt. Du hast recht. Ich will nicht schuld daran sein, dass Margrethe mit dem Leben bezahlt, weil ich den Mund nicht aufgemacht habe. Das kann ich einfach nicht.«

Trane schwieg einen Moment und schaltete das Gebläse eine Stufe herunter. Dann fuhr er fort.

»Meine Frau denkt, dass ich zur Arbeit gefahren bin. Aber ich habe mich krankgemeldet. Wie zur Hölle soll ich meinen Job vernünftig erledigen, wenn ich seit zwei Tagen kein Auge mehr zugemacht habe? Das, was ich dir jetzt erzählen werde, habe ich noch keiner Menschenseele erzählt. Nicht einmal meiner Frau. Und es macht mir eine Scheißangst, Oxen … Verstehst du?«

Er nickte ruhig. Der Hundeführer sah aus wie der wandelnde Tod. Das mit den schlaflosen Nächten schien zu stimmen. Jetzt waren sie schon zu zweit.

»Ich drehe die Zeit um zwölf Jahre zurück, okay? Ich fahre in diesen verfluchten Hinterhof im Südhafen. Und ich sehe Margrethe verletzt neben dem silbernen Kombi, der gegen die Mauer gefahren ist. Hinter dem Steuer sitzt ein lebloser Mann. Ich fordere Verstärkung an. Sofort. Ich kümmere mich um Margrethe. Ihr Bein sieht übel aus. Auf einmal klingelt mein Handy. Ich nehme den Anruf an. Warum, weiß ich nicht, aber ich tue es. Ein Mann meldet sich. Er kennt meinen Namen. Er sagt, dass meine Familie dafür bezahlen werde, wenn ich die Anweisungen, die er mir gleich geben wird, nicht befolge, und zwar umgehend und schnell …«

Trane machte eine Pause.

Er schien sich an jedes Wort zu erinnern, ohne in seinem Gedächtnis lange danach suchen zu müssen. Er rieb die Hände an seinen Oberschenkeln, als würde ihn allein der Gedanke daran zum Schwitzen bringen. Dann fuhr er konzentriert fort.

»Die Stimme am Telefon fordert mich auf, kurz die Lage zu schildern. Dann soll ich zu dem silbernen Auto gehen und den Kofferraum öffnen. Und das mache ich. Unter der schwarzen Laderaumabdeckung liegt … ein kleines Mädchen. Sieben, acht Jahre alt. Sie ist betäubt. Ihre Hände und Füße sind mit Kabelbindern gefesselt. Neben ihr liegt ein Schulranzen. Ich hebe sie hoch und bringe sie in den Kofferraum des Streifenwagens, wie der Mann es verlangt hat. Dann hole ich auch noch ihren Ranzen. Ich laufe schnell zu dem Toten am Steuer und nehme sein Handy, alles genau wie gefordert. Vielleicht wirke ich deshalb so schockiert auf die Kollegen. Und nervös und verwirrt. Und deshalb bestehe ich auch darauf, den Streifenwagen selbst zurückzubringen. Ich habe gar keine andere Wahl. Ich muss nämlich vorher noch etwas erledigen. Den Rest der Anweisungen bekomme ich per SMS. Da steht, dass ich das Mädchen zu einer Adresse in Hellerup bringen soll, sobald es zu sich kommt. Ich soll es unauffällig in der Nähe seines Elternhauses absetzen, damit es den restlichen Weg allein findet. Und das tue ich auch. In der Nachricht steht außerdem, dass ich Jönssons SIM-Karte verbrennen und sein Handy wegwerfen soll. Ich gehorche. Es landet im Damhussø. Das Mädchen … In seinem Schulranzen steht ein Name: Lissa Bille-Damberg.«

Klaus Trane hob die Hände.

Das war alles. Der alte Fall hatte eine neue Wendung genommen. Eine vollkommen wahnsinnige neue Wendung.

»Du hast also ein entführtes Mädchen nach Hause gebracht. Eine gute Tat?«

»Ich musste an meine Familie denken. Ich habe mich nicht getraut, etwas anderes zu tun. Den Rest kennst du. Margrethe verlor ihr Bein, kam aber beim PET unter. Ich konnte es nicht ertragen, in der alten Umgebung zu bleiben, ich wäre an meinem Schweigen erstickt. Deshalb bin ich Hundeführer in Roskilde geworden.«

»Und seitdem hast du nie wieder irgendetwas in dieser Angelegenheit gehört?«

Trane schüttelte den Kopf.

»Was ist mit dem Mädchen? Und mit seiner Familie?«

»Ich habe alles überprüft. Ich musste es einfach wissen. Der Anruf ließ sich natürlich nicht zurückverfolgen. Außer einem Fahrraddiebstahl haben die Eltern des Mädchens nie etwas bei der Polizei angezeigt. Die Familie Bille-Damberg besitzt ein großes Unternehmen, *Damberg Ingredients*. Die produzieren Zusatzstoffe für die Lebensmittelindustrie. Der Vater des Mädchens, Arne Bille-Damberg, war seinerzeit Vorstandsvorsitzender und ist es heute noch.«

»Ziemliches Chaos damals im Südhafen, was?« Oxen musterte den erschöpften Polizisten. »Für euch beide, dich und Margrethe. Und letztendlich auch für Jönsson. *Post mortem*.«

»Das kannst du laut sagen.« Trane nickte und trommelte mit den Fingern aufs Lenkrad. »Die Spuren haben sich wie von Geisterhand selbst verwischt. Ein paar Tage später wurde bekanntgegeben, dass Jönsson an einem Banküberfall beteiligt gewesen war, und das mit dem kleinen Mädchen … das hat nie stattgefunden. Sie ist inzwischen zwanzig. Ich habe sie gestern Abend noch gegoogelt. Sie studiert an der *Copenhagen Business School* und ist ziemlich aktiv, vom Rudern bis hin zur Gründung kleiner Start-ups ist alles dabei. Außerdem jobbt sie als Fotomodell. Sie wird es sicher mal weit bringen. Ich wüsste wirklich gern, ob sie sich an irgendetwas erinnern kann.«

»Man könnte sie doch fragen, oder ihre Familie.«

»Das würde nicht viel bringen. Du wirst mir wohl einfach glauben müssen.«

»Das tue ich, Trane. Hast du irgendeine Idee, wer dahinterstecken könnte? Und es sich offenbar in allerletzter Sekunde anders überlegt hat?«

Trane schüttelte wieder den Kopf.

»Nein, aber es muss jemand mit Verbindungen zur Polizei sein. Woher sonst hätten diese Typen wissen sollen, dass sie ausgerechnet mich anrufen mussten? Vielleicht hat einer von ihnen den Entführungsjob aus nächster Nähe überwacht oder war als Back-up dabei. Ich weiß es nicht … Und ganz ehrlich, ich habe das alles verdrängt. Ich musste diese ganze Sache vergessen, um weitermachen zu können. Irgendwann war ich selbst nicht mehr sicher, ob ich mir das alles nur eingebildet hatte. Aber nein, es ist genau so passiert. Lissa Bille-Damberg lag in Jönssons Kofferraum, ein kleines Mädchen mit Schulranzen.«

»Trane? Du hast nicht Mossman angerufen, sondern mich …«

Der Hundeführer nickte stumm.

»Dann belassen wir es dabei. Ich sage ihm nichts. Und du sagst ihm auch nichts. Ich brauche etwas Zeit, okay?«

»Okay, Oxen. Meine einzige Sorge ist, dass ich meine Familie in Gefahr bringen könnte. Ich habe drei Kinder, Teenager.«

Oxen zuckte mit den Schultern. Die Angst war vermutlich nicht unberechtigt.

»Im Augenblick bin ich der Einzige, der die Geschichte kennt. Ich gebe dir Bescheid, wenn ich den Eindruck habe, dass du in die Schusslinie gerätst. Aber eigentlich ist die Sache mit dem Mädchen ja abgeschlossen. Du weißt nicht mehr als das, was Familie Bille-Damberg in der Öffentlichkeit jederzeit abstreiten würde. Ihre Tochter ist *nie* entführt worden. Wie geht es jetzt für dich weiter?«

»Ich fahre an den Furesø und verbringe dort den Tag mit Zorro. Und nach Feierabend fahre ich nach Hause und tue so, als wäre alles wie immer.«

## 66.

»Wir stehen bei null, Soldat.« Das war Axel Mossmans einziger Kommentar, nachdem er sich durch das Treppenhaus zu Oxens Wohnung hochgekämpft hatte.

Jetzt saßen sie im Wohnzimmer. Mossman hatte gleich mehrere Stapel Papier auf den Couchtisch fallen lassen, als sein Handy klingelte. Das Gespräch dauerte lang, und Mossman warf ihm einen bedauernden Blick zu. Offensichtlich ging es um die Kommissionsarbeit, die vorgegebenen Richtlinien und die Unzufriedenheit einiger Kommissionsmitglieder.

»Entschuldige bitte, es ist wirklich schlechter Stil, bei anderen Leuten in die Wohnung zu rauschen und als Erstes eine halbe Ewigkeit lang zu telefonieren«, sagte Mossman, nachdem er endlich sein Handy weggelegt hatte.

»Aber«, fuhr er fort und rieb sich das Gesicht, »wenn man Historiker, Polizisten, Uni-Professoren, Islam-Experten, Ethnologen und alle möglichen anderen sogenannten Kapazitäten zusammensteckt, damit sie unter bestimmten Bedingungen etwas erarbeiten, dann kann das ja nur schiefgehen. Jeder Einzelne von ihnen hält sich für Gottes Geschenk an die Menschheit, und wenn man auch nur die kleinste Frage stellt, fühlen sie sich sofort in ihrer zarten Ehre verletzt«, schnaubte der alte Geheimdiensthüne.

Es juckte ihn nicht, womit Mossman sich in dieser Kommission herumschlagen musste, die er sich so brennend gewünscht hatte, um sich selbst ein Denkmal zu setzen.

»Sagtest du gerade, wir stehen bei null?«

»Wie immer direkt auf den Punkt, Soldat. Ja, das ist richtig. Bei null. Ich habe fast den ganzen Tag in Søborg verbracht und glaube nicht, dass sie mir irgendwelche Informationen vorent halten. Mein Verhältnis zu dem neuen Chef Karsten Salomonsen ist wirklich ausgezeichnet, wie du vielleicht gemerkt hast. Aber sie haben absolut nichts. Sie haben weder eine Ahnung, wer Margrethe entführt haben könnte, noch, warum. Oder wo sie sich befinden könnte. Falls sie überhaupt noch lebt. Weniger kann man nicht in den Händen haben.«

»Und das Vorspiel? Die beiden Killer auf dem Motorrad?«

»Sie tauchen auf ein paar Verkehrsüberwachungsvideos auf. Das Nummernschild ist gefälscht. Nichts, was man überprüfen könnte.«

»Hast du ihnen von Margrethes Besuch im Vestre-Gefängnis erzählt?«

»Wenn ich dem PET von ihrem Besuch bei Sean Struve erzähle, dann muss ich ihnen auch von deinem erzählen. Und dass wir diesem Gangster glauben. Wieso sollte ich das tun?«

»Hast du über Lupus gesprochen?«

»Diese ganze Geschichte ist auch ohne Lupus unübersichtlich genug. Ich war hinter Lupus her und bin stattdessen in Margrethes Vergangenheit gelandet. Gibt es da einen Zusammenhang? Oder nicht? Lupus ist ein Schatten. Was bringt es Margrethe, wenn wir jetzt anfangen, über Schatten zu spekulieren? Im Augenblick geht es ausschließlich darum, konkret zu bleiben.«

»Und Harrildholm? Und der alte Zeitungsartikel?«

»*Same, same* … Harrildholm und der Artikel gehören zur Lupus-Spur. Du und ich, wir werden diese Spur weiterverfolgen. Aber wir werden weder den PET noch die restliche Polizei in diese Richtung lotsen. Hätte ich den Eindruck, dass es uns auch nur im Geringsten weiterbringt, dann hätte ich alles auf den Tisch gelegt. Glaub mir, Soldat. Aber ich bin der Ansicht, dass ein Nebenschauplatz die Ermittlung nur verwässern und die Kollegen in die Irre führen würde. Für so etwas haben wir keine Zeit. Wir müssen dafür sorgen, dass sich alle auf Margrethe Franck konzentrieren – und auf nichts anderes.«

»Das heißt, niemand hat etwas herausgefunden?«

Mossman schüttelte seinen großen Bluthundkopf.

»Weder der PET noch die Kollegen von der Polizei. Außer einigen Reifenabdrücken, Fußspuren und ein paar entfernten Nachbarn, die Autoscheinwerfer bemerkt haben wollen, gibt es nichts.«

»Wie schätzt der PET die Situation ein? Gibt es ein typisches Muster bei solchen Sachen, ich meine … bei Entführungen?«

»Oder Mord … Wir müssen der Wahrheit ins Auge sehen, Oxen. Wir sind heute nicht klüger als gestern. Entführungen fallen nicht in den Aufgabenbereich des PET. Die klugen Köpfe, mit denen ich heute gesprochen habe, rechnen damit, dass bald eine Forderung kommen wird, spätestens innerhalb der nächsten zwei Tage. Allerdings geht es hier mit Sicherheit nicht um Geld. Wer wäre so dumm, von einer staatlichen Behörde auch nur eine Krone erpressen zu wollen? Wenn man als Kidnapper Kasse machen möchte, ist man beim Staat an der falschen Adresse. Letzteres gilt übrigens für alle Gehaltsempfänger«, brummte Mossman.

»Wenn es nicht um Geld geht, worum dann?«

»Eine Möglichkeit wäre zum Beispiel eine Gegenleistung.«

Oxen ging in die Küche, um Kaffee zu kochen, und verwarf ein Mal mehr die Idee einer koffeinfreien Version seiner selbst. Er brauchte einen Augenblick allein, um eine Entscheidung zu treffen. Und diesen Augenblick nahm er sich in der Küche.

Sollte er Mossman von dem Mädchen im Kofferraum erzählen? Würde eine sensationelle, aber uralte Information weiterhelfen oder würde es sie nur von Wichtigerem ablenken, wie Mossman befürchtete?

Das Wasser kochte, und er füllte die beiden Becher. Das Granulat löste sich sofort auf und verwandelte sich in Kaffee. Wie von Zauberhand. Eine feste Substanz wurde zu einer anderen, flüssigen. Es war genau wie mit Fakten. In den Händen des Richtigen – beispielsweise eines Mannes von Mossmans überlegenem Verstand – konnten Fakten modelliert und so umgeformt werden, dass man ihren ursprünglichen Kern am Ende nicht mehr wiedererkannte.

Er musste sich selbst daran erinnern, dass Axel Mossman auf Harrildholm aufgetaucht war, als er gerade das Überwachungssystem entdeckt hatte und niedergeschlagen worden war. Unabhängig von einem Motiv stand außer Frage, dass Mossman in diesem Zusammenhang sein Hauptverdächtiger war. Er musste sich jederzeit darüber im Klaren sein, dass er gnadenlos verlieren würde, wenn er versuchte, Mossmans Spiel ohne einen ganzen Stapel von Assen in den Ärmeln und Hosenbeinen zu spielen. Wobei er vermutlich sowieso verlor.

Er würde es machen wie Mossman und schweigen, solange es Margrethe Francks Sache nicht schadete.

»Hier, Kaffee.« Er stellte Mossman den Becher hin und setzte sich wieder aufs Sofa. »Ich habe nachgedacht … Es gibt einiges, wozu wir noch nicht gekommen sind. Margrethe wollte sich zum Beispiel noch näher mit Poul Hansen befassen, mit seinem Leben, seinen Beziehungen und so weiter. Außerdem auch mit Troels Monrad vom PET. Wir haben nur die Informationen, die du eingeholt hast. Während wir warten, sollten wir uns diesen Monrad genauer anschauen. Bisher haben wir ihn in dem ganzen Durcheinander kaum beachtet oder ganz übersehen. Aber der Mann wurde erschlagen und in der Nähe von Harrildholm in einen Bach geworfen. Und der Typ aus dem Eisenbahnwagen hat Poul Hansen an ebenjenem Bach gesehen.«

»Du hast vollkommen recht, Soldat. Und genau deshalb habe ich auch den vorläufigen Ermittlungsbericht im Fall Monrad mitgebracht.«

Mossman tippte mit dem Zeigefinger auf einen der Papierstapel auf dem Couchtisch. Natürlich hatte Mossman längst denselben Gedanken gehabt. Natürlich war er ihm wieder mehrere Schritte voraus.

»Monrad? Du hast das ganze Material?«

»Selbstverständlich.«

»Aber wie bist du …?«

»Ach, die alten Tricks verlernt man nicht so schnell«, sagte Mossman gut gelaunt. »Es geht immer um Gefälligkeiten, Oxen. Soll und Haben. Ein amerikanischer Dramatiker, Wilson Mizner, hat das sehr klug auf den Punkt gebracht. ›Sei freundlich zu den Leuten, die du auf deinem Weg nach oben triffst. Denn du wirst ihnen auf dem Weg nach unten wieder begegnen.‹ Ein einfaches und weises Motto. In Polizeikreisen tummeln sich immer noch eine Menge Kollegen, die mir den einen oder anderen Gefallen schulden. Und einer von ihnen sitzt zufällig in Holstebro, im Hauptquartier der Polizeidirektion Mittel- und Westjütland. Er war so freundlich, mir das alles zu mailen. Ich musste es nur noch ausdrucken.«

»Ist dir schon irgendetwas aufgefallen?«

»Ich hatte noch keine Gelegenheit, auch nur einen einzigen Buchstaben zu lesen, Oxen. Du weißt ja, ich verbringe viel Zeit mit beleidigten Akademikern. Was Margrethe betrifft, sollten wir vielleicht versuchen, einen neuen Denkansatz zu finden, während wir auf den PET hoffen und weiter warten. Es sei denn, du hast schon irgendwo einen anderen Ausgangspunkt entdeckt?«

Er schüttelte den Kopf. Axel Mossman teilte den Monrad-Stapel in zwei Hälften.

»Ein Teil für dich, ein Teil für mich. Dann lass uns den Jütländern mal über die Schulter schauen, Soldat. Und hinterher diskutieren wir ihre Ergebnisse.«

## 67.

Die Sekretärin, die über ein klassisches, altmodisches Vorzimmer herrschte, war eben im Büro ihres Chefs verschwunden, und zwar ziemlich gereizt. Offenbar war sie es nicht gewohnt, dass jemand unangemeldet hereinplatzte und darauf bestand, mit Arne Bille-Damberg zu sprechen.

Der Hauptsitz von *Damberg Ingredients A/S* befand sich in Ballerup, in einem Gebäude aus Beton, Stahl und Glas. Er hatte beschlossen, sein Glück früh am Morgen zu versuchen, auch wenn die Gefahr groß war, dass er den Konzernchef um diese Zeit noch nicht antreffen würde. Hätte er im Vorfeld angerufen, wäre er schon am Telefon abgewimmelt worden. So war es deutlich schwieriger, ihn wieder loszuwerden, auch wenn es der Sekretärin zweifellos lieber gewesen wäre.

»Es ist wichtig. Sehr wichtig.« Mit diesen Worten hatte er sein Anliegen beschrieben.

Er betrachtete sein Spiegelbild in der deckenhohen Glasscheibe des Vorzimmers. Ein rot kariertes, wattiertes Holzfällerhemd, darunter ein weißes T-Shirt, blaue Jeans mit Loch im Knie, hellbraune Wildlederstiefel mit festen Sohlen und die halblangen Haare zu einem kurzen Pferdeschwanz im Nacken zusammengebunden. Bartstoppeln. Vielleicht fand eine Frau, die sonst nur von edlen Anzügen umgeben war, seine Erscheinung unpassend?

Offiziell war er auf dem Weg nach Århus. Mit seiner Heckler & Koch im Handschuhfach. Und gefülltem Magazin. Nicht weil er vorhatte, jemanden zu erschießen. Er hatte nur das ungute Gefühl, dass Århus womöglich doch nicht so freundlich sein könnte, wie die Tourismus-Werbung behauptete.

Er hatte mit Axel Mossman vereinbart, dass er einige Informationen über den ermordeten Troels Monrad verifizieren würde, während Mossman verfolgte, ob es im PET Neuigkeiten bei der Suche nach Margrethe Franck gab.

Dass er jetzt hier in dem Vorzimmer in Ballerup stand, wusste niemand außer ihm selbst. Der Besuch war Teil seiner eigenen, parallel verlaufenden Nachforschungen. Er hatte keine andere Wahl, als Klaus Tranes alte Albtraum-Geschichte zu überprüfen, auch wenn Bille-Damberg etwas derart Brisantes wie die Entführung seiner damals noch kleinen Tochter wahrscheinlich nicht bestätigen würde.

Die Sekretärin kam zurück, musterte ihn abschätzig und zischte dann, dass der Chef ihn empfangen würde, aber nur für fünf Minuten. Keine Minute länger.

Ein groß gewachsener Mann in hellblauem Hemd stand an einem höhenverstellbaren Schreibtisch, den Kopf hinter einen Computerbildschirm versenkt. Als Oxen ins Zimmer trat, schaute er sofort hoch.

»Guten Tag. Meine Sekretärin sagte, es wäre dringend?«

»Mein Name ist Niels Oxen.« Er streckte die Hand aus. »Und ja, es ist dringend. Ich komme direkt zur Sache. Ich hätte einige Fragen an Sie, die einen Mittwoch im Mai vor zwölf Jahren betreffen. Mittwoch, den 3. Mai, um genau zu sein.«

Arne Bille-Damberg sah ihn skeptisch an.

»Mittwoch, der 3. Mai?«

»Der Tag, an dem Ihre Tochter nicht von der Schule nach Hause kam. Jedenfalls nicht wie erwartet.«

Er sah ihn in den Augen des Mannes – diesen schwarzen Schatten, der nervös vorbeihuschte, begleitet von unbehaglichen Erinnerungen und einem Schwall von Stresshormonen.

Der Direktor zuckte mit den Schultern.

»Ich habe keine Ahnung, was Sie meinen«, sagte er gefasst. »War das alles? Ich habe nämlich viel zu tun ... Wer hat Sie überhaupt geschickt? Wer sind Sie? Das weiß ich ja gar nicht.«

»Mich hat niemand geschickt. Ich bin als Privatperson hier. Ich bin ehemaliger Jägersoldat. Ich bin ...«

»Oxen? Sind Sie etwa der, der ...?«

Er nickte und unterbrach Bille-Damberg, bevor die ganze Leier wieder von vorn anfing.

»Ja, der bin ich. Und ich weiß alles über Mittwoch, den 3. Mai. Ich weiß, was Ihre Tochter Ihnen mit Sicherheit erzählt hat: dass sie in einem Polizeiauto nach Hause gefahren und in der Nähe ihres damaligen Zuhauses in der Richelieus Alle abgesetzt wurde. Ein Verbrechen, das nie zum Verbrechen wurde ... Merkwürdig, finden Sie nicht?«

»Hören Sie, ich habe wirklich keine Zeit für so etwas.« Arne Bille-Damberg hob abwehrend die Hände.

»Ich habe eine Freundin, die wegen dieser alten Sache in echten Schwierigkeiten steckt. Sie ist beim PET angestellt, der im ganzen Land nach ihr sucht. Möglicherweise könnte es ihr helfen, wenn Sie meine Schilderung des 3. Mai bestätigen würden. Ich brauche es nicht schriftlich, und es muss auch sonst nirgends dokumentiert sein. Ein einfaches Nicken reicht mir völlig. War meine Schilderung korrekt?«

»Nein, das alles ist mir vollkommen unbekannt. Sie irren sich.«

»Sind Sie sicher?«

»Ja, ich bin sicher. Und jetzt entschuldigen Sie mich bitte.«

Der Konzernchef wandte sich wieder seinem Bildschirm zu.

Oxen drehte sich um und ging. An der Tür blieb er noch einmal stehen und sagte leise:

»Nun, dann werde ich sie wohl selbst fragen müssen, woran sie sich noch erinnert. Sie studiert an der *Copenhagen Business School,* richtig? Und wenn ich sie dort nicht finde, dann bestimmt im Ruderklub.«

Er verließ das Büro und zog die Tür hinter sich zu.

»Habe ich die Zeit eingehalten?«, fragte er die Sekretärin auf dem Weg nach draußen, aber sie gab ihm keine Antwort.

Als er kurz darauf den Parkplatz überquerte und auf den kleinen geliehenen Ford zusteuerte, kam sie hinter ihm hergerannt.

»Halt! Kommen Sie zurück! Der Direktor möchte mit Ihnen reden.«

Als er zum zweiten Mal das Büro betrat, stand Arne Bille-Damberg immer noch an seinem Schreibtisch, den Blick diesmal jedoch starr auf die Tür gerichtet.

»Es tut mir leid …«, setzte der Direktor an. »Ich kenne jemanden, der jemanden beim PET kennt, und man hat mir bestätigt, dass sie dort – in aller Diskretion – nach einer gewissen Margrethe Franck suchen. Ist das die Frau, die Sie meinten?«

Er nickte.

»Oxen … Ich war damals wirklich froh, dass Sie öffentlich von allen Vorwürfen freigesprochen wurden. Es ist bitter, wenn Helden demontiert werden. Eine Lieblingsbeschäftigung unserer Presse. Aufbauen. Und dann einreißen. Was diesen Mittwoch betrifft … Sie bekommen mein Nicken.«

»Danke.«

»Aber eine offizielle Bestätigung wird es niemals geben.«

»Das ist vollkommen in Ordnung. Sie wussten also von der Entführung Ihrer Tochter?«

»Ich war im Büro und bekam eine SMS mit der Anweisung, nach Hause zu fahren und in der Nähe des Telefons zu bleiben. Währenddessen sollte ich mir Gedanken machen, wie ich schnell an Bargeld kommen könnte. Sollte ich auf die Idee kommen, die Polizei zu kontaktieren, würden sie Lissa töten.«

»Aber dann stand Ihre Tochter plötzlich vor der Tür?«

»Meine Frau und ich sind natürlich beide sofort nach Hause gefahren. Wir hatten ein Au-pair-Mädchen, das sich normalerweise nachmittags um Lissa gekümmert hat. Wir waren verzweifelt. Am Boden zerstört. Und auf einmal kommt unser kleines Mädchen hereinspaziert, den Schulranzen auf dem Rücken, und sagt Hallo.«

»Darf ich fragen, ob es irgendeine Spur gab? Hatten Sie Kontakt zur Polizei? Ist Ihnen hinterher irgendetwas aufgefallen?«

Bille-Damberg schüttelte entschieden den Kopf.

»Nichts. Wir haben nichts unternommen. Wir haben uns nicht getraut. Aber seit diesem Tag wurde sie von einem Bodyguard zur Schule gefahren und auch wieder abgeholt.«

»Danke. Das war alles.«

## 68.

Abstecher Nummer zwei auf der Fahrt nach Århus hieß Jesper Kvist und war Leiter der Polizeidienststelle in Slagelse, die zum Bezirk Südseeland und Lolland-Falster gehörte.

Es gab einen sehr konkreten Grund, dem Mann einen Besuch auf dem Revier in Slagelse abzustatten. Er war nämlich vor zwölf Jahren für die Ermittlungen im Südhafen verantwortlich gewesen, wie Oxen den Akten entnommen hatte.

Gleich war er da. Vielleicht konnte er den Herrn Kommissar noch vor der Mittagspause abpassen. Er bog gerade in den Næstvedvej ab, als ein Radiojingle die 12-Uhr-Nachrichten einläutete. Und während der Sprecher in kurzen Stichworten die nachfolgenden Themen ankündigte, tauchte am rechten Straßenrand das Polizeirevier auf. Ein großer Kasten aus gelbem Backstein hinter einer Reihe kleiner, kahler Bäume und einer Hecke, die den Parkplatz in einem Halbkreis einrahmte. Der Sprecher hatte eine tiefe Männerstimme. Es ging um Nordkorea, steigende Rentenbeiträge, giftige Phtalate in Kinderspielzeug und das anhaltende Bienensterben in Dänemark … Er streckte die Hand aus, um das Radio auszuschalten.

»Und wir beenden die Sendung mit einem Beitrag über den Forschungsbericht der Universität Århus, aus dem hervorgeht, dass mindestens vier der dänischen Wölfe spurlos verschwunden sind. Aber zuerst nach Nordkorea …«

Er bog in die Antvorskov Allé ab, ließ den Wagen langsam die wenigen Meter bis zur Einfahrt rollen und fuhr auf den Parkplatz. Der Dienststellenleiter würde bis nach den Nachrichten warten müssen.

Er wusste, dass nicht mindestens vier, sondern mindestens fünf verschwunden waren. Und er wusste, wo sich Wolf Nummer fünf befand. Das schlechte Gewissen holte ihn ein. Er hätte die tote Wölfin melden sollen. Stattdessen hatte er sie einfach wieder verscharrt. So viel zu seinen poetischen Gedanken über die Seelenverwandtschaft zwischen Wölfen und Jägersoldaten.

Nein, Blödsinn … Er ließ sich mitreißen. Es war eine rationale Entscheidung gewesen, keine Aufmerksamkeit auf sich zu lenken. Er war ein ehemaliger Jägersoldat. Er hatte mehr Tod und Zerstörung gesehen als die meisten anderen. Er hatte gesehen, wie Massengräber ausgehoben worden waren. Gruben voller Menschen, Kinder wie Erwachsene. Nicht Tiere. Es war ein Wolf, den er aus- und wieder eingegraben hatte. Ein Wolf war ein Tier. Er hatte logisch gehandelt, wie es der Einsatz erforderte.

Er blieb sitzen und hörte mit halbem Ohr zu, während die Nachrichten vorwärtskrochen und auch dem Letzten deutlich machten, dass die Welt kein sicherer Ort war. Man konnte von Raketen und höheren Rentenbeiträgen getroffen werden, während Kinder krank wurden, weil irgendwelche Vollidioten es nicht lassen konnten, Weichmacher in ihr Plastikspielzeug zu kippen, und am Ende konnte man denselben Kindern nicht einmal mehr die Geschichte von den Bienen und den Blumen erzählen, weil die Bienen in einer Wolke aus Pestiziden ausgestorben waren.

Von den Wölfen ganz zu schweigen.

»Ein neuer, umfassender Bericht, ein Gemeinschaftsprojekt der Universität Århus, des Instituts für Biowissenschaften und des Naturhistorischen Museums in Århus, kommt zu dem Ergebnis, dass mindestens vier der dänischen Wölfe faktisch verschwunden sind. Seit 2012 konnte die Zuwanderung von mindestens acht Wölfen nachgewiesen werden. Sieben der Tiere sind im deutschen DNA-Register verzeichnet. Darüber hinaus gibt es weitere DNA-Funde von einem oder mehreren Wölfen, die bislang keinem bekannten Tier zugeordnet werden konnten. Daraus lässt sich schließen, dass im Lauf der Jahre mindestens acht Wölfe zugewandert sind. Die Forscher können allerdings nur bei vier dieser Tiere eine verlässliche Auskunft über den

Standort und das Wanderungsverhalten geben, von den vier anderen Wölfen dagegen fehlt jede Spur. Warum ist das so erstaunlich, Hans Roslev, Wolfexperte der Universität Århus?«

»Nun, es gibt keine Meldungen, die darauf hindeuten, dass diese vier Wölfe nach Deutschland zurückgekehrt sein könnten. Ebenso wenig wurden sie bei Verkehrsunfällen getötet. Sie sind seit gut anderthalb Jahren verschwunden. Davor konnten wir mindestens alle sechs Monate eine Spur nachweisen. Die einzig logische Schlussfolgerung ist also, dass sie auf dänischem Boden gestorben sind. Es handelte sich aber um junge, gesunde Tiere. Hier in Dänemark, wo es so wenig konkurrierende Rudel gibt, gehen wir von einer Überlebensrate von etwa neunzig Prozent pro Jahr aus. Deshalb ist es ausgesprochen auffällig, dass die vier Tiere nicht mehr nachgewiesen werden können.«

»Gehen Sie davon aus, dass diese Wölfe ganz einfach abgeschossen wurden?«

Der Forscher ließ sich einen Moment Zeit, bevor er die einfache, aber außerordentlich konfliktbeladene Frage beantwortete.

»Dieser Verdacht lässt sich … nicht von der Hand weisen. Wir wissen aus dem Ausland, dass illegale Jagd auf Wölfe nahezu überall vorkommt, wo diese Tiere sich ansiedeln. Also muss man natürlich davon ausgehen, dass so etwas auch in Dänemark stattfindet.«

»Vielen Dank, Hans Roslev. An dieser Stelle sei noch kurz erwähnt, dass der Wolf eine streng geschützte Tierart ist. Einen Wolf zu erschießen, wird mit bis zu zwei Jahren Gefängnis bestraft. Und nun zu den Wetteraussichten für …«

Er schaltete das Radio aus.

Der kurze Bericht änderte nichts an seinem schlechten Gewissen, das er jetzt, Ironie des Schicksals, in das Reich von Gesetz und Ordnung mitschleppen musste. Er stieg aus und machte sich bereit.

Genau wie den Besuch beim Direktor von *Damberg Ingredients* hatte er auch diesen bewusst nicht telefonisch angemeldet. Den Preis dafür bezahlte er, sobald er drinnen war und sich durchgefragt hatte. Er musste fast eine Stunde lang auf einem Stuhl sitzen und Löcher in die Luft starren, bis der Polizeihauptkommissar endlich aus seiner Besprechung kam.

»Niels Oxen?« Jesper Kvists Augenbrauen wanderten nach unten. »Natürlich weiß ich, wer Sie sind.«

Lustig, wie sich sein Name dank der landesweiten Jagd auf ihn ins Gedächtnis der Leute eingebrannt hatte. Hieße er nicht Oxen, sondern ganz urdänisch Jensen oder so, hätte das keine gerunzelten Augenbrauen oder Stirnfalten hervorgerufen.

»Was wollen Sie von mir?«, fuhr der Dienststellenleiter in brüskem Ton fort, und es war deutlich zu spüren, dass er mit dem Gedanken spielte, seinen ungebetenen Gast postwendend vor die Tür zu setzen.

»Nur reden. Zwei Minuten. Über einen alten Fall.«

»Einen alten Fall?« Der Hauptkommissar traf eine Entscheidung. »Kommen Sie rein, aber nur kurz. Ich bin eigentlich schon wieder auf dem Sprung.«

Kaum war die Bürotür hinter ihnen zugefallen, warf er dem Dienststellenleiter sein Anliegen an den Kopf.

»Ich weiß, dass Axel Mossman, der ehemalige PET-Chef, Sie neulich Abend schon angerufen hat, um …«

»Axel Mossman? Nein.« Der Widerspruch kam prompt.

Mit dieser Reaktion hatte er nicht gerechnet, und er brauchte einen Moment, um sich zu sortieren. Als sie mit dem Auto losgerast waren, um Franck zu suchen, hatte Mossman behauptet, er hätte mit Kvist telefoniert und ihn nach den Mobilfunkdaten gefragt.

»Nur dass ich Sie richtig verstehe: Sie haben *nicht* mit Mossman gesprochen?«

»So ist es. Aber vielleicht sagen Sie mir erst mal, worum es überhaupt geht? Wie gesagt, zwei Minuten …«

Ohne die Fähigkeit, sich auf das Wesentliche zu beschränken, wäre der gestresste Kommissar in der Hierarchie sicher nicht so weit nach oben gekommen.

»Vor zwölf Jahren haben Sie die Ermittlungen geleitet, als eine Kollegin, Margrethe Franck, einen mutmaßlichen Bankräuber im Südhafen erschossen hat.«

»Das stimmt. Sie wird zurzeit in sämtlichen Polizeibezirken gesucht. Sind Sie deshalb gekommen?«

»Möglicherweise besteht ein Zusammenhang. Mossman und ich sind … eng mit Margrethe Franck befreundet.«

»Ich gebe Ihnen einen guten Rat, Oxen. Überlassen Sie das der Polizei. Das hätten Sie auch schon letztes Mal besser getan. Sie hätten sich stellen und die Polizei ihre Arbeit machen lassen sollen, statt die gesamte Truppe zum Narren zu halten. Von mir bekommen Sie keinen Applaus. Nicht für die Orden und schon gar nicht für Ihre Urteilsfähigkeit.«

Er hielt dem gehetzten Blick des Polizeichefs stand und überlegte für einen Sekundenbruchteil, sich zu verteidigen. Aber das war sinnlos. Der Mann hatte ja keinen Schimmer von der Wahrheit.

»Ihr Applaus interessiert mich nicht, aber gestatten Sie mir eine Frage: Warum wurden keine Mobilfunkdaten vom Südhafen angefordert?«

Der Dienststellenleiter fing an, ein paar Unterlagen auf seinem Schreibtisch einzusammeln.

»Mobilfunkdaten? Doch, die haben wir eingeholt. Alles andere wäre undenkbar. Aber wie Sie ganz richtig gesagt haben: Das ist lange her. So aus dem Stegreif kann ich Ihnen dazu nicht viel mehr sagen. Und das will ich auch gar nicht. Egal was Sie und Ihren Busenfreund Mossman umtreiben mag. Und jetzt entschuldigen Sie mich. Die Zeit ist um.«

»Sie sind also sicher, dass Daten vorliegen müssten. Aber ich habe die komplette Akte gelesen. Darin gibt es keine Mobilfunkdaten.«

»Sind Sie hier der Polizist oder ich? Ich kann mich natürlich irren, aber ich glaube, der bin ich. Dahinten ist die Tür, und jetzt raus, Jägersoldat. Ich lasse mich nicht von einem dahergelaufenen Spinner verhören. Verstanden?«

## 69.

Die Innenstadt von Århus wirkte unübersichtlich und zugebaut. Er hatte den Versuch, einen Parkplatz in der Jægergårdsgade oder einer der Seitenstraßen zu finden, aufgeben müssen und war stattdessen im Parkhaus der Bruuns Galleri gelandet.

Er blieb hinter dem Steuer sitzen und schloss die Augen, um sich vor der letzten Aufgabe des Tages zu konzentrieren.

Zwischen seinem schweigsamen Alltag in Vangede oder den beklemmend stillen Zimmern auf Harrildholm und der Situation, in der er sich jetzt befand, lagen Welten. Das viele Reden strengte ihn an. Dabei war er sowieso schon müde genug. Erst Direktor Bille-Damberg, dann der Hauptkommissar in Slagelse, und vor einer knappen Stunde hatte er sich von Troels Monrads Exfrau verabschiedet, mit der er sich in ihrem Reihenhaus in Tilst, einem Vorort von Århus, unterhalten hatte.

Gleich würde er die kurze Strecke zu Fuß in die Jægergårdsgade gehen, wo die Tochter des pensionierten PET-Mitarbeiters wohnte. Dem Namen nach zu urteilen war sie unverheiratet – Gry Monrad. Aber vorher musste er noch einen Moment mit geschlossenen Augen sitzen bleiben, seinen Kopf ausruhen und sich vorbereiten.

Als er in Århus angekommen war, hatte er sich als Erstes die Wohnung des getöteten Troels Monrad vorgenommen. Die Wohnanlage Lille Ravnsbjerg in Viby war genauso gepflegt und anonym wie sein eigenes Nest in Vangede. Monrad hatte in einer Zweizimmerwohnung gelebt. Die Polizei hatte seine Wohnungstür nicht versiegelt, und mit seinem eigens dafür mitgebrachten elektrischen Dietrich hatte er sich schnell Zutritt verschafft.

Oxen hatte sich eine Kopie des Ermittlungsberichtes zum Abgleichen mitgenommen. Er machte sich kurze Notizen und markierte einzelne Sätze. Natürlich hatte die Polizei Monrads Wohnung gründlich durchsucht – ohne etwas zu finden. Also musste er sich selbst umschauen. Das sah Mossman genauso.

Was ihn verwunderte, genau wie die Beamten aus Holstebro, waren ein LAN-Kabel sowie vier deutliche Abdrücke auf der Schreibtischunterlage – aber es war kein Laptop vorhanden.

Die schätzungsweise sechzig Quadratmeter große Wohnung war sauber und aufgeräumt. Ein Schrank im Schlafzimmer bestätigte, was Axel Mossman aus seinem Gedächtnis hervorgekramt hatte: Monrad war ein begeisterter Hobby-Angler gewesen. Er besaß Angelruten in allen Längen und Farben, drei Schubladen waren vollgestopft mit Federn, Daunen, Wolle und verschiedenen anderen Materialien, und er wusste genau, was Monrad damit gemacht hatte. Der PET-Mann hatte seine eigenen Fliegen angefertigt.

Davon abgesehen war er nur über eine einzige Sache gestolpert, die die jütländischen Polizisten zwar in der Inventarliste aufgeführt, aber danach nicht weiter beachtet hatten: In einer Schreibtischschublade lagen neben Informationsschreiben und Benachrichtigungen von Behörden, Rentenkasse, Banken, Zahnarzt, Angelverein und anderen Stellen auch Ausdrucke der beiden großen Online-Glücksspielunternehmen bet365 und Unibet sowie ein stattlicher Stapel Tippscheine von dänischen und europäischen Lotteriegesellschaften.

Das Bücherregal in dem kleinen Wohnzimmer platzte aus allen Nähten. Neben literarischen Schwergewichten standen Biografien, von Churchill bis Mandela war alles vertreten. Darunter stapelten sich Motorrad- und Angelzeitschriften. Schicke Hochglanzmagazine genauso wie Vereinsblättchen aus dem Farbdrucker. Es ging um Fische, bevorzugt Lachse und Forellen – und um Motorräder, bevorzugt Triumph. Das alles zusammen ergab ein stimmiges Bild.

Er hatte leise die Tür hinter sich zugezogen und das Haus mit nichts als dem vagen Gefühl verlassen, dass Troels Monrads Wohnung viel zu gepflegt und aufgeräumt für einen alleinstehenden älteren Mann war, der sein ganzes Leben bei der Polizei verbracht hatte. Wozu benötigte ein fast Siebzigjähriger zum Beispiel ein mittelgroßes Whiteboard an der Wohnzimmerwand? Weißer als weiß poliert?

Das Gespräch mit der Exfrau in Tilst hatte noch weniger ergeben. Aber auch das hatte er überprüfen müssen. Die Ermittler aus Holstebro hatten sie nicht persönlich aufgesucht, sondern nur mit ihr telefoniert.

Ihm war schnell klar geworden: Die Ex hatte nichts Aufschlussreiches über Monrad beizutragen. Sie waren seit zwanzig Jahren geschieden gewesen und hatten fast genauso lange nichts mehr miteinander zu tun gehabt. Nur in den ersten Jahren waren sie sich manchmal begegnet, wenn es um Dinge ging, die ihre gemeinsame Tochter Gry betrafen. Etwa deren Geburtstage, zu denen Troels Monrad anfangs noch erschienen war.

Der Kontakt war endgültig abgerissen, als er nach der Scheidung nach Kopenhagen gezogen war und seine erste Stelle bei der Polizei in Hillerød angetreten hatte. Später hatte er eine Zeitlang unter Axel Mossman im PET-Hauptquartier in Søborg gearbeitet und war dann an den PET-Standort in Århus gewechselt, wo er bis zu seiner Pensionierung geblieben war.

Die wenigen Berührungspunkte, die es vor Troels Monrads plötzlichem Tod gegeben hatte, waren über die Tochter zustande gekommen. Er hatte auf seine alten Tage wohl versucht, eine Beziehung aufzubauen. Das Treffen mit ihr war der letzte Punkt auf Oxens To-do-Liste. Danach würde er ins Cabinn Hotel fahren und sich in seinem Minizimmer aufs Bett fallen lassen, einen Status erstellen und sein Äußerstes geben, um Lücken und Risse zu finden – und damit vielleicht eine winzige Spur von Margrethe Franck.

Er machte die Augen auf, zog den Zündschlüssel ab und wappnete sich für ein weiteres Gespräch über das Gespenst Troels Monrad.

»Ja, okay, ich rauche. Sie auch?«

Er schüttelte den Kopf als Antwort auf Gry Monrads Frage, die nur wenige Minuten, nachdem er das Auto im Parkhaus abgestellt hatte, fiel.

Gry Monrad hatten die Beamten in Holstebro ebenfalls telefonisch abgearbeitet. Vielleicht weil sie so viel zu tun hatten, vielleicht aus anderen Gründen. Er selbst war der Meinung, dass man solche Gespräche immer von Angesicht zu Angesicht führen sollte.

»Oxen? Niels Oxen?«, sagte sie, setzte sich an den Küchentisch und steckte sich eine Zigarette an. »Ich habe das damals im Fernsehen gesehen. Sie sind doch der Typ, der durch das ganze Land …«

»Ja.«

Er unterbrach sie, um das Thema schnell hinter sich zu bringen.

»*Fuuuck*«, sagte sie und blies eine Rauchwolke zur Decke. »Und jetzt unterstützen Sie also den PET?«

Er nickte. So hatte er es am Telefon dargestellt. Dass er sich bei den Nachforschungen zum Tod ihres Vaters nützlich machte, weil der Mann so viele Jahre für den PET gearbeitet hatte.

»Manchmal denke ich, was andere Menschen sich wohl darunter vorstellen«, sagte sie. »Es gibt so viele, die glauben, es wäre wahnsinnig spannend, beim PET zu arbeiten, und dass deshalb jeder, der dort arbeitet, auch spannend sein muss. Mein Vater war überhaupt nicht spannend. Und oft genug ein armseliger Idiot.«

Die Tochter öffnete das Nähkästchen von ganz allein. Vielleicht brauchte sie einfach mal jemanden, dem sie den ganzen Dreck vor die Füße kippen konnte? Auf dem Türschild in der Jægergårdsgade, 3. Stock, stand jedenfalls nur ihr eigener Name. Sie war siebenunddreißig Jahre alt.

»Was war denn so schlimm an ihm?«

»Er war einfach unfähig, mies und armselig.«

»Das ist nicht der Eindruck, den …«

»Es war nicht in Ordnung, dass er sich nach Kristoffers Tod einfach verpisst hat. Er hat uns im Stich gelassen.«

»Kristoffer?«

»Mein großer Bruder. Er ist mit zweiundzwanzig an einer Überdosis gestorben.«

»Ich komme gerade von Ihrer Mutter. Das hat sie gar nicht erwähnt.«

»Sie hat mit diesem Kapitel abgeschlossen.«

Gry Monrad drückte ihre Zigarette aus und zündete sich sofort die nächste an.

»Mein Bruder hat sich mit den falschen Leuten eingelassen, und mein Vater wollte ihn auf die richtige Bahn zurückbringen. Auch Polizistenkinder machen Fehler, nicht wahr?«

Er nickte.

»Wie gesagt, mein Vater war dabei, ihn aus dem Milieu herauszuholen, aber an einem Samstag ist es trotzdem einfach passiert. Kristoffer hatte wohl bei irgendeinem Arschloch in der Stadt gepanschte Ecstasy-Pillen gekauft. Er ist mitten auf dem Bürgersteig gestorben. Eineinhalb Jahre später haben sich meine Eltern scheiden lassen. Ich war gerade zwanzig geworden und wohnte mit ein paar Freundinnen in einer WG. Mein Vater hat sich einen Job in Kopenhagen gesucht und ist mit der Zeit aus meinem Leben verschwunden. Mit Mama hat er überhaupt nicht mehr geredet. Drei Jahre später hat sie einen neuen Mann kennengelernt. Sie ist immer noch mit ihm zusammen. Er ist in Ordnung. Haben Sie mit ihm gesprochen?«

Er schüttelte den Kopf.

Gry Monrad inhalierte tief, blies den Rauch langsam in die Luft und fuhr mit ihrer kurzen Lebensgeschichte fort.

»Na ja, aber mit unfähig, mies und armselig meine ich vor allem, dass er einfach aufgegeben hat. Dass er *uns* aufgegeben hat – wegen Kristoffer. Dabei war es doch gar nicht seine Schuld. Er hat sich für den einfachsten Weg entschieden und ist abgehauen. Und als er wieder nach Århus gezogen ist, dachte er wirklich, er könnte mal eben bei mir auftauchen und wieder mein Papa sein. Das ist armselig. Und unverschämt. Aber … er war trotz allem mein Vater. Und man hat nun mal nur den einen, nicht wahr? Also habe mich ab und zu mit ihm getroffen. Ich fand das alles ziemlich traurig. Er hat nie eine neue Frau kennengelernt. Ich glaube, er hat sich in seine Arbeit vergraben. Und später hat er dann nur noch darauf gewartet, dass sein Leben irgendwann zu Ende geht. Abgesehen von mir hatte er ja niemanden. Ich finde, er hat es … verschwendet. Sein Leben. Verstehen Sie?«

Er verstand nur zu gut. Die Parallelen zwischen ihm und Monrad waren so deutlich und klar zu erkennen wie die weißen Markierungen auf einer frisch asphaltierten Straße.

»Womit hat er sich die Zeit vertrieben, Ihr Vater? Wissen Sie das?«

Gry Monrad zuckte mit den Schultern.

»Na ja, zumindest hat er nicht getrunken wie die anderen Versager, denen man so begegnet. Ich bin Sozialarbeiterin, damit habe ich Erfahrung … Aber er hat nie Freunde oder alte Kollegen erwähnt. Er wirkte immer sehr verschlossen. Auch das war traurig, finde ich. Dass er sein Leben lang nicht in der Lage war, Freundschaften zu schließen und zu pflegen.«

»Er war Angler, oder?«

»Ja, er war einfach lieber allein.«

»Wo hat er denn geangelt? Am Meer oder eher an Bächen und Seen?«

»An Bächen. Immer mit Fliegen. So viel weiß ich gerade noch. Und in den Jahren, als er nicht Teil meines Lebens war, war er wohl manchmal auch im Ausland und hat Lachse geangelt. Er war Mitglied in irgendeinem Angelverein.«

»In der Sportanglervereinigung Århus. Hat er sich für Fußball und Glücksspiel interessiert?«

»Eher nicht. Oder doch? Keine Ahnung. Warum?«

»Nur so ein Gedanke. Die Polizei hat einige Lottoscheine in seiner Wohnung gefunden.«

»Ach so, okay … Sagen Sie, wer hat ihn umgebracht? Haben Sie einen Verdacht?«

Er schüttelte den Kopf.

»Nein, aber wir überprüfen alles. Vor allem Dinge, die mit seiner Arbeit zusammenhängen. Gibt es irgendetwas aus seiner Zeit beim PET oder bei der Polizei, das er Ihnen erzählt hat? Oder hat er versucht, Ihnen etwas zu erzählen? Denken Sie in aller Ruhe nach.«

Gry Monrad steckte sich die dritte Zigarette an.

»Das hat mich der Polizist am Telefon auch gefragt. Die Antwort ist: Nein, mein Vater hat nie über seine Arbeit gesprochen. Aber wie gesagt, wir haben uns nur selten gesehen. Zwei, drei Mal im Jahr und auch erst nachdem er wieder nach Århus gezogen war.«

»Haben Sie ihn nie gefragt, was er den ganzen Tag so macht?«

Sie zuckte mit den Schultern.

»Doch, schon … Er hat viel gelesen, viel ferngesehen. War angeln. Und … er ist auf den Friedhof gegangen. Einmal in der Woche. Hat sich um das Grab gekümmert oder eine Blume hingelegt. Ich habe es dieses Jahr an Weihnachten nicht geschafft. Und meine Mutter geht nur einmal im Jahr ans Grab. An seinem Geburtstag. So ist das mit der Zeit. Irgendwann muss man einfach loslassen. Sonst kommt man nicht weiter.«

»In meinen Unterlagen steht, dass Ihr Vater kein Auto hatte, sondern nur ein Motorrad. Eine alte Triumph. War das auch ein Hobby?«

»Ja, ich weiß, dass er ein altes Motorrad hatte. Ob es gleich ein Hobby war, kann ich nicht sagen.«

»Es ist nur so eine Idee, aber … Ihr Vater hat Ihnen nicht zufällig etwas gegeben, damit Sie es für ihn aufbewahren? Ein Buch, eine Schachtel, einen Ordner – was weiß ich.«

Gry Monrad schüttelte den Kopf.

»Das Einzige, was ich von meinem Vater bekommen habe, ist Desinteresse. Und ein paar nutzlose Geburtstagsgeschenke. Und jetzt … ist es zu spät … Es gibt so vieles, das ich ihm hätte sagen wollen, aber ich habe es immer vor mir hergeschoben.«

Für einen kurzen Moment wurden ihre Augen feucht. Dann war der Gedanke vorübergezogen.

Oxen stand auf, bedankte sich und versprach ihr, sich zu melden, falls es Neuigkeiten geben sollte. Er schrieb seine Telefonnummer auf einen Zettel und ließ ihn auf dem Küchentisch liegen.

# 70.

*25. Juni 1964*

Es war sein jüngster Sohn, dem es zufiel, sie zu finden. Einen Meter über dem Boden schwebend.

Das weiße Sommerkleid leuchtete in der dunklen Umgebung, und von irgendwoher fiel ein Streifen Abendsonne herein und schmiegte sich um ihre goldenen Haare.

Die Sommerferien waren erst wenige Tage alt. Der Engel seines Lebens hatte sich auf den Weg gemacht. Auf den Weg nach oben. Auf den Weg nach Hause.

Lange stand er wie gelähmt da. Dann riss er sich los, drehte sich um und rannte, rannte, so schnell er konnte.

Mit Herzen, die so schnell schlugen, dass es sie zu zerreißen drohte, blieben sie stehen und betrachteten voller Entsetzen die Szenerie.

Das Seil führte über einen Balken und war an einem Eisenring an der Wand festgebunden. Er erteilte ein paar schnelle Kommandos. Hastig lösten sie den Knoten, und sein ältester Sohn hielt das Seil, um sie langsam herunterzulassen.

Mit zitternden Knien nahm er den leblosen Körper seiner Tochter entgegen. Das Seil war hell, fest und ganz neu, hergestellt vom Seiler in Skjern. Er hatte es selbst vor zwei Wochen dort gekauft. Der Gedanke traf ihn wie ein Schlag. Hätte er es doch nie gekauft … Aber ach. Es gab so viele andere Seile.

Sie scharten sich um ihn, seine ganze Familie. Und sie halfen ihm, die Schlinge abzunehmen, die Striemen an ihrem zarten Hals hinterlassen hatte.

Ohne zu wissen, was er tat, übernahm sein Körper die Kontrolle, und er setzte einen Fuß vor den anderen und trat den schwersten Gang von allen an.

Es kam ihm vor wie eine Ewigkeit, bis das kleine Gefolge in der Stube stand, wo er sie sacht auf das Sofa legte und ihre goldenen Haare richtete. Ihr Gesicht sah nicht friedvoll aus, dachte er. Aber sie hatte dennoch Frieden gefunden …

Agnethe würde nie wieder zurückkommen. In diesem Moment war es unvorstellbar, dass auch nur irgendetwas je wieder zurückkommen und weitergehen würde. Als wären alle Uhren der Welt stehen geblieben.

Ihr kleines Mädchen hatte sie verlassen.

## 71.

Zwei hässliche Visionen hinderten ihn die ganze Zeit am Denken. In der einen war Margrethe Franck tot, und ihre Leiche war entweder an irgendeinem zufällig ausgewählten Ort zurückgelassen worden, wo man sie irgendwann finden würde, oder aber man hatte sie mit Sorgfalt versteckt. In der anderen lebte sie und schrie um Hilfe.

Aber er konnte nichts hören … und nichts sehen … Er war die armseligste Hilfe, auf die sie in ihrer Verzweiflung hoffen konnte.

Das kleine Hotelzimmer, das eher eine Schlafbox als ein richtiges Zimmer war, erlaubte ihm nur wenige rastlose Schritte, bis er schon wieder umkehren musste. Jetzt hatte er sich auf sein Bett fallen lassen und versuchte, die Ereignisse des Tages zu ordnen, aber Franck brachte immer wieder alles durcheinander, was er mühsam aufgestellt hatte.

Die erste Reihe von Fakten betraf Lissa Bille-Damberg. Das kleine Schulmädchen, das vor zwölf Jahren Opfer der vermutlich kürzesten Entführung der Welt geworden war. Die Täter hatten es sich in letzter Minute anders überlegt. Oder jemand hatte ihre Pläne durchkreuzt. Von ihrem Vater hatte er bekommen, worauf er gehofft hatte: eine Bestätigung.

Die zweite Fakten-Reihe war kurz. Bei Hauptkommissar Jesper Kvist in Slagelse war er nicht auf dieselbe Kooperationsbereitschaft gestoßen, sondern nach Großherrenart vor die Tür gesetzt worden. Aber er hatte trotzdem etwas erreicht. Er hatte erfahren, dass Axel Mossman sich aus irgendeinem Grund mitnichten an Kvist gewandt hatte, um sich nach den Mobilfunkdaten zu erkundigen. Also hatte Mossman gelogen. An sich keine schockierende Erkenntnis.

Bei der dritten und letzten Reihe gesammelter Fakten am Ende eines langen Tages ging es um Troels Monrad. Und während er in seinen Notizen blätterte, rief Margrethe Franck irgendwo im Universum um Hilfe.

Es gab vier Bereiche aus Monrads achtundsechzigjährigem Leben, die er sich genauer ansehen wollte:

1) Seine Neigung zum Glücksspiel. »Spielsucht« war vermutlich der treffendere Ausdruck. Aus dem Polizeiprotokoll ging hervor, dass Monrad in den letzten Jahren regelmäßig hübsche Summen von seinem Konto abgehoben hatte, das vor seinem Tod nur noch ein Schatten seiner selbst gewesen war. Etliche Beträge waren direkt auf seine beiden ausländischen Spielkonten gewandert, aber auch zwei Spielhallen der Stadt hatten gut an Monrads Besuchen verdient.

2) Seine Leidenschaft für Motorräder. Wenn in Dänemark zwei Leute ein Interesse teilten, dann gründeten sie bekanntlich einen Klub. Monrad war sowohl Mitglied im örtlichen Triumph-Klub gewesen als auch im überregionalen *Triumph MC Owners Club Denmark*. Vielleicht gab es in diesem Umfeld jemanden, der mehr über den sonst so scheuen Monrad wusste.

3) Sein Interesse am Angelsport. Hier galt dasselbe wie für das Motorrad-Hobby: Vielleicht hatte jemand Informationen über Monrad, die ihn weiterbringen konnten.

4) Der Verlust des Sohnes, von dem Monrads Tochter ihm erst vor wenigen Stunden erzählt hatte. So etwas trug man sein Leben lang mit sich herum.

Er war ziemlich sicher, dass sich irgendwo auf Monrads Spuren brauchbare Informationen finden ließen, die Licht ins Dunkel der Frage bringen würden, womit Troels Monrad beschäftigt gewesen war und welche Rolle Harrildholm dabei gespielt hatte. Er ließ den Stapel Papier auf seine Brust sinken. Er hatte keine Lust, noch länger zu warten. Er wählte Axel Mossmans Nummer.

»Oxen! Du warst der Nächste auf meiner Liste«, meldete sich Mossman.

»Wie ist die Lage?«

»Ich bin nicht glücklich, wenn es in einem Fall keine Bewegung gibt.«

»Also nichts Neues?«

»Nein.«

»Nicht die kleinste Spur?«

»Nein.«

»Was macht die Polizei denn den ganzen Tag?«

»Im Trüben fischen.«

»Und was machst du?«

»Dasselbe.«

»Und jetzt? Denkst du nicht, es wäre langsam an der Zeit, der Polizei zu erzählen, womit Margrethe sich befasst hat?«

»Ich ziehe das in Betracht, aber gib mir noch eine Nacht.«

Axel Mossman stand wirklich unter Druck und war am Ende seiner Kräfte. Das war nicht zu überhören. Es kam kein »Soldat«, keine anglophilen Einschübe, keine theatralischen Windungen in wohlformulierten Antworten. Nur wenige Silben. Mit harscher Präzision geäußert.

»Aber die Uhr tickt …«

»Erspar mir die Binsenweisheiten, Oxen. Was hast *du*?«

Er übersprang die Entführungsgeschichte und den Besuch in Slagelse, denn er wusste aus bitterer Erfahrung, dass es schnell in einem Tauschhandel enden konnte, wenn man Mossmans Spiel spielte. Hatte man dann nichts zum Tauschen, hatte man keinen Platz am Tisch.

Stattdessen erstattete er ausführlich Bericht über das erklärte Ziel seiner Fahrt: Troels Monrad und dessen Leben.

»Ich brauche alles, was du über den Drogentod seines Sohnes

herausfinden kannst. Gibt es hier bei der Polizei irgendjemanden, der dir einen Gefallen schuldet?«

»Glaubst du, dass da etwas zu holen ist?«

»Ich glaube gar nichts. Aber ich gehe davon aus, dass diese persönliche Tragödie Monrads Leben geprägt hat, und deshalb will ich die Akte lesen.«

»Nun, wie du ja weißt, schulden mir alle etwas. Mal sehen, was ich tun kann. Am besten bleibst du in Århus, bis ich mich wieder melde.«

»Okay. Und Margrethe?«

»Wie gesagt, gib mir noch eine Nacht.«

Er verabschiedete sich und legte auf. Er konnte sich nicht erinnern, den ehemaligen Geheimdienstriesen jemals so nüchtern erlebt zu haben. Morgen *musste* etwas passieren.

Mit Motorrädern kannte er sich nicht aus, aber dafür wusste er eine ganze Menge über das Angeln. Die Entscheidung war leicht. Er rief die Internetseite von Monrads Angelverein auf und fing an, sich durch das Menü zu klicken. Im Februar war naturgemäß nicht viel los, weil in den meisten Gewässern noch Schonzeit herrschte, aber zum Ausgleich gab es eine Menge anderer Dinge, mit denen ein Angler sich beschäftigen konnte. Zum Beispiel Vereinsabende mit Fliegenbinden, bei denen gleich mehrere Kapazitäten auf diesem Gebiet zu Gast waren. Auch Monrad band seine eigenen Fliegen oder, besser gesagt, er hatte seine Fliegen selbst gebunden.

Er machte sich eine Notiz. Fliegen konnten ein Türöffner sein.

Im Laufe der nächsten Stunde surfte er durch das gesamte Internetuniversum des Vereins, vom Kartenmaterial über Angelgewässer bis hin zu Fangberichten. Er stöberte gerade in einer Rubrik, in der Vereinsmitglieder über ihre Angeltouren berichten konnten, als er plötzlich stutzte.

Er las den letzten Abschnitt noch einmal. Und noch einmal. Es konnte natürlich Zufall sein, aber sein Instinkt sagte ihm, dass er über etwas Wertvolles gestolpert war. Das musste er sofort überprüfen. Er setzte sich auf dem Bett auf und machte sich auf die Suche nach der Telefonnummer des betreffenden Mitglieds. Der Mann hieß Hugo Bindsløv. Diesen Namen gab es in Århus mit Sicherheit nur einmal.

Wenig später hatte er eine Stimme am Telefon. Er stellte sich als Polizeibeamter vor, der den Tod eines Vereinsmitglieds untersuche, eines gewissen Troels Monrad.

»Kannten Sie Troels Monrad?«

»Nein. Nie gehört.«

»Achtundsechzig Jahre alt, mittelgroß, grauer Vollbart, Halbglatze, Brille. Wohnte in Viby.«

»Das sagt mir alles nichts. Sollte ich ihn denn kennen?«

»Sie sind beide im selben Verein, deshalb dachte ich, dass …«

»Die meisten von uns kennen sich nicht.«

»Er hatte ein Motorrad, eine alte Triumph.«

Am anderen Ende der Leitung wurde es still.

»Motorrad? Ja … jetzt wo Sie das sagen. Ich konnte mich nur nicht an den Namen erinnern. Ich bin ihm ein paarmal bei Veranstaltungen begegnet, zuletzt beim Fliegenbinden mit diesem Angler aus Schottland. Da haben wir uns sogar kurz unterhalten. Aber wie kommen Sie darauf, dass ich Ihnen weiterhelfen kann? Ich wusste ja nicht mal, dass der Mann tot ist.«

»Ich habe mir gerade die Internetseite Ihres Vereins angesehen. Im Oktober haben Sie von einem Angelausflug berichtet und die Hütte Ihrer Familie am Holtum Å erwähnt, in der Nähe der alten Mühle in Harrild. Sie haben damals geschrieben: ›Abends haben wir es uns mit frisch geräucherten Forellen und Whisky in unserer winzigen, uralten Hütte gemütlich gemacht, die absolut versteckt am Rand des Flusstals liegt. Wir haben sie von einem alten Onkel geerbt. Mindestens zwei Mal im Jahr verbringen wir ein paar Tage am Holtum Å und stoßen auf ihn an …‹ Monrad wurde nicht weit von dort tot in einem Bach gefunden. Ich wüsste gern mehr über diese Hütte.«

»Ach so … Okay, die Hütte. An diesem Abend mit dem Fliegenbinden haben wir uns tatsächlich über meine Hütte unterhalten. Dieser Monrad erzählte, dass er öfter dort in der Gegend angelt. Und er hat nach der Hütte gefragt.«

»Haben Sie ihm erzählt, wo sie ist?«

»Ja.«

»Es ist äußerst wichtig, dass Sie mir jetzt langsam und detailliert beschreiben, wie ich zu dieser Hütte komme«, sagte er.

»Gern. Wenn man nicht weiß, wo sie ist, findet man sie definitiv nicht. Am besten schicke ich Ihnen einen Google-Kartenausschnitt und mache ein Kreuz an die Stelle. Die Hütte ist nämlich nicht mal aus der Luft zu sehen. Und dann schreibe ich Ihnen noch, wie Sie den richtigen Feldweg finden, der dorthin führt.«

»Vielen Dank. Wie lange brauchen Sie dafür?«

In Windeseile zog er Strümpfe und Stiefel an, packte seine wenigen Habseligkeiten zusammen, steckte den Ermittlungsbericht zurück in den kleinen Rucksack und knallte die Tür hinter sich zu.

Die junge Frau an der Rezeption sah ihn erstaunt an. Er hatte erst vor wenigen Stunden bei ihr eingecheckt.

»Das nenne ich einen kurzen Aufenthalt«, sagte sie und lächelte.

»Mir ist etwas dazwischengekommen. Ich muss gleich weiter.«

Als er wenig später hinter dem Steuer seines Mietwagens saß, ging eine SMS mit Foto auf seinem Handy ein. Er warf einen Blick auf die Armbanduhr. In einer guten Stunde konnte er bei der Hütte sein, die nur wenige Kilometer Luftlinie von Harrildholm entfernt stand.

## 72.

Die Schotterstraße machte eine Kurve nach rechts, aber er bog nach links in einen Feldweg ab, der von einer dichten Hecke gesäumt wurde. Nach und nach ging der Weg in eine Fahrspur über, die in einen kleinen Nadelwald führte.

Der Untergrund war nass und matschig, und es war schwierig, sich im Licht der Autoscheinwerfer einigermaßen zu orientieren. Sein Leihwagen, wieder ein Fiesta, kam immer wieder ins Schlingern, und die Räder fuhren sich in dem morastigen Boden ein paarmal beinahe fest, aber zum Glück konnte er sich immer wieder auf festeren Boden retten und weiter vorwärtstasten.

Die Kiefern und Fichten standen dicht bis an den Weg, und die Dunkelheit war so massiv, dass er die Wegbeschreibung, die er per SMS erhalten hatte, kaum nachvollziehen konnte.

Erst im letzten Moment entdeckte er an einer kleinen Lichtung den nächsten Abzweig. Vorsichtig manövrierte er den Wagen auf den neuen Kurs. Im Gegensatz zum vorherigen Weg wurde dieser offenbar nicht von Waldarbeitern mit schwerem Gerät befahren. Der Untergrund war sandig, und er kam gut voran.

Gerade als er sich fragte, ob er wirklich richtig abgebogen war, wurde das Licht der Scheinwerfer von einer Fensterscheibe reflektiert. Langsam rollte er auf eine einfache, schwarz gestrichene Holzhütte mit Dachpappe zu. Davor parkte ein Motorrad, und es gab keinen Zweifel: Es war eine alte Triumph.

Er hatte den Ort gefunden, wo der alte Nachrichtendienstler Troels Monrad sich sein kleines geheimes Hauptquartier eingerichtet hatte.

Er griff nach der Taschenlampe, die er sich unterwegs an einer Tankstelle gekauft hatte, und stieg aus. In einer Situation wie dieser war alles Routine, eingeschliffen in unzähligen Wiederholungen. Deshalb widerstand er dem Drang, sofort in die Hütte zu gehen. Zuerst musste er die Umgebung sichern. Wer das vergaß, bezahlte seine Nachlässigkeit womöglich mit dem Leben.

Er ließ den Lichtkegel über das Motorrad wandern. Es sah nicht sehr gepflegt aus, und wäre es Monrads wertvollster Besitz gewesen, wäre er sicher nicht im Winter damit herumgefahren. »Gebrauchsmotorrad« traf es wahrscheinlich eher.

Die Hütte war klein, die Grundfläche betrug etwa drei auf fünf Meter. Er lief einmal rundherum und leuchtete dabei nach oben und unten. An der einen Längsseite befanden sich zwei Fenster, bei beiden waren die Vorhänge zugezogen. Auf der Rückseite der Hütte blieb er einen Augenblick stehen, dann trat er geradeaus zwischen die Bäume und ging auf einem dicken Teppich aus Fichtennadeln weiter. Nach einigen Metern endete der Wald, und die Bäume gaben den Blick auf die Sterne frei.

Er leuchtete nach unten. Er stand buchstäblich am Rand des Flusstals. Die Abbruchkante war so scharf, als hätte sie jemand mit dem Spaten abgestochen, die sandige Böschung fiel steil ab und ging schließlich zwischen Gras und vereinzelten Büschen in den Uferstreifen über.

Das fahle Mondlicht spiegelte sich in dem kleinen Holtum Å, der sich friedlich durch das Tal schlängelte.

Für einen Moment blieb er reglos stehen und lauschte in alle Himmelsrichtungen, ob Margrethe Franck von irgendwoher nach ihm rief. Das Einzige, was er hörte, waren ein paar Autos, die auf der Landstraße jenseits des Tals vorbeifuhren. Das leise Summen von Winterreifen, begleitet vom Licht greller Scheinwerfer, die sich durch die Dunkelheit schnitten.

Das Gelände war sicher.

Er ging zurück und betrat die Hütte. Er ließ den Lichtkegel kreisen und fand eine Öllampe und daneben eine Schachtel Streichhölzer. Er zündete die Lampe an und stellte sie auf einen kleinen Tisch, zu dem noch zwei Stühle gehörten. An der gegenüberliegenden Wand war ein Stockbett mit soliden Pfosten. Auf der unteren Matratze lag ein Schlafsack. Neben dem Bett befand sich eine kleine Schrankküche mit einem Waschbecken – allerdings ohne Wasserhahn – und einem Gaskocher, der über einen Gummischlauch mit einer Gasflasche verbunden war.

An der Schmalseite der Hütte stand ein alter Holzofen, dessen Abzugsrohr durch das Dach nach draußen führte. Daneben lagen zwei Netze mit Birkenholz der überteuerten Sorte, die man an Tankstellen kaufen konnte. Ohne dieses Holz wäre es wohl ein ziemlich frostiges Vergnügen für Monrad gewesen, sich in der fremden Hütte einzunisten.

Er durchsuchte die Schubladen einer kleinen Kommode und warf einen Blick unter die Matratzen. Umsonst. Hier war nicht einmal der Schatten eines Laptops zu finden. Eine Tatsache, die unweigerlich zu der Schlussfolgerung führte, dass vor ihm und vor allem vor der Polizei schon jemand in Troels Monrads Wohnung in Viby gewesen war. Jemand, der gründlich aufgeräumt und sämtliche Informationen beseitigt hatte.

Auf dem kleinen Tisch lagen ein paar DIN-A4-Blätter, ein kleines Notizbuch und vier fest zusammengeknüllte Papierkugeln. Er setzte sich. Troels Monrad hatte offensichtlich an etwas gearbeitet und mehrere Entwürfe verworfen. Oxen nahm sich das oberste Blatt vor. Er ging davon aus, dass es den Wortlaut enthielt, mit dem Monrad sich am Ende zufriedengegeben hatte:

*»Liebe Bodil Nyhuus, wie bei unserem Treffen vereinbart, kommt hier der erste Bericht. Ich bin ein Mann der alten Schule, deshalb schreibe ich diesen Brief von Hand und werde ihn Ihnen auch persönlich übergeben. Ich habe die Erfahrung gemacht, dass elektronische Post nur allzu leicht in andere Hände gerät als beabsichtigt. Ich habe die letzten Tage damit zugebracht, einen Hof in Mitteljütland zu observieren. Der Hof heißt Harrildholm und befindet sich im Besitz des ehemaligen Staatssekretärs im Justizministerium, Poul Hansen, sechsundsiebzig Jahre. Ich habe P. H. in unserem Gespräch bereits als meinen Hauptverdächtigen im Zusammenhang mit der Lupus-Organisation erwähnt, wie auch seinen Bruder, Esben Hansen, achtundsiebzig Jahre, einen ehemaligen Polizeipräsidenten, der unter anderem in Hillerød und Lyngby tätig war. Nachfolgend finden Sie eine kurze Zusammenfassung meiner Beobachtungen, nach Tagen geordnet.«*

Bruder? Polizeipräsident?

Die wenigen Zeilen offenbarten, wie nachlässig und überhastet sie selbst ihre Informationen über den Besitzer von Harrildholm beschafft hatten. Ein Bruder war ihnen jedenfalls nirgends begegnet. Vielleicht weil Hansen so ein verbreiteter Nachname war, vielleicht weil sie – oder besser gesagt Margrethe Franck – zu viel anderes im Kopf gehabt hatten. Allerdings hatte nicht einmal Mossman diesen älteren Hansen bisher ausfindig gemacht.

Er las weiter.

*»Tag 1: Poul Hansen hält sich offenbar seit längerer Zeit ohne Unterbrechung auf seinem Hof auf. Laut Aussagen der Nachbarn kommt das sonst nicht oft vor. Er besitzt eine Wohnung in der Ryesgade in Kopenhagen, die ich möglichst bald überprüfen werde, solange er sich noch auf Harrildholm befindet. Keine Besucher. Poul Hansen ist durch die Wirtschaftsgebäude gegangen, hin und zurück, zwei Mal im Laufe des Tages. Den Abend hat er am Schreibtisch verbracht. Observation um zweiundzwanzig Uhr beendet.«*

Darunter hatte Monrad »*Tag 2*« geschrieben – aber mehr stand nicht auf dem Blatt. Oxen nahm sich das Notizbuch vor. Darin waren einige konkrete Zeitpunkte aufgelistet sowie Bereiche, die Monrad sich offenbar noch genauer ansehen wollte: Freundeskreis, Familie, Kollegen, finanzielle Situation, Besitzverhältnisse. Oxen griff nach dem ersten zerknüllten Papier und faltete es auf. Er schnappte nach Luft, als er las, was Monrad notiert hatte:

*»Tag 2: Poul Hansen ist seit dem späten Vormittag verschwunden. Ich habe die Gelegenheit genutzt und mir Zugang zum Wohnhaus verschafft. Neben einer ganzen Reihe von Unterlagen ist mir vor allem ein Schreiben des Kreiskrankenhauses aufgefallen, in dem Poul Hansen gebeten wird, sich zu einer Untersuchung einzufinden. (Prüfen: Ist er krank?) Später am Tag habe ich einen höchst unerwarteten Besucher beobachtet, Axel Mossman, meinen früheren Chef. Er hat vergeblich an der Haustür geklopft, ist ein bisschen herumgelaufen und hat den Hof nach etwa einer Viertelstunde wieder verlassen. Dass ausgerechnet er hier auftaucht, bereitet mir ein mulmiges Gefühl – andererseits verschafft es mir auch interessante Denkanstöße, mit denen ich weiterarbeiten kann.«*

Das Ganze war mit Kugelschreiber durchgestrichen und offensichtlich verworfen worden, da Monrad das Blatt so gründlich zusammengeknüllt hatte. Die nächste Papierkugel enthielt einige äußerst interessante Zeilen, eine Art Merkzettel sowie einen Vertragsentwurf von Monrads Seite:

»*Wichtig – schriftliche Vereinbarung über Amnestie treffen!!!! Datum, Ort etc. nicht vergessen. Abschließen mit: ›Ich, Leiterin der unabhängigen Polizeikontrollbehörde, Bodil Nyhuus, gewähre Troels Monrad, vormals PET, in dieser Sache Amnestie und verbürge mich dafür, dass er durch keine Instanz strafrechtlich verfolgt werden kann.‹ (Achtung: Formulierung überprüfen. Es darf kein juristisches Schlupfloch geben, das es ermöglichen würde, mich trotzdem anzuklagen.)*«

Der dritte Papierball enthielt Notizen und Überlegungen bezüglich der offenbar erhofften Honorierung seiner Spitzeldienste. »*Bezahlung bei Berichterstattung? Oder Pauschale für das gesamte Paket? Überlegen! Vorschlag: zwei Millionen Kronen.*«

Die Zwei war durchgestrichen und durch eine Drei ersetzt worden. »*Wichtig: gesamte Summe in bar! Preis zu niedrig/zu hoch?*«

Das vierte und letzte Papier, das Monrads inneren Monolog offenlegte, lautete: »*Axel Mossman! Genauestens überprüfen! Was weiß A. M. bzgl. Polizeipräsident und Staatssekretär, ggf. paralleler Verlauf? Überlegung: Ergebnis abwarten. Mossman aus dem Bericht heraushalten, bis Beteiligung an Lupus bewiesen ist. Bestätigung würde Preis beträchtlich in die Höhe treiben. Neuen Preis kalkulieren!*«

Oxen saß an dem Tisch und starrte einen Punkt an der Wand an, ohne ihn zu sehen. Axel Mossman? War der Besuch, den

Monrad erwähnte, derselbe, von dem Mossman ihm erzählt hatte, oder war er etwa häufiger auf Harrildholm gewesen?

Und die Lupus-Spur, die der alte, aber erfahrene PET-Mitarbeiter Troels Monrad verfolgt hatte … Führte sie tatsächlich zu Mossman, wie Monrad es sich hier erträumt hatte? Oder hatte sich der Mann nur in eine fixe Idee verrannt?

Hier und jetzt konnte er das nicht beantworten. Aber er wusste, dass man dazu neigte, im Kreis zu gehen, wenn man sich verlaufen hatte, und folglich irgendwann wieder am Ausgangspunkt stand.

Sein eigener Ausgangspunkt war Axel Mossman, der ihn gebeten hatte, auf Harrildholm »vorbeizuschauen« und nach dem alten Hofbesitzer zu suchen, als wäre es das harmloseste Unterfangen der Welt.

War er in einem großen Bogen gelaufen, der hier endete? Und bei welchem Mossman war er angekommen? Beim Fürsten der Finsternis? Oder beim Engel des Lichts?

Er löschte die Öllampe, ohne seine Taschenlampe anzuschalten, damit seine Augen sich an die Dunkelheit gewöhnen konnten. Gleich würde er auf der matschigen Reifenspur zurück zur Straße fahren und von dort aus die wenigen Kilometer in sein ehemaliges Hauptquartier auf Harrildholm zurücklegen, in seinen Schlafsack kriechen und versuchen, wenigstens ein paar Stunden zu schlafen.

Vieles war unklar, aber drei Tatsachen leuchteten ihm aus der Dunkelheit entgegen.

Erstens, Troels Monrad hatte daran gearbeitet, Lupus zu identifizieren – genau wie Mossman, der von sich behauptete, dasselbe Ziel zu verfolgen. Monrads Motiv war Geld. Bargeld in einer Größenordnung, auf die er sich noch nicht festgelegt hatte.

Zweitens, Troels Monrads Vertrauensperson – oder zumindest die Person, mit der er ein vorbereitendes Gespräch geführt hatte – war keine geringere als die Leiterin der externen Polizeikontrollbehörde. Eine Frau namens Bodil Nyhuus.

Die Behörde war einige Zeit nach seiner eigenen kurzen Karriere als Polizeischüler eingerichtet worden. Er wusste nur, dass es ihre Aufgabe war, interne Vorfälle bei der Polizei zu untersuchen. Vereinfacht gesagt waren es Polizisten, die Polizisten kontrollierten. So, wie es in etlichen anderen Ländern unter der übergeordneten Bezeichnung *Internal Investigations* schon lange üblich war. Und diese Erkenntnis führte ihn direkt zu seiner letzten Schlussfolgerung.

Drittens, Troels Monrad spekulierte auf »Amnestie«. Folglich hatte der Mann während seiner aktiven Laufbahn bei der Polizei oder dem PET zu irgendeinem Zeitpunkt etwas Kriminelles getan, das so gravierend gewesen war, dass er die Zusicherung von Straffreiheit brauchte. Ob Bodil Nyhuus ihm bereits mündlich ihr Wort gegeben hatte oder ob es eine noch nicht bestätigte Forderung war, das konnte er Monrads zerknüllten Unterlagen nicht entnehmen.

## 73.

Ein verlorenes Paradies. Das war der Gedanke, der ihn überfiel, als er auf dem Bürgersteig vor dem eingezäunten Gelände des Hauptquartiers stand, dem Sitz des polizeilichen Nachrichtendienstes, wo der Baum der Erkenntnis zwischen Schlangen wuchs und gedieh.

In dem großen Gebäudekomplex mit der hellen Klinkerfassade, in dessen Zentrum er so viele Jahre residiert und alles gegeben hatte, um Dänemark durch die turbulenten Zeiten im

Schatten der gestürzten Türme vom 11. September 2001 zu lenken, brannte nur noch vereinzelt Licht.

Er hatte unendlich viele Stunden dort drinnen verbracht – ohne je auf die Uhr zu schielen oder einen Gedanken darauf zu verschwenden, wann er die siebenunddreißig Stunden überschritten hatte, die in der Arbeitswelt für gewöhnlich den Takt vorgaben.

Hinter diesen Mauern befand sich sein Lebensinhalt. Jetzt stand er davor. Ohne Zugang zur Parkplatzzufahrt und zu der Tür auf der Rückseite des Gebäudes, dem einzigen Weg, der ihm selbstverständlich vorkam.

Er warf einen Blick auf die Armbanduhr. Es war fünf nach halb eins. Seinen Wagen hatte er vor einem der Wohnblocks auf der gegenüberliegenden Seite des Klausdalsbrovejs abgestellt.

Er drückte auf den Knopf der Gegensprechanlage, meldete sich an und wurde durch das Drehkreuz in die Schleuse eingelassen, den eingezäunten Fußweg, der zum Haupteingang führte.

Wie ein alter Silberrücken ging er die wenigen Meter über die Steinplatten auf das Gebäude zu und blieb einen Augenblick stehen, bis die Türen zur Seite glitten und ihn für eine kurze Zeit in den Schoß der Familie zurückkehren ließen.

Den Silberrücken hatte er seiner Frau zu verdanken. So hatte sie ihn genannt, als er ihr, kurz bevor sie schlafen gegangen war, von seiner Verabredung erzählt hatte. »Wann gibst du nur endlich Ruhe, alter Silberrücken«, hatte sie gesagt und dabei nachsichtig den Kopf geschüttelt.

»Guten Abend, Herr Mossman.«

»Guten Abend.«

Er nickte und lächelte. Er kannte den Mann zwar nicht, der ihn um diese obskure Uhrzeit in den Pferch gelassen hatte, aber es war Balsam für seine Seele, dass ihm sein Name ein Begriff zu sein schien.

»Folgen Sie mir bitte«, sagte der Mann.

Er wollte gerade anmerken, dass er den Weg auch gut allein fand, aber er ließ es bleiben. Wenn man sich so weit außerhalb der Öffnungszeit selbst einlud, dann gebot es der Anstand, sich an die Spielregeln zu halten.

Wenig später waren sie ganz oben angekommen. Der Mann verschwand hinter einer Tür und kam ein paar Sekunden später wieder heraus.

»Salomonsen erwartet Sie«, sagte er und forderte ihn auf, einzutreten.

Der neue Chef des PET saß über eine Akte gebeugt an seinem Schreibtisch. Hastig erhob er sich.

»Mossman! Guten Abend.« Er nickte und streckte ihm über den Schreibtisch hinweg die Hand entgegen.

»Salomonsen … Gute Nacht trifft es vielleicht besser«, erwiderte er und drückte die Hand seines Nachfolgers. »Danke, dass Sie bereit waren, mich zu dieser ungewöhnlichen Uhrzeit zu empfangen.«

»Natürlich, setzen Sie sich.«

Karsten Salomonsen, ein Mann Mitte vierzig, hätte sich nichts vorzuwerfen gehabt, wenn er ausgesehen hätte, als wäre er gerade aus dem Bett gefallen. Stattdessen saß er ihm gepflegt gegenüber, in weißem Hemd und dunkelblauem Sakko, und blickte ihn durch die runde Brille mit den dicken Gläsern aus freundlichen Maulwurfsaugen an.

»Der Zeitpunkt ist vielleicht nicht der beste, aber andererseits … Leute wie wir schlafen ja ohnehin nie, nicht wahr? Was halten Sie von einem Whisky?« Karsten Salomonsen zwinkerte ihm zu.

»Da sage ich nicht Nein.«

Das war eine Besprechung wie gemacht für einen alten Gorilla. Und Himmel, wie sehr er das liebte!

Erst als die beiden Gläser gefüllt waren und sie den Inhalt gekostet hatten, fragte Salomonsen:

»Also, was kann ich für Sie tun, Mossman?«

Er setzte das Whiskyglas auf seinem Oberschenkel ab und ließ sich exakt den Moment Zeit, der deutlich machte, dass das, was er nun sagen würde, äußerst überlegt war und Grund genug, sich dafür aus dem Bett zu quälen.

»*Well*, Salomonsen, ich bin gekommen, um Ihnen ein Geschäft vorzuschlagen …«

## 74.

Er überquerte Harrildholms matschigen Innenhof und ging zur Hintertür, die er zuletzt abgeschlossen hatte, als wäre es seine eigene. Den Schlüssel hatte er unter einen Stein neben dem Sockel gelegt.

Im Flur zur Küche hing der vertraute muffige Geruch in der Luft. Er ging weiter und drehte als Erstes eine Runde durch die Zimmer. Es gab kein sichtbares Anzeichen dafür, dass jemand im Haus gewesen war, seit er den Hof verlassen hatte.

Er setzte sich an den Küchentisch. Es war inzwischen weit nach Mitternacht und viel zu spät, um Gry Monrad noch einmal anzurufen und sie zu fragen, ob ihr Vater je wegen irgendeiner Sache unter Verdacht gestanden hatte oder ob gegen ihn ermittelt und sogar Anklage erhoben worden war. Und wenn nicht – ob er in irgendeinem Zusammenhang etwas geäußert hatte, das ein schlechtes Gewissen vermuten ließ oder sie vielleicht stutzig gemacht hatte.

Er ging in den Häusern anderer Leute ein und aus, und auch wenn ihm immer noch viel fehlte, war er doch ein wenig klüger geworden.

Der Mann, an dessen Küchentisch er in diesem Augenblick saß, war spurlos verschwunden und das schon eine ganze Weile lang.

In der Hütte, die gut versteckt zwischen dichten Nadelbäumen stand, hatte er an einem anderen Tisch gesessen und sich den Stuhl mit einem achtundsechzigjährigen ehemaligen PET-Mann geteilt, der im Schein einer Öllampe darüber gebrütet hatte, welche Ziffer er vor seinen Millionenbetrag setzen sollte. Stattdessen hatte man ihm den Schädel eingeschlagen.

War Monrad der Wahrheit zu nahe gekommen? Hatte er auf Harrildholm nichts ahnend eine Gefahrenzone betreten?

Er lehnte sich auf der Bank zurück und rieb sich das Gesicht. Er musste schlafen, wenigstens ein paar Stunden. Sein Kopf brauchte eine Pause.

Er machte es sich auf dem Boden neben dem Berg aus Papieren und den ganzen anderen Sachen des Hofbesitzers bequem. Poul Hansen hatte also einen Bruder, der Polizeipräsident gewesen war. Keine unwichtige Information, wenn es darum ging, Lupus aufzuspüren. Erst recht nicht, wenn man bedachte, dass Mossman seine persönliche Lupus-Erfahrung an einem feuchtfröhlichen Sommerabend gemacht hatte, als sich hochrangige Polizeibeamte um ein Haar verplappert hätten.

Wahrscheinlich gab es noch viel mehr, was er nicht wusste. Herrgott, bis vor ein paar Tagen war er ja nur damit beschäftigt gewesen, wild lebende, echte Wölfe zu finden.

Margrethe Franck hatte allen Grund, ihm Vorwürfe zu machen.

Er nahm sein Handy und blätterte die Fotogalerie durch, in der abgesehen von Bildern seines Sohnes nur noch eines gespeichert war, ein Selfie von ihm und Margrethe am Svanemøllestrand, wo sie Eis gegessen hatten, nachdem sie im Bürgerbüro gewesen waren und seinen Umzug nach Vangede geregelt hatten.

Er sah sich das Foto genauer an. Franck hatte eine Hand um seine Schulter gelegt. Sie lächelte, an ihrer Oberlippe war ein kleiner Fleck Eiscreme. Ihre Augen funkelten voller Leben und Appetit. Jetzt war sie vielleicht tot. Genau wie Monrad. Einer Sache zu nahe gekommen, ohne zu wissen, womit sie es zu tun hatte. Und währenddessen hatte er in der Heide gekauert und wie der letzte Idiot in die Nacht gestarrt.

Er war daran schuld, dass sie verschwunden war. Er hatte nicht gut genug auf sie aufgepasst. Er war unaufmerksam gewesen. Genau wie damals auf dem Balkan mit Bosse. Egal wie viele Orden sie ihm für das Gegenteil umgehängt hatten.

Er hatte versagt. Er hatte Franck verraten. Magnus verraten. Sich selbst. Er war eine Katastrophe und hatte schlaflose Nächte bis ans Ende seines Lebens verdient. Bis zum Anschlag abgefüllt mit schwarzem Kaffee.

Irgendetwas riss ihn aus seinen Gedanken. Ein lautes Geräusch. Oder? Jetzt war es wieder weg. Hatte er nur geträumt?

Er rollte herum, griff nach seiner Pistole und lud sie durch. Er drückte auf den Lichtknopf seiner Uhr. Es war 03:11 Uhr. Da hörte er es wieder. Ein scharfer Ton. Stein oder Metall auf Glas. Ein wiederkehrendes Klirren. Doch … Jemand klopfte beharrlich ans Küchenfenster.

Er schlich näher, die Pistole schussbereit in beiden Händen. Dann konnte er ein Gesicht ausmachen, eingerahmt von Haaren und Bart. Es sah aus wie … nein, es war Tobias, der Einsiedler aus der Grube im Wald, der sich die Nase an der Scheibe platt drückte. Oxen ging in die Küche und gab ihm ein Zeichen, an die Hintertür zu kommen. In der Zwischenzeit ließ er hastig seine Waffe unter dem Kopfkissen verschwinden.

»Endlich bist du zu Hause, Niels!«

Tobias stand atemlos vor Anspannung auf der Treppe, als er ihm die Tür aufmachte.

»Hallo, Tobias. Es ist mitten in der Nacht. Drehst du gerade deine übliche Runde?«

»Ich war ein paarmal hier, aber du warst nicht da, Niels! Ich muss dir etwas erzählen. Etwas Wichtiges. Der Mann, dem der Hof gehört … Ich habe ihn vor zwei Tagen gesehen.«

»Poul Hansen?«

»Ja, ja, ja …« Tobias nickte aufgeregt.

»Wo?«

»Das zweite Haus an der Schotterstraße, das weiße mit dem roten Dach. ›Hyldtoft‹ steht auf dem Briefkasten.«

»Hyldtoft. Da war Poul Hansen?«

»Ja, ja, ja, Niels, er war da. Ich habe ihn gesehen. Die Rollos waren unten, aber die haben ein Spalt an der Seite. Ich habe ihn ganz deutlich gesehen.«

»Du bist ums Haus gelaufen und hast in die Fenster geschaut?«

Tobias nickte, ohne mit der Wimper zu zucken.

»Und dabei hast du ihn im Wohnzimmer gesehen. Bist du dir ganz sicher, Tobias?«

»Ja, ja, ja.«

»Und er hat dich nicht gesehen?«

»Nein, nein, nein.«

»Hast du mit irgendjemandem darüber gesprochen?«

»Nein, Niels, mit wem denn? Aber mir war klar, dass das sehr wichtig für dich ist. Du suchst ja nach ihm. Und ich wollte dir gern helfen. Deshalb war ich hier, um nachzuschauen, ob du da bist. Ich habe so gehofft, dass du bald wiederkommst.«

## 75.

Ihr war sofort aufgefallen, wie zivilisiert, professionell und nahezu wortlos alles vonstattenging. Ihre Entführer waren so weit von dem gängigen Bild des stumpfen Verbrechers entfernt, wie man nur sein konnte.

»Aufstehen.«

Das Kommando wurde von zwei starken Armen begleitet, die ihr von hinten auf die Beine halfen. Sie stand ein wenig unsicher auf den Füßen. Ihr gesundes Bein wollte nicht so richtig, nachdem sie seit der Entführung nur gelegen oder wie zuletzt gesessen hatte, an eine Wand gelehnt, die Hände an ein Wasserrohr gefesselt.

Ihre Augen waren ununterbrochen verbunden gewesen, und sie hatte längst jedes Zeitgefühl verloren. Zwischendurch hatte sie immer wieder geschlafen, aber nur kurz und unruhig, und sie hatte keine Ahnung, wie lange sie schon hier gefangen war, aber sie schätzte, dass es etwa drei, vier Tage sein mussten.

Der Mann hinter ihr ließ sie noch für einen Moment stehen und auf der Stelle trippeln, damit ihre Durchblutung in Schwung kam. Dann legte er ihr die Hand an den Rücken und schob sie vorsichtig vorwärts.

»Wir gehen. Langsam. Ich lenke dich.«

Die Stimme war gedämpft und kühl, ein schwacher Duft von Aftershave lag in der Luft.

Sie gingen zuerst nach links und dann nach rechts.

»Treppe«, sagte der Mann.

Sie zählte die Stufen, zwölf Stück. Kurz darauf traten sie durch eine Tür und sie spürte Wind im Gesicht.

»Meine Uhr … Gib mir meine Uhr«, zischte sie.

»Sei still.«

»Ich will verdammt noch mal meine Uhr zurück! Das Arschloch, das meine Uhr gestohlen hat, wird dafür bluten.«

Die Hand in ihrem Rücken schob sie vielleicht eine Spur energischer, ließ sich aber nicht provozieren. Sie hörte das Knirschen von Kies unter ihren Schuhen. Eine Autotür wurde aufgeschoben. Dann wurde sie aufgefordert hochzusteigen. Eine Hand platzierte ihren linken Fuß auf eine Kante, der Mann hinter ihr stützte sie und schob sie gleichzeitig hoch. Sie war in einem Fahrzeug, einem Transporter.

»Hinsetzen.«

Sie gehorchte, ließ sich auf den Boden sinken. Sie spürte eine Wand im Rücken und lehnte sich an. Sie saß auf einem Polster. Sie konnte hören, dass einer ihrer Bewacher sich ebenfalls setzte, dann wurde die Tür geschlossen. Der Motor wurde angelassen, und der Wagen fuhr los.

Man brachte sie also an einen anderen Ort. So wie Entführer überall auf der Welt ihre Opfer an andere Orte brachten, um das Risiko zu verringern, entdeckt zu werden. War es wirklich so?

Hätte man sie töten wollen, dann hätte man es längst getan.

Die Binde vor den Augen irritierte sie. Ein Bein weniger spielte keine große Rolle, aber ohne Sicht fühlte sie sich wirklich behindert. Sie konnte sich kein Bild von der Situation machen. Konnte ihre Bewacher nicht einschätzen. Konnte weder Widerstand in Erwägung ziehen noch einen Fluchtversuch planen.

Sie konnte rein gar nichts tun.

## 76.

Das Brombeergestrüpp hakte sich fest und kratzte ihn. Er spürte, wie sich die spitzen Stacheln durch die Hose in seine Haut bohrten, aber er konnte darauf keine Rücksicht nehmen. Er musste schnell weiter zu dem kleinen Bauernhof am Waldrand, um sich hinter dem Haus in Stellung zu bringen.

Es blieben ihm noch drei Minuten. Er hatte seine Uhr mit Tobias synchronisiert, dessen alte Armbanduhr über eine Stunde verkehrt ging. Vorsichtig schlich er das letzte Stück zu einem der beiden Schuppen, die auf der Rückseite des Hofs direkt am Wald standen. In dem einen lagerte Brennholz, der andere war mit diversen Gartengeräten vollgestellt.

Zwischen diesen beiden Holzhütten und dem Wohnhaus war eine Wiese. Er prägte sich jedes Detail ein. Es sah alles aus wie erwartet. Es gab eine Hintertür, die in einen kleinen Anbau führte, in dem vermutlich die Waschküche war. Und genau diesen Weg würde er wählen, um die Menschen zu überrumpeln, die sich wahrscheinlich im Wohnhaus aufhielten. Zwei Fenster links von der Tür, fünf rechts, alle mit Sprossen. Darüber ein Erker. Der Dachboden musste als Erstes gesichert werden. Dann das Erdgeschoss und zuletzt ein eventuell vorhandener Keller.

Das war die Abfolge seiner Prioritäten.

Sein Blick folgte dem Sekundenzähler auf der Uhr. Gleich würde Tobias, der versprochen hatte, ihm bei seinem Plan zu helfen, das letzte Stück der geschotterten Zufahrt hinaufgehen, stehen bleiben und an der Haustür klopfen. Er würde sich höflich nach dem Weg zur nächstgelegenen Straße erkundigen und wie man von dort zu einer Haltestelle kam, wo der Bus nach Ikast fuhr. Und dann würde er sich auch noch erkundigen, wie man von Ikast denn am besten nach Silkeborg kam.

Der Gedanke an diese Aufgabe machte Tobias nervös, obwohl sie beim Morgenkaffee alles mehrmals durchgegangen waren. Trotzdem war es keineswegs sicher, dass der Einsiedler es schaffen würde, das Gespräch wie geplant fünf Minuten lang in Gang zu halten.

Axel Mossman hatte schon vor acht Uhr angerufen. Es gab immer noch keine Neuigkeiten von Margrethe Franck, und es war nach wie vor keine wie auch immer geartete Forderung beim PET eingegangen. Mossman, der ungewohnt pessimistisch klang, hatte die Konsequenz daraus gezogen und in Søborg preisgegeben, dass Franck zuletzt an ihrem alten Fall aus dem Südhafen gearbeitet hatte.

Mossman hatte ihn gefragt, ob er vorhabe, Århus bald zu verlassen, und wo er von dort aus hinfahren wolle. Der alte PET-Chef hatte außerdem dafür gesorgt, dass die Akte über den Drogentod von Monrads Sohn abholbereit in der Polizeidirektion Ostjütland lag, mit dem Vermerk »Für N. Oxen«.

Zum Glück gab es keine App, die wie ein Lügendetektor funktionierte. Er hatte nämlich eine kleine Zeitverschiebung in seine Erklärung für Mossman eingebaut und behauptet, er würde darüber nachdenken, eventuell noch nach Harrildholm zu fahren. Danach hatte er den einzigen Menschen angerufen, dem er in Århus vertraute, Mossmans Neffen Christian Sonne, und ihn gebeten, die Akte für ihn abzuholen und sich die Ermittlungsberichte durchzulesen.

Gleich war es so weit. Aufmerksam beobachtete er die Zahlen auf seiner Uhr. Auf die Sekunde genau rannte er über die Wiese und presste sich dann an die Hauswand.

Er musste davon ausgehen, dass sich drei ältere Menschen im Haus aufhielten, zwei Männer und eine Frau, die sicher keine physische Bedrohung darstellten. Aber womöglich gab es weitere, gefährlichere Gegner, um die er sich kümmern musste. Und nicht zuletzt konnten auch Schusswaffen im Spiel sein, und einer Schusswaffe war es egal, wie alt derjenige war, der sie in Händen hielt.

Er zog die Pistole aus der Jackentasche und legte vorsichtig eine Hand auf die Klinke der Hintertür. Sie war nicht verschlossen. Er schob sie auf, schlüpfte ins Haus und stand schon vor der nächsten Tür, die einen Spaltbreit offen war. Er konnte eine ältere Frau sehen. Frau Hyldtoft. Sie hatte ihm den Rücken zugekehrt und war am Küchentisch mit irgendetwas beschäftigt. Er schob die Pistole zurück in die Tasche und zog stattdessen sein Kampfmesser. Er schlich sich an, packte sie von hinten und legte ihr die Hand über den Mund.

»Seien Sie ganz still, dann passiert Ihnen nichts«, flüsterte er der alten Frau ins Ohr und hielt ihr dabei das Messer gut sichtbar vor die Augen.

»Mund auf«, sagte er.

Sie gehorchte, und er stopfte ihr eins der Stoffstücke in den Mund, die er in der Tasche hatte. Es war ein altes Hemd, das er auf dem Hof gefunden und in drei Teile gerissen hatte. Der Knebel war so groß, dass sie bestimmt nicht so schnell in der Lage sein würde, ihn auszuspucken. Er nahm ihre Hände nach hinten auf den Rücken und fesselte sie mit einem Kabelbinder. Danach fesselte er auch noch die Knöchel.

»Und jetzt hinlegen.«

Er stützte die alte Frau und legte sie vorsichtig auf den Küchenboden.

Er saß in der Hocke und lauschte. Er konnte Tobias' Stimme hören und wie Ivar Hyldtoft versuchte, ihm zu erklären, wo die nächste Bushaltestelle war. Vor der offenen Küchentür konnte er die schmale Treppe sehen, die unter das Dach führte.

Wachsam schlich er sich nach oben. Einzelne Stufen knarrten, aber er hoffte, dass man es nicht bis an die Haustür hören konnte. Er hielt die Pistole ausgestreckt in beiden Händen und sicherte das erste Zimmer. Darin waren ein Schrank, eine Kommode und ein gemachtes Bett. Vielleicht für den geheimen Gast des alten Ehepaars?

Hinter dem Zimmer war ein Stück offener Dachboden, und

an der Giebelseite gegenüber befand sich noch ein zweites Zimmer. Er legte die Hand auf die Klinke und riss die Tür auf. In dem Raum stapelten sich Gerümpel und alte Umzugskisten.

Wieder unten kontrollierte er die Stube, das Schlafzimmer und einen weiteren Raum, der offensichtlich als Arbeitszimmer diente. Aber nirgends eine Spur von Poul Hansen. War der Vogel ausgeflogen?

Die Zeit lief ihm langsam davon. Lautlos huschte er über den Teppich in den Hausflur, und Ivar Hyldtoft erging es, genau wie es seiner Frau ergangen war. Oxen hielt ihm von hinten den Mund zu, knebelte ihn und setzte ihn mit Kabelbinder außer Gefecht. Dann legte er ihn vorsichtig auf den Läufer im Flur und erklärte ihm, dass ihm nichts passieren würde, solange er still und ruhig liegen blieb.

»Tobias, kannst du ihn im Blick behalten?«

Der Einsiedler nickte mit großen, entschlossenen Augen.

Es gab nur noch eine letzte Option: einen Keller, in dem Poul Hansen vielleicht Zuflucht gesucht hatte, als es an der Tür geklingelt hatte.

Die Möglichkeiten in dem kleinen Haus waren begrenzt. Er ging logisch vor und begann in der Waschküche, aber dort gab es keine Kellerluke, weder sichtbar noch versteckt. Als Nächstes kam die Küche infrage, wo Frau Hyldtoft immer noch ganz still auf einem schmalen, bunten Flickenteppich lag. Er klappte eine Ecke des Teppichs mit dem Fuß hoch und fand das, wonach er gesucht hatte.

Er zog die alte Frau mitsamt dem Teppich ein Stück zur Seite. Die in den Boden eingelassene Klappe war nicht größer als sechzig auf sechzig Zentimeter und führte aller Wahrscheinlichkeit nach zu einem kleinen, altmodischen Vorratskeller. Bei seinem Onkel an der Westküste, wo er als Kind seine Sommer verbracht hatte, hatte es auch einen solchen Erdkeller gegeben, nur dass der Zugang dort in der Waschküche gewesen war. Er hob den kleinen Eisenring an, der in einer Vertiefung der Bodenklappe lag, und zog sie vorsichtig hoch.

»Hallo da unten, raufkommen! Langsam und mit gut sichtbar ausgestreckten Händen!«

Er blieb neben der Öffnung in der Hocke sitzen. Es wäre nicht sinnvoll gewesen, nach unten zu schauen und sich womöglich den Kopf von einem Jagdgewehr wegpusten zu lassen.

Er wiederholte seine Aufforderung: »Kommen Sie rauf, Poul Hansen. Mein Name ist Niels Oxen. Ich habe Sie gesucht. Ich tue Ihnen nichts. Ich will nur reden.«

Im Keller war es immer noch still. Er hatte schon oft vor einem solchen Problem gestanden. Kleine unterirdische Räume, die als geheimes Versteck dienten oder als Zugang zu großen unterirdischen Komplexen und Tunnelsystemen. Es gab nur eine eiserne Regel: Steige niemals hinunter.

Ein *flashbang* reichte normalerweise aus, um so einen Keller zu räumen. Diese Granaten waren nicht tödlich, sondern dienten einzig und allein dem Zweck, den Feind durch einen grellen Blitz und einen Knall von über einhundertsiebzig Dezibel zu erschrecken und zu verwirren. Aber er hatte keine Blendgranate. Nur eine Pistole, ein Messer und seine Geduld, die langsam, aber sicher zu Ende ging.

»Los, kommen Sie. Sie lassen mir keine Wahl. Sonst muss ich eben blindlings in den Keller schießen. Und dann werden Sie getroffen, das verspreche ich Ihnen. Kommen Sie rauf. Ich will nur mit Ihnen reden, sonst nichts. Strecken Sie die Hände aus, damit ich sie sehen kann. Los.«

Es dauerte noch einen Moment, dann hörte er Geräusche. Und eine Stimme sagte:

»Ich komme jetzt.«

Er sah zwei ausgestreckte, offene Handflächen, als er sich leicht nach vorn beugte und hinunterspähte.

»Machen Sie Licht an, falls es da unten einen Schalter gibt.«

Es wurde hell, und langsam, Stufe für Stufe, kam der alte Mann die Treppe hoch und stand schließlich mit nervösem, flackerndem Blick vor ihm.

»Hände auf den Rücken.«

Er fesselte den Mann mit Kabelbindern um die Handgelenke.

»Ist noch jemand da unten?«

»Nein.«

Mit äußerster Vorsicht ging er die schmale Treppe etwa bis zur Hälfte hinunter, die Pistole schussbereit am ausgestreckten Arm, und versicherte sich, dass Hansen auch die Wahrheit gesagt hatte. Dann kappte er die Kabelbinder an Frau Hyldtofts Knöcheln, half ihr auf die Füße, brachte die beiden alten Leute ins Wohnzimmer und setzte sie auf das Sofa. Danach holte er Herrn Hyldtoft in die Stube und verfrachtete ihn in einen Sessel.

Da saßen sie nun. Drei Menschen, die aussahen, als gingen sie stramm auf die achtzig zu, die Hände auf dem Rücken gefesselt. Er wandte sich direkt an den Mann aus dem Keller.

»Sind Sie Poul Hansen?«

Der Mann nickte. Seine schütteren grauen Haare waren zerzaust, die Augen hinter dem braunen Brillengestell wirkten verängstigt.

»Ja. Ich bin Poul Hansen.«

»Ausweis?«

»Im Geldbeutel in meiner Hosentasche.«

Unaufgefordert erhob sich der Mann, damit Oxen den Geldbeutel aus seiner Tasche ziehen konnte. Das Bild auf dem Führerschein war Bestätigung genug.

Der ehemalige Staatssekretär im Justizministerium sah nicht aus wie jemand, der in der Hierarchie dieses wichtigen Ministeriums ganz oben gestanden hatte. Er trug dunkle Cordhosen, ein schmuddeliges hellblaues Hemd und eine abgetragene graue Strickjacke. Oxen legte die Brieftasche auf den Couchtisch.

»Setzen Sie sich wieder. Ich habe schon eine ganze Weile nach Ihnen gesucht, Poul Hansen. Das heißt, genau genommen bin ich nicht der Einzige, der nach Ihnen gesucht hat. Tobias, kannst du für ein, zwei Minuten auf die Herrschaften aufpassen?«

Tobias nickte und ging mit verschränkten Armen auf der anderen Seite des orangerot gekachelten Couchtischs in Stellung, während er selbst in die Küche zurückkehrte und in den beleuchteten Keller hinunterstieg.

Der Raum war ziemlich klein, an den Wänden waren rundum Regale angebracht. Bis auf einige Konservendosen, Marmeladengläser, größtenteils mit Inhalt, und ein paar Saftflaschen waren sie leer.

Auf dem Boden stand ein Pappkarton. Ein Monitor, den er sofort wiedererkannte, und mehrere Überwachungskameras lagen darin auf einem Wirrwarr von Kabeln. Zuunterst entdeckte er den schwarzen Kasten, die Festplatte.

Ein Gefühl der Erleichterung erfüllte ihn. Er war wieder zu misstrauisch gewesen. Es war *nicht* Axel Mossman gewesen, der die Überwachungsanlage auf Harrildholm installiert hatte, sondern der Hofbesitzer selbst, der alte Staatssekretär, der oben auf dem Sofa saß.

Er nahm den Pappkarton mit. Es würde äußerst interessant werden, sich anzusehen, was auf der Festplatte gespeichert war.

# 77.

Die ältere, braun gebrannte Frau, die aussah, als wäre sie mindestens achtzig, streckte den Arm aus und zeigte ihm den Weg.

»Hier entlang, Herr Mossman.«

Sie führte ihn durch die Räume der imposanten Villa ins Wohnzimmer, wo sie die Tür der großen Glasfront zum Garten öffnete.

»Er sitzt unten im Treibhaus. Das macht er immer, wenn die Sonne scheint«, sagte sie und nickte in Richtung einer Ecke des parkähnlichen Gartens.

Er bedankte sich und überquerte den weitläufigen Rasen, den der Nachtfrost mit knirschendem Raureif überzogen hatte. Es war immer noch kalt.

Das Treibhaus glänzte in der Sonne wie ein riesiges Prisma in dem gepflegten Garten, der mit Sicherheit einer der größten hier in Gammel Holte war. Er musste sich die Hand vor die Augen halten, um überhaupt etwas zu sehen, so geblendet war er von den Spiegelungen. Dann entdeckte er mitten im Gewächshaus einen Gartenstuhl und einen Mann, der es sich mit einer Decke gemütlich gemacht hatte, die Beine auf einen Hocker gelegt.

Der Mann war Esben Hansen, achtundsiebzig Jahre alt, ehemaliger Polizeipräsident, unter anderem in Lyngby und Hillerød – einer der Mächtigen aus einer Zeit, in der die Polizeistrukturen noch Platz für Sonnenkönige ließen. Esben Hansen war der Bruder von Poul Hansen, dem ehemaligen Staatssekretär im Justizministerium und heutigen Eigentümer von Harrildholm.

Vorsichtig klopfte er an die Glastür des Treibhauses, als fürchtete er, die Scheibe mit seiner großen Hand zu zertrümmern. Er hatte sein Kommen bewusst nicht angekündigt.

Der alte Polizeichef drehte den Kopf und sah ihn überrascht an.

»Was in aller Welt …? Mossman? Der Zyklop des PET. Guten Tag, junger Mann, was verschafft mir die Ehre?«

»Guten Tag, Hansen. Mit einem Auge allein wäre ich in meinem Gewerbe nicht alt geworden. Ich hatte immer ein drittes im Nacken, damit ich sehen konnte, was hinter meinem Rücken passiert. Ich bin gekommen, weil ich Ihnen gern ein paar Fragen stellen würde.«

Er war Esben Hansen bei verschiedenen Gelegenheiten begegnet, konnte sich aber nicht erinnern, je ein Gespräch mit ihm geführt zu haben. Er war zweifellos ein Mann der alten Schule und Verfechter der uneingeschränkten Entscheidungshoheit aller Polizeipräsidenten. Tatsächlich hatte er bisher weder einen Grund gehabt, den Mann zu mögen – noch, ihn nicht zu mögen. Dass dieser hingelümmelte Rentner allerdings andeutete, Mossman wäre einäugig, ließ eine gewisse Skepsis angebracht erscheinen. Dass er ihn noch dazu als »jungen Mann« bezeichnete, in einem Alter, in dem er ebenfalls längst pensioniert sein könnte, war eine Provokation. Oder der Versuch, gleich von Anfang an die Rangordnung festzulegen.

»Wollen Sie sich nicht setzen?«

Esben Hansen nickte zu dem zweiten Gartenstuhl auf dem freien Platz in der Mitte des Prismas.

Er nahm sich stattdessen den anderen Hocker und setzte sich so, dass er dem alten Polizeipräsidenten in die Augen sehen konnte.

»*Well*, reden wir Klartext, Hansen … Ich bin davon überzeugt, dass Sie eine Organisation mit dem Namen Lupus leiten oder geleitet haben. Und ich gebe Ihnen den guten Rat, Ihre Wölfe zurückzupfeifen und Margrethe Franck augenblicklich freizulassen.«

Es war ein Auftakt, von dem er sich einen Schockeffekt auf

den Mann im Gartenstuhl erhoffte. Unter anderen Umständen wäre er die Sache lieber anders angegangen, aber nachdem seit Tagen niemand etwas von Margrethe Franck oder ihren Entführern gehört hatte, war er gezwungen, seine beste Karte auf den Tisch zu legen und dann zu beten.

Esben Hansen richtete sich langsam auf und nahm die Beine vom Hocker. Seine Brille hing an einer Schnur um seinen Hals. Bedächtig setzte er sie auf, musterte ihn und antwortete.

»Lupus, sagten Sie? Und was um alles in der Welt faseln Sie da von Wölfen – und einer Organisation? Die ich angeblich leite? Ich habe in der Zeitung gelesen, dass Sie jüngst zum Vorsitzenden einer Kommission berufen wurden. Vielleicht war das eine etwas gewagte Entscheidung des Ministers.«

Der alte Polizeipräsident schüttelte langsam den Kopf. So leicht ließ er sich also nicht erschrecken.

»Sehen Sie, das hier ist etwas Persönliches. Margrethe Franck war meine rechte Hand in Søborg, und wenn ihr auch nur ein einziges Haar gekrümmt wird, dann werde ich Sie dafür zur Verantwortung ziehen.«

»Ich war immer schon der Ansicht, dass Sie – nicht nur physisch – in diesem Land zu viel Raum für sich beansprucht haben, Mossman. Ihr unsinniges Gerede bestätigt das. Worum soll es bei dieser Organisation überhaupt gehen?«

»Selbstjustiz.«

»Großer Gott … *Ich* und Selbstjustiz?«

»Ganz genau. Lupus ist eine geheime Zelle innerhalb der Polizei, eine Gruppe von selbstgerechten, kriminellen Beamten. Solchen wie Sie, Hansen.«

»Ich war mein Leben lang Polizist. Und nie hatte jemand an meiner Arbeit etwas auszusetzen. Also ersparen Sie mir diesen Unfug. War das alles?«

Esben Hansen sah ihn mit schmalen Augen an. Er war verärgert, aber leider immer noch sehr kontrolliert.

Mossman erhob sich vom Hocker.

»Ja, das war alles. Aber ich sage Ihnen eins: Lassen Sie sie frei! Und zwar sofort! Sonst sorge ich dafür, dass für Sie und Ihre erbärmlichen Handlanger in der Hölle sämtliche Öfen angefeuert werden. Verstanden?«

»Ihr Einfluss reicht doch nicht weiter als bis an den Gartenzaun, Mossman. Auf Wiedersehen.«

»Sämtliche Öfen, *dammit*!«, polterte er lautstark, dann zog er die Gewächshaustür hinter sich zu.

## 78.

Monitor und Festplatte standen auf dem Küchentisch. Er starrte konzentriert auf den Bildschirm, während er langsam vorspulte, vorbei an Postboten und anderen harmlosen Akteuren wie beispielsweise einem Fuchs, der nachts am Hoftor von Harrildholm geschnüffelt hatte.

Es waren sicher nicht viele Stunden Videomaterial zu sichten, denn die Kameras waren von Bewegungssensoren gesteuert worden und hatten nur echte Aktivitäten aufgezeichnet und auf der Festplatte gespeichert.

Er hatte den alten Staatssekretär mitsamt der IT-Ausrüstung nach Harrildholm zurückverfrachtet. Das große, klärende Gespräch hatte noch nicht stattgefunden, was jedoch einzig und allein daran lag, dass er vorbereitet sein musste, um die richtigen Fragen zu stellen. Und das war er nur, wenn er sämtliche Aufzeichnungen gesehen hatte.

Er hatte Poul Hansen in seinem Schlafzimmer aufs Bett gelegt. Die Hände des Hofbesitzers waren nicht mehr auf dem

Rücken gefesselt, sondern vor dem Bauch, damit er bequemer liegen und sich ausruhen konnte, wenn er wollte. Was weiter mit ihm passieren würde, musste die Zeit zeigen.

»Ich habe meine Gründe.« Das war im Wesentlichen alles, was der Mann gesagt hatte, als er ihn auf dem Sofa des Ehepaars Hyldtoft ausgefragt hatte – vor allem im Hinblick darauf, warum er sich entschieden hatte, unterzutauchen und Harrildholm zu verlassen.

Oxen drückte auf den Knopf, spulte ein Stück zurück und startete die Wiedergabe in normaler Geschwindigkeit. Jetzt wurde es interessant.

Eine Gestalt schlich sich in geringer Entfernung an der Toreinfahrt vorbei und suchte an der Mauer Schutz, bevor sie aus dem Blickwinkel der Kamera verschwand. Es war Nacht. Der Zeitangabe des Videos zufolge 01:23 Uhr. Die Aufnahme war, wie es sich bei nächtlichen Infrarotaufnahmen nun mal nicht ändern ließ, ziemlich unscharf und nur schwarz-weiß.

Er spulte wieder zurück und sah sich die Sequenz ein zweites Mal an, sicherheitshalber. Die Gestalt war eindeutig ein Mann, und unmittelbar bevor er aus dem Blickfeld der Kamera verschwand, gab es ein gutes Bild von ihm, schräg von der Seite. Der Mann war Troels Monrad.

Sechzehn Minuten später wurde der ehemalige PET-Mitarbeiter erneut von einer Kamera eingefangen, dieses Mal im Innenhof. Man konnte nur verschwommen erkennen, wie er am östlichen Längsbau entlanghuschte und von dort weiter zum Wohnhaus, wo er an mehreren Fenstern kurz stehen blieb.

Wenige Augenblicke später trat er in die Kamerazone vor der Hintertür und die Szene verwandelte sich in ein wunderbar scharfes Bild. Monrad blieb für einen Moment vor der Tür zur

Waschküche stehen, dann schlich er weiter und verschwand hinter der Hausecke.

Zehn Minuten später erschien er wieder, dieses Mal im Mittelgang des Stalls, den Lichtkegel seiner Taschenlampe auf den Boden gerichtet, das Gesicht direkt im Visier der Kamera, die über dem Durchgang angebracht worden war.

Troels Monrad hatte Harrildholm also offenbar gründlich inspiziert, und als sein Rücken zu sehen war, kehrte er wohl in die kleine Anglerhütte am Rand des Flusstals zurück, um seinen Träumen von Reichtum neue Nahrung zu geben.

Er spulte wieder am Postboten und an Poul Hansen vorbei, der in sein Auto stieg und den Hof verließ – alles in scharfen Farbaufnahmen – und irgendwann zurückkam. Zwei Tage später war dann wieder etwas anderes als Alltag auf der Festplatte gespeichert.

Die Uhrzeit zeigte kurz nach Mitternacht. Dabei war es wichtig zu wissen, dass der ehemalige Staatssekretär den Hof am späten Nachmittag verlassen hatte, seitdem aber nicht mehr zurückgekommen war. Erst konnte Oxen nur den Rücken einer Gestalt sehen, die sich an der Mauer entlangschlich. Dann verriet die Statur, dass es Monrad war, der erneut auf Harrildholm aufgetaucht war. Weil er wusste, dass der Hofbesitzer nicht zu Hause war? Es war …

Sein Handy klingelte. Jedes Mal, wenn es das tat, zuckte er zusammen. Gab es Neuigkeiten von Margrethe Franck? Hoffnung – oder eine niederschmetternde Nachricht? Doch der Anrufer war nicht Mossman, das konnte er auf dem Display sehen. Der Zeitpunkt war ungünstig, aber es war ein Gespräch, das keinen Aufschub duldete.

»Oxen.«

»Ich bin es, Sonne. Hör zu …«

Schon an Christian Sonnes Stimme konnte er erkennen, dass Mossmans Neffe Spannendes zu berichten hatte.

»Ich habe mich beeilt und sofort erledigt, worum du mich gebeten hast. Ich habe die Akte zu dem Drogentoten, diesem Kristoffer Monrad, kurz überflogen und dann den Dealer überprüft, der damals im Verdacht stand, die tödlichen Ecstasy-Pillen vertickt zu haben. Er wurde allerdings tatsächlich nicht verurteilt. Die Beweislage war zu dünn. Seine Name war Danny Holst. Anderthalb Jahre später wurde er im Keller eines Hauses in der Sejrøgade gefunden. Mausetot, verreckt an einer irrsinnigen Überdosis. Außerdem gab es Spuren von Gewalteinwirkung am ganzen Körper. Gebrochene Rippen, gebrochene Finger, gebrochene Nase, die volle Ladung.«

»Und die Obduktion?«

»Todesursache war die Überdosis Ecstasy. An den Brüchen und Hämatomen wäre er nicht gestorben.«

»In einem Keller, sagtest du?«

»Ja, er lag auf einem Teppich in einem offenen Kellerraum zwischen Gerümpel und Schrott.«

»Was haben die Ermittlungen ergeben?«

»Die wurden nach ein paar Monaten eingestellt. Keine relevante Spur. Keine Fingerabdrücke. Keine DNA. Aber in dem Milieu kann man viele Feinde haben. Allerdings muss man sagen, dass die Kollegen damals ausgezeichnete Arbeit geleistet haben. Sie sind über die Verbindung zu Kristoffer Monrads Tod gestolpert und über seinen Vater Troels Monrad, der zu der Zeit noch hier auf dem Revier angestellt war. Er wurde sogar überprüft. Rund um den Todeszeitpunkt war er im Dienst und hatte daher ein Alibi. Niemand hat diesbezüglich Zweifel geäußert.«

»Danke, Sonne, tausend Dank für deine Hilfe. Du, ich habe

gerade keine Zeit, aber ich komme bald mal in Århus vorbei, und dann reden wir in Ruhe.«

»Schon okay, Oxen. Aber … ist alles in Ordnung?«

»Ja, alles in Ordnung. Wir hören voneinander!«

Er legte auf. Noch ein Puzzleteil hatte sich ins Bild gefügt. Deshalb hatte Troels Monrad also Amnestie verlangt und die Garantie, dass die Kontrollbehörde und ihre Chefin Bodil Nyhuus keine Ermittlungen gegen ihn einleiten würden.

Entweder hatte Monrad den Dealer selbst misshandelt und ihm zum Schluss noch eine tödliche Dosis dieser Dreckspillen in den Rachen gestopft oder aber, und das war wahrscheinlicher: Monrad hatte von dem Mord gewusst oder ihn selbst veranlasst, indem er Lupus gebeten hatte, die Angelegenheit für ihn in die Hand zu nehmen.

Egal welche Rolle Troels Monrad damals gespielt hatte, ihm war klar gewesen, dass der Richterhammer auch über seinem Kopf schweben würde, sollte er versuchen, Lupus für einen Millionenbetrag an die externe Kontrollinstanz zu verkaufen.

Und am Ende hatte ihm jemand den Schädel eingeschlagen.

Er drückte wieder auf »Play« und wusste schon Minuten später, wie den pensionierten Nachrichtendienstler sein Schicksal ereilt hatte.

Er stand auf und ging in das Zimmer, wo Poul Hansen ein Nickerchen zu machen schien. Er tippte ihn an, und der Mann riss sofort die Augen auf.

»Sie haben herausgefunden, dass Sie von einem Mann beobachtet wurden. Sie haben dafür gesorgt, dass er Sie wegfahren sieht, haben Ihr Auto irgendwo in der Nähe abgestellt und sind zu Fuß zurückgekommen. Gegen Mitternacht lagen Sie auf der Lauer und haben ihn überrascht, als er gerade die Hintertür zum Wohnhaus aufschließen wollte. Sie haben ihm eine Eisenstange über den Kopf gezogen, aber womöglich nicht bedacht, dass er dabei sterben könnte, was weiß ich. Jedenfalls standen Sie plötzlich mit einer Leiche da. Sie haben den Mann auf Ihr Quad geladen und sind mitten in der Nacht an den Kvindebæk gefahren. Dort haben Sie den Kopf des Mannes gegen einen großen Stein geschlagen und die Leiche daneben liegen lassen – und dann haben Sie die Augen zugemacht und gebetet, dass man seinen Tod für einen Unfall hält. So war es doch, als Sie Troels Monrad umgebracht haben. Sind wir uns da einig?«

Der ehemalige Staatssekretär zuckte mit den Schultern.

»Ich habe, wie Sie vielleicht wissen … Äh, wie war noch gleich Ihr Name?«

»Oxen, Niels Oxen.«

»Ich habe ein juristisches Staatsexamen. Also, was erwarten Sie von mir, Herr Oxen? Dass ich hier mit gefesselten Händen herumliege und so tue, als würde ich irgendetwas gestehen?«

»Denken Sie nach … Und denken Sie daran, dass wir ein langes Gespräch führen werden, sobald ich auch die restlichen Aufnahmen gesichtet habe. Dieses Gespräch wird sich im Wesentlichen um Lupus drehen. Überlegen Sie sich gut, ob es nicht besser wäre, reinen Tisch zu machen.«

Er ging zurück in die Küche und setzte sich wieder an die Arbeit. Nachdem er Zeuge geworden war, wie der alte Spitzenbeamte die Eisenstange geschwungen und sich dabei mindestens eine Anklage wegen Totschlags eingehandelt hatte, wurde es wieder Tag auf Harrildholm. Es folgten Aufnahmen von Poul Hansen, der jetzt erst die Kamera in der Küche installierte und ihre Funktion überprüfte.

Das Letzte, was man von ihm sah, war, wie er in sein Auto stieg und verschwand.

Die nächste Gestalt auf der Festplatte war ein alter Bekannter.

Sowohl sein Volvo als auch sein Gesicht wurden von der Kamera über der Toreinfahrt eingefangen, und während er dabei zusah, wie der mächtige Körper den Innenhof überquerte, dachte er, dass hier gerade eine der zentralen Figuren die Arena betrat. Axel Mossman schritt ruhig über Matsch und Kopfsteine und klopfte an, erst an der Haustür, dann an der Tür zur Waschküche. Nach einer Weile und nachdem er in mehrere Fenster geschaut hatte, fuhr der ehemalige PET-Chef unverrichteter Dinge wieder davon.

Oxen spulte weiter. Der nächste Höhepunkt würde vermutlich seine eigene Schlägerei mit dem zwielichtigen Kerl vom Poppelgård sein, dem Mann namens Beton. Aber nein … Er rutschte ganz nach vorn auf die Stuhlkante und starrte wie gebannt auf den Bildschirm, als etwas völlig Unerwartetes passierte.

Erneut bewegte sich Axel Mossmans großer Körper über den Hofplatz. Er warf einen Blick auf das Datum der Aufnahme. Es war helllichter Tag, kurz nach Mittag und nur zwei Tage, bevor er selbst mit Magnus nach Harrildholm gekommen war.

Wieder klopfte Mossman erst an die Haustür und dann an die Hintertür. Dann legte er die Hand auf die Klinke, die Tür ging auf und Mossman trat ins Haus.

Das Nächste, was man von ihm sah, war sein Nilpferdnacken in Nahaufnahme, als er in die Küche kam.

»Hallo, ist hier jemand?« Sein Rufen diente wohl vor allem der Absicherung. Mossman sah sich um, warf einen Blick in den Kühlschrank und ein paar Küchenschränke und ging dann durch die offene Flügeltür ins Wohnzimmer.

Oxen drückte auf Pause und lehnte sich ein wenig nach vorn. Jetzt saß er so, dass er die Szene ungefähr in dem Winkel sehen konnte, der dem Aufnahmewinkel entsprach. Er erkannte den

Haufen auf dem Fußboden und sein eigenes Lager aus Sitzpolstern und Schlafsack. Als Mossman den Raum betrat, herrschte noch Ordnung. Er drückte wieder auf »Play«.

Der alte Hüne untersuchte eher beiläufig das Zimmer und beendete seine Besichtigungsrunde am Schreibtisch. Er inspizierte kurz den Inhalt der Schubladen, und dann geschah etwas höchst Eigenartiges.

Aus der Innentasche von Mossmans Mantel kam eine Klarsichthülle zum Vorschein. Er legte sie auf den Schreibtisch und nahm vorsichtig ein gelbliches Blatt Papier heraus.

Es war kein normales Blatt Papier …

Es war ein vergilbter Zeitungsausschnitt.

Mossman legte den Ausschnitt in eine der Schubladen, sah sich noch einmal um, drehte seinen massigen Körper, ging durch die Küche und tauchte kurz darauf im Visier der nächsten Kamera auf, als er am Hintereingang die Tür hinter sich zuzog.

In diesem Moment hatte Mossman zufrieden lächelnd nach oben geschaut, fast direkt in die versteckte Kamera. Vielleicht im Gedanken an seine eigene Großartigkeit?

Es war nicht der Engel des Lichts. Es war der Fürst der Finsternis, der Harrildholm ebenso still und leise verlassen hatte, wie er gekommen war.

Kaum hatte er herausgefunden, dass Mossman nicht hinter der Überwachungsanlage steckte, und einen quälenden Verdacht abgehakt, schob sich der Mann auch schon wieder zurück ins Scheinwerferlicht. Mossman höchstpersönlich hatte also den Zeitungsartikel über den Vorfall im Südhafen in der Schreibtischschublade des ehemaligen Staatssekretärs platziert, damit er ihn dort fand – er, der treudoofe Kriegsveteran.

Mossman hatte den Köder ausgelegt, und er hatte ihn geschluckt, ohne auch nur mit der Wimper zu zucken.

Er stoppte die Aufnahme und versank in Grübeleien. Alles schien immer noch komplizierter zu werden – während Margrethes Konturen bis zur Unkenntlichkeit verschwammen.

Er musste seine Arbeit zu Ende bringen und sicherstellen, dass sich auf der Festplatte keine weiteren Überraschungen verbargen. Die nächsten interessanten Aufnahmen waren Bilder aus der Küche und dem Arbeitszimmer. Der Blaumann mit dem klangvollen Namen Beton erschien auf der Bildfläche und fing an, auf der Suche nach Bargeld die gesamte Einrichtung auseinanderzunehmen. Und dann kam er selbst, zusammen mit Magnus.

Er konzentrierte sich auf seinen Sohn, der mit großen, ängstlichen Augen in der Ecke kauerte und dabei zusah, wie sich sein Vater routiniert den hitzköpfigen Muskelberg vorknöpfte, den sie überrascht hatten.

Das Ende dieser Aufnahme kannte er, deshalb spulte er weiter, bis er anderes unbekanntes Terrain erreichte.

Es war dunkel.

Vor der Hintertür stand ein schwankender Mann mit einer Flasche in der Hand. Er torkelte über die Steinplatten und blieb dann stehen, legte den Kopf in den Nacken und starrte in den schwarzen Himmel. Sekunden später rutschten ihm die Beine weg und er kippte um wie ein gefällter Baum und schlug mit dem Kopf auf den Steinfliesen auf.

Hmm, so war er also zu der Beule am Hinterkopf gekommen. Ein unschöner Sturz, ungefähr so anmutig wie Bambi auf dem Eis.

Nach etlichen Minuten rollte er auf den Bauch, kam auf die Füße, fiel wieder hin und krabbelte schließlich auf allen vieren in Richtung Hintertür.

Der Rest der Aufnahmen bestand aus uninteressanten Szenen der Tage, als er sein Wolfshauptquartier am Küchentisch bezogen hatte. Seitdem war die Landkarte verschwunden, und die Wölfe, die er jagte, waren andere geworden.

Er nahm sein Messer und ging zurück in das Zimmer, wo Poul Hansen wieder mit geschlossenen Augen auf dem Bett lag.

»Aufstehen.«

Der ehemalige Staatssekretär richtete sich langsam auf, und Oxen schnitt die Kabelbinder an seinen Handgelenken durch.

»Kommen Sie mit. In der Küche ist Kaffee. Wir werden uns jetzt unterhalten, und ich hoffe sehr, dass Sie sich kooperativ zeigen«, sagte er und hielt dem alten Mann das Messer vor die Augen.

## 79.

Sie hatten die letzte Bank an Gleis sechs im Hauptbahnhof als Treffpunkt für eine kurze Lagebesprechung vereinbart. Es war gerade Dienstschluss, und Bertelsen war als Erster da, und das bei dieser Eiseskälte. Die Menschen im Zug dagegen, Jütländer, Füner und alle anderen, die einfach nach Westen wollten, saßen gemütlich im Warmen.

Kurz darauf erschien Borg und setzte sich neben ihn.

»Ich dachte, so wäre es vielleicht besser«, sagte Borg. »Nicht, dass ich dich wieder bei *X-Factor* störe.«

»Ich schaue nur *Britain's Got Talent*. Das weißt du genau. Nicht diesen Mist aus Dänemark. In diesem Land gibt es schon ewig keine Talente mehr.«

»Du bist noch da.«

»Nicht mehr lange. Ich habe schon Eiszapfen am Hintern. Vielleicht sterbe ich an Erkältung. Ich hasse den März. Rotz, Regen und Wind. Und noch mehr Rotz. Also, was gibt es, Borg?«

»Es ist Zeit für einen Kassensturz. Bist du mit den Namen auf deiner Liste fertig geworden?«

»Ja, mit allen dreien.«

»Und was sagst du?«

Bertelsen schlug seinen Mantelkragen hoch bis zu den Ohren und rieb sich die Hände.

»Ich sage gar nichts. Der Erste war der Junge, der nach seiner Begegnung mit Nassar vor einer Diskothek zum Zahnarzt musste. Er arbeitet als Verkäufer in einem Klamottenladen. Kein Geld, um eine Racheaktion dieser Größenordnung zu finanzieren. Dabei leidet der arme Kerl zu allem Übel unter einer Zahnarztphobie. Nummer zwei war der Typ aus dem Café. Er wurde angerempelt und hat aus Versehen sein Bier über Nassars Hose geschüttet.«

»Nassars *neue* Hose, oder?«

»Ja … Deshalb war es natürlich total gerechtfertigt, dass Idris ihn mit gebrochener Nase und aufgeplatzter Lippe in die Notaufnahme verfrachtet und ihm zusätzlich zweitausend Kronen in bar abgenommen hat. ›Für die Reinigung der Hose‹, wie es hieß. Der Typ kocht immer noch vor Wut – und vielleicht auch vor Scham – und hätte Nassar liebend gern in seine Einzelteile zerlegt. Aber er arbeitet am Empfang im Hotel d'Angleterre und ist zu kultiviert für so etwas. Und er hat sicher auch nicht genug Kohle. Der Letzte war der Mittvierziger von dem Weihnachtsbrunch. Er war total betrunken und hat nicht viel davon mitbekommen, als Idris ihm die Visage poliert und drei Rippen gebrochen hat. Er leidet bis heute unter Kopfschmerzen. Die Sache wurde fallen gelassen, weil die Zeugen sich plötzlich an nichts mehr erinnern konnten. Der Mann ist Buchhalter. Er ist viel zu korrekt für so was und hat seine Lektion gelernt: Sauf dir beim Weihnachtsbrunch nicht die Birne weg. Und bei dir?«

»Willst du die Details oder nur das Fazit?«

»Bei dieser Kälte: Beschränk dich aufs Wesentliche.«

»Der Ingenieur, nein. Der Koch, nein. Der Banker, nein. Der Direktor … Ein kleines Vielleicht. Er hätte zumindest das nötige Kleingeld.«

»Was war es bei ihm?«

»Er war in einem Irish Pub, es war brechend voll, und er hat Nassar gebeten, nicht so zu drängeln. Dummerweise war Nassar schlecht gelaunt, weil Juventus verloren hatte.«

Bertelsen hielt sich die Hände vor den Mund und versuchte, sie warm zu pusten.

»Borg, das alles kostet uns ganz schön viel Zeit. Ich verliere ständig unser hehres Ziel aus den Augen. Was war es noch gleich? Ach ja, du und dein verdammter Seelenfrieden. Ich bin mir sicher, dass Nassar uns die Pest an den Hals wünscht. Wahrscheinlich liegt er gerade in seinem Krankenhausbett und bohrt Nadeln in die beiden Voodoopuppen, die er Dumm und Dümmer genannt hat. Sollen wir das Ganze nicht endlich beenden und zufrieden damit sein, dass wir es zumindest versucht haben?«

Borg rieb sich die Hände. Es war nicht so sehr die Temperatur, sondern eher dieser verflixte Wind, durch den sich alles noch kälter anfühlte.

»Du gibst doch sonst nicht so schnell auf, Bertelsen. Wir müssen weiter zurück in die Vergangenheit und auch räumlich den Radius vergrößern. Wenn du noch ein bisschen mitziehst, übernehme ich auch die beiden anderen hässlichen Geschichten, du weißt schon, die aus Odense und die aus Århus.«

Bertelsen brummte eine undeutliche Antwort, aber Borg wusste, dass es ein Ja war.

»Und, Bertelsen, ich denke, wir sollten auch noch mal zu unserem Ausgangspunkt zurückgehen, zu Cindy und ihrem Ex.

Lass uns damit anfangen. Meine Nase sagt mir, dass da was ist. Vor allem bei ihm.«

»Seit wann lassen wir uns von deiner Nase vorschreiben, was wir zu tun haben?« Bertelsen schnaubte und musste husten.

»Kannst du nicht noch ein bisschen tiefer graben, während ich mich um alles andere kümmere? Schau dir seine Konten an, sein Geschäft und seine Kunden. Und sein Netzwerk. Wir brauchen mehr Informationen. Und wenn wir dann immer noch nichts finden, dann begraben wir den Fall. Versprochen. Okay?«

Bertelsen nickte.

»Solange es für deinen Seelenfrieden gut ist – aber es wird eine Weile dauern.«

## 80.

Der pensionierte Staatssekretär nahm nicht viel Platz ein, mager und sehnig, wie er war. Er saß zusammengesunken auf dem Stuhl am Küchentisch. Mit seinen strähnigen, schütteren Haaren und der bescheidenen Kleidung wirkte er wie ein zerbrechliches Vogelküken, das aus dem Nest gefallen war – ein zugegebenermaßen altes Vogelküken –, aber sobald er den Mund aufmachte, klang er scharf und überlegt.

Er massierte seine Handgelenke, obwohl die Kabelbinder alles andere als stramm gesessen hatten.

»Hier, Kaffee.« Er stellte einen Becher vor Poul Hansen auf den Tisch.

»Sie servieren mir Kaffee in meinem eigenen Haus. Soll ich jetzt dankbar sein?«

»Das können Sie halten, wie Sie wollen. Fangen wir an.«

Der Alte fuchtelte mit seinem krummen Zeigefinger vor Oxens Gesicht herum.

»Vielleicht wären Sie erst mal so freundlich, mir mitzuteilen, unter welchen Voraussetzungen wir dieses Gespräch führen? In wessen Auftrag sind Sie hier? Sind Sie eine von diesen Undercover-Pfeifen vom PET? Oder nur ein gewöhnlicher krummer Hund? Und welche Perspektive erwartet mich, falls ich mich weigere mitzuspielen?«

Er zuckte mit den Schultern und zögerte. Denn, in wessen Auftrag war er hier? Und wie war es dazu gekommen?

»Ich … bin aus eigenem Antrieb hier. Und jetzt gerade versuche ich, mehr über eine Organisation herauszufinden, die sich angeblich Lupus nennt, weil ich hoffe, auf diese Weise eine vermisste Person aufzuspüren, die mir sehr wichtig ist.«

»Ich dachte, Sie hätten vielleicht etwas mit dem ehemaligen PET-Chef zu tun, Axel Mossman. Er war hier, als Sie sich ebenfalls auf *meinem* Hof aufgehalten haben.«

»Das ist richtig, ursprünglich war es Mossman, der mich damit beauftragt hat, nach Ihnen zu suchen. Inzwischen habe ich den Eindruck, dass das Bild nicht mehr ganz so klar ist.«

»Warum?«

»Weil es schwer ist, Freund von Feind zu unterscheiden.«

»Und zu welcher Kategorie gehören Sie?«

»Zu gar keiner.«

»Und die Perspektive?«

»Wenn Sie mir weiterhelfen, bin ich offen für Verhandlungen. Wenn nicht, dürfen Sie der Polizei erklären, wieso es notwendig war, Monrad den Schädel einzuschlagen und seine Leiche in den Bach zu werfen. Dabei fällt mir ein – wo ist eigentlich Ihr Quad, das normalerweise im Schuppen steht?«

»Verkauft.«

»Und Ihr Auto?«

»In der Werkstatt in Brande. Sie überlegen noch, ob sie mir

den Wagen abkaufen. Aber was mich noch interessiert …« Die Augen des alten Staatssekretärs wurden schmal. »Wer ist diese vermisste Person?«

»Sie heißt Margrethe Franck und arbeitet beim PET.«

»Hmm, also eine Frau … Nun, ich würde sagen, Sie haben die Trümpfe in der Hand, Oxen. Sie sind im Besitz ziemlich wasserdichter Beweise, nicht wahr? Wobei ich betonen möchte, dass es nie meine Absicht war, diesen Schnüffler zu erschlagen, aber er ist nachts hier ums Haus geschlichen. Ich …«

Poul Hansen trank einen großen Schluck Kaffee, statt seinen Satz zu Ende zu bringen. Er sah erschöpft aus beim Gedanken an das, was er gleich sagen wollte. Er seufzte.

»Wissen Sie … Ich habe mich längst entschieden, mit Ihnen zu kooperieren. Vielleicht musste es irgendwann einfach so kommen. Vielleicht ist es in Wirklichkeit gut, dass ich endlich dazu gezwungen bin, hier und heute. Es ist eine lange Geschichte, die ich Ihnen gleich erzählen werde, Oxen. Es ist meine Lebensgeschichte. Und es ist die Entstehungsgeschichte einer Organisation, die Sie ganz richtig Lupus genannt haben.«

Es schien ein geradezu feierlicher Moment für den alten Mann zu sein. Er stand auf, richtete seinen Hemdkragen und strich die zerschlissene Strickjacke glatt. Er stützte sich mit einer Hand auf die Tischplatte, während er augenscheinlich über etwas nachdachte. Dann fuhr er fort.

»Ich denke, es würde die Sache vereinfachen, wenn ich Ihnen zu Beginn etwas zeige. Wären Sie so freundlich, mich ins Schlafzimmer zu begleiten?«

Er nickte.

»Einverstanden, aber zuerst muss ich noch etwas wissen. Kannten Sie – oder Lupus – Troels Monrad? Wussten Sie von der Vorgeschichte mit seinem Sohn?«

Poul Hansen hob abwehrend eine Hand.

»Haben Sie doch etwas Geduld. Ich werde Monrad in meiner Geschichte berücksichtigen, wenn er chronologisch an der Reihe ist.«

Zurück in seinem Schlafzimmer nahm der alte Staatssekretär die gerahmte Fotografie von der Wand und setzte sich auf die Bettkante.

»Kommen Sie zu mir, Oxen.«

Er folgte der Aufforderung und setzte sich neben Hansen. Die Hände des Alten zitterten, als er das sepiafarbene Bild hochhielt. Er räusperte sich und begann zu erzählen.

»Wissen Sie, Harrildholm ist mein Elternhaus …«

Das hatte er nicht kommen sehen. Ganz und gar nicht. Hätten sie, oder vor allem Margrethe Franck, nicht tausend andere Dinge gleichzeitig im Kopf gehabt, wäre das eine Information gewesen, die man leicht hätte herausfinden können. Elternhaus? Er beließ es bei einem Brummen als Reaktion auf diesen Zusammenhang, der ihn wirklich überraschte.

Poul Hansen fuhr fort, und mit einem Mal klang seine Stimme heiser.

»… und das hier … Das ist … meine Familie.«

Ein zitternder Finger glitt über das Glas.

»Das ist mein Vater, Helge. Und das meine Mutter, Kamma. Hier steht mein jüngerer Bruder, Hennig, das ist mein älterer Bruder, Esben, und das bin ich.«

Zuletzt verharrte der Zeigefinger bei dem jungen Mädchen in der Mitte des Familienfotos. Der alte Staatssekretär seufzte tief.

»Und das ist meine wunderschöne Schwester, Agnethe … Ach, Agnethe … Meine Geschichte beginnt im Jahr 1963, Oxen. Genauer gesagt am 30. November. An jenem Abend war Agnethe auf dem Weihnachtsball im Gemeindesaal in Fasterholt. Sie sollte mit dem Fahrrad nach Hause fahren. Herrgott, das haben damals alle gemacht. Doch an jenem Abend … kam sie … nicht zurück.«

## 81.

Sie war nicht an der Küste geboren worden, aber vielleicht würde sie schon bald an der Küste sterben. Sie hatte es sofort gewusst, als sie nach der langen Fahrt endlich aus dem Transporter geholt worden war: Das Meer war ganz nah. Die Luft hatte nach Salz und Tang gerochen, und sie bildete sich auch ein, das hysterische Kreischen einer Möwe gehört zu haben.

Sie schätzte, dass sie etwa zwei Stunden unterwegs gewesen waren, aber von welchem Startpunkt aus? Nachdem die beiden vermummten Männer sie auf Jönssons Grundstück überwältigt hatten, war sie erst wieder zu sich gekommen, als sie bereits in dem Keller lag. Ihre Entführer konnten sie überall und nirgends hingebracht haben. Und von diesem Ort war sie nun weitere zwei Stunden Autofahrt entfernt. Aber Dänemark hatte mehr als siebentausend Kilometer Küste aufzuweisen, und egal wo man sich befand, war man nie weiter als fünfzig Kilometer vom Meer entfernt. Es war also sinnlos, noch darüber nachzudenken, wo sie mittlerweile gelandet war.

Sie saß auf einem Stuhl in einem kühlen Raum. Sie hörte Geräusche. Entfernte Stimmen, Autotüren, die geöffnet und geschlossen wurden, Motorengeräusche, die sich entfernten. Sie hatte immer noch Kabelbinder um ihre Handgelenke und eine Binde über den Augen. Dann hörte sie die Zimmertür.

»Aufstehen.«

Knapper konnte ein Kommando nicht sein.

»Vorwärts.«

Sie spürte eine harte Hand auf ihrer Schulter, als sie aus dem Raum geführt wurde. Kies … Es knirschte unter ihren Füßen. So war es auch gewesen, als sie vor einer halben oder ganzen Stunde angekommen und auf den Stuhl gesetzt worden war. Ein Hof irgendwo an der Küste.

Mehr Schlussfolgerung war nicht drin. Der Wind, den sie eben noch im Gesicht gespürt hatte, erstarb, als sie wieder in ein Haus trat.

»Stehen bleiben!«

Sie spürte Finger im Nacken, und dann verschwand wie von Zauberhand das Tuch vor ihren Augen. Obwohl sie in einem Zimmer war und obwohl es in dem Zimmer dunkel war, kam es ihr vor, als hätte sie direkt in eine Explosion geschaut. Das Licht war so grell, dass es fast wehtat. Als sie endlich wieder etwas sehen konnte, blickte sie auf eine kahle weiße Wand – und ein Bett.

»Setz dich«, befahl der Mann, der hinter ihr stand.

Sie gehorchte und setzte sich auf die Bettkante. Der Mann ging vor ihr in die Hocke und stellte ihre Füße nebeneinander. In derselben Sekunde riss sie ihr linkes Bein hoch und trat, so fest sie konnte, mit dem harten Stiefelabsatz nach dem Kopf des Mannes. Er verlor das Gleichgewicht und kippte nach hinten, aber leider hatte sie ihm nur einen Kratzer verpasst, und ehe sie auf die Beine kam, was mit gefesselten Händen alles andere als einfach war, war er schon wieder über ihr.

Die Antwort des Mannes auf ihre Attacke war eine brutale Ohrfeige, die ihr einen hässlichen Pfeifton im Ohr bescherte.

»Hexe …« Dieses Mal packte er ihre Knöchel ziemlich grob, den echten und den künstlichen, und fesselte sie aneinander. Dann verließ er das Zimmer.

Dass sie nun über ein Bett verfügte, war ein deutlicher Fortschritt. Der Raum, in dem es stand, war klein und schmucklos. An der Wand gegenüber sah sie ein winziges Fenster, aber das Rollo war heruntergelassen. Über ihr leuchtete eine Deckenlampe.

Ob der Umzug Anlass zu neuer Hoffnung gab, wusste sie nicht. Sie wusste nur, dass man es der Mühe wert befunden hatte, sie an einen anderen Ort zu bringen. Wie bei allen Entführungsfällen konnte man wohl davon ausgehen, dass irgendeine Form von Kommunikation stattfand. Die Täter mussten irgendeine Forderung haben, die erfüllt werden sollte. Aber was für eine Forderung war das? Sollte der Weihnachtsmann in Zukunft etwa einen grünen Morgenmantel tragen – oder worum ging es hier? Und an wen war diese Forderung gerichtet? An den PET?

Egal wie sehr sie sich auch den Kopf zermarterte, sie konnte kein Detail herausfischen, das ihr sagte: Das hier ist der Knackpunkt. Das hier ist verbotenes Wissen. Dafür muss ich zahlen …

Aber sie hatte den starken Verdacht, dass es mit ihrem Wühlen in der eigenen Vergangenheit zusammenhing – mit dem Vorfall im Südhafen, dem toten Joakim Jönsson, dem Banküberfall und Sean Struve.

Wenn die Nachforschungen der letzten Wochen eine Fläche aus nassem Zement waren, dann hatte sie sich umgedreht und begonnen, in der Zeit zurückzugehen. Dabei hatte sie Fußabdrücke hinterlassen, die sich deutlich von der glänzenden Fläche abhoben. Sie führten zögernd mal hierhin und mal dorthin und kreuzten sich mehrmals selbst – bis sie zum zweiten Mal bei dem älteren Jönsson im Haus an den Bahngleisen endeten.

Und jetzt saß sie hier. Am Meer. Ohne zu wissen, warum.

Eine Entführung endete für gewöhnlich auf eine von zwei

Arten. Entweder ging der Handel glatt über die Bühne und man kam frei. Oder der Handel ging schief und …

Es war jedenfalls kein Trost, am Meer zu sterben. Sie war noch absolut nicht bereit, diesen Planeten zu verlassen. Der Tritt mit dem Absatz war eher ein Reflex als ein echter Versuch gewesen. Wenn sie sich wirklich befreien wollte, musste ein gut durchdachter Plan her.

*Per aspera ad astra* … Sie würde weiterhin nach den Sternen greifen und sie würde sich ihre Uhr zurückholen. Koste es, was es wolle. Und wenn sie dem Dieb dafür die Eier abschneiden musste, dann würde sie das eben tun.

Ohne die Uhr am Arm würde sie nicht sterben. Basta.

## 82.

Gebückt und mit schweren Schritten ging der alte Staatssekretär durch den östlichen Längsbau und strahlte dabei eine stumme Würde aus, als wären es die Flure seines ehemaligen Ministeriums.

»Kommen Sie, Oxen, ich würde es vorziehen, Ihnen den Rest meiner Geschichte drüben in der Scheune zu erzählen«, hatte der Alte nach einer Weile gesagt, sich energisch von der Bettkante erhoben, seine abgetragene Wachsjacke übergezogen und ihn mit sich gewunken. Oxen war seiner Aufforderung gefolgt.

Jetzt betraten sie die hohe Scheune. Es war dunkel und kalt. In der Mitte des Raums blieb Poul Hansen stehen.

»Hier habe ich unzählige Male gestanden, seit ich den Hof zurückgekauft habe«, sagte er leise und verstummte, als müsste er seine nächsten Worte erst abwägen. Dann fuhr er fort.

»Ich habe Ihnen ja bereits erzählt, dass Agnethe die Nervenheilanstalt in Middelfart gelegentlich verlassen durfte, um uns zu besuchen. Das letzte Mal kam sie in den Sommerferien. Mein kleiner Bruder hat sie gefunden. Sie hing genau hier, an diesem Balken.«

Poul Hansen zeigte nach oben auf einen der Querbalken.

»Wie ein Engel schwebte sie in ihrem weißen Sommerkleid über dem Boden. Ich erinnere mich immer noch, als wäre es eben erst passiert, Oxen. An mein Herz, das mir plötzlich bis zum Hals schlug, das Entsetzen, das mich innerlich in tausend Stücke zerriss, und an ihren Anblick, der die Zeit zum Stillstand brachte und mich erstarren ließ. Die ganze Familie stand wie gelähmt hier in der Scheune. Und dann kamen wir plötzlich in Bewegung. Mein großer Bruder löste das Seil, das Agnethe an einem Ring in der Wand festgeknotet hatte, und mein Vater stellte sich vor sie, nahm sie, trug sie ins Haus und legte sie auf das Sofa. Nach der Beerdigung fing mein Vater an, wie ein Wahnsinniger Bretter vor die Sparren zu nageln, von den Querbalken bis hoch unter das Dach, damit nie wieder jemand ein Seil über einen der Balken in seiner Scheune werfen konnte ...«

»Und ich dachte, die Bretter wären dort, damit das Dach nicht einstürzt«, sagte er und nickte. Vor seinem inneren Auge konnte er das hübsche Mädchen mit den goldblonden Haaren förmlich sehen.

Poul Hansen fuhr fort. Seine Stimme war kaum mehr als ein Flüstern.

»In uns allen war etwas zerbrochen. Mein kleiner Bruder hat sich nie davon erholt. Henning war kein starker Junge. Er hatte eine zerbrechliche kleine Seele. Agnethe war sein Ein und Alles gewesen. Er hat sie bewundert. Die beiden hatten eine ganz besondere Beziehung zueinander. Sie passte auf ihn auf, hielt immer ihre schützende Hand über ihn. Im darauffolgenden Winter brach mein kleiner Bruder unten im Moor ins Eis ein.

Er wusste genau, dass es nicht trug. Wir fanden ihn, als wir seinen Spuren im Schnee folgten …«

Poul Hansen verstummte.

Oxen suchte nach Worten, aber er fand keines, das ihm angemessen schien. Und dann wurde ihm bewusst, dass der einst so mächtige Staatsdiener diese Geschichte nicht ihm erzählte, sondern vor allem sich selbst.

Schließlich brach der Alte das Schweigen, das den großen Raum erfüllte.

»Es fällt mir schwer, anderen heute den richtigen Eindruck zu vermitteln, ohne dass es banal klingt. Aber wir waren das, was man eine harmonische, fröhliche und glückliche Familie nennen würde. Bis zu jenem Tag, an dem jemand den Vorhang vor die Sonne zog, und in meiner Erinnerung kommt es mir vor, als wäre Harrildholm danach in ewiger Dämmerung versunken. Wer weiß, vielleicht hätten wir als Familie eines Tages über den Verlust hinwegkommen und so etwas wie ein normales Leben führen können. Aber als Henning ins Moor ging, wusste ich, dass das niemals gelingen würde. Die Last war einfach zu schwer, um sie zu ertragen. Mein Vater war ein überzeugter Widerstandskämpfer gewesen. Er hatte gegen die Deutschen gekämpft, wie so viele andere Männer in seiner Verwandtschaft. Sein Geist war genauso stark wie sein Körper gewesen. Ein kräftiger und zäher Mann, geprägt von einer Familie, in der man auf sich selbst vertraute. Doch nun veränderte er sich allmählich. Tag für Tag verschwand ein Stück mehr von ihm, bis er nur noch ein Schatten seiner selbst war. Er fing an zu trinken. Erst heimlich, dann ganz ungehemmt. Immer schweigend, immer allein. Mein Bruder und ich mussten ihn oft aus der Scheune holen. Mein Vater reagierte mit Rückzug. Genau wie meine Mutter. Sie war noch nie sehr robust gewesen. Der Hof wurde zwangsversteigert. Wir zogen nach Ejstrupsholm. Drei Jahre nach Agnethes Selbstmord nahm sich meine Mutter das Leben. Sie erhängte sich mit einer Strumpfhose an einem Fenstergriff in der psychiatrischen Klinik in Hviding. Mein Vater brauchte noch zwei weitere Jahre, um sich zu Tode zu saufen. Er wurde tot auf der Toilette gefunden. Hätten Sie ihn in seinen guten Tagen erleben können, Oxen … Hätten Sie unsere Familie erlebt, wären Sie bei uns gewesen, hätten Sie mit uns gelacht, dann würden Sie mich verstehen …«

Er nickte.

»Ich glaube, ich verstehe Sie auch so.«

»Ich versuche immer wieder, ihr Lachen zu hören, aber es geht nicht. Harrildholm ist der einzige Ort auf der Welt, dem ich mich verbunden fühle. Und trotzdem ist es so schmerzlich, hier zu sein. Aber nun bin ich zurückgekehrt, als alter Mann, und ich muss diesen Schmerz durchleben, bevor ich selbst sterben kann.«

Poul Hansen breitete die Arme aus, als wollte er die Qualen willkommen heißen.

Sterben? Der Alte sprach von seinem Tod. Für einen kurzen Moment überlegte Oxen, ob jetzt der richtige Zeitpunkt gekommen war, um ihn nach seiner Erkrankung zu fragen, aber dann ließ er es bleiben. Vielleicht würde Hansen von selbst darauf zu sprechen kommen. Stattdessen sagte er nur ein einziges Wort:

»Lupus?«

»Natürlich, wir nähern uns Lupus. Ich wollte nur, dass Sie die Hintergründe kennen, damit Sie es besser verstehen, Oxen. Wissen Sie, schon in der ersten Zeit nach Agnethes Tod wurde uns klar, dass die örtliche Polizei nicht über die nötigen Qualifikationen verfügte, um diese Aufgabe zu stemmen. Die Polizeiwache in Brande war 1950 der Polizeistation in Vejle angegliedert worden, was eine personelle Aufstockung mit sich brachte.

Haben Sie schon jemals gehört, dass ein solcher Zusammenschluss mit einer Verbesserung der Ressourcen einhergegangen wäre? Ich nicht. Selbst in den Ministerien spricht man heutzutage nur noch von Synergieeffekten. Was nichts anderes als Einsparungen bedeutet.«

Der alte Staatssekretär seufzte wieder tief und setzte seine Geschichte mit einem weiteren Seufzen fort.

»Die Mannschaft wurde damals stark vergrößert. Auf einmal gab es ganze vier uniformierte Beamte, drei Ortspolizisten, und die Kriminalpolizei wurde um einen Mann auf zwei aufgestockt. Neben dem Leiter gab es jetzt auch noch einen Mitarbeiter. Stellen Sie sich vor! In einer Kleinstadt von der Größe Brandes … Aber das Ganze hatte weder Hand noch Fuß. Bei den Ermittlungen wurde ein Fehler nach dem anderen gemacht. Und auch wenn wir das Jahr 1963 schrieben und es einem im Vergleich zu heute wie die Steinzeit der Polizei erscheinen mag, gibt es keine Entschuldigung für diese hoffnungslos schlampige Ermittlungsarbeit. Immerhin konzentrierte sich die Jagd auf den Täter vernünftigerweise auf diese Region hier, auch wenn man sich über den Radius sicher streiten mag, schließlich wurde meine Schwester an jenem Abend mit einem Auto verschleppt. Aber wie weit ist das Monster mit ihr gefahren, bevor es sich an ihr vergangen hat? Agnethe war von den Scheinwerfern so geblendet gewesen, dass sie der Polizei nicht viel erzählen konnte, aber ihr Fahrrad hatte Schrammen, leider ohne Lackspuren. Folglich suchte die Polizei wie besessen nach einem Auto mit Kratzern. Herrgott, davon gab es unzählige! Und nebenbei bemerkt auch unzählige mit äußerst soliden, verchromten Stoßstangen. Agnethes Zustand wurde nie so stabil, dass sie der Polizei ernsthaft hätte weiterhelfen können. Vielleicht weil sie alle Eindrücke und Details verdrängt hatte? Vielleicht war das die Art, auf die ihre Seele versuchte, sich selbst zu schützen? Indem sie alle Erinnerungen löschte?«

»Gab es keinen Verdächtigen?«

»Doch, sogar mehrere. Einen, der hastig den Kotflügel seines Autos lackieren ließ. Einen, dessen Stoßstange verbeult war. Einen, der bereits vorbestraft war, weil er Mädchen belästigt hatte. Einen Knecht, der in seinem Zimmer BHs und Höschen gehortet hatte – aber es war nicht Agnethes Wäsche. Das waren alles nur zufällige Übereinstimmungen. Selbst der Schwiegersohn des Gemeinderatsvorsitzenden wurde irgendwann verdächtigt, weil er angeblich mindestens zwei junge Frauen aus seinem Auto heraus angesprochen und zweideutige Annäherungsversuche gemacht hatte. Aber wissen Sie, damals passte kein Blatt Papier zwischen die Polizei und die sogenannten Säulen der Gesellschaft. Die wirklich heiklen Fragen wurden nie gestellt. Schon gar nicht denen, die ganz oben standen. Auf einmal war der Wagen des Schwiegersohns verschwunden, der übrigens nie untersucht worden war. Zeugenaussagen zu wichtigen Details und dem auffälligen Verhalten diverser Männer wurden nie registriert, abgeglichen oder ernsthaft überprüft. Und so ging es weiter und weiter … Es war eine Farce. Dass die Polizei so wenig Einsatz zeigte, kam uns wie eine Verhöhnung meiner Schwester vor, und später ihres Andenkens. Doch bei Agnethes vorletztem Besuch auf Harrildholm änderte sich etwas. Und jetzt komme ich zu Lupus … Aber hören Sie, wollen wir uns nicht setzen? Meine Beine werden allmählich müde.«

Poul Hansen ging in eine Ecke der Scheune und schob eine Plane beiseite. Darunter zog er zwei alte Bierkästen aus Holz hervor. Er stellte sie vor Oxen auf den Boden, und sie setzten sich. Nicht gegenüber, sondern nebeneinander, direkt unter den Balken. Dann sprach er weiter.

»Meine Schwester war mit meinem älteren Bruder spazieren gegangen. Er hat es mir später erzählt. Sie hatten sich an den Wegrand gesetzt und pflückten Löwenzahn, als Agnethe ihm etwas offenbarte, das ihn zutiefst schockierte. Sie erzählte ihm, dass sie sich vor einiger Zeit plötzlich an etwas erinnert habe … an etwas von ihm … dem Monster. Ganz deutlich habe sie den verstümmelten großen Zeh des Mannes wieder vor Augen gehabt. Es war der linke große Zeh, von dem fast die Hälfte fehlte, sodass er wie ein kleiner Klumpen aussah. Das hatte sie gesehen, weil er einmal barfuß gewesen war, als er …«

Der alte Staatssekretär räusperte sich und machte eine kurze Pause, auch nach so vielen Jahren schnürte ihm schon der Gedanke daran die Kehle zusammen.

»Also, er hatte einen linken großen Zeh, der durch irgendeinen Unfall verkrüppelt war«, fasste er zusammen. »Und in diesem Moment keimte zum ersten Mal so etwas wie Hoffnung in uns auf, in meinem Bruder und mir. Aber wir behielten diese Hoffnung für uns. Wir waren damals zwei erwachsene junge Männer und konnten eins und eins zusammenzählen: Hätten wir diese wesentliche Erkenntnis an die Polizei weitergegeben, dann hätten die Polizisten sich vermutlich schnell wieder selbst ein Bein gestellt. Sie hätten die Information öffentlich gemacht, und die Gerüchteküche wäre ihren schwerfälligen Ermittlungen rasch vorausgeeilt. Mit anderen Worten, mein Bruder und ich hielten es nicht für angebracht, der Polizei unsere Trumpfkarte in die Hände zu spielen – nur um erneut dabei zusehen zu müssen, wie die Beamten versagten. Also, was auf Gottes grüner Erde wäre naheliegender gewesen, als unsere eigenen Nachforschungen anzustellen? Wir hatten gerade damit angefangen, als Agnethe beschloss, uns für immer zu verlassen. Und in genau dieser Nacht schworen wir uns, dass wir niemals aufgeben würden, bis wir den Verbrecher ausfindig gemacht und unsere Schwester gerächt hätten. Dass unser kleiner Bruder sich entschied, seiner geliebten Schwester zu folgen … Nun, das hat unseren Ehrgeiz nur noch größer gemacht. Dieses Monster war schuld, dass wir unsere Geschwister verloren hatten. Wir würden ihn finden. Und wenn es bis ans Ende unseres Lebens dauern würde.«

»Und haben Sie ihn gefunden? Den großen Zeh?«

Poul Hansen saß auf der Bierkiste, die Ellenbogen auf die Knie gestützt. Während er sprach, schaute er fast die ganze Zeit zu Boden. Vor dem einzigen Fenster der Scheune wurde es langsam dämmrig, bald würde es hier drinnen stockfinster sein.

»Ja, wir haben ihn gefunden. Aber bis dahin sollten sechs weitere Jahre vergehen. Es war keine leichte Aufgabe, Oxen. Absolut keine … Damals gab es noch keine elektronischen Archive oder Patientenakten, wir konnten keinen Hacker anheuern, um uns den Weg zu erleichtern. Nein, es gab kleine, regionale Krankenhäuser, und zwar ziemlich viele. Heute sind die alle verschwunden, so wie vieles von damals nicht mehr existiert. Schulen, Kaufläden, Bäcker. Jede Nähe, jedes verbindende Element hat man aus der dänischen Gesellschaft entfernt, wie ein schlechter Bauer, der seinem Boden die Nährstoffe entzieht und am Ende vor einem unfruchtbaren Acker steht. Das ist das neue Dänemark, das ich da sehe … Mein Bruder Esben und ich standen vor einer gewaltigen Aufgabe. Wir mussten uns Zugang zu Aktenschränken und Archiven verschaffen, wo Patientendaten auf echtem Papier in dunklen Kellern unter den Krankenhäusern lagerten. Und gleichzeitig standen wir am Beginn unserer Ausbildungen. Wir sollten uns ein erwachsenes Leben aufbauen und es führen, obwohl wir uns gar nicht dazu in der Lage fühlten. Aber auch hier schworen wir uns einen gemeinsamen Eid:

Wir würden uns anstrengen. Anders als die Polizei, die uns so bitter enttäuscht hatte, als wir sie am nötigsten brauchten. Wir vereinbarten, dass jeder von uns seinen eigenen Weg gehen würde. Esben war viel sportlicher und zupackender als ich. Er würde eine Laufbahn bei der Polizei einschlagen, und falls es ihm später gelingen sollte, zusätzlich noch ein Jurastudium abzuschließen, dann konnte er es in der Hierarchie weit bringen. Aber zunächst fing er ganz klein an, als ›Polizist auf Probe‹, wie es damals noch hieß, im September 1965. Sie sind alt genug, um noch zu wissen, wer Palle Sørensen war, oder?«

Oxen nickte und schob ein »Natürlich« hinterher. Dieser Name hatte sich in das Gedächtnis gleich mehrerer Generationen eingebrannt.

Poul Hansen fuhr fort.

»Ja, Palle Sørensen erschoss in einer Nacht von Freitag auf Samstag auf Amager vier unbewaffnete junge Polizisten. Es war der 18. September 1965. Am darauffolgenden Montag hatte mein Bruder seinen ersten Tag an der Polizeischule im Artillerivej auf Amager. Für die praktische Ausbildung kam er dann an die Polizeidienststelle in der Store Kongensgade. Ich erinnere mich noch ganz genau. Das Gebäude war ziemlich heruntergekommen. Heutige Polizeischüler würden bei einem solchen Anblick sofort in Ohnmacht fallen … Aber apropos Palle Sørensen, wussten Sie, dass diese Schießerei damals der Grund dafür war, dass die dänische Polizei heute im Dienst Schusswaffen trägt?«

»Und der Grund dafür, dass die Vorschriften geändert wurden, wie die Polizei Autos anhalten soll. Nicht mehr von vorn, sondern von hinten, damit man Zeit hat, um zu reagieren.«

»Das überrascht mich jetzt. Woher …?«

»Ich war selbst Polizeischüler, aber ich habe die Ausbildung abgebrochen.«

»Und was machen Sie heute, wenn ich fragen darf?«

»Nichts. Ich bin arbeitslos. Ehemaliger Jägersoldat.«

»Nun, Sie haben der absoluten Elite angehört.«

Er zuckte mit den Schultern und kehrte zurück zu der Vergangenheit, die viel weiter zurücklag als das.

»Es war eine andere Zeit damals, vor Palle Sørensen und der bewaffneten Polizei. Eine ganz andere Zeit.«

»Das stimmt, Oxen, aber frei von Grausamkeiten war sie trotzdem nicht. An jenem 18. September haben wir als gesamte Nation einen Teil unserer Unschuld verloren. Und den Rest davon haben wir im Lauf der Jahre dann auch noch eingebüßt. Ich weiß noch, wie der Kopenhagener Bischof bei der Beisetzung der vier Polizisten sagte: ›Wer hätte gedacht, dass das Böse so böse ist.‹ Aber mein Bruder und ich – unsere ganze Familie –, wir wussten nur allzu gut, wie böse das Böse sein konnte. Entschuldigen Sie, ich schweife ab … Zurück zur Sache: Genau wie mein Bruder sollte auch ich mich in die Ausbildung stürzen. Ich war eher der bürgerliche Typ, deshalb habe ich zwei Jahre später ein Jurastudium an der Universität in Kopenhagen aufgenommen. Aber wann immer wir auch nur die kleinste Pause in unserem Studium hatten, nahmen wir sofort wieder die Fährte auf.«

»Also weiter von Krankenhaus zu Krankenhaus?«

Der Alte nickte, ohne den Blick von dem schwarzen Boden zu heben.

»Ganz genau. Sämtliche verfügbaren Patienteninformationen wurden ja nur vor Ort aufbewahrt. Es gab kein landesweites Register oder etwas Vergleichbares. Es gab ganze zehn Krankenhäuser in dem Gebiet, das wir für den Herkunftsort des Täters abgesteckt hatten, nämlich Mitteljütland, und zwar von einer Küste zur anderen. Aber er hätte sich den Zeh natürlich überall verletzt haben können. Es gab also keine Garantie dafür, dass wir mit unserer Methode Erfolg haben würden, aber es war der einzige Strohhalm, an den wir uns klammern konnten. Und zum Glück war die Mobilität in Dänemark zu dieser Zeit ja noch nicht sehr ausgeprägt. Wir gingen systematisch vor und begannen in der näheren Umgebung. Das Krankenhaus in Brande war 1964 geschlossen worden, und man hatte die Patientenakten ins Kreiskrankenhaus nach Vejle gebracht. Aber dort fanden wir nichts. Unsere Vorgehensweise wechselte von Ort zu Ort, je nach den Gegebenheiten. Erst sondierten wir die Umgebung, die Mitarbeiter, die Räumlichkeiten – also, wo wurden die Akten aufbewahrt, sowohl die aktuellen als auch die alten? Dann machten wir einen Plan. Manchmal gab ich mich als Medizinstudent aus Kopenhagen aus. Ich behauptete, dass ich statistische Daten für meine Examensarbeit brauche und deshalb Krankenakten sichten müsse, nicht alle, nein, nur einzelne Fälle innerhalb eines eng umrissenen Bereichs der Orthopädie. Mein Bruder war, wie gesagt, zupackender und extrovertierter als ich. Und außerdem kam er bei den Frauen sehr gut an. Ich erinnere mich an drei Gelegenheiten, bei denen es ihm gelang, das weibliche Personal zu bezirzen. Der Ablauf war immer derselbe: Er fing mit einer von ihnen ein Verhältnis an oder machte ihr zumindest Hoffnungen, und dann tischte er ihr eine unverfängliche Version der Geschichte auf, bis sie ihm schließlich half und ihn ins Archiv brachte. Mit der dritten und letzten Sekretärin ist er übrigens bis heute verheiratet.«

»Und was ist mit Ihnen? Haben Sie nie geheiratet?«

Poul Hansen schüttelte stumm den Kopf.

»Nein, wenn ich diese Welt verlasse, dann verlasse ich sie allein.«

»Aber Sie haben ihn gefunden, den Täter?«

»Am Donnerstag, den 8. Mai 1969, stieß ich im Keller des Krankenhauses in Ringkøbing endlich auf die richtige Akte. Ich hatte mir auch dort in meiner Rolle als Medizinstudent mit einem gefälschten Empfehlungsschreiben meines Professors den Zutritt erschwindelt, in dem er seiner Hoffnung Ausdruck verlieh, dass man seinen Studenten in der Provinz freundlich unterstützen werde. Eine so spezifische Verletzung des großen Zehs, wie wir sie suchten, kam in den Archiven nicht oft vor, aber das machte unsere Arbeit nicht einfacher, im Gegenteil. Als ich ihn dann entdeckte, zweifelte ich keine Sekunde an meinem Fund. Das Monster hieß Ejnar Schou. Er war im Spätsommer 1959 ins Krankenhaus gebracht worden. Damals hatte er als Knecht auf einem Hof in Hee gearbeitet. Als er die Landmaschinen für das herbstliche Pflügen vorbereiten sollte, war er irgendwie mit dem Fuß unter den Pflug geraten – mit dem linken Fuß – und hatte sich dabei fast den halben Zeh abgetrennt. Die Ärzte konnten die lose Hälfte nicht retten, sodass nur ein Stumpf übrigblieb. Als wir Ejnar Schou danach fanden, war er in seine Heimat zurückgekehrt und hatte den elterlichen Hof übernommen. Dieser Hof lag in Karstoft, keine zehn Kilometer Luftlinie von Fasterholt entfernt, wo Agnethe den Weihnachtsball besucht hatte. Er lebte allein, hatte aber eine Haushälterin, die mehrmals in der Woche ins Haus kam. Die darauffolgenden Monate nutzten wir, um so viel wie möglich über den Mann in Erfahrung zu bringen. Unter anderem brachen wir in den Hof ein und durchsuchten ihn vom Keller bis zum Dachgiebel. Am Ende war ich als Jurist bereit, ein Urteil zu sprechen, und mein Bruder, der Polizist, würde es vollstrecken. Judikative und Exekutive, vereint in brüderlicher Eintracht, Oxen.«

»Wie konnten Sie sicher sein, dass Sie den Richtigen gefunden hatten?«

»Es passte einfach alles. Ein Bauernhof mit Viehwirtschaft, Boxen, die genauso aussahen, wie Agnethe sie beschrieben hatte. Ein paar konkrete Dinge hatte sie der Polizei ja doch erzählen können. Dazu kam die Tatsache, dass Ejnar Schou mitten im Winter auf einmal ein neues Auto hatte. Ganz grundlos, wie es den Anschein hatte, denn sein altes, ein Simca, war noch völlig in Ordnung gewesen. An den Käufer konnte er sich nicht mehr erinnern, als wir ihn später nach ihm fragten. Und dann war da noch die Reitpeitsche im Stall. Agnethe hatte unzählige Striemen davongetragen, die wahrscheinlich von einer Peitsche oder einem Stock stammten. Im Wohnhaus entdeckten wir, was man damals als unzüchtiges Material bezeichnete, also pornografische Fotos und Texte. In einer Schublade fanden wir Höschen und gut versteckt einen Büstenhalter. Es war der, den Agnethe bei ihrem Verschwinden getragen hatte … Er war auffällig, mit einer kleinen zartrosa Schleife. Und nun fügen Sie zu dem Ganzen noch den linken großen Zeh hinzu – eine statistisch gesehen außerordentlich seltene Verletzung. Belastende Indizien. Und zweifellos ausreichende Indizien. Wir hatten unseren Mann. Endlich.«

»Wie ging es dann weiter?«

Der alte Staatssekretär hatte seine Geschichte in langen, zusammenhängenden Passagen erzählt, als würde ihn die Dunkelheit in der Scheune dazu einladen, sich dem Fremden anzuvertrauen, der ihn unter so dramatischen Umständen aus dem Keller des kleinen Bauernhauses am Ende der Straße gezerrt hatte. Oxen ahnte, was Poul Hansen ihm als Nächstes berichten würde.

»Wir hatten unsere Strafe bis ins kleinste Detail geplant. Es gab nur noch meinen Bruder und mich. Alle anderen aus unserer wunderbaren Familie waren tot. Auch mein Vater hat es nicht mehr erlebt. Er war ein halbes Jahr zuvor als Letzter gestorben. Es war ein später Donnerstagabend im März, es regnete und stürmte, als wir zur Tat schritten. Wir wollten uns für alles rächen, was wir verloren hatten. Er schrie wie ein verreckendes Schwein, als wir ihn in seinem Wohnzimmer überwältigten. Ich kann es immer noch hören, so voller Angst. Jedes Mal wenn ich daran denke, erfüllten mich Ruhe und Wärme. Wir haben ihn über den Hof geschleift, es war alles vorbereitet …«

## 83.

Der alte Staatssekretär scharrte ein wenig mit dem Absatz auf dem Boden, als würde sich die Vergangenheit direkt vor ihm unter einer Schicht aus Zement verbergen. In seinen Gedanken war der Mann viele Jahrzehnte entfernt. Selbst ohne Poul Hansens Gesichtszüge im Dunkeln zu sehen, spürte Oxen die Intensität dieses Augenblicks.

»Der nächste Nachbar war weit weg, deshalb ließen wir ihn schreien, während wir ihn über den Hof zur Scheune brachten. Denn natürlich sollte das Ganze dort stattfinden. Wir hatten ihm schon im Haus die Hände gefesselt, und nun fesselten wir auch noch seine Beine. Dann setzten wir ihn auf die Anklagebank, einen Melkschemel, den wir aus dem Stall geholt und in die Mitte der Scheune gestellt hatten. Er zitterte am ganzen Leib wie ein verängstigter Köter. Als ich die Anklageschrift verlas, pinkelte er sich in die Hose, wahrscheinlich weil ihm bewusst wurde, dass die Vergangenheit ihn nun eingeholt hatte. Als ich ihn fragte, ob er sich schuldig bekennen würde, schrie er ›Nein!‹. Er versuchte, sich zu befreien, und fiel dabei vom Hocker, lag sich windend auf dem Boden. Wir setzten ihn wieder hin, und ich begann mit der Beweisaufnahme. Das Auto zu verkaufen, war angeblich eine spontane Idee gewesen, an wen, wusste er nicht mehr, wie ich vorhin ja schon sagte. Er habe es verkauft, weil er ein größeres haben wollte, erklärte er. Die Peitsche stammte aus einer Zeit, als ein Nachbarmädchen sein Pferd bei ihm auf dem Hof stehen hatte. Die Schmuddelhefte hatte er irgendwann einem Handelsreisenden abgekauft, mit dem er im Hoven Kro bei ein paar Bier ins Gespräch gekommen war. Er habe nicht oft darin geblättert, behauptete er. Für die Unterhosen in seiner Schublade konnte er uns keine sinnvolle Erklärung geben, nur dass er es wohl spannend fand, sie gelegentlich selbst anzuziehen. Den BH wollte er im Straßengraben gefunden haben. Er habe ihn aufgehoben und mit nach Hause genommen, weil er so hübsch gewesen sei, sagte er. Da hat mein Bruder ihm eine Ohrfeige verpasst, dass er umgekippt und über den Boden gerollt ist. Als wir ihm die Hose heruntergezogen haben und mein Bruder ihm ein Messer in den Schritt gehalten hat, schrie er wieder und gab alles zu. Wir hatten zu Hause ein schriftliches Geständnis vorbereitet. Den Wortlaut kann ich immer noch auswendig. Er hat sich für alle Zeiten in mein Gedächtnis eingebrannt:

*›Ich, Ejnar Schou, gestehe hiermit, dass ich das Verbrechen begangen habe, das Agnethe Hansen in den Tagen vom 1. bis zum 6. Dezember 1963 widerfahren ist. Ich schäme mich zutiefst für dieses Vergehen und bestrafe mich deshalb selbst mit dem größten Opfer, das ein Mensch erbringen kann. Ich weiß von ihrem traurigen Schicksal, und daher weiß ich auch, welches Schicksal mir selbst zuteilwerden soll. Ich verdiene es nicht, weiterzuleben. Es tut mir leid.‹*

Er unterschrieb das Papier, und wir stellten ihn auf ein paar Kisten, die wir auf dem Boden übereinandergestapelt hatten. Das

Seil warfen wir über einen Querbalken. Als ich ihm die Schlinge um den Hals legte, stand er mit großen Augen da, als würde er überhaupt nicht begreifen, was gerade geschah. Endlich hatten wir ihn gefunden. Ich verkündete sein Urteil – die Todesstrafe –, und mein Bruder trat die Kisten unter seinen Füßen weg. Dann fuhren wir nach Hause, nach Harrildholm, wo wir im Auto sitzen blieben und für eine lange Zeit nur in die Nacht starrten. Die neuen Besitzer des Hofes kannten wir nicht. Irgendwann fuhren wir weiter, zum Friedhof, und legten Blumen auf das Familiengrab. Und dann kehrten wir nach Kopenhagen zurück.«

»Und Lupus?«

»Das war Lupus, Oxen. Der Anfang von Lupus.«

»Lupus … der Wolf … Warum?«

»Als Kinder spielten wir hier in der Heide, alle vier, auch Agnethe. Oft drüben im Ulvemose – dem Wolfsmoor –, am Ulvemose Top oder dem Ulvemose Banke. Wir stellten uns vor, dass Wölfe in der Heide und in den Wäldern lebten. So wie es früher gewesen war.«

»Aber damals gab es keine Wölfe. Sie sind erst seit Kurzem wieder da.«

»Das stimmt. Es scheint geradezu symbolisch zu sein. Ich bin auf den Hof meiner Eltern zurückgekehrt, nach einem Leben in Lupus' Diensten, und mit mir sind auch die Wölfe gekommen. Denken Sie, dass eine tiefere Bedeutung darin steckt? Ich muss zugeben, dieser Gedanke gefällt mir.«

Er zuckte mit den Schultern.

»Ich bin nicht der Richtige, um Ihnen das zu beantworten. Einer der Wölfe ist übrigens tot. Erschossen …«

Der Alte richtete sich auf und versuchte trotz der Dunkelheit Blickkontakt aufzunehmen.

»Wie bitte? Woher wissen Sie das?«

»Jemand hat mir einen Tipp gegeben. Ich habe das Tier selbst im Wald ausgegraben.«

»Was für eine abscheuliche Tat. Es ist verboten, Wölfe zu schießen, streng verboten. Wölfe sind großartige Tiere. Haben Sie den Schuldigen gefunden?«

»Nein. Aber ich habe in letzter Zeit immer wieder versucht, die Wölfe zu Gesicht zu bekommen, leider ohne Erfolg.«

»Womöglich steckt doch mehr Symbolik in allem, als man vermuten würde. Ich werde sterben, Oxen.«

»Sterben?«

»Ich habe Prostatakrebs. Momentan komme ich ganz gut zurecht, aber das kann sich von einem Tag auf den anderen ändern. Meine Behandlung wurde eingestellt. Als ich vorhin sagte, ich wäre nach Hause gekommen, um zu sterben, habe ich es auch genau so gemeint. Ich bin nach Harrildholm gekommen, um mich mit meinem Leben auszusöhnen. Aber da dachte ich noch, dass mir mehr Zeit dafür bleiben würde. Ich weiß es erst seit Kurzem. Lupus und der tote Wolf … Die Spuren kreuzen sich.«

»Erzählen Sie mir mehr über Lupus.«

»Lupus wurde immer größer und entwickelte sich zu einer Art Ideologie. Eine Lebensanschauung, die sich zu einer höheren Gerechtigkeit bekennt und es für legitim erachtet, dieser Gerechtigkeit auf die Sprünge zu helfen, wenn ein Rechtsstaat wie unserer nicht selbst dafür sorgen kann. Mein Bruder und ich wurden erwachsen und machten Karriere. Aber egal wie gut es auch lief, unser Leben war immer von dem geprägt, was Agnethe und dem Rest der Familie widerfahren war. Lupus veränderte sich und wurde über die Jahre zu einer perfekten Organisation, die allen Gerechtigkeit verschaffte, die sie wirklich verdient hatten. Aber Lupus war auch präventiv tätig und verhinderte Verbrechen. Die Organisation vereinte in sich zwei Teile der Staatsgewalt – sie verurteilte und vollstreckte dieses Urteil. Nicht nach Gutdünken, sondern nach gründlicher Abwägung.«

»Gab es noch mehr Todesurteile?«

»Selten.«

»Beispielsweise für einen Dealer?«

»Das ist gut möglich. Wenn es einen triftigen Grund dafür gab.«

»Hat Lupus den Direktor einer insolventen Bank bestohlen?«

»Nein.«

»Was ist mit der Todesstrafe für einen verurteilten Pädophilen im Schmetterlingstal auf Rhodos?«

»Ja. Im Sinne der Prävention.«

»Entführungen? Noch dazu von Kindern?«

»Das hatte nichts mit einem Urteil oder einer Strafe zu tun. Das war rein geschäftlich. Aber ja, es stimmt, dass wir manchmal zu unorthodoxen und im Grunde natürlich bedauerlichen Mitteln greifen mussten, um unsere Arbeit zu finanzieren.«

»Lissa Bille-Damberg?«

»Ja, aber das war ein Fehler und wir haben ihn teuer bezahlt.«

»Joakim Jönsson hat für Sie gearbeitet, so war es doch, oder?«

»Ja, wir haben ihn gelegentlich angeheuert. Er war so etwas wie ein Leiharbeiter für Aufgaben, für die er uns geeignet schien. Aufgaben, die wir anderen nicht zumuten wollten.«

»Womit hat Lupus sich sonst noch beschäftigt? Mit Raubüberfällen?«

»Nur drei in all den Jahren.«

»Und sonst?«

»Früher haben wir Dienstleistungen für den polizeilichen Nachrichtendienst ausgeführt. Wir haben als eine Art

Subunternehmen Aufträge übernommen, um unser Kerngeschäft zu finanzieren – die Gerechtigkeit. Wenn der PET sich die Finger nicht schmutzig machen wollte, dann konnte er Lupus beauftragen. Zu einem im Voraus vereinbarten Preis. Genau wie wir Joakim Jönssons Dienste in Anspruch genommen haben, wenn *wir* uns die Finger nicht schmutzig machen wollten.«

»Für den PET? Was für Aufträge waren das?«

»Ach, es gab damals so viele Operationen, vor allem während des Kalten Krieges, dessen wahren Charakter sich Normalsterbliche gar nicht vorstellen können. Wir haben alles gemacht, von Einbrüchen über Beschattungen, Überwachungsanlagen und illegale Abhöraktionen. Meist ging es um die verschiedenen Gruppierungen des linken Flügels. Von denen gab es in jenen Tagen ja mehr als genug. Damit war gutes Geld zu verdienen.«

»Und was hat Lupus mit dem Geld gemacht?«

»Wie gesagt, alles im Dienste der Gerechtigkeit. Wir haben immer auch eigene Operationen durchgeführt und tun das heute noch. So etwas ist teuer – die Planung und die Durchführung, aber vor allem weil wir unsere Leute außerordentlich gut bezahlen, um kein Risiko einzugehen.«

»Ihre Leute?«

»Die Menschen, die zu unserem Kreis gehören. Polizisten mit eigener Meinung.«

Sie saßen eine Weile schweigend da. Es war merkwürdig – und trotzdem logisch –, dass die Wahrheit ausgerechnet an diesem Ort zutage kam. So schmerzhaft es auch war.

»Wieso erzählen Sie mir das alles jetzt? Und was hat es mit Ihrem Versteck bei den Nachbarn auf sich und mit der Videoüberwachung des Hofs?«

»Sie sind noch nicht so alt, Oxen. Sie haben sich vermutlich nie wirklich mit der Vorstellung befasst, eines Tages Ihrem

Schöpfer gegenüberzustehen, nicht wahr? Ich dagegen habe oft darüber nachgedacht, das liegt in der Natur der Sache. Ich weiß nicht, wie viele Tage, Wochen oder sogar Monate mir noch bleiben. Aber Gedanken mache ich mir schon viel länger. Vielleicht aufgrund meiner Pensionierung und meines fortgeschrittenen Alters. Ein Lebensfazit, so könnte man es vielleicht nennen. Habe ich mein Leben richtig genutzt? Hätte ich mich gegen dieses Empfinden wehren sollen, das ich als unabänderliche Wahrheit einfach hingenommen habe – dass das Unglück meiner Familie mein Sein definiert hat? Hätte ich mich dagegen auflehnen und meine Zeit anders und besser nutzen müssen? Denn, wer bin ich, dass ich mir anmaße, über andere zu urteilen? Ich bin nicht der leibhaftige Gerechte, denn ich habe mich über die Gerechtigkeit hinweggesetzt, die wir als Demokratie gemeinsam festgelegt haben. Noch dazu als höchster administrativer Chef des Ministeriums, das unser Recht und Gesetz verwaltet. Ich bin selbst ein Verbrecher. Und als solcher muss ich die Konsequenzen tragen, wenn meine Zeit gekommen ist. Die Erkenntnis, dass das schon bald der Fall sein wird, hat mir geholfen, alles klarer zu sehen. Ich muss mich von Lupus lossagen. Ich muss für meine Sünden büßen, Oxen. Sonst werde ich niemals finden, was ich mir am allermeisten wünsche: Frieden im Tod.«

»Und worin bestehen nun diese Klarsicht und diese Buße? Wozu das Versteck und die Kameras? Können Sie mir das sagen?«

»Die Buße? Ich habe mich entschieden, Lupus' Existenz und das Wirken unserer Organisation offenzulegen. Das ist aus moralischer Sicht das einzig Richtige. Ich glaube, mein Bruder hat geahnt, was ich vorhatte. Deshalb wollte er mich umbringen. Er hat Monrad geschickt, um die Drecksarbeit für ihn zu erledigen. Monrad stand bei Lupus in der Schuld, weil wir damals den

Dealer eliminiert haben, der den Tod seines Sohnes zu verantworten hatte. Und mein Bruder hat diese Schulden bei ihm eingefordert.«

»Ein Brudermord.«

»Ich hatte mein Leben lang nicht den geringsten Grund, an Gott zu glauben, aber seit einiger Zeit ... ist es, als hätte ein neuer Abschnitt begonnen, einer am Rand der Klippe. Ich will keine Auseinandersetzung von biblischem Ausmaß daraus machen, aber ja ... Kain hat Abel erschlagen, weil Gott nur Abels Opfer angenommen hat und nicht Kains.«

Die Gedankenturbine in seinem Kopf kreiste immer schneller und schleuderte alle Versatzstücke durcheinander, die sich angesammelt hatten, seit er zum ersten Mal einen Fuß auf Harrildholm gesetzt hatte. Einige fügten sich zusammen und bildeten größere Einheiten, die endlich einen Sinn ergaben. Andere wirbelten weiter haltlos herum.

»Wieso sind Sie untergetaucht? Und ich warte immer noch auf eine Erklärung für die Überwachungsanlage.«

Der alte Staatssekretär nickte, während er leise brummte.

»Dazu kommen wir jetzt ... Ich habe mein Verschwinden arrangiert, weil ich befürchtete, ins Jenseits befördert zu werden, bevor ich am Krebs sterben würde. Aber ich brauchte und brauche noch mehr Zeit. Ich habe die Videoüberwachung eingerichtet, damit ich es sehen konnte, wenn der Feind kam – und in welcher Gestalt er auftauchen würde. Würde es Kain selbst sein? Oder würde er einen Gesandten schicken? Würde es einer sein oder mehrere? Ich habe mich bei Hyldtoft versteckt, weil Ivar seit Schulzeiten mein Freund ist. Es erschien mir logisch, dass mein Unterschlupf umso sicherer war, je näher er an Harrildholm lag.«

»Außer Monrad ist auch der ehemalige PET-Chef Axel Mossman von den Kameras aufgezeichnet worden. Warum?«

»Ich weiß natürlich, wer Mossman ist, aber was ihn gerade jetzt nach Harrildholm getrieben hat und ob er Lupus auf der Spur ist, das müssen Sie ihn selbst fragen. Ich weiß es nicht.«

»Kommen wir zu der Frau, die verschwunden ist, Margrethe Franck.«

»Auch vom PET, nicht wahr?«

»Ja. Nachdem ich nun Ihre ganze Geschichte gehört habe, vermute ich, dass Ihr Bruder sie entführt hat. Sie spielte damals eine Rolle, wenn auch völlig ahnungslos, als die Entführung von Lissa Bille-Damberg schiefging und mit Jönssons Tod im Südhafen endete. Es war Franck, die ihn erschossen hat. Wissen Sie einen Ort, wo Ihr Bruder sie möglicherweise gefangen halten könnte? Ein Ferienhaus, eine Wohnung, ein Boot? Oder Freunde und gute Bekannte, die über eine geeignete Unterkunft verfügen? Lassen Sie sich Zeit. Denken Sie gründlich nach. Wenn Sie mir helfen, Margrethe Franck zu finden, können wir uns, was Monrad betrifft, vielleicht auf irgendein Gentleman's Agreement verständigen. Denken Sie nach …«

Der alte Staatssekretär ließ sich außerordentlich viel Zeit. Endlich räusperte er sich.

»Mein Bruder hat einen Einsiedlerhof in Värmland in Schweden. Die Familie seiner Frau besitzt ein Ferienhaus in Vejers an der Westküste. Und dann gibt es noch eine Eigentumswohnung in Nørrebro, die ursprünglich als Studentenbude für ihren Sohn diente. Sie haben die Wohnung behalten, als er mit dem Studium fertig war. Aber soweit ich weiß, ist sie vermietet. Und Freunde? Hmm, ich meine, mich an ein Ehepaar mit einem Ferienhaus in Rørvig zu erinnern. Mehr fällt mir im Augenblick nicht ein.«

Sein Handydisplay leuchtete in der dunklen Scheune wie ein Raumschiff, als er es aus der Tasche zog und Mossmans Nummer wählte.

»Hier ist Oxen. Wir müssen so schnell wie möglich ein paar Adressen überprüfen.« Er brüllte fast ins Telefon. »Möglicherweise steckt Poul Hansens Bruder, der ehemalige Polizeipräsident Esben Hansen, hinter Margrethes Entführung. Infrage kommen einen Einsiedlerhof in Schweden, ein Ferienhaus an der Westküste in Jütland und ...«

»Halt, Oxen, halt.«

Axel Mossmans entschiedene Unterbrechung wirkte absolut fehl am Platz. Sie waren dichter an Margrethe dran als je zuvor.

»Halt? Was zur Hölle meinst du damit?«

Mossman antwortete ruhig.

»Die Möglichkeiten, die du gerade aufgezählt hast, und die, die du sicherlich noch erwähnen willst, sind alle längst überprüft worden. Es war nirgends eine Spur von Margrethe zu finden.«

»Aber woher zur Hölle konntest du wissen, dass ...?«

## 84.

Der Eingang mit den beiden Säulen am Ende des gewaltigen Bahnhofsgebäudes war einer so bedeutenden Instanz angemessen, auch wenn diese Instanz ihren Sitz in der Provinz hatte. »Post und Telegraphenamt« stand unter dem Relief mit der Krone auf dem Türsturz aus Granit.

»Ach ja, die gute alte Zeit«, platzte Mossman heraus und legte den Kopf in den Nacken, als sie auf dem Bürgersteig vor der Treppe standen. »Erst gab es beide, das königliche Post- *und* das Telegraphenwesen. Dann wurden sie zusammengelegt, und jetzt, jetzt verteilen wir unsere Briefe gemeinsam mit den Schweden.«

Brummend drückte Mossman die massive Eingangstür auf und nickte zu dem Schild an der Mauer.

»Und heute wohnt hier noch ein drittes Wesen. Ich kenne ein paar Leute im Staatsdienst, die sagen würden, dass es eher ein Unwesen ist.«

Sie gingen die Treppe nach oben in den ersten Stock, wo sie bereits von einer Sekretärin erwartet wurden, die sie zu Bodil Nyhuus' Büro führte. Es war Punkt halb elf.

Die Leiterin der unabhängigen Polizeikontrollbehörde, die für die Ermittlungen bei Beschwerden oder Strafsachen die Polizei betreffend verantwortlich war, thronte hinter einem modernen Schreibtisch. Sie blickte über den Rand ihrer Brille und nickte kühl.

»Guten Tag, Mossman und …?«

»Oxen«, antwortete er.

»Willkommen in Århus, meine Herren. Lassen Sie es mich gleich sagen, damit die Sache klar ist: Ich habe eine halbe Stunde, keine Minute mehr.«

Sie war ihm auf Anhieb sympathisch. Eine Person, die sofort auf den Punkt kam, und zwar mit Präzision. Dass sie leicht gereizt wirkte, lag vermutlich daran, dass Axel Mossman ihr im Vorfeld nicht hatte sagen wollen, warum er sie um ein Treffen bat. Oder besser gesagt, ein Treffen verlangte. Diese Art von Unwägbarkeit war der Leiterin einer solchen Behörde mit Sicherheit ein Dorn im Auge. Aber niemand sagte Nein zu Axel Mossman. Auch nicht Bodil Nyhuus.

»Wie kann ich Ihnen denn nun behilflich sein, nachdem Sie es nicht für angebracht hielten, mich vorab über den Grund Ihres Besuchs zu informieren, Mossman?«

»Es tut mir leid, ich dachte nur, es wäre besser, das Thema von Angesicht zu Angesicht zu besprechen«, sagte Mossman.

Oxen warf einen verstohlenen Blick zu dem alten PET-Hünen. Seine Antwort verschleierte natürlich, dass Mossman vor allem hatte verhindern wollen, dass Bodil Nyhuus Gelegenheit bekam, sich auf seine Fragen vorzubereiten.

»Wir sind gekommen, um mit Ihnen über einen ehemaligen Mitarbeiter in meiner alten … Wirkungsstätte zu reden. Troels Monrad … Sagt Ihnen der Name etwas?«

Diese Frau war viel zu professionell, um sich mehr als einen Anflug schlecht überspielter Überraschung in ihrem Blick anmerken zu lassen.

»Troels Monrad? Ja, das sagt mir etwas. Warum? Es wäre schön, wenn es etwas weniger kryptisch ginge, danke.«

Mossman lächelte und brummte irgendetwas Unverständliches.

»Gern. Erstens: *Woher* kennen Sie ihn? Zweitens: *Warum* kennen Sie ihn? Drittens: *Wann* hatten Sie das letzte Mal Kontakt zu ihm?«

Bodil Nyhuus nickte zufrieden.

»Erstens: Er ist vor etwa einem halben Jahr zum ersten Mal in mein Büro marschiert, hat sich vorgestellt und darauf bestanden, mich zu sprechen. Er saß gut und gern anderthalb Stunden draußen auf dem Stuhl, bis ich Zeit für ihn hatte. Das zweite und zugleich letzte Mal war vor ungefähr drei Monaten. Zweitens: Troels Monrad lieferte mir eine auf den ersten Blick ziemlich weitschweifige Schilderung einer Art Organisation innerhalb der Polizei namens Lupus. Diese Gruppierung hatte es sich angeblich zur Aufgabe gemacht, eine alternative Form von Gerechtigkeit herzustellen. Mit anderen Worten, Lupus ist gleichbedeutend mit Selbstjustiz. So, wie wir es von beunruhigenden Berichten über Polizeigewalt aus aller Welt kennen – vom Wüten des Militärregimes in dem schmutzigen Bürgerkrieg in Argentinien, vom skrupellosen Vorgehen der brasilianischen Polizei in den Favelas oder, nicht weit von uns entfernt, von den brutalen Mitgliedern der Baseball-Liga in Stockholm Anfang der Achtziger. Ich hätte ihn hochkant aus meinem Büro geworfen, wäre Monrads Bericht nicht so ungewöhnlich detailliert gewesen. Und nicht zuletzt äußerst persönlich. Ich habe meine Leute gebeten, ihn gründlich zu durchleuchten. Er ist in einigen Punkten ein zweifelhafter Charakter. Im Verhältnis zu seinen Einkünften spielt er zu viel. Er lebt isoliert, sieht nur seine Tochter, und auch das eher selten. Und dann seine ganze Vergangenheit ... Ich konnte seine Aussagen verifizieren. Er hatte einen Sohn, der an einer Überdosis gestorben ist. Später starb der Dealer, der für diese Tragödie verantwortlich war. Die Umstände, unter denen dieser Dealer zu Tode kam, waren extrem brutal und mysteriös. Monrad räumte ein, in den Tod dieses Mannes ›involviert‹ gewesen zu sein. Er wurde schwer misshandelt in einem Keller gefunden, gestorben ist er aber nicht an den Verletzungen, sondern an einer Überdosis. Es gab also einiges an Substanz in Monrads Geschichte. Daran besteht nicht der geringste Zweifel. Drittens: Wie ich bereits sagte, habe ich ihn das letzte Mal vor etwa drei Monaten gesehen. Und jetzt bin ich an der Reihe. Warum diese Geheimniskrämerei, Mossman? Wieso soll ich mich hier in meinem eigenen Büro vor Ihnen rechtfertigen? Was wollen Sie?«

Bodil Nyhuus' Augen sprühten Blitze, aber Mossmans mächtiger Körper absorbierte die elektrischen Entladungen, ohne dass er sich etwas anmerken ließ.

»Troels Monrad ist tot.«

Bodil Nyhuus' Augen wurden schmal.

»Tot?«

Er verhielt sich still und überließ Mossman das Reden. Das hier war eine Unterhaltung unter Kollegen.

Mossman informierte Nyhuus kurz über die Einzelheiten.

»Ich bin letzte Woche erst von einem Familienbesuch in Kanada zurückgekommen. Ich wusste nichts davon«, sagte sie. »Aber natürlich können Menschen in Dänemark sterben, ohne dass ich darüber informiert werde. Untersuchen Sie gerade, ob ein Zusammenhang zwischen seinem Tod und seiner Theorie über Lupus besteht?«

Mossman zuckte mit den Schultern.

»Wie Sie wissen, bin ich pensioniert, aber soweit mir bekannt ist, wird in allen Richtungen ermittelt.«

»Und was habe ich damit zu tun?«, fragte Nyhuus.

»Wir haben ein paar Notizen von Monrad gefunden. Er hatte den Entwurf für eine Vereinbarung aufgesetzt, in dem Ihr Name erwähnt wird. Er wollte Ihnen Lupus liefern, und als Gegenleistung verlangte er Straffreiheit und einen Koffer voll Geld. Einen sehr großen Koffer.«

»Das habe ich mir schon gedacht«, entgegnete sie. »Im Grunde lag es auf der Hand.«

»Allerdings gibt es da eine Sache, die für uns viel wichtiger ist als alles andere. Eine unserer Kolleginnen gilt seit einigen Tagen als vermisst und ist möglicherweise von Lupus entführt worden. Deshalb, *please,* denken Sie ganz scharf nach. Hat Monrad im Zusammenhang mit den Aktivitäten von Lupus zu irgendeinem Zeitpunkt einen Ort erwähnt, eine Art Hauptquartier oder etwas Vergleichbares? Anders gesagt, hat er Ihnen vielleicht einen Hinweis gegeben, der uns bei der Suche nach unserer Kollegin weiterhelfen könnte?«

Die Leiterin der Kontrollbehörde musste nicht lange überlegen.

»Die Antwort lautet Nein. Ich habe nicht die leiseste Idee, wo Lupus seine Höhle hat oder wo er Ihre Kollegin versteckt haben könnte. Leider. Was werden Sie jetzt tun, Mossman? Ohne Monrad können wir ein Untersuchungsverfahren vergessen. Was wollen Sie mit Blick auf Lupus unternehmen? Was machen Salomonsen und der PET?«

»Im Augenblick kann ich Ihnen diese Fragen nicht beantworten, Nyhuus. Mag sein, dass wir die vagen Umrisse von Lupus gesehen haben, aber das war auch schon alles. Lupus ist eher ein Schatten als eine handfeste Affäre. Wir müssen weiter unsere Arbeit machen und abwarten, ob die Sache Form annimmt. Aber wir haben Ihnen schon genug Ihrer kostbaren Zeit geraubt.«

»Melden Sie sich, wenn ich Ihnen weiterhelfen kann. Oder den Fall übernehmen soll.«

Die Leiterin der externen Polizeikontrollbehörde erhob sich und reichte ihnen zum Abschied die Hand.

## 85.

Riesige Schaumkronen rollten mit den Wellen an den Strand, so stark war der Wind. Sie waren nach dem Treffen mit Bodil Nyhuus in den Räumen der Polizeikontrollbehörde am Banegårdsplads in der Innenstadt jeder in seinem eignen Auto weggefahren. Jetzt saßen sie beide in Mossmans Volvo auf einem Parkplatz am Moesgaard Strand südlich von Århus. Er hatte so geparkt, dass sie aufs Meer schauen konnten.

Oxen spürte, was Mossman wahrscheinlich auch spürte: Es war Zeit für den finalen Showdown …

Jetzt war der Moment gekommen, die Trümpfe auszuspielen. Jetzt hatte Mossmans *game* wirklich begonnen. Jetzt würde sich zeigen, ob er genug Wissen gesammelt hatte, um sich mit diesem Furcht einflößenden Intellekt zu messen, der immer mindestens eine verborgene Agenda verfolgte – und dazu etliche andere, die kaum deutlicher zu erkennen waren.

»Schau, Soldat, dahinten, das müsste die Nase von Djursland sein und links daneben die Kalø-Bucht. Ein Stück weiter rechts ist die Nordspitze von Samsø, und dahinter liegt die Sjællands Odde, wo ich heute früh auf die Autofähre gefahren bin. Aus der Ferne fließt das alles zusammen, und es wird immer schwerer zu erkennen, wo das eine anfängt und das andere aufhört – und was sich dahinter verbirgt. Genau wie in meiner Welt, Oxen. Die ewige Jagd nach Konturen. Siehst du Lupus klar und deutlich vor dir?«

»Du wusstest, dass der alte Staatssekretär einen Bruder hat, der früher Polizeipräsident war. Esben Hansen … Warum hast du das nie erwähnt?«

Mossman zuckte unter seinem Tweedmantel mit den Schultern.

»Ich war der Ansicht, dass es uns von der eigentlichen Aufgabe ablenken würde, nämlich Poul Hansen zu finden. Außerdem hatte ich keine Beweise dafür, dass Esben oder Poul Hansen unmittelbar in Lupus involviert waren. Es waren alles nur Vermutungen.«

»Harrildholm ist ihr Elternhaus.«

Mossman drehte sich ruckartig um.

»Wirklich?«

»Ich weiß noch viel mehr als das, was ich dir gestern Abend am Telefon erzählt habe. Viel mehr …«

»Worauf wartest du? Raus damit, Soldat. Weih mich ein.«

»Wir können tauschen.«

»Oh, da waren wir schon mal, nicht wahr? *Quid pro quo.* Was willst du haben?«

»Weißt du, woher der alte Zeitungsartikel kommt? Und gibt es eine Verbindung zwischen dem Artikel und Lupus?«

»Hast du Poul Hansen nicht danach gefragt?«

»Ich frage dich.«

»Wahrscheinlich hatte der alte Staatssekretär den Artikel schon seit Jahren in der Schublade liegen. Wenn Hansen zu Lupus gehört, gibt es vielleicht eine Verbindung zum Südhafen. Eine Verbindung, die wir nicht kennen.«

»Lass mich deine Nase sehen.«

Mossman drehte sich wieder zu ihm und schaute ihn verständnislos an.

»Meine Nase?«

»Sie wächst.«

Mossman lächelte angestrengt.

»Sie wächst mit jeder deiner Lügen, Mossman. Genau wie bei Pinocchio. Noch mal: Woher stammt der Artikel?«

Genervt hob Mossman die Hände.

»*Dammit*, Oxen, woher zur Hölle soll ich das wissen?«

Er lehnte sich im Sitz zurück und hielt Mossmans Blick fest, während er mit den Fingern auf die Oberschenkel trommelte. Er zog die Zeit in die Länge, bis die Spannung zwischen ihnen kurz vor dem Zerreißen war.

»Weil du selbst den Zeitungsartikel in der Schublade platziert hast, Mossman.«

Der alte PET-Hüne seufzte tief. Dann schüttelte er den Kopf, dass die Hautfalten von der Kalø-Bucht bis zur Nordspitze von Samsø schaukelten.

»Also gut … *Touché*, du hast recht. Wenn du so unbedingt darauf bestehst.«

»Warum?«

»Weil es nun mal in meiner Natur liegt, dass ich immer nur das Beste haben will. Und das Beste, das sind Margrethe Franck und du. Niemand sonst.«

»Und da es gerade keinen Hund gab, den du aufhängen konntest …«

»Das wirst du mir auch in hundert Jahren noch vorhalten, oder? Was damals passiert ist, geschah ausschließlich im Dienste der Nation, Oxen. Ich hatte den Eindruck, dass du nicht daran interessiert warst, mir zu helfen. Als du dich dieses Mal zumindest dazu bereit erklärt hast, bei deiner Vater-Sohn-Tour kurz nach Poul Hansen zu schauen, da tat sich auf einmal ein winzig kleines Nadelöhr auf. Gerade groß genug, um mit etwas Geschick ein Kamel hindurchzuziehen. Jetzt bin ich dran: Wieso hast du mir nicht sofort erzählt, dass du Monrads Versteck in dieser Hütte gefunden hast?«

»Weil ich da noch dachte, dass du die Überwachung auf Harrildholm installiert hättest. Wieso hätte ich dir alles geben sollen, wo du mir doch auch nicht alles gegeben hast? Und dann stellte sich beim Sichten der Aufnahmen auf der Festplatte heraus, dass ausgerechnet du den Zeitungsartikel klammheimlich an Ort und Stelle gelegt hattest, und ich war genauso schlau wie zuvor. Gestern Abend in der Scheune habe ich dann die ganze Geschichte von Lupus erfahren. Lupus ist das Werk der beiden Brüder, ihr Lebenswerk, könnte man sagen. Hör zu …«

Als er sich dem Ende der Geschichte von Harrildholm und all seinen Tragödien näherte, hatten Mossmans Finger sich so fest um das Lenkrad geklammert, dass seine Knöchel weiß geworden waren.

»Als sie ihn aufgrund seines fehlenden linken Zehs schließlich aufgespürt hatten, erwartete ihn dasselbe Schicksal, das auch ihrer Schwester widerfahren war. Sie haben den Mann in seiner Scheune erhängt. Aber Lupus lebte weiter und wurde immer größer.«

»Dann waren sie es also doch, die beiden Brüder.«

»Ja, und sie waren es auch, denen Margrethe nichts ahnend

in die Quere kam, als sie anfing, Nachforschungen über ihre eigene Geschichte im Südhafen anzustellen. Denn in Joakim Jönssons Kofferraum lag etwas, das Lupus gehörte. Du wirst *nie*, wirklich nie erraten, was es war.«

Mossman brummte auf einmal überraschend gut gelaunt.

»Ein kleines Schulmädchen, Lissa Bille-Damberg.«

»*Wie bitte?*«

Sein Ausruf hallte im Auto wider. Für einen Augenblick stand sein Herz still, und es brauchte einen langen Anlauf, bevor es wieder schlug.

»Woher verdammt noch mal weißt du das schon wieder?« Er ertappte sich dabei, dass er Mossman direkt ins Gesicht brüllte.

»Nicht, dass ich mich damals am Telefon vorgestellt hätte, aber ich war es, der Margrethe Francks Kollegen Klaus Trane angerufen und ihn gezwungen hat, das Mädchen in den Kofferraum des Streifenwagens zu bringen.«

»Bist du auch Lupus?«

»Nein, nein … Ich habe nur dafür gesorgt, dass Trane das Kind zu Hause abliefert. Ich habe das Geschehene ungeschehen gemacht. Das ist mein Beruf, Oxen. Illusionen zu zerstören, zu schaffen und zu bewahren.«

Eine Weile saß Oxen schweigend da, und sein Blick glitt zwischen den Landmassen hindurch weit hinaus aufs Meer. Dann beschleunigten die Turbinen in seinem Kopf mit einem ohrenbetäubenden Pfeifen und sein Blick raste zurück an die Küste von Moesgaard.

»Warum?«

»Weil einem kleinen Kind nichts Böses widerfahren darf, Soldat.«

»Das kann nicht der einzige Grund gewesen sein!«

»Und weil es für alle das Beste war.«

»Mit deinem Manöver hast du indirekt eine schützende Hand über Lupus gehalten.«

»Das ist richtig. Ich habe etwas gedeckt, das niemand wirklich sehen wollte.«

»Aber woher wusstest du von dem Mädchen?«

»Ich war an diesem Tag irgendwo im Haus bei einer Besprechung gewesen und wurde gleich im Anschluss überraschend zu einem weiteren Meeting gerufen. Als ich in mein Büro zurückkam, fand ich eine Nachricht vor. Irgendjemand hatte wohl Gewissensbisse bekommen. Sagen wir ruhig, es war ein Whistleblower. In dieser Nachricht stand, dass ein gewisser Joakim Jönsson in einem bestimmten Auto mit dem und dem Kennzeichen zum angegebenen Zeitpunkt Bille-Dambergs Tochter auf dem Heimweg von der Schule entführen würde. Und da stand auch, dass Lupus hinter der Entführung steckte. Aber wegen der zusätzlichen Besprechung kam ich zu spät. Die Entführung war bereits in vollem Gange. Ich stürmte zu meinem operativen Chef ins Büro, und wir verschafften uns schnell einen Überblick über die aktuelle Lage. Uns war sofort klar, dass sich gerade ein mittleres Drama anbahnte, weil Trane und Franck einen verdächtigen silbernen Peugeot verfolgten – mit exakt meinem Nummernschild. Da habe ich eingegriffen.«

»Du kanntest also die wahre Geschichte hinter Margrethes Unfall? Und hast es ihr all die Jahre verschwiegen?«

Mossman nickte langsam.

»Ja, Soldat, ich war schließlich selbst ein Teil dieser Geschichte. Und hätte es einen Unterschied gemacht? Die Wahrheit hätte Margrethes Bein auch nicht zurückgebracht.«

»Ich fasse es nicht …«

»Betrachte es in einem größeren Kontext, Oxen. Dass die dänische Polizei ehrlich, unbestechlich und unbefleckt ist, das ist eine Illusion, die gepflegt und aufrechterhalten werden muss.«

»Du hast gelogen und Verbrecher laufen lassen.«

*»Dammit!«*

Mossman donnerte seine Bärenpranke auf das Lenkrad, dass das ganze Auto bebte.

»Demokratie ist nicht Offenheit! Demokratie ist Sicherheit! Jeder Däne braucht das Gefühl, ins Bett gebracht und bis zum Kinn zugedeckt zu werden und jemanden zu haben, der die Nachttischlampe ausknipst. Dieser Jemand war ich. Ich habe vierundzwanzig Stunden am Tag, dreihundertfünfundsechzig Tage im Jahr Wache gehalten. Ich stand im Schilderhaus, ich stand am Ruder, ich stand an der Kanone. Niemand konnte mich sehen, aber ich war immer da. Und daran hat sich bis heute nichts geändert.«

»Warst du es, der die Chance erkannt hat, die sich durch den Überfall im Gammel Kongevej plötzlich bot?«

»Ich hatte das Mädchen zwar gerade noch mit den Spitzen meiner Fingernägel zu fassen bekommen und wohlbehalten zu seinen Eltern zurückgebracht, aber ich musste natürlich auch noch das Chaos beseitigen, das Lupus im Südhafen hinterlassen hatte. Also ja, ich sah die Möglichkeit und habe sie ergriffen. Der Überfall trug Sean Struves Handschrift. Es gab Bilder von den Überwachungskameras der Bank, und obwohl er maskiert war, war ich mir ziemlich sicher, Struve darauf zu erkennen. Außerdem war er verschwunden. ›Mit seinen Kumpels in den Urlaub gefahren‹, wie seine Frau erklärte, als mein Operativchef sie besuchte. Er erklärte ihr ganz genau, was sie Struve vorschlagen könnte, sollte sie ihn zufällig sprechen. Denn wenn er klug war und seinem Vorschlag folgte, konnte er dem Mann, der in der Bank geschossen hatte, so die Flucht ermöglichen.

Natürlich nur, *falls* die Polizei ihn und seine Komplizen finden würde. Und Struve war klug. Mithilfe von Freunden platzierte er – genau wie ich es vorgesehen hatte – Pläne der Bank bei Jönssons Schwester in Schweden. Und damit erschuf ich eine neue Illusion …«

»Dass Jönsson der *shooter* aus dem Gammel Kongevej war.«

»Richtig. Und schon war Lupus verschwunden, als wäre nie etwas passiert. Ich musste nur noch die Mobilfunkdaten aus den Ermittlungsberichten entfernen, sowohl in physischer als auch in elektronischer Form, und verschwinden lassen, damit niemand sehen konnte, von welcher Nummer Klaus Trane angerufen worden war, als im Südhafen die Hütte brannte. Ein toter Schuldiger, und der Fall war geschlossen. Niemand gibt sich länger mit einem gelösten Fall ab. Niemand interessierte sich mehr für den unwichtigen Mobilfunkverkehr.«

»Deshalb hast du im Auto gelogen. Du hast den Leiter der damaligen Ermittlungen gar nicht angerufen, um ihn nach den Daten zu fragen. Du wolltest keine schlafenden Hunde wecken. Ich habe mit ihm gesprochen, mit diesem Kvist.«

»Sieh an, sieh an … Du warst sehr gründlich, Oxen. Aber seien wir doch mal ehrlich, die Vergangenheit ist der beste Ort für die Vergangenheit.«

Axel Mossman schien mit seiner Darbietung nicht unzufrieden zu sein.

»Und hat Lupus dir wenigstens einen Dankesbrief geschrieben?«

»Ich stelle mir vor, wie die Lupus-Leute sich verwundert die kleinen Äuglein gerieben haben. Denn wie oft bekommt man schon unverhofft Hilfe, wenn man bis zum Hals in der Scheiße sitzt? In Jönssons Auto hätte ein Mädchen mit Schultasche liegen sollen. Und nun war es einfach weg, während aus dem Lupus-

Söldner Jönsson *overnight* ein Mitglied von Struves Räuberbande geworden war.«

»Du bist der Teufel.«

»*Well, soldier*, bekanntlich ist alles eine Frage der Perspektive. Ich habe Herrn und Frau Dänemark die Leselampe ausgeknipst, sie ordentlich zugedeckt und ihnen die Wange gestreichelt.«

Ein großes Frachtschiff glitt aus der Århus-Bucht, und es dauerte lang, bis die Bugwellen heranrauschten und sich an Land warfen. In Margrethe Francks altem Fall aus dem Südhafen hatten die Wellen zwölf Jahre gebraucht. Und nun hatte der Mann, der einst Öl auf die Wogen gegossen hatte, seine Meinung geändert.

»Nach all der Mühe, die du dir gemacht hast, um hinter Lupus aufzuräumen, willst du jetzt plötzlich alles ans Licht holen? Aber warum? Warum hast du mich nach Harrildholm geschickt? Ich verstehe es nicht, Mossman.«

»Ich habe nie gewusst, wer hinter Lupus steckt. Und wie andere, die wie ich von dieser Gruppe gehört hatten, wollte ich es vielleicht auch gar nicht wissen. Aber dann kam die Gelegenheit. Harrildholm wurde in den Danehof-Archiven erwähnt. Plötzlich gab es eine offene Tür. Eine Möglichkeit, diesen Schandfleck zu entfernen.«

»Lupus hat für den PET gearbeitet – für dich auch?«

»Nein, mit aller Entschiedenheit, Oxen! Niemals. Aber mehrere meiner Vorgänger haben seine Dienste in Anspruch genommen. Vergiss nicht, wir reden hier über eine Zeit, in der die Sowjetunion noch existierte und damit auch die Bedrohung eines alles vernichtenden Atomkriegs. Eine Zeit, in der die Leute Worte wie ›Imperialismus‹ und ›Klassenkampf‹ geradezu inflationär verwendet haben. In einer Zeit, in der es genauso viele Fraktionen, Verbände und Gruppierungen im linken Flügel gab, wie das dänische Alphabet Buchstaben hat: DKP, VS, SAP, KAP, KAKA, KFML – dir fallen bestimmt noch mehr davon ein –, und in diesem Wirrwarr tummelten sich fröhlich Trotzkisten, Maoisten, Leninisten und Marxisten, einige radikaler als die anderen. Lang lebe die Revolution …«

Axel Mossman schnaubte und schüttelte seinen großen Kopf, bevor er weiterredete.

»Ganz zu schweigen von all den Gruppen mit konkreteren Interessen, dem Nicaragua-Komitee, der Ecuador-Fraktion, diversen Palästina- und Anti-Apartheidgruppen und vielen, vielen mehr. *Those were the days*, Oxen. Im PET gab es weder Hände noch Ohren genug, um mit allem fertig zu werden. Also lieh man sich welche aus. Auch bei den Wölfen von Lupus.«

Er nickte, während Mossman das Zeitbild mit den vielen Abkürzungen heraufbeschwor. Das war Teil seiner Kindheit gewesen. Und alles ergab Sinn. Er hatte Mossmans Schatten schon lange in dieser Landschaft gesehen.

»Dich beunruhigt, was deine Leute aus der Mossman-Kommission herausfinden könnten. All deine Akademiker, deine Historiker … Du hast Angst davor, was sie aus den Archiven ausgraben könnten, seien es die Abhöraktionen von Lupus oder auch nur die simple Tatsache, dass der PET damals kriminelle Polizeibeamte als Arbeitskräfte angeheuert hat. Das ist der Grund.«

Mossman lächelte schmallippig und nickte anerkennend. Er selbst fuhr konzentriert fort.

»Und jetzt – nachdem ich dir zugehört habe – ist mir klar, dass du versuchst, jede Spur zu verwischen, die Lupus hinterlassen hat. Denn jede dieser Spuren würde unweigerlich zu dir selbst und deiner unkonventionellen Reinigungsaktion im Südhafen zurückführen.«

Mossman nickte wieder.

»*My black knight in shining armour* … Als ich dir das erste Mal begegnet bin, damals im Polizeipräsidium in Aalborg, da wusste ich, dass du ein unbezahlbares Werkzeug werden könntest, mein Freund. Ich muss gestehen, dass ich dabei zunächst vor allem an deine physischen Fähigkeiten dachte, an deine Selbstdisziplin und deine Zähigkeit als Jägersoldat. Aber ich habe dich unterschätzt. Das haben mir unsere gemeinsamen Jahre immer wieder gezeigt, jetzt ganz besonders … Und darüber bin ich froh. Du bist als Ermittler und was deinen Verstand und deine Intuition angeht, eine Klasse für sich, Niels Oxen. Wäre ich noch auf meinem Zenit gewesen und wärst du in einer anderen Situation gewesen, uns beide hätte niemand schlagen können. *Invincible*. Stattdessen müssen wir uns mit diesen kurzen Episoden zufriedengeben, bei denen wir uns gegenseitig auf den Zahn fühlen können.«

Er wollte Mossman gerade sagen, er solle zur Hölle fahren, als sein Blick in den rechten Außenspiegel fiel. Ein Motorrad kam den Hügel herunter. Es raste mit großer Geschwindigkeit direkt auf das Ende des Parkplatzes zu, wo der Volvo unter einem Baum in der Nähe eines Kiosks stand, der zu dieser Jahreszeit gründlich verrammelt war.

»Pass auf! Wenn ich ›jetzt‹ sage, duckst du dich, und zwar sofort. Okay?«

Mossman sah ihn fragend an.

»Hast du verstanden?«

Mossman nickte.

Er zog die Pistole aus der Jackentasche und lud sie durch. Das Motorrad war höchstens noch dreißig, vierzig Meter entfernt. Er drehte sich im Sitz um und ließ es nicht mehr aus den Augen. Der Fahrer trug einen schwarzen Helm mit schwarzem Visier und eine schwarze Lederkluft.

Er machte sich bereit für das, was unausweichlich schien. Doch dann drosselte der Fahrer plötzlich das Tempo, rollte langsam neben den Volvo und blieb stehen.

Mossman saß wie erstarrt auf dem Fahrersitz. Er selbst hielt die Pistole direkt auf den Mann auf dem Motorrad gerichtet, der offenbar gesehen hatte, dass er bewaffnet war. Mit großen, langsamen Bewegungen ließ er den Lenker los, richtete sich auf und zog die Handschuhe aus.

Dann klopfte er vorsichtig an die Seitenscheibe. Mossman drückte auf den Schalter, und die Scheibe senkte sich.

»Axel Mossman?«, sagte die Stimme hinter dem schwarzen Visier.

»*Speaking*«, brummte Mossman.

Der Motorradfahrer hielt seine offenen Handflächen hoch, zog dann den Reißverschluss seiner Lederjacke auf und holte mit zwei Fingern ganz langsam ein Handy heraus. Er wählte eine Nummer, schaltete den Lautsprecher ein und reichte Mossman das Handy durch das offene Fenster.

»Bitte sehr, ein Gespräch für Sie.«

Skeptisch nahm Mossman das Telefon entgegen, das in seiner riesigen Hand fast zu verschwinden schien.

»Mossman hier.«

»Guten Tag, Axel Mossman«, meldete sich eine neutrale Männerstimme. »Hören Sie gut zu. Ich sage Ihnen jetzt ganz genau, was Sie tun müssen, wenn Sie Ihre ehemalige Mitarbeiterin Margrethe Franck lebendig wiedersehen wollen …«

## 86.

Der junge Mann hielt den Kopf unnatürlich schief, Spucke lief ihm aus dem Mund und über das Kinn. Er saß angeschnallt in einem Rollstuhl.

Die Mitarbeiterin des Stefansheims nickte zu ihm hinuber.

»Das ist Lukas Lewander. Aber … ich fürchte, Sie sind umsonst gekommen. Wie Sie sehen … nur noch *vegetativ*.«

Viggo Borg von der Kriminalpolizei Kopenhagen schaute zu dem jungen Mann und spürte, wie sich eine eiserne Hand um sein Herz schloss.

Er hatte den weiten Weg aus der Hauptstadt auf sich genommen in der Annahme, ein Gespräch mit Lukas Lewander führen zu können. Aus den Akten ging natürlich hervor, dass der junge Mann bei dem Überfall in Aalborgs berüchtigter Jomfru Ane Gade einen Hirnschaden davongetragen hatte. Aber wie schwer dieser Schaden war, hatte Borg den Unterlagen nicht entnehmen können. Der Ärmste hatte nicht viel von den schönen Gebäuden, der gepflegten Parkanlage und der unvergleichlichen Aussicht über die Århus-Bucht, die auf der anderen Seite des Strandvej glitzerte.

Lukas Lewander stand auf der Liste der unschuldigen Menschen, die Idris Nassar zu nahe gekommen waren.

Aber dieser Fall stach heraus, da das Opfer besonders brutal zusammengeschlagen worden war. Laut Anklageschrift war ihm jemand auf den Kopf gesprungen. Und die Hauptrolle bei dieser abscheulichen Vorführung hatte Idris Nassar gespielt, der zu diesem Zeitpunkt in Aalborg bei einem Vetter zu Besuch gewesen war.

Was danach geschehen war, ähnelte in einigen Punkten anderen Fällen, in denen gegen Idris Nassar ermittelt worden war. Auch hier waren nämlich sämtliche Zeugen der Ungeheuerlichkeiten auf einmal verschwunden gewesen. Nicht von der Erdoberfläche, sondern in dem Sinne, dass sie sich plötzlich nicht mehr sicher waren, was sie in dieser Nacht in der Jomfru Ane Gade tatsächlich gesehen hatten. Dass ihnen Zweifel daran gekommen waren, wer eigentlich was getan hatte. Als die ganze Sache schließlich vor Gericht gehen sollte, war die Beweislage so dünn, dass die Anklage fallen gelassen wurde.

Den ursprünglichen Zeugenaussagen zufolge hatte Idris Nassar Lukas Lewanders Freundin vor einer Diskothek massiv belästigt. Nicht ein Mal. Nicht zwei Mal. Nein, drei Mal. Trotz wiederholter Aufforderung, das zu unterlassen. Er hatte das Mädchen festgehalten und ihr die Zunge ins Ohr gesteckt. Irgendwann wusste Lukas sich nicht anders zu helfen, als sich gegen das geistesgestörte, hochexplosive Muskelpaket körperlich zur Wehr zu setzen.

Der schmächtige junge Mann war mit einem einzigen Schlag zu Boden befördert worden – und dann wurde es erst richtig schlimm. Idris Nassar hatte auf Lewander eingetreten, bis er bewusstlos war, um dann mit beiden Füßen mehrfach auf seinen Kopf zu springen. Und weder von Lukas noch von dem ganzen Fall war am Ende viel übrig geblieben.

Borg blieb betroffen stehen und beobachtete den jungen Mann, der vor der Begegnung mit Nassar ein lebhafter Mensch mit Zukunft gewesen war, voller Träume für sich und seine Freundin.

Jetzt saß er hier mit verdrehten Augen, die rastlos flackerten, während ihm die Spucke aus dem Mund tropfte.

Borg merkte, wie die Wut in ihm aufstieg.

Er nahm all seinen Mut zusammen, ging hinüber, blieb vor dem jungen Mann im Rollstuhl stehen und streichelte ihm über die zerzausten Haare.

Er hatte keine Ahnung, ob Lukas Lewander seine Berührung

wahrnahm, aber er musste es einfach tun. Und das Beste hoffen. Er entschuldigte sich im Namen seines Berufsstands und strich ihm sacht über die Wange.

»Hallo!«

Die scharfe Stimme riss Borg aus seinen Gedanken. Eine reifere Dame kam mit energischen Schritten auf ihn zu und musterte ihn sichtlich verärgert.

»Wer sind Sie, wenn ich fragen darf?«, sagte sie und fasste ihn sehr bestimmt an der Schulter. Die Spucke rann weiter über Lukas' Lippen.

»Mein Name ist Viggo Borg, ich bin von der Kriminalpolizei Kopenhagen«, sagte er und fiel sofort zurück in seine Rolle als Autoritätsperson.

»Und was machen Sie hier?« Die Frau hielt seinen Blick eisern fest.

»Ich bin gekommen, um mich mit Lukas Lewander zu unterhalten«, verteidigte er sich. »Aber wer sind Sie überhaupt?«

»Seine Mutter!«

Borg schaute auf die Hand, mit der er dem jungen Mann den Kopf gestreichelt hatte, als hätte er sich verbrannt.

»Entschuldigen Sie, ich habe mich mitreißen lassen. Ich habe kein Recht … Es tut mir leid. Sie sind also Bodil Lewander? Ich konnte Sie nicht ausfindig machen, deshalb bin ich zunächst hierhergekommen.«

»Ja. Und nein. Nachdem das alles passiert ist, haben mein Mann und ich uns scheiden lassen. Ich heiße nicht mehr Lewander, sondern Nyhuus.«

»Bodil Nyhuus?«

»Ja.«

»Ein seltener Name, nicht wahr? Sind Sie vielleicht *die* Bodil Nyhuus? Die Leiterin der Polizeikontrollbehörde?«

»Auch das ist richtig. Sie kommen von der Kripo Kopenhagen? Was führt Sie hierher?«

»Ich ermittle in einem Fall, in den ein gewisser Idris Nassar involviert ist.«

»Ach ja? Wessen Leben hat er dieses Mal zerstört?«

»Hmm, diesmal verhält es sich etwas anders. Tatsächlich liegt er im Krankenhaus. Sie haben ihm beide Beine amputiert. Also, die Ärzte. Da war nichts mehr zu retten. Und die, die ihn überfallen haben, haben ihm auch noch die Arme zerschossen. Er wird sie nie wieder richtig benutzen können.«

»Und weiter? Was erwarten Sie jetzt? Mitleid?«

»Äh, nein, natürlich nicht. Überhaupt nicht. Ich bin hier, um einen Namen auf der Liste mit Nassars Opfern zu überprüfen, den Ihres Sohnes.«

»Dafür ist es ein bisschen zu spät, finden Sie nicht? Das alles ist jetzt fünf Jahre her. Es hat nie ein Verfahren gegeben ...«

»Das ist mir bekannt, aber ich bin eigentlich nur gekommen, um einen Haken dahinter zu machen. Ich denke, das wäre damit erledigt.«

Ohne darüber nachzudenken, nickte er in Richtung des jungen Mannes im Rollstuhl, auf eine dumme, zynische Weise, die meilenweit entfernt war von den Gedanken, die in seinem gequälten Kopf herumschwirrten.

»Schön. Wie Sie sehen ... Kein Grund, noch länger zu bleiben.«

## 87.

Er war der Zwischenhändler, der Abel an Kain ausliefern sollte. Und im Gegenzug Margrethe Franck bekam. Ein altes Leben, das ohnehin bald zu Ende ging, im Tausch gegen ein viel jüngeres. Das entbehrte nicht einer gewissen Logik.

»Denken Sie, dass wir bald da sind, Mossman?«

»Ich weiß genauso wenig wie Sie, wie der Zielort heißt, und kann Ihnen diese Frage daher nicht beantworten. Nur auf weitere Anweisungen warten«, entgegnete er der Stimme auf dem Rücksitz mit einem Schulterzucken.

Es war jetzt zwei Tage her, seit er mit Niels Oxen in seinem Wagen am Moesgaard Strand gesessen hatte. Zwei Tage, seit der Mann auf dem Motorrad ihm das Handy gereicht und er die ersten Instruktionen erhalten hatte: »Finden Sie Poul Hansen innerhalb von achtundvierzig Stunden und bringen Sie ihn hierher.«

Nachdem sie ja bereits wussten, wo er sich versteckt hielt, war diese Aufgabe nicht schwer gewesen. Und auch wenn sie nicht mit Sicherheit wussten, wer sie am Ende dieser Fahrt erwartete, konnte man wohl davon ausgehen, dass es Esben war, der die Auslieferung seines Bruders verlangte, um ein Risiko aus der Welt zu schaffen.

Ein Kampf unter Brüdern, der ältere achtundsiebzig, der jüngere sechsundsiebzig. Es bestätigte die Erfahrung, die auch er selbst in seinem langen Leben gemacht hatte: Für Verbitterung und Streit gab es kein Verfallsdatum. Keinen höheren Moralkodex, auf den man vertrauen konnte. Familie verriet Familie, Familie brachte Familie um. So war es immer schon gewesen. Alter war nur ein Zeitstempel, kein Qualitätsmerkmal, keine Garantie für Vernunft.

Der alte, todkranke Staatssekretär saß auf dem Rücksitz, mit Kabelbindern um die Handgelenke. Es war eine längere Prozedur gewesen, ihn dazu zu bewegen, nachdem sie ihn aus seinem Versteck geholt und nach Harrildholm zurückgebracht hatten, von wo er aus Angst vor seinem Bruder geflohen war.

Zunächst hatte sich der alte Mann vehement gegen den Gefangenenaustausch gewehrt, der nun heute an einem unbekannten Ort zu einer unbekannten Zeit über die Bühne gehen sollte. Die Diskussion hatte ihn völlig aus der Fassung gebracht. »Mich in den sicheren Tod ausliefern lassen? Niemals. Und warum überhaupt, wenn ich fragen darf?«

Sie hatten ihm erklärt, dass nicht nur er, sondern auch seine gesamten Tagebuchaufzeichnungen und alles, was er jemals über Lupus zu Papier gebracht hatte, Teil des Tauschgeschäfts waren. Ohne das alles – keine Margrethe Franck.

Er selbst hatte die Karten schließlich schonungslos offen auf den Tisch gelegt: »Sie sind nicht in der Position, um zu verhandeln. Und wenn ich Sie an diese Tatsache erinnern darf: Sie sind todkrank, Poul Hansen …«

Da hatte er zum ersten Mal Zweifel in den Augen des Alten gesehen. Niels Oxen hatte nachgelegt, mit einem Fazit, das so typisch für ihn war, wie es nur sein konnte: »Wenn Sie sich weigern, dann werde ich Sie eben zwingen. Und davon wird es bestimmt nicht angenehmer.«

Da nie auch nur ein einziges Wort über die Vereinbarungen, die Lupus getroffen hatte, oder die Aufträge, die man vergeben hatte, schriftlich festgehalten worden war, da es kein Archiv gab und auch kein Konto, weder im Inland noch im Ausland, blieb nur die Möglichkeit, dass Poul Hansen durch einen langen persönlichen Bericht den Beweis lieferte. Er konnte damit sein Gewissen erleichtern und gleichzeitig der Welt eröffnen, dass die Polizei ein Trojanisches Pferd in ihrer Mitte hatte, in dem sich ein Wolf versteckte. Oder besser gesagt zwei Wölfe, die Lupus-Brüder von Harrildholm.

Im Lauf der Jahre hatte Poul Hansen zwei große, gebundene DIN-A4-Bücher mit seinen Memoiren gefüllt, wobei »Memoiren« eigentlich nicht das richtige Wort war, denn es verleitete zu der irrigen Annahme, dass sein Lupus-Bericht eine Sammlung heiterer Anekdoten war.

Der alte Staatssekretär hatte erst nachgegeben, als sie ihm einen Kompromiss vorgeschlagen hatten: Sie würden alle Seiten seiner handschriftlichen Aufzeichnungen abfotografieren und die Speicherkarte der Kamera in einem versiegelten Umschlag bei seinem Anwalt hinterlegen. Sollte er nicht innerhalb von sieben Tagen persönlich in dessen Kanzlei erscheinen, werde der Umschlag mit einem Begleitschreiben, das er selbst verfasst hatte, an die Tageszeitung *Jyllands-Posten* übergeben werden.

Sobald sie sich endlich einig geworden waren, schien den alten Staatssekretär eine tiefe Ruhe zu erfüllen, vielleicht weil er durch seine tödliche Diagnose das Ende seines Lebens bereits vor Augen hatte. »Wahrscheinlich soll es einfach so ein«, hatte er gesagt und sogar ein wenig gelächelt.

Jetzt saß er auf dem Rücksitz. Nicht vorn an der Kante, sondern zurückgelehnt und doch unruhig. Dass er an den Händen gefesselt war, diente nur der Sicherheit, falls er es sich plötzlich anders überlegen und auf dumme Ideen kommen würde.

Das Handy, das neben ihm auf dem Beifahrersitz lag, klingelte. Hastig griff er danach und meldete sich.

»Mossman.«

Eine Männerstimme erklärte ihm ruhig und präzise, was er als Nächstes tun sollte. Dann legte der Unbekannte auf. Mossman warf einen Blick in den Rückspiegel. Hinter ihnen war nichts zu sehen. Vielleicht hatten sie ein parkendes Auto passiert, das kontrollierte, wie weit sie gekommen waren?

»Waren sie das?«, ertönte es vom Rücksitz.

Er nickte.

»Wie geht es jetzt weiter? Was haben die Ihnen gesagt?« Poul

Hansen wirkte nervös in Anbetracht der Tatsache, dass er schon bald seinem Bruder gegenüberstehen würde.

»Wir sollen nach Humble auf Langeland und dort vor der Kirche halten.«

»Das ist alles?«

»Ja.«

Das war die Wahrheit. Das Einzige, was er darüber hinaus noch wusste, war, dass sich einige Kilometer hinter ihnen hoffentlich Niels Oxen befand. Der ehemalige Jägersoldat konnte den Weg ihres Autos mithilfe von drei GPS-Trackern durchgehend verfolgen. Die kleinen Sender waren rund und etwa so groß und flach wie ein Fünfkronenstück. Es waren sogenannte *data pullers*, die nonstop ihre Position sendeten.

Einer steckte absolut unsichtbar unter seiner neuen Armbanduhr, an deren beträchtliche Größe er sich noch gewöhnen musste. Es war ein kostbarer Chronometer mit ein paar schicken Extras wie Kompass, Höhenmesser und Barometer. Der zweite Sender befand sich im Absatz seines Schuhs und der dritte im Polster des Rücksitzes.

Oxen war unter keinen Umständen bereit gewesen, sich bei der Übergabe auf fremde Unterstützung einzulassen. Er wollte keine Rückendeckung von jemandem, dem er nicht vertraute. Und vor allem wollte er nicht, dass Margrethes Schicksal in fremden Händen lag.

»*Well*, ich möchte Ihnen etwas sagen, bevor wir da sind. Niels Oxen hat mir Ihre ganze lange und traurige Familiengeschichte erzählt. Seine Schilderungen haben großen Eindruck bei mir hinterlassen. Diese schrecklichen Ereignisse, die Trauer, der Zerfall … Es kommt einem fast vor, als wäre selbst Harrildholm in die Knie gegangen, weil es so viel Leid miterleben musste. Ich möchte Ihnen mein Mitgefühl aussprechen.«

»Danke, Mossman. Ich habe meinen Frieden gemacht.«

»Weiß Ihr Bruder von Ihrer Krankheit?«

»Er weiß, dass ich Krebs habe und die Prognose schlecht ist, aber alles Weitere – nein, das weiß er nicht. Was haben Sie mit Lupus vor, was werden Sie unternehmen?«

Er seufzte tief.

»Wenn ich Ihren Bruder davon überzeugen kann, Lupus aufzulösen, dann vermutlich gar nichts.«

»Und wenn nicht? Sie können ja nichts beweisen. Wie ich schon sagte, es gibt keine elektronischen Spuren. Alle Ein- und Auszahlungen wurden in bar getätigt, Schwarzgeld, keine Quittungen, keine Rechnungen. Nur mündliche Vereinbarungen.«

»Ich könnte mir vorstellen, dass Sie über die Jahre einen beträchtlichen Umsatz gemacht haben.«

»In manchen Jahren war es mehr, in anderen weniger. Einer unserer lukrativsten Auftraggeber war tatsächlich der PET. Ihre Vorgänger waren nicht knausrig, Mossman.«

»Abhöraktionen? Der linke Flügel?«

»Ganz genau. Im Verhältnis zu Aufwand und Risiko war die Bezahlung wirklich großzügig.«

»Und mit dem Ende des Kalten Krieges ist die Quelle versiegt.«

»Das stimmt natürlich, aber es gab ja noch andere Quellen, Mossman. Das wissen Sie.«

»Der Danehof?«

»So ist es. Wir haben eine ganze Reihe von Aufgaben für den Danehof übernommen. Noch besser bezahlt als vom PET, aber es war ja auch immer unsere Philosophie, unsere Mitarbeiter für das Risiko fürstlich zu entlohnen. Bei der letzten Vereinbarung, an deren Abschluss ich beteiligt war, ging es um einen notorischen Gewaltverbrecher und Psychopathen, bei dem wir uns nach jahrelangem Hin und Her schließlich doch dazu entschlossen, zu drastischen Mitteln zu greifen. Drei unserer Leute haben dann die Detailplanung übernommen, und zwei von ihnen waren im weiteren Verlauf auch für die Durchführung zuständig.«

»Wurde er liquidiert?«

»Nein, hier ging es um einen präventiven Einsatz, damit er keinem anderen Menschen mehr schaden konnte. Jeder der beteiligten Männer bekam 250 000 Kronen bar auf die Hand, Mossman. Eine Viertelmillion ist viel Geld, sehr viel Geld für einen gewöhnlichen Polizeibeamten. Sie können sich vorstellen, dass wir unsere Ausgaben an anderer Stelle auch immer wieder hereinholen mussten. Dazu kamen noch regelmäßige Spenden in beträchtlicher Höhe, zum Beispiel für Einrichtungen, die Hilfe für Vergewaltigungsopfer anbieten, für Beratungszentren und verschiedene Veranstaltungen.«

»Und wo bewahren Sie es auf, dieses ganze nicht-inflationssichere Barvermögen?«

»Mein Bruder hat einen Platz dafür, wo es keinen Schimmel ansetzt. Glauben Sie, dass er mich umbringen wird?«

Er zuckte mit den Schultern. Auf diese Frage hatte er kaum einen Gedanken verschwendet. In Wahrheit war es ihm ziemlich egal.

»Sie haben doch Ihre Lebensversicherung beim Anwalt hinterlegt, oder nicht? Dann wäre er dumm, wenn er es tun würde.«

»Vielleicht geht es ihm nur um Rache? Und der Rest ist ihm egal?«

»Sie und Ihr Bruder waren immer füreinander da, nicht wahr? Sie haben gemeinsam den Zerfall Ihrer Familie überstanden. Glauben Sie wirklich, dass er Sie umbringen wird? Nein. Ich glaube, dass er ein ernstes Gespräch mit Ihnen führen will. Er will Sie überreden, Ihren Plan fallen zu lassen.«

Poul Hansen schwieg. Vielleicht war der sterbende Mann gar nicht so willensstark, und sein großer Bruder würde ihn doch dazu überreden, den Mund zu halten.

Wie lange es wohl noch dauern würde, bis sie endlich in Humble waren? Und wie ging es dann weiter?

Er schob mit einem Finger den Ärmel hoch und warf einen Blick auf seine neue Uhr, an die er sich einfach nicht gewöhnen konnte. Sie war wirklich sehr groß, aber an seinem breiten Handgelenk wirkte sie nicht überdimensioniert.

Vor ihnen tauchte die Siøsundbrücke auf. Die schnurgerade Landstraße führte einfach weiter über das Wasser. So sah es zumindest aus der Ferne aus. Sie verließen die Insel Tåsinge und fuhren zwischen windgepeitschten stahlgrauen Wellen weiter, die weiße Schaumkronen bildeten. Diese Brücke stieg nicht an. Am Anfang führte sie noch über einen Damm, und wo er endete, trugen Brückenpfeiler den Streifen aus Asphalt. Während die flache Landschaft von Siø an ihnen vorbeiglitt, fragte er sich wieder, wo wohl ihr Zielort sein würde. Ihr Weg führte sie in eine der abgelegensten Ecken des Landes. Die dänische Variante von Inselhopping. Von Fünen nach Tåsinge und nach Siø – und nun schon über die dritte Brücke innerhalb kürzester Zeit.

Dieses Mal stieg die Straße an, und sie fuhren auf den grauen Himmel über dem Brückenbogen zu, der sich auf halber Strecke nach Langeland nach oben wölbte. Am Ende der Brücke schmiegte sich rechter Hand der kleine Ort Rudkøbing eng an die Küste. Er konnte gerade noch einen neugierigen Blick auf den Hafen mit den roten Holzhütten werfen, die wie Ferienhäuser aussahen, dann hatten sie schon wieder Land unter den Rädern.

Die Anspannung stieg. Sie fuhren jetzt nach Süden. Eine Viertelstunde später waren sie da. Auf dem letzten Stück hatte keiner von ihnen mehr gesprochen. Er merkte, wie sein Herz schneller schlug, als er die beiden weiß gestrichenen Holzgestelle mit dem Ortsschild rechts und links am Straßenrand sah. Wie zwei kleine Zaunelemente mit flatterndem Dannebrog hießen sie die Welt in Humble willkommen. *Humble* … In der Sprache, die er so sehr liebte, würde man vermutlich bemerken, dass die Ortseinfahrt angemessen demütig gestaltet war.

Er selbst war auch *humble … a humble servant* im Dienste einer größeren Sache. Und gleich würde er erfahren, wohin dieser Dienst ihn führte. Er bog direkt hinter den Ortsschildern ab und fuhr auf die Kirche zu. Sie war malerisch auf einem Hügel gelegen, hinter dem sich die wintergrünen Felder erstreckten, und von einem Friedhof umgeben, der terrassenförmig angelegt worden war.

Langsam ließ er das Auto weiterrollen. Von dem roten schmiedeeisernen Tor am Parkplatz führte ein wirklich steiler Fußweg das letzte Stück hinauf zum Herrgott in Humble.

Auf dem kleinen Parkplatz ein Stück die Straße hinunter stand ein schwarzer Transporter. Er stellte den Volvo dahinter ab, so wie man ihm gesagt hatte.

Ein Mann mit Sonnenbrille und tief in die Stirn gezogener Kappe kam auf sie zu. Vielleicht sollte die Übergabe gleich hier stattfinden? Margrethe Franck saß im Transporter, sie stieg aus – und Poul Hansen stieg ein. War es wirklich denkbar, dass es derart reibungslos ablaufen könnte?

Der Mann forderte sie auf, auszusteigen und mit ihm auf die andere Seite des Transporters zu kommen, wo die Beifahrertür offen stand. Hier erwartete sie ein zweiter Mann mit schwarzer Sturmhaube, der das Kommando übernahm. Zunächst wurden sie von oben bis unten abgetastet, dann nacheinander mit einem RF-Detektor abgescannt, erst Poul Hansen, danach er. Das Gerät schlug sofort Alarm, als es über seinem linken Handgelenk schwebte. Der Mann griff nach der Armbanduhr, schob sie ein Stück zurück und fand den GPS-Sender.

»Hier. Treffer.« Er übergab den Sender und den Detektor an seinen Partner.

»Ich bespreche das kurz mit dem Chef.«

Der Mann mit der Sonnenbrille verschwand hinter dem Heck des Transporters. Kurz darauf rief er seinem Kollegen von der anderen Seite des Fahrzeugs zu: »Rein mit ihnen, wir fahren los!«

Man half dem alten Staatssekretär auf die Ladefläche des Transporters, wo sie sich mit dem Rücken zum Führerhaus auf den Boden setzen sollten, der mit einigen Decken notdürftig gepolstert war. Er schaffte es ohne Hilfe, wenn auch mit Mühe, seinen Platz allein einzunehmen. Es war alles andere als bequem.

»Darf ich fragen, wie lange wir auf diese Art reisen sollen?«, sagte er.

Der Mann mit der Sonnenbrille winkte ab.

»Keine Sorge. Es ist nicht weit«, antwortete er, knallte die Tür zu und schloss sie hinter sich ab.

Sie saßen im Dunklen. Der Motor wurde gestartet, der Wagen wendete und fuhr wieder bergauf, zurück zur Landstraße.

Er fühlte sich ruhig und erleichtert. Die gute, alte Regel »Warum nach mehreren suchen, wenn man einen gefunden hat?« hatte planmäßig funktioniert. Mit dem GPS-Sender in seinem Absatz hatten sie immer noch eine funktionierende Rettungsleine zu Niels Oxen.

# 88.

Er hatte sich etwa einen Kilometer auf einer markierten Wanderroute durch den Wald geschlichen. Der Weg verlief am Rand der gelben Steilküste, die sich stellenweise mehr als zehn Meter über dem Meer erhob. Zwischen der Steilwand und den Wellen, die bei dem kräftigen Wind unaufhörlich an die Küste brandeten, war nur ein schmaler Streifen steiniger Strand.

An Tagen, an denen der Sturm über den Langelandsbælt fegte, fraß sich das Meer genau hier immer weiter ins Land hinein. Etliche Bäume waren schon mit der Krone voraus in die Tiefe gestürzt, weil die Steilwand unterspült worden war. Ihre Stämme lagen entlang der Küste wie gefallene Soldaten an der Front.

Er war unterwegs zu dem Ziel, das der GPS-Sender ihm angezeigt hatte. Der Ort, an dem der rote Punkt auf seinem Monitor stehen geblieben war, war in der offenen Landschaft nicht schwer zu finden gewesen. Der ehemalige Staatssekretär und Axel Mossman befanden sich im alten Leuchtturmwärterhaus am Keldsnor Fyr im Süden der Insel.

Der Leuchtturm ragte umgeben von Feldern in den grauen Himmel. Er hatte ihn schon von Weitem gesehen, als er vorhin in sicherem Abstand die Gegend mit dem Auto abgefahren war, um sich ein Bild von der Lage zu machen. An der schmalen Straße, die zu dem Leuchtturm führte, standen ein paar kleine Bauernhöfe, der nächstgelegene nur wenige hundert Meter entfernt.

Schließlich hatte er den Wagen mehrere Kilometer weiter im Norden an einem schmalen Waldweg abgestellt und sich mithilfe seines Handys noch einige genauere Informationen beschafft.

Keldsnor Fyr stand an einer Klippe, nicht weit von Langelands Südspitze und nur knapp fünf Kilometer von der kleinen Hafengemeinde Bagenkop an der Westküste entfernt. Der Leuchtturm war über hundert Jahre alt und nicht für die Öffentlichkeit zugänglich. Der Turm war vierunddreißig Meter hoch. Im Kalten Krieg war er ein bevorzugter Aussichtsposten gewesen, wenn es darum ging, die Aktivitäten der DDR-Marine im Auge zu behalten oder russische Schiffe, die auf dem Weg zu ihren Freunden in Kuba waren.

Keldsnor Fyr war einer der wenigen Leuchttürme in Dänemark, die sich in Privatbesitz befanden. Der ganze Gebäudekomplex wurde als Ferienunterkunft genutzt, während der Leuchtturm weiterhin vom Staat betrieben und instand gehalten wurde.

Er hatte sich ein paar Beschreibungen durchgelesen und sich dann über Google Maps die verschiedenen Gebäude und ihren jeweiligen Standort sorgfältig eingeprägt. Es war auch nicht schwierig gewesen, Fotos des Grundstücks zu finden. Alle Häuser waren weiß gekalkt und hatten grüne Fenster, grünes Giebelholz und grüne Windbretter. Es gab mindestens zwei Wohnhäuser, dazu eine Werkstatt, eine Garage und einen Schuppen. Auf dem Grundstück verstreut standen einige Bäume und ein paar Büsche, und das Ganze war von einer hohen Hecke umgeben. Eigentlich keine schlechten Voraussetzungen.

Als Nächstes hatte er sich den günstigsten Weg ins Zentrum seiner Mission herausgesucht – falls seine Intervention überhaupt erforderlich werden würde.

Im Westen war die Landschaft zu offen, und die Nachbarn waren zu nah dran. Im Südwesten hinter dem Leuchtturm erstreckte sich das flache Haff wie eine riesige Lagune, die nur durch ein schmalen Streifen Land vom Meer getrennt war. Aus dieser Richtung gab es auf dem gesamten Abschnitt bis zum Ziel keine Möglichkeit, sich zu verstecken.

Im Norden dagegen waren die Bedingungen geradezu ideal. Das Waldgebiet reichte bis an den Rand der Steilküste heran und grenzte zur Landseite hin an ein Moor. Der Wald bot ihm Deckung bis zu der Stelle, wo die Steilküste abflachte und in Felder überging, die am Leuchtturm endeten.

Genau an diesem Übergang ging er nun hinter einem Busch in die Hocke, um sein Fernglas aus dem Rucksack zu holen und seine *target area* ein weiteres Mal zu kontrollieren. Auf dem Grundstück standen mehrere Autos, darunter ein schwarzer Transporter und ein weißer Minibus, aber Mossmans Auto war nicht dabei. Sie waren unterwegs also umgestiegen, was den Stillstand des GPS-Signals in Humble erklärte.

Er hob das Fernglas. Unterhalb der roten Kuppe des viereckigen Leuchtturms befand sich rund um das gläserne Laternenhaus eine Plattform mit einem niedrigen Geländer. Von seinem Standort aus konnte man unterhalb der Plattform außerdem drei Fenster sehen, was darauf hindeutete, dass dort ein oder mehrere Zimmer waren.

Falls dort oben ein Wachposten platziert worden war, konnte er ihn zumindest nicht sehen, aber er musste umso vorsichtiger sein, da der Feind freien Ausblick über die gesamte Umgebung hatte.

Ohne etwas über mögliche Verbindungen des alten Polizeipräsidenten Esben Hansen zu Keldsnor Fyr zu wissen, schien ihm dieser Ort als Schauplatz für die Übergabe durchdacht und äußerst gut gewählt zu sein. Hier konnte sich nichts Unvorhergesehenes ereignen. Fast nichts …

Er schaute auf seine Uhr. Es war inzwischen später Nachmittag. Vor anderthalb Stunden waren Mossman und der alte Lupus-Bruder am Leuchtturm angekommen. Die rote Markierung auf seinem Monitor hatte sich seitdem keinen Millimeter mehr bewegt.

Es war also leider davon auszugehen, dass etwas schiefgelaufen war. Eine einfache Übergabe hätte niemals so langegedauert. Offenbar war genau das eingetreten, was sie beide im Vorfeld befürchtet hatten: Esben Hansen, der Kopf der Organisation, hatte seinen Bruder eingefordert, aber weder Franck noch den Unterhändler Mossman laufen lassen.

Jetzt hing alles von ihm ab.

Zuallererst musste er sich einen möglichst genauen Überblick über die Anzahl seiner Gegner verschaffen. Dann brauchte er einen Plan, wie er am geschicktesten ins Zielgebiet vordringen konnte, um Franck und Mossman dort so schnell wie möglich zu lokalisieren.

Allerdings konnte er erst zur Tat schreiten, wenn es dunkel war. Alles andere war viel zu riskant. Klar war zunächst nur, dass er sie einzeln und nacheinander außer Gefecht setzen musste. Lautlos. Und ohne zu töten, sofern es sich irgendwie vermeiden ließ. Seine Pistole würde er nur im äußersten Notfall einsetzen. Sie würde ihn und seinen Standort sofort verraten, und das war ein Problem, auf das er gern verzichtete. Seine Spezialität war es, unsichtbar und lautlos zu sein.

Er zog sein Tarnnetz aus dem Rucksack, rupfte mehrere Handvoll welkes Gras aus und streute die Halme darüber. Dann legte er sich auf den Bauch, zog das Netz sorgfältig über sich und robbte langsam los, wobei er die ganze Zeit nach einem Wachposten im Leuchtturm Ausschau hielt.

»Sierra 60, hier ist Xray 12. Infiltration hat begonnen. Geschätzte Ankunft im Zielgebiet: in zwei Stunden. Kräftige Böen, erbitte Wetterlage. Kommen.«

»60, sehr gut, Wetterlage im Zielgebiet stabil, wolkenfrei, Höchsttemperatur um die fünfundvierzig Grad. Ende.«

Er drehte den Kopf nach links und spürte den eisigen Wind im Gesicht, der vom Meer herüberwehte.

KAF – *Kandahar Airfield* – und die Stimme, die über die höllischen afghanischen Temperaturen informierte, schien es nie gegeben zu haben. Dass fünf Liter Wasser pro Tag und pro Kopf zu wenig sein konnten und dass es möglicherweise nötig war, die Flüssigkeit intravenös zu verabreichen, erschien hier geradezu absurd.

Der Chillfaktor war hoch. Das Vorrücken zum Leuchtturm extrem langsam. Der Boden fühlte sich eiskalt an. Er würde dieser Kälte ziemlich lange ausgesetzt sein. Und eins war sicher: Die Möglichkeit, Unterstützung von einem *Gunship* oder einem Jagdflugzeug anzufordern, existierte genauso wenig wie die fünfundvierzig Grad, die an einem Tag vor langer Zeit die Gegend um Kandahar in einen unmenschlichen Schmelztiegel verwandelt hatten …

Er war in einer eisigen Ecke Dänemarks. Er war allein.

Er brauchte über eine halbe Stunde, um den schmalen Streifen zu überqueren, der das Meer vom Moor und seinen blassen Schilfrändern trennte. Ein Schwanenpaar schwamm auf dem Moorsee herum, und während er eine der vielen Pausen einlegte, landete ein Gruppe lärmender Gänse auf der Wasseroberfläche. Endlich erreichte er sein erstes Ziel, eine dichte Hecke, die sich am Ende des Feldes erstreckte.

Von hier aus ging es schneller. Sich zu bewegen half gegen die Kälte. Das hohe Gras und die Rosenhecke gaben ihm Deckung. Nach ein paar Metern blieb er stehen und griff wieder nach dem

Fernglas. Die Perspektive war anders und günstiger, um sich das Leuchtturmwärterhaus genauer anzusehen.

Er ließ den Blick erneut über das Grundstück hinter der kahlen Hecke schweifen. Dieses Mal langsam. Nach ein paar Minuten tauchte die erste Wache auf. Der Mann in schwarzem Kampfanzug hatte seinen Posten ganz in der Nähe der Zufahrt. Er wurde sichtbar, als er hinter einigen Bäumen hervortrat und sich eine Zigarette anzündete. Er trug ein kleines Gerät am rechten Ohr, das ein Intercom verriet, und an einem Riemen in Hüfthöhe hing eine Automatikwaffe. Vermutlich die bei der Polizei so beliebte Maschinenpistole, eine Heckler & Koch MP5.

Auch der Kampfanzug sah aus, als stammte er von der Polizei, und mit Sicherheit galt das auch für den Mann selbst, der gekauft und bezahlt war, genau wie seine Kollegen, die wahrscheinlich überall auf dem Gelände patrouillierten. Auch wenn es wirklich erbärmlich war, sich mit Lupus einzulassen, gab es keinen Grund, die Männer zu töten, und deshalb würde er versuchen, sie so rücksichtsvoll zu behandeln wie möglich.

Er kroch weiter die Hecke entlang, bis er eine neue günstige Position erreicht hatte, und entdeckte Wachposten Nummer zwei an der Ecke eines der hinteren Nebengebäude. Auch der war natürlich mit dem internen Kommunikationssystem verbunden, trug einen schwarzen Kampfanzug, die gleiche Waffe und hatte ein Fernglas um den Hals hängen. Jetzt hob er es und suchte zuerst die angrenzenden Felder ab, dann drehte er sich und kontrollierte Meer und Küste in einem Winkel von hundertachtzig Grad, bevor er wieder seine Ausgangsposition einnahm und das Fernglas sinken ließ.

Oxen machte kehrt und suchte in einem dichten Gebüsch am anderen Ende der Hecke Deckung. Dort blieb er sitzen, das

Fernglas auf das Gelände bis zum Leuchtturm gerichtet, wo die Küste wieder steil anstieg.

Der Hang am Fuße des Leuchtturms war dicht bewachsen, und auf dem schmalen Strand hatte man zum Schutz der Küste einen breiten Streifen aus riesigen Feldsteinen angelegt, der bis ins Wasser reichte und an dem sich die mächtigen Wellen brachen. Aus dieser Richtung würde es schwierig werden. Im Dunkeln konnte man auf den Steinen leicht stolpern, und ein verstauchter Knöchel oder ein gebrochenes Bein waren gleichbedeutend mit *mission aborted.* Das wäre eine Katastrophe für die Menschen, die sich auf ihn verließen.

Hinzu kam, dass es ihm geradezu unvorstellbar erschien, dass der Küstenstreifen unterhalb des Leuchtturms nicht mit einer Wache abgedeckt worden war. Irgendwo war mit Sicherheit jemand postiert. Es war nur eine Frage der Geduld.

Eine halbe Stunde verstrich, bis die Strandwache ihre Stellung verriet. Der Mann hatte offenbar im Gebüsch gesessen und war aufgestanden, um sich die Beine zu vertreten. Er sprang eine Weile von einem Stein zum anderen, und nach zehn Minuten zog er sich wieder in sein Versteck zurück. Diesen Gegner würde er also dort ausschalten müssen.

Garantiert war auch eine Wache für die Haffseite abkommandiert worden. Solange es noch hell war, konnte er das nicht überprüfen, aber seine Gegner hatten sich zweifellos in alle Richtungen abgesichert.

Seine Rechnung ergab also vorläufig vier Wachposten, einen in jeder Himmelsrichtung. Dazu die Besatzung im Haupthaus und vielleicht weitere Männer in den übrigen Gebäuden. Alles in allem schätzte er ihre Zahl auf sieben oder acht Mann, plus ihren Anführer, den alten Polizeipräsidenten, der bewaffnet natürlich ebenfalls in die Summe eingerechnet werden musste.

Ihm blieb nichts anderes übrig, als genau hier auf den Einbruch der Dunkelheit zu warten. Wenn es so weit war, würde er mit der schwierigsten Aufgabe beginnen, mit dem Mann drüben bei den Steinen.

Er zog seine dünne Isomatte aus dem Rucksack, breitete sie auf dem Boden aus und legte sich bäuchlings darauf. Zum Schutz gegen den beißenden Wind, der vom Meer her über das Land fegte, wickelte er sich in sein Regencape. So würde er es ein paar Stunden aushalten.

Langsam versank er in sich selbst, in sein Jäger-Selbst, und wechselte in diesen speziellen Ruhemodus, bei dem alle Sinne in höchster Bereitschaft waren, während er nachdenken und die nötige Konzentration aufbauen konnte, um gerüstet zu sein, wenn die Dunkelheit sich senkte.

Er würde zuerst die vier externen Wachposten ausschalten. Dann hatte er den Rücken frei.

## 89.

Wie ein Reptil kroch er lautlos vorwärts. Meter für Meter. Immer weiter, durch das kalte Gras am Rand des Gebüsches, das wie eine harte Linie dem Verlauf der Küste folgte. Er hatte seine erste Beute im Visier.

In regelmäßigen Abständen stoppte er und blieb bewegungslos liegen. Es musste schnell gehen, aber nicht zu schnell. Wache eins war vor zehn Minuten aufgestanden, um die Beine zu strecken.

Er kroch weiter. Er hatte einen kleinen Rucksack bei sich und das Nachtsichtgerät aufgesetzt, das an einem Stirnband befestigt war.

Der Wind hatte weiter aufgefrischt, während er in seinem Versteck auf die Dunkelheit gewartet hatte. Die Böen wurden immer stärker. Er konnte die Wellen nicht sehen, hörte aber das Donnern und Rauschen, mit dem sie sich unablässig gegen die Steine warfen.

Das Gute daran war, dass er sich unauffällig anschleichen konnte und der Wachmann ihn erst bemerken würde, wenn es zu spät war.

Dann war er da. Es gelang ihm, sich vorsichtig zwei, drei Meter nach unten rutschen zu lassen. Jetzt konnte er die Umrisse des Mannes sehen, die im Nachtsichtgerät in grünen Schattierungen erkennbar waren.

Er zog sein Kampfmesser aus der Scheide, spannte sämtliche Muskeln und machte sich bereit, die Energie freizusetzen. Mit einem präzisen Hechtsprung stürzte er sich auf den Wachposten und riss ihn mit sich die Böschung hinunter. Sie landeten dort, wo die Steine begannen. Noch im Liegen rammte er ihm den Messergriff punktgenau gegen die Schläfe. Ein harter Schlag, der bei seinem Gegner die Lichter ausknipste.

In Windeseile holte er alles Nötige aus dem Rucksack, stopfte dem Mann einen Knebel in den Mund, den er mit Gaffa-Tape fixierte, und fesselte ihm die Handgelenke und Knöchel mit Kabelbindern.

*One down. Three to go.*

Der Nächste war viel einfacher. Wache Nummer zwei stand immer noch an der Ecke eines kleinen gemauerten Gebäudes und beobachtete mit einem Nachtfernglas das offene Feld. Er pirschte sich an den Mann heran, packte ihn mit der Linken am Kragen und schlug mit der rechten Hand seinen Hinterkopf gegen die Mauer. Kurz darauf lag auch dieser Gegner genauso am Boden wie der andere am Strand. Gefesselt und geknebelt. Eilig schlich er weiter, um sich die dritte Wache an der Einfahrt vorzunehmen.

Der Mann stand mit dem Rücken zu ihm, er sah seine kräftige grüne Silhouette, aber gerade als ihm nur noch wenige Schritte fehlten, bis er angreifen konnte, trat er auf einen Zweig, der mit lautem Knacken zerbrach.

Wachmann Nummer drei fuhr herum und griff nach seiner Waffe. In einer blitzschnellen Bewegung schwang Oxen sein rechtes Bein mit einem Zirkeltritt gegen seine Wange. Der Mann verlor das Gleichgewicht, schaffte es aber, auf den Füßen zu bleiben, zumindest bis Oxen auf den ersten noch einen zweiten Tritt folgen ließ, diesmal in die Magengrube. Da ging auch Nummer drei mit einem Keuchen in die Knie. Ein letzter Tritt gegen den Kopf schickte ihn endgültig zu Boden.

Routiniert zog er auch diesen Feind mit Knebel, Gaffa-Tape und Kabelbindern aus dem Verkehr.

*Three down, one to go.*

Es gab keinen Gruppenführer oder ein Hauptquartier, denen er Meldung machen musste. Er hatte schon seit einer halben Ewigkeit nicht mehr hinter der feindlichen Linie operiert und jemandem Statusbericht erstattet.

Den letzten Wachmann entdeckte er wie erwartet hinter dem Gebäude, das auf der Haffseite stand. Nummer vier befand sich im Windschatten der Mauer, bewegte sich aber in regelmäßigen Abständen pflichtschuldig in Richtung Giebelseite, um die Lage dort zu checken.

Als der Mann von seinem nächsten Kontrollgang auf der anderen Seite zurückkam, sackte er sofort zusammen, als der Messerschaft ihn ausknockte.

Sehr wahrscheinlich folgten die Wachen einem festgelegten Schema, das vorgab, in welchen Intervallen sie sich via Intercom melden und ihren Status durchgeben mussten. Wie lange dieses Zeitfenster offen stand, wusste er nicht, aber er musste sich beeilen. Jetzt hatte er die Möglichkeit, sich zwischen den weißen Gebäuden frei zu bewegen.

Er begann mit dem Haupthaus. Auf der Rückseite brannte in einigen Fenstern Licht. Er konnte einen älteren Herrn erkennen, der in einem Sessel saß und Zeitung las. Das musste der ehemalige Polizeipräsident sein, Poul Hansens großer Bruder Esben. Er lief weiter zu dem zweiten Wohnhaus, wo ebenfalls Licht brannte.

Hier saß Poul Hansen, aufrecht auf einem Stuhl, in einem kleinen Zimmer, die Hände auf dem Rücken gefesselt. In einer Ecke sah er eine Wache in schwarzem Overall. Abel war also noch am Leben.

Eine Art Lager, eine Werkstatt und ein paar andere Nebengebäude lagen in tiefer Dunkelheit. Der Leuchtturm selbst stand wie eine gewaltige Säule in der Lücke zwischen zwei Häusern. Und jetzt wusste er auch, wo er Mossman und Margrethe Franck finden würde, denn links und rechts der Tür, die in den Leuchtturm führte, standen Wachen.

Vielleicht gab es noch mehr, aber bisher hatte er sie nicht lokalisieren können.

Ab jetzt wurde es kritisch. Natürlich war er in der Lage, mit zwei Gegnern fertigzuwerden, doch das klappte bedeutend einfacher und schneller, wenn man sie töten konnte, was er immer noch vermeiden wollte. Aber wenn es nicht anders ging, war er auch dazu bereit.

In einem offenen Unterstand war Brennholz aufgestapelt, und im Vorbeigehen schnappte er sich eins der kleineren Holzstücke, einen dicken Stock von etwa vierzig Zentimeter Länge. Er wog ihn prüfend in der Hand, während er sich in einem Bogen hinter den Leuchtturm schlich. Das Holz hatte die perfekte Größe.

Er setzte sein Nachtsichtgerät ab, denn er wollte es nicht riskieren, damit in einen Nahkampf zu geraten. Dann probte er den geplanten Bewegungsablauf und wiederholte ihn einige Male. Unter Umständen konnte er dadurch kostbare Millisekunden gewinnen und ein fatales Zögern vermeiden. Das Messer in der rechten Hand, den Schaft an den Hinterkopf des ersten Mannes, dann ein Rückhandschwung, von unten nach oben, mit dem Stock in der linken Hand, gegen den Kiefer des zweiten Mannes – noch mal den Messerschaft mit der Rechten und zuletzt ein Angriff mit dem Knie, *Hiza Geri*, falls das Timing nicht ganz stimmte.

Vorsichtig schlich er sich an den ersten Wachposten heran.

Wenn er gleich die Treppen nach oben gestürmt war und Franck und Mossman gefunden hatte, würde er ihnen die Fesseln durchtrennen, aber danach mussten sie allein klarkommen. Er musste so schnell wie möglich wieder nach unten, um sich die Wache vorzuknöpfen, die bei dem alten Staatssekretär saß, und möglicherweise weitere Männer in Schach halten, die jederzeit auftauchen konnten. Und schließlich gab es da noch den Lupus-Chef, den man nicht vergessen durfte. Mit Sicherheit hatte der alte Polizeipräsident irgendwo im Haus eine Schusswaffe. Er durfte keine Zeit verlieren.

Er presste sich an den Sockel des Leuchtturms. In der Dunkelheit war der erste Mann, der frierend auf der linken Seite der Tür stand und unruhig von einem Fuß auf den anderen trat, gerade noch auszumachen.

Seine Muskeln spannten sich, und er spürte die gewaltige Konzentration wie ein Ziehen in der Magengrube. Dann sprang er aus der Deckung.

Gerade als er zu dem Schlag mit dem Messerschaft ausholte, duckte sich der Wachmann und wich ihm aus – und noch in derselben Sekunde blendete ihn plötzlich das grelle Licht eines Scheinwerfers, der zwischen den Büschen angegangen war.

Zwei unsichtbare Klappen in der Wiese wurden mit großer Wucht aufgestoßen, und wie Ungeheuer tauchten zwei Männer mit schwarzen Sturmhauben aus dem Untergrund auf. Ihre Maschinenpistolen waren direkt auf ihn gerichtet.

Es war eine Falle. Und er war geradewegs hineingelaufen.

Dann gellte ihm eine laute Stimme entgegen, mit dem metallischen Klang eines Megafons:

»Willkommen, Oxen. Bleiben Sie, wo Sie sind, und rühren Sie sich nicht!«

## 90.

Sie saßen aufgereiht mit dem Rücken zur Wand, die Hände vor dem Bauch gefesselt. Neben ihm saß Margrethe Franck, und dann kam Axel Mossman. Seit mehr als einer Stunde verharrten sie jetzt schon so.

Man hatte sie im Leuchtturm ganz nach oben gebracht, in einen schmucklosen Raum direkt unterhalb der offenen Plattform mit dem Geländer. Das Heulen des Windes war in dieser Höhe ohrenbetäubend. In dem Zimmer war es eiskalt. In der Tür stand ein schwarz gekleideter Wachmann mit Sturmhaube, der seine Maschinenpistole beharrlich in ihre Richtung hielt. Diese Waffe konnte genug Kugeln abfeuern, um sie alle drei im Bruchteil einer Sekunde zu töten.

*Risk Assessment* war der Fachbegriff, der in allen Ländern und in allen Teams verwendet wurde. Er hatte kaum etwas so sehr verinnerlicht wie das Analysieren einer Situation und ihrer Möglichkeiten. Gab es Lücken? Konnte man Lücken schaffen?

Und wie groß war das Risiko im Vergleich zur Wahrscheinlichkeit, den gewünschten Effekt zu erzielen?

Jetzt und hier, in diesem Zimmer, in diesem Augenblick, auf dem Boden sitzend und mit einer bewaffneten Wache außerhalb jeglicher Reichweite, lag das Verhältnis *risk/reward* bei 100 zu 0. Die nächste Gelegenheit würde erst kommen, wenn sie zu irgendeinem Zeitpunkt aufgefordert wurden, aufzustehen und den Raum zu verlassen. Dann würde er innerhalb kürzester Zeit eine neue Bewertung vornehmen.

Der ganze Verlauf bis hierher machte ihn wütend und kränkte ihn in seiner Berufsehre. Hätte er erkennen müssen, dass er im Begriff war, in eine Falle zu tappen? Wie hatte das alles passieren können? Wieso hatten Hansens Männer ihn erwartet? Er stellte sich tausend Fragen. Er hätte gern Mossmans Meinung dazu gehört, aber schon als er den Mund aufmachen wollte, hatte ein donnerndes »Maul halten!« des Wachmanns ihn daran gehindert.

Er warf einen verstohlenen Blick zu Margrethe Franck. Die Erleichterung war wie eine warme Welle gewesen, als er die lange Treppe hochgeführt worden war und die Tür zu dem Raum geöffnet wurde. Da saß sie. Franck – neben Mossman. Lebendig. Nicht tot. Nicht auf eine der vielen Arten ermordet, die sein Hirn ihm hatte einreden wollen. Am liebsten hätte er sie hochgehoben, in den Arm genommen, sie beruhigt, aber die Maschinenpistole in seinem Rücken hatte ihm deutlich zu verstehen gegeben, dass das nicht der geeignete Moment dafür war. Stattdessen hatte er ihr nur zugenickt.

Das Trotzige, das Franck sonst immer ausstrahlte, war verschwunden. Sie sah blass aus und düster, aber wenn er sie richtig kannte, dann arbeitete ihr Gehirn gerade auf Hochtouren, scannte und filterte jeden Eindruck nach einer Gelegenheit für

Widerstand und Flucht. Vielleicht nicht ganz so geschult wie sein eigenes, dafür wahrscheinlich intuitiver.

Es war großartig, dass sie noch lebte, aber diese Erkenntnis fühlte sich an, als bekäme man eine Medaille überreicht, während das Podium, auf dem man stand, lichterloh brannte. Er hatte das deutliche Gefühl, dass ihre Stunden gezählt waren. Und dass die Uhr nicht tickte, sondern raste.

Sein Blick wanderte weiter. Mossman starrte auf seine Handgelenke und drehte sie von Zeit zu Zeit, soweit es möglich war, als wären die Plastikstreifen zu fest gezurrt und würden ihn nerven. Überhaupt wirkte Mossman sehr unruhig. Für seinen großen Körper war es nicht einfach, auf dem nackten Betonboden sitzen zu müssen. Von Mossman konnte man keine explosive physische Handlung erwarten. Es würde ihn schon mehrere Sekunden kosten, überhaupt in die Senkrechte zu kommen. Mossmans Stärke steckte in seinem Kopf, und diesmal schienen alle Möglichkeiten ausgereizt.

Die Wache war äußerst aufmerksam. Er konnte den Blick des Mannes durch die großen Löcher in der schwarzen Sturmhaube verfolgen. Seine Augen wanderten ununterbrochen hin und her.

Im Unterschied zu all den anderen Situationen, in denen er je in der Klemme gesessen hatte, hing nun eine drückende Stimmung von Endgültigkeit über ihnen. Denn wenn etwas endgültig war, dann, sich dreißig Meter über dem Erdboden in einem Turm zu befinden, den man nur auf zwei Arten verlassen konnte. Und eine davon war ausgeschlossen, es sei denn, ihnen würden plötzlich Flügel wachsen.

Es war ein bizarrer Gedanke. Aber wenn er hier sterben sollte, dann starb er zusammen mit Freunden. Nicht einsam in einer staubigen Steinwüste, für eine Sache, deren Bedeutung ihm schon lange wie feiner Sand durch die Finger geronnen war.

Margrethe Franck war eine Freundin. Eine enge Freundin, die vielleicht mehr als das hätte sein können, wenn er selbst nicht so ein Feigling gewesen wäre.

Auch Axel Mossman war ein Freund. Vielleicht einer, der besonders viel Aufmerksamkeit verlangte und einen ziemlich strapazieren konnte und mit dem er ganz sicher niemals Schach spielen würde, aber doch eher Licht als Finsternis, eher Engel als Fürst. Es würde Axel Mossman nicht gefallen, die Welt auf derart glanzlose Weise verlassen zu müssen.

Aber einer fehlte. Einer, von dem er sich verabschieden wollte. Der eine Erklärung verdient hatte, warum alles so gekommen war. Dem er durch die Haare wuscheln und einen Kuss auf die Wange geben wollte. Den er in den Arm nehmen und ihm eine Entschuldigung ins Ohr flüstern wollte.

Magnus … Sein einziger Sieg. Und seine größte Niederlage.

Er drückte mit der rechten Hand die linke und stellte sich vor, es wäre seine – seine kleine weiche Hand, die sich nicht dagegen wehrte. Es war …

Er hörte das Knallen einer Tür, das durch das ganze Treppenhaus zu ihnen heraufhallte. Kurz darauf wurden Schritte auf der Treppe laut. Alles deutete darauf hin, dass die Wartezeit vorüber war. Er ließ seine Hand los.

Die Geräusche wurden immer lauter und deutlicher. Der ehemalige Polizeipräsident Esben Hansen trat zusammen mit seinem Bruder, dem ehemaligen Staatssekretär im Justizministerium, in den Raum. Beide schnauften beträchtlich nach dem anstrengenden Aufstieg. Hinter ihnen folgte ein weiterer maskierter Wachmann, der ebenfalls mit einer Maschinenpistole bewaffnet war.

Ihm war sofort klar, dass etwas nicht stimmte. Und zwar ganz und gar nicht stimmte. Der alte Staatssekretär war kein Gefangener. Er war nicht gefesselt und nicht geknebelt. Kain und Abel waren keine Feinde. Sie waren immer noch Freunde, immer noch Brüder, Lupus-Brüder.

Die beiden Männer stellten sich vor die Tür, flankiert von den Wachen. Seite an Seite, wie sie da standen, sah man sofort, dass sie Brüder waren. Es gab Unterschiede, vor allem in der Statur, Esben war kleiner und kräftiger, Poul groß, knochig und krumm, aber die Nasen, der Zug um den Mund und der Blick waren identisch.

»Wir werden nun zu einer schmerzlichen Handlung schreiten, aber leider ist es unvermeidlich, wenn Lupus überleben soll. Und das soll Lupus, denn Lupus ist größer als wir. Sie werden uns jetzt bedauerlicherweise alle verlassen müssen«, sagte Poul Hansen.

Der alte Staatssekretär klang sachlich, aber er sah so aus, als würde der Gedanke ihn wirklich bekümmern.

»Wer spricht denn da gerade?«, rutschte es Oxen heraus. »Der todkranke, reumütige Bruder von Agnethe oder … hat es diese Schwester vielleicht überhaupt nie gegeben?«

Poul Hansen nickte ruhig.

»Ich kann Sie verstehen, Oxen. Ich habe Ihnen etwas verschwiegen. Sie haben meine Lebensgeschichte gehört, wie sie sich zugetragen hat. Nur in zwei Punkten habe ich es mit der Wahrheit nicht ganz genau genommen, was sonst gar nicht meine Art ist. Aber sollte mich nicht doch noch eine Nemesis ereilen, dann habe ich tatsächlich keinen Krebs und werde auch nicht daran sterben. Wenn man seine Patientenakte verändern möchte, kann man sich heutzutage einfach jemanden kaufen, der einem dabei hilft, wenn man ihn nur ordentlich bezahlt. Die Diagnose war mein Alibi, um unsere unbekannten Feinde von der Aufrichtigkeit meiner Reue zu überzeugen, falls es uns zu irgendeinem Zeitpunkt gelingen sollte, diese Feinde zu identifizieren. Aber es stimmt, dass ich auf lange Sicht nach Harrildholm zurückgekehrt bin, um die Vergangenheit aufzuarbeiten, mich zu erinnern – und letzten Endes um zu sterben, so wie wir alle irgendwann sterben müssen. Der zweite Punkt, bei dem ich nicht ganz ehrlich war, betrifft die interne Verteilung der Zuständigkeiten. Nicht mein Bruder trägt die organisatorische Verantwortung für Lupus, sondern ich. Strategische Arbeit war immer mein Geschäft. Mein Bruder ist eher ein Mann der Tat.«

»Und was wäre passiert, wenn der Einsiedler Sie nicht im Haus Ihres Schulfreunds entdeckt hätte?«

»Dann hätte ich mich natürlich bald selbst zu erkennen gegeben, Oxen. Aber es war nicht geplant, dass Sie in den Besitz der Video-Festplatte gelangen würden. Das habe ich bereits an jenem Abend zu verhindern versucht, als ich Sie auf der Kutsche in meiner Scheune niedergeschlagen habe. Aber was soll's. Nun stehen wir ja hier und niemandem ist ein Schaden entstanden.«

Axel Mossman sah mittlerweile wirklich aufgebracht aus. Zitternd vor Wut polterte er mit dem Wind um die Wette:

»Ihr suhlt euch in eurem Selbstmitleid, zur Hölle mit euch!«

Das war zu viel für den ehemaligen Polizeipräsidenten.

»Es reicht, Mossman! Ich konnte Sie und Ihr enormes Ego, dieses kolossal übersteigerte Selbstvertrauen noch nie leiden. Und ich habe auch nie begriffen, warum einer wie Sie so viele Jahre lang einen so wichtigen Posten bekleiden konnte!«

»Und was genau haben wir uns zuschulden kommen lassen, da wir ja offenbar exekutiert werden sollen?« Margrethe schnaubte.

»Sie wissen von allen hier am wenigsten, Fräulein Franck«, sagte Poul Hansen. »Was eigentlich ein wenig absurd ist, nachdem gerade Sie im Zentrum der Ereignisse im Südhafen standen. Aber zerbrechen Sie sich nicht weiter den Kopf. Dort, wo Sie bald sein werden, ist es nicht wichtig, gut informiert zu sein.«

»Aber das alles … Warum?«

»Nun, Oxen, Sie haben sich an dem Abend in der Scheune freundlich und geduldig meine ganze Geschichte angehört. Ich denke, ich schulde Ihnen eine Antwort. Sie müssen das alles in einem größeren Zusammenhang betrachten. Die inzwischen zerschlagene Organisation des Danehof, die über viele Jahrzehnte sichtbare und unsichtbare Fäden gezogen hat, um Dänemark zu gestalten und die gesellschaftlichen Themen zu bestimmen, war tatsächlich lange Zeit unser größter Kunde. Größer als Ihr PET, Mossman, selbst während des Kalten Krieges. Wir erfuhren, dass der Danehof zu Fall gebracht worden war. Aber wer dahintersteckte, wer das Messer geführt hatte, das wussten wir nicht. Niemand wusste es. Wir konnten nur sehen, dass Sie, Mossman, auf irgendeine Weise damit zu tun hatten. Und uns kamen Gerüchte zu Ohren, dass große Mengen von Archivmaterial in der Müllverbrennungsanlage auf Amager vernichtet worden waren. Aber entsprach das wirklich den Tatsachen? Wir wussten nur eins: dass Lupus aufgrund seiner zahlreichen Dienstleistungen und der großen Geldbeträge zweifellos in den Unterlagen des Danehof aufgeführt worden war. Und dass früher oder später eine Spur in unsere Richtung deuten würde. Wir würden enttarnt werden. Eines Tages würde jemand kommen, um uns zu holen, wie unser Vater es von den Widerstandskämpfern erzählt hatte, die im Krieg von den Deutschen abgeholt worden waren. Aber … Wann? Wo? Und wer? Und wie viele würden kommen?«

Der alte Staatssekretär sah sie alle der Reihe nach an und ließ seinen Blick auf jedem von ihnen eine kurze Sekunde lang ruhen, bevor er sich räusperte und fortfuhr:

»Mein Bruder und ich waren uns einig, dass wir handeln mussten, solange wir uns noch frei bewegen konnten. Wir mussten schneller sein als der Feind. Die Bedrohung identifizieren und isolieren. Also übten wir uns in Geduld und warteten ab, wer als Erstes an unsere Tür klopfen würde. Das waren Sie, Mossman. Dass Sie plötzlich auf Harrildholm auftauchten, bestätigte unsere bange Ahnung. In den Danehof-Archiven musste es irgendeinen Hinweis gegeben haben, der in unsere Richtung führte. Wir überwachten den Hof, um zu sehen, ob nach Ihnen noch andere kommen würden. Aber stattdessen kamen überraschenderweise Sie zurück und deponierten zu unserer großen Verwunderung einen alten Zeitungsartikel in meiner Schreibtischschublade. Und dann kamen Sie, Oxen, zusammen mit Ihrem Sohn, gerade als dieser Nichtsnutz dabei war, alles zu durchwühlen. Aber sonst kam niemand.«

»Was ist mit Monrad?«

»Ach ja, richtig. Aber Monrad kannten wir ja schon von früher, und wir wussten, worauf er aus war. Das war eine ganze andere Baustelle. Er war nur ein habgieriger Mann. Monrad war unwichtig. Wir waren ausschließlich an dem unbekannten Faktor interessiert. Konnte es wirklich sein, dass die Bedrohung nur aus drei Personen bestand? Aus Ihnen, Franck, Ihnen, Mossman, und Ihnen, Oxen …? Hatten wir wirklich ein derart unverschämtes Glück? Wir versuchten, eine etwas größere Reaktion zu provozieren: erst mit dem Stein in Ihrer Windschutzscheibe, Fräulein Franck, dann mit den Schüssen vom Motorrad. Wir waren überzeugt davon, dass zwei Schüsse die Situation massiv zuspitzen und weitere, bislang unsichtbare Akteure aus den Bäumen schütteln würden. Glauben Sie mir, wir hätten auch schießen können, um Sie zu töten, aber das Ziel der Operation war nach wie vor ausschließlich, zu *iden-*

*tifizieren* und *isolieren.* Dennoch sahen wir weiterhin kein Furcht einflößendes Heer auf Lupus zumarschieren. Nur – und das meine ich nicht abwertend – Sie, wie Sie auf unsere Initiative hin hier zu dritt vor mir sitzen. Und damit wären wir wieder bei meinen einleitenden Worten. Wir haben in dem kleinen Wald ein Stück die Küste hoch ein tiefes Loch ausheben lassen. Dort werden Sie heute Abend Ihre letzte Ruhe finden. Und morgen geht das Leben wieder seinen gewohnten Gang. Ich habe mir das Leuchtturmwärterhaus von einem guten Bekannten geborgt. Er wird gar nicht bemerken, dass wir hier gewesen sind.«

Der ehemalige Staatssekretär beendete seine Rede wohl aus alter Gewohnheit mit einem kurzen Nicken.

»Und was soll das bringen? Lupus wird mit euch sterben, ihr alten, selbstgerechten Narren!« Mossman war immer noch außer sich.

»Hüten Sie Ihre Zunge! Und nein, diese Genugtuung werden Sie nicht bekommen. Lupus wird auch weiterleben, wenn wir nicht mehr sind. Es wird schon bald jemand Neues die Leitung übernehmen.«

»Warum musste René Jönsson sterben?«

Margrethe Franck versuchte offensichtlich, Zeit zu gewinnen, denn in Anbetracht ihrer Zukunftsaussichten war die Antwort darauf wirklich nicht mehr wichtig.

»Wir hatten schon lange den Verdacht, dass sein kleiner Bruder ihm gegenüber nicht dichtgehalten hatte, aber René Jönsson hat in all den Jahren nie ein Wort darüber verloren. Bis vor Kurzem … Nachdem Sie, Fräulein Franck, ihn das erste Mal aufgesucht hatten, trat er an einen Kontaktmann seines verstorbenen Bruders heran – unseren Mann – und erzählte ihm von Ihrem Besuch. Das kam uns ganz gelegen, denn so bekamen wir die

Möglichkeit, Sie zu überwachen. Aber gleichzeitig offenbarte der ältere Jönsson-Bruder auch, dass er über gewisse Kenntnisse verfügte, und bat nebenbei noch um eine Entschädigung für seine Mühe. Also nutzten wir die Gelegenheit, uns von ihm zu verabschieden, sobald sie sich bot«, sagte Esben Hansen, und dann wandte er sich an seinen Bruder: »Sollten wir es nicht langsam hinter uns bringen?«

Der alte Staatssekretär nickte.

»Ich möchte Sie bitten, sich zu erheben. Gehen Sie der Reihe nach durch die Tür und über die Treppe hinauf zur Plattform. Mein Bruder wird die Exekution übernehmen. Hinter ihm stehen die Wachen. Also ersparen Sie sich heldenhafte Auftritte. Glauben Sie mir, ich bedauere zutiefst, dass es so enden muss.«

Oxen sah verstohlen zu Mossman, der einen Blick auf seine Uhr warf und wieder sein Handgelenk unter dem Kabelbinder drehte.

»Vielleicht könnte mal jemand so freundlich sein und mir aufhelfen, damit ich meinem Herrgott gegenübertreten kann!«

Mossman streckte die Hände aus. Als einer der Wachmänner näher kam, verpasste ihm Mossman einen kräftigen Tritt vor das Schienbein.

»Arschlöcher! Elende, feige Selbstjustiz-Amöben!«

Oxen schaute zu dem alten PET-Hünen hinüber. Im Angesicht des baldigen Genickschusses hatte Mossman offenbar jede Selbstkontrolle verloren. Das sah ihm gar nicht ähnlich. Der Wachmann machte einen Schritt nach vorn und versetzte Mossman seinerseits einen Tritt in die Magengrube, sodass er zur Seite kippte und stöhnend nach Luft schnappte.

»Hören Sie auf mit diesen Albernheiten, Mossman!«

Der alte Polizeipräsident hatte das Kommando übernommen, nachdem sein Bruder gegangen war. Er zog eine Pistole aus der Jackentasche und fuchtelte energisch damit herum.

Nacheinander wurden sie die Treppe hochgescheucht, ganz nach oben, geradewegs in den Untergang.

## 91.

Direkt hinter ihnen jagte das tausend Watt starke Blinken des Leuchtturms aufs Meer hinaus und zwinkerte den Seeleuten in aller Vertraulichkeit zwei Mal zu.

»Sie zuerst, Oxen! Stellen Sie sich ans Geländer.«

Heftige Windböen rissen und zerrten an ihnen. Der alte Polizeipräsident brüllte seine Kommandos aus voller Lunge und dirigierte ihn ganz nah an den Rand der Plattform.

Es war klar, worauf es hinauslaufen sollte. Nach einem Schuss ins Genick würde man sie über das Geländer wuchten, vierunddreißig Meter in die Tiefe stürzen und auf diese Weise den Lupus-Männern das letzte Stück Arbeit abnehmen.

Widerwillig trat er ein paar Schritte vor. Wie oft würde der Leuchtturm vor seinem Tod noch blinzeln?

Er suchte immer noch verzweifelt nach einer Lücke, und sei sie noch so klein, oder wenigstens nach einem haarfeinen Riss, aus dem man einen Ausweg machen könnte. Aber da war nichts. Die beiden bewaffneten Wachen waren mit nach oben gekommen und standen hinter ihnen. Es gab nur eine Sache, die ihm vollkommen klar war: Er würde sich nicht kampflos ergeben.

Man hatte ihnen die Hände vorn gefesselt und nicht auf dem Rücken – das war wenigstens ein kleiner Vorteil.

Unter Hochdruck analysierte sein Gehirn die wenigen Optionen, auch wenn sie ihm von vornherein aussichtslos erschienen. Aber durch die beengten Verhältnisse rund um das riesige

Laternenhaus musste der alte Polizeipräsident ganz dicht an sie herantreten, wenn er sie ins Jenseits befördern wollte. Und Abstand war immer ein Faktor von allergrößter Bedeutung.

Ein Gedanke nahm Gestalt an – vielleicht eine verzweifelte, aber immerhin eine Gestalt. Voraussetzung dafür war allerdings, dass er als Erster von ihnen vor seinen Schöpfer treten sollte. Er konnte sich nicht vorstellen, dass die Lupus-Brüder eine Reihenfolge geplant hatten. Wenn es nicht anders ging, würde er sich mit ein paar Provokationen auf den ersten Platz vordrängeln.

Sobald sich die Pistole hinter seinem Rücken hob, würde er sich blitzschnell umdrehen und versuchen, sie dem Alten aus der Hand zu schlagen, um ihn dann zu packen und mit aller Kraft nach hinten auf die Wachmänner zu stoßen. Das würde sie verwirren. Sie würden nicht schießen können, denn die Gefahr, dabei ihren Chef zu treffen, war viel zu groß.

Der Rest war ein Szenario, das er weder durchspielen noch vorhersehen konnte. Vermutlich würde es in einem Kugelhagel enden. Aber lieber das, als … Er drückte wieder die Finger seiner linken Hand und stellte sich vor, es wären die Finger seines Sohnes.

»Jetzt Sie, Fräulein!«

Der alte Polizeipräsident mit den schütteren, windzerzausten Haaren war eiskalt hinter der Fassade seiner Höflichkeit, die so deplatziert erschien.

»Fräulein …« Sie sollte die Welt als Fräulein verlassen. Wie bizarr. Margrethe trat als Zweite an das Geländer und musste sich festhalten, um nicht vom Wind umgeworfen zu werden. Sie hätte gern versucht, Augenkontakt mit Oxen aufzunehmen, seine Gedanken zu lesen und vielleicht einen Funken Hoffnung in seinem Blick zu entdecken. Aber er stand die ganze Zeit mit dem Rücken zu ihr.

Es fiel ihr außerordentlich schwer, sich zu konzentrieren und etwas zu Ende zu denken, denn die ganze Szenerie ging jedes Mal in Flammen auf, wenn der Leuchtturm im Abstand von wenigen Sekunden so gleißend hell blinkte, dass ihr Sehnerv Alarm schlug und vor ihren Augen Funken sprühten. Dann kehrte für einen kurzen Moment die Dunkelheit zurück wie eine beruhigende Hand auf der Schulter. Doch kaum hatte sie es geschafft, den letzten Gedanken wieder aufzugreifen, explodierte das Licht erneut.

Es gab keine große Chance, noch irgendetwas ausrichten zu können. Die beiden Wachen standen hinter ihnen, und sie würden schießen und töten, bevor sie etwas tun konnten, das die Machtverhältnisse verschob.

Eine Sache würde sie trotzdem versuchen: Sie wollte die Erste sein, die erschossen werden würde. Bevor die Kugel den Lauf verließ, würde sie sich umdrehen und ihre gefesselten Hände mit Wucht gegen den Arm des alten Polizeipräsidenten schlagen, sodass er die Waffe fallen ließ. Er mochte ja ein kräftiger Mann sein, aber er war alt und nicht sehr sicher auf den Beinen. Sie würde ihn an der Jacke packen, sich mit ihrem ganzen Gewicht gegen ihn werfen und versuchen, ihn in die Wachmänner zu stoßen.

Wenn es irgendwie möglich war, würde sie sich eine der Maschinenpistolen greifen und sich daran festklammern.

Was dann passieren würde, wusste sie nicht.

Sie legte den Kopf in den Nacken und schaute hoch. Es waren nicht viele, aber ein paar waren da – Sterne. Sie musste einen letzten verzweifelten Versuch unternehmen, um sie doch noch zu erreichen.

Aber realistisch betrachtet würde sie wohl ohne ihre Uhr sterben …

»Und jetzt Sie, Mossman, *please.*«

War das eine schlecht versteckte Anspielung auf sein anglophiles Auftreten, mit dem er sich nie zurückgehalten hatte? Von der kurzen Unterhaltung mit dem ehemaligen Polizeipräsidenten in seinem Gewächshaus wusste er ja, dass der Alte ihn partout nicht leiden konnte. Und erst vor wenigen Minuten, als sie noch unten in dem kleinen Raum saßen, hatte der ältere der beiden Lupus-Brüder etwas von einem gewaltigen Ego und überzogenem Selbstvertrauen gezischt. Woher diese Antipathie des Mannes rührte, wusste er nicht, aber so war es oft mit dem PET. Am Nachrichtendienst schieden sich die Geister.

Inzwischen beruhte die Abneigung auf Gegenseitigkeit.

Er blieb stehen. Er hatte den Ärmel seines Jacketts hochgeschoben, damit er seine Armbanduhr sehen konnte. Er stand mit gebeugtem Kopf da und starrte auf die Ziffern, die er im Dunkeln nicht erkennen konnte. Er wartete nur noch auf das nächste Lichtermeer – und das zweite direkt danach. Er hatte die Sekunden gezählt, die zwischen Licht und Dunkel lagen. Zwei Mal Blinken, jeweils etwa zwei Sekunden lang mit einer Pause von ebenfalls zwei Sekunden – und dann mehr als sieben Sekunden dröhnende Dunkelheit, bevor sich der Ablauf wiederholte.

»Sind Sie taub? Gehen Sie vor zu den anderen, Mossman!«

Er ignorierte den Befehl und wartete auf das Leuchtfeuer, während sein Jackett im Sturmwind flatterte. Er spürte einen harten Schlag im Rücken, wahrscheinlich mit dem Griff der Pistole. Doch er ließ sich nicht beirren.

»Jetzt, habe ich gesagt!«

Die Stimme des Lupus-Ältesten kippte vor Wut. Aber er durfte sich nicht ablenken lassen. Dann kam es endlich, das Blinken, und danach das zweite. Das Zifferblatt wurde beleuchtet. Jetzt hatte er die Zeit wieder unter Kontrolle. Die Minuten und die Sekunden. Die wenigen, die noch blieben …

Sie standen alle drei nebeneinander am Geländer, das ihnen etwa bis zur Hüfte reichte. Der Wind rauschte in ihren Ohren und übertönte das Donnern des Meeres tief unter ihnen, wo die Wellen gegen die Küstensicherung schlugen. Der alte Polizeipräsident trat hinter sie. Die Wartezeit war vorbei.

»Erschieß mich zuerst!«, rief er, während er sich zu Esben Hansen drehte. »Und wenn du auf den Abzug drückst, du geistesgestörter Irrer, dann denk daran, dass die Königin persönlich mir das Tapferkeitskreuz überreicht hat. Das einzige, das je verliehen wurde. Ich konnte …«

»Halten Sie den Mund, Oxen!«

»… Leute wie dich noch nie ausstehen, die andere von hinten erschießen. Es braucht Mut, dem Feind in die Augen zu schauen. Du bist ein feiger Köter. Wenn du dich abends schlafen legst, denk immer an die große Heldentat, als du uns alle drei von hinten erschossen hast, alter Mann. Aus einer Familie von mutigen Widerstandskämpfern, ich kotze gleich.«

»Schweigen Sie endlich!«

»Und überleg mal, ob die Königin wohl schon einen Orden für deine Tat bereithält. Und für all die anderen Gelegenheiten, bei denen ihr, du und dein feiner Bruder, euch über das Gesetz gestellt habt. Die Königin war euch scheißegal! Dänemark war euch scheißegal! Ihr seid so erbärmlich! Alles nur, weil eure Schwester vergewaltigt wurde und Selbstmord beging. Als wäre das etwas Besonderes. Sie ist nicht …«

»Was zur Hölle fällt Ihnen ein …?«

Er hörte den Wutausbruch, der allerdings früher abbrach als erwartet, und er merkte, dass der ältere der Brüder einen Schritt zur Seite machte und jetzt direkt hinter ihm stand. Mit seinem Gerede über das Königshaus und die Schwester hatte er sich die erste Kugel redlich verdient. In wenigen Sekunden war …

Dann drang das Geräusch an seine Ohren. Erst kaum hörbar in dem wahnsinnigen Heulen des Windes. Vielleicht bemerkte er es früher als die anderen, weil er es so gut kannte. Schon im nächsten Moment bestand kein Zweifel mehr.

Es war der typische klopfende, ohrenbetäubende Lärm von Rotorblättern.

»Xray 12, here is Norseman 23, pick up two minutes out, inbound 280 degrees. Over.«

*Automatisch aktivierten sie die Infrarot-LEDs auf ihren Helmen. In Kürze würde der Loadmaster ihnen das Signal geben und sie würden in einem Regen aus Sand und kleinen Steinen die Rampe hochrennen. Und nur Sekunden später würden sie auf dem Weg zurück nach Kandahar sein.*

Mit aller Kraft bohrte er seine Fingernägel in den Rücken seiner linken Hand, schüttelte den Kopf und verjagte den Flashback.

Auf dem Leuchtturm war die Zeit stehen geblieben.

Er drehte den Kopf.

Jeder Gedanke und jede Bewegung waren erstarrt. Der alte Mann und die beiden Wachen standen wie versteinert da. Mossman und Franck rührten sich nicht.

Also konzentrierte er sich auf das, was sich um sie herum in der Dunkelheit abspielte.

Zwei Helikopter jagten in extrem niedriger Flughöhe von Norden her die Küste entlang auf sie zu. Schon im nächsten Augenblick flogen sie einen Bogen und blieben vor dem Leuchtturm in der Luft stehen, wie zwei bedrohliche Jagdfalken, der eine etwas weiter links, der andere rechts.

Es war ein gewaltiges Bombardement auf alle Sinne. Die Laterne schickte ihr grelles Blinken aufs Meer, begleitet vom Lärm der Rotorblätter, die unerbittlich die Luft rund um den Leuchtturm zerschnitten.

Es waren zwei große Polizeihubschrauber mit voller Besatzung zum Einsatz bereit.

In den offenen Seitentüren saß je ein gut gesicherter Scharfschütze, der ein Gewehr mit einem großen Zielfernrohr auf sie gerichtet hielt.

Dann wurden zwei Scheinwerfer an den Hubschraubern angeschaltet und sie standen mit einem Mal in grellem Licht.

Er schaute wieder über die Schulter. Sah den ehemaligen Polizeipräsidenten, der immer noch wie versteinert dastand und mit großen Augen den roten Lichtpunkt beobachtete, der unruhig über seinen Brustkorb tanzte.

Der Alte riss die Arme hoch und hielt seine Pistole so, dass sie nur noch mit dem Abzugsbügel an einem Finger baumelte.

Dann gellte eine Stimme zu ihnen herüber, in enormer Lautstärke, die trotz des gewaltigen Lärms gut zu verstehen war.

»Mein Name ist Karsten Salomonsen, ich bin der Chef des PET! Legen Sie Ihre Waffen ab! Ich wiederhole: Legen Sie die Waffen ab!«

Es war absolut ungewöhnlich, um nicht zu sagen völlig abwegig, dass der Chef des polizeilichen Nachrichtendienstes selbst die Arbeitskleidung anlegte und bei der ersten Welle einer Operation zugegen war. Noch dazu wenn sie so gefährlich war wie diese.

Aber der neue Chef des PET war ein Mann der Tat, sowohl am Schreibtisch als auch draußen. Und natürlich spielte es eine extrem große Rolle, dass die *Operation Wolfhunter* ein alles andere als gewöhnlicher Einsatz war. Es war eine streng geheime und äußerst brisante Mission, über die an keiner Stelle und niemals auch nur ein einziges aufgezeichnetes Wort zu finden sein würde.

Der Chef des PET saß in dem Helikopter, der links der kleinen beleuchteten Bühne hoch oben auf dem weißen Leuchtturm in der Luft stand. Zusammen mit den beiden Besatzungen hatte er ein ganzes Stück weiter nördlich auf einem Acker mit Spannung darauf gewartet, dass sein Vorgänger Axel Mossman auf den Knopf seiner Uhr mit dem eingebauten GPS-Sender drücken und den Alarm aktivieren würde. Von diesem Moment an blieben ihnen exakt zehn Minuten, bis sie *on sight, in action* sein mussten.

Und nun hingen sie hier in der Luft. Er hörte den Status eines der Scharfschützen in seinem Headset und zögerte nicht.

»Salomonsen hier. Objekt Alfa eliminieren.«

Postwendend folgte der Einwand des Schützen: »Aber … Objekt Alfa hat sich ergeben.«

»Ich wiederhole: Objekt Alfa eliminieren.«

»Verstanden.«

Der Finger des Scharfschützen betätigte den Abzug weich bis zum Druckpunkt. Dann erhöhte er den Druck. Die Kugel schoss durch den langen Lauf, direkt auf den roten Punkt zu, der genau über dem Herzen des alten Mannes stehen geblieben war.

## 92.

Der alte Staatssekretär lag vornübergebeugt auf den Knien im Gras, eine Hand unter dem Nacken seines toten Bruders.

In dieser Haltung verharrte er schon eine ganze Weile. Sichtlich gebrochen und geistesabwesend, als wäre ihm der Ernst der Lage an diesem dramatischen Abend gar nicht bewusst. Hinter ihm standen die Mitglieder des AKS, des Spezialeinsatzkommandos der Polizei, und bewachten ihn.

Die neun Polizeibeamten, die Lupus zu dieser besonderen Aufgabe an Langelands Südspitze beordert hatte, standen aufgereiht vor dem Leuchtturmwärterhaus. Sie trugen keine Sturmhauben mehr und hatten keine Ahnung, was sie erwartete. Abgesehen davon, dass es sicher nichts Gutes sein würde.

Die Männer der AKS-Spezialeinheit hatten sie einzeln fotografiert, ihre Identitäten festgestellt und alles auf einer Liste festgehalten, die an PET-Chef Karsten Salomonsen übergeben worden war.

Wie ein siegreicher Heerführer schritt der Chef des Nachrichtendienstes im Licht eines Scheinwerfers die kleine Truppe korrupter Beamter ab. Er blickte jedem Einzelnen von ihnen in die Augen, und allen war klar, was er dachte.

Schließlich stellte er sich vor die Reihe und musste brüllen, um den Wind zu übertönen.

»Mir wird schlecht, wenn ich euch sehe! Tüchtige, gut ausgebildete Leute – und dann lasst ihr euch für so etwas kaufen! Ekelhaft. Man sollte euch für eine lange Zeit ins Gefängnis stecken, dann hättet ihr Gelegenheit, in aller Ruhe darüber nachzudenken, worauf ihr euch da eigentlich eingelassen habt. Aber das wird euch erspart bleiben. Auch wenn es mit meinem Gerechtigkeitssinn eigentlich nicht vereinbar ist. Ihr alle werdet im Laufe der nächsten vier Monate einzeln und in größeren Abständen eure Kündigungen einreichen. Wann genau, werdet ihr noch rechtzeitig erfahren. Solltet ihr mit irgendjemandem über das sprechen, was heute Abend hier passiert ist – oder über einen der sonstigen Aufträge, die ihr für Lupus ausgeführt habt – oder solltet ihr jemals Lupus' Existenz auch nur erwähnen, kriege ich euch dran, und ihr werdet euch wünschen, nie geboren worden zu sein. Habt ihr mich verstanden?«

Die neun Männer nickten mit ernsten Gesichtern.

»Und jetzt geht mir aus den Augen!«, brüllte Salomonsen.

»Halt, einen Moment noch!«

Margrethe Franck, seine Mitarbeiterin aus der operativen Abteilung, trat plötzlich ins Licht.

Der PET-Chef sah sie verwirrt an und setzte gerade zu einer Frage an, als sie ihn mit einer entschiedenen Handbewegung stoppte.

»Wer von euch hat meine Uhr?«

Francks laute Stimme hallte über die Reihe der Polizisten, aber niemand antwortete.

»Zum letzten Mal: *Wer* hat meine Uhr?«

Ein breitschultriger Mann mit kurz geschorenen Haaren trat zögerlich einen Schritt nach vorn, fummelte mit der einen Hand in der Innentasche seines Kampfangzugs und streckte ihr schließlich auf der offenen Handfläche die Breitling entgegen.

Sie nahm ihre geliebte Uhr und versetzte dem Mann im selben Atemzug einen kräftigen Tritt in die Weichteile. Als er sich mit einem unterdrückten Schmerzensschrei zusammenkrümmte, verpasste sie ihm mit der rechten Handwurzel einen Hieb gegen den Kiefer, der ihn endgültig zu Boden schickte.

Dann drehte sie sich um und verschwand aus dem Scheinwerferlicht.

Nach einer halben Stunde war es wieder dunkel vor dem Leuchtturmwärterhaus. Nur das Leuchtfeuer verrichtete weiter seinen Dienst, als wäre nichts geschehen.

Das letzte Auto, das vom Grundstück fuhr, war ein anonymer Mannschaftswagen, der auf Anweisung des PET-Chefs mitsamt Fahrer in der Nähe bereitgestanden hatte.

Salomonsen saß neben Mossman, dahinter Oxen und Franck. Sie hatte ihn fest umarmt und ihm einen Kuss auf die Wange gegeben, bevor sie als Letzte den Turm hinuntergestiegen waren.

Ganz hinten saß der ehemalige Staatssekretär Poul Hansen. Seine Hände waren gefesselt. Man würde ihn direkt im Gefängnis abliefern, wo er sich einige Tage aufhalten sollte, bis auch der letzte vereinbarte Punkt der Operation *Wolfhunter* abgehakt werden konnte.

## 93.

Bertelsen las Zeitung, als der silberne Škoda neben ihm einparkte. Es war Borg, pünktlich wie immer. Sie standen in der Tiefgarage des Kongresszentrums DGI-byen direkt hinter dem Hauptbahnhof, nachdem er sich strikt geweigert hatte, sich wieder auf einer eiskalten Bank zu verabreden.

Bertelsen stieg aus und setzte sich zu seinem Kollegen ins Auto, das bedeutend wärmer war als sein eigenes.

»Inspirierender Treffpunkt«, sagte er und starrte auf die Betonwand davor. »Mein Leben wäre so viel ärmer ohne dich, Borg.«

Borg gluckste.

»Willst du doch lieber wieder auf die Bank? Ist es das, was ich da heraushöre?«

Bertelsen schüttelte den Kopf.

»Warst du schon mal im DGI-byen? Die haben ein fantastisches Hallenbad«, sagte Borg.

Bertelsen schüttelte wieder den Kopf.

»Man schwimmt seine Bahnen im Kreis um das Nichtschwimmer-Becken herum. Eine Runde hat hundert Meter. Großartiges Schwimmbad, glaub mir.«

»Freiwillig in ein Hamsterrad? Und noch dazu in Badehose? Nein, danke, das muss nicht sein. Wollen wir loslegen?«

Borg nickte. Bertelsen hatte telefonisch um das Treffen gebeten, weil er seine Hausaufgaben alle erledigt hatte.

Er zog ein paar zusammengrollte DIN-A4-Blätter aus der Innentasche seiner Jacke.

»Ich bin fertig mit der Überprüfung von Cindy Johansens alter Flamme, Franz Riis. Ich habe jemanden gefunden, der mir eine Kopie seiner Festplatte besorgt hat.«

»*Nein ...*« Borg verzog das Gesicht.

»*Doch.* Jemand war mir einen Gefallen schuldig. Was dachtest du denn? Wie hätte ich ihm denn sonst über die Schulter schauen sollen? Solange wir nur für dein Spiegelbild arbeiten und nicht mal den Schatten einer Begründung dafür haben, bekommen wir nie einen Durchsuchungsbefehl.«

»Schon gut, schon gut.«

»Um es kurz zu machen: Ich habe nichts gefunden. Die finanziellen Verhältnisse dieses Mannes sind zwar deutlich extravaganter als deine und meine, aber ich habe nicht das Geringste gefunden, was mich veranlasst hätte, weiterzugraben. Dafür kann ich dir etwas Lustiges über seine Kunden erzählen. Wenn ich Bodil Nyhuus sage, was sagst du dann?«

Mit einem Ruck drehte Borg sich zu seinem Partner um und starrte ihn mit hochgezogenen Brauen und großen Augen an.

»Bodil Nyhuus?«

»Jep.«

»*Die* Bodil Nyhuus? Die Chefin der Kontrollbehörde?«

»Genau die. Ich habe ihre Adresse überprüft. Riis verwaltet ein Aktienportfolio für sie, das ziemlich dicke Gewinne einfährt. Nicht übel, wenn du mich fragst. *Pandora, Novo* und *Vestas* machen den größten Batzen aus. Und wir Idioten …«

»Stopp, stopp, stopp!«

Borg saß mit erhobenem Zeigefinger vor ihm und wirkte ungewöhnlich aufgebracht.

»Das kann nicht wahr sein. Das kann einfach nicht wahr sein … Bodil Nyhuus? Ich fasse es nicht, Bertelsen …«

»Was ist denn auf einmal los?«

»Diese Übereinstimmung ist kein Zufall, darauf würde ich meinen Hintern verwetten. Ach was, *alles* würde ich darauf verwetten.«

»Was denn für eine Übereinstimmung? Wovon sprichst du?«

»Das werde ich dir gleich erklären. Ich bin nämlich auch fertig mit den beiden Namen auf meiner Liste. Einer in Odense und einer in Århus. Der in Århus war ein gewisser Lukas Lewander. In allen Unterlagen werden seine Eltern als Bodil und Leif Lewander geführt. Der Vater ist beruflich im Ausland, Ingenieur in Katar. Ihn hatte ich schnell gefunden, die Mutter aber nicht. Aus der Akte ging zwar hervor, dass der junge Mann einen Hirnschaden erlitten hat, allerdings nicht, in welchem Grad. Also dachte ich mir, es wäre eine gute Idee, ihn einfach selbst zu besuchen. Ich war gerade erst ein paar Minuten in dem Heim, in dem er lebt, als eine Frau auf der Bildfläche auftauchte. Es war seine Mutter. Die Eltern sind inzwischen geschieden, und sie heißt nicht mehr Bodil Lewander, sondern Bodil Nyhuus.«

Bertelsen atmete heftig aus, gefolgt von einem *»hoooly shiiit«*.

»Von dem jungen Mann ist … nichts mehr übrig. Gar nichts«, sagte Borg.

»Nichts wie ›Gemüse‹?«

Borg nickte und schüttelte dann den Kopf.

»Nein, dieser Vergleich ist wirklich bescheuert. Ich stand neben ihm und habe ihm die Wange gestreichelt. Keine Ahnung, ob er etwas davon mitbekommen hat. Vielleicht ganz tief drinnen. Es ist nichts mehr da. Aber Gemüse, nein … Das Wort gefällt mir nicht. Es heißt ›vegetativer Zustand‹, okay?«

Bertelsen nickte respektvoll und nahm die Belehrung hin, die er normalerweise mit einem bissigen Kommentar zurückgewiesen hätte.

»Und jetzt sitzen wir hier«, sagte Borg, »mit zwei Menschen, die die Konsequenzen von Nassars Gewalttätigkeit in höchstem Maße zu spüren bekommen haben. Die eine hat ihren Sohn verloren. Der andere seine Freundin und seine Karriere.«

»Mich würde ja interessieren, woher die beiden sich kennen, Nyhuus und Riis.«

Borg zuckte mit den Schultern.

»Hmm, auf jeden Fall ist es statistisch gesehen zu unwahrscheinlich, als dass es ein Zufall sein könnte. Was um alles in der Welt machen wir denn jetzt, Bertelsen? Was zur Hölle sollen wir tun?«

Eine Weile saßen sie schweigend da und starrten die Betonwand an. Bertelsen war es, der schließlich die Situation zusammenfasste.

»Wir haben hinter Clemmesens Rücken weiterermittelt, obwohl er den Fall ausdrücklich zu den Akten gelegt hat. Außerdem habe ich eine illegale Kopie von Franz Riis' Festplatte herbeigezaubert. Das ist nicht gut und in einem Verfahren sowieso völlig unbrauchbar. Wollen wir also wirklich bei Clemmesen an die Tür klopfen, uns entschuldigen und den ganzen Nassar-Fall vor ihm ausbreiten? Mit Bodil Nyhuus? Der einzigen Person im ganzen Land, die *auf keinen Fall* darin auftauchen sollte? Ausgerechnet die Person, die alle anderen kontrolliert? Die nach schwarzen Schafen sucht? Die eine Person, die sauberer als sauber sein müsste? Genauso gut können wir Clemmesen direkt auf den Schreibtisch scheißen. Und uns dann achtkantig aus dem Dienst werfen lassen. Vorzeitig. Trotz allem.«

»Aber wir sind schon so weit gegangen, jetzt müssen wir das letzte Stück auch noch gehen.«

»Diese Sache spielt in einer anderen Liga als Clemmesen. Und deinem Spiegelbild kann es doch egal sein, was wir tun. Hauptsache, wir tun etwas, richtig?«

»Worauf willst du hinaus?« Borg sah extrem beunruhigt aus.

»Wir müssen damit zu jemand anderem gehen. Zu jemandem, der das mit der illegal kopierten Festplatte vielleicht nicht ganz so eng sieht. Dem es egal ist, was wir in unserer Freizeit machen. Bei dem wir den ganzen Scheiß einfach abliefern können, um uns danach in unser normales Leben zurückzuziehen, ohne dass etwas an unseren Fingern kleben bleibt.«

»Leichter gesagt als getan. Ich kenne niemanden, der …«

»Aber ich«, sagte Bertelsen und knetete seine mittlerweile doch wieder kalten Finger. »Ich kenne jemanden von früher, der so scharf denkt wie kein anderer und so viele Verbindungen und so großen Einfluss hat, dass er der Richtige ist, um sich um diese Sache zu kümmern. Keine Angst, Borg. Das findet sich. Wir waren nicht zu schlaff. Nicht zu alt und nicht zu müde. Wir haben es echt geschafft. Und du kannst nicht nur dir selbst, sondern auch deinem Sohnemann noch in die Augen schauen.«

**94.** Mit seinem beträchtlichen Anteil am Tod des Mannes erschien es nur selbstverständlich, dass er den letzten Teil des Rituals halb versteckt hinter einem Nadelbaum aus einiger Entfernung verfolgte, so wie er auch in der Kirche auf der letzten Bank Platz genommen hatte. Die Frau des Verstorbenen, die beiden erwachsenen Kinder, sein Bruder und eine kleine Schar meist älterer Leute hatten sich um das Grab versammelt.

»Gleich, Mossman«, sagte ein jüngerer Mann in schwarzem Anzug im Vorbeigehen und berührte dabei leicht seinen Arm.

Er machte sich bereit.

Der Pfarrer hatte eine schöne Rede über Esben Hansen gehalten, der seine Kindheit auf Harrildholm verbracht und fröhlich durch die Heide gestromert war und der später in die Hauptstadt zog, um dort seine beachtliche Karriere bei der Polizei zu beginnen, als Chef und Polizeipräsident an verschiedenen Orten.

Es war kein Wort über die Tragödien und Katastrophen in der Familie gefallen. Nicht ein einziges. Und natürlich auch nicht über die Ursache oder die Umstände seines Todes. Es war sein Wunsch gewesen, im Familiengrab auf dem Friedhof in Fasterholt beigesetzt zu werden.

Die drei mal drei Glockenschläge waren verklungen. Nach einem kurzen Moment der Stille löste sich die kleine Gefolgschaft auf. Der Bruder, der alte Staatssekretär, ging auf seine charakteristische Weise mit schweren Schritten und leicht vornübergebeugt den breiten Weg zum Friedhofstor hinunter, flankiert von zwei Mitarbeitern des PET, auch sie im schwarzen Anzug.

Er folgte ihnen mit etwas Abstand und wartete, bis sein Zeitpunkt gekommen war.

Die beiden Begleiter halfen Poul Hansen in den Wagen.

Der schwarze BMW parkte an der Hecke auf dem kleinen asphaltierten Parkplatz direkt an der Landstraße, die in den Ort hineinführte.

Genau gegenüber stand das Gemeindehaus. Es war wirklich eine traurige Geschichte. Wäre die Schwester nur nie auf diesen Weihnachtsball an jenem Abend im Winter 1963 gegangen … Dann hätte das alles verhindert werden können und die Historie hätte einen ganz anderen Verlauf genommen. Aber nicht jedes Geschehen konnte ungeschehen gemacht werden.

Der eine der beiden PET-Männer nickte ihm diskret zu und signalisierte damit, dass der Moment gekommen war, die Bühne zu betreten. Er stieg hinten in den BMW und reichte Hansen die Hand.

Sowohl in der Kirche als auch am Grab war der alte Spitzenbeamte erstaunlich gefasst und ruhig gewesen, wenn man an den dramatischen Abend dachte, als sein Bruder auf dem Leuchtturm getötet worden war.

»Eine schöne Beerdigung und ein hervorragender Pfarrer«, sagte er.

»Ja, wirklich schön. Ich nehme an, dass Salomonsen Sie schickt, nachdem Sie den weiten Weg hierher auf sich genommen haben. Es sollte mich wirklich wundern, wenn Sie beide nicht eine gemeinsame Agenda hätten. Schießen Sie los, Mossman.«

Er angelte den Autoschlüssel aus seiner Manteltasche und hielt ihn hoch.

»Hier ist der Schlüssel zu einem roten Toyota, der unten an der Ecke parkt. Sie haben vierundzwanzig Stunden, um zu tun, was Sie tun müssen. Aber eine Hand wäscht die andere: Ich habe noch ein paar Lücken, die gefüllt werden müssen. Einverstanden?«

»Einverstanden.«

»Gut, bitte sehr.«

Er legte den Autoschlüssel in Poul Hansens Hand.

## 95.

Die kurze Nachricht war um 09:55 Uhr auf seinem Anrufbeantworter hinterlassen worden, als er gerade Laufen war – vor allem, um sich selbst zu beweisen, dass er sich nicht nur im Dunkeln draußen aufhalten konnte.

»Guten Tag, Niels Oxen, hier ist Poul Hansen. Sie sind der Einzige, der weiß, wo er mich finden wird. Und ich würde mir wünschen, dass Sie es tun. Sofern Sie bereit dazu sind, diese Mühe auf sich zu nehmen. Ich danke Ihnen.«

Er war davon ausgegangen, dass der alte Staatssekretär im Gefängnis saß. Nicht, dass er so naiv war zu glauben, dass alles nun seinen gewohnten Gang gehen und die Lupus-Geschichte im Gerichtssaal aufgerollt werden würde. Die Lösung war nur einfacher, als er erwartet hatte.

Er rief umgehend Axel Mossman an, der ihm berichtete, dass er am Vortag einen Ausflug nach Jütland gemacht hatte. Er war in Fasterholt gewesen, um an der Beerdigung des ehemaligen Polizeipräsidenten Esben Hansen teilzunehmen.

Laut Mossman hatte Salomonsen dem Bruder, Poul Hansen, vierundzwanzig Stunden zugestanden, aber offensichtlich hatte er gar nicht so lange gebraucht.

Oxen hatte Mossman gesagt, dass er dem Wunsch des Alten entsprechen und nach Harrildholm fahren würde, um sich um alles Nötige zu kümmern. Mossman hatte das Gespräch mit einem »Danke für die Hilfe, Soldat« beendet.

Und nun rollte sein Wagen ein letztes Mal auf das Hoftor von

Harrildholm zu, während das Tageslicht langsam schwächer wurde. Er hatte beschlossen, vor dem Hof zu parken. Aus Respekt. Nach der langen Fahrt quer durch das ganze Land streckte er sich, nahm seine Taschenlampe und ging ohne Umweg in die Scheune.

Es war so leise … so still überall. Nicht einmal das Rauschen des Windes war zu hören. Und kein knarrendes Holz.

Es drang nicht mehr viel Licht von draußen in die Scheune. Er konnte die Umrisse der Gestalt nur erahnen. Dann knipste er die Taschenlampe an.

Der alte Staatssekretär hing an derselben Stelle wie seine Schwester.

Er hatte die untersten Bretter der Verschalung entfernt, die sein Vater vor vielen Jahrzehnten angebracht hatte, und das Seil über den Querbalken geworfen. Es war an dem nächstgelegenen Stützbalken befestigt, und Poul Hansen hatte die beiden leeren Bierkisten übereinandergestapelt, um sich daraufzustellen.

Sein Nacken war unnatürlich verrenkt, aber sein Gesichtsausdruck wirkte friedlich.

Er hatte seinen schwarzen Anzug angezogen, ein weißes Hemd und eine schwarze Krawatte. Vermutlich die Sachen, die er auch am Tag zuvor auf der Beerdigung seines Bruders getragen hatte.

Ein kleines Stück daneben lag etwas auf dem Boden. Oxen leuchtete mit der Taschenlampe hin. Hansens Mantel, sorgsam zusammengefaltet. Und darauf das gerahmte Familienporträt und ein Umschlag. Er bückte sich und hob beides auf.

Zwei stolze Eltern mit ihren vier Kindern, alle im gestärkten Sonntagsstaat, mit funkelnden Augen und breitem Lächeln.

Er studierte sie einzeln im Licht der Taschenlampe.

Es stimmte. Agnethe in der Mitte war ein wunderschönes

Mädchen gewesen. Das Verbrechen an ihr war ein Verbrechen an ihnen allen gewesen und hatte die ganze Familie in den Untergang gerissen.

Vor wenigen Tagen hatten sie den ältesten Bruder im Alter von achtundsiebzig Jahren vom Leuchtturm hinuntergetragen, getötet von einem Scharfschützen, mit einem einzigen Schuss aus einem der Helikopter.

Jetzt hatte sich der Letzte von ihnen mit sechsundsiebzig an einem Balken erhängt. Demselben Balken.

Es war niemand mehr übrig. Sie waren alle weg. Die sepiafarbene Fotografie in seinen Händen war das papierene Denkmal einer lang verschwundenen Zeit. Ein Zeugnis der Vergänglichkeit des Lebens. Und eine Geschichte über den schrecklichsten Schmerz von allen.

Er ließ den Blick ein letztes Mal von Gesicht zu Gesicht wandern.

Dann legte er das Bild beiseite, öffnete den Umschlag und zog einen Brief heraus. Er war mit eleganter Handschrift verfasst.

*»An Niels Oxen. Sie haben hier in der Scheune meiner Geschichte zugehört. Daher war es mein Wunsch, dass Sie mich finden sollten. Jetzt wissen Sie, dass es mir ernst war, als ich sagte, ich sei nach Harrildholm zurückgekehrt, um zu sterben. Wenngleich es nun anders gekommen ist als geplant und erwartet. Vielleicht zeigt sich darin die Existenz der höheren Gerechtigkeit, nach der mein Bruder und ich immer strebten. Ich bin bereit. Und ich gehe zutiefst erleichtert darüber, dass ich mich nicht an Ihrem Tod schuldig gemacht habe. Sie sind ein guter Mensch, Niels Oxen. Danke.«*

Er blickte hoch zu dem fahlen Gesicht des Staatssekretärs. Dann ging er zu dem Balken und löste den Knoten. Mit einer Hand ließ er den alten Mann langsam herunter und fasste ihn mit der anderen Hand unter den Armen. Er wog nicht viel.

Vorsichtig legte er ihn auf den rauen Scheunenboden und bettete seinen Kopf auf den Mantel. Er legte die Fotografie auf den Brustkorb des Toten. Dann verständigte er die Notrufzentrale.

Der Krankenwagen rollte ohne Eile vom Hof. Schon kurz nachdem er angerufen hatte, waren die Sanitäter eingetroffen. Er hatte sie gebeten, auch das Bild mitzunehmen und dafür zu sorgen, dass es dem alten Mann mit in den Sarg gelegt wurde – sofern niemand Einwände dagegen erhob. Sie hatten versprochen, die Bitte an die Mitarbeiter in der Krankenhaus-Kapelle weiterzuleiten.

»Hallo, Niels!«

Er drehte sich um und sah Tobias, der hinter der Hausecke hervorkam.

»Hallo. Stehst du schon lange da?«

Tobias nickte.

»Es ist doch noch gar nicht dunkel.«

»Aber bald … Ich war schon ein paarmal hier, um zu schauen, ob du vielleicht zurückgekommen bist, Niels. Er ist tot, oder?«

»Ja.«

»Hast du ihn getötet?«

»Nein, um Himmels willen, wie kommst du denn darauf, Tobias?«

»Weiß nicht …«

»Er hat sich in der Scheune erhängt, weil er alt war und nicht mehr leben wollte«, log er, denn die wahre Geschichte wäre viel zu kompliziert für den Einsiedler gewesen. Und für alle anderen.

»Ach so. Bleibst du jetzt hier, Niels?«

»Nein. Ich muss nur noch meine Sachen packen, dann fahre ich nach Hause. Ich hatte vor, nachher noch bei dir vorbeizukommen, um mich zu verabschieden. Jetzt bist du mir zuvorgekommen. Aber weißt du was, ich wollte außerdem noch kurz einem anderen Bekannten Tschüss sagen. Sein Hof liegt auf dem Weg. Ich kann dich mitnehmen, und danach setze ich dich ab, wo du willst. So nah an deinem Güterwagen wie möglich. Wir könnten vorher auch noch einkaufen gehen. Ich helfe dir gern, die Sachen in den Wald zu tragen. Hast du Lust, mit mir zusammen zu Abend zu essen? Was meinst du?«

Tobias sah ihn einen Augenblick schweigend an, dann nickte er.

»Gut, wir gehen einkaufen. Und essen zusammen. Ich hätte gern Hackbällchen in Currysoße.«

»Schon wieder?«

»Ja. Ich will nur nicht mit auf diesen Hof. Ich warte solange im Auto.«

Eine halbe Stunde später fuhren sie die Allee zum Poppelgård hoch. Inzwischen war es dämmrig geworden. Ein Mann kam gerade aus dem Garten und war auf dem Weg in den Hof. An der Einfahrt blieb er im Licht der Autoscheinwerfer stehen. Es war der Besitzer, Møller.

Oxen hielt an und ließ die Scheibe herunter. Møller bückte sich. Über seinem Arm hing ein ordentlich gefalteter Dannebrog.

»So was, wenn das nicht der Jägersoldat ist! Was ist passiert, Oxen?«

»Nichts. Ich bin nur gekommen, um dir zu sagen, dass ich diese schöne Gegend wieder verlasse. Hat jemand Geburtstag?« Er nickte zu der gefalteten Fahne.

»Nein. Eine Beerdigung. Um ein Haar hätte ich die Fahne zu

spät eingeholt und über Nacht draußen hängen lassen. Mein Vater ist vor ein paar Tagen gestorben. Mit einundachtzig. Heute Nachmittag war die Beerdigung. Aber komm doch auf ein Bier mit rein. Dann können wir uns noch ein bisschen unterhalten. Geh einfach schon vor, ich komme gleich nach.«

Møller verschwand, bevor Oxen widersprechen konnte, und so fuhr er über den Hof bis ganz nach hinten vor die alte Scheune, wo schon mehrere Autos parkten. Ein groß gewachsener älterer Mann ging gerade an der Mauer entlang zu einem Pick-up. Er drehte sich um, als er sie kommen hörte.

Erschrocken zuckte Tobias neben ihm auf dem Beifahrersitz zusammen und schrie völlig unvermittelt:

»Das ist er!«

»Was meinst du?«

Tobias war fast zu ängstlich, um etwas zu sagen. Aber dann schaffte er es doch.

»Der Mann, der den Wolf vergraben hat! Das ist er, Niels!«

»Bist du sicher?«

»Ganz sicher. Dieses Gesicht vergesse ich nie. Das ist er!«

Oxen stieg aus und rief dem Mann zu, er solle kurz warten.

»Du bist doch der Jägersoldat, oder?« Der Mann nickte ihm lächelnd zu.

»Ja, und wer bist du?«

»Schmied.«

Da packte er den älteren Mann am Handgelenk, machte blitzschnell einen Schritt nach vorn und drehte ihm den Arm auf den Rücken. Dann schob er ihn nach vorn und presste sein Gesicht hart gegen die Mauer.

»Hör mir gut zu, Schmied! Ich weiß, dass du einen Wolf erschossen und in eine grüne Plane gewickelt hast, um ihn dann nachts im Wald zu vergraben …«

Er ließ das Handgelenk los, zog sein Messer, legte es dem Mann an die Wange und zischte ihm ins Ohr:

»… wenn du so eine Schweinerei noch ein einziges Mal machst, werde ich dir höchstpersönlich die Ohren abschneiden und sämtliche Knochen brechen. Haben wir uns verstanden?«

Der Mann namens Schmied nickte, so gut es eben ging, wenn man mit dem Kopf an die Wand gedrückt wurde.

Er ließ ihn los.

»Und jetzt verschwinde!«

Oxen ging zum Auto zurück und beruhigte Tobias, der immer noch zusammengekrümmt auf dem Beifahrersitz kauerte.

»Er wird so etwas nie wieder tun, du musst keine Angst haben. Ich gehe nur kurz rein, vielleicht zehn Minuten, dann komme ich wieder, okay?«

Ein sehr blasser Tobias nickte.

Er traf gleichzeitig mit Møller, der über einen anderen Weg gekommen war, in der improvisierten Vereinskneipe des Poppelgårds ein.

»Setz dich, Oxen. Ein Bier?«

Møller klopfte ihm auf die Schulter.

»Ich wollte mich eigentlich nur kurz verabschieden, aber ja, auf ein schnelles Bier bleibe ich noch.«

Møller ließ sich auf seinen üblichen Platz sinken und stellte zwei Bier auf den Tisch.

»Mein Beileid.«

»Danke. Mit dem Alten ging es ja schon seit Jahren bergab, es war also keine große Überraschung«, sagte Møller. »Nichts ist für die Ewigkeit, aber traurig ist es natürlich trotzdem.«

Oxen dachte an den alten Staatssekretär und daran, wie jung er und seine Familie auf dem Foto gewesen waren. So war es wohl. Nichts war für die Ewigkeit. Für vier Mitglieder der

Familie auf Harrildholm war die Zeit nur viel zu früh abgelaufen.

Møller betrachtete nachdenklich den Gehstock, der an der Stuhllehne neben ihm hing.

»Der da ist alles, was noch von ihm übrig ist … Dreißig Jahre ist er damit herumgelaufen. Selbst geschnitzt, aus Eichenholz. Er hatte Probleme mit seinem Fuß, die mit dem Alter immer schlimmer wurden. Früher durfte man das nicht laut sagen, aber jetzt kann ich es ja verraten: Er hat sich beim Wehrdienst doch tatsächlich selbst in den Fuß geschossen. Unglaublich, oder? Bei einer Nachtübung auf Bornholm. Es war ihm so peinlich, dass er es sein Leben lang verheimlicht hat. Sie mussten ihm in der Kaserne den halben großen Zeh amputieren.«

»Den halben großen Zeh?«

»Ja, ungelogen, den halben großen Zeh. Prost, Oxen!«

»Prost … äh … Ich habe irgendwo mal gelesen, dass die Schmerzen unterschiedlich stark sein können, je nachdem ob man sich den linken oder den rechten Fuß verletzt hat. Welcher war es denn bei deinem Vater?«

»Der linke.«

## 96.

Der Fürst der Finsternis hatte sich einen sonnigen Vormittag ausgesucht, um mit einem einzigen Schlag seiner großen Faust an seine Wohnungstür zu klopfen, sodass es durch das ganze Treppenhaus hallte.

Die prächtige Stimmung stand Axel Mossman ins Gesicht geschrieben, als er wie üblich unaufgefordert in die Wohnung marschierte und seinen *»black knight in shining armour«* überschwänglich begrüßte. Dabei ignorierte er gekonnt, dass Oxen ausdrücklich klargestellt hatte, dass er auf keinen Fall sein Ritter war und es auch niemals werden würde.

Jetzt saß Mossman gut gelaunt mit einem Becher Kaffee in der Hand in seinem Sessel.

»Wir gehen helleren Zeiten entgegen, Soldat …«

Er setzte sich gegenüber aufs Sofa. Die sprudelnde Energie des alten PET-Hünen konnte nur bedeuten, dass alles wie geplant geklappt hatte. Von außen betrachtet sah es so einfach aus. Nicht schwieriger, als den Finger aus dem Wasserglas zu ziehen, ohne eine Spur an der Oberfläche zu hinterlassen. Dabei gehörte so viel mehr dazu.

Es war drei Tage her, seit er spätabends den weiten Weg nach Kopenhagen zurückgefahren war, während zwei Gestalten unablässig in seinem Gedankenkarussell kreisten.

Zwei alte Männer.

Zwei tote Männer.

Der eine, der an einem Seil an einem ganz bestimmten Balken in einer ganz bestimmten Scheune gehangen hatte.

Der andere, der mit seinem gut gehüteten Geheimnis im Strumpf und aller Wahrscheinlichkeit nach mit einem schäbigen Verbrechen auf dem Gewissen in einem Sarg lag.

»Danke, dass du neulich den Weg auf dich genommen und ihn heruntergeholt hast«, sagte Mossman.

Er nickte.

»Ich wäre sowieso noch mal rübergefahren. Ich hatte noch ein paar Sachen auf dem Hof.«

»Harrildholm hat uns alle für eine Weile sehr in Beschlag genommen. Und jetzt ist es vorbei.«

»Ja.«

»Der Hof soll wohl verkauft werden«, brummte Mossman.

»Wenn die ganze lange Geschichte von Harrildholm bekannt wäre, würde jeder Käufer schreiend davonrennen.«

»Du hast am Telefon einen Brief erwähnt?«

Er stand auf und holte den Brief, den Poul Hansen für ihn auf seinen Mantel gelegt hatte.

*»Und ich gehe zutiefst erleichtert darüber, dass ich mich nicht an Ihrem Tod schuldig gemacht habe. Sie sind ein guter Mensch, Niels Oxen«*, las Mossman laut vor und schnaubte verächtlich. »Dieser verdammte Heuchler. Hätten sie uns allen eine Kugel in den Kopf gejagt, uns vom Leuchtturm geworfen und wie geplant *six feet under* für immer verschwinden lassen, dann hätte er behauptet, Lupus habe der Menschheit einen Dienst erwiesen! Aber mit einer Sache hatte er recht.«

»Und die wäre?«

»Du *bist* ein guter Mensch, Soldat.«

Einen Moment lang saßen sie schweigend da. Was sollte man dazu auch sagen? Er brach die Stille, indem er ein neues Thema anschnitt.

»Du hast dich nicht an unsere Absprache gehalten, dass nur wir beide, du und ich, Margrethe da rausholen. Du hast mich hintergangen.«

Er sah Mossman an und grinste schief, denn das konnte er ihm unmöglich zum Vorwurf machen. Axel Mossmans doppeltes Spiel hatte ihnen das Leben gerettet.

»*Well* … In der Zeit, die wir uns jetzt kennen, hast du dir sehr schnell gewisse Eigenschaften angeeignet, die ich von mir selbst kenne. Also, wie hätte ich *dir* vertrauen sollen?«

Mossman lachte glucksend in seinen Becher.

»Ich habe nur gelernt, was man braucht, um zu überleben. Und damit meine ich nicht im Kriegsgebiet, sondern im Umgang mit dir.«

Jetzt lachte Mossman schallend. Dann wurde er plötzlich wieder ernst.

»Nein, Oxen, der wahre Grund für meinen Alleingang war, dass ich in relativ fortgeschrittenem Alter erkannt habe, dass nicht einmal ich unfehlbar bin. Deshalb musste ich eine Allianz mit Salomonsen eingehen und die Mission *Wolfhunter* von meinem kleinen Privatvergnügen im heimischen Keller zu einer *full scale*-PET-Operation machen.«

»Und was hatte Salomonsen davon?«

»Karsten Salomonsen ist ein kluger Mann. Ihm fehlt es natürlich noch an Erfahrung, aber er hat Talent. Durch Lupus war das Sicherheitsgefühl der Bevölkerung in Gefahr. Und das hat oberste Priorität für den Chef eines Nachrichtendienstes. Das ist ihm bewusst. Ohne Grundvertrauen in die Polizei kann es keine Sicherheit geben. Seit wir in Felle gehüllt und mit Keulen bewaffnet in unseren Höhlen saßen und vor dem Heulen der Wölfe gezittert haben, streben wir nach Sicherheit. Das ist eine Tatsache, Oxen.«

»Und ganz nebenbei hat er eine Garantie dafür bekommen, dass die Mossman-Kommission ihn nicht in Panik versetzen wird.«

Mossman lächelte.

»Das ist richtig. Es war ihm sehr daran gelegen, unangenehme Überraschungen zu vermeiden, wenn meine bescheidene Kommission ihre Ergebnisse veröffentlicht. Der PET wurde ja angewiesen, meiner Kommission die bislang geheimen Archive zugänglich zu machen. Unsere Pflicht ist es nun, alles mit der Lupe zu untersuchen, und die Historiker sezieren wirklich jedes Wort, was die Überwachung des linken Flügels zur Zeit des Kalten Krieges betrifft. Nur der liebe Gott allein weiß, was sie womöglich noch an ärgerlichen kleinen Notizen aus irgendwelchen staubigen Ecken ziehen werden. Ich hingegen weiß, dass tote Männer nichts ausplaudern.«

»Du hast es wieder einmal geschafft. Das Geschehene ungeschehen gemacht. Hinter dir aufgeräumt und alles blitzblank hinterlassen. Die Lupus-Brüder haben die Rechnung bezahlt, und du hast die Justiz umgangen. Gibt dir das nicht zu denken? Fragst du dich nicht manchmal, ob deine Sicht der Dinge wirklich die richtige ist?«

Mossman schüttelte entschieden den Kopf.

»Nichts ist wichtiger als die Sicherheit der Bevölkerung. In Wahrheit war es ein Akt der Gnade, Poul Hansen vierundzwanzig Stunden zu geben. Der Mann war sechsundsiebzig.«

»Und sein Bruder, der alte Polizeipräsident? Er hatte sich ergeben. Er stand mit erhobenen Händen da. Das konnte jeder sehen.«

»Es gibt Situationen, in denen man schwierige Entscheidungen schnell treffen muss. Mit so etwas kennst du dich doch aus. Es war dunkel, das Ganze spielte sich im Scheinwerferlicht ab. Man kam zu der Einschätzung, dass er eine Bedrohung darstellte. Auch dieser Schuss war eine Gnade. Aber sag mal … Ich frage mich das immer wieder … Wären wir ohne die Helikopter überhaupt lebendig von diesem verdammten Leuchtturm heruntergekommen? Aus professioneller Jäger-Sicht?«

»Nein, das war aussichtslos. Maschinenpistolen, *close-up*, und gleichzeitig viel zu viel Abstand. Aber ich hätte es trotzdem versucht.«

Mossman nickte mit nachdenklicher Miene.

»Ja, das hättest du. Ich habe neulich einen hübschen kleinen Sinnspruch gehört. Leider weiß offenbar niemand, von wem diese Weisheit stammt. Er geht so: *Der Teufel flüstert dem Krieger zu: ›Diesen Sturm wirst du nicht überstehen.‹ Und der Krieger antwortet: ›Ich BIN der Sturm.‹* Der Krieger, das bist du, Oxen. Das alles ist nicht mein, sondern dein Verdienst. *Du* hast Lupus zu Fall gebracht, nicht ich.«

Er zuckte mit den Schultern und trank den letzten Schluck Kaffee.

»Ich bin ganz sicher kein Sturm, aber der Spruch ist in Ordnung, du bist jedenfalls der Teufel …«

Mossman lachte, dass die lose Haut unter seinem Kinn schaukelte.

»Nicht so bescheiden. Aber Krieger brauchen frische Luft und Schlachten, die geschlagen werden müssen. Du kannst nicht hier in Vangede sitzen, bis du eines Tages keine Zähne mehr im Mund hast. Das ist die pure Verschwendung, Mensch. Wer ein solches Potenzial hat wie du, hat auch die Verantwortung, etwas Sinnvolles damit anzufangen. Ich kann neue Aufgaben für dich finden, Soldat.«

Er schüttelte den Kopf.

»Nein, danke. Ich habe genug eigene Kriege zu führen.«

## 97.

Sie hatten sich wie vereinbart vor dem Kopenhagener Zoo getroffen. Jetzt schlenderten sie zu den Pinguinen und unterhielten sich über Axel Mossman.

Margrethe Franck wirkte entspannt. Aufgrund der »besonderen Umstände« war die Deadline für ihre Arbeitsgruppe erheblich nach hinten verschoben worden. Sie hatte ihn angerufen und den Vorschlag gemacht, ihren freien Nachmittag zusammen mit ihm zu verbringen. Und es war *ihre* Idee gewesen, in den Zoo zu gehen, nicht seine.

»Er stand einfach bei dir vor der Tür?«, fragte sie.

»Ja, noch dazu in glänzender Laune.«

»Was wollte er?«

»Was *will* Mossman? Das weiß man doch nie so genau. Ich glaube, er wollte sich erklären. Auf seine Art legitimieren, was passiert ist. Und dann hat er angeboten, mir eine Arbeit zu besorgen.«

»Was hast du ihm geantwortet?«

»Nein, danke. Was sonst?«

»Hmm, mich hat er auch besucht. Neulich abends. Wir haben uns lange unterhalten. Über Illusionen und das Gefühl von Sicherheit. Und über meine Schweizer Uhr. Aber vor allem über die Vergangenheit und den Südhafen.«

»Bist du wütend auf ihn?«

Sie hob die Hände.

»Inzwischen habe ich mich wieder beruhigt. Tatsächlich macht es keinen Unterschied, ob der Mann, den ich erschossen habe, ein Bankräuber oder ein Kidnapper war. Jönsson wollte mich töten. Ich bin ihm nur zuvorgekommen. Und das Bein war sowieso hinüber, egal welches Motiv er hatte. Am Status ändert sich also gar nichts. Und nachdem ich jetzt die ganze Geschichte kenne und weiß, wie Mossman eingegriffen und das Mädchen sicher nach Hause gebracht hat, kann ich auch gar nicht mehr wütend sein. Nur eine einzige Sache fuchst mich …«

Sie blieben bei den Humboldt-Pinguinen stehen. Man konnte merken, dass die Luft milder geworden war. Als wäre der Frühling wirklich im Anmarsch. Die Pinguine ließen sich davon nicht täuschen. Sie wussten, dass der Schein trog und der März noch lang und angenehm kalt sein würde. Im Gehege herrschte reges Treiben.

»Pinguine sind lustig«, sagte Franck und lehnte sich auf das Geländer.

»Was fuchst dich?«

»Dass ich nicht weiß, ob er mich damals nur aus einer Mischung aus Barmherzigkeit und schlechtem Gewissen eingestellt hat.«

»*Well* …«

»Ha! Fängst du jetzt auch schon damit an?«

»Was hat er selbst dazu gesagt?«

»Dass er keine Freifahrtscheine ausstellt. Dass er mich beim PET angestellt hat, weil ich Jönsson genau zwischen die Augen geschossen habe. Und dass er wissen wollte, wozu eine Person sonst noch fähig sein würde, die unter solchen Umständen zu so etwas in der Lage war. Dass er mich herausfordern wollte.«

»Das klingt ganz nach Mossman. Also warum zweifelst du?«

Sie zuckte mit den Schultern.

»Weil ich nie ganz sicher sein werde, Niels.«

»Mossman hätte sich schon damals, nach der Sache im Südhafen, auf die Jagd nach Lupus machen können. Wie denkst du darüber?«

»Ich habe jetzt fast zehn Jahre lang für den PET gearbeitet. Ich weiß alles über dieses Gefühl von Sicherheit.«

»Aber wenn er es wirklich gewollt hätte …«

»Damals ging es überall drunter und drüber. Die ganze Welt hat versucht, sich von dem Schock des 11. September zu erholen. Für den Chef des PET gab es Wichtigeres zu tun, als alten Schatten hinterherzujagen.«

»Und jetzt auf einmal kommt die späte Abrechnung?«

»Mossman hatte garantiert Angst vor dem, was er finden würde. Vor allem als rund herum ein ganz anderes Thema die Tagesordnung bestimmte. Jetzt, im Herbst seines Lebens, hat er das Bedürfnis, Dinge zu Ende bringen. Er entdeckt zufällig eine

Tür, die zu Lupus führt, und versucht, sie zu öffnen – mit unserer Hilfe. Apropos Lupus, hast du Lust, mir die Wölfe zu zeigen? Ich würde sie gern sehen.«

Sie verließen die Pinguine und gingen weiter.

»Glaub mir, Niels«, sagte Franck. »In Wirklichkeit war er überhaupt nicht auf das alles vorbereitet. Die Operation *Wolfhunter* hat sich einfach verselbstständigt. Aber weißt du, was gut ist? Seit ich endlich weiß, was sich damals im Südhafen abgespielt hat, spüre ich auf einmal diese innere Ruhe. Ich habe damals zwar einen Strich unter die ganze Geschichte gezogen, aber ich würde lügen, wenn ich behaupten würde, dass ich mich nie gefragt hätte, warum Jönsson mich eigentlich überfahren wollte. Und was wirklich dahintersteckte …«

Sie gingen schweigend das letzte Stück nebeneinanderher. Natürlich hatte sie sich diese Fragen gestellt, sie war ein Profi und sie war ehrgeizig. Wahrscheinlich war das auch der Grund, warum sie den Fall trotz Stress und Zeitnot nicht einfach ignorieren konnte, als er ins Rollen gekommen war.

Auf der Besucherbrücke am Wolfsgehege blieben sie stehen. Es war nur ein einziger Wolf zu sehen, der anscheinend immer wieder dieselbe Runde durch das Unterholz drehte.

»Du hast keinen zu Gesicht bekommen, oder, Niels?«

»Nein. Leider.«

»Ist der Wunsch danach drüben auf Harrildholm einfach übermächtig geworden?«

»Vielleicht …«

Er nickte langsam. Sie hatte recht. Es waren Tage voller Grübeleien gewesen. Tage, die in einem Nebel aus viel zu wenig Schlaf und viel zu viel Kaffee verschwunden waren.

»Es gibt Leute, die sagen, dass nur ein toter Wolf ein guter Wolf ist«, sagte sie.

»Das war bestimmt Mossman, im Gedanken an die alten Brüder.«

»Dann halten wir uns wohl lieber an die Tiere, oder?« Franck lächelte und streckte das Gesicht in die Sonne.

»Ich bin kein Wolfsromantiker, auch wenn es faszinierende Lebewesen sind. Der Wolf ist ein Raubtier, und bei einem großen Raubtier ist Respekt auf jeden Fall angebracht. Aber wenn er nun mal hier ist, sollte man ihm auch eine faire Chance geben und endlich damit aufhören, Fachwissen und Fakten zu leugnen. Menschen, die so etwas tun, sind gefährlich, selbst wenn es nur irgendwelche Hinterbänkler sind. Sie spielen mit der Angst. Ich habe mir darüber oft den Kopf zerbrochen, Margrethe. Ich stand ja selbst mittendrin, als völlig unerfahrener Soldat. Wie konnte es auf dem Balkan damals so weit kommen? Serben, Kroaten und Bosnier haben doch Seite an Seite friedlich miteinander gelebt. Sie haben Geburtstag zusammen gefeiert, haben geheiratet und waren auf den Begräbnissen der jeweils anderen. Bis zu dem Tag, an dem die Nationalisten mit ihrem ganzen populistischen Dreck vorwärtsmarschiert sind. Slobodan Milošević und Franjo Tuđman, die an einen der niedersten Instinkte appellierten, an die *Furcht* – die Furcht voreinander. Und wenn die Furcht kommt, dann geht die Vernunft. Das ist nie gut. Weder, wenn es um Wölfe geht, noch, wenn … um Menschen.«

Er drehte sich um und schaute sie an. Sie blinzelte in die Sonne und sah aus, als würde sie über eine passende Antwort auf seine Tiefsinnigkeiten nachdenken.

Der Balkan war oft in seinen Gedanken, nicht nur als Albtraum, aber in Wahrheit hatte er überhaupt keine Lust auf eine Diskussion. In Wahrheit hatte er solche Gedanken noch nie mit jemandem geteilt. Mit wem auch. Franck wandte sich zu ihm und wechselte abrupt das Thema.

»Wir haben uns nicht nur über Sicherheit, Illusionen und die Vergangenheit unterhalten, Mossman und ich, sondern auch über dich.«

»Über mich?«

»Mossman vergöttert dich.«

»Mossman vergöttert Mossman.«

»Das ist nicht fair, Niels, er tut es eben auf seine Weise. Er meinte, in dir habe er sein Gegenstück gefunden.«

»Zu Mossman gibt es kein Gegenstück. Ich werde in seiner Gegenwart ganz sicher immer auf der Hut sein.«

»Du bist sowieso immer auf der Hut. Ganz egal in wessen Gegenwart.«

»Das hält einen am Leben.«

»Und quält einen zu Tode.«

»Du warst nie in einem Kriegsgebiet.«

»Dein Problem ist, dass du es nie verlassen hast.«

»Ach, du weißt, was mein Problem ist?«

»Ja, das weiß ich.«

»Oder auch nicht.«

»Mossman denkt, dass du in Vangede eingehen wirst wie eine Primel. Dass du dich isolierst und genau in die entgegengesetzte Richtung deiner Therapie bewegst. Und ich sehe das genauso. Du verlässt deine Wohnung eigentlich nur abends. Du gehst laufen, wenn es dunkel ist. Du fällst in das gleiche alte Muster zurück wie damals in deinem Keller im Nordwestquartier.«

»Ich weiß eure Sorge zu schätzen, aber danke, mir geht es gut. Und ich habe Magnus …«

»Ja? Hast du ihn? So richtig?«

»Ja!«

Er brüllte, ohne es zu wollen. Seine Stimme klang wütend. Er konnte das Gefühl sofort identifizieren – Aggression. Das war ein Fehler. Er musste eingreifen. Die Situation retten.

»Tut mir leid, ich wollte nicht …«

»Das mit Magnus, Niels … Du hast ihn doch gar nicht. Und was ist mit den Sieben?«

»Was soll mit ihnen sein?«

»Sind sie noch da?«

»Meine Albträume werden immer da sein. Hör zu, ich bin nicht hergekommen, um …«

»Das ist kein Angriff. Du bist nicht allein.«

»Jeder ist allein.«

»Nein.«

»Doch.«

»Nein. Wir wollen wirklich nur dein Bestes. Egal wie schwer es dir fällt, mir das zu glauben.«

Ein zweiter Wolf tauchte auf, kaum sichtbar hinter einem Busch.

»Schau, das ist der Alpharüde.«

Franck seufzte tief und schüttelte den Kopf.

## 98.

Der grasbewachsene Hang, eingerahmt von Beton, durchbrochen von Lichtschächten, Terrassen und einem Fußweg, war in Wirklichkeit kein Hang, sondern ein Dach – das riesige Pultdach des neuen Moesgaard-Museums mit seinen archäologischen Kostbarkeiten.

Der sichtbare Teil des Gebäudes sah aus wie ein Keil, der aus dem Boden gedrückt worden war und nahtlos in die angrenzende Rasenfläche überging. Man konnte bis nach oben an den Rand gehen. Wie er es vor ein paar Minuten auch getan hatte, ganze einhundertzehn Meter bei einer zehnprozentigen Steigung, was ihn wirklich außer Puste gebracht hatte. Er hatte unterwegs sogar eine Pause einlegen müssen.

Er lehnte sich an die Mauer in der östlichen Ecke des grünen Dachs, das trotz einer Fläche von neuntausend Quadratmetern eher diskret in dem schönen Waldgebiet im Süden von Århus auf sich aufmerksam machte.

Es waren nur wenige Kilometer Luftlinie von hier bis zu dem Parkplatz am Meer, wo er erst vor wenigen Tagen mit Niels Oxen in seinem Auto gesessen hatte, um nach ihrem Treffen mit Bodil Nyhuus, der Leiterin der Polizeikontrollbehörde, die Lage zu besprechen. Aus heiterem Himmel war ein Motorrad neben seinem Wagen aufgetaucht und hatte ihnen die Forderung von Lupus übermittelt. Die Wölfe hatten ihre Falle aufgestellt.

So konnte die Wirklichkeit auch sein. Bewusst unauffällig unter Gras versteckt, im Kopf eines Architekten entstanden. Oder bewusst betrügerisch, verdreht von alten Männern am Ende ihrer Tage.

Auf dem Parkplatz hatte Niels Oxen ihn wegen seiner eigenen Manipulationen der Wirklichkeit zur Rede gestellt. Der Blick auf die Århus-Bucht war dort derselbe wie hier. Gedankenverloren starrte er über die Baumwipfel hinweg auf das Wasser. Aber die Perspektive, die war eine ganz andere gewesen.

Seitdem hatten sie dem Tod ins Auge gesehen und Zusammenhänge erfahren, von denen sie zum damaligen Zeitpunkt nicht einmal etwas ahnten.

Jetzt stand er hier, unter sich die Vergangenheit und vor sich die Zukunft, die ihm eindeutig nicht mehr zu Füßen lag, aber es gab immer noch Dinge *in between* – in der Gegenwart –, die zurechtgerückt werden mussten, bevor er sich wieder einer ruhigeren Tätigkeit als Chef der Mossman-Kommission zuwenden konnte.

Er erinnerte sich daran, wie er den Museumsneubau zum ersten Mal besichtigt hatte. Er war kurz nach der Fertigstellung mit seiner Frau hier gewesen, als sich die Türen der internationalen Sonderausstellung über Chinas ersten Kaiser und seine Terrakotta-Armee geöffnet hatten.

Es hatte ihm fast die Sprache verschlagen beim Anblick des riesigen Bogenschützen, der direkt hinter der großen Schiebetür kniete. Über zweitausend Jahre alt, aber hellwach. Zur Ausstellung gehörten damals noch acht weitere Figuren und ein Pferd. Inzwischen hatten die Chinesen einhundertdreißig Pferdewagen und über siebentausend Krieger ausgegraben, in einer Grabstätte, die so imposant war, dass es die menschliche Vorstellungskraft überstieg.

So war es immer. Die Wirklichkeit übertraf die Fantasie. Hätte er in den Wald hineingerufen, dass Lupus in ihrer Mitte herumschlich, dann hätte es herausgeschallt, dass er wohl den Verstand verloren habe.

Schon bald würde nichts mehr von alledem zu sehen sein, dafür hatte er gesorgt. Nicht, um sich ein Denkmal zu setzen. Sondern um Lupus für alle Zeiten zu verstecken. Nichts an Lupus war ehrenhaft. Lupus war in jeder Hinsicht eine Tragödie.

Er selbst würde weiter Wache stehen. Auch wenn er schon längst abgelöst worden war. Er hatte mehr als sein halbes Leben damit zugebracht, das zu beschützen, was die meisten als selbstverständlich erachteten.

Wenn er eines Tages starb, würde er einfach erstarren und selbst ein Terrakotta-Krieger werden.

Jetzt sah er sie. Vielleicht hatte sie ihn auch schon entdeckt.

Bodil Nyhuus schritt jedenfalls energisch den anstrengenden Hang hinauf, auf dem Fußweg, der direkt in die Ecke führte, wo er sich befand.

Er hatte dieses Treffen gestern mit ihr vereinbart.

Am Abend davor hatte er Besuch von zwei älteren Kommissaren der Kopenhagener Polizei bekommen. Mit dem einen, Hardy Bertelsen, hatte er während seiner Dienstjahre bei der Polizei in Kopenhagen zusammengearbeitet, und später war Bertelsen auch noch kurz beim PET in Søborg beschäftigt gewesen. Sie hatten sich seit mehr als fünfzehn Jahren nicht mehr gesehen, aber die Zeit hatte Bertelsens Schlagfertigkeit nichts anhaben können. Der andere, Viggo Borg, war Bertelsens Kollege, ein eher kultivierter, nachdenklicher Typ.

Bevor die beiden gegangen waren, hatte er sich vielmals bei ihnen bedankt. Die Bestätigung und sämtliche Details hatte er schon neulich nach der Beerdigung bekommen, nachdem er dem alten Staatssekretär den Autoschlüssel in die Hand gelegt hatte.

Jetzt war Bodil Nyhuus da.

Sie nickte steif. Vor ein paar Minuten hatte es angefangen zu schneien. Vereinzelte, große Schneeflocken, die langsam herunterschwebten. Sie blieben auf ihren Haaren liegen, die zu einem Knoten im Nacken zusammengebunden waren. Das Wetter war wirklich ungewöhnlich für März. Er hatte ihr nur gesagt, dass er noch einige Fragen zu Lupus an sie hätte.

Sie wirkte blass. Vermutlich weil sie sich denken konnte, dass ein Treffen mit ihm an einem so aparten Ort wie diesem sicher kein Kaffeekränzchen werden würde.

»Ich hatte vorgestern Besuch von zwei Mitarbeitern der Kripo Kopenhagen«, begann er, ohne sich mit Höflichkeiten aufzuhalten. »Gute, erfahrene Leute. Sie haben einige Zeit lang in einer

Sache ermittelt, bei der es um einen extrem brutalen Überfall auf einen in Dänemark wohnhaften Libanesen ging. Idris Nassar.«

Er konnte an ihren Augen sehen, wie sie nervös wurde.

»Sagt Ihnen der Name etwas?«

Sie schüttelte den Kopf.

»Nein.«

»*Ich* denke, dass er Ihnen sehr wohl etwas sagt«, fuhr er fort. »Idris Nassar ist der Mann, der Ihren Sohn auf dem Gewissen hat. Lukas.«

Bodil Nyhuus schwieg. Die Schneeflocken schmolzen und hinterließen kleine Wassertropfen in ihren Haaren. Schließlich nickte sie still.

»Bei allem Verständnis für Ihre Situation, aber was Sie und Franz Riis veranlasst haben, ist und bleibt absolut inakzeptabel. Und das wissen Sie genau – *gerade* Sie.«

Bodil Nyhuus tat ahnungslos.

»Veranlasst? Was meinen Sie?«

»Sie brauchen es gar nicht zu versuchen, Nyhuus. Poul Hansen hat alles bestätigt. Ich war vor ein paar Tagen bei der Beerdigung seines Bruders, dem ehemaligen Polizeipräsidenten. Bei der Gelegenheit hat er mir alles erzählt. Also, woher kennen Sie sich, Sie und Franz Riis?«

Bodil Nyhuus schnappte nach Luft. Die sonst so selbstsichere Frau war wie erstarrt. Dann seufzte sie tief und schüttelte den Kopf.

»Seine damalige Freundin, Cindy Johansen, die Schauspielerin, hatte einen Artikel für die *Politiken* geschrieben und ihn darin erwähnt. Um die ganze Geschichte anschaulicher zu machen. Und natürlich hatte es ihn auch viel härter getroffen als sie. Ich kontaktierte ihn. Ohne mir etwas davon zu versprechen. Ich war frustriert. Ich war verzweifelt und voller Wut. Ich hatte das

Gefühl, es frisst mich auf. Und ich hatte es so satt. Ich glaube, ich war einfach auf der Suche nach jemandem, der meine Not nachvollziehen konnte. Franz war sehr freundlich und verständnisvoll. Und er kannte viele meiner Probleme, weil er sie auch hatte. Wir haben uns einmal getroffen und dann immer mal wieder, wenn es gerade passte. Ich bin ja recht oft in Kopenhagen. Über dieses ungewöhnliche Schicksal, das wir beide teilten, sind wir Freunde geworden und haben viel über das geredet, was wir durchmachen mussten. Allmählich wurde der Wunsch nach Gerechtigkeit immer größer. Und der Wunsch, dass nie wieder jemandem so etwas zustoßen sollte. Und eines Tages sahen wir plötzlich eine Möglichkeit …«

»Die alten Lupus-Brüder hatten offenbar die Hoffnung, dass Sie ihren Platz übernehmen würden. Poul Hansen sagte, Sie wären kurz davor?«

»Ich habe nicht Ja gesagt. Aber es lag auf der Hand, dass es gewisse Dinge beschleunigen würde, wenn ich bereit wäre, ernsthaft darüber nachzudenken.«

»Die Rache an Idris Nassar.«

»Ja.«

»Und dann erschien plötzlich Troels Monrad auf der Bühne. Er hatte Geld gewittert und Straffreiheit. Sie haben ihn faktisch in den Tod geschickt, als Sie die Brüder vor ihm gewarnt und sich selbst davor geschützt haben, aufzufliegen. Das ist ein erheblich strafverschärfender Umstand.«

»Werde ich abgeholt oder soll ich mich stellen?«

Bodil Nyhuus schien sich der Realität langsam bewusst zu werden.

»Haben die Hansen-Brüder Ihnen die Geschichte ihrer Schwester Agnethe erzählt?«

Nyhuus nickte.

»Auch von dem Mann mit dem halben Zeh?«

»Ja.«

»Der alte Staatssekretär hat sich vor einigen Tagen am selben Balken erhängt wie seine Schwester. Niels Oxen, den Sie ja auch schon kennengelernt haben, ist nach Harrildholm gefahren und hat ihn heruntergeholt.«

Wieder nickte Nyhuus.

Er fuhr fort: »Eine Stunde später fand Oxen durch einen Zufall heraus, dass die Brüder 1969 aller Wahrscheinlichkeit nach den Falschen gehängt haben.«

»Aber wie …?« Nyhuus sah ihn fragend an.

»Es gab einen anderen Mann in der Gegend, der jahrzehntelang ein Geheimnis gehütet hat – nämlich, dass ihm am linken Fuß der halbe große Zeh fehlte. Dieser Mann wurde am selben Tag beerdigt, an dem Poul Hansen sich in seiner Scheune erhängt hat. Der wahre Täter wurde einundachtzig. Lupus, diese ganze Organisation, beruht auf einem Fehler. Einem fatalen Fehler für einen armen Teufel, der verzweifelt versicherte, unschuldig zu sein. Aber die Brüder haben ihm nicht zugehört, so besessen waren sie in ihrem Streben nach Gerechtigkeit.«

Bodil Nyhuus biss sich auf die Unterlippe.

»Also, was sagen Sie, Mossman – werde ich abgeholt? Oder soll ich mich stellen?«

»Ich habe ein längeres Gespräch mit meinem Nachfolger Karsten Salomonsen geführt. Er war ganz klar der Ansicht, dass Sie Ihren Schreibtisch räumen und im Büro warten sollen, bis man Sie abholt.«

Nyhuus nickte abwesend.

»Nach dem geplatzten Verfahren«, sagte sie dann und ihre Stimme war nicht mehr als ein Flüstern, »hat Idris Nassar mich eines Tages auf der Straße abgepasst. Direkt vor meinem Büro in Århus. Er hat mir ein kurzes Video gezeigt, aufgenommen mit einer Handykamera. Darauf war zu sehen, wie er mit beiden Füßen gleichzeitig auf den Kopf meines Sohnes sprang. Drei Mal. Und dabei lachte. In diesem Moment zerbrach alles in mir, was nicht schon zerbrochen war. Er wollte mich nur demütigen. Mich, die selbst eine Polizeibehörde leitet.«

Mossman schnaubte.

»*Dammit*. Was für ein Schwein.«

»Wissen Sie, Mossman, es gibt einen dänischen Philosophie-Professor, der einmal gesagt hat, dass Rachedurst entsteht, wenn eine Kränkung sich in die Seele ätzt.«

Ihr Blick glitt über die Baumwipfel zum Meer und verlor sich in der diesigen Linie des Horizonts. Dann sprach sie langsam weiter.

»Und genauso fühlt es sich an. Als hätte sich ein riesengroßes Loch in meine Seele geätzt. Idris Nassar hat mir meinen Sohn genommen. Einfach so. In einem Anfall von Jähzorn, Wahnsinn und Gleichgültigkeit gegenüber einem Menschenleben. Durch dieses Loch weht ein eisiger Wind. Denn nichts auf der Welt kann mir meinen Lukas zurückbringen. Nichts. Aber ich konnte einen Teil des Schmerzes zurückgeben. Und ich bereue es nicht – nicht eine Sekunde lang.«

»Nimmt er noch etwas wahr? Weiß Ihr Sohn, wer Sie sind?«

»Die Ärzte sagen Nein. Man nennt es einen ›vegetativen Zustand‹. Aber ich glaube trotzdem daran. Er mag es, wenn ich seine Hand halte. Lukas weiß, dass ich seine Mutter bin.« Sie machte eine kurze Pause. »Tja, dann fahre ich jetzt zurück und werde meinen Schreibtisch räumen.«

Er legte ihr eine Hand auf die Schulter.

»Warten Sie … Ich konnte Salomonsen überreden.«

Bodil Nyhuus sah ihn mit schmalen Augen an.

»Ich konnte ihn davon überzeugen, dass es noch einen anderen Weg gibt, einen besseren. Als designierte Nachfolgerin haben die Hansen-Brüder Sie über alles, was Lupus betraf, ausführlich informiert. Sie wissen, in welche Vorgänge Lupus involviert war. Dieses Wissen werden Sie bis ins kleinste Detail an Salomonsen und mich weitergeben, wenn wir uns eines Tages an einem diskreten Ort wiedersehen werden. Also, Sie können Ihren Posten behalten. Sie beide, Sie und Salomonsen, sind nun in einer geheimen Allianz miteinander verbunden und es existiert ein unsichtbarer Schuldschein. Vielleicht werden Sie Ihre Schulden irgendwann begleichen müssen, vielleicht auch nicht. Aber vergessen Sie nie: Sie schulden ihm *alles.*«

Bodil Nyhuus blieb reglos und stumm stehen. Für einen Moment verschwand ihr Blick wieder über den Bäumen. Dann reichte sie ihm die Hand und sah ihm in die Augen.

»Danke. Danke für die Chance, Mossman. Es stimmt also doch, was man über Sie sagt. Sie sind der Teufel.«

## 99.

Herr Mogensen zog die Augenbrauen hoch, und sein Blick durch die dicken Brillengläser schwebte über der Klasse wie ein Falke, bis er sich auf seine Beute stürzte: »Niels, wo genau beginnt ein Kreis?«

Sein Zögern war ungefähr siebenunddreißig Jahre alt, aber an die hämische Reaktion seines Lehrers konnte er sich deutlich erinnern. Er hatte oft an diese Szene aus der ersten Klasse zurückdenken müssen, seit er und Magnus in den Winterferien nach Jütland gefahren waren. Es kam ihm vor, als wäre ihr Ausflug eine Ewigkeit her, dabei waren seitdem erst ein paar Wochen vergangen.

Der Kreis war nicht einfach nur ein Kreis. Es war *sein* Kreis. Sein Niels-und-Magnus-Kreis. Ein Vater-und-Sohn-Kreis. Der Kreis, den er selbst durchbrochen hatte und nun so verzweifelt versuchte, neu zu schließen.

Wenn sie sich gegenüberstanden und an den Händen hielten und beide einen Schritt zurück machten, dann bildeten sie einen geschlossenen Kreis. Darin konnte alles ungehindert hin und her fließen, in einer Art familiären Symbiose.

Er hatte fälschlicherweise geglaubt, dass der Anfang des Kreises etwas Physisches war. Dass er selbst innerhalb eines bestimmten Radius anwesend sein musste. Er war vor allem deshalb nach Vangede gezogen, weil er gehofft hatte, dort endlich den Kreis beginnen zu können. Von dieser physischen Anwesenheit hatte er sich weiter vorarbeiten wollen, bis irgendwann alles ungehindert fließen könnte.

Es war ein Irrtum gewesen, und sein Lehrer Mogensen hätte ihn für seine Dummheit sicher wieder ausgelacht.

Sie hielten sich nie an den Händen. Er war gezwungen, ihren Kreis neu zu definieren und die Fakten aus der ersten Klasse zu akzeptieren: dass es keinen Anfang gab. Dass ein Kreis eher ein Zustand war und das mit den Händen eine viel zu naive Schlussfolgerung.

Er schaute zu seinem Sohn. Vierzehn Jahre und bald ein richtiger junger Mann. Er hatte schon den ganzen Tag seine schwarze Fußballmütze auf, obwohl sie das Haus nicht verlassen hatten. »FCK« war mit weißen Buchstaben vorn aufgestickt.

Sie hatten sich gerade an den Küchentisch gesetzt. Es war Samstagabend. Er legte seine Hand auf die seines Sohnes, als wollte er seine Theorie über Hände noch ein letztes Mal testen. In Magnus' Augen war deutlich zu lesen, dass er seine Hand am liebsten zurückgezogen hätte, aber er ließ sie auf der Tischplatte liegen und erduldete die Berührung.

»Magnus, setz doch bitte wenigstens beim Essen die Mütze ab«, sagte er und nahm seine Hand wieder weg.

»Warum?«

»Weil ich dich darum bitte. Eine Mütze kann man aufsetzen, wenn man im Feld ist, aber nicht, wenn man am Tisch sitzt. Das ist respektlos gegenüber den anderen.«

»Was meinst du damit – im Feld?«

»Draußen im Gelände. So nennt man das beim Militär. Also los.«

Widerstrebend nahm Magnus die Mütze vom Kopf. Er war erst am späten Vormittag gekommen, weil er nach einem Schwimmbadbesuch bei seinem Freund übernachtet hatte.

Sie waren den ganzen Tag nicht vor der Tür gewesen, weil es ununterbrochen geregnet und gestürmt hatte. Unzählige Male hatte er versucht, so etwas wie ein Gespräch mit seinem Sohn in Gang zu bringen, in der Hoffnung, dass es ihm gelingen würde, Magnus mehr als ein paar Silben zu entlocken. Aber neben all dem anderen standen auch noch ein iPad und ein Handy zwischen ihnen. Jetzt hatte er ein Machtwort gesprochen und den Abend zur tablet- und handyfreien Zeit erklärt. Stattdessen würden sie sich zusammen einen Film anschauen, Popcorn essen und Limo trinken.

Magnus stürzte sich hungrig auf die Spaghetti mit der Hackfleischsoße. Nach einigen Bissen legte er Messer und Gabel beiseite und schaute auf.

»Draußen ›im Feld‹ – da kannst du Leute mit bloßen Händen töten.«

Es klang eher nach einer Feststellung als nach einer Frage. Der Junge sah ihm immer noch in die Augen.

»Wieso sagst du so etwas? Du hast das auch schon gesagt, als wir …«

»Weil ich es *weiß*. Ich habe es selbst gelesen, Niels. Ich habe es gegoogelt. Jägersoldaten lernen, wie man jemanden mit bloßen Händen umbringen kann. Sie sind die besten Soldaten, die es in Dänemark gibt. Sie sind unsere *Special Operations Force*. Manche sagen sogar, sie sind die besten Soldaten der Welt. Und es ist fast unmöglich, ins Jägerkorps aufgenommen zu werden. Sie nehmen nur die Besten der Besten.«

»Jägerkorps? Ich? Wer sagt, dass ich bei den Jägern war?«

Sein Herz schlug schneller. Er könnte einfach weiteressen und so tun, als ob nichts wäre, aber … Auf einmal kam es ihm vor, als säßen sie beide im Auge des Sturms, während um sie herum alles in rasender Geschwindigkeit durch die Luft gewirbelt wurde. Wände, Küchenschränke, Fenster, Jalousien, Türrahmen. Nur zwischen Spaghettiteller und Spaghettiteller herrschte Windstille.

»Ich weiß es schon lange«, erwiderte Magnus.

»Aber woher?«

»Ich habe in der Schule erzählt, dass du nach Vangede gezogen bist. Ein paar Tage später ist einer von meinen Freunden zu mir gekommen und hat gesagt, dass du megaberühmt wärst. Und dass du ein Jägersoldat wärst und die Polizei dich gejagt hätte. Das hätte sein Vater ihm selbst erzählt.«

Er saß nur da und starrte stumm in die unruhigen Augen seines Sohnes. Zögerlich fuhr Magnus fort:

»Ich weiß alles. Man muss nur ›Niels Oxen‹ bei Google eingeben, und schon kommen tausend Treffer. Es steht total viel über dich im Internet. Wusstest du das nicht? Jede Menge Zeitungsartikel. Und Videos aus dem Fernsehen. Sie dachten, du hättest jemanden ermordet. Deshalb hat dich die Polizei gejagt.

Dann dachten alle, du wärst ertrunken. Und am Ende kam raus, dass alles gelogen war. Dass du unschuldig bist. Ich hab das ganz oft gelesen. In der Schule oder zu Hause, wenn Mama es nicht mitbekommen hat.«

Er nickte und lächelte seinen Sohn an. Wie naiv konnte man eigentlich sein? Natürlich war es unmöglich, so etwas vor einem Vierzehnjährigen geheim zu halten.

»Warum hast du mich nicht einfach gefragt, Magnus?«

»Weil … ich dachte, dass ich das alles nicht wissen darf. Sonst hättet ihr ja nicht so ein Geheimnis daraus gemacht, oder? Du hast nichts erzählt. Mama hat nichts erzählt. Also dachte ich, dass ich es besser für mich behalte. Jedenfalls erst mal. Ich dachte, du würdest es mir bestimmt irgendwann von selbst erzählen. Oder Mama.«

Er holte tief Luft.

»Du hast recht, Magnus. Ich war Jägersoldat.«

»Aber warum wolltet ihr nicht, dass ich das weiß?«

»Deine Mutter und ich fanden es einfach nicht nötig. Wir waren der Meinung, das könnte warten, bis du ein bisschen älter bist.«

»Aber was ist denn falsch daran, ein Mitglied des Jägerkorps zu sein? Das sind doch nur die Allerbesten!«

»Nichts ist falsch daran, gar nichts. Es ging uns eher um … um das mit dem Krieg … Krieg ist nie aufregend oder cool. Krieg ist etwas, das sich niemand wünscht. Krieg macht niemanden glücklich. Im Gegenteil.«

»Aber das ist eben der Job von Soldaten.«

»Das stimmt. Wenn es sich nicht vermeiden lässt, Magnus.«

»Und im Krieg sind die Jägersoldaten die gefährlichsten. Die mit den meisten *skills*. Deshalb verstehe ich das mit dem Stein auch nicht so richtig …«

»Was für ein Stein?«

»Als ich den Stein auf die Wellblechplatte geworfen habe und du ausgeflippt bist …«

Er schob seinen Teller zur Seite. Er hatte es also doch nicht gut gemacht, damals auf der Bank in der Sonne. Vierzehn Jahre? In diesem Alter verstanden sie alles – und zwar allzu gut. Und doch wieder nicht …

»Wie ich dir damals schon versucht habe zu erklären, hat der Krieg bei mir Spuren hinterlassen, eine Art Verletzung. Ich habe das, was man ein Trauma nennt. Oder PTBS, eine posttraumatische Belastungsstörung …«

»Kann ich das Kreuz sehen, Niels?«

»Das Kreuz?«

»Das Tapferkeitskreuz. Du bist der einzige Soldat, der es je bekommen hat. Vielleicht gibt es nie wieder jemanden, der es verdient. Das ist so krass … Hast du es hier in der Wohnung? Ich würde es so gern mal sehen … Jetzt gleich … und die anderen Orden auch.«

Er nickte. Er fühlte sich, als wäre er zu nah an der Sprengzone stehen geblieben und von der Druckwelle umgeworfen worden. Er versuchte, alles abzuschütteln. Vielleicht war die Zeit einfach reif? Ein Ketchup-Effekt mit mehrmonatiger Verzögerung. An einem Samstagabend am Küchentisch.

Er stand auf und ging ins Schlafzimmer, um die Schachtel mit den Orden zu holen.

Es war fast Mitternacht. Er setzte sich mit einem Glas Milch, einer Scheibe Knäckebrot mit Orangenmarmelade sowie Kugelschreiber und Notizblock auf die Fensterbank. Magnus war vor einer Stunde schlafen gegangen.

Es war ein eigenartiger Tag gewesen. Regen und Schweigen

des Tages hatten sich am Abend in seiner Küche in einen Wolkenbruch aus Worten und einen Tornado aus Gedanken verwandelt. Eigenartig – und absolut fantastisch. Eine Menge Dinge waren zutage gekommen. Manche davon verkehrt, aber die hatte er jetzt richtiggestellt. Endlich.

Er war das alles vollkommen falsch angegangen. Statt abzuwiegeln und zu verdecken, hätte er die Flagge hissen, vortreten und salutieren sollen. Er hätte alles auf den Tisch legen sollen. Wer er war, was er getan hatte, woher er kam, wo er die ganzen Jahre gewesen war – und wie es weitergehen sollte.

Er, der rund um die Uhr patrouillierte, er, der es gewohnt war, alles zu sehen, und dessen Blick immer nach dem Unsichtbaren suchte, das ihn oder seine Kameraden töten könnte, er hatte es tatsächlich nicht gesehen.

Man konnte einen Vierzehnjährigen nicht für dumm verkaufen.

Zum ersten Mal hatten sie sich gegenübergesessen und wirklich miteinander geredet. Es hatte ihn über alle Maßen glücklich gemacht, auf die aufgeregten Fragen zu antworten, die auf ihn eingeprasselt waren.

Als Allererstes musste er erklären, warum er jeden einzelnen seiner Orden bekommen hatte. Kleine Geschichten, die er versuchte, möglichst kurz zu halten, weil sie nicht zu den Dingen gehörten, mit denen er sich gern lang aufhielt. Aber das hatte Magnus nicht zufriedengestellt. Er wollte ganz genau wissen, wie die Umstände gewesen waren und woran er dabei gedacht hatte.

Also musste er ganz vorn anfangen: bei dem Orden für Tapferkeit, verliehen, weil er in Bosnien einen verletzten Kameraden in Sicherheit gebracht hatte. Dann noch einmal der gleiche Orden, nur dieses Mal mit silbernem Eichenlaub, und die Geschichte, wie er in der Krajina in einen Fluss gesprungen war, um einen Kameraden herauszuholen, der inzwischen übrigens eine Autowerkstatt auf Amager hatte. Und dann war da Tapferkeitsorden Nummer drei, mit goldenem Eichenlaub, weil er der notgelandeten Besatzung einer Chinook im Shah-Kot-Tal in Afghanistan zu Hilfe gekommen war.

Der Teenager hatte dem abwesenden Vater keine Ungenauigkeiten bei der Einsatznachbesprechung durchgehen lassen.

Magnus hatte das Tapferkeitskreuz in den Fingern gehalten, während er erzählte, wie er seine Kameraden aus einem Hinterhalt nordöstlich von Gereshk in der afghanischen Helmand-Provinz gerettet hatte. Die Tatsache, dass er eigenhändig acht Talibankrieger niedergekämpft – und getötet – hatte, ließ er dabei elegant aus. Aber diese fehlende Erklärung akzeptierte Magnus genauso wenig wie alle anderen.

Er selbst war der Ansicht, dass Auszeichnungen und Ehrungen in einem Beruf auf der Schattenseite des Lebens nichts für eine Generation voller Hoffnung waren. Aber Magnus kam offensichtlich damit zurecht. Und war stolz. Das verriet sein Blick.

Der Junge hatte nachdenklich genickt, nachdem er die vollständige Version der Geschichte hinter dem Tapferkeitskreuz gehört hatte, und er hatte den Orden vorsichtig zurück in das mit Samt ausgeschlagene Etui gelegt.

Sie hatten sich weiter unterhalten. Fragen, Antworten, Erklärungen und Gegenfragen. Über die berühmt-berüchtigte Aufnahmeprüfung für das Jägerkorps, wie Fallschirmspringen war und wie man unter Wasser kämpfte.

Das und vieles mehr, bis Magnus irgendwann spätabends eine SMS bekam. Sie war von einem Freund, dessen Vater Freikarten für das Heimspiel des FCK am nächsten Nachmittag hatte. Ob Magnus mitkommen wolle? Er erlaubte es ihm.

Und so kam es, dass ihr gemeinsames Wochenende, das eigentlich von Freitag nach der Schule bis Sonntagnachmittag um fünf hätte dauern sollen, auf einen Tag zusammengeschrumpft war. Aber was für ein Tag …

Er schaute zu den dunklen Fenstern gegenüber. Die Wohnung stand immer noch leer. Er sah sein eigenes Spiegelbild.

Es ging um Kreise. Unterbrochene Kreise und Kreise, die neu begannen. Und es ging darum, in Bewegung zu bleiben und nicht nur Runde um Runde zu drehen, wie die Dame im lila Morgenrock es getan hatte oder wie ihr Nachbar von gegenüber, der ehemalige Jägersoldat auf der Fensterbank.

Es ging darum, vorwärtszugehen, von der Stelle zu kommen, einfach loszugehen, immer weiter in Richtung Horizont. Nur wenn er weiterging, würde er eines Tages nach Hause finden. Alles begann mit ihm selbst. Daran hatte der unerwartete Verlauf dieses Abends nichts geändert. Aber er hatte ihn mit einem warmen Gefühl von Hoffnung erfüllt.

Er begann zu schreiben:

*»Ich, Niels Oxen, kündige hiermit zum nächstmöglichen Zeitpunkt meinen Mietvertrag für die Wohnung Dalstrøget 135, 2. Stock, Vangede-Dyssegård.«*

# Nachwort

Wie üblich ein paar Worte des Verfassers zu Fakten und Fiktion. Es ist eine gute Sache, das eine sauber vom anderen zu trennen, in einer Welt, die immer weniger Respekt vor den Fakten zu haben scheint.

Ich habe versucht, die Geschichte über die Rückkehr der Wölfe nach Dänemark in kurzer Form so wiederzugeben, dass sie mit der Realität übereinstimmt. Die ersten wirklich scharfen Aufnahmen eines Wolfes auf dänischem Boden sind im Februar 2013 in der Harrilder Heide entstanden. Inzwischen gehören solche Aufnahmen in Dänemark zum Alltag, vor allem in dem Gebiet südlich von Holstebro, der Wolfszone, wo sich das erste Paar dauerhaft angesiedelt und Nachwuchs bekommen hat, das sogenannte Stråsø-Rudel. Zu diesem Rudel gehörte eine junge Wölfin, die gegen Ende meiner Arbeit an ›Lupus‹ auf freiem Feld mit einem Jagdgewehr erschossen wurde, östlich der Stadt Ulfborg.

Es ist eine Tatsache, dass mindestens vier Wölfe in Dänemark spurlos verschwunden sind. Das geht aus dem großen dänischen Wolfsbericht eindeutig hervor, der in der Entstehungszeit dieses Buches vom Institut für Biowissenschaften an der Universität Århus und dem Naturhistorischen Museum in Århus veröffentlicht wurde.

In dem großen Naturgebiet in Mitteljütland, das sich aus der Harrilder Heide und der Nørlund Plantage zusammensetzt, stehen vereinzelte Bauernhöfe. Der Hof Harrildholm ist jedoch rein fiktiv, während die übrigen Beschreibungen der Gegend, wie etwa der Kvindebæk und Ulvemose, mit den topographischen Gegebenheiten vor Ort übereinstimmen.

Dasselbe gilt für die Anlage Keldsnor Fyr auf Langeland, die sich in Privatbesitz befindet, wobei der Leuchtturm selbst staatlich betrieben wird.

Das Tapferkeitskreuz, mit dem meine Hauptperson Niels Oxen belohnt wurde, ist Dänemarks höchste militärische Auszeichnung. Es ist nur ein einziges Mal verliehen worden.

*Jens Henrik Jensen*